세계기독교고전 36

조지 폭스의 일기

문효미 옮김

크리스찬
다이제스트

세계 기독교 고전 편집위원(가나다 순)

김 명혁(합동신학원 교수)
손 봉호(서울대학교 교수)
이 상훈(서울신학대학 학장)
이 형기(장로회신학대학 신대원장)
정 성구(총신대학 대학원장)
홍 치모(총신대학 교수)

● 본서의 대본
The Journal of George Fox
Edited with an Introduction and Notes by Rufus M. Jones
(Richmond, Indiana : Friends United Press, 1976)

세계 기독교 고전 전집을 발행하면서

　한국에 기독교가 전해진 지 벌써 100년이 되었습니다. 그동안 수많은 기독교 서적들이 간행되어 한국의 교회와 성도들에게 많은 공헌을 해왔습니다. 그러나 기독교 역사 100년을 넘어선 우리의 교회와 성도들에게 보다 큰 영적 성숙과 진실한 신앙을 심어주기 위해서는 가치있는 기독교 서적들이 더 많이 나와야 한다고 생각합니다. 그리하여 영혼의 양식이 될 수 있는 훌륭한 기독교서적들이 모든 성도들의 가정뿐만 아니라 믿지 않는 일반 가정에도 흘러 넘쳐야만 합니다.
　성도들은 신앙의 성장과 영적 유익을 위해서 끊임없이 좋은 신앙서적들을 읽고 명상해야 하며 친구와 이웃 사람들의 구원을 위하여 신앙 서적 선물하기를 즐기고 읽도록 권해야 할 것입니다. 이것은 하나님의 백성으로서 살기 원하는 사람이면 누구나 마땅히 해야 할 의무라고도 하겠습니다.
　존 웨슬리는 "성도들이 책을 읽지 않는다면 은총의 사업은 한 세대도 못 가서 사라져 버릴 것이다. 책을 읽는 그리스도인만이 진리를 아는 그리스도인이다"라고 말했습니다. 우리는 이제 한국에서 최초로 세계의 기독교 고전들을 망라하여 한국의 교회와 성도들에게 소개하고자 합니다. 전세계의 기독교 고전은 모든 기독교인들에게 영원한 보물이며 신앙의 성숙과 영혼의 구원을 위하여 이 보다 더 귀한 것은 없을 것입니다.
　이러한 취지로 어언 2천여년의 세월이 지나는 동안 세계 각국에서 쓰여진 가장 뛰어난 신앙의 글과 영속적 가치가 있는 위대한 신앙의 글만을 모아서 **세계 기독교 고전 전집**으로 편찬하고자 합니다.
　우리는 이 **세계 기독교 고전 전집**을 알차고, 품위 있고, 저렴하게 제작하여 오늘날 한국의 교회와 성도들에게 제공하고 후손들에게도 물려줄 기획을 하고 있습니다. 우리는 다시 한번 다니엘 웹스터가 한 말을 깊이 생각해 보아야 할 것입니다.

　　"만약 신앙 서적들이 우리 나라의 대중들에게 광범위하게 유포되지 않고, 사람들이 신앙적으로 되지 않는다면, 우리 나라가 어떤 나라가 될지 걱정스럽다. ……만약 진리가 확산되지 않는다면 오류가 지배할 것이요, 하나님과 그의 말씀이 전파되고 인정받지 못한다면, 마귀와 그의 궤계가 우세를 점할 것이요, 복음의 서적들이 모든 집에 들어가지 못한다면, 타락하고 음란한 서적들이 거기에 있을 것이요, 우리 나라에서 복음의 능력이 나타나지 못한다면, 혼란과 무질서와 부패와 어둠이 끝없이 지배할 것이다."

　독자 여러분의 성원과 지도 편달을 바라마지 않습니다.

크리스챤 다이제스트사
발행인　박 명 곤

차 례

조지 폭스의 「일기」가 끼친 영향 ·· 9
서론 ·· 27
하나님의 신실한 종에 관한 윌리엄 펜의 증언 ······························ 46

제1장 어린 시절 ― 구도자 ··· 59
       1624-1648
제2장 초기 사역 ·· 78
       1648-1649
제3장 난관과 첫번째 수감 ·· 93
       1648-1649
제4장 더비 감옥에서 보낸 한 해 ·································· 100
       1650-1651
제5장 한 사람이 온 나라를 흔들 수 있다 ···················· 111
       1651-1652
제6장 새 시대가 시작되다 ·· 126
       1652
제7장 다시 수감되어 ·· 149
       1653
제8장 올리버 크롬웰을 방문하다 ·································· 164
       1653-1654
제9장 남부 지역을 돌다 ·· 183
       1655-1656

제10장 웨일스 지방에 씨를 뿌리며	222
1656-1657	
제11장 언약자들의 고향에서	245
1657	
제12장 런던에서의 대 사건	262
1658-1659	
제13장 찰스왕 재위 1년	274
1660	
제14장 수고와 위험과 고통	301
1661-1662	
제15장 맹세하지 않음으로 수감됨	324
1662-1665	
제16장 스카버러 성에서 보낸 1년	360
1665-1666	
제17장 모임을 정착시키며	379
1667-1670	
제18장 미국에서 2년	397
1671-1673	
제19장 마지막 수감	439
1673-1678	
제20장 죽음을 다스리는 씨앗	460
1679-1691	

조지 폭스의 「일기」가 끼친 영향

헨리 J. 캐드베리(Henry J. Cadbury)

조지 폭스의 「일기」(Journal)가 신앙의 고전이라는 것은, 폭스의 글을 칭찬할 만한 특별한 이유가 없는 사람이거나 그의 글을 실제적으로 잘 알지 못하는 사람이라고 할지라도 많은 사람이 인정할 것이다. 폭스의 「일기」는 영국 사람이 쓴 신앙 자서전으로서 웨슬리의 「일기」(Journal)와 뉴먼의 「나의 생애를 위한 변명」(Apologia pro Vita Sua)과 같은 부류의 책으로 간주되어 왔는데, 폭스의 글이 이들 세 작품 중에 원조가 된다고 이야기하는 역사학자는 비단 한 사람만이 아니다.

1차로 발행한 폭스의 「일기」에는 그에 관한 증언과 회상이 포함되어 있는데 편집자인 토머스 엘우드(Thomas Ellwood)와 폭스의 미망인과 빼놓을 수 없는 사람인 윌리엄 펜¹⁾의 승언도 함께 실려 있다. 「일기」를 다시 편집한 현대의 편집자들은 이 사람들의 증언을 그대로 실어 왔으나 주로 폭스의 인격과 인물의 중요성에 대한 그들 각자의 감상을 모아 놓은 것이었다. 오늘날 재편집할 때에는 그렇게 하는 대신에 지금까지 한번도 다뤄보지 않았을 것

---

1) 「퀘이커 교도라고 하는 사람들의 생성과 발전에 관하여」(A Brief Account of the Rise and Progress of the People Called Quakers)라는 제목을 가진 윌리엄 펜의 기록은 단독 발행을 할 수 있을 만한 가치를 인정받았다. 폭스의 후계자 중 한 사람인 윌리엄 미드(William Meade)라는 사람이 처음 발행한 방대한 인쇄본에서 윌리엄 펜의 글만을 빼게 되었다는 것을 안다면 더욱 놀라울 것이다. 미드가 그렇게 한 동기는 아마도 펜에 대한 정치적인 비난 때문이었던 것 같다.

같은 폭스의 자서전이 미친 역사적 종교적 문학적인 영향을 추적해보는 관점에서 회고해 보는 것이 좋을 것 같았다. 어쨌거나 폭스의 「일기」가 끼친 영향을 살펴보는 일은 어려울 수밖에 없으며 다른 요인과 별도로 살펴볼 수밖에 없다. 이제 막 넌지시 비춘 「일기」의 서문들은 폭스를 직접 아는 사람들이 쓴 것이었다. 다시 말해, 마가렛 펠(Margaret Fell)은 그를 1652년부터 알았고 토머스 엘우드는(그의 말에 따르면) 폭스를 1660년부터 알았고, 윌리엄 펜은 우리도 알고 있듯이 1669년부터 알았는데, 펜은 "다른 사람의 이야기를 통해 알았을 뿐만 아니라 직접 그와 오랫동안 내밀한 이야기를 함으로써 그를 친하게 알게 되었다"고 이야기한다. 실제로 토머스 엘우드를 제외하고 이 사람들 중 누가 서문에 쓰인 「일기」를 읽어보았다는 증거는 거의 없다. 그 시대에 살던 사람들은 글을 통해서가 아니라 폭스, 그들이 부르던 대로 '사랑하는 폭스'에 관해 있는 그대로 직접 전해 들었다.

이와 같이 또렷한 개인적인 감상은 사라지고, 폭스에 대한 기억이 퇴색하지 않게 하는 덜 직접적인 힘이 두 가지 있다. 이미 발행되었거나 재발행된 폭스의 「일기」와 다른 저서들이 그 하나이고(예를 들면 1698년과 1704년에 각각 발간된 2절판의 책), 또 하나는 폭스가 설립한 친우회(Society of Friends)이다. 에머슨(Emerson)은 " … 조지 폭스의 퀘이커교와 같은" 하나의 조직은 한 사람의 확장된 모습이라고 말하였다. 그러나 에머슨이나 친우회에 속하지 않은 사람들이 어떻게 폭스의 무형의 전승물과 폭스라는 사람을 분별할 수 있었을까? 적어도 「일기」를 통해 폭스 자신이 묘사한 그의 모습과 말이다. 하나의 조직이 그 조직의 창시자를 오히려 가릴 수도 있지 않을까?

심지어는 폭스의 「일기」가 퀘이커교에 끼친 영향을 생각해 보는 일조차 아주 어렵다. 우리가 알듯이 그의 「일기」는 처음부터 널리 배포되었다. 폭스는 자신의 「일기」를 자기가 가진 자산을 이용하여 인쇄하여, 그 사본을 세계 곳곳에 정착되어 있는 친우회 공동체에게 무료로 보내라는 지시를 남겼다(덧붙여 말하자면 그 책은 결국 4.5 파운드의 가격으로 팔렸다.). 보존된 회의록에 보면 1694년 이 책들은 모든 집회에서 즉시로 받았다고 기록하고 있다. 인쇄된 책들은 집회 구성원들이 돌아가면서 돌려 볼 수 있도록 하였다. 그 책을 집회소에 걸어 두는 집회도 더러 있었다. 8월에 런던에 있는 중앙 집회에서는 그 책 중에 한 구절이 과장되었을 수 있음을 용인하고, 아직 배포되지 않은 책자에 대신 끼어넣을 종이를 인쇄했다. 그리고 이미 배포된 책들에도 새로 인쇄한 종이를 끼워 넣으려고 하였으며 특히 옥스퍼드와 케임브리지 대학 도서관에 있는 책들에 더욱 수고를 기울였다. 그러나 내가 본 여남은 권의 책으로 판단해 보건대, 일부는 성공하였으나 대개 실패하였던 것으로 보인다.

1694년에 초판 발행 이후 다른 편집본이 많이 나왔다. 「일기」는 다른 퀘이커 교도의 책들처럼 처음부터 완전히 유럽 대륙의 언어로 번역되어 나오지 않았다. 그러나 2세기 동안 영국과 아메리카에 있던 퀘이커 공동체는 작품 전체를 대륙어로 번역하는 작업을 하였다.

그렇다 하더라도 퀘이커 공동체에 관해 쓴 그 책이 끼친 영향력을 입증하기보다는 추론해 볼 수밖에 없다. 그 책이 읽히고 있다는 것에 관한 실제적인 증거도 미약하다. 물론 폭스의 「일기」가 친우회 교우가 쓴 최초의 자서전은 아니었다. 그보다 앞서 다른 친우회 교우가 쓴 책들이 많이 있었는데 그중 더러는 폭스가 쓰라고 해서 쓴 것들도 있고 폭스가 쓴 글들을 모은 것들도 있었다. 폭스의 「일기」는 같은 종류의 다른 자서전보다 그 내용이 훨씬 방대했다. 그러나 나머지 다른 자서전들 중에는, 내용이 방대한 폭스의 자서전보다 훨씬 더 신앙적인 고백이 나오는 것들도 많다. 예를 들면 폭스의 「일기」는 다른 책들에서 의례적으로 발견할 수 있는 폭스의 수년에 걸친 사역에 대해 더욱 자세하게 설명하고 있다.

폭스의 「일기」가 끼친 영향을 살펴보려면 나중에 쓰인 퀘이커 교우의 자서전들을 읽어야만 할 것이다. 폭스와 동시대에 쓰인 많은 자서전들은 폭스의 책과 어느 정도 비슷한 점들을 갖고 있지만 그러한 유사점은 친우회의 중앙 출판 당국의 영향력 때문이거나 거기에 일치하려는 데 기인하는 것이다. 폭스가 죽은 후에는 친우회 교우들의 다른 자서전들도 출판되리라는 것이 명백해졌다. 그러한 자서전의 저자들은 이러한 기대에서 자기들이 준비한 원고들이 후손에게 남을 수 있도록 그 원고들을 일정한 표준에 맞추려고 하였다. 이러한 작품들에서 자세하고 정확하게 폭스의 「일기」를 모방하였다는 흔적을 찾아 보기는 힘이 들다. 비록 그 작품들이 현대 학자들의 상당한 관심을 끌기는 하지만 말이다.

폭스의 「일기」가 처음 출간 되었을 때 가장 먼저 큰 저항의 목소리를 낸 사람은 기대할 수 있었던 대로 친우회 내에서도 아니었고, 교회 안의 권위자들도 아니었고 1688년 이후로 퀘이커교도를 묵인하여 주었던 나라도 아니었다. 그들은 다름 아니라 퀘이커교에서 변절한 사람들과 개인적으로 친우회에 대해 비평적인 시각을 갖고 있던 사람들이었다. 그러한 사람들을 제외하곤 폭스를 개인적으로 싫어하는 사람은 거의 없었다. 폭스에게 가장 오랫동안 반감을 가졌던 사람 중 한 사람은 프랜시스 버그(Francis Bugg)였다. 그는 퀘이커교도에 불만을 품기 시작한 1680년부터 죽는 순간까지 40년 이상이나 계속적인 공격을 퍼부어 댔다. 도합 60개의 출판물에 대해서 그리하였다. 폭스의 「일기」가 출판되던 해부터 그 책은 거듭해서 잡다한 비난의 표적이 되었다.[2] 버그는 출판된 「일기」에 대해서도 의심을 품었는데 거기에 사용된 문체가 훌륭했기 때문이기도 하였다. 버그는 폭스가 원래 쓴 글이 미숙하나마 그대로 사용한 것이지 새로 다듬은 글이 아니라는 것을 알고 있었다. (버그와 폭스를 비난하던 같은 무리들은 폭스의 자필 편지 몇 개와 그들이 폭스의 '유언장'이라고 부르는 폭스의 유언서를 원문 그대로 출간하였다. 그들은 아마도 교회 재판소(유언 사건을 취급 — 역자주)에서 폭스가 쓴 유언서의 원문을 보았을 것이다. 비록 그들이 읽은 것이 배포하였던 것보다는 조금 낫게 다듬어진 것이었지만 말이다). 그러나 버그가, 발행된 폭스의 「일기」가 편집과 교정을 거쳤음을 의심하는 것은 충분한 정당성이 있었다. 열세 명의 친우회 교우들이 그 일을 맡아서 했다는 사실은 이미 알려진 사실이기 때문이었다. 그 일을 맡은 편집 위원회에 관해 버그는 다음과 같은 글을 썼다.

> 조지 폭스가 자기 책과 문서, 손으로 직접 쓴 원고들을 인쇄하기 위해 어떤 사람들에게 그 일을 맡겼는지 알 것이다. 그들 중 몇 사람을

---

2) 버그가 갖고 있던 표시된 사본이 케임브리지 대학의 트리니티 칼리지(Trinity College; 케임브리지 대학의 최대 학료 — 역자주) 도서관에 현재 보관되어 있다.

나는 잘 알고 있으며 나머지 사람들도 그들과 같은 사람이거나 그 일을 그들에게 맡긴 사람이라 생각한다. 이렇게 생각하는 까닭은 폭스의 책중에서 나는 그가 쓴 그대로 출판된 책을 한 권도 찾아 볼 수 없으며, 그의「일기」라고 부르는 원고에서도 그가 쓴 글이 몇 줄이라도 있을 것이라고 생각지 않기 때문이다.

우리도 이제는 폭스의「일기」에 그 자신이 직접 쓴 글이 거의 없음을 알고 있다. 대부분 다른 사람들에게 받아쓰게 하였기 때문이다. 토머스 엘우드와 편집을 맡은 다른 사람들이 실제로 폭스가 쓴 글을 매끄럽게 다듬었던 것이다. 그것은 생각해볼 수 있는 일이었기 때문에 버그의 불평을 정당화하기는 좀처럼 어렵다. 폭스의「일기」는 폭스가 바라던 것 이상으로 잘 편집이 되었으며, 당시의 관행으로 볼 때에도 그 편집 과정은 충분히 정당화될 수 있었다. 폭스의「일기」에 관하여 비난할 만한 요소를 찾아내자 버그는 당장에 그것으로 폭스를 비난하려고 들었다. 이리하여 폭스의「일기」는, 폭스가 사용했을 것 같은 글이 나타났다고 하여, 또 어떤 때에는 나타나지 않았다고 하여 흠잡는 이들의 비난을 받았던 것이다.

거의 처음부터 버그는 연속 출판물에 '퀘이커교 집회'(The Quakers Synod)라는 풍자만화를 삽입했다. 편집부에서는 '너희 조지 폭스의 일기'라는 글이 눈에 띄었다. 친우회 사람들이 집회에 성경을 가지고 가지 않거나 집회에서 성경을 읽지 않는다는 비난이 있은 지 오래였다. 틀림없이 폭스의「일기」가 불경한 대체물이 되었을 것 같았다. 버그는 "폭스의 일기는 성경보다 훌륭한 책입니다"하고 선포했던 한 친우회 교우를 인용하면서, 그들은 그들이 다니는 학교에서 "조지 폭스의「일기」중 한 부분을 날마다" 읽는다고 이야기한다. 이러한 사실은 찰스 레슬리(Charles Leslie)의「풀숲에 있는 뱀」(The Snake in the Grass)에 다시 나오지만, 제임스 바케이(James Barkay)는 그 사실을 부인하였다. 제임스 바케이는 앞에서 이야기한 학교에서 4년 동안 프랑스어 선생으로 일한 사람이었다.

폭스의「일기」에 가해진 또 다른 비난은 다른 성격을 지닌 것이었다. 폭스의 업적을 모은「일기」나 다른 책들 어디서도 폭스가 죄의 고백에 대해 전혀 쓰지 않고 있다는 것이었다. 이러한 사실은 일기 완성본이 출간되었을 때 더욱 분명해졌다. 이러한 사실은 폭스의 반대자들이, 폭스가 어느 정도의 겸손함이나 회개의 말 한마디 없이 죄없고 순결한 초인적인 삶을 주장한다는 의심을 품는 것을 모두 정당화시킬 수 있을 것 같았다.

버그가 가장 끈질기게 비난하였던 것은 아마도 폭스가 병고치는 일을 하였다는 주장과 관계가 있을 것 같다. '기적'(Miracls)이라는 제목으로 「일기」의 색인에서는 적어도 치유의 예를 십여가지 형편에 맞게 지적하였다. 버그는 그러한 치유의 기적들이 충분히 입증되지 않았으며 동시대 사람이 확인하지도 못했으나 확인하거나 반박할 수 없었기 때문에 일기에서 과시하고 있다고 생각하였음에 틀림없었다. 더더욱 그러한 기적들을 모두 예수 그리스도의 이름으로 행한 것이 아니라 "마술사 시몬 마그스와 같은 능력으로 폭스 자신의 이름으로" 행한 것이라고 이야기하고 있다.

프랜시스 버그와 그와 연합한 무리들이, 일기의 원고를 편집한 사람들이 이미 자신들이 가지고 있는 그러한 많은 이야기들을 생략하고 하나님께 영광을 돌리는 글을 쓰면서 일기의 글을 다듬었다는 것을 알았더라면 어떻게 생각하였을까? 게다가 폭스의 「기적」(Book of Miracles)이라는 책이 당시 문학 제작자들의 손에 의해 쓰여졌으며 거기에는 십여 가지가 아닌 아주 많은 기적 이야기가 나와 있다는 것을 알았더라면 그들은 무슨 이야기를 했을까? 폭스의 「일기」에 나오는 몇 안되는 기적들에 겨냥된 비난들을 보면 제작자들이 결국 기적에 관한 더 많은 이야기를 모아 출간하지 않은 이유를 조금이나마 알 수 있을 것 같다.

폭스를 반대하는 사람들은 계속해서 폭스의 「일기」를 반대하는 이유를 상당히 많이 만들어 낼 수 있었다. 퀘이커교에 반대하는 책으로 프랜시스 버그나 조지 케이스(George Keith)와는 달리 한번도 친우회에 소속해 본 일이 없던 사람들이 쓴 책의 목록들도 상당하다. 1694년 이후로 이러한 저자들 대부분은 폭스의 「일기」를 입수하여 보고 나서, 전통적으로 퀘이커교와 퀘이커교의 창시자에 대하여 다른 교회들이 거듭 비난해오던 것들뿐 아니라 자기들 나름대로 비난하는 근거를 찾아낼 수 있었다. 폭스의 「일기」는 공격을 할 만한 다양한 근거를 제공하였으며 공격의 직접적인 표적이 되었다.

조지 폭스의 「일기」는, 이따금 유명하든 덜 유명하든 여러 문학자들의 관심을 끌게 되었다. 역사상 폭스가 차지하는 위치는 중요한 것처럼 느껴졌으며, 그토록 자세하고 다양한 자서전이 출간된 이후론 여러 문학자들이 우연히 폭스의 「일기」를 읽게 되거나, 도서관에서 찾아 보거나 아는 친우회 교우로부터 빌리려고 했던 것 같다.

다니엘 디포우(Daniel Defoe)는 런던에 있는 몇몇 친우회 교우들과 잘 알고 지내는 이웃이었다. 그가 자주 다니는 곳은 퀘이커 역사상 유명한 도시 지역과 일치하는 곳이었으며, 또한 케이커교도는 그의 소설에서 상당한 역할을 차지하였다. 문학가로서의 그의 활동 경력은 폭스의 「일기」가 출간된 다음 해부터 시작되며, 그 시기는 바로 프랜시스 버그가 폭스의 「일기」를 계속해서 비난하고 있던 때였다. 디포우는 퀘이커교를 지지하느냐 반대하느냐 하는 당시의 논쟁에 가담하였고 1705-6년 동안에는 프랜시스 버그와 문학적인 논쟁(「영국에 대한 회고」(*Review of the State of the British Nation*)에서)을 벌이게 되었던 것이 분명하다. 디포우는 여기서도 다른 곳에서와 마찬가지로 퀘이커교를 변호하였다. 아니 좀더 적절히 말하면 프랜시스 버그와 친우회를 공격하는 과거와 이후의 문학 작품들에 대해 적의를 표현하였다. 디포우는 프랜시스 버그를 "이제껏 내가 만난 작가들 중에 누구보다도 고함치며 사람들이 퀘이커교를 나쁘게 생각하게 하려고 하였던 학식있는 버그씨"라고 이야기했다. 디포우가 이러한 표현이나 버그와 퀘이커교에 대한 다른 암시들을 사용했다고 해서 그가 폭스의 「일기」를 직접적으로 잘 알고 있음을 증거해 주는 것은 아니다. 프랜시스 버그는 폭스의 「일기」에 관해 디포우에게 간접적인 지식을 제시하였을 수도 있다. 그렇지만 디포우와 같이 지칠줄 모르고 읽어대는 독자는 폭스의 「일기」를 직접 읽어 보았을 가능성이 짙다.

유럽 대륙에서는 폭스의 「일기」가 직접적인 영향을 거의 끼치지 못했다. 비록 네덜란드와 나중에 프랑스에서는 퀘이커교에 대한 호기심이 많이 일기는 하였지만 말이다. 이렇게 직접적인 영향을 받지 못했던 까닭은 폭스의 「일기」의 규모와 쓰여진 언어 때문이었다. 퀘이커교의 역사를 처음으로 쓴 대륙의 작가(실제로 퀘이커교의 역사를 처음으로 쓴 작가)가 폭스의 「일기」

를 번역할 수 있기를 바랐다는 것은 참으로 이상한 일이었다. 그 사람은 바로 제라드 크리스(Gerard Croese)였다. 그가 쓴 「퀘이커교의 역사」(Historia Quakeriana)는 1656년에 라틴어로 처음 발간되었다가 곧이어 영어와 독일어로 출간되었다. 그 책은 폭스의 「일기」에 나와 있는 내용과 부분적으로 일치하는데, 그 유사점은 막바지에서 새로운 원고 내용을 참조하였기 때문이 아니라 폭스가 직접 쓴 간략한 설명(현존하나 아직 출간되지 않은)과 유사하기 때문이다. 한 네덜란드 친우회 교우는 편지로 폭스에게 친우회 역사에 대한 기록을 요청하였고, 폭스는 죽기 얼마 전에 친우회의 역사를 받아쓰게 하여 그 기록을 전달하였음이 분명하다. 그 친우회 교우가 보낸 편지는 "그 기록은 세계 거의 모든 지역에 퍼질 것이며 먼저 라틴어로 출간될 것입니다" 하는 간청으로 끝이 난다. 크리스가 적은 퀘이커교의 역사는 한 시대와 후대의 더 많은 저자들에게 폭스의 삶을 알려주는 중요한 자료가 되었다.

퀘이커교의 역사에 대한 두번째 작품도 네덜란드에서 나왔다. 암스테르담 윌리엄 슈얼(William Sewel)이 쓴 것이었다. 슈얼은 크리스처럼 객관적인 관찰자가 아닌 그 자신이 친우회 교우였다. 이후로 모든 퀘이커교의 역사가 그러하듯이 슈얼이 쓴 역사도 폭스의 생애뿐만 아니라 퀘이커교가 시작된 전체적인 틀을 폭스의 「일기」에 상당 부분 의존하였다. 1717년에 네덜란드어로 출간되었고 1722년에는 영어로 더 나중에는 다른 언어로 자주 출간되었다. 이렇게 출간된 역사서들은 폭스가 쓴 일기의 내용이 혹 그 일부가 널리 퍼지게 하는 매체가 되었다. 슈얼 자신도 네덜란드 판 서문에서 분명히 밝히고 있듯이 그 역사서의 혼합적인 성격을 잘 알고 있었다. 그 역사서를 쓰기 위해 준비하는 동안 슈얼은 부지런히 다른 자료들을 모았고, 현대 역사가들도 오래된 많은 원고들과 아직 출간되지 않은 원고들을 이용하긴 하였으나, 슈얼이 폭스의 「일기」에 의지해서 글을 쓴 것은 올바른 일이었다. 폭스 이전에 퀘이커교를 퍼뜨린 사람은 없었으며, 폭스와 함께 그 운동에 가담한 60명 남짓되는 사람들(이른바 진리의 첫 선포자들이라고 하는) 중 어느 누구도 폭스의 「일기」에 필적할 만한 글을 쓴 사람은 없었다.[3]

영어로 쓴 슈얼의 역사서는 규모와 배포된 양에서 폭스의 「일기」에 견줄

만 하였기 때문에, 대중성의 일면으로 볼 때에 나는 슈얼의 역사서가 폭스의 「일기」를 능가하였다고 본다. 어찌되었든지 슈얼의 역사서는 폭스의 「일기」에서 중요한 내용의 상당 부분을 영어권 독자들에게 전달한 것이다. 유럽 대륙에서는 슈얼의 역사서가 끼친 영향이 덜하였다. 크리스 이후로 폭스에 관해서 알아볼 수 있는 내용은 슈얼의 것보다 훨씬 간단한 영어로 된 작품에 기록되어 있다. 그러나 그 작품도 폭스의 「일기」를 바탕으로 쓴 것이었다. 그 책은 바로 토머스 클락슨(Thomas Clarkson)이 자신의 「퀘이커교에 관한 서술」(Portraiture of Quakerism)의 서문으로 쓴 20페이지였다. 클락슨은 크리스와 마찬가지로 친우회 교우는 아니었지만 퀘이커교에 관하여 잘 알고 있었다. 클락슨의 책이 「퀘이커교의 역사」(Histoire des Quakers, 1820)라는 제목으로 프랑스어로 번역된 이후, 이 책에 나와 있는 폭스에 관한 설명은 프랑스에서 폭스의 「일기」가 (간접적이기는 하나) 영향을 미치게 하는 중요한 통로가 되었다.

프랑스 작가 중에서 초기 퀘이커교에 관해 처음으로 관심을 보인 가장 유명한 사람은 볼테르(Voltaire)였다. 퀘이커교는 그의 「철학 서한(영국 서한)」(Lettres sur les Anglais ou lettres philosophiques)의 처음 네 편의 주제가 되고 있다. 그중 세번째 작품에서는 바클레이나 윌리엄 펜처럼 좋은 평을 하고 있지는 않지만 폭스에 관한 언급을 하고 있다. 이러한 언급들 중에 더러 어떤 것들은 개략적이기는 하나 폭스의 「일기」에 근거를 둔 것들임이 틀림없다. 그것이 폭스의 「일기」나 프랑스어로 쓰인 비퀘이커교의 작품을 포함한 다른 책들에서 직접 알게 된 것인지, 혹 볼테르 자신이 영국에 있을 때에 영국인 퀘이커교도인 원즈워스(Wandsworth)의 앤드루 피트(Andrew Pitt)에게 들은 것인지는 확실치 않지만 말이다.

다니엘 디포우 이후 약 1세기가 지난 후 퀘이커교는 영국 문학에 깊이 침투하기 시작했다. 이러한 현상은 워즈워스(Wordsworth)와 콜리지(Coleridge) 연합회원들의 작품에 분명히 드러난다. 최근 드러났듯이 "퀘이

---

3) 잉글랜드에서는 집회 때마다 그 집회가 처음 정착하게 된 진상을 보도하라는 요청을 받으면, 폭스의 「일기」에 나온 폭스가 처음 방문하게 된 이야기를 하였다.

커교의 기운이 호반시인파의 유명 시인과 작가들 사이에 퍼졌다고 이야기한다고 해도 거의 과언이 아닐 것이다."

이러한 관심은 퀘이커교에 관한 책들을 많이 읽어서라기보다는 퀘이커교를 바라보는 철학적인 연민 때문이었다. 또한 그러한 관심을 보인 작가들 대부분이 친우회와 개인적으로 아는 사람들이었던 까닭도 있었다. 실제로 당시에는 유명한 시인들과 알고 지내던 잘 알려지지 않은 퀘이커교 시인이 몇 있었다. 토머스 윌킨슨(Thomas Wilkinson)은 워즈워드와 이웃한 친한 퀘이커교인이었고 워즈워드만큼 가깝지는 않았지만 콜리지와도 이웃이었다. 두 사람 다 토머스 윌킨슨과 시를 주고받았다. 로버트 사우디(Robert Southey)도 퀘이커교 시인으로 같은 퀘이커교 시인인 버나드 바튼과 아는 사이였다. 바튼이 사우디보다 친하게 지냈던 사람은 찰스 램(Charles Lamb)이었으며, 램과 사우디 두 사람은 각각 시인인 찰스 로이드(Charles Lloyd)와 한 동안 친하게 지냈는데 찰스 로이드는 퀘이커교의 피를 이어받은 사람이었다. 에드워드 피츠제랄드(Edward Fitzgerald)는 여러 해 동안 바튼이 알고 지냈던 또 다른 사람이었다. 바튼은 퀘이커 교인으로서 폭스의 「일기」에 대해 오랫동안 알고 기억하였던 사람이었음에 틀림없다. 찰스 램은 바튼에게 자신이 조지 폭스의 묵직한 2절판 책을 다 읽었다는 글을 써보냈다. 찰스 램은 그 책을 여섯 달 동안 빌려보긴 하였으나 다음과 같은 말을 하고 있다. "나는 그 책을 다 읽느라 몇날 며칠을 보냈으나 한 글자도 빼놓지 않고 읽었다고 생각한다."[4] 캐롤라인 폭스(Caroline Fox)에 따르면, 1842년에 존 스털링(John Sterling)이 「폭스의 일기」를 재미있게 읽은 반면에 존 스튜어트 밀(John Stuart Mil)은 10살이 채 되기도 전에 폭스의 「일기」를 읽었다고 한다.

정말 이상한 일이지만 다른 어느 누구보다 폭스의 「일기」를 사용하려고

---

4) 1823년 2월. 그러한 기록을 다룬 사본이 현재 런던에 있는 친우회 도서관(Frinds Library)에 보관되어 있다. 윌리엄 호위트(William Howitt)가 폭스에 관해 오랫동안 숙고한 시도 미완성되었다. 콜리지는 폭스의 이야기를 담은 책을 만들 구상을 두번 하였다. 한번은 후커(Hooker)와 박스터(Baxter)와 비들(Biddle)과 함께 다루려고 했으며 또 한번은 뵈메와 브루노와 스피노자와 함께 다루려고 했다.

한 사람은 계관 시인인 사우디였다. 퀘이커교에 관한 그의 관심은 아마도 1803년 토머스 클락슨을 만났을 때부터 시작된 것 같다. 토머스 클락슨은 자신이 퀘이커교인은 아니었으나 퀘이커교를 굉장히 호평한 사람으로 당시「퀘이커교에 관한 서술」을 저술하고 있었다. 토머스 클락슨을 만난 것은 사우디가 바튼과 조셉 존 거니(Joseph John Gurney)와 알기 이전이었다. 사우디는 아마도 퀘이커교의 어떠한 국면(예를 들어 평화주의 같은 것)에도 공감을 하지 않은 것 같으나, 두 가지 작품을 오랫동안 시도하려고 하였던 것 같다(그 두 가지 작품은 죽을 때까지 완성을 보지 못했다). 하나는 필립 왕 전쟁(King Philip's War) 시기에 뉴잉글랜드의 유명한 퀘이커교 영웅인 올리버 뉴먼(Oliver Newman)을 다룬 시였다. 또 하나는「웨슬리의 생애와 감리교의 생성 발전」(Life of Wesley and the Rise and Progress of Methodism)과 같은 구상으로 계획한 퀘이커 교의 역사와 조지 폭스의 전기였다. 사우디는 1820년 한 친우회에 다음과 같은 편지를 보냈다. "제가 당신들이 속한 교파의 창시자의 생애와 그 교파의 생성 발전을 글로 쓰려는 의도는 그리스도인으로서 성실하고 충실하고 자세하고 관대하게 그것을 다루려는 것인데, 나 자신의 시각을 무시하지 않으면서 다른 사람들의 공정한 의견을 널리 수용할 작정입니다." 사우디를 아는 친우회 교우들은 그가 그러한 작품을 계획하는 것을 격려하지 않았다. 퀘이커교에 대한 그의 소극적인 언급을 마땅치 않게 생각했던 것이 아니라, 사우디의 자유로운 기술의 객관성을 믿을 수가 없었던 것이었다. 그의 작품「폭스의 생애」(Life of Fox)는 미완성으로 발간되지 않은 채 현재 런던 친우회 박물관에 보관되어 있다.

미문학(美文學)에서 폭스의「일기」를 가장 많이 반향한 것은 카알라일의「의상철학(衣裳哲學)」(Sartor Resartus)이다. 이 의상철학(Philosophy of Clothes)에서 진술된 독일 자료는 현재 이야기하고 있는 폭스의 반바지를 화제로 삼고 있으며, 그러한 것을 "아마도 현대사에서 가장 주목할 만한 사건"이라 생각한다고 단정짓고 있다. 카알라일은 어머니에게 보내는 개인 서신에서 이러한 동일한 자유의 상징을 자기가 현재 간직하고 있는 독립에 적용하였다. 그러나 카알라일이 폭스의 일생에 관심이 있었다는 더욱 폭넓은 증거가 있다. 폭스의 생애는, 카알라일이 시민 전쟁을 이야기하고 크롬웰의 편지와 연설에 대한 그의 작품의 배경을 설명하는데 카아라일의 관심을 끌었다. 카아라일은 "조지 폭스의 방대한 「일기」에 날짜가 적혀 있지 않다는 것은 우리로선 유감이다"라고 적었다. 그렇지만 자기에게 릴번느(Lilburne)의 생애를 적어달라고 제안한 사람에게 카아라일은 조지 폭스를 영국 역사상 "상당히 훌륭한 국민"이라는 말로 어느 정도 절제된 호감을 표시했다. "폭스의 「일기」라는 거대한 괴물을 붙들고 엄격하고 솔직한 시각으로 1848년의 사람에게 아직까지도 생생한 흥미를 주는 것이 무엇인지 가려내 보십시오. 아마 백 가지는 되지 않겠지요"하고 카아라일은 말했던 것이다.

매콜리(Macaulay)는 폭스를 아주 낮게 평가하였다. 「일기」를 읽은 몇몇 독자들처럼 그도 폭스가 도덕관념이 부족하고 이치에 맞지 않는다고 느꼈던 것이다. 매콜리는 폭스가 도덕적으로나 지적으로 로도윅 머글튼(Rodowicke Muggleton)이나 조안나 사우스코트(Johanna Southcott)만 못한 사람으로 "모든 상황에 대해 가장 서투른 이성을 갖고 있는 사람으로 다시 말해 자유를 위해 정신이 너무 이상해졌으면서도 정신병동에 갈 만할 정도는 아니라"고 하였다. 폭스에 대한 매콜리의 이러한 평가는 윌리엄 펜에 대해서도 그가 그릇된 판단을 하였다는 것보다는 덜 알려져 있지만 「영국의 역사」(The History of England) 4권에 몇 페이지 나올 뿐이다. 그러나 매콜리는 아직까지도 폭스를 존경하는 폭스의 몇몇 추종자들이 폭스의 대강의 교리를 잘 다듬고 폭스가 두서없이 이야기해 놓은 것을 영어로 번역해 놓았음을 인정하였다. 폭스에 대한 매콜리의 냉혹한 평가에 반하여, 매콜리의 조카의 아들되는 조지 매콜리는 만년에 쓴 그의 책 「스튜어트 왕가의 지배를 받던 영국」(England Under the Stuarts), 10장에서 꽤 호의적인 평가를 하였다.

바튼보다 더 유명한 퀘이커교 시인은 미국인인 존 그린리프 휘티어(John Greenleaf Whittier)였다. 그는 뉴잉글랜드의 작은 퀘이커교 집안에서 자라났으며, 얼마 안되는 퀘이커교도의 책이 그의 초기 독서량의 상당부분을 차지했다. 휘티어는 그 자신이 십대 중반이 되기 전에 다 읽은 이 가족의 장서에 관해 시 형식으로 두 가지 일람표를 남겼다. "폭스"(「일기」로 볼 수 있는)가 그중 하나였으며, 다른 많은 사람들처럼 휘티어도 슈얼의 「역사서」에 나온 이차적인 상세한 설명을 통해 폭스에 대해 더 잘 알게 되었다. " … 애를 쓴 슈얼의 오래된 대작은 모든 퀘이커교 가정에서 사랑을 받는" 책이었다. 기대했던 대로 휘티어의 서신과 산문에는 폭스에 관한 이야기가 많이 나온다. 그러나 휘티어는 일찍이 다른 퀘이커 교우의 일기와 이야기들을 접하면서, 시에 적절히 활용할 수 있는 폭넓은 퀘이커교 역사의 틀을 느꼈다. 「요한계시록」(Revelation)과 「그림자와 빛」(The Shadow and the Light)이라는 두편의 시는 일찍이 종교적으로 폭스를 경험한 것을 바탕으로 하고 있으며 근본적으로는 폭스의 「일기」와 관련이 있으며 슈얼에게서 되풀이 이야기되는 것이었다. 다른 유명한 시인 「국왕의 공식 서한」(The King's Missive)은 폭스나 폭스에 관한 기록을 바탕으로 한 것은 아니었지만 사무엘 샤터크(Samuel Shattuck)가 매사추세츠(Massachusetts)로 돌아간 이야기에서 유래한 것이라 (생각하지만), 그 이야기는 발간된 폭스의 「일기」에 포함되어 있던 것으로, 「일기」에 바탕을 둔 슈얼의 역사서에도 나와 있는 이야기이다.

휘티어는 퀘이커에 관한 관심을 퀘이커교가 아닌 다른 문학가 친구들과 함께 나누었다. 그들도 계승자가 되어, 폭스의 「일기」에서 끌어낸 이야기는 아니지만 뉴잉글랜드 퀘이커교도가 핍박받는 이야기를 썼다. 그런데 휘티어가 그러한 이야기를 적은 책을 1859년에는 롱펠로우(Longfellow)에게 1852년에는 에머슨(Emerson)에게 빌려 주었다는 편지들이 있다. 퀘이커교에 관한 에머슨의 관심은 이미 오래된 것이었다. 에머슨은 폭스를 언급할 기회가 자주 있었으며, 1835년에 자서전에 관한 초기 강연 시리스에 폭스를 포함시키기로 작정하였을 때에 폭스는 이미 그가 오래 전부터 호감을 가지고 있던 사람이었다. 1959년에 처음으로 출간된 이 글은 직접적이든 간접적이든 폭스의 「일기」와, 에머슨이 폭스와 슈얼의 글에서 취한 내용을 바탕으로 하고 있음이 드러났다. 아직 콩코드(Concord)의 에머슨의 집에 있는 슈얼의 「역사서」(History) 사본은 1832년 왈도(Waldo)의 형제인 찰스 에머슨(Charles Emerson)에게 헌정되었다. 같은 해 에머슨이 쓴 「일기」는 폭스에 관한 내용을 슈얼의 기록을 통해 얻고 있음을 나타내 준다.

퀘이커에 대한 에머슨의 관심은 일찍이 자라났는데, 그것은 뉴베드포드

(New Bedford)에 사는 자유주의적인 친우회 교우들과 접촉하였기 때문이었고 우연히 버지니아의 에드워드 스테블러(Edward Stabler)와 이야기를 나누게 된 것이 계기가 되었다. 또 다른 '친우회 중의 친우회원'이라 할 수 있는 사람은 월트 휘트먼(Walt Whitman)이라는 사람이었다. 휘트먼은 엘리어스 힉스(Elias Hicks)를 알게 되어 60대 후반이던 힉스에 대한 회고담과 그에 대한 인상을 글로 쓰게 되었으며 뒤이어 힉스의 선조인 조지 폭스에 관한 얼마 안 되는 글을 적게 되었다. 롱아일랜드 태생이던 휘트먼이 엘리어스 힉스와 조지 폭스에게 관심을 갖게 된 데에는 지역적인 연관이 있었기 때문이었다. 힉스가 폭스의「일기」를 알고 있었다는 것은 말할 나위 없다. 지역 집회 도서관이나 이웃에 사는 친우회 교우로부터 얻을 수 있었을 것이다. 엘리어스 힉스가 가지고 있던 사본은 스와스모어 컬리지(Swarthmore College) 친우회 역사 도서관(Friends Historical Library)에 보관되어 있다.

폭스의「일기」가 끼친 영향에 대한 다른 이야기를 찾을 것 없이, 우리는 이미 그 책이 꽤 다양한 영향을 끼쳤으며, 때로 그 영향이 모순적인 면도 있었음을 명백히 보았다. 장로교 교인인 새뮤얼 뉴턴(Samuel Newton)은 폭스의 초기 공적 중에서 특별히 그가 신을 신지 않고 "리치필드라는 피의 도시"를 지났다는 것을 인용하면서 폭스의 그런 행동이 이상하다고 하였다. 그 이야기는 윌리엄 제임스(William James)의 종교성의 특징을 가장 잘 나타내는 예로,「다양한 종교적 체험」(*Varietires of Religious Experience*)이라는 책 첫머리에 인용되어 있는 것과 똑같은 사건이었다. 여기서 제임스는 종교성의 특징이란 "비정상적인 정신적 천혜(天惠)에 속하고", "보통 병적이라고 분류되는 특성"으로서 "신경 불안의 징후"라고 말하고 있다.

제임스 교수는 계속해서 "(폭스가) 창설한 퀘이커교에 대해서는 과찬할 수 없는 것이 있다. 속임의 시대에 퀘이커교는 영혼의 내면에 뿌리를 둔 진실을 말하는 종교였으며 당시 잉글랜드에서 알던 것과는 다른 독특한 복음의 진리와 같은 것으로 되돌아 가는 것이었다 … 한동안 아무도 폭스가 영적인 지혜나 능력의 면에서 건강치 못하다고 감히 이야기할 수 없다 … 그렇지만 신경 조직의 측면에서 볼 때 폭스는 정신병자이거나 가장 극악한 정신 이상자였다. 그의 「일기」는 이러한 것을 입증해 주는 이야기가 많이 나와 있다"고 이야기한다. 제임스가 뒤이어 인용하는 구절은 그러한 것을 나타내는 구절이 아니며, 현재 하버드 도서관(Harvard Library)에 있는 제임스가 가지고 있던 폭스의 「일기」 사본에서 제임스는 강조 표시를 거듭하고 있는데, 그 표시는 제임스가 리치필드 사건에 관심을 가졌음을 보여 준다.

폭스의 「일기」에 나오는 또 다른 "이상한" 특징은 이미 이야기한 죄의 인식이 없다는 점이었다. 죄를 인식함이 없다는 것은 18세기에 인정되는 전통적 교리에 다소 어긋나는 것이었다. 프랜시스 버그는 거듭해서 642(실제로는 732쪽)쪽 되는 2절판 짜리 「일기」에 대해 죄의 고백이나 예수님의 이름으로 기도하는 내용이 하나도 나와 있지 않다고 비난하였다. 폭스는 유혹과 억압에 대해 이야기하고 있다. 그렇지만 유혹에 굴복하였음을 인정하거나 자신에게 회심이 필요하다거나 회심한 사실에 대해 전혀 이야기하지 않고 있다. 더러 이러한 사실을 윌리엄 제임스가 "한번 태어난 영혼"이라고 부른 예로 보는 사람도 있을 것이다. 폭스가 자신의 젊은 시절에 관해 이야기한 구절을 당연한 것으로 여기는 사람은 많다. "아주 어렸을 적에 나는 아이답지 않게 진중하고 끈기가 있었다." "열한 살이 되었을 때 나는 순결함과 의를 알았다. 그동안 순결함을 지키며 행하는 법을 배웠기 때문이었다"(60쪽 참조).

퀘이커교를 비판한 초기 비판가들만이 폭스가 결백함을 고백하는 것을 못마땅하게 생각했던 것이 아니라, 그것은 후대 복음주의 친우회 교우들의 회심과도 맞지 않는 것이다. 조셉 존 거니(Joseph John Gurney)는 (아마 1820년 즈음해서) 자기 삼촌인 조셉에게 편지를 쓰면서, (폭스에게는) "영적인 약함이나 갈등, 의심, 침체"에 대한 표현이 부족하다는 것을 특별히 지적하였다. "폭스의 삶과 인격에 대한 의심할 수 없는 증거가 주는 확신이 없다면, 그의 「일기」에 나타나는 이러한 특징은 폭스가 모든 점에서 온전하지 않다는 어떠한 의심도 들지 않게 할 것이다."

폭스의 「일기」가 끼친 영향은 사건마다 다른 작가들이 요약하였다. 더 정확히 말해, 그 영향은 꾸밈없는 서술을 통해 빛나는 작가(폭스)가 지니는 분명한 성격의 특징을 밝히기 위해 평가된 것이었다. 폭스는 독립심과 용기가 있는 사람이었으며, 말과 행동이 솔직했으며, 독창적이었고, 진지했다. 폭스는 영국 국교회든 청교도든 간에 전통주의와 형식주의로부터 저항을 받았다. 그는 직접적인 계시를 강조했기 때문에 전통적인 신앙의 틀에서 상당히 벗어나 독립적인 사고를 지닌 세속적인 사람들이 좋아했다. 그들은 폭스의「일기」에서 자신들의 이교성과 교권주의를 지지할 만한 근거를 찾았던 것이다. 버나드 쇼(Bernard Shaw)는 폭스에 관한 극을 한 편 쓸 구상을 하였으며 실제로 그의 작품「선한 찰스 왕의 황금 시대」(In Good King Charles' Golden Days)에 폭스를 등장시켰다.

그러나 폭스의「일기」에는 또 다른 특징이 나타나는데 그 특징은 이상하게도 친우회 조직 내에 양면 가치의 영향을 끼친다. 폭스는 근본적으로 성경에서 인용한 말을 사용하였으나, 자신의 혁명적인 사고와 함께 전통적인 전문용어를 상당히 많이 사용하고 있다. 직접적인 인도를 역사적인 계시와 동일시하고 있다. 내면의 빛은 그리스도나 성령과 따로 떼어 생각할 수 있는 것이 아니다. 내면의 빛은 성경을 밝히신 영과 동일한 영을 말하는 것이다. 폭스는 독자들로 하여금 그가 성경의 기록보다는 내면의 경험을 우선시하고, 과거에 거룩한 행위보다는 현재의 신앙을 중요시 하였음을 확신케 한다. 그런 반면 그를 반대하는 사람들이 확신케 하는 것은 하나도 없다. 그렇지만 폭스는 자신이 더 중요하다고 인정하는 교리만큼이나 과거도 인정하였다. 오늘날과 똑같은 하나님 혹은 하나님의 영이 그리스도의 생명과 죽음 안에서 영감을 받아 힘을 얻은 폭스와 초기 퀘이커교의 삶 가운데 역사하셨던 것이다.

폭스의 사상에 나타나는 이러한 해결되지 않은 양면성은 자신의「일기」를 통해 추종자들에게 이상한 영향을 끼쳤다. 세대를 거듭한 이러한 폭스의 추종자들은 자신들이 중요하게 여기는 생각을 나누었다. 시대마다 폭스처럼 신앙을 이해하는 신비(예언이라 해도 좋다)에서 벗어나, 폭스의 반대자들이 강조하는 복음주의적인 생각에 집착하는 친우회 교우들이 더러 있었다. 폭스의「일기」에는 자신들도 폭스와 같은 견해를 가지고 있음을 주장하는 사람들을 위해 이런 공통적인 기독교 신학에 관해 충분히 나와 있다. 이와같이 진기하고도 믿을 수 없는 방식으로 폭스의 「일기」는 자신들은 퀘이커교를 이해하는 사람들이며 대적하는 사람들이 아님을 분명하게 정당화시키기 위해 친우회와 상당히 대조적인 집단이 진지하게 믿기도 한다. 그들은 물론 두 가지 측면이 친우회 창시자의 사상과 일치한다고 주장한다.

폭스의 「일기」에 대한 감상이 「일기」나 저자 폭스에 대해서보다 그것을 읽은 독자들에 대해 더 많은 이야기를 하고 있다는 감이 있다. 그리하여 독자들은 옛날 사람이든 현대 사람이든, 퀘이커교도이든 아니든, 전문적인 역사가든 아니든 간에 자기들이 읽고 있는 책에 대해서보다는 그 책에 대한 사람들 각자의 반응에 대해 더 많은 것을 알게 된다. 각자 폭스에 관해 얼마만큼 진지한 마음을 품고 있는가("엄청난 자신감")에 따라 얼마나 조지 폭스라는 인물이 끼친 놀랄만한 영향을 받아들이고 전달할 수 있는가가 판가름 날 것이다.

서론

소위 '발육기'라고 하는 개인의 어린 시절에는 신비스러운 순간이 있다. 새로운 힘이나 활동이 생겨나고 있는 이 순간들은 잠복기의 중대 국면이다. 기고 걷고 흉내내고 말하려는 발육의 상태는 특수한 기능을 배우는 심리적 시기가 왔다는 표시다.

그처럼 인류의 역사에도 비슷한 시기 곧 신비스러운 성장 시절이 있다. 그런 때에는 새로운 것이 생겨난다. 물론 그 시대는 새로운 것으로 인한 진통의 의미를 아주 어렴풋이 파악한다. 이 시기는 생활사에서 중대한 때다. 이와 같이 인류의 '발육기'는 다른 시기처럼 과거와 유기적인 관계를 맺고 있다. 이 시기들은 인류의 이전 역사로 인하여 가능하게 된 인생의 사건들이며, 그래서 이 시기들은 그 자체만 가지고는 이해할 수 없다.

그런 시기 가운데 가장 주목할 만큼 특징있는 시기는, 마치 한 새로운 오순절의 숨결이 바다 너머로 퍼진 듯이 서로 떨어진 곳에서 그리고 다양한 삶을 통하여 진리의 새로운 측면들이 동시에 터져 나오는 때다. 이 동터오는 때 다음에는 일반적으로, 다른 사람들이 흐릿하게 혹은 무의식적으로 느끼고 있지만 명백하게 표현할 수 없었던 일의 대표자가 될 자격이 있음을 입증하는 어떤 사람이 나타난다. 그 사람은 어떤 신적 권리로 그 시대의 선지자가 되는데, 이는 그가 활동을 벌이거나 진리를 영속화하기 위하여 사람들을 조직하는 아주 강력한 힘으로 그 시대의 이념들을 해석하는 방법을 알고 있기 때문이다.

앵글로색슨 사람들의 생활사에서 흔히 공화정 시기(Commonwealth period)라고 부르는 시기보다 중요한 시기는 별로 없다. 물론 이 공화정 시기라는 용어는 대개 1640-1660년의 시기를 포괄하는 말로 사용되어야 한다. 이 시기는 새로운 것이 사람들의 의식에 들어오고 역시 새로운 것들이 행동으로 표현되던 잠복기들 가운데서도 두드러지는 시대였다. 지금은 마침내 엄청난 입헌적 변화를 낳은 정치적 갈등을 서술하는 자리도 아니고, 국가의 가장 중요한 부분을 형성한 인물이 어떻게 해서 왕권이라는 시대에 뒤진 개념에 맞서 일어나 자치의 원리를 수립했는지를 말하는 자리도 아니다. 시민적 정치적 동요는 그보다 훨씬 깊은 동요의 산물이었다. 한 세기 동안 활활 타오르던 문제들은 종교적 문제였다. 그 시대의 교회는 타협으로 생겨났다. 이 교회는 중세 사상의 막대한 축적물을 이어받았고, 엄청난 중세 전통을 흡수했다. 도덕적으로나 종교적으로 진실했던 사람들은 신선한 개혁의 어떤 기준들에 골몰했다. 진정되지 않고 잠잠해질 수 없는 정신이 바다 너머로 퍼졌다. 권위주의 교회라는 옛 이념을 따르는 자는 없지만, 개인이 하나님께 자유롭게 다가갈 수 있게 하는 종교 제도 가운데서 제자리를 잡은 것은 아무것도 없었다. 사실 이 문제는 이어받은 진리를 보전하고 전체의 안정을 보장하면서도 동시에 개인의 자유를 장려하는 조직 형태를 발견하는, 늘 유별나게 까다로운 문제였다.

영국에서 종교 개혁을 향한 오랜 투쟁은 두 가지 발전 노선을 따랐다. 한편으로는 장로교를 지향하는 잘 정돈된 운동이 있었고, 다른 한편으로는 좀더 자유로운 종교 생활을 지향하는 다소 무질서한 추구, 곧 독립교회주의를 지향하는 운동이 있었다. 장로교의 급속한 확산은 일반적인 종교적 동요를 줄이기는커녕 심화시켰다. 장로교는 또 하나의 교회 권위 형태로 이전의 교회 권위만큼이나 융통성이 없고 관습의 거룩한 재가를 얻지 못한 사실이 곧 분명해졌다. 그러므로 그 시대의 칼빈주의 신학은 전체 인간성에 횡포를 부렸다. 이 신학과 연관된 필연적인 주장은 지적인 동의를 강요할 수 있지만, 사람에게는 지성만큼이나 생생한 무엇이 있다. 그리고 이는 영원한 진리를 융통성없는 명제로 옥죄어서는 만족되지 않는다. 개인의 영적 굶주림, 많은 사람들이 영적으로 추구하면서 느끼는 필요는 언제나 염두에 두어야 할 것이다. 조지 폭스가 이 신학 아래서 영적인 위기를 맞게 된 점을 잊어서는 안 된다.

그래서 신학이 한 집단과 더불어 고정 형식으로 굳어 있는 동안, 영국 곳곳에서 엄청나게 많은 사람들 사이에서는 훨씬 더 융통성 있는 신학이 퍼져 가고 있었다. 종교의 권위는 지난날만큼 중요하지 않게 되었다. 현존하는 종교적 상황은 궁극적인 것으로 더 이상 받아들여지지 않았다. 불안감이 퍼져서 점점 기묘한 분파들이 많이 생겼다. 폭스는 그 시대의 주도적인 분파 운동 가운데 적어도 네 운동에 직접 접촉했다. 그리고 그 운동들이 긍정적으로나 부정적으로 그에게 경향을 미쳤던 것은 의심할 수 없다.

첫번째 중요한 '분파'이자 조지 폭스의 생애에 처음으로 영향을 준 운동은 그 당시에는 종종 재세례파라고 불렸던 침례교였다. 그의 아저씨 피커링(Pickering)은 이 분파의 회원이었고, 조지는 침례교를 다소 두려워했지만 그들로부터 상당히 많은 것을 배웠음에 분명하다.

그들은 루터 시대의 유럽 대륙으로 거슬러 가는 긴 역사를 이미 갖고 있었고, 그들의 모든 활동은 핍박과 고난으로 얼국져 있었다. 그들은 '독립교회주의자'였다. 즉 그들은 교회와 국가가 분리되어야 하고 각 지역교회는 독립된 생활을 가져야 한다고 믿었다. 그들은 의지와 믿음의 행위가 아닌 행위는 종교적 가치를 가질 수 없다고 주장하면서 유아 세례를 단호하게 반대했다. 에드워즈(Edwards)는 1646년 "괴사〔壞死〕"(Gangraena)에서 "고양이나 개나 병아리에게 세례를 주는 것은 유아에게 세례를 주는 것만큼 합법적이다"리는 뜻을 담고 있는 그 당시 퍼져 있던 한 교리를 알리고 있다. 그들의 사역관(使役觀)은 기발했고, 확실히 폭스의 흥미를 불러일으켰다. 그들은 평신도 사역을 권장하고, 실제로 신기료 장수들, 가죽 장수들, 재단사들, 베 짜는 사람들, 적어도 한 사람의 양조자에게 모임에서 설교하도록 했다. 그런 사람들 가운데 하나였던 존 번연은 "옥스퍼드와 케임브리지가 설교하는 사람을 만드는 데 꼭 필요하지는 않았다"는 일반인들의 만족을 입증해 주었다. 더 이상한 것은 그들이 대적들로부터 조롱조로 '여성 설교자'라고 비웃음을 산 제도를 두었다는 사실이다.

에드워즈는 199가지 '뚜렷한 오류와 이단과 신성 모독'을 적은 목록에서 이 무시무시한 잘못을 기록했다. "어떤 이들은 여성이 설교하는 것을 합당하다고 하며 여성들이 남성처럼 은사를 받았으며 실제로 어떤 여성들은 설교를 하고 그들에게 큰 호소력을 갖고 있다고 말한다."

게다가 그들은 십일조와 모든 사례금을 불법이라고 주장했다. 그들은, 설교자는 자신의 손으로 일하고 '검은 옷을 입지' 말아야 한다고 했다. 이런 슬픈 잘못이 에드워즈의 무질서한 목록에 나타난다. "복음 사역자를 위하여 정해 놓은 어떤 생계 유지책들은 모두 불법이라고 말한다." 마지막으로 침례교도 가운데 많은 사람은 '뾰족탑' 사용을 반대하고 성령이 감동하시지 않으면 누구도 설교나 예언을 할 자격이 없다는 견해를 주장하였다.

이 일기는 '구도자들'(Seekers)을 이따금 언급하는데, 이 구도자들은 공화정 시대 동안 영국에 널리 흩어져 살고 있었다. 그들은 세상 어디서도 종교의 적합한 구현체를 보지 못한 진지한 사람들이었다. 그들의 주장에 따르면 참된 교회는 없고 사도 시대 이후로는 그런 교회가 없었다. 그들은 성례를 기념하지 않았는데, 그 이유는 세상에서 분명하게 기름부음을 받아서 그런 의식을 확실하고 잘못되지 않게 집행할 수 있는 사람이 없다고 주장했기 때문이다. 그들의 모임에는 '머리'가 없었다. 왜냐하면 그들에게는 "탁월하게 혹은 권위 있게 다른 사람 앞에 나설 수 있는 능력이나 은사를 가진" 사람이 아무도 없었기 때문이다. 윌리엄 펜(William Penn)은, 그들이 '자신의 의지로' 함께 모이지 '아니하고' "침묵 가운데 함께 기다리며 하나님께로부터 나왔을 뿐 아니라 하나님의 호의를 입었다고 생각하는 어떤 일이 그들 가운데 한 사람의 마음에 떠오를 때 이따금씩 말했다."

우리는 "괴사"에 들어 있는 에드워즈의 목록에서 그들의 특징적인 '오류들'을 몇 가지 지적할 수 있다. "뒤섞여 있는 회중들에게 성경을 읽어주는 것은 위험하다." "우리가 1600년 전에 예루살렘에서 십자가에 달린 한 분으로부터 위대한 일들을 찾았으나, 그것은 아무 유익이 없다. 유익한 것은 우리 가운데 형성된 그리스도임에 틀림없다." "그 사람들은 연구와 사전 계획이 없이 말씀을 전하고 은사를 발휘해야 하고 말하기 전에 무엇을 말할 것인지 생각하지 말아야 한다. 이는 성령께서 그 시간에 말할 것을 주시며 그들을 가르치실 것이기 때문이다." "전파자에게는 인간 학문이나 저술가들의 책을 읽는 일이 전혀 필요 없고, 책이란 책, 학문이란 학문은 몽땅 사라져버릴 것이라 한다. 사람들이 그처럼 많은 책을 쓰는 것은 성령이 부족한 데서 생긴다."

'구도자들'은 빛이 곧 밝아 오고 배도의 시절은 끝나며 성령님이 새로운 계시를 하실 것으로 기대했다. 이런 기대에 비추어 볼 때, 폭스가 자신과 자신의 동료들이 성경을 지어내시는 동일한 성령 안에 살고 있으며 사도처럼 직접적인 명령을 받았다고 자주 확언하는 말에는 특별한 의미가 붙어 있다. 폭스는 한 '사제'에 대하여 이렇게 말한다. "나는 그에게, 선지자와 사도들처럼 그리고 내가 그랬던 것처럼 메시지를 받아서 그 메시지와 더불어 나아가는 것, 주님으로부터 말씀을 받는 것은 일상적 체험과 아주 다른 것이라고 말했다."

훨씬 더 무질서한 '분파'는 '랜터 파'(Ranters)였다. 필시 그들의 교리에는 진리의 작은 씨앗은 있었을 것이지만, 그들은 종교적 열정주의에 흥분되어 난폭하고 위험천만한 극단으로 치달았고, 몇몇 경우에는 정상적인 상태를 넘어서 버리기도 했다. 그들은, 하나님이 만물 속에 계시며 모든 사람이 하나님의 현현이라는 믿음으로 출발하여, 그들의 해로운 논리에 따라 사람이 하는 모든 것은 하나님이 하는 것이라는 결론으로 끝을 맺었다. 그들은 모든 권위 위에 있었고, 사실상 이렇게 말했다. "우리가 성령을 갖지 않았는가? 그러면 왜 우리는 바울처럼 성경을 쓰지 못한단 말인가?" 그들은 "그건 사람이 썼기 때문이 아니라" "하나님께서 나의 속에서 그렇게 말했다"고 확증할 수 있기 때문에 성경을 믿었다. 그리스도께서 하신 일은 그들에게 임시적인 상징에 불과했고 외부적인 것은 대단치 않았다. 왜냐하면 그들은 자신 속에 하나님을 모시고 있었기 때문이다. 율법이 성취되었으므로, 그들은 자신들이 모든 율법에서 자유롭고 하나님이 하라고 장려하신 일을 죄 없이 할 수 있다고 주장했다. 리처드 백스터는 "그 분파의 무서운 악행은 그 분파를 급속히 사라지게 했다."

호담(Judge Hotham) 판사는 1651년 폭스에게 이렇게 말했다. "만일 하나님이 당신이 전한 빛과 생명의 원리를 세우지 않으셨다면, 이 나라에는 랜터주의가 속속들이 퍼졌을 것입니다." 랜터 파의 많은 사람들은 친우회

(Friends) 교우가 되었고 더러는 새로 조직된 집회(new Society)의 주역이 되었다. 물론 얼마 동안 랜터파가 이 사회에 심각한 영향을 미쳐서 징계와 질서와 제도를 세우는 일에 격렬한 반대가 일어났다. '제 5왕국파 사람들' (Fifth-monarchy men)의 등장은 특별히 언급해야 할 유일하게 다른 운동이다. 이들은 성경을 문자적으로 해석하여 천년 왕국이 가까웠다고 믿는 근거를 발견했다. 그들은 몇 가지 계산 체계로, 네개의 세계 군주국 ― 앗시리아, 페르시아, 헬라, 로마 ― 가운데 마지막 군주국이 멸망을 향하여 비틀거리며 가고 있고 다섯번째 보편적인 군주국 ― 그리스도의 군주국 ― 이 곧 세워질 것이라고 결론을 내렸다. 성도들이 다스릴 것이었다. 이 새로운 군주국은 더디게 나타나고 있어서, 그들은 육적인 무기로 그 출현을 재촉할 수 있다고 생각했다. 그들이 믿음으로 행하면 필시 기적을 허락하실 것이었다. 기적은 나타나지 않았지만, 이 사람들의 출현으로 폭스는 심각한 어려움을 당했다. 그는 전에 아주 분명한 말로 "그리스도께서는 이미 오셨고 네 군주국을 가루로 만들려고 돌진하셨습니다"라고 이 선견자들에게 말했기 때문이다.

천재적 재능을 가진 사람은 폭스에 관한 엄청나게 많은 일들 가운데서 핵심적이고 본질적인 것만 발견한다. 그는 시간적인 것 속에서 영원한 것을 붙잡고 빌려 쓰는 모든 것을 창조적 능력과 혼합하여 새로운 전체를 만든다. 이런 창조력을 조지 폭스는 갖고 있었다. 퀘이커교의 메시지에는 그 당시 많은 분파들 가운데 어떤 분파가 주장하지 않았던 진리가 단 하나도 없을 정도였다. 조지 폭스는 반쪽 진리와 오류들의 무질서 속에 거의 사라져 버린 영적이고 영원한 요소를 보았다. 그의 메시지에는 이런 흩어져 있는 진리들과 사상들이 하나의 새로운 전체 속으로 섞이고, 그의 살아있는 중심 사상으로부터 새로운 생명을 받았다.

영국이 종교개혁이 진행된 이래 아주 복잡한 종교적 문제에 부닥치고 있었지만 종교상의 천재를 배출하지 못했던 것은 기이한 사실이다. 새로운 수준에서 진리를 보거나 그 나라의 관심을 강력하게 끌어당기는 개성과 개인적 메시지를 소유한 사람이 단 한 사람도 나타나지 않았다. 오랜 세월 재간 있고 짜깁기식 타협은 있었지만, 두드러지는 선지자는 아무도 없었다. 조지 폭스는 영국 종교개혁에서 최초의 참된 선지자다. 왜냐하면 그는 이 위대한 종교 운동에 담긴 것을 보았기 때문이다.[1] 필시 이 사실에 대한 가장 확실한 증거는 (물론 아주 중요한 것이지만) 그의 노력에 의하여 곧바로 생긴 주목할 만한 결과들이 아니라, 지난 수백 년 동안 종교적 진리가 폭스가 자신의 메시지에서 핵심적인 것으로 삼았던 진리를 향하였다는 아주 쉽게 검증되는 사실이다.[2] 그의 시대는 그를 매우 오해했다 해도, 만일 오늘날 같으면, 그는 신자들과 좋은 사귐을 나누게 될 것이다.

---

1) "그러나 '선지자'라고는 거의 없다. 선하신 하나님께서는 많은 선지자가 필요치 않으신 것 같다. 그 분이 이 역사를 명령하시는 것처럼 수세기가 지나지만 그러는 동안 선지자는 단 하나도 없다. 그래서 우리는 이 시절들을 암흑의 시대라고 부른다. 그런 후에 광야에서 존이란 사람이 나타나고 세상이 깨어난다. 웨슬리라는 사람이 영국 교회에 나타나고 종교가 부흥한다.
  "영국 민족이 있었기 때문에 우리 영국 민족을 위하여 헤아려보니 서너 선지자가 있다. 유럽 세계를 위하여 헤아려 보니 필시 오늘날 우리의 감사를 받을 만한 선지자가 열한 사람 있다. 이 말은 온 인류의 감사를 뜻한다. 바울과 요한이 그 두 사람이며, 히포의 아우구스티누스가 세번째 사람이며, 단테와 아시시의 프란체스코가 그 두 사람이며, 토마스 아 켐피스와 야콥 뵈메가 또 두 사람이며, 잉글랜드로 넘어오면 위클리프, 존 밀턴, 조지 폭스, 존 웨슬리가 있다." ― Edward Everett Hale, 보스턴 인민 성전, 웨슬리 탄생 200년 기념식 연설에서.
  "지난 3 세기 동안 가장 영향력 있는 영국인은 조지 폭스, 존 웨슬리, 존 헨리 뉴먼이다. 참으로 이 3세기를 이해하기를 바라는 사람들은 폭스의 일기와 웨슬리의 일기와 뉴먼의「변증」(*Apologia*)을 읽고 표시를 하고 배우고 속으로 곱씹어야 한다. 영국과 대영 제국의 모든 미래는 이 문제에 대한 해답에 달려 있다. 뉴먼이 폭스와 웨슬리를 무찌를 것인가? 아니면 폭스와 웨슬리가 뉴민을 무찌를 것인가?" ― *The Methodist Times*지 사설.
2) "그(조지 폭스)가 세웠던 퀘이커교는 아무리 칭찬해도 부족하다. 속이는 시대에 퀘이커교는 영적인 참뜻에 뿌리박은 진실된 종교였고 영국 사람들이 지금껏 알고 있는것보다 훨씬 원래의 복음에 가까운 것으로 돌아가는 운동이었다. 오늘날 우리 기독교 분파들이 종교적 관용을 향하여 나아가고 있는 한, 그것은 본질적으로 폭스와 초기 퀘이커교도들이 오래 전에 갖고 있었던 입장으로 되돌아가고 있는 것에 불과하다. 어느 누구도 잠시 동안 영적인 지혜와 능력이라는 점에서 폭스의 지성이 건전하지 않았다고 가정할 수 없다. 올리버 크롬웰로부터 군의 행정관과 간수에 이르기까지 그와 개인적으로 만난 사람은 모두 그의 월등한 능력을 인정했던 것으로 보인다."
― James, *Verieties of Religious Experience*, p. 6.

이 책의 목적은 폭스로 하여금 자신의 이야기를 하게 하는 것이다. 이 이야기는 대체로 그의 방식대로 진행될 것이다. 하지만 미리 그가 옹호하여 말한 원리를 자세히 설명하면 독자들에게 도움이 될 것이다. 그의 생애에서 첫번째 시기는 장차 그의 마음에 만족을 주게 될 일에 대한 아주 고통스러운 추구로 가득 차 있다. 같은 시대에 살던 저명한 번연은 내면의 상태와 체험을 서술하는 데에 훨씬 큰 능력을 갖고 있었지만, 이 두 전기 작품을 비교하면, 영적으로 황량한 시절 폭스의 고난은 번연의 고난보다 훨씬 깊었음을 우리는 믿게 된다. 물론 폭스는 번연처럼 개인적인 죄에 대한 두려운 느낌 때문에 고통을 겪지 않았음을 지적해야 한다. "11살 되었을 때 나는 순결함과 의를 알았다." 이것은 폭스가 죄에 대한 느낌으로부터 일찍 벗어났음을 보여주는 내용이다. 아무런 위안을 주지 않았던 '절망'은 지나치게 민감한 그의 영혼 때문에 생겼다. 세상은 물론이고 심지어는 교회도 사악함과 죄로 가득 차 있음을 발견하고 그는 좌절했다. "그 도시〔런던, 1643년〕의 위대한 교수들을 쳐다보고 나는 모든 것이 캄캄하고 흑암의 사슬에 묶여 있음을 보았다." 이 일은 죽음처럼 무겁게 그를 짓눌렀다. 온천지에 이 세상이 악하다는 것만큼 그에게 생생한 것은 없었다. 그는 이렇게 울부짖었다. "차라리 나지 않을 수 있었다면, 눈이 먼 채로 태어나 사악함이나 헛됨을 볼 수 없었다면, 귀가 멀어 헛되고 사악한 말이나 주의 이름을 모독하는 소리를 들을 수 없었다면."

　하지만 그는 세상의 사악함을 보고 짓눌리기도 했지만, 그것보다는 사제들이 '속이 텅빈 통'이었고 그가 영국에서 발견할 수 있는 종교라고는 하나님의 살아 있는 능력으로 움직이는 강력한 메시지도 없이 연약하고 효력이 없음을 발견하고 짓눌렸다. 그는, 신학과 이론이 차고 넘치는 것은 발견할 수 있었지만 자기 주변의 사람들이 하나님을 발견했다는 직접적인 증거는 어디서도 찾지 못했다. 그가 보기에 종교는 하나님을 대신하는 교묘한 체계로 환원된 것으로 보였고, 반면에 그의 영혼은 생명을 발견하기까지는 쉴 수 없었다.

　그의 생애는 그리스도께서 단순히 세상에 오셨다가 그후에 영원히 물러나 지내는 역사적인 인물이 아니라 계속 하나님의 임재이며 인간으로 현현하신 하나님이시며 '자신의 처지에 맞게 말씀하실' 수 있는 분이라는 사실을 — 그가 아름답게 '열림'이라고 부른 것을 통하여 — 발견하고 바뀌었다.

처음 보기에 이 단순한 말에는 획기적인 것이라고 할 만한 것이 전혀 나타나지 않는다. 그러나 그가 실제로 말하고자 하는 바는, 자신의 인격 깊은 곳에서 인간의 영혼이 하나님의 영과 만나는 장소를 발견했다는 점이라는 것이 곧 드러난다. 그는 역사적 그리스도에 대하여 결코 의심하지 않았다. 그 시절 그리스도인들이 그리스도에 대하여 믿고 있었던 모든 것을 그도 역시 믿었다. 그가 오랫동안 발견하고자 노력했던 것은 그리스도에 대하여 무엇을 발견코자 함이 아니라 바로 그 분을 발견하고자 함이었다. 신학 체계들이 말하는 그리스도는 그에게 힘을 주기에는 너무 멀고 비현실적이었다. 그리스도에 대한 모든 명제에 동의한다 해도 여전히 죄의 권세 아래 있었다.

그는 마음으로 자신의 영이 살아계시는 하나님과 직접 관계를 가지는 한 길을 발견했음을 확고하게 믿고 그 갈등에서 벗어난다. 그의 체험에 관련된 좀더 큰 진리를 그는 곧 분명하게 알게 된다. 즉 그는 보편적인 원리 즉 하나님의 성령께서 모든 사람에게 다가가신다는 것을 발견했다. 그는 이와 같은 하나님과 사람의 관계를 성경 어디서나 가르치고 있음을 발견한다. 그러나 그는 모든 사람에게 자신의 분명한 의식(意識)으로 이 관계의 일차적인 증거를 발견하라고 요구한다. 그는, 심령의 모든 굶주림과 자아에 대한 모든 불만과 자기 정죄의 모든 행동과 부족에 대한 모든 느낌은 영혼이 하나님의 성령의 방문을 받았음을 보여준다고 지적한다. 하나님을 원한다는 것은 좌우간 성령을 어느 정도 안다는 사실을 함축한다. 옳은 것을 평가하고 빛과 흑암을 구별할 수 있는 능력, 잠시 살면서 감정을 가진 피조물을 넘어선 무엇이 될 수 있다는 가능성은, 우리의 개인 생활이 무한한 생명과 어느 점에서 접촉하고 있으며, 믿고 순종하는 그에게는 모든 일이 가능함을 뜻한다.

폭스는 온갖 사람들과 사람들의 온갖 처지에 대하여 그들 속에 있는 '하나님의 모습과 형편'에 꾸준히 호소한다. 그는 때때로 그것을 사람들 속에 있는 하나님의 '빛' 혹은 '씨앗' 혹은 '원리'라고 부른다. 자주 그것을 '내면의 그리스도'라고 한다. 그 모든 경우에 폭스는, 신적인 존재가 인간 생활에 직접 작용하고 신생(新生), 즉 참된 영적 생활이 개인이 하나님을 의식하고 그 분에게 복종하는 태도를 취할 때 시작된다는 뜻을 담고 있다. 물방울이 자신이 있다가 빠져 나왔던 대양을 가늠하지 못하듯이, 사람은 하나님의 임재에 대하여 명확한 의식을 갖지 못하고도 살 수 있다. 그러나 그럴지라도 하나님은 심장의 맥박처럼 그 사람 가까이 있으며, 오직 사람은 하나님을 발견하고 그분께 경배해야 한다.

그는 이 진리의 원리를 발견했다고 해서 하나님의 역사적 계시를 낮게 보지 아니했고, 과거의 계시들과 신적 생명과 사랑의 가장 뛰어난 현현들에 대한 새로운 통찰력을 갖게 되었다. 그는 자신의 내적 체험을 만대의 수집된 계시에 비추어 해석할 수 있었다. 그의 동시대인들은, 성경이 사라지더라도 조지 폭스의 입에서 발견할 수 있다고 말하곤 했다. 그리고 이 일기는 단 한 줄도 그가 성경이나 인간 구원을 위한 그리스도의 역사적 사역을 낮게 보았음을 가리키지 않는다. 그와는 정반대다. 초창기 시대에 사람들에게 직접 말씀하신 그 하나님은 여전히 직접 말씀하고 있으며 사람이 된다는 것은 내면적으로 '하나님의 씨앗'을 갖고 있음을 뜻함을 깨닫자마자, 폭스는 인간 생활에 무한한 가능성이 있음을 보았다. 그러므로 산다는 것은 '사람'이 되는 것이다. 왜냐하면 죄와 불순종은 사람을 축소시키기 때문이다. 그래서 정상적인 사람은 무한한 신적인 자원을 발견한 사람이며, 그 자원을 인간 생활의 실제 재료로 바꾼다. 여기저기에 일어나고 있는 것은 신비로운 일이 아니다. 드물게 일어나는 것이 진짜 신비. "나는 그들이 성경을 지어 주신 성령의 능력 안에 살고 있느냐고 물었다." 이는 마치 모든 사람이 그렇게 해야 하는 듯이, 그가 자주 그리고 다소 순진하게 물은 질문이다.

하나님의 임재에 대한 의식은 조지 폭스의 종교 생활에 두드러지는 일이다. 그의 생활은 신적 생명과의 직접적인 만남 속에 있다. 그의 모든 활동을 통일시키고 그 활동에 지침을 주는 것은 바로 이 확신이다. 하나님은 그를 발견하셨고 그는 하나님을 발견했다. 그로 하여금 신비주의자가 되게 하는 것은 바로 이 체험이다.

그러나 여기서 우리는 신비주의 가운데 나타나는 차이점을 간과해서는 안 된다. 부정의 길로 하나님을 발견하려고 고통스럽게 애를 쓴 신비주의자의 큰 집단이 있다. 그들은 유한한 모든 것은 그림자며 환영 곧 실재하는 것이 아니라고 믿는다. 그러므로 하나님을 발견하기 위하여 유한한 것의 모든 흔적을 포기해야 한다. 무한한 것은 오직 유한한 것의 모든 표시를 없애버림으로써 다다를 수 있다. 절대자는 모든 '사물'과 모든 '사유'가 영(零)으로 축소되었을 때만 얻을 수 있다. 그러나 이런 식의 절대자를 절대로 인식할 수 없다는 난점이 있다. 사정이 이러하므로 절대자는 발견될 수 없다. 왜냐하면 절대자에 대하여 어떤 의식을 갖는다는 것은 좌우간 유한하고 환영적인 사유를 갖는 것이 될 것이기 때문이다.

조지 폭스는 오히려 적극적 신비주의자에 속한다. 이 적극적 신비주의자들은 이 유한한 인간 생활에서 하나님의 임재를 깨달으려고 한다. 하나님이 모든 유한한 체험을 초월하시는 것을 그들은 충분히 알고 있지만, 어떤 유한한 체험의 실재는, 다름 아니라 살아계시는 하나님이 그 체험 속에 계시며 그 체험을 통하여 어떤 신적인 목적을 표현하고 계시므로 조지 폭스의 친구 아이삭 페닝턴(Isaac Penington)이 말하는 것처럼 사람이 '하나님의 생명과 능력의 기관이 되며' '하나님의 생명을 이 세상에서 선전할' 수 있다고 하는 바로 이 사실에 있다. 이런 식의 신비주의자는 빛이 자신 속에 비치기 시작하는 것을 느끼고 하나님이 거기 계심을 알 수 있다. 혹은 그는 자신이 자신의 길에 가로 놓여 있는 어떤 분명하고 명확한 의무를 수행할 때 하나님을 역시 잘 발견할 수 있다. 조지 폭스의 모든 신비주의적 통찰은 하나님이 가까이 계시며 하나님이 우리에게 주신 사다리의 범위를 넘어서 계시지 않는다는 발견에 있다.

그러나 조지 폭스가 취한 견해를 분석하는 것을 그만 둘 때에는 진짜 조지 폭스를 발견할 수 없다. 그가 선포한 진리보다 더 주목할 만한 것은 그 사람의 뜨거움과 열정과 타오르는 정열이다. 그는 참으로 사도 같은 인물이었다. 그는 세상의 사악함 때문에 오랜 세월 절망하며 지냈다. 그러나 참으로 빛이 비치고 죄악되고 무지한 세상에 전하는 메시지를 자신이 갖고 있음을 알게 되자마자, 그 후로 죽음 외에 그를 고요하게 지내게 할 수 있는 것은 없었다. 그는 대성당에서, 건초 더미에서, 암벽에서, 언덕 위에서, 사과 나무와 자작 나무 아래서, 헛간과 도시 광장에서 전파하기도 했지만, 갇혀 지내던 감옥에서 서신을 보냈다. 그가 구원 얻을 영혼을 가진 사람들을 만날 수 있는 곳이라면 어디서나 그는 자신이 발견한 생명과 빛에 대하여 말했다.

폭스의 신비주의적 인생관에 동조하든 않든, 그가 신앙을 실천한 실천적 방식에 감명을 받지 않을 수 없다. 사실 하나님과 사람이 떨어져 있지 않다는 견해는 새로운 것이 아니었다. 참으로 새로운 것은 신적인 실재를 체험하고 자신의 생활이 하나님의 환경 속에 있음을 마치 알고나 있는 듯이 생활한 사람이 나타났다는 점이다.

우리는 폭스의 근본적 종교 원리를 상당히 길게 논했다. 이는 사회 개혁가이자 새로운 교회 정치 제도의 조직자로서 그의 위대한 노력이 이 근본 원리로부터 나오기 때문이다. 하나의 핵심 사상이 그가 행한 모든 일을 통하여 움직이고 있다. 하지만 그의 독창성은 그 원리의 발견이나 재발견에 있기보다는 그 원리를 담대하게 적용한 데 있다. 다른 사람들도 하나님의 인도를 믿었다. 다른 그리스도인들도 하나님께서 사람의 생활로 침투해 들어오시는 것을 선포했다. 그러나 조지 폭스는 그 확신을 필연적인 결론까지 이끌고 갈 수 있는 용기가 있었다. 그는 도처에서 사람들을 불러 그 빛을 의지하고 그 목소리를 따르라고 하는 데 어려움이 있는 줄을 알았지만, 영혼이 바라볼 수 있는 곳에 어떤 외적인 권위를 두려는 자들에게는 더 심각한 어려움이 있다고 믿었다. 그는 그런 결과에 대하여 준비하고 자기 시대의 사회 생활과 종교 생활에서 내면의 빛에 순종하는 일을 몸소 행하려고 했다. 그를 사회개혁자와 종교 조직가로 만든 것은 자신의 통찰에 대한 이처럼 용기있는 신실함이다. 이런 점에서 그는 아시시의 프란체스코와 나란히 같은 반열에 속한다. 그들은 하늘에서 이 땅으로 종교를 가지고 오는 힘든 일을 하려 했다.

1. 폭스는 자신의 종교적 발견에 비추어 사람을 사회의 일원으로 다시 해석했다. 사람이 하나님과 직접적인 교통을 갖고 있다면, 그는 고상한 존경과 아울러 대우를 받아야 한다. 그는 천부 인권에 대한 확신으로 왕권 신수에 맞섰다. 모든 사람은 한 사람으로 대우를 받아야 한다. 그는 평등론자였다. 하지만 상향 평준화했지 하향 평준화하지 않았다. 모든 사람은 가능성이라는 측면에서 이해되어야 한다. 왕족이 되거나 왕가에 속할 가능성이 없더라도 그렇게 이해되어야 한다. 이런 견해 때문에 폭스는 비할 데 없는 낙관론자가 되었다. 그는 사람들이 자신이 발견한 이런 신적 관계를 의식하게 되

자마자 강력한 변화가 나타날 것으로 믿었다. 그들은 이런 확신의 능력으로 폭스처럼 살아가게 될 것이다.

그는 곧바로 자신의 평등 원리, 즉 권리의 평등 원리를 실천했다. 그는 사람의 참된 본성을 사람 자신으로부터 은폐시키는 사회 관습의 교묘한 거미줄을 잘라버렸다. 인간 생활은 속임수의 틀에 옥죄여, 사람이 사람으로서 행동하기를 거반 잊어버릴 때까지 그렇게 되었다. 폭스는 자신이 보기에 공허하고 사람을 경시하는 모든 사회 관습을 스스로 거부했다. 하나님께 속한 영광을 사람에게 돌리지 않았고, 사람에게 속한 영광을 모든 사람에게 주었다. 그래서 그는 '그대에게'(thee)와 '그대가'(thou)라는 말을 사용했다. 복수형은 사람을 차별하기 위하여 사용한 것이므로 그는 복수형을 사용하지 않으려 했다. 호국경과 비천한 날품팔이 농부에게 똑같은 말을 사용했다. 그는 큰 은사를 가진 사람다운 안목을 갖고 있어서, 사람을 사회의 쪼갤 수 없는 원자로 환원하기를 원치 않았고, 담대하게 모든 사람 곧 남자나 여자의 보석 같은 인격을 보호했다.

2. 그는 인간을 가치로운 존재로 평가하였으므로, 개혁자가 되었다. 그가 목격한 사회에서 사람들은 종종 인격보다는 사물로 취급 받곤 했다. 사소한 범죄를 저지른다고 하여 교수형을 당했고,[3] 이런 운명을 피했다고 하더라도 감옥에 갇혔고, 감옥에서는 사람의 사람다움을 분명하게 보여 주는 자취라곤 전혀 없었다. 끝없는 전쟁에서 일반 사람들은 인간 주사위에 불과했다. 인간으로서 그들의 가치는 거의 잊혀졌다. 매매는 불확실한 가격 제도로 이루어져서, 이 사람에게는 비싸고 저 사람에게는 쌌다. 거래자들은 마땅히 해야 할 데서는 정직했지만, 가능하면 거짓말을 했다. 이 일기가 계속 보여 주는 것처럼, 법원은 지극히 불확실하고 고르지 못했다. 조지 폭스는 천부 인권을 인정하지 않는 그와 같이 모든 굽은 제도에 반대하였다. 그는 법원과, 예의를 차려 감옥이라고 부르는 비인간적인 우리를 목격할 기회가 많았다. 그러나 그는 개혁자가 되었는데, 이는 자신의 권리를 확보하거나 좀더 나은 감옥에 기거하기 위함이 아니라 모든 사람의 인권 원칙을 세우기 위함이었

---

3) 이 시대에는 사형에 해당하는 범죄가 200개가 넘었다.

다. 그는 모든 매매가 철저한 정직으로 이루어지게 하려고 하고, 모든 상품에 대한 고정된 가격을 세우고, 상업의 원리를 종교의 원리와 맞게 하기 위하여 조용히 나섰다. 말로나 서신으로 그는 그 지역의 모든 판사에게 자신 속에 있는 '하나님의 것'을 생각하라고 촉구했다. 그는 맹세하기를 거부했다. 왜냐하면 보통 사람의 '예'(yea, 긍정)를 맹세처럼 무겁게 만들기로 결심했기 때문이었다. 그는 언제나 형사 제도의 야만성, 사람을 노예로 만드는 범죄, 전쟁의 사악함, 유행의 소비성, 술취함의 해악에 반대하는 사람이었다. 주장으로나 행동으로 그는 전장의 영웅주의보다 더 나은 새로운 영웅주의로 향하는 길을 펼쳐 나가려고 시도했다.

3. 그는 자신의 원칙에 담겨 있는 논리 때문에 교육을 가치 있게 보아야 했다. 모든 사람이 사람으로 가치 있으려면, 될 수 있는 만큼의 사람이 되는 것이 사람의 일차적인 의무이다. 하나님의 좋은 기관이 되어야 했는데 형편없는 기관이 되는 것은 큰 죄에 속한다.[4] 만일 옥스퍼드와 케임브리지가 사람들을 사역자가 되지 못하게 할 수 있는 일이 그에게 '열려' 있다 해도, 그는 스스로 생각해 볼 때, 모든 사람으로 하여금 동시에 역사와 자연의 확립된 사실로 널리 기초를 갖추게 하는 일이 없이 그들로 그 목소리에 순종하고 그 빛을 따르라고 요구하는 것이 안전하지 못함을 알았다. 폭스는 아주 일찍 소년과 소녀를 위하여 똑같이 학교를 세웠고, 이 학교에서 '창조계의 모든 시민적이고 유익한 것'을 가르쳤다. 하지만 그가 사람의 미적인 측면을 낮게 보고 그 부분을 억눌러 없애려고 시도하여 고통을 당했을 가능성 역시 아주 크다. 이런 특별한 점에서 그는 청교도의 경향을 가지고 있으며, 모든 일을

---

4) "이 섬을 떠나서 미국으로 간 경외하는 친구와 형제들은 여러분 속에 하나님의 은사를 불러일으켜 여러분의 재능을 향상시킵니다. 여러분이 빛을 인디언들과 흑인들과 백인들 사이에 비치게 하여 그들 속에 있는 진리에 답하여 그들을 하나님이 세우신 표준이자 깃발이신 예수 그리스도께로 이끌 수 있게 하십시오. 신앙과 그리스도의 은혜 가운데 자라는 것은 난쟁이가 되지 않으려는 것입니다. 왜냐하면 난쟁이는 하나님의 제단에 드리기 위하여 가까이 나와서는 안 되기 때문입니다."

― 1690년에 쓴 조지 폭스의 한 서신에서

균형있게 대하고 동시에 감관의 문화가 내면의 사람을 아름답게 만들게 하는 법을 배우지 못했다.

  4. 분명 종교적인 측면에서, 그는 하나님과 사람의 직접적인 관계에 대하여 발견하여 예배와 사역에 대한 새로운 해석에 이르렀다. 하나님은 멀리 계시지 않는다. 하나님은 대리자, 즉 자신과 예배드리는 사람 사이에 어떤 사람을 두실 필요가 없으시다. 은혜는 이슬처럼 특별한 수단이 더 이상 필요하지 않다. 마치 하나님이 여기보다 저기 계시는 것과 같이 특별히 거룩한 장소는 없다. 하나님은 다른 어떤 곳에서 오시지 않는다. 하나님은 영이시므로, 하나님을 발견하기 위해서는 오직 반응하는 영혼 곧 열린 마음이 있으면 된다. 엄밀하게 말해서 영혼이 하나님을 발견하고 그의 임재를 즐거워할 때 예배는 시작된다. 즉 아주 간단하게 말하여 예배는 영혼이 하나님을 느끼는 것이다. 폭스는 자신의 일반적인 낙관론으로, 모든 사람이 이런 엄청난 일을 얻을 수 있다고 믿었다. 그는 애시당초 모든 껍데기를 벗어 던지고 모든 사람에게 성령 안에서 걷고 빛 가운데 살라고 요구했다.

  그의 예배소에는 아무 것도 없고 자리만 있다. 성소도 없으니, 셰키나는 예배드리는 사람의 마음 속에 있어야 하기 때문이었다. 제단도 없으니, 하나님은 친히 죄를 위한 제사를 드렸음을 아시므로 하나님의 노를 가라앉히기 위한 제물이 필요치 않기 때문이었다. 세례 못도 없으니, 그가 믿기로는 세례로서 성부와 성자와 성령의 생명으로 들어가는 데 부족함이 없기 때문이었다. 즉 세례는 그리스도의 죽음이라는 의미로 들어가 그와 더불어 생명의 새로워지는 상대로 나다남이기 때문이다. 교제의 식탁도 필요치 않으니, 그는 참된 교제가 영혼의 영적인 떡, 즉 살아계시는 그리스도에 직접 참여하는 데 있다고 믿었기 때문이다. 고해실도 없으니, 외적 생활의 시끄러운 소리들을 가라앉히고 침묵 가운데서 영혼이 조물주에게 자신을 드러내고 조물주의 빛이 그 참된 상황을 드러나게 할 수 있기 때문이었다. 오르간이나 찬양대도 없으니, 죄사함을 받은 영혼마다 자연스럽고 즐거운 소리로 찬송을 드릴 수 있기 때문이다. 향로를 흔들 것도 없으니, 폭스는 하나님이 오직 진실하고 기도하는 영혼의 향기만을 바라신다고 믿었기 때문이다. 주교직도 없으니, 참된 교회의 각 지체는 하나님께 제사장이 될 수 있기 때문이다. 공식적인 의복이 눈에 별로 띄지 않으니, 모임에서나 외부에서 생활의 모든 관심사는 성도의 생활이라는 흰 옷을 입는 것이기 때문이었다. 처음부터 끝까지 예배는 하나님에 대한 직접적인 느낌이며 하나님에 대한 전인(全人)의 적절한 행위였다.

윌리엄 펜은 그에 대하여 이렇게 말한다. "내가 지금껏 느끼거나 주목하여 본 가장 경외스럽고 생동감 넘치고 존경스러운 모습은 기도하는 그의 모습이었다." 그리고 이는 폭스가 기도했을 때 하나님의 현존 속에 있음을 깨달았기 때문이다. 폭스는 진리의 사역이 어느 계급의 사람이 어느 성(性)에 제한되지 않는다고 믿었다. 누구든지 하나님을 발견하자마자 빨리 그리고 멀리 다른 사람들에게 하나님을 알리는 의무를 짊어지게 된다. 그가 이 일을 효과적으로 할 수 있는 능력은 하나님으로부터 온 은사며, 이 능력이 그를 사역자가 되게 한다. 교회가 하는 유일한 일은 이 은사를 인정하는 것이다. 이 개념은 말할 소명을 느낀 모든 사람에게 주는 완전한 발언의 자유를 담고 있다. 이는 종종 신랄하게 시험받곤 하지만 독자들이 추측하는 것보다 훨씬 효과를 거둔 원칙이다.

그가 그곳에서 설립한 집회(Society)에서는 성직자와 평신도의 구분이 전혀 없었다. 그는 신자가 실제로 제사장이 되어야 하고 교회의 일반적 종교활동이 회중을 통하여 자신을 드러내시는 성령의 지도하고 통제하시는 힘의 다스림을 받아야 하는 기독교 단체를 조직하는 어려운 일을 시도했다.

폭스가 자기 시대에 행한 적지 않은 봉사는 그가 용납할 수 없는 예정론을 박살내는 데 중요한 역할을 맡았다. 이 예정론은 몽마(incubus)처럼 사람들의 삶을 위협했다. 예정론은 자신의 추론에 의하여 그것을 믿어야 한다고 생각한 모든 사람 위에 그림자를 드리웠고, 민감한 영혼에게 미친 그 효과는 간단하게 말해서 두려운 것이었다. 폭스는 논증으로 이 교리에 맞섰지만, 논증만으로 한 것이 아니라 논증보다 나은 것으로도 이 교리에 맞섰다. 즉 그는 두 가지 사실을 이 교리에 대립하여 놓았다. 즉 하나님의 은혜와 빛은 거저 주시는 것이며 하나님의 호의와 받아주심에 대한 내면적 확신을 모든 신자가 가질 수 있다는 것이다. 퀘이커교가 가는 곳은 어디든지, 이런 내면적 확신이 따라다녔다. 두려운 불확실성의 그림자가 햇빛과 즐거움에 자리를 내놓았다. 이것은 여전히 커지고 있는 영적 해방의 시작이었고, 평화로운 얼굴과 상큼한 삶이 그 결과로 나타난다.

    이 일기의 독자는 항상 조지 폭스가 자신을 기적적인 능력의 현현을 위한 도구라고 믿었다는 사실에 감명을 받는다. 그를 통하여 병이 나았다. 그는 다가올 사건들을 예언했고, 종종 지성과 마음의 상태와 형편을 꿰뚫어 보았다. 종종 그는 먼 곳에서 일어나고 있던 일을 감지하곤 했고, 적어도 세 차례 놀라운 신체적 변화를 겪었다. 그래서 한번은 그가 여러 날 동안 마치 죽은 사람처럼 보였다. 그리고 한 번은 피가 흐르지 않는 상태에 있었다. 이런 이야기 때문에 고심할 필요가 없으며 이 이야기가 진실인지 물을 필요도 없다. 그는 세심하게 형성되고 기발한 것을 경험할 수 있는 특이한 심리적 성격을 소유했지만, 이는 오늘날 심리 현상을 연구하는 사람이 아주 잘 알고 있는 것이다. 놀라운 것은 그런 정신적 구조를 가지고 있으면서도 그는 아주 건전하고 실제적이며 좌절하여 무너질 뻔한 기회가 수도 없이 많았던 한 평생 동안 아주 견실하게 균형을 유지했다는 점이다.

    이 전기에서보다는 완결판 일기에서 잘 드러나는 것처럼, 폭스와 폭스의 활동을 악랄하게 반대하던 거의 모든 사람들에게 '심판'이 임했다는 것은 아주 주목할 만하다. "하나님은 그후 곧 그 사람이 일자리를 잃게 하셨다"는 구절이 자주 나온다. 지금 이 경우들을 탐구하여 그 사실을 검증하는 것은 분명히 불가능하다. 그러나 초기 퀘이커교도의 분명한 정직성은 이 사실들이 실지 보고된 그대로였음을 의심할 여지를 거의 남기지 않는다. 이 모든 사람이 폭스에게 해를 끼치고 그의 대의 명분을 빙해하여 직접적인 '심판'을 당하는 불운을 겪었다는 폭스 자신의 추론은 당연히 우리가 보기에는 너무 성급한 결론일 것 같다. 이 중대한 시기에 그를 대한 많은 사람들이 명운이 급속히 바뀌는 일을 겪어야 했던 것은 이상한 일이 아니다. 그리고 물론 그는 이런 식으로 심판을 받지 아니한 사람이 얼마나 많은지 지적하지 못했다. 이처럼 참으로 영적인 사람이 자기가 보기에 대적에 내린 하나님의 복수를 그처럼 즐겨야 했던 사실은 물론 애석하지만, 우리는 그가 자신의 일이 하나님의 일이며 따라서 이 일을 막는 것은 심각한 잘못이라고 심중에 믿었던 사실을 기억해야 한다.

그는 자신이 부르고 있는 것처럼 한 집회를 세웠는데 이 집회가 언젠가 보편적인 것이 되기를 분명히 바랐고 또 필시 그렇게 믿었던 것 같다.[5] 모든 면에서 이 조직은 사람의 근본적으로 영적인 본성을 인정했다. 모든 사람은 전체의 한 생기 있고 유기적인 부분이었다. 사람은 자유롭지만, 이 자유는 언제나 전체의 이해와 건덕(edification)에 비추어 행사될 것이다. 이 조직은 많은 지체로 이루어진 바울의 보편 교회 개념을 정확하게 흉내낸 것이다. 이 보편 교회는 밖으로부터가 아니라 한 성령의 살아있는 임재에 의하여 통일체가 되었다. 조직의 이 모든 활동이 실행되는 동안, 폭스는 말을 타고 이 마을 저 마을로 메시지를 전했고 감옥과 토굴에 갇혀 오랫동안 일을 하지 못했고, 그의 기준에 더덕더덕 붙어 있는 광적인 반율법적 요소들 때문에 줄곧 반대를 받았다. 거의 비교할 데 없는 핍박에 맞서서 그가 영국과 아일랜드에 활발하게 활동하고 성장하는 교회로 조직된 5만 명의 추종자들이 있었고 네덜란드와 뉴잉글랜드와 뉴욕과 펜실베이니아와 메릴랜드와 버지니아와 남북 캐롤라이나에 역시 조직이 잘된 모임이 있었던 것은 그의 천재적 재능에 대한 적잖은 표시이다. 그의 인격과 그의 메시지는 온갖 부류의 사람들을 얻었고, 평회원들 가운데는 좀 비천한 계급 출신이라도 학문과 명성이 뛰어난 사람들도 있었다. 파리의 학교 출신인 로버트 바클레이(Robert Barclay)는 자신의 변증에서 이 새로운 신앙에 대한 영구한 표현을 기록했다. 윌리엄 펜은 기독교국에서 거룩한 실험을 통하여 그 원리를 실천했고, 아이삭 페닝턴은 짧은 에세이에서 이 교리의 핵심에 놓여 있는 신비적 진리를 풍요하고 다양한 표현으로 설명했다.

지금은 설명하는 자리지 비판하는 자리가 아니다. 따라서 이 사람에게서 그의 시대와 그 사람 자신의 개인적 특수성으로 인하여 그에게 아로새겨 있는 한계와 불완전함을 드러낼 필요가 없다. 그는 부분적으로 보고 부분적으로 예언했다. 그러나 위대한 동시대인 크롬웰처럼 그는 담대하고 진실했고, 자신이 보았던 가장 높은 존재에 대하여 절대적으로 충성하는 영혼을 갖고

---

[5] "1658년에 퀘이커교가 살아계시는 하나님의 유일한 참된 교회가 될 것이라고 믿지 않은 퀘이커교도는 한 사람도 없었다." — Hancock's *Peculium*, p. 8

있었다. 스카버러(Scarborough) 감옥의 증거는 연구되지 않았지만 참되며, "나무처럼 곧고, 종처럼 순수하다." 폭스에 대한 이 연구는 그를 가장 잘 알고 있던 인물 윌리엄 펜의 말로 마무리를 짓는 것이 적절하다. "나는 내 지식을 쓴 것이지 보고서를 쓴 것이 아니다. 그리고 여러 기회에 그와 함께 여러 주 여러 달을 함께 지내며 목격한 나의 증거는 참되며, 이 기회들은 바다에서나 육지에서 이 나라와 외국에서 겪었던 잘 아는 일이며 큰 영향력을 끼친 것들이다. 그리고 나는 그가 자신의 자리에서 벗어나거나 모든 봉사나 기회에 어울리지 않게 행하는 것을 결코 본 적이 없다고 말할 수 있다. 왜냐하면 모든 일에서 그는 한 사람, 강력한 한 사람, 새롭고 천상의 마음을 가진 사람, 목사와 자연주의자와 전능하신 하나님의 모든 수단으로서 최선을 다했기 때문이다."[6]

---

6) 윌리엄 펜의 *Preface to the Journal of George Fox* 에서.

하나님의 신실한 종에 관한 윌리엄 펜의 증언

이제 막 내가 쓰려고 하는 사람은 이 시대에 하나님께서 복된 도구로 사용하신 조지 폭스라는 사람이다. 그는 그 이름을 가진 다른 사람이 자기 작품에서 조지 폭스보다 후대 사람임을 덧붙이는 것으로 보아, 동일한 이름을 가진 다른 사람들과 구별된다. 그러나 조지 폭스가 그들과 구별되는 이유는 그가 가장 오래된 사람이어서 그런것이 아니라 진리 안에 거하였던 사람이기 때문이다. 그는 당시 하나님의 훌륭한 증거자며, 종이었다.

이 폭스라는 사람은 1624년경, 레스터셔에서 태어났다. 그는 정직하고 훌륭한 부모로부터 태어났다. 폭스의 부모는 다른 형제들과 마찬가지로 폭스를 영국의 예배식과 그 방식에 맞추어 키우려고 애썼다. 특히 어머니는 당시 비슷한 지위에 있던 부인들보다 뛰어난 교양을 갖추고 있었다. 어려서부터 폭스는 다른 형제들과는 다른 성품을 나타냈다. 나이에 비해 신앙심이 깊었고, 생각하기를 좋아했으며, 침착하고, 분별력이 있고, 사려가 깊어서 그가 어떤 사실에 대해 묻고 대답하는 것을 들으면 모두들 깜짝 놀랐다. 신령한 것들에 관해서는 특히 그러하였다.

그는 진중하였고 지혜로웠으며 아주 일찍부터 경건함을 나타내 보여 유치하거나 헛된 놀이나 교제를 하지 않았다. 어머니는 폭스의 이런 독특한 성품을 알아차리고 따뜻하고 너그럽게 대해 주셨기 때문에 어머니로부터 반대를 받는 일은 거의 없었다. 직업에 관해 말하자면, 지방 상업에 종사하며 자랐으며 양치는 일을 아주 좋아해서 양치는 솜씨가 훌륭했다. 양을 치는 일은 여러 가지 점에서 결백하고 고독한 폭스의 성격과 아주 잘 맞았는데 그 일은 바로 나중에 그가 할 사역과 봉사를 상징하는 것이었다.

나는 폭스 자신이 한 이야기에 끼어들지는 않을 것이다. 그가 자기 자신에 대해 훨씬 더 잘 설명하고 있기 때문이다. 그러므로 가능한 한 이미 이야기된 부분, 다시 말해 출판된 폭스의 글에 관해서는 어떠한 이야기도 하지 않으려고 한다. 그렇지만 개괄적으로 말해 그는 20살이 조금 넘어 가깝게 지내던 사람들 곁을 떠나, 궁벽한 시골에 묻혀 사는 신앙심 깊은 사람들을 찾아 다녔다. 당시 영국에는 그처럼 외떨어진 곳에서 옛날 사가랴와 안나와 늙은 시므온처럼 밤낮으로 이스라엘의 위로를 기다리며 살던 사람들이 더러 있었다. 폭스는 그런 사람들에게 갔으며, 이웃 나라에서도 그러한 사람들을 찾아 다녔으며 더 광범위한 사역을 하게 되기까지 그곳에 머물렀다.

당시 폭스는 침묵에 관해서 가르쳤으며 자신이 그 본을 보임으로써 사람들이 자기 성취에서 벗어나게 하려고 힘쓰며 사람들 안에 있는 그리스도의 빛에 대해 증거하고 그 빛 가운데로 인도하였으며, 각자 마음 속에서 그리스도의 빛의 능력이 일어나는 것을 느끼도록 참고 기다리라고 사람들을 격려하였다. 그리하여 하나님을 아는 지식과 예배로써 영원한 생명의 능력 안에 설 수 있도록 하기 위함이었다. 그 영원한 생명의 능력은 빛 가운데 발견되며, 사람 안에 나타날 때에 그 능력이 발휘되는 것이었다. "그(말씀) 안에 생명이 있었으니 이 생명은 사람들의 빛이라." 생명이 말씀 안에 있고, 빛이 사람들 속에 있으며 빛이 나타날 때에 생명도 그 능력을 발휘하며, 빛의 사녀는 말씀의 생명에 의지해 살며 말씀 안에 있는 생명은 말씀으로 하나님의 자녀를 다시 하나님께로부터 새로 태어나게 하는데 그것이 거듭남이며 중생이다. 이 거듭남이 없이는 절대로 하나님 나라에 이르지 못하며 하나님 나라에 이르는 자는 누구든지 요한 곧 요한이 한 일보다 큰 일을 한 자이다. 요한이 한 일은 하나님 나라에 속한 일을 한 것이 아니라 율법을 완성시키고 복음을 베푸는 일을 시작한 것뿐이었다. 따라서 그러한 궁벽한 곳에서 몇몇 집회가 열렸으며, 이리하여 폭스는 몇년간 그 일을 하는데 시간을 쏟았다.

1652년에 폭스는 요크셔 부근 고산 지대에서 여느때처럼 주께 귀의해 있는 동안, 내가 조사한 바로는 폭스가 주를 향해 번민하는 동안, 그는 이 땅에서 자신이 해야 할 하나님의 위대한 일과 그 일을 시작하기 위해 가야 할 길에 대한 환상을 보았다. 그는 사람들을 해 아래 자욱하게 모여 있는 점으로 보았고 그들을 조만간 안식처인 하나님께로 인도해야 한다고 느꼈으며, 세상에는 한분 목자와 하나의 양우리만 있을 뿐이라고 깨달았다. 그곳에서 폭스의 눈은 북쪽 지역으로 향하였으며, 자기와 자기가 전하는 말씀을 받아들여야할 굉장히 많은 사람들을 보았다.

이 산에서 폭스는 주의 이끄심을 받아 마치 무수한 청중들 사이에 서 있는 것처럼 주의 크고 위대한 날을 선포하였다. 그리고는 주께서 보이신 대로 북쪽 지방으로 갔다. 가는 곳마다 전에 가본 적이 없는 곳이라 할지라도 그에게 보이신 특별한 훈련과 사역이 있었으며, 그리하여 주님은 실제로 폭스의 인도자가 되셨다. 폭스의 여행이 헛된 것이 아니었기 때문이었다. 하나님은 거의 모든 지역에서 경건한 신앙 고백자에서 선술집의 주인에 이르기까지 모든 부류의 사람들이 영적 진리를 깨닫게 하심으로써 폭스에게 하나님의 일을 맡기신 것을 확증해 주셨다.

폭스를 통해 영적 진리를 깨닫게 된 사람들 중에는 이미 죽은 사람으로 리처드 판스워스(Richard Farnsworth), 제임스 네일러(James Nayler), 윌리엄 듀스베리(William Dewsberry), 프랜시스 하우질(Francis Howgil), 에드워드 버러(Edward Bruuough), 존 캄(John Comm), 존 오들랜드(John Audland), 리처드 허버손(Richard Hubberthorn), T. 테일러(T. Taylor), 존 앨덤(John Aldam), T. 홈스(T. Holmes), 알렉산더 파커(Alexander Parker), 윌리엄 심프슨(William Simpson), 윌리엄 카튼(William Caton), 존 스터브스(John Stubbs), 로버트 위더스(Robert Widders), 존 버니트(John Burnyeat), 로버트 로지(Robert Lodge), 토머스 솔트하우스(Thomas Salthouse)를 비롯하여, 처음으로 영적 진리를 크게 깨닫고 산 여러 부류의 훌륭한 사람들이 더 많이 있는데 여기 다 기록할 수 없다.

그들은 자신들에게 하나님의 심판이 뒤따르리라는 것을 알고는 높은 곳으로부터 하나님의 이름으로 전해내려 오는(비록 같은 말을 사용한다고 하더라도 아무도 바르게 전할 수 없는) 능력을 느끼고 받아들인 사람들로, 신령한 움직임을 느끼고 특히 공적 집회를 자주 찾아 다니며 시장이나, 장터, 거리 대로변에서 회개하여 입술과 마음을 모두어 주께 돌이키라고 사람들에게 알리고 권고하였다. 그렇게 함으로써 사람들을 그들 안에 있는 그리스도께로 인도하여 그 빛으로 말미암아 자기들의 삶을 자세히 살펴보아 사악한 일을 피하고 하나님께서 받아들이실 만한 선한 일을 행하게 하기 위함이었다. 이러한 사랑과 선한 의지로 말미암아 그들은 칼을 쓴 채 대중 앞에 나가기도 하고 돌에 맞고, 두들겨 맞기도 하고 채찍에 맞으며 투옥되는 등 굉장한 고통을 겪었다.

 이들은 아내와 자녀들과 살던 집과 가지고 있던 땅을 내버려 둔 채 복음을 전파하기 위하여 회개하라는 생생한 외침을 가지고 그들에게 나아간 정직한 사람들이었는데도 말이다. 목사들은 대체로 그들에게 대항하는 자세를 취하고 그들을 반대하는 글을 썼으며 그들을 중상하는 거짓된 이야기들과 불미스러운 이야기들을 은밀하게 퍼뜨려 행정관리들로 하여금 그들을 탄압하게 하였는데 북부 지역에서는 그 정도가 심하였다. 그렇지만 하나님께서는 살아계신 능력으로 기꺼이 이들의 부족함을 채우셨으며 하나님의 일을 하도록 이들의 입을 여시어 북부 지역에서는 영적 진리를 깨닫는 놀라운 역사가 일어났다.

 유일하게 브래드쇼 판사와 펠 판사로부터 관대한 대우를 받은 덕택으로 목사들은 결코 자신들이 애써 이루려는 목적을 이루지 못했다. 그들은 힘이 닿는 한 헤롯처럼 가혹한 사법권을 행사하여 피를 흘리게 하여 그들을 제기하고 나라에서 아예 그 뿌리를 뽑을 작정이었다. 특히 펠 판사는 합법적으로 탄압을 진행시키는 그들의 분노를 저지시켰을 뿐만 아니라 달리 이 사람들을 장려하기도 하였다. 정의롭고 현명한 사람이었던 펠 판사는 먼저 진리를 받아들인 아내의 영향을 받았으며 아내와 가족들을 통해 진리의 길을 대적하여 떠들던 일반적인 항의를 완전히 논파하게 되어, 자기가 할 수 있는 한 그러한 것들을 밝히고 자기 집을 개방하여 당시 무지하고 사악한 사람들의 비난을 염두에 두지 않고 아내와 아내의 친구들이 사용하도록 내 주었다. 이 점에서 나는 펠 판사와 펠 판사의 아내에게 영예를 돌리고 싶고 이러한 사실은 또한 펠 판사의 가문과 진리와 하나님의 백성을 위해 수고와 겸손과 사랑과 열심을 나타낼 펠 판사의 후손들에게도 영예와 축복이 되리라고 믿는다.

 펠 판사의 집은 처음 몇 년 동안만 개방할 작정이었으나, 진리가 그 섬의 남부 지역에 길을 트게 되는 바람에 마침내 그 집은 그 지역 사람들을 받아들이는 유명한 집회소가 되었다. 북부 지역에 사는 좋은 취지와 의도를 가진 다른 사람들도 많은 출판업자들에게 자기들 집을 내어 주게 되어 얼마 안 되어 주님은 주의 구원을 사람들에게 널리 알리셨다. 또한 주의 사자들이 집회소로 자주 사용하여 자신들의 사역과 훈련을 전하고 복된 사역을 하며 서로 위로하고 세우는 장소로 내어 놓기도 하였다.

 그러나 이러한 이야기는 주제에서 벗어나는 이야기가 될 것 같아, 미리 이야기하고 나서 다시 본래 이야기하던 훌륭한 사람의 이야기로 되돌아가, 특별히 그가 하나님의 교회에서 형제들과 함께 이야기하는 가운데 나타나는 그의 타고난 도덕성과 거룩함을 지닌 인격적인 자질에 관해 살펴보려고 한다.

 I. 폭스는 하나님께서 명석하고 훌륭한 심안을 주시어, 사람들을 잘 분별하였고 개인적으로 대단한 절제력을 갖춘 사람이었다. 비록 세상을 바라보는 그의 시각이나 세상에 대해 그가 이야기하는 것이 민감한 사람들의 귀에는 이상하고 시대에 맞지 않는 소리처럼 들릴지는 몰라도 그가 말하는 것은 아주 심오하여 거듭 생각해 봐야 할 뿐 아니라 생각해 볼수록 진중하고 교훈적인 것임이 드러났다. 또한 이따금 느닷없이 변칙적으로 그에게서 나오는 신령한 말들은 다른 훌륭한 선포문의 교제로 더러 사용되기도 하였다는 것은 잘 알려진 사실이다. 또한 실제로 폭스가 주장하는 바는 하나님께서 그를 보내셨음을 부정하는 모든 것들을 넘어서는 것이었다. 그가 사역하는 방식을 보면 어떠한 기술이나 자질을 사용한 것이 아니었기 때문에, 그가 사람들에게 전하러 나가는 훌륭하고 위대하고 필요한 진리들은 사람의 지혜나 지략에 의지하라고 권하는 것이 결코 아니었다. 그러므로 폭스는 아무도 본딸 수 없는 독창적인 사람이었다. 그리고 폭스의 사역과 글을 보면 그것들이 사람의 가르침이 아니라는 것과 그가 말하는 것들이 배워서 한 말이 아니라는 것을 알 수 있었다.

그가 주장하는 말들은 관념적이거나 사색적인 말들이 아니었으며 오로지 감지할 수 있는 실제적인 진리로 사람들을 회심케 하여 중생에 이르게 하려는 것이었다. 그래서 나 자신은 그가 주장하는 말에 여러번 압도되었고 그와 같은 경우를 두고 주 하나님께 "오, 천지의 주재이신 아버지여 이것을 지혜롭고 슬기있는 자들에게는 숨기시고 어린아이들에게는 나타내심을 감사하나이다"하고 말하게 되었다. 왜냐하면 내 영혼은 여러번 겸손한 마음으로 엎드려 주께 감사하였는데, 그 이유는 주께서 주의 복된 진리가 선포된 이 시대에 세상에서 지혜 있는 자를 택하시어 사자로 삼지 않으시고 높은 지위에 있지도 않으며 훌륭한 웅변가도 아니며 세상의 방식을 따라 잘 훈련되지도 않은 사람을 선택하심으로 주께서 맡기신 말씀과 일이 사람의 지혜와 관심으로부터 의심이나 질시를 덜 받게 하셨으며 주의 진리를 사랑하며 진리의 방식대로 살고자 애쓰는 신실한 사람들에게는 오히려 더 강하고 분명하게 나타나게 하셨기 때문이다.

나는 분명한 원칙에서 나온 말씀으로 하나님의 손과 손가락으로 나타내신 표적, 즉 본보기가 되는 폭스의 진지함과 솔직함과 열정과 끈기와 겸손함과 진중함과 시의 적절함과 자비와 교회 일을 처리하는 빈틈없는 관심을 통해 나타내신 표적의 능력과 효력이 하나님께서 사용하신 폭스와 동시대 사람들의 삶과 말씀에 비추이는 것을 보고, 폭스가 하는 일과 그가 전하는 말은 하나님께 속한 것이라는 큰 확신을 갖게 되었으며 내 영혼은 깊은 사랑과 경외감과 숭앙심과 인류를 향하신 하나님의 사랑과 자비에 대해 감사하는 마음을 갖게 되었으며 그러한 마음을 유지하며 내 생애 끝날까지 그러기를 소망한다.

Ⅱ. 폭스는 말씀을 증거하고 사역을 하면서 사람들에게 진리를 이해시키고 세상의 빛이며 근원이며 주재되시는 그리스도의 터 위에 사람들을 세우려고 무던히 애를 썼다. 그렇게 함으로써 사람들을 자신 속에 있는 하나님의 것에 이르도록 하여 자기 자신에 대해 더 잘 알고 판단할 수 있도록 하려는 것이었다.

폭스에게는 성경을 열어보이는 특별한 재능이 있었다. 그는 사물의 골수까지 파고 들어가 그 본래의 뜻과 일치점을 밝혀내고 아주 쉽게 풀어내어 사람들에게 큰 위로를 주고 사람들을 교화시키려고 하였다.

첫째 아담과 둘째 아담에 관하여, 타락과 회복에 관하여, 율법과 복음에 관하여, 그림자와 본체에 관하여, 종과 아들의 상태에 관하여, 그리스도 안에서 참빛이신 그리스도를 통해 주의 것인 모든 것들 안에서 믿음에 순종함으로써 성경을 이루는 것에 관한 신비들은 폭스가 전하는 내용의 본질과 흐름의 상당 부분을 차지했다. 그러한 모든 주제를 말하는 가운데 폭스는 하나님께 속한 증거자가 되었으며 그리스도로부터 받은 것을 말해야 한다고 느끼고 인지했으며, 그러한 경험을 직접하면서 그는 한번도 실수하거나 실패하는 일이 없었다.

그러나 다른 무엇보다도 폭스는 기도에 뛰어난 능력을 지니고 있었다. 그의 영혼의 내면성과 그 내면성이 끼치는 영향력, 말과 행동의 공손함과 진중함, 말수가 적으면서도 온전하게 전하는 것으로 인해 낯선 사람들까지도 감탄을 자아내는 일이 자주 있었다. 그러한 것들이 사람들에게 감동을 주고 위로가 되었기 때문이다. 그러나 내가 보고 느낀 것들 가운데 가장 놀랍고 생생하고 존경심이 가는 것은 기도할 때 나타나는 그의 모습이었다고 말하지 않을 수 없다. 진실로 그것은 폭스가 다른 사람들보다 주님을 더 잘 알고 주께 가까운 삶을 산다는 증거였다. 그의 기도는 그를 모르는 사람이라 할지라도 대부분 경외감을 품고 접근할 만하기 때문이었다.

폭스는 정직한 삶을 살았으며 남의 일에 참견하는 사람도 아니었고 자기 본위의 사람도 아니었으며 성마르거나 다른 사람을 비평하는 사람도 아니었다. 그는 사람을 교화시키려고 안달하는 사람도 아니었으며 그다지 불쾌감을 주지 않는 사람이었다. 아주 유순하고, 만족해 하며, 겸손하고, 편안하고, 꾸준하고, 부드러워 동료들은 그의 그러한 성품을 좋아했다. 폭스는 악에 대항하는 일을 제외하곤 언제 어디서든 또한 누구에게나 권위를 내세우지 않았으며 오로지 사랑과 동정과 오래 참음으로 행했다. 화를 낼 줄 모르며 언제라도 용서할 자세를 갖춘 굉장히 자비로운 사람이었다. 진실로 수천명의 사람들이 그는 훌륭하고 좋은 사람이었고, 그 때문에 많은 훌륭한 사람들이 거짓 없는 영원한 사랑으로 그를 사랑하였다고 해도 지나치지 않다.

그는 끊임없이 일하는 일꾼이었다. 왜냐하면, 젊었을 때에는 순회 전도 여행을 하느라 극심한 고통을 겪어 몸이 약해지기 앞서, 잉글랜드, 스코틀랜드, 아일랜드에서 말씀과 교리와 훈육을 위해 많은 수고를 하여 많은 사람들을 하나님께로 돌이키게 하고 진리를 확신한 사람들을 견고케 하고 그들 가운데 교회 문제에 관한 바른 질서를 세웠기 때문이다. 또한 전도 여행이 끝날 무렵 그러니까 71살에서 77살 사이에는 다음에 나오는 「일기」(Journal)에서 기록하듯이, 아메리카 대륙과 네덜란드 공화국(the United Provinces)과 독일에 있는 식민지 교회를 방문하여 많은 사람들이 영적 진리를 깨닫게 하고 위로를 주었다. 그 후 폭스는 주로 런던 근교에 거주하며 사역을 위한 활동을 자주 하는 외에도 종교단체 안팎에 있는 사람들에게 많은 편지를 썼다. 그러나 교회 문제에 관해 쏟은 그의 관심은 대체로 아주 지대한 것이었다.

　이따금 그는 세계 도처에 정착된 하나님의 백성이 모인 집회로부터 교회 문제를 적은 편지들을 받았다. 그러면 폭스는 그 편지를 읽고서 그러한 문제를 위해 매주 열리는 집회에 그 편지를 전하였다. 폭스는 그러한 문제점들을 해결해 주려고 하였으며 특히 고난을 겪는 문제에 더욱 관심을 기울였다. 폭스는 그러한 모든 경우에 상당한 애정과 열정을 나타내 보이면서 각각의 경우를 살펴, 그 문제의 성질에 따라 신속한 구제책을 마련하려고 힘을 기울였다. 그렇기 때문에 교회나 고통당하는 성도들은 폭스가 있는 경우에는 반드시 폭스의 도움을 요청하기를 잊지 않았고, 지체하지 않았다.

　폭스는 지칠줄 모르고, 하나님과 하나님의 백성을 위해 일하면서도 조금도 겁내지 않았다. 쉽게 두려움을 느끼지 않는 것은 쉽게 화를 내지 않는 것과도 같다. 더비와 리치필드와 애플비, 또한 론서스턴에서 올리버 크롬웰 앞에 섰을 때, 스카버러, 우스터, 웨스트민스터 홀에서 그밖에 다른 장소에서 훈련받을 때에 폭스가 보여준 행동은 그가 친분이 있는 주변 사람들에게뿐만 아니라 원수에게까지도 담대함을 나타내보였음을 충분히 입증해 주었다.

　그러나 초대 교회 시대에 주 예수 그리스도의 복된 사도들을 대적하는 무리가 심지어 복음의 소망으로 돌이킨 사람들 가운데서 일어나 큰 골치거리가 되었듯이, 이 하나님의 사람도 자기를 통해 영적 진리를 깨닫게 된 사람들로부터 고난을 받기도 하였다. 그들은 자기 양심을 억누르고 편견과 실수로 폭스를 공격하였다. 왜냐하면 폭스가 직접적으로 혹은 편지를 통해서 교회의 문제나 사람들 앞에 나타나는 행실에 관하여 올바른 대화를 나누기 위해 선하고 건전한 것들을 즉각적으로 열심을 내어 순종할 것을 강요하였기 때문이다. 이러한 일은, 유순한 사람 폭스가 사람들로부터 사랑과 존경을 받고 또한 그럴만하다는 것에 대해 시기심 같은 것이 상당히 작용한 탓이기도 하였고, 영문 모를 책임과 맹목적인 순종을 권유한다고 생각하는 사람들의 어리석음에서 생겨난 일이기도 하였다.

그들은 모든 사람을 다른 사람의 영향을 받지 않는 독립적인 사람으로 만들려고 했다. 마치 각자 자기 안에 원칙이 있는 것처럼, 다른 것으로부터는 아무 도움도 받지 않고 자기 안에 있는 원칙에만 충실해야 한다는 것이었다. 그러한 생각은 모든 사람에게 있는 원칙이 그 빛이나 은혜의 정도는 다를 수 있어도 그 본질은 같다고 생각지 않는 것이다. 사람들은 같은 원칙으로 인해 영적인 연합에 이르게 되는데, 이 영적인 연합이란 동일한 원칙에 인도함을 받는 사람들이 자연스럽게 도달하는 것이다. 그러므로 어떤 사람에게 사악한 것은 모든 사람에게 사악한 것이며, 한 사람에게 도덕적이며 정직하고 좋은 소식이 되는 것은 모든 사람들에게도 그러한 것이다. 그것은 모든 사람에게 공통적인 보편적인 원칙을 알고 느낌으로 그렇게 되는 것이다. 또한 (불충실한 사람들이 고백하는) 그 보편적인 원칙은 참된 그리스도인의 교제의 뿌리가 되며 하나님의 백성이 불만을 품은 영혼들을 흡수하여 모두가 영적인 마음으로 한 마음과 한 영혼이 되는 것이다.

더 어리석게 교회의 일을 경영하는데 사용하는 올바른 질서를 예배에서 사용하는 규율로 잘못 이해하여 그것을 자기나 다른 형제들을 통해 강요하고 권하는 사람들이 있었다. 그렇게 함으로써 그들은 교회를 반대하는 사람들이 교회에 대하여 합리적으로 비판하는 것과 같은 일을 기꺼이 하게 되는 것이었다. 그러한 일이란 바로 각각의 신조와 예배에 억지로 순종을 강요하여 온 일이다. 그러나 이러한 일들은 전적으로 대화와 교회의 외부적이고도 (말하자면) 예의 측면과 관련 있는 것으로, 사람은 믿는 바 원칙에 따라 살아야 하며 자비와 사랑을 베푸는데 인색함이 없어야 한다는 것이었다. 그러나 비록 몇몇 사람들이 실수와 비합리적인 완고함과 편견으로 비틀거리거나 타락하다가도 하나님의 은혜로 대다수가 첫사랑을 회복하여 하나님의 일을 막거나 저지하고, 또한 교회의 평화를 깨트리고, 사람들이 진리를 사랑하는 마음과 서로 사랑하는 마음이 냉랭해지게 할 수 있는 순간이나 기회를 놓치지 않으려는 원수의 음모를 깨닫고, 다소 떨어진 곳에 아직 희망이 있다는 것을 발견한다.

이러한 모든 경우에서, 이 선한 사람에게 불만을 품고 본격적으로 사나운 공격을 한 사람은 없었으나 폭스는 자신에게 불만을 품은 형제들의 나약함과 편견을 다 포용하였으며 비난을 다시 비난으로 되갚지 않았다. 오로지 그들의 나약함과 가시 돋친 말들을 용서하면서 그들이 자기들의 결함을 깨닫고 자기들을 갈라놓고 나뉘게 하려는 원수의 간교한 꾀를 깨달아 아무런 악한 것을 생각지 않는 자신들의 첫사랑을 회복할 수 있도록 그들을 위해 기도했다.

또한, 정말로 폭스는 하나님께서 신령한 특권과 권위가 나타나보이도록 옷 입히셨으며 실제로 그의 모습에서는 종교적인 위엄이 풍겨나왔으나 그는 그것을 남용한 일이 한번도 없으며 오로지 온화함과 참으로 마음을 끄는 겸손과 절제로 자기 위치를 하나님의 교회에 두었음을 나는 말하지 않을 수 없다. 어떠한 경우에든, 그는 복되신 창조주와 마찬가지로 모든 사람들을 섬기는 종으로 사람들을 모으는 보이지 않는 능력을 유지하고 행한 선배로 오로지 그리스도의 영과 능력 안에서 이 시대 최고의 주요한 선조로 인정되었기 때문이었다. 따라서 그는 갑절의 영예를 받을 만한 사람이었듯이 같은 이유로 이 시대의 신실한 사람들로부터 그러한 찬사를 받았다. 그의 권위는 밖으로 향하는 것이 아닌 내부적인 것이어서 그 권위를 하나님의 사랑과 끝없는 사랑의 능력으로 소유하고 유지하였기 때문이다.

나는 어떤 기록을 보고 쓰는 것이 아니라 내가 알고 있는 것을 바탕으로 이 글을 쓰는 것이기 때문에 내가 증거하는 것은 참되다. 나는 폭스와 여러 주, 여러 달 동안 다양한 경험을 하면서 함께 지냈으며, 폭스와 가장 가까운 활동적인 성향을 지닌 사람들과도 밤낮으로 함께 지내면서 바다와 육지, 잉글랜드와 다른 나라들을 함께 다녔다. 그러므로 나는 결코 내가 폭스를 그가 놓여 있던 위치에서 떼어놓고 본 일이 없으며 각각의 사역과 일을 따로 생각해 본 일이 없다고 말할 수 있다.

왜냐하면 모든 일에서 그는 남자답게 자기 책임을 다하였으며, 그러면서도 강인하였고 새롭고 거룩함을 좇는 사나이였다. 그는 거룩한 사람이요 박물학자요 또한 그의 일체는 전능하신 하나님께서 만드신 것이었다. 나는 자연물에 대하여 그가 묻고 대답하는 것을 보고는 놀랐는데, 그는 쓸모없고 궤변적인 학문에는 무지하였으나 자기 안에 유용하고 권장할 만한 지식의 근원을 갖고 있었으며, 어디를 가든 그것을 소중히 마음에 품고 있었다. 그의 태도는 무엇보다도 예의 바르고 아주 절제력이 있었으며, 풍채가 좋았는데도 얼마 먹지 않았으며 잠을 많이 자지도 않았다.

그는 이렇게 살면서 우리와 함께 머물렀으며, 그렇게 그 자신을 일으켜 세우고 마지막 순간까지 지탱시켜준 영원한 능력을 동일하게 느끼며 살다가 죽었다. 그는 너무도 확신에 차서 죽음을 이겼으며 마지막 순간까지도 그러하였다. 마치 죽음을 알리거나 이야기할 가치가 거의 없었던 것처럼 곁에 있는 몇몇 사람들에게, 죽기 바로 직전에 그리스도의 교회들에게 썼던 편지와 자신이 쓴 책을 급히 발송하여 세계 만방에 전하라고 권하였으니 말이다. 그러나 무엇보다도 폭스는 친우회 교우들 가운데 아일랜드와 미국에 있는 친우회 교우들을 가장 걱정하며, 아일랜드와 아메리카에 있는 불쌍한 친우회 교우들을 염려하라고 말하였다.

임종시에 그에게 찾아온 몇몇 사람들로부터 어떠냐는 질문을 받은 폭스는 "아무 걱정 마시오. 주의 능력이 모든 나약한 것들과 죽음 위에 임하였고 주의 씨앗이 통치하시니 주께 찬양을 돌리시오"하고 대답했는데 이 때가 그가 이 세상을 떠나기 너댓 시간 전이었다. 폭스는 그 주 첫째날 롬바르드 스트리트(Lombard Street)에서 열리는 대집회에 참석하였는데 그가 죽은 것은 우리를 떠나 같은 법정에 있던 H. 골드니(H. Goldney)의 집에 묵고 있던 그 주 셋째 날이었다. 그는 아주 고령의 나이로, 자기 아래 몇 세대의 후세들이 진리 안에서 사는 것을 보고 죽었다. 그는 짧은 병중에도 위로를 얻었으며 마지막 순간까지 명료한 정신을 유지하는 은총을 입었으니, 우리는 그 사람이야말로 하나님의 노인으로 "죽었지만 아직 말한다"고 할 수 있을 것이다. 몸은 가고 없지만 그는 영으로 살아 있다. 시간이나 공간적인 제한

이 성인들과 공감하는 것을 막을 수 없으며, 의인들의 영과 교제하는 것을 가로막을 수 없다. 그가 이룬 업적은 그를 영예롭게 한다. 그가 한 일들은 결국 그를 통해서 그러한 일을 하신 하나님께 찬양을 돌리게 하는 것이기 때문이다. 그렇기 때문에 그를 추모하는 일은 복되고 복된 일이 될 것이다. 나는 그의 이름 앞에 다음과 같은 짧은 묘비명을 바침으로써 서문을 마치려고 한다. "이 시대에 많은 자손들이 선한 행동을 하였으나 사랑하는 조지 폭스여, 그대는 그들 중에 가장 뛰어나오."

제1장

어린 시절 — 구도자
1624 - 1648

　주께서 나를 다루신 일과 내게 맡기신 주의 일을 할 수 있도록 나를 준비시키고 단련시키시기 위해 나로 하여금 다양한 훈련과 시련과 어려움을 겪어 내도록 인도하신 일을 사람들 모두가 알며 그것으로 인해 모든 사람이 주의 무한하신 지혜와 선하심을 찬양하게 된다는 사실을, (진리를 섬기는 일을 하러 떠난 공적인 전도 여행에 관해 말하기 전에) 내 어린 시절이 어떠했으며 주께서 어떻게 역사 하셨기에 어린 시절부터 내가 주의 일을 시작하게 되었는지 간략하게 함께 이야기하는 것이 좋으리라 생각한다.

　나는 1624년 7월에 레스터셔 드레이튼 인더 클래이[1](Drayton-in-the Clay)에서 태어났다. 아버지의 이름은 크리스토퍼 폭스(Christopher Fox)였으며 직공으로 정직한 분이셨다. 또한 아버지의 마음 속에는 하나님의 씨앗(Seed)이 자리잡고 있었다. 마을 사람들은 아버지를 공정한 크리스터라고

---

1) 오늘날 페니 드레이튼이라는 곳으로 너니튼(Nuneaton)에서 8킬로 남짓 떨어져 있는 편평하고 아름다운 농업지역에 자리잡은 작은 마을이다. 조지 폭스가 태어난 마을은 오래 전에 없어졌으며, 도로가 만나는 부근에 모여 있는 몇 채 안되는 작은 집들은 현대식 가옥 구조를 갖추고 있다. 긴 문양이 새겨진 오벨리스크(방첨탑)가 폭스가 태어난 곳으로부터 90미터 가량 떨어진 곳에 서있다.

불렀다. 어머니는 올곧은 분이셨다. 순교자의 피²⁾를 이어받은 라고스 가계의 후손으로 처녀 때 이름은 마리 라고(Mary Lago)였다.

아주 어렸을 때에 나는 아이답지 않게 진중하고 끈기가 있었다. 그랬기 때문에 경박하게 굴거나 제멋대로 행동하는 어른들을 볼 때면 싫은 마음이 들었으며 "내가 어른이 되면 절대로 저렇게 함부로 행동하지 않을거야"하고 혼자 다짐했다.

열한 살이 되었을 때 나는 순결함과 의를 알았다. 그동안 순결함을 지키며 행하는 법을 배웠기 때문이었다. 주님은 모든 것에 성실하라고 가르치셨으며, 두 가지 측면 즉, 안으로는 하나님을 섬기고 밖으로는 사람들을 대할 때에 성실하라고 가르치셨고 무슨 일에나 예나 아니오 하고 대답하도록 나를 가르치셨다. 주님은 세상 사람들이 아무리 입에 거짓말과 변하기 쉬운 말들을 담아도 나는 모든 일에 예 혹은 아니오 하고 말해야 하며, 말을 조심하여 내가 하는 말이 은혜로 단련되어 향기를 풍기는 말이 되어야 한다는 것과, 하나님의 종으로 사역지에서 사역을 하다가 건강에 좋도록 음식물을 창조하신 분께 영광을 돌리는 정도로 적당하게 피조물³⁾을 사용하는 경우를 제외하곤 나를 부정하게 만드는 음식은 먹지도 마시지도 않도록 가르치셨던 것이다.

자라면서 친척들은 내가 목사⁴⁾가 되길 바랐으나 다른 사람들은 다른 직

---

2) 이 순교자 마리 라고의 선조는 드레이튼에서 북쪽으로 몇 킬로 떨어져 있는 맨세터(Mancetter)의 글로버(Glover) 가계에 속한 사람이었던 듯하다. (민족 사전 인물편에서 폭스에 관한 문헌을 참고하면 1860년 리칭(Riching)의 "맨세터 순교자들"(Mancetter Martyrs)에 관하여 이야기하고 있다.
3) 여기서 피조물이란 대개 "창조된 물건"을 뜻한다.
4) 사역 초기에 폭스는 장로교회 "목사"와 접촉하기는 했지만 여기서 뜻하는 "목사(priest)"는 국교회의 성직자(clergyman)를 뜻한다. "목사(priest)"라는 말은 대개 급료를 받고 설교하는 사람을 가리킬 때 쓴다.
5) 구두 만드는 일에 잠깐 관여하였다는 것은 카알라일(Carlyle)이 폭스의 성격을 묘사한 유명한 글에 잘 나타나 있다(참조. *Sarto Resartus*, 3권 1장: 「현대사에 나타난 한 사건」(*An Incident in Modern History.*) 그렇지만 카알라일이 그렇게 묘사한 데 대한 역사적인 근거는 하나도 없다. 슈얼(Sewel)은 폭스의 가죽옷과 "그가 전에 가죽 일을 했다는 것"과 아무런 연관도 없다고 하였다. 크루스(Croese)는 노팅엄(Nottingham)에 구두 제조업자이면서 방목을 하는 사람이 살았다고 한다.

업을 권했다. 그래서 나는 어떤 사람 밑에서 일하게 되었다. 그 사람은 구두 제조업자⁵⁾였는데 양털 장사도 함께 했다. 그 사람은 방목을 하면서 소도 함께 팔았기 때문에 큰 거래는 내 손을 거쳐 이루어졌다. 내가 함께 일할 때에는 사업이 번창했으나 내가 나온 뒤로는 파산을 해서 그는 빈털터리가 되었다.

당시 나는 한번도 사람을 부당하게 대한 일이 없었다. 주님의 능력이 나와 함께 하셨고 나를 지배하고 지켜주셨기 때문이었다. 구두 제조업자 밑에서 일하던 때에 장사를 하면서 나는 '정말입니다'라는 말을 자주 썼기 때문에 나를 아는 사람들은 한결같이 "조지가 정말이라고 하면 어떻게 할 도리가 없어"하고 말했다. 어린 아이들이나 무례한 사람들이 나를 비웃으면 그들을 무시하고 내 방식대로 계속해 나갔으나, 결국 사람들 대부분이 내가 결백하고 정직한 것을 좋아했다.

열아홉 살이 되었을 때 시장에서 장사를 하고 있었는데 브래드포드라는 사촌 가운데 한 사람이 신앙 고백자⁶⁾인 다른 친구와 함께 찾아와서 맥주를 한잔 하자고 했다. 나는 마침 목이 말랐고, 선한 뜻을 품고 있거나 주님을 좇는 사람은 누구나 좋아했기 때문에 그러마고 했다.

각자 한 잔씩 마시자 그들은 건배를 하기 시작했고, 더 마시지 못하는 사람이 돈을 다 내기로 하자면서 술을 더 시켰다. 신앙 고백을 한 사람들이 어떻게 그런 제안을 할 수 있을까 하고 생각하니 기분이 언짢았다. 그들 때문에 기분이 몹시 상했다. 그때까지 누구에게서도 그러한 기분을 느껴보지 못했다. 그래서 나는 벌떡 일어나 주머니에서 얼마 안되는 돈을 꺼내 그들 앞에 내놓으면서 이렇게 말했다. "그렇다면 내가 자네들을 떠나겠네."

그렇게 그 자리를 떠났다. 그리고 일을 끝마친 뒤 집으로 돌아왔지만 그날 밤엔 잠자리에 들지 않았다. 잠을 잘 수도 없었다. 왔다갔다도 해보고 주께 기도하며 부르짖기도 했다. 그때 주님은 "젊은 사람들이 한데 어울려 얼마나 허망한 길로 가는지, 늙은이들 또한 얼마나 세속적인 것을 좇는지 보았

---

6) 여기 쓰인 "신앙 고백자(professor)"라는 말은 이 책 전체에서 보통 그리스도인을 가리킨다. 오늘날 쓰는 적절한 말로 바꾼다면 "교인(敎人)" 정도가 될 것이다.

을 것이다. 너는 모든 것을 포기하고 젊은이든 늙은이든 그러한 사람들의 일에 가담하지 말고 모든 사람들 앞에 더욱 굳건한 사람이 되어야 한다"고 말씀하셨다.

그때 그러니까 하나님의 명령을 받던 1643년 9월 9일에 나는 친척들을 떠났으며 젊은 사람이든 나이든 사람이든 모든 사람들과의 친분을 끊었다. 나는 러터워스(Lutterworth)로 건너갔으며 거기서 얼마 동안을 머물렀다. 그러다가 노샘프턴(Northampton)으로 갔으며 거기서도 조금 머문 다음에 뉴포트 파넬(Newport-Pagnel)로 건너가 조금 있다가 바닛(Barnet)으로 갔는데 그때가 1644년 6월이라고 하는 4번째 달[7]이었다.

이처럼 내가 여행을 하며 다닐 때에 신앙 고백자들이 나를 알아보고 나와 친해지려고 했으나, 나는 신앙 고백자들이 자신들이 고백한 바를 지키지 못한다는 사실에 민감해 있었기 때문에 그들과 가까이 하기를 꺼렸다.

바닛에 있을 동안은 나를 쓰러뜨릴 만큼 강한 유혹이 있었다. 그때 나는 그리스도께서 어떻게 시험받으셨는가와, 내가 처해 있는 심각한 문제를 알게 되었다. 때때로 나는 방 안에 틀어박혀 왔다갔다 하면서 주님을 기다리는 일에 몰두했다. 어째서 내게 이러한 일들이 일어났는지 이해할 수 없었다. 나 자신을 돌아보며 "내가 전에도 이랬던가?"하고 물었다. 그때 나는 친척들을 버렸기 때문에 내가 그들에게 잘못한 것이라고 생각했다.

그래서 나는 내가 보내 온 모든 시간들을 되돌아 보고는 내가 조금이라도 부당하게 행한 일이 있었던가 곰곰이 생각해 보았다. 그런데 점점 마음이 미혹되어 좌절감에 빠질 정도까지 되었다. 그런 식으로도 나를 꾈 수 없게 되자 사탄은 온갖 유혹과 미끼를 던지며 어떤 죄를 짓도록 하였다. 사탄은 그렇게 하여 나를 넘어뜨리려고 하였다.

그러한 시련이 내게 닥칠 때에 내 나이는 20세쯤이었다. 나는 몇년 동안 계속 그러한 상태로 큰 혼란에 빠져 있었다. 그러한 상태에서 벗어나기를 간절히 바랐다. 많은 목사들을 찾아다니며 위로를 구했지만 그들로부터 아무런

---

7) 1752년까지 영국에서는 3월부터 새해가 시작되었기 때문에 그 당시 달력에는 6월이 네번째 달이었다. 이 책에서는 모든 시간을 그 방법으로 표현하고 있기 때문에 여기서 한번 대표로 이야기하고 있는 것같다.

위로도 받을 수 없었다.

바넛에서 런던으로 가서 하숙을 했는데 런던에서의 생활은 아주 어렵고 힘들었다. 훌륭한 신앙고백자들을 보았으나 모두가 사악하였고 어둠의 사슬에 매여 있었기 때문이다. 그곳에 피커링이라는 삼촌이 한분 살고 계셨는데 침례교인이었다. 당시 침례교인들은 영적 진리에 민감한 마음을(tender)[8] 갖고 있긴 하였지만 나는 삼촌과 마음을 터놓고서 이야기를 나눌 수가 없었다. 젊은 사람이든 나이든 사람이든 그들이 어떤 상태에 있는가를 모두 보았기 때문이었다. 더러 친절한 사람들이 나를 머물러 있도록 하였으나 두려운 마음이 들었다. 그래서 부모님과 친척들을 생각해 보고 그들을 슬프게 해드리지 말아야겠다는 생각으로 고향인 레스터셔를 향해 돌아갔다. 그분들이 나를 몹시 그리워하신다는 것을 알았기 때문이다.

레스터셔로 돌아오니[9] 친척들이 나를 결혼시키려고 하였다. 그렇지만 나는 아직은 지혜를 더 쌓아야 할 나이라고 이야기했다. 또 어떤 사람들은 나를 지원 부대(찰스 1세와 의회와의 분쟁이 최고조에 이르렀을 때임)에 가담하게 하려고 하였지만 거절하였다. 나처럼 영적 진리에 민감한 젊은이에게 그런 제안을 한다는 것이 서글펐다. 그래서 나는 코벤트리(Coventry)로 가서 한 신앙 고백자의 집에 방을 하나 얻어 잠시 머물러 있었다. 코벤트리에는 영적 진리에 민감한 사람들이 많이 살고 있었기 때문에 얼마 지나 그곳 사람들과 친해지게 되었다. 얼마 뒤에 다시 고향으로 돌아가서 커다란 슬픔과 고통 속에서 1년 가량을 지내면서 여러날 밤을 혼자 다녔다.

그당시 내가 태어난 마을인 드레이튼에 나다니엘 스디븐(Nathaniel Stephen)이라는 목사가 있었는데 나를 자주 만나러 왔으며 나도 그 사람을 자주 찾아갔다. 그 사람은 때때로 다른 목사와 함께 나를 찾아 오기도 하였으며, 나를 초청하여 내 이야기를 듣곤 하였다. 나도 그들에게 질문을 던지

---

[8] "영적 진리에 민감한 마음"(tender)이라는 말은 폭스가 즐겨 쓰는 표현 가운데 하나로 이 책에서 앞으로 자주 나올 것이다. 사람에게 적용하여 쓸 때면 영적인 진실을 찾는 데 진지하고 간절한 마음을 품은 사람을 뜻한다.
[9] 1644년 고향으로 돌아오면서부터 폭스는 종교 집회를 시작하는 날짜를 적고 있다. *Epistles*, 1권., p 10. 필라델피아 판, 1831 참조.

면서 함께 토론을 벌이기도 하였다. 스티븐 목사는 왜 그리스도께서 십자가에서 "나의 하나님 나의 하나님 어찌하여 나를 버리셨나이까?" 하고 부르짖었으며 어째서 "만일 할 만하시거든 이 잔을 내게서 지나가게 하옵소서 그러나 나의 원대로 마옵시고 아버지의 원대로 하옵소서" 하고 말씀하셨는지 내게 물었다. 나는 그당시 그리스도께서 모든 인류의 죄를 지고 계셨으며 사람들의 죄와 허물로 인해 해를 당하셨고, 사람이셨기 때문에 사람들의 죄를 지고 화목 제물이 되어야 하셨으며 하나님이셨기 때문에 죽지 않으셨다는 것과, 모든 사람을 위해 죽음을 맛보시면서 돌아가셨다는 점에서 그리스도께서 세상 죄를 대신해서 화목 제물이 되신 것이라고 대답하였다.

당시 나는 그리스도께서 당한 고난을 어느 정도 깨닫고 있었기 때문에 이렇게 말하였다. 스티븐 목사는 아주 훌륭하고 충실한 대답이라고 하면서 그러한 답변은 한번도 들어보지 못했다고 했다. 그 당시 스티븐 목사는 다른 사람들에게 나를 높이 칭찬하였으며 주중에 나와 이야기할 때에 내가 한 말을 '첫째 날'[10] 설교 시간에 말하곤 하였다. 그래서 나는 그 사람을 싫어 하였다. 그 목사는 나중에 나를 굉장히 핍박하는 사람이 되었다.

이러한 일이 있고 난 후 워릭셔(Warwickshire) 주 맨세터(Mancetter)에 나이가 지긋한 리처드 아벨(Richard Abell)이라는 다른 목사를 찾아가 내가 느끼는 좌절과 유혹의 원인에 대해 함께 이야기해 보려고 하였다. 그런데 그 사람은 내 입장은 무시한 채, 담배를 피우든가 찬송을 불러보라고 했다. 담배는 내가 싫어하는 것이고 찬송은 부를 기분이 아니기 때문에 부를 수 없다고 하였다. 그는 나더러 다시 오라고 했다. 내게 많은 이야기를 해 줄 생각이었다. 그렇지만 다시 찾아갔을 때 그 사람은 골이 나 있었고 내게 화를 내었다. 내가 전에 한 말이 그를 불쾌하게 만들었기 때문이

---

10) 사실, 폭스의 양심과 관련한 문제로 정확한 날짜를 이야기하지 않으려는 것은 굳어진 관습이다. 폭스는 이방 신들을 기념하는 날들이었기 때문에 그 날을 정확하게 이야기하기 싫어했으며 대신에 항상 수 형용사를 사용하는 것을 원칙으로 하였다. 그러한 방식은 폭스만이 사용한 독특한 방식이 아니라 단지 공화국 시기(Commonwealth period) 이전에 "분리주의자"들을 이끌던 몇몇 사람들이 취했던 자세와 비슷한 방식이었다. Barrow의 「그릇된 교회들」(False Churches), 204 참조.

다. 그 사람은 내가 느낀 고통과 슬픔과 괴로움들을 하인들에게 다 이야기하였으며 그렇게 하여 그 사실은 우유 배달하는 소녀들 사이로 퍼져 나갔다. 그런 사람에게 내 속 마음을 털어놓았던 것이 마음 아팠다. 모두가 서투른 위로자들이라고 생각하니 더욱 고통스러웠다. 탐워스(Tomworth)에 경험 많은 목회자 한 사람이 살고 있다는 소식을 들었다. 아주 먼길을 찾아 갔으나 그 사람도 속빈 깡통같았다.

코벤트리에 크래독(Cradock)이라는 박사가 산다는 이야기를 듣고 그 사람에게도 가보았다. 나는 그 사람에게 유혹과 좌절에 대해 묻고 고통이 사람 속에서 어떤 작용을 하는가 물었다. 그 사람은 "그리스도의 아버지와 어머니는 누구셨습니까?" 하고 내게 물었다. 나는 마리아가 어머니고 요셉을 아버지로 보고 있지만 그리스도는 하나님의 아들이셨다고 대답했다.

그 사람의 집에서 뜰을 함께 거닐고 있던 참이었다. 뜰 가운데로 난 길이 하도 좁아 돌다가 나는 우연히 화단 끝을 조금 밟았다. 그러자 그 사람은 마치 자기 집에 불이 나기라도 한듯이 화를 내었다. 이렇게 하여 두 사람간의 대화는 끝이 나버리고 나는 올 때보다 더 울적한 마음이 되어 돌아갔다. 이런 사람들은 내가 처한 상황을 이해할 수 없기 때문에 모두가 서투른 위로자들이며 나에게 아무 도움도 주지 못한다는 것을 깨달았다.

이러한 일이 있고 나서 아더스톤(Atherstone)에 마캄(Macham)이라는 명망이 높은 사람에게로 갔다. 그 사람은 내게 어떻게든 하제(下劑)를 써서 피를 쏟게 하려고 하였다. 그렇지만 그들이 아무리 노력한다고 하더라도 내 팔이니 머리에서 한 방울의 피도 나오게 할 수 없었다. 내 몸은 그야말로 슬픔과 고통과 괴로움으로 메말라 있었고 그러한 고통들이 너무나 커서 차라리 태어나지 말거나 장님으로 태어나 사악하고 허망한 것들을 보지 않게 되거나, 벙어리로 태어나 헛되고 나쁜 말들이나 주님의 이름을 욕되게 하는 말들을 결코 듣지 않기를 바라는게 나았을 것 같았다.

크리스마스라고 하는 날이 다가오면 다른 사람들처럼 파티를 열며 즐기는 대신에 나는 집집을 다니며 가난한 과부들을 찾아 보며 돈을 조금씩 주었다. 때때로 결혼식에 초대를 받았지만 한번도 가지 않았다. 그러나, 결혼식이 끝난 다음 날이나 조금 지나 결혼한 사람들을 방문하곤 하였고 가난한 사람들이면 돈을 조금 주었다. 나 자신이 다른 사람에게 짐이 되지 않으며, 어려운 사람들을 도와 줄 정도의 돈이 있었기 때문이다.[11]

1646년이 시작될 즈음, 코벤트리로 가던 중 그곳이 가까워지면서 "신교도이건 가톨릭교도건 모두가 같은 그리스도인들이다"는 생각이 들었다. 그러자 주께서 내 마음을 여시어(opened)[12] 그들 모두가 그리스도인이라면 모두 하나님의 자녀이며 죽음에서 생명으로 옮긴 자들이며 그러한 자들이 아니면 다른 사람들이 그리스도인이라고 부른다 하더라도 아무도 진정한 그리스도인이 될 수 없다는 것을 알려 주셨다. 또 어떤 때에는 '첫째 날' 아침에 들판을 거닐고 있었는데 주께서 내 마음을 여시어 옥스퍼드와 케임브리지에서 공부했다고 해서 그리스도의 일꾼이 되기에 충분한 자질을 갖추게 되는 것이 아니라는 것을 알려 주셨다. 옥스퍼드나 케임브리지에서 공부하면 목회자로서의 자격을 갖추는 것이라고 모두들 생각하고 있었기 때문에 나는 그러한 알리심에 의아해 했다. 그렇지만 주께서 내게 분명하게 알리시는 것을 보았기 때문에 만족하였고 그날 아침 내게 그러한 것을 열어 보이신 주님의 선하심을 찬양했다. 이러한 사실, 곧 "옥스퍼드나 케임브리지에서 공부하였다고 해서 그리스도의 일꾼의 자격을 온전히 갖추는 것은 아니다" 하는 사실은 스티븐 목사의 사역을 공격하는 것이 되었다. 그리하여 나는 내 안에 열리어 보게 된 것이 스티븐 목사의 사역을 공격하는 것을 보았다.

---

11) 폭스의 수입원이 무엇이었는지 알기 어렵다. 자신이 쓴 「일기」(*Journal*)를 보면 폭스가 집을 떠날 때에 폭스의 친척이 한 말을 다음과 같이 적고 있다. "폭스는 우리를 떠날 때에 아주 많은 금과 은을 가지고 갔다." 폭스는 항상 풍족했다. 호텔에서 잠을 잤으며 늘 좋은 말을 타고 다녔으며 깨끗한 옷을 입었고 적선을 자주 하였다. 스펜스 모금회(Spence collection)에 서명한 종이에 보면 폭스는 윌리엄 펜(William Penn)이 자신에게 준 펜실베이니아에 있는 광대한 토지뿐만 아니라 "선박과 무역"에 투자한 돈까지도 처분할 것을 적고 있다.
12) "연다(open)"는 표현은 계시적인 표현으로 이 책에서 자주 나오게 될 것이다. 폭스는 영혼으로 직접 깨달아 그것이 사실임을 확신하게 되었다는 것을 말하려는 것이다. 종종 그는 성경에서 쉽게 발견하였거나 주변에서 깨닫게 된 진리에 관해 이야기할 때도 이러한 표현을 쓴다. 그렇지만 그러한 진리는 결국 폭스 자신에게 살아있는 진리가 되었다고 진지하게 밝힌다. 그 진리는 단지 사실에 관한 주장이 아니라 폭스가 본 진리요 원칙인 것이다.

그렇지만 친척들은 내가 자기들과 함께 스티븐 목사의 설교를 들으러 가지 않았기 때문에 몹시 걱정을 했다. 내가 혼자서 과수원이나 들로 성경책을 들고 나가곤 했기 때문이다. 나는 "아무도 너희를 가르칠 필요가 없고 오직 그의 기름 부음이 모든 것을 너희에게 가르친다고 사도들이 이야기하지 않았습니까?"하고 그들에게 물었다. 친척들도 그 말이 성경에 나와 있고 진리인 줄 알면서도, 내가 그들과 함께 스티븐 목사의 설교를 들으러 갈 수 없다는 사실에 마음 아파했다. 나는 참된 신자가 되는 것은 그들이 생각하는 것과는 다른 것임을 깨달았다. 또한 옥스퍼드나 케임브리지에서 교육받는 것이 그리스도의 일꾼이 되기에 충분한 자격을 주는 것이 아니라는 것도 깨달았다. 그렇다면 내가 무엇 때문에 그러한 사람들을 좇겠는가? 따라서 나는 그들도 그렇고 그들과 다른 의견을 가진 사람이라 하더라도 누구와도 함께 할 수가 없었다. 모두에게 이방인이 되어, 전적으로 주 예수 그리스도만 의지할 뿐이었다.

또 한번은 세상을 만드신 하나님은 사람의 손으로 만든 성전에 계시지 않는다는 사실을 내게 열어 보이셨다. 처음에는 이상하게 생각했다. 목회자들이나 사람 누구나가 성전이나 교회는 경외해야 할 곳이며 거룩한 땅이요 하나님의 전이라고 말했기 때문이다. 그러나 주님은 사람이 명령하여 세운 건물 안에 사시는 것이 아니라 사람들의 마음 가운데 사신다는 것을 주께서 내게 분명히 알려 주셨다. 스데반도 사도 바울도 모두 주께서 손으로 지은 곳에 계시지 않으며 주께서 지으라고 명령하신 곳에도 계시지 않으며, 성전을 폐하셨기 때문에 지으리고 명령하셨던 성전에도 거하시지 않으며 주의 백성이 주의 전이며 주께서 주의 백성 안에 계신다는 것을 증언하였다.

들판을 지나 친척집으로 가고 있을 때 이러한 생각이 열렸다. 친척집에 가니 나다니엘 스티븐 목사가 왔다 갔는데 내가 새로운 빛을 좇기 때문에 내가 두렵다고 했다고 친척들이 이야기해 주었다. 나는 주께서 스티븐 목사와 같이 일하는 성직자들이 어떠한 상태에 있는가 내게 열어 보이셨기 때문에 속으로 웃었다. 그렇지만 친척들에게는 이야기하지 않았다. 친척들도 목사들 너머의 일을 짐작하고 있었으나 그들의 설교를 들으러 갔으며 또한 내가 가지 않는다고 하여 슬퍼하였다. 그러나 나는 친척들에게 성경 책을 가지고 가서(즉 성경 내용을 예로 들어) 사람을 가르치기 위해 기름 부음이 있었으며 주께서 직접 자기 백성을 가르치실 것이라고 이야기했다.

나는 또 계시록에 쓰여진 것들이 크게 열리는(openings) 경험을 했다. 그래서 그것에 관해 이야기하니 목사나 신앙 고백자들이 요한계시록이 닫혀진 책이라고 이야기하면서 그러한 생각을 하지 못하게 하였다. 그러나 나는 그리스도께서 닫혀진 것을 여실 수 있으며, 서신서들이 앞선 시대에 살았던 성도들에게 쓴 글이라면 요한계시록은 다가올 것들에 대해 쓴 책이므로 거기 적힌 내용들은 우리에게 가장 가까운 내용들이라고 이야기하였다.

이러한 일이 있은 뒤 나는 여자들은 영혼이 없다고 주장하며 경멸하는 태도로 거위나 다름없다고 주장하는 사람들[13]과 만났다. 나는 그들의 의견을 비난하면서 마리아가 "내 영혼이 주를 찬양하며 내 마음이 하나님 내 구주를 기뻐하였음은" 하고 이야기하였기 때문에 그러한 주장은 옳지 않다고 이야기했다.

다른 곳으로 옮겨 가서 그 곳에서 나는 꿈을 지나치게 의존하는 사람들과 만나게 되었다. 나는 그들에게 꿈을 잘 분간하지 못하면 모두가 혼돈에 빠지게 될 것이라고 했다. 꿈에는 수많은 사업들이 불러 일으키는 꿈과, 사탄이 밤에 속삭이는 꿈과, 하나님께서 사람에게 말씀하시는 꿈으로 세 가지가 있기 때문이었다. 이 사람들은 그러한 헛된 생각들에서 벗어나 결국에는 '친우회'(Friends)의 일원이 되었다.[14]

커다란 열림을 경험하긴 하였어도 큰 고통과 유혹이 내게 자주 찾아왔다. 그래서 낮에는 빨리 밤이 되길 바랐으며 밤이 되면 어서 낮이 오길 바랐

---

13) 이들은 영국 공화국 시기에 갑자기 퍼졌던 호기심 많은 종파들 가운데 한 부류였다. Edwards의 *Gangraena* 참고.

14) 이 "친우회"라는 표현은 「일기」(*Journal*)에서 새로 명명한 이름으로 여기서 처음으로 쓰인다. 언제 이 이름을 채택하였으며 어째서 그 이름을 택하였는가 알기는 불가능하다. 「일기」(*Journal*)가 쓰일 때 친우회라는 표현은 이미 굳어진 표현이 되었기 때문에 폭스는 설명을 따로 달지 않고 그 이름을 모임의 이름으로 사용하게 되기까지 1세기가 걸렸다는 이야기를 하면서 친우회라는 표현을 사용하였다. "친우회"라는 말이 처음에는 친한 사람들 간에 사용하는 비전문적인 뜻으로 쓰였던 것같으나 시간이 지나면서 차츰 모임의 이름으로 굳어진 것같다. 맨 처음에는 그들 스스로 "빛의 자녀들"이라고 불렀다.

다. 또한 고통 가운데 열림을 경험하였기 때문에 나도 다윗처럼 "낮은 낮에 게 말하고 밤은 밤에게 지식을 전하니"하고 말할 수 있었다. 내가 열림을 경험하였을 때 낮과 밤은 서로 대답을 하였으며 성경에 답하였다. 그것은 성경에 대한 놀라운 열림을 경험하였기 때문이며 내가 고통으로 괴로워할 때 하나의 괴로움은 또 다른 괴로움에 대한 해답을 주었다.

1647년 초엽 주님의 인도하심을 따라 더비셔(Derbyshir)로 갔다. 거기서 뜻이 맞는 사람들을 몇 사람 만나게 되어 많은 이야기를 나누었다. 그리고는 픽 컨트리(Peak country)[15]로 건너가서 뜻이 통하는 사람들을 더 많이 만났으며 고상하기는 하였으나 허망한 생각을 품고 있는 사람들[16]도 몇 만났다. 레스터셔의 여러 곳을 두루 거쳐 노팅엄셔(Nottinghamshire)로 가서 거기서 나는 마음이 열린 한 사람을 만났는데 엘리자베스 후튼(Elizabeth Hooton)[17]이라는 여자였다. 그 여자와 여러 번 만나면서 대화를 하였다. 그렇지만 고통은 계속되었고 때때로 굉장한 유혹을 받기도 하였다.

나는 금식을 많이 했다. 한적한 곳을 여러 날 거닐었으며 종종 성경책을 집어 들고 나가서는 속 빈 나무나 조용한 곳에 밤이 되도록 앉아 있었다. 밤에는 나 자신에 대해 통탄해 하면서 걸어다니는 때가 자주 있었다. 주님이 내 안에서 첫번째 일을 이루시는 때에 나는 슬픔에 빠져 있었기 때문이다.

---

15) 더비셔 북부지역에 있는 곳.
16) "랜터 파"(Ranters)로 이 사람들은 앞으로 자주 나올 것이다. 이들은 죄를 짓지 않은 완전한 사람들임을 주장한다. 극단적으로 흘러 자신들이 그리스도나 하나님이라고 주장하는 이들도 더러 있다. 그들은 대부분의 일을 자기들이 선택하면서 살아가고, 자기들 안에서 행하시는 이는 하나님이시리는 것을 근거로 자신들의 행동을 정당화 시켰다. 당시에 그런 사람들이 아주 많았음은 이 전기를 통해서도 분명하게 나타난다. 조지 폭스 파의 신자도 죄에서 벗어날 수 있다고 주장하긴 하였지만 폭스가 주장하는 완전함이란 랜터 파의 신조와는 전혀 다른 뜻을 지니며 그 사실은 「일기」(*Journal*)에서 나타날 것이다.
17) 엘리자베스 후튼은 명성이 높은 사람으로 1600년경 노팅엄에서 태어났다. 여자로서 새로 열린 종교 집회에서 처음으로 목사가 되었다. 몇몇 종교 분파에서 허용하고 있었기 때문에 여자가 설교한다는 것이 당시로선 전혀 새로운 사실은 아니었다. 엘리자베스 후튼은 자신의 신앙을 지키느라 핍박을 심하게 받았으며 오랜 옥살이를 하였다. 아메리카와 서인도 제도로 두 차례 전도 여행을 갔으며, 1671년에 자마이카에서 죽었다.

이렇게 괴로워 하는 동안에 나는 어떠한 신앙 고백자와도 교류하지 않았으며, 오로지 주님 앞에 나 자신을 포기하고 사악한 사람들과의 관계를 끊고, 부모님과 다른 모든 친척들과 작별을 하고 주께서 마음을 이끄시는 대로 나그네처럼 이리저리 여행을 다니며 도착한 마을에서 방을 잡고 곳에 따라 잠깐 머물기도 하고 오래 머물기도 하였다. 신앙 고백자나 신을 모독하는 사람들을 모두 두려워 하였기 때문에 좀처럼 한 곳에 오래 머물러 있으려고 하지 않았다. 영적 진리에 민감한 젊은이였기 때문에 그런 사람들과 이야기함으로써 상처받지 않으려고 하는 마음에서였다. 이런 까닭에 나그네처럼 다니며 계속해서 하늘의 지혜를 구하며 주께 지혜를 얻었으며 세상 일로부터 벗어나 오로지 주님만을 의지했다.

비록 그러한 훈련과 고통이 엄청난 것이긴 하였어도 지속적이지는 않았다. 얼마 동안 그렇지 않은 때도 있었으며, 때때로 나 자신이 아브라함의 가슴 속에 있었다고 생각할 정도로 천상의 기쁨을 느끼기도 하였다.

내가 어떠한 고통 속에 있었는지 말할 수 없는 것과 마찬가지로, 온갖 고통 가운데 있는 나를 향한 하나님의 은혜 또한 크고 엄청난 것이어서 말로 설명할 수 없다. 오, 엄청난 절망 가운데 빠져 있을 때, 내 영혼을 향하신 하나님의 끊임없는 사랑이란! 고통과 괴로움이 커질 때는 주님의 사랑 또한 지극하게 넘쳤나이다. 주님, 주님은 기름진 들판을 황량한 광야로 만드시며 황량한 광야를 기름진 들판으로 만드는 분입니다! 주님은 허물어 뜨리고 또한 세우시는 분입니다. 주님은 죽이고 살리시는 분입니다! 오, 영광의 주님이시여. 모든 영광과 존귀를 주께 드리나이다! 성령으로 아는 것은 생명이

---

18) 심오한 영적 교사들은 지혜(Wisdom)와 지식(knowledge)을 대조한다. 이 책에서는 "성령으로 아는 것"(knowledge in the Spirit)과 "육으로 아는 것"(knowledge in the flesh)이라고 하거나 혹은 "마음으로 아는 것"(knowledge of the heart)과 "머리로 아는 것"(knowledge of the head)이라고 더 자주 이야기하는 것같다. 두번째 앎, 곧 육으로 아는 것이나, 머리로 안다는 것은 사실을 안다는 뜻으로 마음에 흡족한 증거로 어떤 사물이 그러하다는 것을 안다는 것을 뜻한다. 첫번째 앎이란 영혼이 실제적인 경험을 거쳐 진리를 직접 깨닫는다는 것을 뜻한다. 한 가지는 어떠한 사실을 구축하는 것을 목적으로 하며, 또 한 가지는 진리를 받아들임으로 건설적인 삶과 인격을 형성하게 되는 것을 목적으로 한다.

요, 육으로 아는 것은 죽게 하는 것입니다.[18]

육으로 알 때에는 속이는 마음과 자아가 무엇에나 순종하여, 알지도 못하는 것에 예, 예 하고 말할 것이다. 선지자들과 사도들이 이야기한 세상에 속한 지식은 육적인 지식이며, 선지자들과 사도들이 속해 있는 생명에서 벗어난 배교자들은, 선지자나 사도들이 이야기한 성경 말씀을 받아들이긴 해도 생명과 영의 말씀으로 받아들이지 않았다. 그러므로 그러한 사람들은 모두 혼돈에 빠져 육의 양식을 구하며 육의 욕망을 채우고자 하면서 그리스도의 능력과 영으로 그리스도의 율법과 명령을 행하지 않는 사람들이다. 그들은 할 수 없다고 말하면서 오로지 육에 속한 욕망만을 채우려고만 하기 때문에 그러한 일을 기쁨으로 할 수 있는 것이다.

주께서 옥스퍼드나 케임브리지에서 공부한 것이 그리스도의 일꾼이 되기에 충분한 자격을 주는 것이 아니라는 사실을 열어 보이신 이후로 나는 목회자들을 덜 중요하게 여기게 되었고 그보다는 다른 생각을 가진 사람들('분리주의자들'로 특히 이 책에서는 회중교회 주의자들과 침례교도를 말한다)을 더 중요하게 여겼다. 그들 가운데에는 영적 진리에 민감한 사람들이 더러 있었고 그중에 많은 사람들이 나중에 영적 진리를 깨닫게 되었다. 그들도 어떤 열림을 경험하였기 때문이었다.

그러나 목회자들에게 실망을 하였듯이 분리주의자에 속한 설교자들에게도 실망을 느꼈다. 그들은 경험이 아주 많은 사람을 높이 평가했는데 나는 그 모든 사람들 가운데서 내가 처한 상황에 대해 말할 사람을 한 사람도 찾지 못하였다. 그들에 대한 기대나 모든 사람들에 대한 희망이 사라져 버리게 되어 외부적으로 아무런 도움도 얻지 못하고 무엇을 해야 할지 모르고 있던 그 때에, 아, 바로 그 때에 "한 분이 계시니 그 분은 예수 그리스도로 네 처지를 말할 수 있는 분이다"[19] 하는 목소리가 들려 왔다. 그 목소리를 듣고 나는 너무도 기뻐서 깡충깡충 뛰었다.

---

19) 조지 폭스가 자신의 회심에 관해 묘사하고 있는 이 구절을 고린도후서 4:6에서 신령한 빛에 관해 이야기하는 바울의 설명과 비교하라. "어두운 데서 빛이 비취리라 하시던(첫번째 신령한 빛) 그 하나님께서 예수 그리스도의 얼굴에 있는 하나님의 영광을 아는 빛을 우리 마음에 비취셨느니라."

그때 주님은 어째서 이 땅에는 내 처지에 관해 말해 줄 수 있는 사람이 한 사람도 없는가를 깨닫게 하셨으며 그 때문에 나는 주께 모든 영광을 돌릴 수 있었다. 사람들 모두가 나처럼 죄 아래 있다는 판단을 내리고, 불신앙에 사로잡혀 있었기 때문이다. 예수 그리스도는 탁월하신 분으로 우리를 깨우치시며 우리에게 은총을 베푸시며 믿음과 능력을 주는 분이시다. 이처럼 하나님께서 역사하시면 누가 우리를 가로 막겠는가? 이러한 사실을 나는 경험으로 알았다.

주님을 좇고자 하는 마음은 점점 커갔으며, 다른 사람이나 책이나 글의 도움을 받지 않고 하나님과 그리스도 한 분만을 온전히 바로 알고자 하는 열망이 점점 자라났다. 그리스도와 하나님에 대해 성경에서 읽기는 하였어도 하나님을 알지 못하였으나, 이제 계시를 통해 열쇠를 가지신 분이 그 문을 여셨으며 생명의 아버지이신 하나님께서 성령을 통해 하나님의 아들이신 그리스도께로 나를 인도하셨다. 그리고 나서 주님은 나를 다정하게 곁으로 이끄시어 하나님의 사랑을 보게 하셨는데 그 사랑은 끝이 없는 영원한 것이었으며 사람의 생각을 뛰어 넘으며 역사나 책에서 찾아 볼 수 없는 사랑이었으며 그 사랑은 주님 없이 지내던 나 자신을 바라보게 하였다.

나는 모든 교파들이 두려웠다. 하나님의 사랑을 통해 그들이 어떠한 처지에 놓여있는가 정확히 볼 수 있었으며, 그 사랑은 또한 내 자신의 모습을 깨닫게 해 주었기 때문이었다. 나는 목사든 신앙 고백자든 혹 그들과 상관없는 다른 부류의 사람이든 그리스도 이외에는 어느 누구와도 교제하지 않았다. 주님은 내게 빛과 생명이 되는 문의 열쇠를 가진 분으로 그 문을 열어주셨다. 나는 세속적인 이야기나 그러한 말을 하는 사람들을 두려워 하였다. 그들에게선 타락과 부패에 찌든 삶밖에 찾아 볼 수 없었기 때문이었다.

나 자신이 아주 깊은 수렁에 갇혀 있을 때 나는 내가 다시 회복될 수 있으리라 생각도 못하였다. 고통과 슬픔과 유혹이 너무도 커서 그렇게 유혹을 받을 때마다 절망하게 될 것이라는 생각을 여러번 하였던 것이다. 그러나 그리스도께서 자신이 어떻게 똑같은 사단에게 시험 받으셨으며 사단을 이기시고 사단의 머리를 상하게 하셨는가를 열어 보이셨을 때에, 그리스도와 그리스도의 능력과 빛과 은혜와 영으로 말미암아 나도 그러한 상황을 극복할 수 있었던 것이다. 내가 그리스도를 분명히 믿었기 때문에, 그리스도께서는 내가 그러한 상황에 사로 잡힌 채, 아무런 희망도 믿음도 갖고 있지 않았을 때에 내게 그러한 사실을 열어보이셨다. 그리스도는 나를 깨우치셨으며 자신의 빛을 내게 주어 믿도록 하셨다. 그리스도는 내게 희망을 주셨으며 내 속에서 직접 희망을 나타내 보이셨으며, 내게 그의 영과 은혜를 주셨는데 나는 깊은 절망과 연약함 가운데서 그것을 풍족하게 발견하였다.

이처럼 여러번 나를 사로 잡은 깊은 절망과 크나큰 슬픔과 유혹에서 주님은 주의 자비로 나를 지키셨다.

나는 내게 두 가지 갈망이 있다는 것을 알았다. 하나는 피조물을 좇는 것이며, 또 하나는 창조주이신 주님과 그의 아들 예수 그리스도를 좇고자 하는 갈망이었다. 나는 세상 그 무엇이라도 내게 아무런 유익을 줄 수 없다는 것을 깨달았다. 내가 왕의 음식을 먹고 궁정에서 신하들을 거느린다 하더라도 모두가 소용없다는 사실을 알았던 것이다. 주께서 능력으로 위로하시지 않는 한 아무것도 내게 위안이 될 수 없었기 때문이다. 어떤 때에 나는 하나님의 크신 사랑을 깨닫고 그 무한하신 사랑에 감탄하는 마음을 가눌 길이 없었다.

어느 날인가 외로이 바깥에서 거닐다가 집에 돌아 왔을 때에 나는 하나님의 사랑에 사로잡히게 되었는데 그때 나는 하나님의 사랑의 위대하심에 감탄할 수밖에 없었다. 그러한 상태에 있는 동안 영원한 빛과 능력을 통해 하나님의 사랑이 내게 열렸으며, 나는 그 사랑을 통해 모든 것이 그리스도 안에서 그리스도로 말미암아 행해졌으며 또한 앞으로 행해질 것이라는 것과 그리스도께서 어떻게 사단의 유혹을 이기시고 그가 하는 모든 일을 무너뜨리시고 사단 위에 서셨는가를 분명하게 깨닫게 되었으며 또한 이제까지의 모든 고통들이 내게 유익한 것이었으며, 믿음의 시련으로 그리스도께서 내게 주신 시험임을 깨닫게 되었다.

주께서 내게 깨닫게 하심으로 나는 그러한 고통과 유혹을 통해 모든 것들을 깨닫게 되었다. 활기찬 믿음이 솟아났으며 그리하여 나는 모든 일이 생명이신 그리스도로 말미암아 된 일임을 깨닫고 그리스도께 믿음을 두었다.

언제라도 내 이러한 상태가 시덥지 않게 되면, 은밀한 신앙이 굳게 유지

되어 그 안에 감추어진 희망이 나를 붙들어 깊은 바다 밑에서 닻이 되어 내 불멸의 영혼을 영혼의 감독자를 향해 항해하도록 하면서 성난 파도와 궂은 날씨와 폭우와 유혹이 있는 세상이라는 바다 위를 헤엄쳐 나아가게 하였다. 그러나 아! 그때 나는 내 고통과 시련과 유혹을 이전보다 더 분명하게 깨닫게 되었으니! 빛이 가까워옴에 따라 빛에서 벗어나 있는 모든 것들이 보였다. 어둠과 죽음과 유혹과 불의와 불경건 그런 모든 것들이 분명하게 빛 가운데 드러났다.

나는 랭커셔에 있는 한 여자가 22일 동안 금식하였다는 이야기를 듣고 그 여자를 만나러 랭커셔까지 갔다. 그러나 그 여자를 만났을 때 나는 그 여자가 시험받고 있다는 것을 알아차렸다. 그 여자에게 주께로부터 전해 들은 말을 하고 나서 나는 그 여자를 떠났다. 그 여자의 아버지는 높은 직분을 맡은 신앙 고백자였다.

지나다가 나는 더킹필드(Duckingfield)와 맨체스터(Manchester)에 있는 신앙 고백자들에게 갔다. 그곳에 잠시 머물면서 그들에게 진리를 전파하였다. 주님의 가르침을 받아들이고 영적인 진리를 깨닫는 이들이 더러 있었으며, 그로 말미암아 그들은 주의 진리 안에 굳게 섰다. 그러나 신앙 고백자들은 화가 나서 모두가 죄와 불완전함을 변명하며 완전함이나 죄없는 거룩한 삶에 대한 설교를 더 이상 듣고 있을 수 없다고 항변하였다.[20] 그러나 주님의 능력이 모든 사람들에게 임하였다. 그들이 비록 자신들이 변호하던 어둠과 죄 아래 사로잡혀 있으며 그들 안에 영적 진리에 민감한 마음이 억제되

---

20) 1647년 사역을 시작할 바로 그 무렵에 조지 폭스는 죄에서 완전히 벗어날 수 있다고 설교하였다. 그러나 그는 완전함에 관한 이론이나 '인식'만을 제시하지 않으려고 무척 주의를 기울였다. 그러한 것은 '랜터 파'에 속하는 부류에게 나타나는 공통적인 특징이었다. 폭스는 그리스도께서 죄를 멸하려 오셨다는 것을 믿었으며, 그리스도께서 사람을 통치하시면 죄에 대한 영역은 사라져 버린다고 당당하게 주장하였다. 그의 표현을 그대로 빌면 사람은 "타락하기 전 아담의 상태"로 돌아갈 수 있다는 것이었다. 폭스가 가장 자주 도전을 주었던 주제는 현대 그리스도인들이 "성경을 쓴 사람들과 똑같은 삶을 누리고 그들이 지녔던 능력을" 지니게 되어야 한다는 것이었다. 그러나 조지 폭스가 이야기한 거룩함의 증거란 일상 생활에서 실제로 나타나는 거룩함을 말하는 것이었다. 실제 삶이 거룩하지 않다면 아무도 거룩하다고 할 수 없다는 것이었다.

어 있긴 하였어도 말이다.

　이때쯤 레스터셔 브로튼(Broughton)에서 침례교인들이 그 교파에서 떨어져나간 몇몇 사람들과 함께 대집회를 열었다. 다른 견해를 가진 사람들도 그곳에 갔으며 나도 거기에 참석하였다. 침례교인들은 많이 오지 않았고 다른 사람들이 많이 와 있었다. 주께서 내 입을 여시어서 영원한 진리가 사람들 가운데 선포되었고 주님의 능력이 모두에게 임하였다. 주님의 능력이 솟아나기 시작한 그 날에 나는 성경이 크게 열리는 것을 경험하였기 때문이었다. 그 지역에 있는 몇몇 사람들이 영적 진리를 깨닫게 되었고 어둠에서 빛으로, 사단의 권세에서 하나님께로 돌이켰고 많은 사람들이 일어서서 하나님을 찬양하게 되었다. 신앙 고백자들과 다른 사람과 함께 토론을 벌이는 동안 몇몇 사람들이 영적 진리를 깨닫게 되었다.

　나는 다시 노팅엄셔로 돌아갔다. 그곳에서 주께서 내게 사물의 이치를 열어 보이셨다. 겉보기에 해로워 보이는 것들의 본성을 열어 보이셨으며 그러한 것들은 사악한 사람의 마음과 생각 속에 있는 것이었다. 개와 돼지, 뱀의 본성과 소돔과 애굽의 본성과 파라오와 가인과 이스마엘과 에서의 본성과 같은 본성들이 겉으로는 보이지 않아도 사람들 안에서 볼 수 있었다. 내가 주께 "내가 왜 이래야만 합니까?(내가 왜 이러한 고통과 유혹을 겪어야만 합니까라는 뜻) 나는 한번도 그러한 죄에 빠지지 않았는데 말입니다" 하고 소리치며 말하자, 주님은 "그건 모든 상황을 네가 느껴야만 하기 때문이다. 달리 내가 어떻게 그러한 모든 상황에 대해 말할 수 있겠니?" 하고 대답하셨다. 그러한 대답을 듣고 나는 하나님의 무한하신 사랑을 깨달았다.

　나는 또한 어둠과 죽음의 바다가 있지만 무한하신 빛과 사랑의 대양이 어둠의 바다 위로 넘쳐 흐른다는 것을 알았다. 그러한 점에서도 나는 하나님의 무한하신 사랑을 깨달았으며 커다란 열림을 경험하였다.

　그때, 멀리 혹은 가까이에서 사람들이 나를 만나러 왔다. 사람들 때문에 지체하게 될까봐 걱정이 되었으나, 사람들에게 진리를 전하게 되었다. 브라운이라는 사람이 있었는데 그 사람은 임종시에 나에 관한 대예언을 하였다. 그 사람은 다만 주께서 나를 어떠한 도구로 사용하시게 될지 말했을 뿐이었다. 그리고 다른 사람들은 실패로 끝날 것이라는 말을 하였는데 그가 한 말은 당시 특별한 것처럼 보였던 몇몇 사람들에게 적중되었던 것이다.

　이 사람이 장사되었을 때에, 주의 크신 역사가 내게 나타나 내가 죽었을 것이라고 생각하던 많은 사람들이 감탄을 하였고 많은 사람들이 14일 가까이 나를 보러 왔다. 나는 용모나 사람이 아주 바뀌었다. 마치 새로 만들어져 바뀐 것처럼 말이다.[21] 슬픔과 고통에서 벗어나기 시작했으며, 기쁨의 눈물이 떨어졌다. 주를 향한 감사의 눈물을 겸손하게 깨어진 마음으로 밤낮으로 흘릴 수도 있었을 것이다.

　나는 그칠줄 모르는 기쁨 가운데 말할 수 없는 것들을 깨달았으며, 하나님의 무한하신 사랑과 위대함을 깨달았다. 그것은 말로 표현할 수 없을 정도였다. 그리스도의 영원하고도 영광스런 능력으로 어둠과 죽음의 대양을 지났고, 사단의 권세를 이겨냈기 때문이었다. 내가 겪은 어둠이 온 세상을 뒤덮고 모두를 죽음 안에 사로잡았는데도 말이다. 그러한 것들을 이겨낼 수 있도록 인도하신 동일한 하나님의 영원하신 능력은 나중에 온 나라와 목사들과 신앙고백자들과 민족을 뒤흔들었다.

　그때 나는 내가 영적으로 바벨론과 소돔과 애굽과 무덤 상태에 있었다고 말할 수 있었으나, 하나님의 영원하신 능력으로 거기서 빠져 나와 그것과 그것의 권세를 누르고 그리스도의 능력 안으로 들어가게 되었다고 이야기할 수 있었다. 나는 거두어 들여야 할 하나님의 씨앗들이 천지에 하얗게 널려 있는 것을 보았다. 씨는 뿌렸으나 아무도 거두어 들이는 사람이 없었기 때문이었다. 그 때문에 나는 통탄의 눈물을 흘렸다.

　내가 분별력 있는 영을 지닌 젊은이라는 소문이 널리 퍼졌다. 그래서 신앙 고백자, 목사를 비롯하여 많은 사람들이 멀리, 가까이에서 나를 보러 왔

---

21) 조지 폭스의 심리 상태에 관심이 있는 사람들에게는 이 부분이 일기에서 가장 관심 있는 부분 중에 하나이다. 이와 같은 신체적인 영적인 전반적인 변화는 아주 의미가 있다. 나중에 나타나겠지만 그의 인생에서 나타나는 나머지 두 가지 사건을 통해서도 그는 비슷한, 아마도 더욱 뜻깊은 변화를 경험한다. 일기의 이 부분은 그러한 현상에 정통한 사람들에게 조지 폭스가 깊은 잠재 의식의 변화에 시달렸다는 것을 보여준다. 이 부분은 또한 고통과 어둠을 통한 폭스의 긴 여정을 반영해 주는 것이기도 하다.

다. 주님의 능력이 나타나서 나는 커다란 열림과 예언을 경험하였다. 그리하여 사람들에게 하나님에 관한 이야기를 전하였다. 사람들은 관심을 기울여 조용히 듣고 돌아가서 폭스에 관한 명성을 퍼뜨렸다.

그때 유혹이 다시 찾아와 내가 성령을 거스려 죄를 지었다고 나를 정죄하였다. 나는 어떻게든 말을 할 수가 없었다. 그때 내게 바울의 상황이 떠올랐다. 그는 셋째 하늘에 이끌려 가서 말할 수 없는 말을 들은 뒤에 사단의 사자가 그를 어떻게 치러 나타났는가가 떠올랐던 것이다. 이처럼 그리스도의 능력으로 나는 그러한 유혹을 또 물리칠 수 있었다.

제 2 장

초기 사역
1648-1649

그 다음에 (1648년) 맨스필드(Mansfield)로 갔다. 거기서는 신앙고백자들과 다른 사람들이 모이는 큰 집회가 있었다. 거기서 나는 기도할 마음이 생겨, 기도를 하는데 주님의 능력이 너무나 커서 집회가 열리던 집이 흔들리는 것 같았다. 기도를 마치자 신앙고백자들 몇 사람이 사도들이 살던 시대에 그들이 기도할 때에 집이 흔들렸던 것처럼 집이 흔들렸다고 이야기했다.[1] 기도를 마치자 한 신앙고백자가 기도하려고 했다. 그 사람이 기도하자 사람들은 생기를 잃고 잠잠해졌다. 그러자 다른 신앙고백자들이 안타까워 하며 그에게 당신은 시험에 들어 있다고 이야기해 주었다. 그러자 그 사람은 내게로 와서 내가 다시 기도하기를 바란다고 말했다. 그렇지만 나는 사람의

---

1) 윌리엄 펜은 기도할 때 나타나는 폭스의 능력에 관하여 다음과 같이 증언한다.
"무엇보다도 폭스는 기도의 능력이 있었다. 그의 영혼은 무게와 깊이가 있었고, 말과 행실이 진지하였다. 말수는 적었지만 매우 설득력이 있어 그를 처음 만나는 사람들조차 깜짝 놀라며 감탄을 자아내게 하는 경우가 종종 있었다. 그의 말이 사람들에게 위로를 주었기 때문이었다. 이제까지 내가 보고 느꼈던 중에 가장 놀랍고도 생생하고 경건한 기도는 폭스의 기도였다. 폭스의 기도는 다른 어느 누구보다도 그가 하나님을 더 잘 알았으며 하나님과 가까이 동행하였음을 증거하는 것이었다." — 조지 폭스의 「일기」(*Journal*)에 관한 서문 중에서.

의지로는 기도할 수 없었다.

　얼마 안 있어 신앙고백자들의 대집회가 또 한번 있었다. 그때 아모르 스토다드(Amor Stodard)라는 대위가 들어 왔다. 사람들은 그리스도의 피에 관해 이야기를 나누고 있었다. 그러는 동안 나는 보이지 않는 영께서 직접 열어 보이셨기 때문에 그리스도의 피를 보았다. 그래서 그들 사이에서 이렇게 소리쳤다. "그리스도의 피가 보이십니까? 우리 마음 속에 있는 그리스도의 피가 보이십니까? 그 피는 우리 마음과 양심에 뿌리워 죽은 행실에서 벗어나게 하고 살아계신 하나님을 섬기게 하는 피입니다." 나는 새 언약의 피인 그리스도의 피를 보았으며 어떻게 해서 그 피가 내 마음 속으로 흘러들어 왔는지 보았기 때문이었다.[2]

　이러한 일은 신앙고백자들을 깜짝 놀라게 하였다. 그들은 그리스도의 피를 오로지 자신들 안에서가 아닌 밖에서만 찾으려고 하였던 사람들이었다. 그러나 스토다드 대위가 나와서 "저 젊은이가 말하게 놔 둡시다. 그가 하는 말을 들어 봅시다"하고 말했다. 그 대위는 많은 사람들이 여러 말로 나를 꺾으려고 하는 것을 알아차렸던 것이다.

　그곳에는 영적 진리에 민감한 듯한 목사들 일행도 있었다. 그중 한 사람의 이름은 켈레트(Kellett)였다. 영적 진리를 갈망하는 사람들 몇몇이 그 목사들의 이야기를 들으러 갔다. 나도 마음이 이끌려 그들을 좇아가서는 그들 안에 있는 주님의 목소리에 귀기울이려고 했다. 당시 켈레트라는 목사는 성직록에 대해 반대하던 사람이었다. 그렇지만 나중에 그는 상당한 성직록을 빋았으며, 박해자로 변신히였다.

　맨스필드의 여러 지역에서 얼마 동안 사역을 하다가 더비셔(Derbyshire)를 거쳐 고향인 레스터셔로 다시 돌아왔다. 거기서 몇 사람이 영적 진리를 깨달았다.

　그 다음에는 워릭셔에서 큰 신앙고백자들의 무리를 만났는데 그들은 곳곳을 다니면서 바깥에서 기도하고 성경을 설명해 주는 사람들이었다. 그들이

---

[2] 이것은 이론과 교리를 넘어서 실제적인 삶의 결과를 요구하는 폭스의 방식을 특색있게 설명하는 것이다.

내게 성경을 주었기 때문에, 나는 그리스도께서 율법을 설명하신 마태복음 5장을 펴보이며 율법의 겉으로 드러난 뜻과 그 속뜻을 밝혀 주었다. 그러자 그들 사이에 뜨거운 논쟁이 일어 서로 의견이 갈리었다. 그렇지만 주님의 능력이 승리를 하였다.

그 때, 나는 레스터에서 논쟁을 위해 대규모 집회가 열린다는 이야기를 들었다. 거기에는 장로교, 조합교회, 침례교, 성공회 교인들이 모두 관여되어 있다고 하였다. 그 집회는 뾰족집에서 열렸는데 나도 주님의 인도하심으로 그곳에 가서 참석을 하였다. 설교와 강연을 듣는데 긴 나무의자에 앉아 있는 사람들도 더러 있었다. 목사들은 설교단 위에 앉아 있었다. 아무튼 아주 많은 사람들이 함께 모여 있었다.

마침내 어떤 여자가 베드로전서에 나온, 너희가 거듭난 것이 썩지 아니할 씨로 된 것이니 하나님의 살아 있고 항상 살아 있는 말씀으로 되었느니라 (벧전 1:23) 하는 말이 무슨 뜻인가를 물었다. 그러자 목사는 "나는 교회에서 여자가 말하는 것을 허락하지 않습니다"하고 말했다. 그전에 그 목사는 누구든 말할 수 있다고 하였으면서도 말이다. 거기서 나는 황홀한 느낌 같은 것을 받으며 주님의 능력에 휩싸였다. 나는 앞으로 나아가서 목사에게 "목사님, 당신은 이 집(뾰족 집)을 교회라고 하십니까, 아니면 여기 함께 섞여 있는 군중을 교회라고 하십니까?"하고 물었다. 누구든 말할 권리가 있다고 했으니 여자가 질문을 하였으면 마땅히 대답을 해야 했기 때문이었다.

그렇지만 그 목사는 대답 대신에 교회가 무엇이라고 생각하느냐고 내게 물었다. 나는 교회는 살아있는 돌, 곧 살아있는 사람들로 구성된 영적인 집으로 진리의 기둥과 초석이 되는 곳이며 그리스도께서 머리가 되는 곳이지만 그리스도께서는 섞여 있는 군중의 머리도 아니시며, 석회나 돌이나 나무로 만든 오래된 집의 머리가 되시는 분이 아니라고 이야기하였다.[3]

내 이야기가 화근이 되어, 목사는 설교단에서 내려왔으며, 다른 사람들

---

3) 폭스 이후로 지금까지 친우회 사람들은 "교회"라는 말을 영적인 신앙 공동체에 한해서만 조심스럽게 사용해 왔다. 대성당과 교회는 "뾰족집(steeple-house)"이라고 불렀으나, 자신들이 모여 예배드리던 곳은 "집회소(meeting-house)"라고 했다.

도 앉아 있던 좌석에서 나가 버렸기 때문에 논쟁은 깨어져 버렸다. 나는 커다란 여관에 들어, 거기서 흥분한 모든 목사들과 신앙고백자들과 논쟁을 하였다. 그렇지만 내가 참된 교회를 주장하고, 그 교회의 참된 머리되시는, 곧 그들의 머리되시는 분을 이야기했더니 결국에 모두 할 말을 잃고 지쳐 달아나 버렸다. 한 남자가 있었는데 내 의견에 관심을 보이며 얼마 동안 나와 의견을 같이하는 듯 보이더니 이내 나를 등지고 유아세례를 주장하면서 어떤 목사와 동조하였다. 자신도 전에는 침례교인이었으면서도 말이다. 그렇게 해서 그 사람은 나를 혼자 내버려두고 가버렸다. 그렇지만 그날 영적 진리를 깨닫게 된 사람이 몇 있었다. 베드로전서의 내용을 물었던 여인도 영적 진리를 깨닫게 되었으며 그 여자의 가족도 진리를 깨닫게 되었다. 주님의 능력과 영광이 그들 모두 위에 빛났다.

이러한 일이 있고 나서 나는 노팅엄셔로 다시 갔다가 베일 어브 비버(Vale of Beavor)[4]로 갔다. 다니면서 사람들에게 회개하라고 외쳤다. 베일 어브 비버에 있는 여러 마을에서 많은 사람들이 진리를 깨닫게 되었다. 내가 그 사람들 곁에 몇 주간 머물러 있었기 때문이었다.

어느날 아침, 난로가에 앉아 있는데 커다란 구름이 나를 덮치더니 유혹이 나를 둘러 쌌다. 나는 움직이지 않고 가만히 앉아 있었다. 그러자 "모든 것은 자연에서 오느니라" 하는 말이 들렸다. 그러자 폭풍우와 별들이 엄습해왔다. 그래서 얼마간 나는 거기에 온통 휩싸여 있었다. 그렇지만 가만히 앉아서 아무 말도 하지 않고 있었기 때문에 한 집에 있던 사람들은 아무도 그것을 알아차리지 못했다. ㄱ 상태로 가만히 있자니, 생생한 소망과 "그곳에는 모든 것을 만드신 살아계신 하나님이 계시느니라"[5] 하는 참된 목소리가 내 속에서 들려왔다. 즉시로 구름과 유혹이 사라져 버리고 생명이 그 모든 것들 위로 일어났다. 나는 기뻐서 살아계신 하나님을 찬양하였다.

얼마 지난 후에 하나님은 아무 곳에도 안 계시며 모든 것은 자연에서 온

---

4) 노팅엄셔와 레스터셔 주 끝단 부근, 노팅엄 서쪽에 있는 아름다운 계곡으로 바든 언덕(Bardon Hills) 바로 서편에 자리잡고 있다.
5) Whittier의 시 "계시"(Revelation) 참조.

다는 생각을 가진 사람들과 만났다. 그 사람들과 열띤 논쟁을 벌인 끝에 그들의 생각을 뒤엎었고 그중 몇 사람은 하나님은 살아계시다는 것을 시인하게 되었다. 그때 나는 내가 그러한 훈련(폭스는 경험이라는 뜻으로 이 말을 썼다)을 하게 된 것이 좋았다는 생각을 하였다. 우리는 그 지역에서 여러 차례 대집회를 가졌다. 주님의 권능이 그 지역에 나타났기 때문이다.

노팅엄셔로 다시 돌아왔는데 거기에서 상처 입은 일단의 침례교인들과 다른 사람들을 발견하였다. 주님의 능력이 강력하게 역사하셔서 그 사람들을 많이 모으셨다. 그 후에 맨스필드와 그 주변 여러 마을로 갔다. 그곳에서 주님의 능력이 놀랍도록 나타났다.

더비셔에서는 하나님의 강한 능력이 놀라운 방법으로 역사했다. 더비 근처에 있는 이튼(Eton) 시에서는 친우회[6] 모임이 있었는데, 거기에선 하나님의 강한 능력이 하도 놀랍도록 나타나, 거기에 모여 있던 사람들의 몸이 크게 흔들렸으며, 주 하나님의 능력으로 많은 사람들의 입이 열렸다. 많은 사람들이 주님의 이끄심을 받아 뾰족집으로 가서 목사와 회중들에게 영원한 진리를 선포하였다.

어떤 때는 맨스필드에 있었는데 그곳에서는 노예를 고용하는 문제에 관한 재판이 열리고 있었다. 주님은 가서 임금으로 노예를 압박하지 말아야 한다고 재판관들에게 이야기해야 한다고 하셨다. 그래서 나는 재판관들이 앉아 있는 여관을 향해서 걸어갔다. 그렇지만 빈둥거리고 있는 사람들밖에 보이지 않았다. 나는 여관 안으로 들어가지 않고, 다음날 아침에 찾아 오면 재판관들과 더욱 진지하게 이야기할 기회를 가질 수 있을 것이라고만 생각하였다.

그러나 다음날 아침 그곳에 가보니 재판관들은 가버리고 없었다. 너무나도 막막해서 앞조차 볼 수 없었다. 여관 주인에게 나는 재판관들이 그날 어디에서 재판을 열 것인지 물었다. 그러자 여관 주인은 10여 킬로미터 떨어진

---

[6] 친우회의 기원에 대해 아무런 설명이 없지만 친우회 모임은 폭스가 이튼에 오기 전부터 있었던 것 같다. 친우회를 통해 「일기」(*Journal*)에 세세하게 기록되어 있지 않은 일정한 일들이 꽤 많이 이루어진 듯하다. *Epistles*, 1권, p. 2p 참조. "1647년에 더비셔에서 (주님의 백성이 되는 것으로 우리 안에) 진리가 솟구쳐 올랐다." 더비셔의 이튼.

도시에서 공판이 열린다고 이야기해 주었다. 조금 앞이 보이기 시작했다. 나는 그곳을 향해 가능한 한 빨리 달려갔다. 재판관들이 있는 집에 도착하니, 많은 노예들이 그들과 함께 있었다. 나는 재판관들에게 임금을 박하게 주어 노예들을 학대하지 말고 오직 옳고 공정하게 종들을 대우하라고 권고하였다. 또한 노예들에게는 자신들의 의무를 다하고 정직하게 주인을 섬기라고 충고하였다.[7] 그들 모두 내 충고를 기꺼이 받아들였는데 그 까닭은 내가 그 집에서 주님이 이끄시는 대로 움직였기 때문이었다.

또한 나는 마음에 동요를 받아 맨스필드에 있는 몇몇 법정과 뾰족집을 갔으며, 다른 곳에 가서도 노예에 대한 억압과 선서 제도를 중단하고 거짓에서 돌이켜 주님 앞에 나와 올바르게 행할 것을 경고하였다. 특히 맨스필드에서는, 그곳에서 열리는 재판에 참석한 뒤에는 마음이 이끌려 그 지역에서 유명한 술꾼이며 악명 높은 포주이자 엉터리 시인인 아주 사악한 사람에게 가서 위대하신 하나님을 경외하는 마음으로 그의 사악한 행로를 비난하였다.

이야기를 마치고 그 사람을 떠나자 그 사람은 나를 따라왔다. 그리고는 내 이야기를 듣고 너무나도 세차게 얻어맞은 것같아 자기에게는 거의 아무런 힘도 남아 있지 않다고 했다. 이렇게 하여 그 사람은 영적 진리를 깨닫게 되어 전에 그를 알고 지내던 사람들이 깜짝 놀랄 정도로 사악한 행동에서 돌이켜 정직하고 착실한 사람이 되었다.

이렇게 주님의 일은 계속 진행이 되어 1646년, 1647년, 1648년 3년 이내에 많은 사람들이 어둠에서 빛으로 옮겨 갔다. 그때 당시 여러 지역에서 친우회 교우들의 다양한 모임들이 하나님의 빛과 영과 능력으로 말미암아 하나님의 가르치심 아래 모이게 되었다. 주님의 능력이 점점 더 놀랍게 나타났기 때문이었다.

이제 나는 불길이 타오르는 영적 전쟁을 치르고 하나님 나라에 이르렀다. 모든 것이 새로웠고 모든 창조물이 이전과 다르게 느껴졌다. 말로 할 수 없는 느낌이었다. 순결하고 정직하고 의로운 것 말고는 아무것도 알 수 없었

---

7) 이 부분은 폭스가 부당한 사회적 상황에 대해 민감하게 반응했다는 것과 그가 지닌 신앙의 실천적인 성격을 나타내는 흥미로운 부분이다.

다. 그리스도 예수로 말미암아 하나님의 형상으로 새로워져서 타락하기 이전의 아담의 상태로 변하였기 때문이었다. 창조가 내게 열리고 어떻게 모든 창조물이 그 성질과 가치에 따라 이름을 갖게 되었는지 알게 되었다.

주님을 통해 만물의 성질과 가치를 알게 되었으니 인류를 위해 의사가 되어야 할지 어쩔지 어리둥절해 있었다. 그러나 이내 나는 영적으로 아담의 순결함보다도 더 확고부동한 또 다른 상태, 절대로 타락하지 않는 그리스도 예수 안에 있는 상태까지 깨닫게 되었다. 그리고 주님은 그리스도의 능력과 빛으로, 그리스도께 신실한 사람은 아담이 타락하기 전에 놓여 있던 상태로 이르게 될 것임을 보여 주셨다. 그 상태는 창조물을 만든 지혜와 능력의 신령한 말씀을 통해 창조의 놀라운 솜씨와 그 안에 담긴 가치를 알게 되는 상태이다.

실로 놀라운 곳으로 나를 인도하셨으며, 말할 수 없이 깊이 있는 가치를 내게 열어 보이셨다. 그러나 사람들도, 하나님의 영에 순종하여 전능하신 분의 형상과 능력 안에 자라가면 모든 것을 열어 보이는 지혜의 말씀을 받아 영원하신 존재자 안에 감추어진 연합을 알 수 있다.[8]

이렇게 하여 주님이 이끄시는 대로 다니면서 주의 일을 하였다. 노팅엄에 이르렀을 때 하나님의 능력이 친우회[9] 가운데 임하셨다. 그곳에서 밸리 어브 비버에 있는 레스터셔의 클로슨(Clawson)으로 가니 하나님의 강한 능력이 친우회가 모이는 여러 도시와 마을에서도 나타났다.

클로슨에 있는 동안 주님은 내게 세상에서 고귀한 직업인 법과, 의술과,

---

8) 놀라운 개인적 경험을 기록하고 있는 이 구절은 날짜가 기록되어 있지 않다. 또한 이 구절은 위대한 독일의 신비주의자 야콥 뵈메(Jacob Boehme)가 경험한 것과 이상하리만치 비슷하다. 야콥 뵈메의 작품은 폭스가 사역을 시작할 즈음 영국에서 출간 되었다. 뵈메도 자연의 만물이 자기에게 열렸기 때문에 자신은 사물의 의미와 본질을 보았다고 이야기한다. 1649년 영어로 출간된 야콥 뵈메의 *Signatura Rerum*을 보라. Mugglton은 자신의 작품(*Looking Glass for G. Fox*) 제 2 판, 1756, 10p"에서 뵈메가 쓴 글들은 폭스의 추종자들이 "주로 사보는 책"이라고 말한다.
9) p. 89에 기록된 것과 마찬가지로 "친우회"라는 이름은, 폭스가 전하는 말에 동의하고 나중에 "친우회"라고 불렸던 사람들의 모임을 가리킬 때 사용하는 것처럼 보인다.

신학이라고 일컫는 것에 관여하는 직업과 관련하여 세 가지를 열어 보이셨다. 의사들은 세상을 만드신 하나님의 지혜에서 벗어나 있으며, 사물이 지닌 고유한 가치를 모르는데 그것은 그들이 사물을 지은 지혜의 말씀에서 벗어나 있기 때문이라고 가르쳐 주셨다.

목사들은 믿음의 본체이신 참된 믿음 곧 순결케 하며 승리케 하며 하나님께로 가까이 이끌어 주어 하나님을 기쁘게 해 드리는 믿음에서 벗어나 있는데 그러한 믿음의 비결은 순결한 양심에 있음을 보여 주셨다. 또한 법률가들은 공평성과 참된 정의와 하나님의 법을 지키지 않는다는 것을 알려 주셨다. 하나님의 법은 우선 종교적인 죄를 살피고 나머지 모든 죄를 살피어 사람을 내리 누르는 죄를 하나님의 영에게 응답하는 것이었다. 그리하여 이 세 부류의 직업, 다시 말해 의사와 목사와 법률가들이 지혜와 참된 믿음과 하나님의 법과 공평성에서 벗어나, 의사는 몸을 치료해 주는 척하며, 목사는 영혼을 치료하는 척하며, 판사는 사람들의 재산을 보호해 주는 척하고 있음을 보여 주셨다. 나는 그러한 사람들 모두 지혜와 믿음과 하나님의 공평성과 완전하신 법에서 벗어나 있음을 알게 되었다.

주께서 이러한 것들을 내게 보이셨을 때 나는 주님의 능력이 모든 것 위에 나타난다는 것, 곧 우리가 주님의 능력을 받아들이고 그 앞에 엎드리려고 한다면 그 능력으로 말미암아 모든 것들이 새롭게 될 것이라는 느낌이 들었다. 목사들은 하나님의 선물인 참된 믿음을 새롭게 갖게 될 수도 있는 것이다. 법률가들은 개심을 하여 하나님의 법을 지킬 수 있었다. 하나님의 법은 모든 사람에게 잘못한 것이 무엇인지를 하나님의 것[10] (내주하시는 성령)에게 답하시며, 그 법에 주의를 기울이기만 한다면 다른 사람을 자기 몸처럼 사랑

---

10) 폭스의 실천적인 선교에 관한 중요한 설명에 관해 여기에서 폭스가 설명해 놓은 것보다 더욱 알기 쉽게 표현되어 있기를 바라는 사람이 있을 수 있으므로, 여기에 기록된 폭스의 글을 현대 용어로 바꾸어 설명할 필요가 있다. 폭스가 말하고자 하는 것은 모든 영혼 안에는 보편적이고 신령한 원칙 혹은 생명의 법칙이 있어 나타난다는 말을 하려는 것이었다. 안타깝지만 사람들 각자에게 있는 신령한 법칙을 따르지 않는 사람은 진정한 삶과 의무에서 벗어나 길을 잃는다. 폭스가 맡은 사역은 그처럼 길을 잃은 모든 사람들에게 자기 안에 있는 "하나님의 것"에 순종하라고 요청하는 것이다.

하게 하는 것이다. 하나님의 법은 자신이 이웃이나 자신에게 잘못했는지를 알 수 있게 해 주며, 다른 사람이 자기를 대우하듯 다른 사람을 대하도록 가르친다. 의사들은 마음을 고쳐 먹고 하나님의 지혜를 의지하게 될 것이다. 하나님의 지혜로 말미암아 모든 것이 창조되고 만들어졌으니 말이다. 그리하면 의사들은 피조물에 관한 올바른 지식을 받아들이고 그 참된 가치를 알게 될 것이다. 그 올바른 지식과 가치는 피조물을 만들었고, 또한 유지시키는 지혜의 말씀이 그들에게 전해 준 것이다.

그리고 처음에는 의롭고 거룩하게 지어졌던 사람들 모두가 어떻게 하나님의 지혜에서 벗어나 의와 거룩함을 잃어버렸는가에 관하여 충분히 깨닫게 하셨다. 그러나 모든 신자들이 내면의 빛을 믿고 그 빛 가운데서 행하여 빛과 그리스도의 낮의 자녀가 되듯이, 보이는 것과 보이지 않는 것 모든 것들은 그리스도의 신령한 빛으로 말미암아 보이게 된다. 그리스도는 영적으로 거룩하신 사람이며 그 분을 통해 모든 것이 만들어졌다.

또 내가 의와 거룩함으로 하나님의 형상을 닮아가며 하나님의 나라로 이끌림을 받았을 때에 하나님은 아담을 어떻게 해서 산 영혼으로 만드셨는가를 보이셨으며, 그리스도의 분량까지도 알게 하셨다. 그것은 오랜 세월과 여러 세대를 거치는 동안 감추어졌던 비밀이었다. 이러한 사실들은 말하기도 어렵고, 많은 사람들의 지지를 받기도 어려운 것들이다. 왜냐하면 내가 이야기를 나누어 본 이른바 기독교계의 모든 분파들 가운데, 누구나 아담의 완전함에 이르러야 한다는 말을 인정할 만한 사람을 한 사람도 보지 못하였기 때문이다. 아담의 완전함에 이른다는 말은 하나님의 형상 곧 의와 거룩함에 이르는 것이며 타락하기 전 아담의 상태가 되어, 아담처럼 죄없이 깨끗하고 순결하게 되는 것을 뜻한다. 그러니 사람들이, 누구나 세상에 있을 동안 이 땅에서 예언자들과 사도들이 지녔던 동일한 능력과 성령 안에 거하게 될 것이라는 말은 받아들이지 못하면서 어떻게 누구든지 그리스도의 장성한 분량에까지 자라게 되리라는 말을 인정할 수 있겠는가. 물론 말씀을 기록하신 동일한 성령이 없으면 아무도 기록된 말씀을 바로 알지 못한다는 것은 분명한 사실이지만 말이다.

이제 주님은 그 보이지 않는 능력으로 모든 사람은 그리스도의 신령한 빛으로 깨우침을 받는다는 것[11]을 열어 보이셨고 나는 그 빛이 두루 비치고 있음을 깨달았다. 또한 그 빛을 믿는 사람은 정죄하는 일에서 벗어나 생명의 빛으로 옮겨가 빛의 자녀가 되지만, 그 빛을 증오하고 믿지 않는 사람들은 비록 자기 입으로 그리스도를 고백한다고 할지라도 그 빛으로 말미암아 정죄함을 받는다는 것을 알리셨다. 나는 그러한 사실을 빛의 순순한 열림을 통해서 깨달았다. 나중에 그 누구의 도움도 받지 않고 성경을 연구하다가 발견하였지만, 그때까지는 그러한 사실을 성경 어디에서 찾아야 할지를 몰랐다. 왜냐하면 나는, 말씀이 선포되기 전부터 있었고 말씀을 전할 하나님의 거룩한 사람들을 이끄는 빛과 성령을 통해서, 하나님이나 그리스도나 혹 성경을 바로 알려고 하는 사람은 모두 성령께 나아가야 하며 그 성령을 통해 그러한 진리를 전하는 사람들은 인도하심을 받고 가르침을 받는다는 것을 깨달았기 때문이었다.

　들판을 거닐던 어느 때였다. 주께서 내게 말씀하셨다. "네 이름이 어린 양의 생명책에 기록되어 있다. 그것은 세상을 만들기 전부터 기록되어 있던 것이다." 주님이 이렇게 말씀하실 때 나는 그 사실을 믿었고 새 생명을 보았다. 그리고 얼마 뒤에 주님은 가시밭과 같은 바깥 세상으로 나가라고 내게 명령하셨다. 내가 생명의 말씀을 가지고서 주님의 강력한 능력으로 세상에 나아가니, 세상은 웅성거렸고 성난 파도처럼 요란한 소리를 냈다. 내가 주의 날을 선포하고 회개하라고 전하러 나아갈 때면, 목사든 신앙고백자든 행정관리든 사람들 모두가 바다와 같았다.

　사람들이 어둠에서 빛으로 돌이키고 예수 그리스도를 마음 속에 받아 들이도록 하기 위해 나를 보내신 것이었다. 그리스도의 빛을 통해 그리스도를 받아들이는 사람에게 그리스도께서 하나님의 자녀가 되는 능력을 주실 것임을 나는 알았다. 나도 그리스도를 통해 그러한 능력을 받았다. 나는 성경을 나타내시는 성령께로 사람들을 인도해야 했다. 사람들은 성령을 통해서만 성

---

11) 이것은 폭스의 중요한 가르침이다. 그밖의 모든 것은 이 기본적 진리로부터 나온다. 그 빛에 관하여는, 폭스가 말하듯이, 성경을 통해 충분히 가르쳐 주고 있지만, 폭스 자신은 이제 그 진리를 경험의 중요한 사실인 직접적인 계시로 보고 있다.

경을 자신들에게 전해 주었던 사람들처럼 모든 진리 가운데로 나아갈 수 있으며, 그리스도와 하나님 앞으로 나아갈 수 있기 때문이다.

그렇다고 내게 성경을 하찮게 여기는 마음은 털끝만치도 없었다. 성경은 내게 아주 소중한 것이긴 했다. 왜냐하면 나는 성령 안에 있었으며 성령께서 성경을 내게 나타내셨기 때문이다. 그리고 주님이 내 안에 열어보이셨고 내가 나중에 발견한 것은 모두 성경과 일치하는 것들이었다. 이러한 사실에 관해 많은 이야기를 할 수 있으며 책으로 쓴다고 해도 여러 권을 써야 할 것이다. 그렇지만 주께서 작정하신 대로 쓰시기 위해 나를 준비시키고 훈련시키고 성장시키시는 그 무한하신 사랑과 지혜와 능력을 나타내기에는 모두가 너무나도 역부족임이 드러날 것이다. 하나님은 사단의 밑바닥까지 보게 하시는 한편으로 하나님의 영원하신 나라에 관한 신령한 신비까지도 열어 보이셨다.

주 하나님과 그 아들 예수 그리스도께서 자신의 영원하신 복음과 나라를 세상에 전하라고 나를 세상으로 보내시며, 사람들을 내면의 빛과 성령과 은혜로 돌이키게 하여 그 빛과 성령과 은혜로 말미암아 사람들 모두가 구원과 하나님께 나아가는 길을 알게 하라는 명령을 내게 내리셨다는 사실이 기뻤다. 그들을 모든 진리 가운데로 이끄실 분이시며 내가 확실히 알고 있는 성령께서 결단코 아무도 속이지 않으실 것이라는 사실도 기뻤다.[12]

그러나 나는 하나님의 신령한 능력과 성령과 예수님의 빛을 가지고서 사람들이 이전에 행하던 행실을 끊고 새로운 생명의 길인 그리스도께 향하도록 인도해야 했으며, 사람이 만들고 모이는 교회로부터 하나님 안에 있는 교회, 즉 하늘에 기록된 사람들의 총 연합인 그리스도가 머리되시는 교회로 인도해야 했다. 또한 사람이 만드는 세상의 교사들로부터 이끌어 내어, 길이요 진리요 생명이시며 그 아버지께서 "이는 내 사랑하는 아들이니 너희는 저의 말을 들으라" 하신 그리스도에 대해 배우도록 인도해야 했다. 사람들을 세상의

---

12) 개인 자신의 구원의 확신에 대해 루터가 잘 주장하고 있지만 루터가 이야기한 구원에 대한 격렬하고도 기쁜 경험은 영국 칼빈주의파에서 거의 사라졌다. 폭스는 그러한 구원의 경험에 대한 특권을 분명히 이야기하고 있다. 폭스는 인간의 무과실성을 주장하기보다는 성령의 무흠하심을 주장하여 성령과 연합할 때에 하나님을 기쁘시게 해드리는 것임을 알 수 있다고 주장한다.

모든 예배에서 멀어지게 하고 내면에 있는 진리의 영을 알아 그 영의 인도하심을 받도록 하여, 진리의 영 안에서 아버지 하나님께 예배할 수 있게 해야 했다. 아버지 하나님은 진리의 영 안에서 자기에게 예배하는 자들을 찾으신다. 또한 진리의 영으로 예배드리지 않는 자는 자기들이 예배하는 바를 알지 못한다는 것도 나는 알았다.

나는 사람들을 세상의 모든 헛된 종교로부터 벗어나게 하여 참된 종교를 알아, 고아와 과부와 나그네를 찾아보고 그러한 사람들을 더러운 세상에서 지키는 자들이 되도록 인도해야 했다. 그러면 거지들이 그렇게 많지 않게 될 것이다. 거지들을 보면 그리스도의 이름을 고백하는 사람들 가운데 마음이 강퍅한 사람들이 그만큼 많다는 것을 뜻하는 것이기 때문에 종종 서글픈 마음이 들었다.

나는 능력도 없이 교제하고 기도하고 찬양하는 모든 세상적인 행실로부터 그들을 끌어내야 했다. 그리하여 그들의 교제가 영원하신 하나님의 영이신 성령 안에서 이루어지게 되고, 찬양이 성령 안에서 그리스도로 말미암아 오는 은혜로 나타나 마음으로 주께 찬양을 올리도록 해야 했다. 주님은 사랑하는 아들을 사람들의 구주로 보내셨으며, 비를 뿌리시고, 하늘이 해를 모든 사람에게 비추듯 하늘의 해를 온 세상에 비추시고 하늘의 비를 착한 사람이나 나쁜 사람 모두에게 내리게 하신 분이시다.

나는 유대인의 관습과 이교도들이 꾸며낸 허황된 이야기[13]들과 사람들이 고안해 낸 세상적 교리들로부터 사람들을 건져내야 했다. 그러한 것들은 사람들을 이리저리 휘두르며, 여러 분파로 나뉘게 하는 것들이다. 그리스도의 일꾼을 만들어낸다는 학교나 대학들과 더불어 모든 취약한 기관들로부터 사람들을 이끌어 내야만 했다. 사실 그러한 기관에서 교육시킨 사람들은 그리스도의 일꾼이 아니라 그들이 만들어낸 일꾼이다. 또한 사도시대 이래로 주님의 능력이 미치는 모든 것들에 대항하여 제정했던 성일이라고 일컫는 날들과 온갖 헛된 관습들과 더불어 갖가지 우상과 십자가들, 유아 세례로부터 사

---

13) 명철한 영적 통찰력으로 폭스는 유대교와 이방종교가 역사상 교회에 얼마나 큰 영향을 미쳤는가를 알았다. 폭스는 논리적 결론에 따라 개혁을 시도하였다. 초대 교회를 회복시키는 것이 그의 목표였다.

람들을 벗어나도록 도와야 했다. 경외감과 주의 권능 안에서 나는 그러한 모든 것들과 또한 대가 없이 거저 베풀지 않는 모든 설교에 대항하는 선포를 하고 싶었다. 나는 값없이 베풀지 않는 설교는 그리스도께로부터 받지 않은 설교로 간주하였다.

또한 주님은 나를 세상으로 보내실 때, 신분의 귀천을 막론하고 누구에게든 모자를 벗어 경의를 표하지 말라고 명령하셨으며 가난한 자든 부자든, 위대한 사람이든 하찮은 사람이든 누구에게든 존경심을 품지 말라고 하셨다[14]. 그래서 나는 여기저기 여행을 다닐 때에 사람들에게 아침인사나 저녁인사를 하지 말아야 했으며 엎드리거나 절을 할 수도 없었다. 이러한 내 행동은 다른 분파와 신앙고백자들의 분노를 자아냈다. 그렇지만 주께서 능력으로 나를 자신의 영광 가운데로 인도하셨기 때문에 많은 사람들이 얼마 안 되어 하나님께로 돌이켰다. 주님의 거룩한 날이 높은 곳으로부터 솟아올라 그 빛으로 말미암아 많은 사람들이 자신들이 어떠한 상태에 놓여 있는가를 깨달았기 때문이었다.

아, 그 매질과, 구타, 감금! 그것은 우리가 다른 사람들에게 모자를 벗지 않았다고 해서 겪었던 고통들이었다! 모자를 강제로 벗겨, 던져버려 모자를 아주 잃어버린 사람들도 있었다. 이러한 일로 우리가 받았던 무례한 언행은 말로 다 표현하기 어려울 뿐만 아니라 때론 목숨을 잃는 위험한 상황에까지 놓이기도 하였다. 그것도 기독교계의 신앙고백자들의 손에 말이다. 그들은 그 일로 말미암아 자신들이 참된 신자가 아님을 알았기 때문이었다.

그 일은 사람의 눈으로 겉보기에는 하찮은 일이었으나, 신앙고백자들과 목사들 사이에 커다란 혼란을 일으켰다. 그러나 주님의 은총으로 많은 사람들이 사람에게 모자를 벗어 경의를 표하는 것이 헛되다는 것을 깨닫게 되고 그것에 대항하는 진리의 증언(즉 성령의 증거하심)이 중요하다는 것을 깨닫게 되었다.

---

14) 여기에 담긴 실제적인 원칙은 사람들을 모두 동등하게 존중하고 엄격한 진지함으로 대하라는 단순한 생활 방식을 말하는 것이었다. 종종 이러한 원칙은 무시된 채 그 껍데기만 일체의 형식을 반대하는 사람들이 주장하는 원칙이 되었음을 인정해야만 한다.

이때쯤 나는 정의를 외치러 법정에 나아가려고 몹시 애를 썼다. 말로, 글로 재판관들에게 정의를 행할 것을 요구했다. 유흥업소를 경영하는 사람들은 사람들이 술을 더 많이 먹도록 내버려 두지 말고 사람들에게 선한 일을 해야 한다고 경고 하였다. 또한 철야제, 축제, 오월 놀이, 스포츠, 경기, 쇼 등을 반대했는데 그러한 것들은 사람을 허영심에 빠지게 하고 정신이 해이해지게 하여 하나님을 경외하는 마음에서 멀어지게 하기 때문이었다. 축일로 제정된 날들은 대개가 그러한 일들을 하면서 하나님을 욕되게 하는 날들이었다.

시장이나 장터에서도 물건을 속이거나 사람을 속이는 일을 하지 말라고 외치게 되었다. 모든 사람들에게 정당하게 장사를 하고, 진실을 말하며, 예할 것은 예하고 아니오 할 것은 아니오라고 대답하며, 남이 자기를 대해주기 바라듯 다른 사람을 대하라고 경고했다. 또한 그들 모두에게 임할 크고 두려운 날에 대해 예고하였다.

나는 또한 모든 종류의 음악과 무대에서 속임수를 부리는 돌팔이 약장수들을 비난하고 싶었다. 왜냐하면 그러한 것들은 순수한 삶에 무거운 짐을 지우고 사람들의 마음을 흔들어 놓아 허영심에 빠지게 하기 때문이다. 학교 교장들에 관해서도 걱정이 많이 되어 그들에게 학생들이 하나님을 경외하는 가운데 온건한 정신을 갖도록 하여 학생들이 경망스럽거나 허영된 마음과 악한 마음을 품지 않도록 가르치라고 경고했다. 나는 가정의 주인인 부모들에게 그들의 자녀와 종들이 주님을 경외하는 가운데 교육받도록 하며 그들 스스로 그러한 점에서 자녀들에게 진지함과 미덕의 본이 되어야 한다고 경고하고 싶었다.

목사들의 세상적인 생각은 내 삶에 상처가 되었다. 그래서 사람들을 뾰족집으로 불러 들이는 종소리를 듣기가 괴로웠다. 그것은 마치 목사들이 자신의 상품을 팔기 위해 사람들을 불러 모으는 시장의 종소리처럼 들렸기 때문이었다. 최고의 주교에서 가장 낮은 사제에 이르기까지 성경을 팔아, 설교를 통해 벌어들인 그 엄청난 돈이란! 세상에 어떤 장사와 비할 수 있겠는가? 성경이 아무런 대가 없이 주어진 것일 뿐만 아니라 그리스도께서 자신의 일꾼들에게 값없이 전하라고 명령하셨으며 예언자들과 사도들도 돈을 위해 일하는 탐욕스러운 사람들을 비난했다.

　그러나 나는 거저 베푸시는 주 예수님의 영 안에서 생명의 말씀과 값없이 이룩하신 화해를 선포하도록 보내심을 받았다. 후히 베풀며 하나님의 형상으로 완전히 새롭게 되는 사람은 누구나 그리스도께 나아갈 수 있으며 그러한 사람들은 이전에 타락한 상태에 놓여 있었으나 그리스도 예수 안에서 하늘 보좌에 앉을 수 있는 것이다.

제 3 장

난관과 첫번째 수감
1648-1649

첫째 날 아침 노팅엄으로 친우회 교우들과 함께 집회에 참석하려고 가고 있던 참이었다. 마을이 보이는 언덕 꼭대기에 이르니 커다란 뾰족집이 보였다. 그때 주님은 내게 이렇게 말씀하셨다. "너는 저곳에 가서 거기 있는 커다란 우상과 거기서 예배하고 있는 사람들을 대항해 외쳐야 한다."

나는 함께 가고 있던 친우회 교우들에게 이 사실에 대해 한마디도 하지 않고 집회 장소를 향해 가기만 했다. 집회 장소에 주님의 전능하신 능력이 우리와 함께 하셨다. 집회 장소에 앉아 있는 친우회 교우들을 떠나 나는 뾰족집을 향해 갔다. 뾰족집에 도착하니 모든 사람들이 묶여 둔 땅처럼 보였고 목사는 (땅위에 불쑥 솟은 둔덕처럼) 설교단 위에 서 있었다.

목사는 "또 우리에게 더 확실한 예언이 있어 어두운 데 비취는 등불과 같으니 날이 새어 샛별이 너희 마음에 떠오르기까지 너희가 이것을 주의하는 것이 가하니라" 하는 베드로후서의 말씀을 본문으로 택했다. 그리고는 이 말씀은 성경 말씀이니 사람들에게 그 말씀을 통해 모든 교리와 신앙과 견해들을 시험해 보아야 한다고 이야기하였다.

그때 주님의 능력이 강하게 내게 임했고 그 강도가 너무 강해 나는 어떻게 할 도리가 없이 그저 "오, 아닙니다. 성경 말씀을 통해 그러한 것들을 시험해 보는 것이 아닙니다!"하고 소리치게 되었다. 그리고는 하나님의 거룩한 사람들이 성령을 통해 성경을 말하였는데 그 성령에 의해 자신의 견해나 신앙이나 판단을 시험해 보아야 하며, 이는 성령께서 사람들을 모든 진리 가운데로 이끄심으로 모든 진리를 깨닫게 하시기 때문이라고 하였다. 유대인들은 성경을 가지고 있기는 하지만 성령을 거역하고 밝은 샛별이신 그리스도를 배척했다. 그들은 그리스도와 사도들을 핍박했으며 성경을 통해 자신들의 교리를 시험해 보려고 사도들에게 도전했다. 그렇지만 유대인들의 판단이 잘못된 것이었다. 그런데도 그들은 자신들의 잘못을 바로 잡으려고 하지 않았는데 그것은 성령없이 자신들의 교리가 옳은가 알아보려고 하였기 때문이라고 말해 주었다.

내가 회중들 사이에서 이와 같은 말을 하고 있는데 장교들이 와서 나를 잡아다가 더럽고 냄새나는 감옥에 가두었다.[1] 그곳에서 나는 냄새가 코와 목을 찌르도록 고약했기 때문에 화가 났다.

그러나 그날 주님의 능력의 소리가 사람들의 귀에도 들렸기 때문에 사람들은 그 소리를 듣고 놀랐으며, 사람들은 그 후 얼마동안 그 소리를 귀에서 쫓아낼 수가 없었다. 사람들은 뾰족탑 안에서 하나님의 능력을 너무나 가까이서 경험했던 것이다. 밤이 되자 사람들은 나를 그 도시의 시장과 부시장과 사법관들 앞에 데리고 갔다. 그들 앞에 끌려 갔을 때, 시장은 짜증이 나 있었고 금방이라도 화를 낼 기색이었다. 그렇지만 주님의 능력이 그를 누그려 뜨렸다. 그들은 나를 자세히 심문했다. 그래서 나는 그들에게 주님이 어떻게 나를 그곳에 오게 하셨는가 이야기했다. 얼마 동안 이야기를 주고 받은 뒤에 그들은 다시 나를 감옥으로 보냈다. 얼마 지나자 존 레클리스(John Reckless)라는 사법관장이 나를 자기 집으로 부르려고 사람을 보냈다. 그 집에 도착한 뒤, 현관에서 사법관장의 아내를 만났는데 그 여자는 "구원이

---

1) 이번처럼 폭스가 목사의 이야기를 가로막고 중간에서 이야기를 하는 경우는 그의 전 생애를 통해 아주 드문 일이다. 목사가 설교를 다 마치고 난 다음에 누구라도 이야기하는 것은 관습에 어긋나는 것도 아니며 불법적인 일도 아니었기 때문에 폭스는 그러한 특권을 자주 이용하였다. 이 경우는 특별한 경우로 폭스는 자기 감정에 압도되어, 말해야 할 시간이 되기 전에 말을 한 것이다.

우리 집에 이르렀습니다" 하는 말을 했다. 그 여자가 내 손을 붙잡았는데 주 하나님의 능력을 통해 많은 일이 일어나 남편과 아이들과 그집 하인들이 완전히 바뀌었다. 주님의 능력이 그 사람들 위에 역사하셨기 때문이었다.

나는 그 사법관장의 집에서 묵었는데 우리는 그 집에서 큰 집회를 열었다. 꽤 높은 신분의 사람들도 더러 왔는데 주님의 능력이 그들 사이에서 분명하게 나타났다.

그 사법관장이라는 사람은 또 다른 사법관을 부르러 보냈다. 그 사람과 함께 자신이 한 여자를 매매 형식으로 다루었기 때문이었다. 그리고는 다른 사법관 앞에서 자신들이(두 사람이 공모자였으므로) 그 여자를 부당하게 취급했으니, 배상을 해주겠다는 말을 했다. 사법관장은 흔쾌하게 이런 말을 했으나 나머지 한 사람은 그 사실을 부인했다. 한편 그 여자는 자신은 아무 것도 모른다고 말했다. 그러나 그 호의적인 사법관장은 그 일이 사실이며 그 일을 부인한 사법관도 그 사실을 충분히 알고 있다고 말했다. 그리하여 그 일의 진상을 밝혀 자신들이 저지른 잘못을 인정하고 여자에게 배상을 했으며 다른 사법관도 권고하여 그렇게 하도록 했다. 주님의 능력이 이 친절한 치안부장에게 함께 하시어 그 사람 안에 놀라운 변화를 이루어 놓으셨기 때문에 그 사람은 커다란 열림을 경험하였던 것이다.

그 다음날, 장이 서는 날에 사법관장과 함께 방 안을 왔다갔다 하고 있으려니 그가 "나는 시장으로 가서 사람들에게 회개하라고 전해야겠소" 하고 말했다. 그리고는 자기가 말한 대로 그 사람은 슬리퍼 바람으로 시장이며 여러 거리로 나아가서 사람들에게 회개하라고 외쳤다. 이것을 본 마을의 몇몇 사람들도 마음이 움직여 시장과 치안판사와 사람들에게 회개하라고 열심히 권하였다. 그 때문에 치안 판사는 굉장히 화가 나게 되어 사법관장 집으로부터 나를 불러내어 공동 감옥에 가두었다.

재판 날이 다가오자 마음에 이끌림을 받은 한 사람이 나를 대신해서 목숨까지도 바치고 싶다고 했다. 그렇지만 법정에 가야 할 날이 되었을 때, 사법관의 하인이 나를 법정으로 데리고 가는데 조금 지체를 하는 바람이 법정에 도착하니 재판관이 이미 자리를 뜬 뒤였다. 나는 재판관이 마음이 상하여 "그 젊은이가 나타나면 훈계나 하려고 하였소" 하고 말하였다는 것을 알았다.

당시 나는 젊은이라는 명칭으로 투옥되어 있었다. 그래서 나는 다시 교도소로 돌아가 공동 감옥에 갇히게 되었다.

친우회 가운데 역사하시는 주님의 능력은 놀라운 것이었다. 그러나 사람들은 아주 난폭하게 굴기 시작했다. 그래서 수비대 사령관이 군인들을 보내어 사람들을 흩어지게 하자 사람들은 잠잠해졌다. 목사들과 사람들 모두 갑자기 나타난 주님의 놀라운 능력에 깜짝 놀랐던 것이다. 목사들 가운데 몇 사람이 영적 진리를 깨닫게 되어, 주님의 능력을 진정으로 시인하였다.

노팅엄에서 꽤 오랜 동안의 감옥 생활을 마친 뒤에 자유로운 몸이 되자 나는 이전처럼 주님의 일을 하면서 여기저기로 옮겨 다녔다.

맨스필드 우드하우스(Mansfield-Woodhouse)에 이르러 정신착란을 일으키는 여인을 만났다. 그 여자는 의사의 치료를 받고 있었는데 머리가 귀언저리까지 늘어져 있었다. 의사는 이제 막 그녀의 피를 뽑으려고 하고 있다.[2] 먼저 그 여자를 묶고나서, 여러 사람이 둘러서서 강제로 그 여자를 붙들고 있었다. 그렇지만 한 방울의 피도 받아낼 수 없었다.

나는 사람들에게 그 여자를 풀어주어 혼자 내버려 두라고 부탁했다. 그렇게 한다고 해서 괴로워 하고 있는 그 여자의 정신은 손대지 못하기 때문이었다. 그리하여 그들은 여자를 풀어 주었다. 나는 그 여자에게 말을 걸고 싶은 생각이 들었다. 주님의 이름으로 잠잠하라고 그 여자에게 명령했더니 잠잠해졌다. 그 뒤에 그 여자는 진리를 받아들이고 평생을 계속해서 진리 가운데 살아갔다. 그렇게 하여 주님의 이름이 높임을 받았다.

그 당시에는 놀랍고도 굉장한 일들이 하늘의 능력을 통해 많이 행해졌다. 왜냐하면 주께서 그 전능의 팔을 걷어 붙이시고 자신의 능력을 많은 사

---

2) 당시의 의술이 살짝 엿보인다. 폭스는 여기서 말하고 있는 것과 같은 히스테리 증세를 치료하는데 놀라운 능력을 자주 나타낸다. 폭스가 그와 같은 정신병의 본질을 알지 못했던 것은 분명한 사실이다. 그렇지만 그 위풍당당한 풍채와 꿰뚫어 보는 눈빛(그를 학대하는 사람들까지도 그렇게 증언함)과 그의 목소리를 통해 자신이 모든 일에 공평함을 절대적으로 보증하는 것으로 폭스는 란셋을 지닌 천명의 의사보다 큰 능력을 발휘했다. 제안 심리학과 어떠한 병명에서 믿음이 나타내는 효과를 이해하는 사람이라면 여기서나 그밖에 다른 곳에서 설명하고 있는 솔직한 이야기들에 대해 거의 의문이 생기지 않을 것이다.

람들이 깜짝 놀라도록 분명히 나타내셨기 때문이다. 병을 고치시는 능력으로 많은 사람들이 심각한 정신병에서 벗어났다. 악마도 주의 이름에 굴복하게 되었다. 그러한 일들 중에는 이 불신의 시대가 감히 상상할 수도 없고 생각해 볼 수도 없는 특별한 일들을 나타내 보이신 일들도 있었을 것이다.

맨스필드 우드하우스에 있는 동안 그곳에 있는 뾰족집에 가서 목사들과 사람들에게 진리를 선포하고 싶은 생각이 들었다. 그러나 사람들은 내게 굉장히 화를 냈으며 나를 내리쳤으며 질식할 정도로 숨막히게 하였다. 손으로, 성경책으로, 막대기로 지독하게 얻어 맞고 짓밟혔다. 거의 일어설 수가 없었는데 그들은 나를 끌어내어 가축우리에 넣고 몇 시간 동안 놔두었다. 그리고는 채찍을 가지고 와서는 나를 때린다고 위협했다.

얼마 지난 뒤에 그들은 나를 어떤 기사의 집으로 데리고 가서 치안 판사 앞에 세웠다. 사람들이 많이 있었다. 치안 판사는 내가 얼마나 몹쓸짓을 당하였는지 보고는 잔뜩 엄포를 놓고 나를 풀어 주었다. 그러나 무례한 사람들은 내가 생명의 말씀을 자기들에게 전한다고 마을 밖에서 내게 돌팔매질을 하였다.

나는 너무나 혹독하게 두들겨 맞았기 때문에 움직이거나 서 있을 수 없었다. 그래도 무던 애를 써서 마을에서 어느 정도 벗어날 수는 있었다. 그때 사람들을 몇 만났는데 내가 마음이 상해 있었기 때문에 그들은 내게 어떤 위로의 말을 해 주었다. 주님의 능력이 곧 나를 낫게 하셨다. 그날 아침에 몇 사람이 주님의 진리를 확신하여 주의 가르침에 돌이키게 되어 나는 기뻤다.

그리고 레스터셔로 갔는데 몇명의 친우회 교우들과 함께 갔다. 그 지역에는 침례교인들이 더러 있었는데 그들과 만나 이야기를 해보고 싶은 마음이 들었다. 그들이 공예배에서 이탈해 있었기 때문이었다. 그래서 그들을 가르치는 주요한 교사들 가운데 한 사람인 오츠(Oates)라는 사람과 다른 지도자들이 동료들과 함께 바로우(Barrow)에 있는 우리를 만나러 왔다. 거기서 우리는 대화를 나누었다.

그들 가운데 한 사람이 믿음에 속하지 않는 것은 죄라고 말했다. 그래서 나는 그들에게 무엇이 믿음이며 어떻게 사람 안에 믿음이 역사하는지를 물었다. 그러나 그들은 이야기를 돌려 자신들의 물세례에 관해서 말하였다. 그래서 나는 그들에게 당신들의 산더미 같은 죄가 자기 안에서 꺾이고 쓰러졌는지 또한 당신들의 거칠고 굽은 길이 자기 안에서 부드럽게 되고 바로 펴졌는 지 물었다. 왜냐하면 그들은 성경을 겉보기에 산맥과 길로 나타나는 것으로 보았기 때문이었다.[3] 나는 그들에게 그러한 것들을 그들 마음 속에서 찾아야 한다고 말했다. 그러자 그들은 놀라는 눈치였다.

우리는 그들에게 누가 세례 요한에게 세례를 주었으며 누가 베드로와 요한과 나머지 사도들에게 세례를 주었는지 묻고는 그 사람들이 물세례를 받았는지 성경을 통해 증명해 보라고 했다. 그러자 그들은 아무말도 하지 못했다. 그때 나는 "그리스도를 배신하고 멸망의 자식이라고 불려 스스로 목메달아 죽은 유다를 생각해 볼 때에 … " 마음 속으로 그리스도를 배신한 사람과 겉으로 그리스도를 배신한 유다와 본질상 같지 않느냐고 그들에게 물었다. 그러나 그들은 이러한 질문에 어떻게 대답해야 할지 몰랐으며 무슨 말을 해야 할지도 몰랐다. 그래서 얼마 동안 이야기를 나누다가 우리는 헤어졌다. 그들 가운데 우리에게 호의를 보이는 사람도 몇 있었다.

다음 금요일에 우리는 백워스(Bagworth)로 가서 뾰족집으로 갔다. 그 안으로 친우회 교우들이 몇명 들어갔는데 사람들이 문을 잠갔다. 그러나 나중에 목사가 설교를 마치자 사람들이 건물 문을 열었고 우리도 그 안에 들어가서 그들 가운데서 주께 예배를 드렸다. 그 이후에 우리는 고상한 생각을 지닌 몇몇 사람들과 마을에서 집회를 가졌다.

그곳을 지나면서 나는 코벤트리에 신앙 때문에 사람들이 갇혀 있다는 소문을 들었다. 그 감옥을 향해가고 있을 때 다음과 같이 말씀하시는 주님의 말씀이 떠올랐다. "나는 항상 너를 사랑하였고 너는 내 사랑 안에 있느니라." 하나님의 사랑을 느껴 황홀한 기분이 들었으며, 내 안에 있는 속사람이 굉장히 강건해졌다. 그러나 죄수들이 갇혀 있는 감옥에 들어가보니 굉장한 어둠의 권세가 나를 쳤다. 그래서 나는 가만히 앉아서 하나님의 사랑에 대해서만 생각했다.

마침내 죄수들이 고함을 지르고, 허풍을 떨며 욕지거리를 해대기 시작했기 때문에 굉장히 서글픈 생각이 들었다. 그들은 자기가 하나님이라고 말했

---

[3] 어디서나 마찬가지로 폭스는 개인의 상태와, 실제적이고 생명력 있는 신앙에 관심이 있었다. 폭스의 추종자들 가운데 많은 사람이 본래 침례교 출신이었다.

다. 그들의 행동을 참고 있기가 힘들었다. 잠잠해지자 나는 일어서서, 충동적으로 그렇게 하는 것인지 아니면 성경을 근거로 그러한 주장을 하는 것인지 물었다. 그러자 그들은 "성경에 그렇게 나와 있소"하고 대답했다. 마침 성경이 옆에 놓여 있길래 나는 성경 어디에 그런 말씀이 나오느냐고 물었다. 그러자 그들은 보자기가 베드로 앞에 내려온 부분을 보여 주면서 베드로는 '거룩케 된 것을 아무도 속되다 하거나 깨끗지 않다 하지 말라'는 말씀을 받았다고 이야기하였다. 그 구절이 그들의 입장을 설명하는데 아무런 도움이 되지 않는다는 것을 설명해 주자, 그들은 다른 부분을 펴서 하나님께서 땅에 있는 것이나 하늘에 있는 모든 것을 자기와 화목하게 하신다는 말씀을 내보였다. 나는 그들에게 나도 성경을 가지고 있지만 그 말씀도 그들의 입장을 설명하는데 아무 소용이 없다고 말했다.

나는 그들이 자신들이 하나님이라고 말했던 것을 생각하면서 내일 비가 올지 안 올지 아느냐고 물었다. 그들은 비가 올지 안 올지 말할 수 없다고 했다. 그래서 나는 하나님은 말씀하실 수 있다고 이야기했다. 나는 그들에게 자신들이 항상 변하지 않고 그대로 있을 거라고 생각하는지 아니면 변할 것이라고 생각하는지를 물었다. 그러자 그들은 알 수 없다고 했다. 그래서 나는 "당신들은 알 수 없겠지만, 하나님은 이야기하실 수 있습니다. 하나님은 변치 않는 분이십니다. 여러분은 자신이 하나님이라고 이야기하면서도 자신들이 바뀔지 안 바뀔지도 알지 못하는군요"하고 말했다. 그렇게 이야기하자 그들은 혼돈에 빠져 기가 죽어 있었다.

그들의 불경한 언사를 비난하고 나서 그들을 떠났다. 그들이 랜터 파임을 알았기 때문이다. 나는 그전에 랜터 파를 한 사람도 만나 본 일이 없었다. 그래서 그들을 만나러 가기 전에 내게 미리 나타나셔서 내게 보이신 주님의 선하심을 찬양했다. 이러한 일이 있고 나서 얼마 안 있어 그 랜터 파 중에 한 사람이었던 조셉 살몬(Joseph Salmon)이라는 사람이 이제까지 자신이 갖고 있던 종교적인 입장을 철회할 것을 선언했다. 그리하여 그들은 감옥에서 풀려났다.

제 4 장

더비 감옥에서 보낸 한 해
1650-1651

시장과 장터, 여러 곳을 다니면서 모든 사람들에게서 죽음과 어두움을 보았다. 그들은 모두 주 하나님의 능력으로 깨우침을 받지 못한 자들이었다. 레스터셔 지역을 지날 때에 트와이크로스(TwyCross)라는 곳에 이르렀는데 그곳에 세금 징수원들이 있었다. 나는 주님의 인도하심에 이끌려 그들에게 가서 가난한 사람들을 억압하지 않도록 주의하라고 경고했는데, 사람들이 많은 감동을 받았다.

그 마을에는 한 유명인사가 있었는데 그 사람은 오랫동안 자리에 누워 있었던 사람으로 의사들도 이미 포기한 상태였다. 그런데 그 마을에 있던 몇몇 친우회 교우들이 내가 그 사람을 만나보기를 원했다. 나는 그 사람이 누워 있는 방으로 찾아가서 생명의 말씀을 전해 주었다. 그리고는 기도하고 싶은 생각이 들어 주께 기도하니 주께서 그 사람의 병을 낫게 해 주셨다. 그런데 아래층으로 내려와 아랫방으로 들어가서 하인들과 거기 있던 몇몇 사람들에게 이야기를 하고 있으려니 그 집에 있던 어떤 하인이 고래고래 고함을 치면서 다른 방에서 오고 있었다. 손에는 날이 선 장검을 들고 있었는데 그 칼은 내 쪽을 향하고 있었다. 나는 침착하게 그 사람을 보면서 말했다. "아, 가엾은 사람! 그 칼로 어떻게 할 수 있을 거라고 생각하오? 그러한 칼은 내게 한낱 지푸라기나 다름 없다네." 주위가 떠들썩했고 그 사람은 머리끝까지 화가 나서 나가버렸다. 그러나 그러한 일이 그집 주인에게 전해지자 주인은 그 사람을 해고시켰다.

이처럼 주님의 능력은 나를 지키셨으며 약한 자를 일으키셨다. 그 사람은 나중에 친우회에 아주 많은 관심을 보였다. 그래서 내가 그 마을에 다시 찾아 갔을 때, 그 사람은 자기 아내와 함께 나를 만나러 오기까지 했다.

이러한 일이 있고 나서 나는 주님의 인도하심을 따라 더비셔로 갔다. 그곳에서 하나님의 능력은 친우회 교우들에게 강하게 역사하셨다. 그리고 나서 체스터필드(Chesterfield)로 가니 그곳에는 브리틀랜드(Britland)라는 목사가 있었다. 그 사람은 일반 목사들보다 나은 사람처럼 보였다. 어느 정도 영적 진리를 깨닫고 있었으며 그곳에서 목사가 되기 전에 진리를 위해 많은 이야기를 했던 사람이었기 때문이다. 그러나 그 마을의 목사가 죽자, 자신이 그 교구를 맡게 되어 그 일에 얽매이게 되었다. 나는 마음이 이끌리는 대로, 그 사람과 사람들에게 가서 하나님의 크신 사랑으로 모든 사람의 가르침에서 벗어나 하나님의 가르침을 받을 수 있다고 이야기하였다. 그러자 그 사람은 내 말을 부인하지 못했다.

그러나 사람들은 나를 법정에 세웠고 다른 사람들과 함께 감옥으로 보내라고 위협했다. 그리고 나를 밤늦도록 가두어 두었다. 그러자 경관들이 야경들과 함께 나를 마을 바깥으로 데리고 나와서 그 마을을 떠나가도록 도와 주었다. 그래서 나는 진로를 바꾸어 한두 사람의 친구와 함께 더비로 향했다. 가는 길에 우리는 많은 신앙고백자들을 만났으며 키드세이 파크(Kidsey Park)에서는 많은 사람들이 영적 진리를 깨닫게 되었다.

더비에 이르러 한 의사 집에 머무르게 되었는데 그 의사의 아내가 영적 진리를 깨달았고 그 도시에도 영적 진리를 깨달은 사람이 몇 있었다. 방안에서 왔다갔다 하고 있는데 뾰족탑 건물에서 종소리가 들려왔다. 그 종소리를 듣고 나는 생명의 위협을 느꼈다. 그래서 나는 왜 종을 울리느냐고 의사 부인에게 물었다. 그 여자는 그날 뾰족집에서 훌륭한 설교가 있을 예정인데 많은 군대 장교들과 목사들과 설교자들과 설교자인 대령이 그곳에 참석할 것이라고 대답했다.

그때 나는 주님의 이끄심을 받아 그들에게 갔다. 설교가 끝나자 나는 주님이 내게 명령하신 것을 이야기하였다. 그러자 사람들은 아주 조용해졌다. 그러나 장교 한 사람이 나와서 내 손을 붙들고는 나와, 나와 함께 있던 두 사람은 치안판사들에게 가야한다고 말했다. 오후 한 시 무렵에 우리는 치안판사들이 있는 곳에 도착했다.

그들은 나더러 왜 뽀족집에 갔는지 물었다. 나는 하나님께서 가라고 이끄셨다고 말하였다. 그리고는 "하나님은 사람의 손으로 만든 전에 계시지 않는다"고 말하였다. 또한 그들이 하는 설교와 세례, 헌신, 그러한 모든 것들은 결코 그들을 거룩하게 하지 못할 것이라고 말했으며, 사람을 보지 말고 자신 안에 있는 그리스도를 바라보라고 했다. 거룩하게 하시는 분은 그리스도이시기 때문이다. 그러자 그들 사이에 말이 많았다. 그러나 나는 하나님과 그리스도에 대해 논쟁할 것이 아니라 오직 그분을 섬기기만 하라고 말했다.[1]

하나님의 능력이 그들 사이에 우레와 같이 임하여서, 그 능력 앞에서 그들은 바람에 나는 겨와 같았다. 그들은 나를 여러번 방에 넣었다 빼었다 하면서 이리저리로 서두르게 하였다. 오후 한 시부터 밤 아홉 시까지 나를 심문하였던 것이다. 때때로 그들은 내가 굉장한 기쁨에 사로잡혀 있다고 조롱하는 투로 말하기도 했다.

마침내 그들은 내가 거룩하게 되었는가 물었다. 나는 "그렇소. 나는 하나님 나라에 있으니까 말이오"하고 대답하였다. 그러자 그들은 내게 죄가 하나도 없느냐고 물었다. 나는 "나의 구원자이신 그리스도께서 내 죄를 없애주셨으며, 그리스도는 죄가 하나도 없으신 분이오"하고 말했다. 그들은 어떻게 해서 그리스도께서 우리 안에 계신 것을 알 수 있는가를 물었다. 나는 대답하기를 "그리스도께서 우리에게 주신 성령으로 알 수 있는 것이오"라고 했다. 그들은 유혹하듯이 우리 중 어느 한 사람이 그리스도냐고 물었다. "아니오, 우리는 아무 것도 아니오. 그리스도께서 모든 것 되는 분이시오"하고 나는 답했다. 그들은 "도둑질을 한다면 그것은 죄가 아니오?"하고 물었다. 나

---

[1] "나는 하나님과 그리스도에 대해 논쟁할 것이 아니라 오로지 그분을 섬기기만 하라고 말했다"는 폭스의 전체 신학 이론을 가장 잘 요약해 주는 문장이다.

는 "부정한 일은 모두 죄요"하고 대답했다.[2]

심문하다가 지친 그들은 나와 또 다른 사람을 더비에 있는 감화소에 모독자라는 죄목으로 6개월 동안 있도록 보냈다.[3] 복사한 수감 영장을 통해 볼 수 있는 내용은 다음과 같다.

"더비 감화원장께 인사드립니다.

우리는 동봉한 글과 함께, 얼마 전까지 노팅엄 시 맨스필드에 살던 조지 폭스라는 사람과, 더비시 스테인네스비(Staniesby)에 살고 있던 농부, 존 프레트웰(John Fretwell) 두 사람을 보냅니다. 그들은 금일, 법정에 불려와 여러 가지 불경한 말을 하면서 최근 결의한 의회 법안과 반대되는 말을 공공연히 했습니다. 그러한 언사들은 심문을 받던 중에 고백했던 말들입니다. 그러므로 여기 적힌 글을 보시고 당장에 상기한 조지 폭스와 존 프레트웰, 이 두 사람을 받아들여, 보석금이나 조건부 석방 영장이 없으면 6개월 동안 보호해 두시고 혹 올바른 행동을 하는 사람들이라는 충분한 확증을 발견하거나 우리 쪽에서 어떤 지시가 있을 때까지 보호해 주실 것을 요구합니다. 이상을 명심하십시오. 1650년 10월 30일 현재, 서명 날인 함.

저버스 베넷(Gervase Bennet), 북부지역, 바튼"

---

[2] 이러한 답변들은 조지 폭스와 랜터 파를 충분히 구별시켜 주는 대답들이다.
[3] 여기서부터 폭스의 어려웠던 첫 수감 생활이 시작된다. 죄목은 분명하고 뚜렷했다. 그는 모독자로 감금되었던 것이다. 1648년 양 의회를 통과한 법률을 적용한다면 폭스는 쉽게 사형을 언도받았을는지도 모른다. 성경이 하나님의 말씀이라는 것을 부인하거나 모든 사람들이 죽은 다음에 부활할 것이라는 사실을 부인하는 것은 사형에 해당할 만한 죄이기 때문이었다. 침례교의 두 가지 성례전과 주의 만찬이 하나님께서 명령하신 것이 아니라고 말하는 것도 불경한 일이었으며 사람은 천성적으로 하나님께로 향하는 자유 의지를 가지고 있다고 선언하는 것도 불경한 일이었다. 물론 이러한 수사 조치에 대해서 위법성을 찾기란 어렵지 않았다. 더비 감옥에서 폭스는 치안 판사, 사법관, '목사', 더비 법정, 시장, 사법판사, '뾰족집에 종을 울리는 사람' 등에게 많은 편지를 썼다. 폭스는 그런 모든 사람들에게 자신들 내면의 빛에 순종하라고 한다. "영원하며 보이지 않는 분에게 마음을 쏟으십시오", "항상 결백한 마음으로 굴복하여 그분을 믿으십시오."

더비 감옥에 있는 동안 여러 부류의 신앙 고백자들이 나와 이야기를 나누러 왔다. 나는 그들이 말을 꺼내기 전에 그들이 자신들의 죄와 불완전함을 변명하려고 왔다는 것을 알아차렸다. 나는 그들에게 신자이며 믿음을 갖고 있는가 물었다. 그들은 "그렇습니다"하고 대답했다. 나는 "누구를 믿지요"하고 물었다. "그리스도를 믿습니다"하고 그들은 대답했다. 그래서 나는 이렇게 말해 주었다. "당신들이 그리스도를 믿는 참된 신자들이라면 죄와 죽음에서 생명으로 옮겨 간 것입니다. 죽음, 그러니까 죽음과 죽음을 초래하는 죄에서 옮겨졌다는 것이지요. 믿음이 참되다면 죄와 사단을 이기게 될 것이며 마음과 양심이 깨끗케 될 뿐 아니라(참된 믿음은 순수한 양심 안에 있는 것이기 때문에), 하나님을 기쁘시게 해드리고 하나님 앞에 다시 나아가게 될 것입니다."

그렇지만 그들은 순결함에 대해, 죄와 사단을 이기는 것에 관해 참고 듣지 못했다. 그리고는 이 무덤과 같은 세상에서 누구든 죄에서 벗어날 수 있다는 사실을 믿을 수 없노라고 했다. 나는 성경은 거룩한 분들의 말씀이니 성경에 관해 허튼 소리하기를 그만두라고 했으나, 그들은 거룩하지 못한 것에 대한 변명을 했다.

또 어떤 때에는 신앙고백자들이 무리지어 나를 보러왔다. 그들도 마찬가지로 죄에 대해서 변호하기 시작했다. 나는 그들에게 소망이 있느냐고 물었다. 그들은 "예, 하나님께서 금하시더라도 우리는 소망을 가져야 합니다"하고 대답했다. 나는 "여러분은 어떠한 소망을 갖고 계십니까? 여러분 안에 계신 그리스도가 여러분의 영광된 소망입니까? 그리스도께서 자신이 거룩한 것처럼 여러분을 거룩하게 하십니까?"하고 물었다. 그러나 그들은 그곳에서 거룩해지는 것에 관해 계속 듣고 있지를 못했다. 그래서 나는 그들에게 거룩한 분들이 기록한 성경에 관해 이야기하지 말라고 했다. "왜냐하면, 성경을 기록한 거룩한 분들은 마음과 삶에서, 여기서 나누는 대화에서도 거룩하라고 주장하셨는데 당신들은 사단의 것인 불결함과 죄를 옹호하고 있으니 거룩하신 분들이 하신 말씀과 당신들이 무슨 상관이 있습니까?"하고 말했다.

내가 있던 감옥의 간수는 높은 지위에 있던 신앙고백자였는데 나에 대해 무척 화가 나서 나를 굉장히 나쁘게 말했다. 그러나 그 일로 인해 주님은 그 사람을 치시어 그 사람은 커다란 고통과 심한 두려움에 빠지게 되었다. 나는 감방 안을 걸어 다니다가 슬픈 듯한 소리가 들려 그 자리에서 움직이지 않고 멈춰 서 있었다. 간수가 아내에게 이야기하는 소리가 들렸다. "여보, 나는 심판의 날을 보았는데 거기 조지도 있었소. 그래서 나는 그 사람이 무서웠어. 왜냐하면 나는 그 사람에게 아주 가혹하게 대했고, 목사와 신앙고백자들에게, 재판관들에게, 또한 여관과 술집에서 그 사람을 헐뜯었기 때문이야."

이러한 일이 있고 나서 밤이 되어가자 내가 있는 감방으로 간수가 찾아와서 말했다. "당신에게 맹수처럼 사납게 굴었소. 그렇지만 이제 나는 떨고 있던 바울과 실라에게 갔던 간수장처럼 양같은 사람이 되었소." 간수는 나와 같은 집에 기거하고 싶어했다. 나는 당신 마음대로 할 수 있으니 그렇게 하는 것은 당신 손에 달려 있노라고 그 사람에게 말했다. 그런데 그 사람은 그렇지 않다고 말하면서 자신은 나를 풀어줄 것이지만 나와 함께 있고 싶으며, 나를 죄수로 붙들어 두지는 않겠다고 말했다. 그리고는 자신과 자기 가족들은 나 때문에 괴로움을 당해 왔다고 이야기했다. 그래서 나는 그가 나와 함께 머물러 있도록 내버려 두었다.

그리고 나서 그 간수는 자신의 속 마음을 다 털어 놓았다. 그는 내가 참된 믿음과 소망에 관해 이야기한 것이 이루어질 것이라는 것을 믿는다고 말했으며, 나와 함께 감옥에 들어갔던 또 다른 사람이 내 말을 참고 듣지 못한 것을 이상하게 여겼다. 그리고는 "그 사람은 옳지 않았지만 당신은 정직한 사람입니다"하고 말했다. 간수는 또한 내가 주님의 말씀을 사람들에게 전하게 나를 내보내 달라고 요청하였을 때, 자기가 그것을 거절하였고 그로 인해 내가 그 사람에게 정신적인 압박을 주었기 때문에 자신은 굉장한 괴로웠으며 놀랐고 또한 얼마 뒤에는 정신이 어수선해 진이 거의 다 빠지게 되었다는 사실도 고백하였다.

아침이 되자 간수는 일어나서 재판관들에게 가서 자기와 자기 가족들이 나 때문에 괴로움을 당했다고 이야기했다. (간수가 이야기한 바에 의하면) 재판관 중 한 사람이 자신들도 나를 가두어 두었기 때문에 고통을 당했다고 말했다. 그 사람은 처음으로 우리를 퀘이커교도(Quake: 떨다, 진동하다)라고 부른 더비의 베넷 판사였다. 내가 그들에게 주의 말씀에 두려워 떨라고 명령하였기 때문에 우리를 그렇게 부른 것이었다[4]. 이 때가 1650년이었다.

그 이후로 재판관들은 내가 1.6 킬로 남짓 되는 지점까지 마음대로 다닐 수 있다고 하였다. 나는 그들의 의도를 알아차리고는 간수에게 말하기를 그들이 1마일이 어디까지인지 정해준다면 때때로 자유롭게 다닐 수 있을 것이라고 말했다. 내가 달아날 것이라는 생각을 하고 있다는 것을 알아차렸기 때문이었다. 간수는 그들이 나를 정말로 도망가게 하여 자신들의 괴로움을 덜려고 그렇게 하였음을 나중에 고백하였다. 그래서 나는 간수에게 나는 그들을 괴롭히는 영이 아니라고 했다.

감화소에 있는 동안 친척들이 나를 만나러 왔다. 친척들은 내가 투옥되어 있는 것을 마음 아파했기 때문에 나를 감옥에 넣은 재판관들을 찾아가서 나를 집으로 데리고 갈 바란다고 하면서 그들과는 백 파운드로, 더비에 있는 다른 재판관들과는 각각 오십 파운드로 협약을 맺었다. 내가 더 이상 목사들을 반대하는 주장을 하러 그곳에 가지 않아도 되게 하려고 그렇게 하였던 것이다.

그래서 나는 재판관들 앞에 불려 나갔다. 그들과, 아니 누구라도 나를 위해 협약을 맺는 데 내가 동의하지 않았기 때문에, 베넷 판사는 화가 나서

---

[4] 이 부분은 "퀘이커교"라는 이름의 기원에 관해 나와 있는 이 책의 유일한 자료이다. 폭스는 베넷 재판관에게 주의 말씀에 두려워 떨라고 이야기했다. 그 때문에 그 재판관은 "퀘이커(떠는 사람)"라는 이름을 폭스에게 붙여준 것이다. 그렇지만 이 이름이 의미를 갖게 되는 특별한 사건에 관한 배경이 있을 듯하다. New English Dictionary에서 퀘이커(Quaker) 단어 참조. 편집장은 어떤 종교 분파를 가리키는 퀘이커라는 이 이름이 당시로서 전혀 새로운 이름은 아니었다는 사실을 발견하였다. 1647년에 기록된 Clarendon collection의 2,624번 낱말은 떨림이나 진동을 위한 놀랄 만한 능력에 사로잡힌 대륙에서 나온 한 분파에 대해 다음과 같이 말하고 있다. "나는 퀘이커교라고 불리는 Woemen과 Southworke에 있다가 바다 건너 왔다는 것을 들었으며 이 사람들은 부어 오르고 흔들리고 떨다가 제정신이 들면(이러한 모든 발작에서 마호멧의 성령이 그들과 대화를 나누어 왔기 때문에), 그들은 영을 통해 전달된 것을 전하기 시작한다." 아마도 베넷 판사는 단지 이미 익숙한 비난하는 말로 그 말을 사용하였던 것같다. 친우회 교우들도 때때로 흔들리는 일이 있었기 때문에 그 이름이 나중에 친우회에 적합한 이름으로 널리 쓰이게 되었음이 분명하다. Sewel의 「퀘이커교도라는 이들의 역사」, Vol. I., p. 63. 필라델피아, 1823. 참고. 1954년 국회의 하원 의사록에 이 이름이 처음으로 나온다.

자리에서 일어났다. 그리고 내가 무릎을 꿇고 주께 그 사람을 용서하라고 기도하고 있는데 문득 내게 다가와서는 양 손바닥으로 나를 후려치면서 "이 놈을 데리고 가시오, 간수. 감옥에 처 넣으시오, 간수"하고 소리를 질렀다. 그래서 나는 다시 감옥에 갇히게 되었으며, 6개월의 형기를 다 끝마칠 때까지 그곳에 있었다.

그러나 이제 나는 1.6킬로 남짓 되는 거리를 혼자서 자유롭게 걸어다닐 수 있게 되어, 자유로이 그 특권을 이용하였다. 때때로 시장이나 거리에 나가 사람들에게 사악함을 회개하라고 경고하다가 감옥에 다시 들어가기도 했다. 감옥에는 여러 가지 다른 종교를 가진 사람들이 있었기 때문에 이따금 '첫째날'에 열리는 그 사람들의 모임에 참석하였다.

아직 감화소에 있는 동안에 어떤 군인이 나를 찾아와서는 자신이 뾰족집에 앉아서 목사의 설교를 듣는데 커다란 고통이 찾아 왔으며, "내 종이 감옥에 갇혀 있는 것을 모르느냐? 가서 그 사람의 지시를 들어라" 하는 주님의 목소리가 들려왔다고 했다. 그래서 내가 그 사람이 어떠한 상태에 놓여 있는가 이야기해 주었더니 그 사람은 마음이 열려 깨닫게 되었다. 나는 그 사람에게 자신의 죄를 보여주었고 그러한 죄들 때문에 그에게 고통을 주었던 그 분이 구원도 보여 주실 것이라고 말하였다. 왜냐하면 그에게 죄를 보이신 그 분이 바로 죄를 없애 주는 분이시기 때문이었다.

내가 그 사람에게 이야기를 하고 있는 동안 주님의 능력이 그 사람의 마음을 여셨기 때문에 주님의 진리 안에서 잘 이해하기 시작했으며, 하나님의 자비에 대해 깨닫기 시작했다. 그 군인은 막사 안에서 군인들과 다른 사람들에게 담대하게 진리를 말하였다(성경이 그에게 충분히 열렸기 때문이었다). 심지어 자기 대령을 "주님의 종을 감옥에 넣었으니 느부갓네살 왕처럼 어리석은 사람"이라고 말하기까지 했다.

이 때문에 대령은 그 사람에게 악감을 품게 되어, 그 다음 해 우스터 전투에서 두 부대가 가까이 진을 치고 있고 왕의 진영에서 나온 두 부대가 그들과 싸우려고 도전해 올 때에, 그 군인과 다른 한 사람을 적과 맞서 싸우라고 내보냈다. 싸우던 도중 한 전우는 죽었고, 그 군인은 적들에게 권총 한 발도 쏘지 않고서 적들을 마을 안의 소총 사정 거리 안으로 유인했다. 이러한 사실은 마을로 돌아왔을 때 그 사람이 직접 내게 말하였던 것이다. 그러나 싸움이 끝나자 그 군인은 장교들의 속임수와 위선적인 행위를 알았고 주께서 얼마나 놀라운 방법으로 자신을 지키셨는지를 깨닫고 싸움이 끝날 때까지 자신이 주님의 팔 아래 보호받고 있었음을 느낄 수 있었다. 또한 자신을 싸우러 보낸 목적을 알고서는 군대를 떠났다.

감화소에서 형기가 거의 끝나갈 무렵에 그 지역에서 많은 군인들이 일어났기 때문에 군대 장관은 나를 그들의 지휘관으로 세우려고 하였다. 군인들도 나 말고는 아무도 원치 않는다고 소리쳤다. 그래서 감화소의 원장은 장관들과 군인들 앞으로 나를 데리고 장터로 나오라는 명령을 받았다. 거기서 그들은 나에게 승진(그들이 이야기한 바에 따르면)을 제의하면서 찰스 스튜어트(Charles Stuart)에 대항하여 공화정을 위해 군사를 맡지 않겠느냐고 물었다. 나는 어째서 모든 전쟁이 일어나는지 알고 있다고 이야기했으며 전쟁은 제임스 독트린에 따라 욕망으로부터 일어나기도 한다고 말했다. 그리고 나는 모든 전쟁의 원인을 없애는 생명과 능력을 소중히 여기며 사는 사람이라고 말하였다.[5]

그렇지만 그들은 나를 설득시켜 자신들의 제안을 받아들이게 하려고 하였으며 내가 그들의 제안을 당연히 고맙게 여기리라 생각했다. 그러나 나는 전쟁과 다툼이 일어나기 전에 평화 조약에 가담했다고 이야기했다. 그들은 나의 고결함을 알기 때문에 사랑과 우정으로 그러한 제안을 하는 것이라고 하면서 아첨하는 듯한 말을 했다. 그러나 나는 그것이 그들의 사랑과 우정이라 하더라도 그러한 제안을 무시하겠다고 말했다.

그러자 그들은 화가 머리 끝까지 나서는 "저 사람을 데리고 가시오, 간수. 몹쓸 흉악범들이 있는 곳에 저 사람을 집어 넣으시오"하고 말했다. 그래서 나는 이가 득실거리고 냄새나는 곳에 베개도 하나 없이 30명의 흉악범들

---

5) 이것이 전쟁을 반대하는 참된 근거이다. 즉 그리스도인은 전쟁의 원인을 제거하는 삶을 살아야 하는 것이다.
6) 폭스는 뚜렷한 죄목으로 6개월 동안 감금되어 있었으며 그밖에 어려움은 없었다. 그는 크롬웰 군대에 가담하려고 하지 않았기 때문에 거의 6개월 남짓 되는 동안 감금되어 있었던 것같다.

사이에 갇힌 채 반 년 가까운 세월을 보냈다.[6] 그렇지만 가끔 그들은 내가 도망가지 않을 것을 믿고는 뜰을 거닐게 해 주기도 하였다.

감옥에 있는 동안 주인의 물건을 훔쳐서 감옥에 들어온 젊은 여자가 있었다. 그 여자가 재판을 받을 때에 나는 재판관과 배심원들에게 편지를 써서, 도둑질을 했다고 죽이는 일이 구약시대의 하나님의 율법과 얼마나 어긋나는 일인가를 설명하면서 자비를 호소했다. 그렇지만 그 여자는 사형을 언도 받았고 무덤이 준비되고 정해진 날짜에 처형을 받기로 결정되었다. 그래서 나는 하나님께서 이끄시니 모든 탐심과 탐욕을 주의하라고 하면서 모두 주님을 경외하며, 세속적인 욕심을 피하고 주어진 시간을 소중히 여기라고 경고하는 글을 몇마디 적어 교수형을 집행할 때에 읽으라고 주었다. 그리하여 그 여자가 사닥다리 위로 올라가고, 목을 맬 천이 머리 위로 드리워지고, 교수형에 처할 준비가 다 되었는데도 그들은 교수형을 집행하지 않고 그 여자를 다시 감옥으로 보냈다. 나중에 그 여자는 감옥에서 하나님의 영원하신 진리를 깨닫게 되었다.

역시 감옥에 있을 때였는데 마술사로 평판이 난 사악한 사람이 있었다. 그 사람은 나와 이야기를 하겠다고 으름장을 놓았으며 자신이 어떤 일을 할 수 있는가 자랑하였다. 그렇지만 그 사람은 내 앞에서 입을 도무지 열지 못했다. 간수도 놀라고 그 사람 자신도 놀랐다. 그 사람은 마귀를 일으켜서 집을 무너뜨리겠다고 위협하여 간수에게 겁을 주었다. 나는 주님의 이끄심을 받아 주님의 능력으로 그 사람을 꾸짖으며 "자, 당신이 할 수 있는 일을 해 보이시오. 사악한 일을 해 보십시오"하고 말했다. 나는 마귀가 그 사람 안에서 이미 크게 일어났으나 하나님의 능력이 마귀를 사로잡았다고 이야기해 주었다. 그러자 그 사람은 슬슬 꽁무니를 빼며 내 앞에서 사라졌다.

우스터 전투가 다가오자 베넷 판사는 내가 기꺼이 명령을 받아들이지 않을 것이라는 것을 알고는 경관을 보내어 나를 군대로 강제 징집하려고 했다. 나는 바깥 세상에 관여할 마음이 없다고 말했다. 그들은 다시 찾아와서 징발금을 내놓았다. 그렇지만 나는 그런 것에 관심이 없다고 했다. 그들은 그렇지 않다고 이야기했다. 나는 시기와 증오가 있는 곳에는 혼돈이 있게 마련이라고 그들에게 이야기했다. 그들은 내게 두배의 돈을 제시하였지만 나는 거절하였다. 실망을 한 그 사람들은 화가 나서 보석권이나 조건부 석방 영장도 없이 나를 엄중 감시 죄인으로 가두었다.

더비에 투옥되어 있는 동안은 그 도시에 사는 사악한 사람들 때문에 영적으로 굉장히 훈련받았으며 고생하였다. 더러 영적 진리를 깨닫는 사람도 있었지만 100명이 보통이었다. 나는 하나님의 사랑이 그들을 초대하셨다가 그냥 지나치는 것을 보았다. 나는 그것이 안타까웠다.

더비 시에서 대재판이 있었는데 행정판사들이 나를 못마땅하게 여겼다. 그렇지만 그들은 나를 어떻게 할지 의견을 모으지 못했다. 나를 의회로 보내기로 하자는 의견이 있는가 하면 아일랜드로 추방하자는 의견도 있었다. 처음에는 나를 사기꾼, 유혹자, 모독자라고 불렀다. 그러나 나중에 하나님이 그들에게 고통을 주시자 나를 정직하고 선량한 사람이라고 불렀다. 그들이 좋게 이야기를 하든 나쁘게 이야기를 하든 나에겐 아무런 상관이 없었다. 좋은 이야기를 한다고 해서 나를 치켜 세울 수 있는 것도 아니고 나쁜 이야기를 한다고 해서 나를 무너뜨릴 수도 없기 때문이었다. 주님을 찬양할지어다! 그들은 마침내 1651년 겨울이 시작될 무렵, 더비의 감화소에서 여섯 달, 공동 감옥소에서 나머지 여섯 달로 1년 가까이 가둬둔 끝에 나를 감옥에서 풀어주기로 결정을 내렸다.

제 5 장

한 사람이 온 나라를
흔들 수 있다
1651-1652

다시 자유의 몸이 된 나는 전처럼 주님의 일을 계속해 나가면서 나라 곳곳을 다니다가 레스터셔에 이르렀다. 다니면서 집회를 열었는데 주님의 성령과 능력이 나와 함께 하셨다.

여러 친우회 교우들과 함께 걸어가면서 고개를 들어 보니 세개의 뾰족집이 보였는데 그 집들이 내게 덤벼드는 것같았다. 나는 저곳이 어디냐고 물었다. 사람들은 "리치필드(Lichfield)"라고 했다. 그곳으로 가야 한다는 주님의 말씀이 당장 마음 속에 떠올랐다. 우리가 가려고 하는 집으로 가면서 친우회 교우들이 우리가 머물려고 하는 집에 들어가기를 바라면서, 나는 내가 어디로 갈 것인지에 관해서는 아무 말 하지 않았다. 친우회 교우들이 집으로 들어가자마자 나는 살짝 빠져나왔다. 울타리와 도랑을 지나 마침내 리치필드 가까이에 이르렀다. 커다란 들판이 있었는데 양치기들이 양을 치고 있었다.

그때, 나는 신을 벗으라는 주님의 명령을 받았다. 나는 잠시 멈추어 있었다. 겨울이었기 때문이다. 그러자 주님의 말씀이 내게 불처럼 느껴졌다.

그래서 나는 신을 벗어 양치기들에게 그 신발을 맡겨 두었다. 그러자 떨고 있던 가난한 양치기들이 깜짝 놀랐다. 1킬로 남짓 마을 안으로 들어서자마자 "'화 있을진저 피 성, 리치필드여!' 하고 외치라"는 주님의 말씀이 또 다시 내게 떠올랐다. 그래서 나는 거리를 쏘다니며 큰 목소리로 "화 있을진저 피 성, 리치필드여!"하고 외쳤다. 장이 서는 날에도 나는 장터의 이곳저곳을 다니며 "화 있을진저 피 성, 리치필드여!"하고 외치고 다녔다. 그런데도 아무도 나를 간섭하지 않았다.

이렇게 거리거리를 외치고 다니자니 거리가 마치 피가 흘러내리는 수로처럼 보였고 장터는 피샘과 같았다.

떠오른 말씀을 선포하고 난 후에, 내가 해야 할 일을 다 마쳤다는 생각이 들자 조용히 마을을 빠져 나와 양치기들이 있는 곳으로 되돌아 왔다. 그들에게 돈을 조금 주고 내 신발을 다시 찾았다. 그리고는 신발을 신어야 할지 말아야 할지 망설이고 있다가 마침내 주께서 마음대로 신을 신으라고 하신다는 것을 느꼈다. 그래서 발을 씻고 나서 다시 신을 신었다.

이러한 일이 있고 나서 나는 깊은 생각에 잠겼다. 무엇 때문에 나를 마을로 보내셔서 그 성을 피성이라고 외치라 하셨단 말인가! 의회와 국왕이 각각 대표자를 한 사람씩 두고 서로 전쟁을 벌이는 동안 많은 피를 흘렸다고는 하지만 그것은 다른 도시에서도 마찬가지였기 때문이다. 그러나 나중에야 나는 디오클레티아누스 황제 시대에 일천명의 그리스도인들이 리치필드[1]에서

---

1) 폭스가 이러한 일을 한 것은 그가 일년 동안의 수감 생활을 마쳤을 때에 일어난 일임을 기억해 두어야 한다. 일년 동안 수감 되어 있는 동안 얼마간은 아주 지독한 곳에 갇혀 있기도 하였다. 폭스는 전 생애를 통해 쉼없이 적극적으로, 극도로 열심히 일했다. 1년 수감되어 있는 동안에 그가 하던 일도 잘 시작되고 있었는데, 폭스는 매우 활동하기 어려운 아주 작은 감방에 강제로 수감되어 있었다. 이제 폭스는 다시 자유를 되찾아, 자기에게 맡겨진 일을 하는 부단함을 다시 발휘하게 되었다. 폭스는 어떤 상황에서든 떠오르는 암시를 제지시키지 않았다. 그 자신이 어떤 잠재의식속의 기억이 주는 제안을 사용했을 가능성이 꽤 짙다. 1612년 위트만이 리치필드의 형틀에서 화형 당했을 때에 그 일은 당시 사람들에게 신선한 충격이 되었다. 그리하여 당시 그곳의 이름은 '시신의 밭'(field of dead bodies)이라는 뜻의 리치필드(Lichfield)였는데 그곳의 이름은 어떤 침례교의 물세례를 기원으로 하고 있음에 틀림없다. 조지도 어렸을 때에 그 유혈의 시대에 대한 이야기를 조금 들었을 것이다.

순교했다는 사실을 깨닫게 되었다.
　나는 주님의 이끄심을 따라 베버리(Beverley) 뾰족집으로 향했다. 그 집은 당시 유명한 신앙고백자의 집이었다. 비로 몸이 흠뻑 젖어 있었기 때문에 나는 먼저 여관으로 갔다. 여관 문 앞에 도착하자마자 젊은 여주인이 현관에 나와서는 "어머, 당신이군요? 들어오세요"하고 말했다. 마치 전부터 나를 알고 있었다는 듯이 말이다. 주님의 능력이 그들의 마음을 움직이셨기 때문이었다. 그리하여 먹을 것을 좀 먹고 기운을 회복하고는 잠자리에 들었다. 아침이 되었는데도 몸은 여전히 젖어 있었다. 떠날 채비를 갖추어 숙박료를 지불한 뒤에 뾰족집이 있는 곳으로 올라갔다. 한 사람이 설교를 하고 있었다. 그 사람이 설교를 마치자 나는 마음이 이끌려 하나님의 강한 능력으로 그 사람과 청중들에게 스승이신 예수 그리스도께로 돌이키라고 말했다. 주님의 능력이 너무나도 강력했기 때문에 청중들은 그 말을 듣고는 한 순간에 공포에 휩싸이게 되었다. 시장이 내게 다가와서 몇마디 하였다. 그렇지만 아무도 나를 간섭하지 못하였다.
　그리하여 그 도시에서 나와 오후에는 3, 4킬로 가량 떨어져 있는 다른 뾰족집으로 갔다. 목사가 설교를 끝마치자 나는 마음이 이끌려 목사와 다른 사람들에게 생명과 진리의 길과 하나님의 선택과 버리심에 대해 자세히 말해 주었다. 목사가 자신은 어린 아이에 지나지 않았으며, 내 의견을 논박할 수가 없다고 하였다. 나는 비판하러 온 것이 아니라, 단지 생명과 진리의 말씀을 그들에게 전하여 그들 모두가 동일한 씨앗을 알게 하려는 것뿐이라고 하였다. 그 씨앗 안에 하나님께서 약속을 주셨으며, 그 씨앗은 남자나 여자 모든 사람들 마음 속에 있는 것이라고 이야기하였다. 이런 말을 하자 사람들은 아주 호의적인 자세를 보이면서 주말에 다시 와서 설교를 해 달라고 청했다. 그렇지만 나는 사람들에게 그들의 스승이신 예수 그리스도를 소개하면서 그 곳을 나왔다.
　다음 날에는 크랜스윅(Cranswick)으로 가서 퍼슬로(Pursloe) 지휘관의 집으로 갔다. 그 사람은 나를 따라 호담(Hotham) 판사 집으로 갔다. 호담 판사는 영적 진리를 깨달은 사람으로 하나님께서 자기 마음에 역사하신 경험을 갖고 있는 사람이었다. 나와 함께 하나님에 관한 이야기를 조금 나누다가, 그 사람은 나를 자기 사실로 안내했다. 나와 마주 앉아 최근(그리스도의 빛이 마음 속에 비췬) 십년 동안 깨달은 원리에 대해 이야기했다. 그리고는 주님이 이제 그 사실을 널리 알리신다는 것을 기뻐했다. 조금 지난 후에 목사 한 사람이 호담 판사를 찾아 왔다. 나는 그 사람과 함께 진리에 관해 조금 이야기를 나누었다. 그렇지만 그 사람은 이내 입을 다물고 말았다. 그 사람은 자신이 말하는 것을 경험하지 않은 관념론자였기 때문이었다.

호담 판사 집에 머물러 있는 동안 베버리에 사는 한 유명한 여자가 찾아와서 호담 판사에게 어떤 사건을 이야기하였다. 대화 중에 그 여자는 안식일(그 여자가 그렇게 불렀다)에 베버리 교회에 천사같기도 하고 유령같기도 한 사람이 나타나 하나님에 관하여 놀라운 이야기를 하여 그곳에 있던 사람들 모두 깜짝 놀랐다는 이야기를 하였다. 그리고 사라져버려서 사람들은 그 천사가 어디에서 왔는지, 또 어디로 가버렸는지도 알 수 없었지만 목사, 신앙 고백자, 시 행정관들 너나 할 것 없이 모두가 깜짝 놀랐다는 것이다. 이 이야기는 호담 판사가 나중에 내게 해 준 이야기다. 그래서 나는 어떻게 해서 내가 베버리에 있는 뽀족집에 가서, 목사들과 거기 모인 사람들에게 진리를 선포하게 되었는가를 이야기해 주었다.

5킬로 가량 떨어진 또 다른 뽀족집에 갔다. 그곳에서는 박사라 불리는 최고사제가 말씀을 전했다. 그 사람은 호담 판사가 나와 이야기해 보라고 부르려고 했던 사람 중에 한 사람이었다. 나는 그 뽀족집으로 가서 목사가 설교를 마칠 때까지 가만히 있었다. 목사가 택한 본문 말씀은 "너희 목마른 자들아 물로 나아오라 돈 없는 자도 오라 너희는 와서 사 먹되 돈 없이 값 없이 와서 포도주와 젖을 사라" 하는 말씀이었다.

그 때 나는 주님의 이끄심을 받아 "내려오시오. 사기꾼 양반. 당신은 값 없이 와서 생명수를 거저 마시라고 명령하면서 설교를 해주는 대가로 1년에 300 파운드씩이나 가로채고 있지 않소? 부끄럽지도 않습니까? 선지자 이사야와 그리스도는 거저 말씀을 전하고 알리시지 않았습니까? 그리스도께서 복음을 전하라고 제자들을 보내시면서 '너희가 거저 받았으니 거저 주어라'고 말씀하지 않으셨습니까?" 하고 그에게 말했다.

그러자 사제는 당황하여 놀란듯이 서둘러 나갔다. 신도들을 놔둔 채, 사제가 떠나가 버린 뒤에, 나는 사람들에게 이야기하고 싶은 만큼 긴 시간 동안 말씀을 선포했다. 어둠에서 돌이키게 하여 그들을 가르치고 그들에게 구원을 가져다 줄 빛과 하나님의 은혜로 향하도록 가르쳤다. 또한 마음 속에서 값 없이 가르치시는 스승인 성령님을 바라보도록 인도했다.

그날 저녁, 사람들에게 내가 전해야 할 말을 다 전한 후에 호담 판사 집으로 돌아왔다. 돌아 오니 호담 판사는 나를 두 팔로 안아 주면서 자기 집은 내 집이나 다름 없다고 말했다. 그는 역사하시는 주의 능력이 나타난 것에 대해 대단히 기쁘게 생각하고 있었기 때문이었다.

거기서부터 나라 안을 두루 다니다가 저녁에 한 여관에 도착했는데, 거기에는 무례한 사람들 일행이 있었다. 나는 집의 여주인에게 고기가 있으면 좀 가져다 달라고 했다. 그렇지만 내가 Thou(그대), Thee(퀘이커 교도 간에 you 대신에 한정되어 쓰는 말)라고 말했더니 여주인은 나를 이상하다는 듯이 쳐다 보았다. 나는 우유가 있느냐고 물어 보았다. 그 여자는 없다고 했다. 그 여자가 거짓말을 하고 있다는 것을 느낄 수 있었다. 그래서 다시 한 번 시험해 보려고 크림은 있느냐고 물었다. 그 여자는 아무 것도 없다고 하였다.

여관 안에는 버터를 만드는 커다란 통이 있었는데 한 꼬마 아이가 그 주위에서 놀다가 손을 그 통 안에 집어 넣어 통을 끌어 당기는 바람에 통안에 든 크림이 온통 마루바닥으로 쏟아져 나왔다. 내 눈 앞에서 말이다. 이리하여 그 여자가 거짓말을 했음이 명백하게 드러났다. 그 몹쓸 여자는 깜짝 놀라서 아이를 잡아 아프도록 내질을 했다. 그렇지만 나는 그 여자가 거짓말을 하여 속인 것을 비난하였다. 주께서 그 여자의 거짓과 심술궂은 마음을 이처럼 밝혀 주신 다음에 나는 그 집을 나왔다. 그리고는 다니다가 마침내 건초 더미를 발견하게 되어 그 위에서 누워 그날 밤을 보냈다. 비가 왔고, 눈이 왔는데 크리스마스라고 하는 절기가 3일밖에 안 남은 때였다.

그 다음날에는 요크가(York)로 갔는데 그곳에는 영적 진리에 상당히 민감한 사람들이 몇 있었다. 나는 오는 '첫째 날'에, 대성당에 가서 보우얼(Bowles) 사제와 설교를 들으러 온 사람들에게 이야기하라는 주님의 명령을 받았다. 그 명령을 따라 나는 대성당으로 갔다. 사제가 설교를 마쳤을 때,

나는 그들에게 주님이 사제와 사람들에게 하라고 하신 말씀이 있다고 했다. "그렇다면 빨리 말해 보시오"하고 한 신앙고백자가 이야기했는데 눈시울이 내려 날이 추웠기 때문이었다. 그래서 나는 그들이 말씀 안에 살고 있기는 하지만 전능하신 하나님은 그들에게 열매를 기대하신다는 주님의 말씀을 전했다.

내 입에서 그 말이 나오자마자 사람들은 나를 성급히 끌어 내어 단 아래로 내던졌다. 그러나 나는 아무런 상처도 입지 않은 채, 다시 일어나서 하숙집으로 돌아왔는데, 그 곳에 있던 몇몇 사람이 영적 진리를 깨달았다. 내 안에 계신 성령에게 가해진 압력과 억압으로부터 생겨난 것이 사람들의 마음을 열어 강타했고, 사람들은 자신들의 경험없는 신앙 고백과 열매 없는 말씀으로 인해 내가 고난을 당하고 있었기 때문에 내게서 터져 나오는 신음 소리를 듣고 자극을 받았노라고 고백하게 되었기 때문이다.

〔이렇게 대사제의 단상에서 넘어진 다음 며칠 동안은 강렬한 논쟁으로 시끄러웠다는 것을 알았다. 교황 예찬자들(로마 가톨릭교도), 랜터 파, 스코틀랜드의 "목사"들 때문에 폭스는 자기 안에 있는 소망을 위해 싸우러 나갔다. 폭스는 랜터 파가 "자신들이 맡은 것을 써버리고 자신들이 이야기하는 대로 살지 않으며 이제 그 본질이 퇴색되었다. 여러 유형의 집회를 갖기는 하지만 그들은 모임에서 담배를 피우고 맥주를 마시며, 점점 경박하고 흐트러진 모습을 보인다"고 하였다. 폭스를 궁지에 몰아 넣으려는 시도에 관한 이야기 다음으로 이야기는 계속된다.〕

또 다른 사제가 나와 논쟁을 하자고 전갈을 보내왔기에 친우회 회원들이 나와 함께 그 사제가 있는 곳으로 갔다. 그런데 우리가 온다는 것을 알고, 그 사제는 집을 슬쩍 빠져나가 울타리 밑에 숨어 버렸다. 사람들이 가서 그 사람을 찾아내었지만 우리 앞에 나오게 할 수는 없었다.

그래서 뾰족집으로 갔다. 가까이에 이르렀을 때, 거기서 사제와 사람들은 굉장히 화가 나 있었다. 이 사제는 친우회 교우들을 위협하면서 자신이 어떻게 할 것인지 말하였다. 그렇지만 내가 도착하자 그는 도망가고 말았다.

주님의 능력이 그 사제와 사람들에게 전달되었기 때문이었다. 그렇다! 주님의 영원하신 능력이 세상에 임했으며 사람들의 마음에 전해지고 사제들과 신앙고백자들을 모두 떨게 하였던 것이다. 그 능력은 신앙을 고백하고 예배를 드리는 땅과 공중의 영혼을 흔들었다. 그래서 "가죽 반바지를 입은 사람이 온다"[2] 하는 말을 듣는 것이 사람들에게 무서운 일이었다. 이 소식을 전해들은 여러 곳의 많은 사제들이 사제직에서 떠났다. 그들은 이 하나님의 영원하신 능력에 대한 두려움으로 충격을 받았던 것이다. 두려움이 위선자들을 놀라게 하였던 것이다.

〔피커링(Pickering)에서 폭스는 "뾰족집 뜰"에 서서 자기가 어떠한 사명을 띠었는지에 관해, 히브리 선지자들이 그랬을 만큼 명확하게 하나님께 위임받은 권리로 사람들에게 이야기하였다.」

하늘과 땅의 주인이신 하나님은 값없이 복음을 전하고, 사람들을 하나님이 거하시지 않는 손으로 만든 성전에서 이끌어 내어 자기 몸이 하나님과 그리스도의 전이 되는 줄 깨닫게 하시려고 나를 보내셨다. 또한 모든 미신적인 의식 및 유대인과 이방인들의 관습과 전통과 사람의 교리에서 사람들을 벗어나게 하고, 세상이 고용하는 모든 교사들로부터 이끌어 내기 위해 나를 보내신 것이었다. 세상이 고용하는 교사들은 십일조를 착취하며 높은 임금을 받으면서 고용되어 말씀을 전하고, 돈을 목적으로 예언한다. 그들은 결코 하나님과 그리스도께서 보낸 자들이 아니다. 그들 스스로 자신들은 한번도 하나님의 목소리도 그리스도의 목소리도 들은 적이 없다고 고백하기 때문이다. 나는 사람들에게 그런 모든 것들에서 벗어나 그들 안에 있는 성령과 하나님

---

2) 이 부분은 카알라일의 「의상철학」(衣裳哲學; *Sartor Resartus*)라는 책 3권 1장에서 조지 폭스에 관해 나온 재미있는 구절의 원거가 되는 구절이다. 그러나 카알라일이 폭스가 가죽옷을 잘라 꿰매어 입고 다닌다고 묘사한 것에 대해서는 아무런 근거가 없다. Sewel은 이 가죽 반바지가 "폭스가 전에 가죽일을 하였다는 것"과는 아무 관련이 없다고 분명하게 이야기한다. Croese는 폭스의 옷이 모두 가죽옷뿐이라고 말한다. 가죽 반바지 차림은 당시로서 그다지 특별한 의상은 아니었으며 아마도 그 내구성 때문에 선택한 듯하다.

의 은혜로, 각자 마음 속에 있는 예수님의 빛으로 돌이켜서 값 없이 주시며 그들을 구원하시며, 성경을 열어보이시는 그리스도를 알도록 힘쓰라고 권면했다.

이렇게 주님은 내게 사람들에게 많은 것을 열어보일 좋은 기회를 주셨다. 모두 잠잠했으며 많은 사람들이 영적 진리를 깨닫게 되었다. 주님을 찬양할지라.

나는 다른 마을로 갔다. 거기에서 또 다른 집회가 있었다. 나는 나이든 목사와 함께 있었는데 여러 부류의 신앙고백자들이 찾아 왔다. 나는 건초더미 위에 앉아 몇 시간 동안 아무 말도 하지 않았다. 사람들이 말씀에 굶주리도록 하기 위함이었다. 신앙 고백자들은 계속해서 나와 함께 있던 나이든 목사에게 말을 붙이려고 했으며 그 목사에게 내가 언제 말을 시작하겠는가 하고 물었다. 목사는 기다리라고 하면서 그리스도께서 말씀하시기 전에 그리스도 당시 사람들도 그리스도를 기다렸다고 이야기했다.

드디어 나는 주님의 이끄심을 받아 말하게 되었다. 그러자 사람들은 주님의 능력에 감동을 받았다. 생명의 말씀이 그들 마음에 닿았으며 사람들 대부분이 영적 진리를 깨닫게 되었다.

이제 나는 퍼슬로 지휘관(대위)과 호담 판사가 있는 크랜스윅을 향해서 갔다. 그들은 나를 따뜻하게 맞아 주었고 주님의 능력이 나타나 진리가 선포되어 많은 사람들이 진리를 받아들였다는 사실을 기뻐하였다. 호담 판사는 하나님께서 만일 내가 전한 빛과 생명의 원칙을 일으켜 세우시지 않았더라면 나라에는 랜터주의(Ranterism)[3]가 만연하게 되었을 터이고, 그렇게 되면 나라 안에 있는 판사들이 어떠한 법으로도 그것을 막을 수 없었을 것이라고 이야기했다. "왜냐하면 그들은 우리가 말한 대로 말하고, 우리가 명령한 대로 행동하기는 하지만 계속해서 자신들의 원칙을 지켜나갈 것이기 때문이지요"하고 호담 판사가 말했다. 그렇기 때문에 호담 판사는 주님이 생명과 진리의 원칙을 일으켜 세우신 것에 대해 기뻐했던 것이다.

다음 날 아침, 친우회 교우들과 내게 친절하게 대해 주던 사람들이 떠나

---

3) 호담 판사의 이러한 의견은 상당히 역사적인 의미를 지닌 관찰이다.

가고, 나는 혼자서 여행을 다녔다. 마을 마을을 다니며 사람들에게 주님의 날을 선포하고 회개하라고 경고했다. 저녁 무렵에 패트링턴(Pattrington)이라는 마을에 이르렀다. 그 마을을 지나면서 목사들(목사들이 거리에 나와 있었기 때문에)과 사람들에게 모두 회개하고 주께로 돌이키라고 경고했다. 마을을 다 돌기도 전에 날이 점점 어두워졌고 많은 사람들의 무리가 내 주위로 모여 들었다. 나는 그 사람들에게 생명의 말씀을 선포했다.

내가 해야 할 일을 다하고 나서 여관에 들어가 묵으려고 했다. 그런데 그들은 나를 받아 주려고 하지 않았다. 고기나 우유를 조금 얻었으면 해서 값을 지불하겠다고 말했으나 그것마저 거절 당했다. 그래서 나는 패트링턴(Patrington) 시를 빠져나왔다. 한 무리의 사람들이 나를 쫓아 와서는 "무슨 일입니까?"하고 물었다. 나는 그들에게 회개하고 주님을 경외하라고 명령했다.

꽤 한참 동안을 걸어 가다가, 어떤 집에 당도하였다. 나는 돈을 내는 대가로 식사를 대접받고 그집에 묵었으면 하였지만 그집 사람들은 거절을 하였다. 다른 집에 가보았으나 마찬가지였다. 날이 너무 어두워져서 길이 잘 보이지 않았으나 도랑은 알아 볼 수 있었다. 그래서 도랑에서 물을 조금 마시고 새로 기운을 차렸다. 도랑을 건너, 여행으로 지친 몸이 되어 바늘금작화 덤불 사이에 날이 새도록 앉아 있었다.

새벽 무렵 일어나서 들판을 지나쳐 갔다. 한 남자가 커다란 창자루를 가지고서 내 뒤를 쫓아 마을까지 따라 왔다. 그리고는 해가 채 떠오르기도 전에 경찰과 경찰 서장을 비롯한 마을 사람들을 불러 모았다. 나는 사람들 앞에서 하나님의 영원한 진리에 관해 선포하면서 온갖 죄와 사악함 위에 임할 주님의 날에 관해 경고하였다. 그리고는 회개하라고 충고했다. 그렇지만 그들은 나를 사로잡아 다시 패트링턴으로 되돌려 보냈다. 감시 소장을 가지고서 창과 막대와 도끼창을 든 채 나를 3킬로 가량 감시 인도했다.

패트링턴에 도착하자 마을 전체가 시끄러워져서 목사와 경관들이 함께 상의를 하고 있었다. 그래서 나는 다시 한번 생명의 말씀을 선포할 기회를 갖게 되어 사람들에게 회개하라고 경고했다. 마침내 영적 진리를 깨달은 한 신앙고백자가 나를 자기 집으로 초대했다. 그래서 거기서 나는 우유와 빵을 조금 얻어 먹었다. 그때까지 나는 며칠 동안을 아무 것도 먹지 못한 상태였다. 그리고 나서 그들은 14킬로 가량을 나를 경호해서 재판관 앞으로 데리고 갔다.

　재판관이 있는 집 가까이에 이르자 한 남자가 말을 몰고 우리를 뒤쫓아 와서는 내가 체포된 사람인지를 물었다. 나는 왜 그것을 묻느냐고 했다. 그 사람은 "안전을 위해서 입니다"하고 대답했다. 그래서 나는 그렇다고 대답했다. 그러자 그 사람은 우리 앞에서 말을 타고서는 재판관 집으로 갔다. 나를 경호하던 사람은 재판관이 술에 취해 있지 않으면 좋을 것이라고 말했다. 그 재판관은 항상 대낮부터 취해 있었기 때문이다.

　재판관 앞으로 불려갔을 때, 내가 모자를 벗지도 않고 재판관에게 Thou(그대)라는 말을 사용하자 재판관은 말을 타고 우리를 인도했던 사람에게 내가 미쳤거나 어떻게 된 사람이 아니냐고 물었다. 그 사람은 아니라고 하였다. 모자를 벗지 않는 것은 내가 따르는 원칙이었을 뿐이다.

　나는 재판관에게 회개하여 그리스도께서 자신에게 밝혀 주시는 빛 가운데로 나아가라고 경고했다. 그 빛을 통해서만 자신의 사악한 언행을 깨달을 수 있으며, 아직 시간이 있을 때에 예수 그리스도께로 돌이킬 수 있다고 훈계했다. 또한 시간이 있을 때에 그 빛을 소중히 여겨야 한다고 말했다. 그 사람은 "예, 예. 말씀하신 빛은 요한3서의 말씀입죠"하고 대답했다. 나는 재판관이 내가 한 말을 주의 깊게 듣고 그 말에 따르기를 바랐다.

　나는 재판관에게 손을 얹고 충고를 하였는데, 재판관이 주님의 능력으로 쓰러졌다. 그러자 감시병들 모두 깜짝 놀라 서 있었다. 그러자 재판관은 나를 다른 사람들과 함께 다른 방으로 데리고 가서는 내 주머니 속에 든 편지나 정보 등을 보자고 했다. 나는 주머니 안감을 끄집어 내어 아무런 편지도 갖고 있지 않음을 보여주었다. 재판관은 "빈 주머니를 보니 이 사람은 상습적인 부랑자가 아니다"하고 말했다. 그리고는 나를 풀어 주었다.

　나는 앞서 나를 재판관 집으로 인도해 주었던 사람과 함께 패트링턴으로 돌아갔다. 그 사람이 패트링턴에 살고 있었기 때문이다. 마을에 도착하자 그 사람은 내가 크로스(Cross)에서 집회를 열게 하려고 하였다. 그렇지만 나는 그 사람 집을 제공해 주는 것이 그리 중요한 문제는 아니라고 말했다. 그 사람은 내가 잠자리에 들거나 침대에 눕기를 바랐다. 내가 잠자리에 들었거나 혹은 침대 위에 있는 것을 보았다는 말을 하려고 그렇게 했던 것이다. 왜냐하면 내가 어떤 침대에든 절대로 눕지 않는다는 소문이 나돌고 있었기 때문이다. 그러한 소문이 돌게 된 까닭은 그 당시 내가 바깥에서 잔 적이 많았기 때문이었다.[4] '첫째 날'이 되어 뾰족집으로 가서 목사와 사람들에게 진리를 선포했는데 사람들은 나를 괴롭히지 않았다. 하나님의 능력이 그들 위에 임했기 때문이었다. 나를 재판관 집으로 인도해 주었던 사람 집에서 큰 집회를 갖고 나자, 당장에 많은 사람들이 주님의 영원한 진리를 깨닫게 되었다. 그 사람들은 아직까지도 영원한 진리의 신실한 증인으로 굳게 서 있다. 그들은 내가 전에 그 마을에 갔을 때, 나를 받아들이지 않고 자기네 집에서 묵지도 못하게 한 일을 굉장히 마음 아파했다.

그때부터 나는 나라를 두루 여행하며 다녔다. 도시와 마을 가장 후미진 곳까지 다니면서 회개하라고 사람들에게 권고하면서 그들을 그리스도께로 인도하였다.

어떤 주 '첫째 날'에는 오버튼(Overton)이라는 대령 집에 가서 그 지역의 주요 인사들을 모아 집회를 가졌다. 그 집회를 통해 성경의 많은 것들이 열렸는데 그러한 것들은 사람들이 전에 한 번도 듣지 못한 것들이었다. 많은 사람들이 영적 진리를 깨닫고 생명의 말씀을 받아들여, 하나님의 진리 안에 뿌리 내리게 되었다.

그리고 나서 나는 패트링턴으로 다시 돌아와서 그곳에서 영적 진리를 깨달은 친우회 교우들을 방문하였다. 그 사람들을 통해 나는 그 마을에 사는 재봉사와 몇몇 난폭한 검객들이 나를 재판관 앞에 불려가게 하였다는 것을 알았다. 양복장이는 자기를 고소할까 두려워 하여 내게 찾아와서 용서를 구했다. 경관들도 내가 자신들을 괴롭히지 않을까 하여 두려워 하였다. 그렇지

---

[4] 폭스의 인내력은 이 자서전적인 글 곳곳에서 찾아 볼 수 있을 것이다. 그는 울타리나 담장이나 건초더미 아래서 잠을 자기도 하며 며칠 동안 마땅한 음식이 없이도 지내기도 한다. 폭스는 특수한 경우가 제시하듯 자주 어려운 상황에서 이야기를 하여 적개심을 품은 군중들의 공격을 받았으며 또한 그 공격을 놀랄 만한 인내력으로 견디어 낸다. 그는 이러한 강철같은 체격으로 장기간의 수감 생활을 겪어 냈다. 동료 사역자들은 장기간 수감 생활을 하면 몸이 야위었는데도 말이다.

만 나는 그 사람들 모두를 용서했다. 그리고 주님께로 돌이켜서 자기 삶을 새롭게 고치라고 그들에게 경고하였다.

사람들을 더욱 놀라게 한 일이 있었다. 오람(Oram)에 있는 뾰족집에 갔을 때에, 얼마 있자 한 신앙고백자가 와서 내 가슴을 밀치면서 교회에서 나가라고 명령했다. "쯧쯧 가엾은 사람같으니라고! 뾰족집이 교회란 말이오? 교회란 하나님께서 자신의 피를 주고 사신 사람들을 말하는 것이지 건물을 말하는 것이 아닙니다"하고 내가 말했다. 마침 호담 판사가 그 사람이 내게 함부로 행동한 사실을 우연히 듣게 되어 그에게 구속영장을 보내어 법정에 출두하도록 하였다. 호담 판사는 진리의 말씀에 참으로 깊이 감동을 받아 치안을 유지하는 데 참으로 열정적이었다. 실제로 호담 판사는 내게 전에 나를 괴롭히거나 학대한 사람이 또 없었는가 하고 물었다. 그렇지만 그런 이야기는 털끝만치라도 함부로 이야기하지 않았다. 그저 모든 사람을 용서할 뿐이었다.

다음 '첫째 날' 나는 티크힐(Tickhill)로 갔다. 그 지역에 사는 친우회 교우들이 모여 있었는데 하나님의 능력으로 말미암아 사람들 사이에 강력한 깨어짐이 있었다. 나는 집회를 빠져나와 하나님의 인도하심을 받아 뾰족집으로 갔다. 뾰족집에 도착해 보니 목사와 교구의 주요 사제들 대부분이 성단소에 함께 모여 있었다.

나는 그들에게 가서 말하기 시작했다. 그렇지만 그들은 당장에 나를 공격하였다. 내가 말을 하고 있는데 목사가 들고 있던 성경책을 치켜들어서 내 얼굴을 후려쳤다. 그 바람에 얼굴에서 피가 줄줄 흘러 뾰족집에서 피를 너무 많이 흘렸다. 사람들은 "우리가 저 사람을 교회에서 끌어내게 해 주시오"하고 소리쳤다. 사람들은 나를 뾰족집 밖으로 끌어내서 지독하게 때리고 던지고 하더니만 울타리 바깥으로 넘겼다. 그리고 나를 끌고 한 집을 지나쳐 거리로 나갔다. 나를 끌고 다니면서 때리고 돌팔매질을 하였다. 내 몸은 온통 흙먼지와 피로 범벅이 되었다. 그들은 내 모자를 벗기고 다시 돌려 주지 않았다. 그렇지만 나는 내 발로 일어서게 되자 생명의 말씀을 선포하면서 그들의 스승들이 가르친 열매를 제시하였고, 그 스승들이 어떻게 기독교를 모독하였는가를 보여주었다.

잠시 뒤에 나는 친우회 교우들이 모여 있는 집회 장소로 다시 들어갔는데 목사와 사람들이 우리가 모여 있는 집을 지나가고 있었다. 나는 친우회 교우들과 함께 마당으로 나가 목사와 사람들에게 이야기하였다. 목사는 우리를 비웃으면서 퀘이커교도라고 불렀다. 그렇지만 주님의 능력이 그들 위에 아주 강하게 임하셔서, 생명의 말씀이 놀라운 권능으로 선포되었고 그 말씀이 그들을 두렵게 하였기 때문에 목사가 떨기 시작했다. 사람들 가운데 누군가 이렇게 말했다. "저 목사 좀 봐. 몸이 얼마나 떨리고 흔들리고 있는지. 목사도 퀘이커교도가 되었어."

집회가 끝나자 친우회 교우들이 떠나갔다. 그리고 나는 모자도 없이 발비(Balby)로 십여 킬로를 갔다. 친우회 교우들은 그날, 목사와 사람들로부터 많은 어려움을 당했다. 웬만한 판사들은 더러 그 소식을 들었으며, 그들 중 두세 사람이 찾아와서 그 도시에서 일어난 사건을 조사했다. 내 얼굴에 피를 흘리게 한 목사는 사람들이 교회라고 부르는 교회에서 나를 때렸기 때문에 손이 잘릴까봐 두려워 했다. 그렇지만 나는 그 사람을 용서했으며, 절대로 그 사람을 비난하러 법정에 출두하지 않을 작정이었다.

거기서 웨이크필드(Wakefield)로 갔다. '첫째 날'이 지난 뒤에 뾰족집으로 갔는데 그곳은 과거에 제임스 네일러[5](James Nayler)가 독립교회의 일원으로 있었던 곳이었다. 그러나 그 사람은 진리를 받아들이자마자 파문을 당했다. 내가 들어가고, 목사가 설교를 마치고 나자 사람들은 나에게 목사앞에 나갈 것을 요구했다. 나는 목사 앞으로 나갔다. 그렇지만 내가 생명의 말씀을 그들에게 선포하고, 목사들의 거짓됨을 밝히기 시작하자 사람들이 갑자기 내게 달려들어 나를 다른 문으로 밀쳤다. 두들겨 패면서, "저 사람을 차꼬 달린 틀에 가둡시다" 하고 소리쳤다. 그렇지만 주님의 능력이 그들을 막아, 그들이 나를 가두도록 가만히 내버려 두지 않으셨다.

그리하여 나는 집회 장소로 갔다. 거기에는 많은 신앙고백자들과 호의를

---

[5] 이 제임스 네일러라는 사람은 독립교회를 떠나 퀘이커교도가 되었는데 그 사람에 관한 감동적인 이야기가 나중에 펼쳐질 것이다. 그는 능력있는 목사였는데 목회자로서 성공은 곧 나락으로 이어지는 길이었다. 이러한 이야기는 나중에 적절한 부분에 다시 기록할 것이다.

보이는 사람들이 모여 있었고 그날 그곳에서는 많은 사람들이 영적 진리를 깨달았다. 사람들은 자신들이 자신들 속에 있는 주님의 가르침으로 향하게 된 것에 대단히 흡족해 했기 때문이었다. 이곳에서는 잠자리를 조금 빌릴 수 있었다. 사실 우리 중 네 사람은 그 이전까지는 담장 밑에서 밤을 보냈기 때문이었다. 당시 그 지역에서는 친우회에 가담한 사람이 거의 없었다.

제임스 네일러가 다니던 교회에 마샬이라는 목사가 있었는데 그 사람은 나를 몹시 헐뜯었다. 내가 술병을 가지고 다니면서 사람들을 취하게 하여 나를 따라 다니게 한다느니, 검은 말을 타고 다니면서 동일한 시간에 한 마을과 100여 킬로 떨어진 또 다른 마을에도 나타난다느니, 내가 검은 말을 타고 있을 때에 나를 따라 가면 동조비를 준다느니 하는 사악한 이야기들이었다. 그는 이러한 거짓말을 믿게 함으로써 사람들이 내가 전한 진리를 사악한 것으로 생각하게 하려는 속셈이었다. 그렇지만 그는 자기가 한 거짓말 때문에 자신의 설교를 듣던 많은 사람들을 잃고 말았다. 왜냐하면 그때 나는 걸어서 여행을 하고 있었으며, 당시 내겐 말도 없었으며 그러한 사실은 사람들이 널리 알고 있었기 때문이다.

사람들에게 회개하라고 전하면서 나라 곳곳을 두루 다니다가 장터에 들르게 되었다. 그곳에서는 그날 설교가 있었다. 나는 뾰족집으로 들어갔는데 그곳에는 목사와 신앙고백자와 사람들이 많이 있었다. 설교를 하는 목사는 예레미야 5:31 말씀을 "선지자들은 거짓을 예언하며 제사장들은 자기 권력으로 다스리며"라는 앞의 말씀은 남겨 둔 채, "내 백성은 그것을 좋게 여기며"라는 말씀을 본문으로 택했다. 나는 사람들에게 목사의 거짓된 행위를 밝히고 사람들을 자기 안에 계신 참된 스승이신 그리스도께로 인도했다. 그러면서 하나님은 자기 백성을 가르치러, 또한 자기 백성을 온갖 세상의 교사들로부터 이끌어 내시고 세상 교사들에게 매이지 않도록 하여 그들이 하나님으로부터 마음껏 받아들일 수 있도록 하기 위해 오셨다는 것을 선포했다. 그리고 나서 주님의 날이 모든 육체에게 임할 것이라고 경고한 뒤에 별로 큰 방해를 받지 않고서 그곳을 빠져 나왔다.

저녁이 되어 시골 지역에 도착했는데 그곳에는 여관이 없었는데 거기 사람들은 우리에게 하루 저녁 머물러 있기를 청하였다. 우리는 그렇게 했고 주께 훌륭한 예배를 드리면서 사람들에게 하나님의 진리를 전했다.

주님은 우리에게 남자든 여자든 어느 한 사람만이라도 주의 능력으로 일어나 성경을 전하였던 선지자들과 사도들이 속해 있던, 같은 성령 안에 서서 산다면, 그 사람은 그 지역에서 15킬로 이내에 사는 신앙 고백을 한 사람들 모두를(다시 말해 이름뿐인 그리스도인들 모두를) 뒤흔들어 놓을 것이라고 말씀하셨다. 사람들이 성경을 가지고 있기는 하였지만 성경을 전한 선지자나 사도들이 속해 있던 똑같은 빛과 능력과 성령 안에 머물러 있지를 않았기 때문이었다. 그 때문에 사람들은 하나님과 그리스도를 모를 뿐더러 성경을 바로 알지도 못했다. 서로 하나가 되지도 않았으며 하나님의 성령과 능력으로 난 자들도 아니었다. 그래서 우리는 만나는 사람들에게 주님의 날이 그들에게 닥칠 것이라고 경고했다.

제 6 장

새 시대가 시작되다
1652

여행을 하다가 펜들(Pendle)이라고 하는 아주 큰 산 가까이에 이르렀다. 그리고는 주님의 이끄심으로 산꼭대기로 올라가게 되었다. 산이 아주 높고 가파랐다. 꼭대기에 다다르니, 랭카셔 지방을 두르고 있는 바다가 보였다. 산꼭대기에서부터 주님은 내가 많은 사람들을 모을 만한 장소를 보게 하셨다. 산을 내려가다가 산기슭에서 샘을 하나 발견하고 원기를 되찾았다. 그 때까지 며칠 동안 거의 먹거나 마시지 못했던 것이다.[1]

저녁 무렵 여관에 들어, 여관집 주인에게 진리를 전하였다. 그리고 나서 목사와 신앙고백자들에게 주님의 날을 선포하면서, 그리스도는 사람들 마음 가운데 있는 그리스도의 능력과 영을 통해 사람들을 직접 가르치러 오셨으며, 세상의 방법과 교사들로부터 사람들을 구해내시어 자신의 가르침을 값없이 받도록 하신 분으로 사람들을 값주고 사셨으며 자신을 믿는 모든 사람들을 구원하시는 분임을 알리는 편지를 썼다. 여관집 주인이 그 편지를 밖으로 돌렸다. 그 사람은 우리가 전하는 진리에 굉장한 감동을 받았던 것이다. 이

---

[1] 이 샘은 계속해서 "조지 폭스의 우물"이라고 부른다.

곳에서 주님은 내 눈을 여시어 내가 강가에서 하얀 옷을 입고 주께 나아가는 많은 무리의 사람들을 보게 하셨다. 내가 본 사람들이 있던 장소는 웬슬리데일(Wensleydale)과 세드베르그(Sedbergh) 근방이었다.[2]

다음 날 우리는 여행을 계속했다. 밤에는 바닥에 깔기 위해 양치류 덤불을 얻어서 함께 깔고 잤다. 다음 날 아침에 한 도시에 도착했는데 거기서 리처드 판스워스(Richard Farnsworth)[3]가 나를 떠나갔다. 그래서 그때부터 나는 다시 혼자 여행을 했다. 웬슬리데일에 이르러 그 안에 있는 시장터에 이르렀을 때는 마침 장이 서는 날로 설교가 있는 날이었다. 목사의 설교가 끝나고 나서 나는 목사와 사람들에게 주님의 날에 대해 선포하면서 어둠에서 빛으로, 사단의 권세에서 하나님께로 돌이켜 하나님과 그리스도를 바로 알고, 값없이 가르쳐 주시는 주님의 가르침을 받아들이라고 경고했다. 나는 거리낌 없이, 상세하게 생명의 말씀을 사람들에게 선포했으며, 그곳에서는 그다지 큰 핍박이 없었다.

그 다음에는 데일스(Dales)를 지나가며 사람들에게 하나님을 경외하라고 경고하면서 영원한 복음을 전했다. 가던 길에 큰 집에 이르렀는데 그 집에는 교사가 살고 있었다. 그들은 나를 집 안으로 들어오게 했다. 나는 그들의 종교와 예배에 관해 물었다. 그리고 나서 진리를 선포했다. 그 집 사람들은 나를 객실로 옮겨 가게 한 뒤에 나를 가두었다. 나를 머리가 이상해져 가족 친지들을 떠나 도망쳐 온 젊은이로 취급하여 친척들에게 보낼 때까지 가두어 두려고 했다. 그러나 내가 곧 그들이 잘못 생각하였다는 것을 확신케 하였기 때문에 그들은 나를 풀어주고는 나를 더 머물러 있게 하려고 했다. 그렇지만 나는 그곳에 머물러 있을 수 없었다.

---

[2] 폭스의 생애 가운데 웨스트모어랜드 웬슬리데일과 세드베르그 부근에서 계속되는 이 몇달간의 사역은 가장 주목할 만한 것이다. 이곳에서 폭스는 자신에 버금가는 재능을 부여받은 일단의 설교자들을 모은다. 폭스는 이후에 일종의 운동본부가 되는 스와스모어 홀의 펠 판사의 후원을 얻어내며, 마가렛 펠 부인으로부터 뜻밖의 도움을 받는다. 마가렛 펠은 오랫동안 지혜롭고 신실한 친구로서 결국에는 폭스의 아내가 된다.
[3] 리처드 판스워스는 발비(Balby)에서 1651년에 "영적 진리를 깨닫게 된" 사람으로 조지 폭스의 가장 소중한 조력자가 되었다.

그래서 권고하며 그리스도께 나아가 구원받을 수 있도록 그들을 예수 그리스도의 빛으로 인도하고 나서, 그들 곁을 떠나 밤중에 작은 술집에 도착했다. 그곳에는 난폭한 사람들 한 무리가 술을 마시고 있었다. 내가 함께 술을 마시려고 하지 않자 그들은 나를 몽둥이로 두들겨 팼다. 그렇지만 나는 그들을 비난하여 다소 정신을 차리게 하였다. 그리고 나서 나는 밤에 그 술집을 나왔다.

얼마 지나 술취한 사람 가운데 하나가 바깥으로 나와 내게 가까이 와서는 속삭이는 시늉을 했다. 그렇지만 나는 그 사람이 칼을 가지고 있다는 것을 알아차리고는 그 사람을 경계하면서 회개하고 하나님을 경외하라고 했다. 다음 날 나는 남은 데일스 지역을 두루 다니면서 가는 곳마다 사람들에게 회개하여 주께로 돌이키라고 경고했다. 그렇게 하여 몇몇 사람이 영적 진리를 깨닫게 되었다. 어떤 집에 도착했을 때는 집 주인이(나중에 알고 보니 그 사람은 존 블래이크린(John Blakelin)의 친척이었다) 내게 돈을 주려고 하였으나 나는 받지 않았다.

다음 날 나는 벤슨(Benson) 재판관 집에서 열리는 모임에 참석하러 갔다. 거기서 나는 공예배에서 이탈해 나온 사람들의 무리를 만났다. 그곳은 바로 내가 보았던 곳, 그러니까 사람들이 하얀 옷을 입고 나타난 그곳이었다. 큰 모임이었으며 대개의 사람들이 영적인 진리를 깨닫게 되었다. 그들은 세드베르그 가까이에서 지금까지도 계속해서 친우회 모임을 크게 열고 있다. 그 집회는 내 사역 기간을 통해 예수님의 이름으로 모인 첫 집회였다.

같은 주에 그곳에서 장이 크게 섰다. 거기서는 노예를 고용하고 있었다. 나는 시장을 두루 다니면서 주님의 날을 선포했다. 그렇게 외치고 난 다음에 뾰족집이 있는 뜰로 갔다. 그러자 시장에 있는 많은 사람들이 내가 있는 곳으로 왔다. 목사들과 신앙고백자들도 상당히 많이 있었다. 그곳에서 주님의 영원하신 진리와 생명의 말씀을 여러 시간 선포하면서 주께서 자기 백성을 직접 가르치러 오실 것이며 사람들을 모든 세상의 방법과 교사들로부터 구원하셔서 참 스승이며 하나님께로 이르는 참된 길인 그리스도께로 인도하실 것이라고 설명해 주었다. 그들을 가르치는 교사들이 어떤 사람인가 가르쳐 주면서 그들은 선지자들과 그리스도와 사도들로부터 비난을 받던 사람과 같은 사람들임을 알려 주었다. 나는 사람들에게 손으로 만든 성전에서 나와 주님의 성령을 받도록 기다려서 자신이 하나님의 몸된 교회됨을 알라고 권고하였다.

내가 선포하는 것에 대해 뭐라 말할 수 있는 목사는 한 사람도 없었다. 그러나 마침내 한 지휘관이 말하였다. "어째서 교회로 들어가려고 하지 않소? 여기는 설교할 만한 장소가 아닙니다." 나는 그들이 말하는 교회를 인정하지 않는다고 이야기했다. 그때 프랜시스 하우질(Francis Howgill)이 벌떡 일어났다. 그 사람은 집회에서 설교를 한 사람이었다. 그는 전에 나를 본 일이 없는 사람이었는데 지휘관에게 내대신 답변을 하였다. 그리하여 이내 그 지휘관을 입다물게 하였다. 프랜시스 하우질은 나에 대해 "이 사람은 권능으로 말하는 사람이지 성경에 적힌 대로 말하는 사람이 아니오"하고 말했던 것이다.

이러한 일이 있고 나서 나는 사람들에게 교회의 건물과 터는 다른 장소보다 더 거룩할 것이 없다는 것을 일깨워 주었다. 그리고 교회 건물이 교회가 아니라 그리스도를 머리로 모시고 있는 사람들이 교회임을 일깨워 주었다. 잠시 후에 목사들이 내 앞으로 나왔다. 나는 그들에게 회개하라고 경고하였다. 그들 가운데 한 사람이 나더러 미쳤다고 했다. 그렇게 그들은 돌아가 버렸다. 그렇지만 많은 사람들이 그날 영적 진리를 깨달았다. 진리의 말씀을 듣기 좋아했으며, 기쁨으로 그 말씀을 받아들였다. 그들 중에선 워드(Ward)라는 지휘관이 있었는데 기쁨으로 진리를 받아들여, 그 후로 진리 가운데서 살다가 진리 안에서 죽었다.

다음 '첫째 날'에 나는 웨스트모어랜드(Westmoreland)에 있는 퍼뱅크(Firbank) 예배당에 갔다. 그곳에는 프랜시스 하우질과 존 오들랜드(John Audland)[4]가 아침에 설교를 맡아 해오고 있었다. 예배당에는 사람들이 가득 차 있어서 들어가지 못하는 사람이 많았다. 프랜시스는 내가 예배당 안을 들여다 보면 주님의 능력이 자신을 너무도 놀라게 하여 자기는 금방 무너져

---

4) 하우질과 오들랜드는 폭스가 설명하듯 진리를 선포하는데 생애를 바친 몇 안 되는 능력있는 사역자 가운데 한 사람이 되었다.

버릴 것이라고 생각했으나 나는 예배당 안을 들여다 보지 않았다고 이야기했다. 그들은 서둘러 황급히 설교를 마치고 다른 사람들과 함께 저녁을 먹으러 갔다. 그러나 많은 사람들이 그들이 다시 나타날 때까지 떠나지 않고 머물러 있었다. 존 블래이클린(John Blakelin)과 다른 사람들이 나를 찾아와서 자신들을 공개적으로 비난하지 말아달라고 했다. 자신들은 교구의 선생은 아니지만 영적 진리에 무척 민감한 사람들이라는 것이었다. 나는 내가 어떻게 하겠다든가 안 하겠다든가 하는 말을 할 수 없었다. 당시로선 공공연히 그들을 비난할 만한 아무런 이유가 없었지만 말이다. 그렇지만 나는 하나님께서 이끄시는 대로 나 자신을 맡겨야 한다고 말했다.

다른 사람들이 저녁 식사를 하러 간 동안 나는 시내로 가서 목을 조금 축인 다음에 예배당 바로 가까운 곳에 있는 바위꼭대기에 앉았다. 오후에 사람들이 내 주위로 몰려들었다. 그들 가운데 몇몇 사람은 목사들이었다. 천명은 넘어 보였다. 그들에게 나는 세 시간에 걸쳐 하나님의 영원하신 진리와 생명의 말씀을 아무 대가도 받지 않고 아낌없이 전했다. 나는 모든 사람들을 그들 가운데 계신 하나님의 영께로 인도했다. 그들이 어둠에서 빛으로 그 빛을 믿게 하기 위함이었다. 하나님의 자녀가 되고 사단의 능력에서 하나님께로 옮겨가게 하기 위함이었으며, 진리의 능력으로 말미암아 모든 진리 가운데로 이끄심을 받고 선지자와 그리스도와 사도들이 한 말씀을 잘 깨닫고, 모두가 자기들을 가르치는 스승되시며, 인도하는 충고자되시며, 먹이는 목자되시며, 지켜 보는 감독되시는 그리스도를 알게 되도록 하기 위함이었다. 또한 그들의 몸이 하나님과 그리스도께서 사시기에 합당한 성전으로 준비되고 거룩케 되기 위함이었다. 천상적인 삶에 대해 열어 보일 때에 나는 그것에 대한 예언을 설명하였으며, 그 형상과 전조에 대해 설명하였으며 본체이신 그리스도께로 그들을 인도하였다. 그리고 나서 나는 그리스도께서 말씀하신 비유의 말씀들과 그때까지 감추어져 왔던 것들을 펼쳐 보였다.

이 때, 예배당에 가서 창밖을 내다보다가 한 젊은이가 자기들이 교회라고 부르는 곳에서 설교하지 않고 언덕에서 설교하는 것을 보고 이상하게 생각하는 노인들이 많이 있었다. 그래서 나는 마음이 이끌려 뾰족집과 뾰족집이 서 있는 터는 보통 산과 다름 없는 거룩한 것이 아님을 밝혀 주었다. 그리고 그들이 하나님의 경외할 만한 집이라 부르는 예배당도 하나님과 그리스도의 명령을 따라 지은 것이 아님, 목사들도 아론의 제사장직처럼 명하신 것이 아니며, 십일조도 유대인들에게 정해주신 것처럼 하나님께서 지정해 주신 것이 아니라는 것을 알려 주었다. 그렇지만 그리스도께서 오셨으므로 그분께서 성전과 성전에서 드리는 예배와 제사장과 십일조를 폐하셨다는 것과 따라서 모든 사람들이 그리스도께 귀를 기울여야 한다는 것을 깨우쳐 주었다. 그리스도께서는 "내게 배우라"고 말씀하셨으며 하나님께서는 그리스도에 관해 "이는 내 사랑하는 아들이요 내 기뻐하는 자니 너희는 저의 말을 들으라" 하셨기 때문이다.

나는 사람들에게 주 하나님께서, 영원한 복음과 생명의 말씀을 그들에게 전하고, 기존의 모든 성전과 십일조 제도, 목사들과 세상의 불완전한 것들로부터 그들을 이끌어 내라고 나를 부르셨으며, 그러한 것들은 모두가 사도 시대 이후로 제정되었으며, 사도들이 입었던 성령과 능력에서 벗어난 것들을 통해 정해진 것임을 선포하였다. 이 모임에서 나는 영안(靈眼)이 아주 크게 열렸으며 영적 진리를 깨닫게 하시는 주님의 능력도 내 사역과 함께 하시어 사람들의 마음을 감동시키고 그로 인해 많은 사람들이 영적 진리를 깨닫게 되었다. 또한 회중들을 가르치던 선생들도 모두(그들은 아주 수가 많았다) 하나님의 영원한 진리를 확실히 깨닫게 되었다.

켄달(Kendal)에서는 읍 사무소에서 집회가 열렸다. 몇몇 사람이 영적 진리를 깨달았고 많은 사람들이 호의를 보였다. 코크(Cock)라는 사람을 거리에서 만났는데 그 사람은 내게 궐련을 한 까치 주려고 했다. 그 당시 담배를 피는 사람들이 많았기 때문이었다. 나는 그의 호의는 받아들였지만 담배는 사양했다.

---

5) 에드워드 버로우는 퀘이커교의 휘트필드라고 일컬어 왔다. 버로우는 훈련된 정신 자세와 자신만의 특별한 능력을 지니고 있었다. 그의 글은 생명력이 있었으며 그가 한 사역은 놀라운 영향력을 끼쳤다. 그는 "번개와 위로의 아들"이라고 불렸다. 버로우는 진리를 위해 순교한 초대 순교자의 한 사람으로 1662년 런던 감옥에서 죽었다. 죽기 바로 전, 그는 다음과 같은 말을 하였다. "이제 내 영과 혼은 하나님과 함께 하게 될 것이니 이제 내 몸은 본래 취하였던 곳으로 다시 돌아가야 한다."

거기서 나는 언더배로우(Underbarrow)로 갔다. 몇몇 사람이 나와 동행하였는데 나는 그들과 많은 논의를 했다. 에드워드 버로우(Edward Burrough)[5]와 특히 많은 이야기를 나누었다.

밤에는 목사와 많은 신앙 고백자들이 내가 있는 곳으로 찾아왔다. 나는 그들과 참으로 많은 논쟁을 하였다. 목사와 나머지 사람들에게 저녁을 제공하였으나 나는 자유롭게 그들과 함께 식사를 할 수 없었다. 그렇지만 다음날 뾰족집에서 모임을 갖기로 정하고 사람들에게 그 사실을 알린다면 나는 거기서 사람들을 만날 수 있을 것이라는 말을 하였다. 그들은 그 문제를 두고 많은 언쟁을 벌였다. 찬성하는 사람도 있었으며 반대하는 사람도 더러 있었다.

아침에, 사람들에게 모임에 대해 다시 이야기하고 난 뒤에 집 곁에 있는 둑 위로 걸어가고 있을 때에 가난한 여행자 몇 사람이 다가와서 도와달라고 하였다. 그들은 가난해 보였다. 그런데 사람들은 아무 것도 주지 않고 그 여행자들을 사기꾼이라고 이야기할 뿐이었다. 신앙고백자들이 그렇게 강퍅한 마음을 지닌 것을 본다는 것은 나로선 마음 아픈 일이었다. 그래서 사람들이 아침을 먹으러 간 사이에 나는 불쌍한 사람들을 좇아 400미터 가량 뛰어가서 그들에게 돈을 조금 주었다.

한편 집에 있던 몇몇 사람들은 나오다가 내가 400미터 가량 멀리 가는 것을 보고는, 날개가 달리지 않았더라면 그렇게 짧은 순간에 그처럼 멀리 갈 수 없었을 것이라는 말을 하였다. 이 때문에 사람들이 모임을 회피하였던 것 같았다. 나에 대해 그처럼 이상한 생각을 가득 품고 있었기 때문에 많은 사람들이 나와 함께 모임을 갖기를 꺼렸던 것이다(사람들 사이에 어디서나 존재하는 미신을 염두에 두어야 한다).

나는 가엾은 사람들에게 돈을 조금 주려고 달려갔으며, 그 사람들에게 아무 것도 주지 않는 사람들의 강퍅한 마음을 유감스럽게 생각한다고 그들에게 이야기했다.

그때 마일스(Miles)와 스티븐 허버스티(Stephen Hubbersty)가 집회를 열려고 왔다. 그들은 조금 순진한 마음을 가진 사람들이었다. 그래서 나는 예배당으로 갔으며 목사도 왔다.

커다란 집회가 열렸으며, 생명과 구원의 길이 열렸으며, 조금 지나자 목사가 달아났다. 크룩(Crook)과 언더배로우(Underbarrow)의 많은 사람들이 그 날 영적 진리를 깨달아 생명의 말씀을 받아들였으며 예수 그리스도의 가르침을 받아 생명의 말씀 안에 굳게 섰다.

내가 진리의 말씀을 몇 시간 동안 사람들에게 선포하고 나서 모임이 끝나자 치안 대장과 다른 신앙고백자들은 나와 함께 교회 뜰에서 토론을 벌이기 시작했다. 그래서 나는 성경을 집어 펴서 마치 어린 아이 다루듯 부드럽게 성경을 다루었다. 비록 목사가 하듯 사람들에게 성경의 장과 절을 말하지는 않았지만 그리스도의 빛과 하나님의 영 안에 있는 사람들은 내 말을 알아들었다.

그리고 나서 아침과 오후 설교시간 사이에 많은 사람들이 모여 드는 맥주집으로 가서, 하나님은 자기 백성을 가르치러 오셨으며 선지자들과 그리스도와 사도들과 같은 사람들이 비난하여 외쳤던 거짓 선생들로부터 자기 백성을 구출해 내기 위해 오셨다는 것을 사람들에게 선포했다. 이 때에 많은 사람들이 생명의 말씀을 받아들이고 말씀 안에 머물렀다.

거기서 나는 울버스톤(Ulverstone)으로 가서 〔퍼니스(Furness) 지구에 있는〕 스와스모어로 가서 펠 재판관 집으로 갔다. 그곳에 램피트(Lampitt)라는 목사가 왔는데 그는 악명이 높은 사람이었다. 그 사람과 함께 많은 이야기를 나누었다. 그 사람은 고상한 의견과 완전함을 이야기하여 사람들을 속였기 때문이다. 그는 나를 인정하려고 하였지만 나는 그 사람을 인정할 수 없었고 그 사람과 동조할 수도 없었다. 그 사람은 추잡한 것으로 가득 차 있는 사람이었다.[6] 그는 자신이 요한보다 뛰어나다고 했으며 마치 자신이 모든 것을 아는 사람처럼 행세했다. 그렇지만 나는 아담에서 모세에 이르기까지는 죽음이 통치하였으며 당신은 죽음 아래 있기 때문에 모세를 알지 못한다고 하였다. 모세는 하나님의 나라를 보았기 때문에 그러하다고 했다. 그러나 그는 모세뿐만 아니라 요한도 알지 못했다. 이는 비뚤어지고 사나운 성품이 그

---

6) 폭스가 램피트만큼 가차 없이 비난한 목사는 없었다. Calamy의 *Ejected Ministers*에서 비록 램피트를 "따뜻하고 생명력있는 설교가"로 이야기하고 있기는 하지만, 폭스가 램피트에 관해 이야기하는 부분이 옳다고 믿을 만한 이유는 충분히 있다.

안에 자리잡고 있으며 죄와 부패의 산이 그 안에 서 있기 때문에, 주께로 향하는 길이 그 사람 안에 준비되어 있지 않기 때문이었다.

그 사람은 자신이 전에는 모든 일에서 십자가 아래 있었으나 이제 찬양을 할 수도 있었으며 무슨 일이든 할 수 있다고 고백하였다. 나는 그에게, 이제 도둑을 보고 그와 함께 손을 맞잡을 수 있으나 모세나 요한이나 그리스도께서 거하셨던 동일한 영 안에 거하지 않는다면 그들을 선할 수 없다는 말을 하였다.

마가렛 펠은 낮에 참석하지 않았다. 저녁에 자녀들이 그녀에게 램피트 목사가 나와 의견이 맞지 않는다는 것을 알려 주었다. 그것이 그녀에게는 다소 부담이 되었다. 왜냐하면 마가렛 펠은 램피트 목사에게 신앙고백을 하였기 때문이다. 그렇지만 램피트 목사는 더러운 행실을 감추고 있었다. 밤이 되자 우리는 많은 토론을 하였으며 나는 진리를 마가렛 펠과 그 가족에게 전하였다. 다음날 램피트 목사가 다시 오자 나는 마가렛 펠이 보는 앞에서 램피트 목사와 많은 대화를 하였다. 그러자 펠 부인은 그 목사에 관해 분명히 알 수 있게 되었다. 펠 여사와 그 가족들은 주님의 진리를 확신케 되었다.

얼마 안 있어 수치스런 일을 보게 될 날이었다. 마가렛 펠은 나더러 자기와 함께 울버스톤에 있는 뾰족집으로 가자고 했다. 그때까지 완전히 그 교회를 떠나지 않았기 때문이었다. "나는 주님이 명령하시는 대로 해야 합니다"하고 대답했다. 그리하여 그 여자가 떠나고 나는 들판을 걸어가고 있었다. 그러자 "저 사람들을 좇아 뾰족집으로 가거라" 하시는 주님의 말씀이 내게 떠올랐다.

도착하니 램피트 목사는 교회에 모인 사람들과 함께 찬양을 하고 있었다. 그렇지만 그의 영혼이 굉장히 더럽혀져 있었기 때문에 그들이 부르고 있는 찬양의 내용은 자신들의 상태와 너무 맞지 않아서 그들이 노래를 하고 난 다음에 나는 주님의 이끄심을 받아 램피트 목사와 사람들에게 말했다. 주께서 그들에게 하신 말씀은 "표면적 유대인이 유대인이 아니요 이면적 유대인이 유대인이며 그 칭찬이 사람에게서가 아니요 다만 하나님에게서니라" 하는 말을 하였다.

주님이 더 많은 것을 열어 보이셨기 때문에 나는 사람들에게 하나님은 자기 영을 통해 자기 백성을 가르치고, 그들을 온갖 옛날의 방식과 신앙, 교회, 예배에서 구출해 내려고 오셨음을 가르쳐 주었다. 왜냐하면 사람들의 신앙과 예배와 행동 방식들은 그저 다른 사람들의 말을 가지고 이야기하는 것뿐이었기 때문이다. 그렇지만 그런 말들은 그 말들을 한 사람들이 힘입었던 생명과 영으로부터 벗어난 말들이었다.

그때 소레이(Sawrey)라는 재판관이 "저 사람을 끌어 내시오"하고 소리쳤다. 그러나 펠 재판관의 장교들에게 이야기했다. "내버려두십시오. 어째서 저 사람이 다른 사람처럼 말할 수 없습니까?"[7] 램피트 목사도 거짓으로 "말하게 하십시오"하고 말하였다. 그리하여 내가 얼마 동안 말씀을 선포하고 난 뒤에 소레이 판사는 경찰들을 시켜 나를 밖으로 끌어내게 하였다. 그래서 나는 묘지에 있는 사람들에게 진리를 선포했다.

그곳에서부터 나는 올니(Walney) 섬으로 갔다. 목사가 설교를 마치고 난 뒤 그에게 말을 걸었으나 목사는 그냥 가버렸다. 그래서 나는 사람들에게 진리를 선포했다. 그렇지만 그들은 조금 무례했다. 나는 목사와 함께 이야기를 나누려고 그의 집으로 갔지만 목사를 볼 수 없었다. 사람들은 목사가 건초더미 속에 숨으러 갔다고 이야기하고서 거기서 목사를 찾았으나 목사를 찾을 수 없었다. 그러자 그들은 서 있는 곡식단 속에 숨으러 갔다고 이야기하였으나 거기서도 목사를 찾을 수 없었다. 나는 섬에 있는 제임스 랭카스터의 집으로 갔다가 다시 스와스모어로 돌아왔다. 스와스모어에서 주님의 능력이 마가렛 펠의 딸 사라와 다른 여러 사람을 사로잡았다.

그리고 나서 나는 베이클리프(Baycliff)로 갔다. 그곳에서 레오나드 펄(Leonard Fell)이 영적 진리를 깨닫고 영원한 복음을 전하는 목사가 되었다. 그곳에 있는 다른 몇몇 사람들도 영적 진리를 깨닫고는 진리에 순복하게 되었다. 그곳 사람들은 나와 논쟁할 수 없다고 말하면서 다른 사람들과 논쟁

---

7) 공화정 시기에는 집회에서 목사가 설교를 끝마친 뒤에 일어서서 말하거나 이의를 제기하는 것이 법적으로나 관습적으로 허용되어 있었다. 폭스가 교회에서 이야기하는 경우에 대부분 그는 충분히 인정되어 있는 권리를 사용하였던 것이다. 때때로 정해진 순서에 어긋나게 끼어들기도 하였지만 그는 성령의 부르심에 호소하면서 그러한 행동을 정당화 시켰다(p. 94 참고). 치안판사는 말하지 못하게 할 권리가 있었다.

을 하게 하려고 했다. 그러나 나는 주를 경외하고 주님의 말씀을 가볍게 말하지 말고 오로지 주의 말씀을 행하라고 명령했다.[8]

　나는 사람들을 그리스도의 신령한 빛과 사람들 마음에 계신 그리스도의 영께로 인도했다. 그러한 것들은 그들이 품었던 생각과 말하였던 말과 행하였던 행동들을 자기 스스로 보게 할 것이다. 그 빛을 통해 사람들은 자신들의 죄를 깨닫게 되고 또한 자기들을 죄에서 구원하신 구주 예수 그리스도를 보게 될 것이다. 내가 그들에게 한 이 이야기는 화평으로 이르는 첫 단계였으며 그들에게 자기 죄와 잘못을 보여 주는 빛 안에 요동치 않고 서기 위한 일단계였다. 그 빛을 통해 사람들은 자신들이 아담이 타락한 뒤에 놓였던 상태인 죽음의 어두움 속에 놓여 언약의 약속에 이방인이 되어 세상에서 하나님도 없이 살고 있는 상태라는 것을 깨닫게 될 것이다. 같은 빛으로 말미암아 사람들은 자신들의 속죄주요 구주가 되시며 하나님께 이르는 길이 되시기 위해 죽으신 그리스도를 볼 수 있는 것이다.

　얼마 뒤에 펠 판사가 집으로 왔는데 부인인 마가렛 펠이 내가 그곳으로 돌아오길 바란다고 보냈던 것이다. 주께서 그렇게 하라 하신다는 느낌이 들어 나는 스와스모어로 돌아왔다. 나는 목사들과 신앙고백자들과 질투심 많은 소레이 판사가 펠 판사와 샌즈 지휘관을 거짓말로 잔뜩 현혹시켜 놓아 진리에 대항하도록 만들어 놓았다는 것을 알았다. 그렇지만 나는 펠 판사에게 이야기하러 가서 그가 품고 있는 모든 의문에 대해 대답을 해 주었으며, 그리하여 그 자신의 판단으로 확신을 하고 있던 성경을 통해 만족할 만큼 충분히 설명을 해 주었다. 펠 판사는 나더러 당신이 바로 로빈슨 판사가 의회에서 그토록 칭찬을 아끼지 않던 조지 폭스냐고 물었다. 나는 펠 판사에게, 로빈슨 판사와 요크셔의 호담 판사와 함께 있었으며 그들은 아주 예의바르고 내게 호의적이었는데 그들은 하나님의 영을 통해 자신들의 판단에 비추어 내가 증언한 원칙이 진실임을 확신하였고 또한 나라 안의 목사들이 어떠한 상태에 놓여 있는가 바로 보고 나서는 그들과 그들뿐 아니라 다른 많은 사람들이 이

---

8) 논쟁이 끊이지 않았던 당시에 이러한 말들은 아주 유익한 말들이다. 당시 신앙이 몇가지 주장을 받아들이는 것으로 그치는 경우가 너무 잦았기 때문이다.

제는 자신들을 가르치는 선생들보다 더 지혜로운 사람이 되었다는 말을 하였다.

얼마 동안 함께 대화를 나누고 나서 펠 판사도 의심을 떨치고 자기 마음속에 계신 하나님의 영이 열어주시는 것을 통해서 세상의 목사들과 선생들이 어떠한 사람들인가를 깨닫게 되었다. 그리하여 죽기까지 몇년 동안 그들의 설교를 들으러 가지 않았다. 펠 판사는 내가 선포했던 것이 진리라는 것을 알았으며 그리스도께서 자기 백성의 선생이시며 구원주시라는 것을 알았기 때문이었다. 펠 판사는 때때로 내가 브래드쇼(Bradshaw) 판사와 함께 있으면서 얼마동안 이야기를 나누길 바랐다.

펠 판사 집으로 방금 전에 이야기하였던 샌즈 지휘관이 찾아와서는 펠 판사가 나를 반대하도록 연막작전을 피우려고 애를 썼다. 샌즈 지휘관은 사악한 마음을 가지고 있었고 나에 대한 시기심으로 가득 차 있는 사람이었기 때문이다. 그런데도 그는 고상한 말을 하며 성경 말씀을 인용하고 "보십시오, 나는 모든 것을 새롭게 합니다"라는 말을 할 수도 있는 사람이었다. 나는 그에게 그렇다면 당신은 새로운 하나님을 알고 있는 것이 틀림없소. 당신의 하나님은 당신의 욕망을 채우기 위한 하나님이니까 말이오 하고 말했다. 그 사람뿐만 아니라 시기심이 많은 소레이 판사도 나를 찾아왔다. 나는 그 사람에게 당신의 마음은 썩어 있으며 마음은 속속들이 위선으로 가득 차 있다고 말해 주었다. 다른 몇몇 사람들도 나를 보러 왔지만 그들의 상태에 대해 분별할 수 있는 지혜를 주님이 주셔서 나는 그들의 내적 상태를 말해 주있다. 그 지역에 있는 동안 리처드 뷰스위스와 제임스 네일러가 나를 보러

---

9) 펠 판사는 공식적으로 친우회 교우가 된 적이 없었다. 그렇지만 친우회 활동에 많은 관심을 보였으며 친우회 활동을 보장하는데 자신의 권한과 영향력을 많이 발휘하였다. 그는 아내가 친우회 교우가 되는 것에 아무런 반대도 하지 않았다. 스와스모어 홀은 언제나 순회하는 사역자들에게 개방되어 있었으며 또한 왕정시대 동안 수고하던 사람들에게 스와스모어 홀로부터 실질적인 지원이 있었다는 것은 믿을 만한 충분한 이유가 있다. 마가렛 펠은 앤 애스큐(Anne Askew)의 손녀 딸로 1545년 화형을 당했다. 펠 판사는 1645년 의회에 속해 있었다.

이 집회 장소는 1690년 스와스모어 홀 가까이에 세워졌는데 조지 폭스가 선사한 물건이 여전히 보관되어 있으며 그밖에 흥미로운 물건들이 많이 소장되어 있다.

왔으며 그의 가족들도 나를 보러 왔다. 그리고 내가 전하는 것이 진리의 길임을 충분히 납득하게 된 펠 판사는 모든 사람들이 반대하는데도 자기 집에서 집회를 열도록 힘써 주었다. 주님의 능력 안에서 대규모의 집회가 펠 판사 집에서 열리게 되었으며, 그 집회는 1690년에 새로운 집회 장소가 근처에 세워지기까지 40년 가까이 계속되었다.[9]

장이 시는 닐에 랭카스터로 가서 주님의 놀라운 능력으로 시장을 두루 다니면서 사람들에게 주님의 날을 선포하며 거짓으로 속이는 그들의 상품을 비난하였다. 사람들에게 의와 진리를 전하였으며, 모두가 의와 진리를 따라 행동하며 살아야 한다고 이야기했다. 그리고 그들을 의와 진리로 인도하시는 하나님의 영을 어떻게, 어디서 찾고 받아들일 것인가를 가르쳐 주었다.

시장에서 내 생각을 이해시키고 나서 여관으로 돌아오니 몇몇 사람들이 여관으로 나를 찾아 왔다. 그리하여 많은 사람들이 영적 진리를 깨닫고 그 이후로 진리에 대한 믿음을 변치 않고 간직하였다.

다음 '첫째 날' 오후에 나는 랭카스터에 있는 거리에서 큰 집회를 열었다. 군인들과 사람들이 있었는데 그들에게 나는 생명의 말씀과 영원한 진리를 선포하였다. 나는 그들에게 그들이 지켜온 모든 전례들과 온갖 예배와 신앙과 성경에 대한 고백들이, 성경을 전하였던 사람들이 힘입어 살았던 생명과 능력에서 벗어나 있는 것이라면 그러한 것들은 아무 짝에도 쓸모가 없는 것임을 깨닫게 해 주었다. 나는 사람들을 하늘의 사람이신 그리스도의 빛과 그들 마음 속에 계신 하나님의 영께로 인도하여, 그들이 하나님과 그리스도와 친숙해지고 그리스도를 스승으로 받아들여 그리스도의 나라를 자기들 안에 세우도록 하였다.

오후에는 랭카스터에 있는 뾰족집으로 가서 목사와 사람들에게 진리를 선포하면서 자신들이 살아온 거짓된 삶을 드러내 보여 주었으며, 그들이 바라던 능력과 하나님의 영게로 향하도록 그들을 인도했다. 그렇지만 사람들은 나를 끄집어 내어 로손 씨 집에 이를 때까지 따라오며 돌팔매질을 했다.

다른 금요일 나는 물가에 있는 뾰족집으로 갔다. 화이트헤드(Whitehead)라는 사람이 거기 목사였다. 그 사람과 사람들에게 나는 하나님의 놀라운 능력으로 진리를 선포했다. 그리로 한 의사가 나타났는데 그 사람은 나에 대한 시기심에 차서, 자신이 다음 날 교수형을 당하는 일이 있더라도 나를 장검으로 찌르고 싶다고 말하기까지 하였다. 그렇지만 그 사람은 나중에 진리를 확신하게 되었으며 친우회 교우들에게 호의를 나타내기까지 하였다. 그 무렵 사람들의 스승이신 그리스도를 섬기는 일꾼으로 기꺼이 무릎꿇고자 하는 몇몇 사람들이 영적 진리를 깨닫게 되었다. 그리하여 하나님의 능력 안에서 집회가 정착 되었고 그 집회는 오늘날까지 지속되어 왔다.

이러한 일이 있고 나서 나는 웨스트모어랜드로 돌아갔다. 그리고는 장날에 켄달(Kendal)을 두루 다니며 설교를 하였다. 하나님께서 내게 내리신 능력은 참으로 놀랄 만한 것이어서 사람들은 내 앞에서 지푸라기처럼 자기 집으로 휙 하고 달아나버렸다. 나는 사람들에게 주님의 강력한 날에 대해 경고하고, 각자 마음 속에 있는 하나님의 음성에 귀 기울이라고 하였으며, 하나님은 이제 자기 백성을 직접 가르치러 오신 분이라는 것을 말하였다. 반대하는 사람도 몇 사람 있었으나 내 생각을 지지하는 사람이 많았다. 마침내 나 때문에 몇몇 사람들 사이에서 싸움이 일어났다. 그렇지만 내가 그들에게 가서 말하자 그들은 다시 파가 나누어졌다. 대여섯 사람이 영적 진리를 깨닫게 되었다.

그 지역을 왔다갔다 하면서 여행을 하고, 집회를 크게 여러 차례 연 다음에 스와스모어에 다시 도착했다. 그 지역에 있는 친우회 교우들을 방문했을 때에 설교일에 울버스톤에서 목사들이 커다란 모임을 가질 것이라는 소식을 들었다. 나는 그리로 가서 하나님을 경외하는 마음과 하나님의 능력으로 뾰족집에 들어갔다. 목사가 설교를 마친 뒤에 나는 사람들에게 주님의 말씀을 전했다. 그것은 사람들에게 망치와 불과 같은 것이었다. 그 지역 목사인 램피트 목사는 전에 있었던 목사들과는 달랐으나 진리에 대항하는 일에는 전에 있던 목사들과 한 가지였다. 그렇지만 주님의 강력한 능력이 모든 사람들 위에 임하였다. 그곳에 나타난 주님의 능력은 참으로 강력한 것이어서 베네트 목사는 교회가 흔들린다고 말하였고 두려워 떨기까지 하였다. 그리고 몇 마디 횡설수설 하더니만 집이 무너져 내릴까봐 서둘러 밖으로 나갔다. 많은 목사들이 그곳에 함께 모여 있었지만, 나를 핍박할 수 있는 사람은 한 사람도 없었다.

내 양심을 그들에게 설득시키고 나서 스와스모어로 다시 갔다. 그곳으로 목사들이 너다섯 찾아왔다. 함께 이야기를 하게 되어 나는 그들에게 사람들에게 전하라는 주님의 말씀을 한번이라도 받은 적이 있다고 가서 말할 수 있는 사람이 있는가 물어 보았다. 아무도 감히 그런 적이 있다고 대답하지 못했다. 그렇지만 그들 중 한 사람이 갑자기 감정이 폭발하여 자기도 나처럼 자신의 경험을 이야기할 수 있다고 말했다.

나는 경험하는 것과, 선지자들과 사도들이 행하였고 내가 그들에게 행하였듯이 명령을 받아 나아가며 주께로부터 받은 말씀을 간직하는 일은 다르다고 말했다. 그래서 나는 다시 이렇게 말하였다. "당신들 중에 언제라도 주님으로부터 직접 명령을 받은 적이 있다고 누가 말할 수 있습니까?" 그렇지만 아무도 대답을 못했다.

그래서 나는 거짓 선지자들과 거짓 사도들과 반그리스도인들은 자신이 직접 하나님이나 그리스도의 음성을 경험하거나 들은 적이 한번도 없더라도 좋은 말씀이나 다른 사람들의 경험을 자기 것으로 하든지 하여 참된 선지자와 참 사도와 그리스도의 말씀을 인용할 수 있으며 다른 사람들의 경험을 이야기하려고 할 수도 있다고 말했다. 이 이야기를 듣고 그들은 몹시 당황을 하였으나 마음이 열리게 되었다.

펠 판사 집에서 몇몇 목사들과 함께 이야기를 하고 있을 때였다. 그때 펠 판사 곁에 서 있었는데 나는 그들 중에 한번이라도 사람들에게 가서 하나님의 말씀과 뜻을 선포하라는 하나님이나 그리스도의 음성을 들어 본 사람이 있느냐는 똑같은 질문을 하였다. 그러자 한 늙은 토머스 테일러(Thomas Taylor)[10]라는 목사가 자신은 한번도 사람들에게 가라고 하시는 하나님의 음성을 들은 적이 없으며 그리스도의 음성도 들은 적은 없지만 자신의 경험을 이야기하였으며 전시대에 살았던 성도들의 경험을 이야기하고 전하였다고 펠 판사 앞에서 교묘하게 고백을 하였다. 이 이야기를 듣고 펠 판사는 자신의 신념에 비추어 테일러 목사가 잘못되었다는 것을 분명히 알게 되었다. 펠 판

---

10) 토머스 테일러 목사는 옥스퍼드에서 공부한 사람으로 심오한 통찰력을 지닌 사람이었다. 그 사람은 폭스를 돕는 용감한 지지자가 되었으며 설득력있는 성직자가 되었다.

사는 당시 일반 사람들이 생각하듯이 그전에는 목사들이 하나님의 부르심을 받은 사람이라고 생각했기 때문이었다.

이제 목사들은 점점 화가 치밀기 시작하여 핍박을 선동할 수 있을 정도로 화가 나게 되었다. 제임스 네일러와 프랜시스 하우질은 사악한 목사들의 선동으로 애플비(Appleby) 감옥에 들어갔다. 선동한 목사들 가운데에는 한 달 이내에 우리가 모두 다시 사방으로 흩어져 끝나버릴 것이라고 예언하는 사람들도 있었다. 그렇지만 주님의 귀한 이름은 영원히 복되신 것이어서 주님의 일은 계속해서 번창해 나갔다. 이 무렵, 존 오들랜드, 프랜시스 하우질, 존 캄, 에드워드 버로우, 리처드 허버슨, 마일스 허버스티, 마일스홀헤드가 다른 몇몇 사람들과 함께 위로부터 내려오는 능력을 이기지 못하여 주님의 일을 하러 왔다. 그들은 자신들이 주님의 일을 하는 신실한 일꾼임을 보여 주면서 여기저기 다니며 복음을 값없이 전했다. 그로 인해 많은 사람들이 확신을 가졌으며 실제로 주께로 마음을 돌이킨 사람들이 많았다.

설교가 있는 날에 나는 마음에 이끄심을 받아 울버스톤에 있는 뾰족집으로 갔다. 거기에는 아주 많은 신앙고백자들과 목사들과 사람들이 있었다. 나는 램피트 목사 가까이 걸어갔다. 그는 얼굴이 벌렇게 되어 열변을 토하고 있었다. 주님이 말하도록 내 입을 열어 주시고 난 뒤에 존 소레이 재판관이 내게 와서는 성경 대로 이야기를 할 것 같으면 이야기하라고 했다. 그가 그렇게 이야기를 해준 데 대해 기뻐하며 나는 성경에 따라 이야기할 것이며, 내가 말해야 할 것을 성경을 들어 입증할 것이라고 이야기하였다. 램피트 목사와 사람들에게 할 말이 있었기 때문이다. 그러자 소레이 재판관은 성경에 따라 이야기하려면 자기가 나보다 먼저 이야기하였으니 자기를 비난하는 의견을 말해서는 안 된다고 하였다. 사람들은 조용히 내 이야기를 기쁘게 들었다. 마침내 소레이 재판관은(이 사람은 북쪽에서 가혹한 핍박을 처음으로 선동한 사람이었다) 사람들에게 나를 모해하는 흑색선전을 해서 사람들을 선동하여 나를 잡아 끌고, 때리고, 상처를 입히게 하였다. 갑자기 사람들은 화가 나서 뾰족집 안에서 소레이 판사가 보는 앞에서 내게 덤벼들어서 나를 쓰러트리고 발로 차고 짓밟았다. 너무 소동이 크게 일어나서 놀라 의자 위로 넘어지는 사람들도 더러 있었다.

결국 소레이 판사가 와서는 나를 사람들의 손에서 뾰족집 바깥으로 데리고 나와 경관들과 경사들에게 넘겨 주면서 채찍으로 쳐서 시 바깥으로 끌어 내라고 명령하였다. 그들은 나를 400 미터 가량 끌고 갔다. 어떤 사람은 멱살을 잡았고, 팔과 어깨를 잡는 이들도 있었다. 이렇게 내 몸을 흔들고 질질 끌고 다녔다.

　　시장으로 나온 많은 친절한 사람들과 내 말을 들으러 뾰족집에 온 사람들이 있었는데 이들 중 몇 사람도 경관들이 때려 눕히고 머리를 부수고 하였다. 그 바람에 피가 흘러 내리는 사람들이 몇 있었다. 그리고 펠 재판관의 아들이 경관들이 내게 어떻게 하는지 보려고 좇아 달려 왔다. 그들은 펠 재판관의 아들을 도랑으로 던졌으며, 그들 중에서 "저 놈의 이빨을 뽑아버려" 하고 외치는 이들도 더러 있었다.

　　경관들이 나를 이끼낀 공유지로 끌고 갈 때에 많은 군중들이 뒤따르고 있었는데 경관들과 경사들은 버드나무 채찍으로 내 등을 내리쳤으며, 또한 군중들 가운데로 밀었다. 군중들은 손에 막대와 장대, 강탐나무 가지 같은 것을 들고서 내게 덤벼들어 머리와 팔, 어깨를 내가 의식을 잃을 때까지 쳤다. 그래서 나는 축축한 공유지 위에 쓰러졌다.

　　다시 깨어나고 보니 나는 습한 공유지 위에 누워 있었고 사람들이 내 주위에 둘러 서 있었다. 나는 얼마동안 계속 누워 있었는데 주님이 주시는 능력이 내 몸에서 솟아나 끊임없는 원기로 나를 회복시켰다. 그래서 나는 영원하신 하나님의 강하게 하시는 능력으로 다시 일어나 사람들을 향해 팔을 뻗치면서 큰소리로 외쳤다. "또 때려 보시오. 여기 내 팔도 있고 머리도 있고 얼굴도 있소이다."

　　군중들 가운데에는 벽돌공인 신앙고백자가 있었는데 그는 난폭한 사람이었다. 그는 가지고 있던 보행용 지팡이로 내가 손을 뻗칠 때에 내 손등을 있는 힘껏 내리쳤다. 그 바람에 손이 터지고 팔이 너무나도 얼얼해져서 뻗쳤던 손을 다시 구부릴 수가 없었다. 사람들 중에 몇 사람이 "손을 더 이상 쓰지 못하게 망가뜨려 놓았어"하고 소리쳤다. 그렇지만 상처난 팔을 하나님의 사랑으로 바라보았다(왜냐하면 나는 나를 핍박하는 모든 자들을 향하신 하나님의 사랑 안에 있었기 때문이다). 잠시 후에 주님의 능력이 다시 손과 팔을 타고 솟아나서 모든 사람들이 지켜 보는 앞에서 금방 손과 팔의 힘을 되찾았다.

그러자 사람들 사이에 다툼이 생기기 시작했다. 내게 와서 돈을 주면서 나를 다른 사람으로부터 안전하게 지켜 주겠다고 말하는 사람도 몇 있었다. 그렇지만 나는 주님의 이끄심을 받아서 생명의 말씀을 선포하였으며 사람들에게 그릇된 기독교와 그들이 섬기는 목사가 한 일의 열매가 어떤 것이었는지를 보여주면서 그들은 참된 그리스도인이라기보다는 차라리 이방인이나 유대인에 더 가깝다는 이야기를 하였다.

그때, 나는 주님의 이끄심을 받아 사람들 사이를 다시 헤치고 나아가 울버스톤 시장으로 갔다. 가던 중에 군인 한 사람을 만났는데 그 사람은 옆구리에 칼을 차고 있었다. 그 사람은 "선생님, 저는 선생님이 훌륭한 분인 것을 압니다. 선생님이 이렇게 핍박을 당하시다니 부끄럽고 가슴이 아픕니다" 하고 말했다. 그리고는 힘닿는 한 나를 돕겠다고 하였다. 나는 그 사람에게 주님의 능력이 모든 사람에게 임하신다는 말을 하고 시장에 있는 사람들 사이를 지나갔다. 그 때는 아무도 감히 내게 손을 대지 못했다. 그런데 시장 사람 몇몇이 장에 있던 친우회 교우들을 핍박하고 있기에 돌아보니 사람들 사이에 아까 그 군인이 칼을 빼들고 있는 것이 보였다. 그리하여 나는 그리로 달려가서 칼을 든 그의 손을 잡으면서 나를 따라 오려거든 그 칼을 다시 치워버리라고 했다.

이러한 일이 있은 뒤 약 두 주 후에 올니(Walney) 섬으로 갔다. 그 때 제임스 네일러도 나와 함께 갔다. 우리는 코컨(Cockan)이라고 부르는 지역에 있는 소도시에서 하룻밤을 묵었다. 그리고 거기서 집회를 가졌는데, 한 사람이 영적 진리를 깨닫게 되었다.

잠시 후에 총을 가진 남자가 왔다. 그 바람에 사람들이 문밖으로 나갔다. 나를 요구해서 그 사람 앞으로 나가자 그는 나를 향해 방아쇠를 당겼다. 그렇지만 발사되지 않았다. 이 때문에 사람들은 그를 둘러싸고 아주 시끌벅적 해졌다. 그를 붙들어 어리석은 짓을 하지 못하게 하도록 하려는 사람들도 있었다. 그러나 나는 주님이 이끄시는 대로 그 사람에게 말을 하였다. 그러자 그 사람은 주님의 권능에 충격을 받아 두려워 떨며 숨어버렸다. 이처럼 주님의 능력은 모든 사람들 위에 임하셨던 것이다. 비록 그 지역에서 커다란 분노가 일기는 하였지만 말이다.

다음 날 아침에 배를 타고 제임스 랭카스터의 집으로 갔다. 뭍에 오르자마자 40명 가량의 남자들이 장대와 몽둥이 낚싯대를 들고 덥쳐서, 나를 때리고 치면서 바다로 다시 던져 넣으려고 했다. 나는 사람들이 나를 때려 눕혀 바다 속에 넣으려고 한다는 것을 알았다. 그래서 나는 사람들 가운데로 걸어갔다. 그렇지만 사람들은 다시 나를 쓰러트려 기절시켰다.

정신을 차리고 나니 제임스 랭카스터의 부인이 내 얼굴에 돌을 던지고 있는 것이 보였다. 제임스 랭카스터는 계속해서 나를 때리거나 내게 돌을 던지지 못하도록 막고 있었다. 사람들이 랭카스터의 부인에게 내가 자기 남편을 현혹시켰다고 주장했으며 내가 언제 오는지를 알려주면 나를 죽이겠다고 약속했기 때문이었다. 내가 온다는 것을 알자 마을의 많은 사람들이 그런 식으로 장대와 몽둥이를 들고 나를 죽이려고 일어났다. 그렇지만 주님의 능력이 나를 지키시어 사람들이 내 목숨까지 빼앗지는 못했다.

마침내 나는 혼자 힘으로 설 수 있었다. 그렇지만 사람들은 다시 나를 때려 눕혀 배에 집어 넣었다. 이것을 지켜보고 있던 제임스 랭카스터는 당장에 나를 배 바깥 물위로 끌어냈다. 그렇지만 아직 사람들의 손이 닿는 거리에 떠 있을 때까지는 사람들은 긴 낚싯대로 우리를 쳤으며 우리를 향해 돌을 던졌다. 건너 편에 이를 때쯤, 제임스 네일러가 사람들에게 맞고 있는 것이 보였다. 그는 사람들이 나를 때리고 있는 동안에 들로 걸어왔는데 내가 떠날 때까지 사람들은 제임스 네일러를 조금도 개의치 않았다. 그러다가 갑자기 그 사람에게 덤벼들어서는 모두 "죽여라, 죽여"하고 외쳤다.

물 건너편에 있는 그 마을에 다시 건너 갔을 때에 마을 사람들은 쇠스랑이며 도리깨며 장대를 들고 마을에서 나를 쫓아 내려고 일어나서는 "저 사람을 죽여라, 기절시켜, 수레를 가지고 와서 교회 뜰로 데리고 가라"하고 외치고 있었다. 그들은 그렇게 나를 괴롭히고 난 뒤에 마을 한 귀퉁이로 끌고 가서 그곳에 나를 내버려 두었다.

그때 제임스 랭카스터가 제임스 네일러를 살피러 다시 갔다. 나는 혼자 버려진 채 있었기 때문에 도랑으로 가서 몸을 씻었다(사람들이 얼굴이며 손이며 옷을 진흙으로 뒤범벅이되게 해 놓았기 때문이다). 그리고 5킬로 가량을 걸어가 토마스 후튼(Thomas Hutton)의 집에 당도했다. 그곳에는 토마스 로손 목사가 묵고 있었는데 그 사람은 영적 진리를 깨닫고 있는 사람이었다.

집으로 들어 갔으나 나는 너무 많이 다쳐서 사람들에게 거의 말을 할 수가 없었다. 내가 제임스 네일러와 어디서 헤어졌는가만 겨우 이야기했다. 그래서 사람들은 말을 몰고 네일러를 데리러 갔다. 다음날 아침 마가렛 이 소식을 듣고 나를 부르러 말을 보내 왔다. 그렇지만 상처가 너무 심했기 때문에 말이 흔들릴 때 전해져 오는 고통은 참을 수 없을 만큼 괴로웠다.

스와스모어에 도착했을 때 소레이 판사와 랭카스터의 톰슨(Thompson)이라는 판사가 내게 영장을 보냈다. 펠 판사가 집으로 오고 있었지만 아무런 도움이 되지 않았다. 그는 내가 모질게 핍박을 당하는 동안 줄곧 마을 밖에 있었기 때문이다. 집으로 돌아오자, 펠 재판관은 울니 섬으로 영장을 보내어 폭동을 일으키는 사람 모두를 잡아들이려고 했다. 그 때문에 그들 중 더러는 마을을 도망쳐 나갔다.

제임스 랭카스터의 부인은 나중에 진리를 깨닫게 되어 내게 나쁘게 군 일을 후회했다. 나를 가혹하게 핍박했던 다른 사람들도 그랬다. 그렇지만 하나님의 심판이 임해 그 때 이후로 파멸을 당한 사람이 더러 있었다. 펠 판사는 내가 핍박을 당한 이야기를 들려달라고 하였다. 그렇지만 나는, 그들의 영적 상태에 비추어 볼 때 내게 그렇게 밖에 할 수 없었다는 것과 그 사람들은 결국 자신들이 섬기는 목사늘의 사역의 결과가 어떠한 것인가를 실토했으며 자신들의 고백과 신앙이 잘못되었다는 것을 고백했다고 이야기해 주었다. 그러자 펠 판사는 내가 핍박 당한 일을 대수롭지 않게 이야기하더라고 아내에게 말했다. 그것은 사실 주님의 능력이 나를 다시 치유하셨기 때문이다.

랭카스터 법정이 개정되는 때가 다가 오자, 펠 판사와 함께 그리로 갔다. 펠 판사는 가는 도중에 전에는 한번도 그러한 문제를 갖고 나간 적이 없었노라고 이야기했다. 그리고 그 일에 관해 어떻게 하라고 잘 말할 수가 없을 거라고 이야기했다. 그래서 나는 바울이 통치자들 앞에 나가 섰고, 유대인들과 제사장들이 바울을 비난하러 와서 모함을 해댈 때에도 바울은 줄곧 흔들림 없이 서 있었다는 이야기를 하였다. 그러할 때, 통치자 베스도와 아그립바 왕이 변명을 해 보라고 하였으며 바울은 무고한 자신의 처지를 변명할 수 있었다. 그러므로 나와 함께 잘 해 낼 수 있을 거라고 이야기했다.

    랭카스터로 갈 때, 소레이 판사와 톰슨 판사는 나를 붙잡을 영장을 발부했다. 나는 붙들리지 않았으나 그 소식을 듣고 법정에 출두했다. 그곳에는 나를 반대하는 40명의 목사들이 참석해 있었다. 그들은 마샬이라는 랭카스터의 목사를 대변자로 선임하였으며, 젊은 목사 한명을 준비시켜 두었고 두명의 목사 아들들이 내가 불경한 말을 하였다고 미리 맹세를 한 상태였다.

    재판관들이 착석하고 나서 나는 목사들과 그들이 준비시킨 증인들이 나를 비난하는 온갖 소리를 다 들을 수 있었다. 그들의 의견을 원고측 대변인인 마샬(Marshal)이 곁에 앉아서 설명해 주고 있었다. 그렇지만 증인들이 너무나 횡설수설 하는 바람에 그들의 증언이 거짓임이 드러났다. 법정에서 맹세를 한 두 사람 중에 한 사람을 심문하고 나서 나머지 한 사람을 심문하기 시작하자 그는 어쩔줄 몰라 하면서 똑바로 대답을 하지 못하고서 나머지 한 사람이 대답할 수 있을 것이라는 말만을 했다. 그러자 재판관들은 "이미 맹세해 놓고 이제와서 다른 사람이 이야기할 수 있을 거라고 말하는 겁니까? 직접 맹세하고서도 스스로 한 말을 듣지 않았던 사람같군요"하고 말했다.

    법정에선 목사들이 내가 불경건한 말을 하였다고 고소하였던 것을 맹세로 증언하였던 사람들 가운데는 정직하고 꽤 이름 난 사람들도 몇 사람 참석해 있었다. 그들은 법정에서 증인들이 맹세로 나를 비난하는 증언이 모두 거짓임을 선포했으며, 그 날 법정에서 증인들이 맹세했던 불경한 말들을 내가 한번도 하지 않았다고 선포했다. 사실 그 지역에 사는 대부분의 중요한 사람들은 법정과 집회에 참석했으며 그날 법정에서 뿐만 아니라 다른 모임에서도 내가 하는 이야기를 들었던 것이다.

    치안판사인 웨스트(West) 대령이 재판석에 앉아 있었는데 그는 이러한 사실을 알아차리게 되었다. 그는 오랫동안 병약한 상태에 있던 사람으로 주님을 찬양하면서 주께서 그날 자기를 고치셨다고 이야기하며, 자기 생애에 그렇게 진실된 사람과 선한 얼굴을 많이 본 일이 없다는 말을 덧붙였다. 그리고는 내 쪽을 바라보면서 개회중인 법정에서 "조지, 사람들에게 하고 싶은 말이 있으며 무슨 말이든 마음껏 해 보시오"하고 말했다.

주님의 이끄심을 받아 내가 말을 시작하자 다른 목사들의 의견을 대표하여 말하던 마샬 목사가 자리를 떴다. 내가 이끄심을 받아 선포한 말은, 하나님께서 하나님의 영을 통해 성경을 주셨다는 것과, 선지자들과 사도들이 배웠던 하나님과 그리스도를 알기 위해서는 모든 사람들은 자기 안에 있는 하나님의 영께로 나아가야 한다는 것과 바로 그 영으로 말미암아 모든 사람은 성경을 바로 알 수 있을 것이라는 내용이었다. 그들 마음 속에 계신 하나님의 영께서 성경을 전하여 주시듯, 같은 성령께서 모든 사람들 마음 속에 계셔서 그들이 성경을 깨닫게 되어야 하기 때문이었다. 이 성령으로 말미암아 사람들은 아버지 하나님과 그 아들과 성경과 다른 사람들과 교제할 수 있으며 성령이 없이는 하나님도 그리스도도 성경도 알 수 없으며 다른 사람들과도 올바른 관계를 유지할 수 없다는 말을 하였다.

이러한 이야기를 마치자마자, 곁에 서 있던 목사 대여섯 명이 갑자기 흥분을 하였다. 그들 가운데 재쿠스(Jackus)라는 사람은 진리를 대적하는 여러 이야기를 했는데 그는 성령과 성경은 따로 떼어 생각할 수 없는 것이라는 말을 했다. 나는 "성경을 가지고 있는 사람 모두가 성령을 모시고 있다면 성령을 성경으로 살 수 있을 것입니다"하고 말했다.

목사들 사이에서 이처럼 간단하게 흑막이 드러나자 펠 판사와 웨스트 대령은 그 사람들을 공개적으로 책망하면서, 입장이 그렇다면 성경을 주머니에 넣고 가지듯 성령도 가지고 갈 수 있을 거라는 이야기를 했다. 이 말을 듣고는 목사들은 당황을 하여 할 말을 잃은 재 화가 나서 판사들을 비난히며 황급히 밖으로 나갔다. 그들은 나를 사지로 몰고 갈 수 없었던 것이다. 재판관들은 증인들이 한 증언이 일치하지 않음을 깨닫고, 그들이 단지 목사들의 질투심을 대변하려고 나왔다는 것을 알아차렸다. 그들로부터 나를 반대한 데 대한 상당한 책임을 묻고, 나를 풀어주기 위한 적법한 증거가 충분치 않음을 발견하였다.

펠 판사는 소레이 판사와 톰슨 판사에게 그들이 내게 발부한 영장에 관하여 문책하고 난 뒤에, 웨스트 대령과 함께 영장을 기각하라고 지시했다. 이렇게 하여 나는 속 검은 목사들이 한 거짓 고소에서 누명을 벗게 되었고 많은 사람들이 그날 하나님을 찬양하였다. 그 날은 많은 사람들에게 기쁜 날이었기 때문이다. 웨스트모어랜드의 벤슨 판사가 영적 진리를 깨달았으며 랭카스터 시의 시장도 영적 진리를 깨닫게 되었다.

그날은 수백명의 사람들이 영원한 구원을 얻은 날이었다. 아버지 하나님께로 이르는 길이요, 값없이 가르쳐 주시는 주 예수 그리스도께서 사람들을 이끌어 올리셨기 때문이다. 주님의 영원한 복음과 영원한 생명의 말씀이 목사들 위에 또한 재물에 관심이 있는 모든 설교자들의 머리 위로 선포되었기 때문이다. 그날에 주께서 많은 사람들의 입을 열게 하시어 목사들에게 주님의 말씀을 전하게 하셨으며 몇몇 호의적인 사람들과 신앙고백자들은 자기 집에 묵고 있거나 거리에 있는 목사들을 비난하였기 때문에 낡아서 무너지기 쉬운 집처럼 스러졌다. 그래서 사람들 사이에선 퀘이커 교도가 승리하고 목사들이 망했다는 소문이 났다.

제 7 장

다시 수감되어
1653

1653년 초엽에 스와스모어로 돌아와서 글래스턴(Gleaston)에서 열리는 모임에 참석했는데 한 신앙 고백자가 나와 논쟁을 벌이겠다고 도전해 왔다. 나는 그 사람이 있는 집으로 가서 그 사람을 불러내었다. 그렇지만 주님의 능력이 그 사람에게 임하여서 그 사람은 감히 내 일에 간섭하지 못했다.

그곳을 떠나 랭카스터에서 열리는 친우회 모임에 참석하였다가 다시 스와스모어로 돌아왔다. 주께서 큰 열림을 경험하게 하시어 신령하고 영적인 문제뿐만 아니라 시민 정부와 관련된 바깥 세상의 일까지도 알 수 있게 하셨다.

스와스모어 홀에 있던 어느날 펠 판사와 벤슨 판사가 새로운 소식과 개회중인 의회(장기 의회; Long Parliament라고 함)에 대해 이야기할 때, 나는 주님의 이끄심을 받아 2주 안에 의회가 해산되고 하원 의장이 자리를 빼

---

1) 크롬웰은 1653년 20일 "잔여" 의회(Rump Parliament)를 축출했다. 이 예언을 현재 입증할 만한 것은 하나도 없지만 이 이야기가 사실이라는 것에 대해서는 의심의 여지가 없다. 특별히 예언하는 경우는 친우회 역사를 통틀어 볼 때 일반적인 일이었다. 친우회 교우들이 진중한 조사를 받은 적은 한번도 없지만, 심리 조사회(Society for Psychical Reasearch)의 런던 지사로부터 얼마 동안의 가벼운 조사를 받았다.

앗길 것이라고 그들에게 말했다. 2주 후에 벤슨 판사는 펠 판사에게 조지가 진짜 예언자임을 알았다고 말했다. 왜냐하면 올리버 크롬웰이 의회를 해산했기 때문이다.[1]

이때쯤 10여일 간 금식을 하고 있었는데, 진리를 위해 정신을 온통 쏟고 있었다. 왜냐하면 제임스 밀너(James Milner)와 리처드 마이어(Richard Myer)가 망상에 빠져 일단의 사람들이 그들을 좇았기 때문이다. 제임스 밀너와 그의 동료 가운데 몇몇 사람들은 처음에는 참된 열림을 경험하였다. 그렇지만 차차 자만하게 되고 자고해져서 진리에서 벗어나고 말았다. 나는 그들에게 가도록 부르심을 받았고 주님의 이끄심을 받아 그들에게 가서 그들의 소모적인 일들을 깨닫게 해 주었다. 그들은 책망을 받고 자신들의 잘못을 깨닫게 되었다. 그리고는 다시 진리의 길로 들어섰다.

얼마 후에 나는 안사이드(Arnside)에서 열리는 모임에 참석했다. 그곳에는 리처드 마이어가 있었는데 그는 오랫동안 한 팔이 불구인 채로 지내왔다. 나는 주님의 이끄심을 받아 모든 사람들이 있는 가운데서 "일어나 걸으십시오"하고 말했다. 그 사람이 앉아 있었기 때문이었다. 그 사람은 일어서서 오랫동안 불구였던 팔을 뻗치면서 "여러분 모두에게 알립니다. 오늘 내가 고침을 받았습니다"[2] 하고 말했다. 그 사람 부모조차도 믿을 수 없는 사실이었지만 모임이 끝나고 난 뒤에 아들을 따로 불러내어 웃옷을 벗겨 보고야 그것이 사실인지를 알았다.

그 사람은 얼마 뒤에 스와스모어에서 열리는 집회에 참석해서 어떻게 주님이 자신을 고치셨는가를 간증했다. 그렇지만 이러한 일이 있고나서 주님은 그 사람에게 주께서 주시는 명령을 가지고 요크 가로 가라고 하셨는데 그 사람은 순종하지 않았다. 그러자 주께서 그 사람을 다시 치시어 그 사람은 9개월 정도 지난 뒤에 죽었다.

---

2) 이러한 병고침의 예는 믿음으로 치유되는 끊임없는 경우 가운데 하나이다. 정신적인 치유, 믿음의 치유 등 다양한 치유가 있는데 현대 심리학에 따르는 조사는 그러한 치유를 설명하는 원칙을 제시했다. 그러한 비범한 사건들로 보아 조지 폭스에게 불가사의한 능력이 있는 듯이 보이며, 대부분의 사건들은 폭스 자신이 주님의 도구로 특별히 선택된 사람이라는 느낌을 자연스럽게 갖도록 해 주었다.

이제 컴버랜드(Cumberland)에서 내가 그리로 오면 나를 죽이겠다는 경고장을 발부했다. 그 소식을 들은 나는 마음이 이끌려 컴버랜드로 가서 마일스 웨닝턴(Miles Wennington)의 집으로 갔다. 그곳도 똑같이 경고장이 발부된 지역이었다. 그렇지만 사람들은 감히 나를 어떻게 할 수 없었다.

'첫째 날'에 나는 컴버랜드, 바틀(Bottle)에 있는 뾰족집으로 가서 목사가 설교를 끝마쳤을 때 이야기를 시작했다. 그렇지만 사람들이 무척 난폭하여 나를 뜰에서 치고 때렸다. 어떤 사람이 내 손목을 너무 세게 주먹으로 쳐서 사람들은 내 손목이 박살이 났을 것이라고 생각했다. 경관들은 치안을 유지하고 싶어 했기 때문에 내가 경찰에 알렸더라면 나를 친 사람들을 체포했을 것이다. 사람들에게 전할 말을 마치고 조셉 니콜슨(Joseph Nicholson)의 집으로 갔다. 이때, 경관들이 우리와 얼마를 동행하며 난폭한 군중들을 막아 주었다.

오후에 다시 뾰족집으로 갔다. 뾰족집의 목사는 다른 목사를 도와야 했다. 그 사람은 런던에서 온 사람으로 사람들이 중요하게 여기는 인물이었다. 뾰족집에 들어가기 전에 나는 잠시 비스듬히 앉아 있었다. 친우회 교우들도 나와 함께 있었다. 그러다가 친우회 교우들이 마음이 이끌려 먼저 뾰족집으로 들어갔고 나도 뒤따라 들어갔다.

런던에서 왔다는 목사가 설교를 하고 있었다. 그 사람은 거짓 선지자, 적그리스도, 속이는 자들에 관하여 생각해 낼 수 있는 성경 구절을 다 끄집어 모아 우리에게 뒤집어 씌웠다. 그래서 나는 그 모든 성경 구절들을 다시 회상해 내어 그 사람에게 비유했다. 그러자 사람들이 갑자기 사나운 기세로 내게 덤벼들었다. 그러나 경관들이 가만있으라고 경고하자 사람들은 다시 잠잠해졌다. 그러자 목사는 다시 화를 내기 시작하며 나는 그 시점에서 말하지 말고 있어야 한다고 했다. 나는 모래 시계를 가지고 있으니 시간에 맞추어 설교를 하라고 이야기했다. 그리하여 설교가 끝나고 그 사람이나 나나 똑같이 자유로이 말할 수 있는 시간이 되었다. 그 시간에는 목사도 제삼자일 뿐

---

3) 이 구절은 당시 교회 관습의 재미있는 일면을 보여 준다. 목사가 가지고 있던 모래 시계에 맞추어 설교를 마치고 나면 누구나 자유로이 말할 수 있는 시간이 주어진다. 조지 폭스는 모래 시계를 주시하지 않았음이 분명하다.

이었다.[3]

나는 사람들에게 성경을 열어 보이며 거짓 선지자들과 적그리스도들과 속이는 자들에 대해 이야기하고 있는 성경 구절을 보게 하여 그 성경 구절이 그들과 그 세대를 묘사하고 있으며, 또한 그 성경 구절은 자기들 방식대로 살아가고 열매 맺는 이들에게 속하는 것이지 그러한 일들에 대해 아무 죄책감이 없는 우리에게 속한 구절이 아님을 깨닫게 해 주었다. 사람들에게 그러한 사람들은 참된 선지자들과 사도들의 길에서 벗어난 사람들임을 입증하였으며 그 열매와 특징을 들어 성경에서 이야기하는 사람들은 그들이지 우리가 아니라는 것을 명확히 보여 주었다.

조셉 니콜슨의 집으로 다시 가 보니 내 겉옷에 큰 홈집이 나 있었다. 칼에 뚫어진 것이었다. 그렇지만 웃저고리를 뚫지는 못했다. 주께서 그들이 해하려는 것을 막아 주셨기 때문이었다. 다음 날, 그곳에 있던 난폭하고 사악한 사람이 친우회 교우들에게 폭력을 휘두르려고 하였지만 주님의 능력이 그 사람의 행동을 막으셨다.

이제 나는 마음이 이끌려 제임스 랭카스터를 보내어 코커마우스(Cockermouth) 근처에 있는 존 윌킨슨(John Wilkinson)의 뾰족집에서 집회를 계획해 두라고 하였다. 제임스 랭카스터가 다시 올 때까지 나는 바틀, 밀홈(Milholm)에 있었다. 그러는 동안 그 지역의 상류계급의 일부가 나를 모해하려는 음모를 꾸며, 젊은 청년에게 장검을 주어 그 장검으로 나를 해하도록 하였다. 그들은 하수인 청년을 데리고 조셉 니콜슨의 집까지 나를 찾으러 왔으나, 주께서 명령하시어 나는 들로 나갔다. 그들은 제임스 랭카스터를 만났으나 제임스를 그렇게 많이 괴롭히지는 않았다. 그 집에서 나를 찾아내지 못한 채, 그들은 다시 돌아갔다. 그래서 그날 저녁에 나는 자주 그랬듯이 들판을 이리저리 거닐며 잠을 자지 않았다.

다음 날 우리는 제임스 랭카스터가 지정해 둔 모임 장소인 뾰족집으로 갔다. 그 집회에는 카리슬(Carlisle)에서 온 열두 쌍의 군인 부부가 참석해 있었고 그 지역 사람들도 뾰족집 안으로 들어왔다. 마치 시장터 같았다. 나는 뾰족집 가까운 집에 누워 있었다. 그래서 친우회 교우들이 먼저 뾰족집으로 갔다. 도착해서 보니 제임스 랭카스터가 주목 나무 아래서 말을 하고 있었다. 사람들이 너무 많이 모여 있어서 나무를 부숴버리지 않을까 걱정이 되었다.

　나는 서서 사람들에게 이야기할 만한 장소를 찾아 보았다. 사람들이 동맹이라도 한 것처럼 여기저기 누워 있었기 때문이다 [이것은 폭스가 내란 (Civil War; 찰스 1세와 의회와의 분쟁) 중에 포위하고 있는 군대를 보았음을 나타낸다]. 나를 발견한 한 신앙고백자가 나더러 교회에 가지 않을 거냐고 물었다. 나는 바깥에선 사람들에게 편히 이야기할 만한 장소가 도무지 없음을 깨닫고 갈 거라고 대답했다. 그 때문에 사람들이 갑자기 몰려들어 내가 교회에 도착했을 때에는 교회와 설교단이 꽉 차 있어서 들어가는 데 많은 소동을 겪었다. 들어갈 수 없는 사람들은 담 바깥에 서 있었다.

　사람들이 자리를 잡자 나는 의자에서 일어났다. 주님은 내 입을 여시어 하나님의 영원하신 진리와 영원한 날을 선포하게 하셨다. 세 시간 동안 생명의 말씀을 상세하게 선포한 뒤에 나는 아주 만족해 하는 사람들 사이로 걸어 나갔다. 그들 가운데 한 신앙고백자가 나를 찬양하고 칭찬하며 뒤쫓았다. 그렇지만 그의 찬사는 내게 엉겅퀴같이 느껴졌다. 수백명의 사람들이 그날 영적 진리를 깨닫고 주 예수 그리스도와 값없이 주시는 그 분의 가르침을 기쁨으로 받아 들였다. 그들 중에는 진리 안에서 죽은 사람도 더러 있으며 많은 사람들이 진리에 대한 신실한 증인으로 서 있다. 군인들도 영적 진리를 깨달았으며 부인들도 그러하였다.

　이러한 일이 있고 나서 어떤 마을에 가니 많은 사람들이 나를 뒤따랐다. 사람들이 가득 찬 집에 앉아서 생명의 말씀을 전하다가 한 여인을 쳐다 보았는데 그 여인에게 부정한 영이 있다는 것을 알아차릴 수 있었다. 나는 주님의 이끄심을 받아 그 여인에게 당신은 지금 부정한 영혼[4]에 사로잡혀 있다고 날카롭게 이야기하였다. 그러자 그 여인은 바깥으로 나갔다. 나는 그 여인에 대해 하나도 모르는 나그네였기 때문에 사람들은 놀라면서 나중에 내가 놀라운 것을 발견하였다고 말해 주었다. 왜냐하면 그 마을에 사는 모든 사람들이

---

4) 여기서 폭스는 당시 사용하는 언어와 생각들을 사용하고 있다고 생각하고 그 점을 기억해야 한다.

그 여자를 사악한 여자로 여겼기 때문이다.

　주님은 내게 분별하는 영을 주시어서 그것으로 말미암아 여러번 사람들의 상태와 형편을 알고 그들의 영혼을 시험해 볼 수 있었다. 오래지 않아 집회가 열리는 곳으로 가고 있을 때 들판에 여자 몇이 있는 것을 보았는데 나는 그 여자들 안에 사악한 영이 있다는 것을 분별할 수 있었다. 그래서 나는 마음이 이끌리는 대로 가던 길을 바꿔 그 여자들이 있는 곳으로 가서 그들이 어떠한 상태에 놓여 있는가를 이야기해 주었다. 또 어떤 때에는 집회 도중에 스와스모어 홀로 한 여자가 들어 왔는데 나는 마음의 이끌림을 받아 그 사람에게 당신은 사악한 영의 지배를 받고 있다고 말해 주었다. 그러자 사람들은 그 여자를 일반적으로 그렇게 보고 있었다고 나중에 내게 말해 주었다. 또 어떤 때에는 집회 장소로 또 다른 여자가 찾아 왔는데 그 여자는 내 곁에서 멀리 떨어져 있었다. 나는 그 여자에게 눈길을 주면서 "당신은 매춘부였군요"하고 말했다. 나는 그 여자의 상태와 삶의 모습을 완전히 꿰뚫어 보았기 때문이었다. 그 여자는 많은 사람들이 겉으로 드러난 자신의 죄에 대해서 말할 수는 있지만 자기 마음 속에 있는 죄를 말할 수 있는 사람은 아무도 없다고 이야기했다. 그래서 나는 그 여자에게 당신의 마음은 주님 앞에서 바르지 못하며 안에 있는 것으로부터 바깥에 나타난다고 이야기해 주었다. 이 여자는 나중에 하나님의 진리를 확신하게 되어 친우회의 일원이 되었다.

　그때부터 우리는 카릴로 옮겨 갔다. 침례교 목사가 자기 교인들을 이끌고 내가 집회를 열고 있는 수도원으로 왔다. 그래서 나는 생명의 말씀을 그들에게 선포했다. 많은 침례교인들과 군인들이 영적 진리를 깨달았다. 집회를 마친 뒤에 고상한 관념론자이자 너스레를 잘 떠는 침례교 목사가 무엇이 비난받아야 할 것인가 물었다. 나는 마음에 이끌림을 받아 바로 당신이 말하는 것이 저주받아야 할 것이라고 즉시 대답하였다. 그러자 그 사람은 입을 다물게 되었고 그 사람 마음 속에 하나님에 대한 증거가 일었다. 그리하여 그 사람은 자기는 평생 그런 이야기는 한번도 들은 적이 없다고 말했다. 그 사람은 나중에 영적 진리를 깨닫게 되었다.

　그리고 나서 군인들이 있는 성으로 갔다. 군인들은 드럼을 치며 수비대를 불러 모았다. 나는 그들에게 진리를 선포하면서 그들을 스승이신 주 예수 그리스도께로 인도했고, 그들 안에 계시는 주의 영의 표준이 되시는 분께로 인도했다. 그 분을 통해서만 어둠에서 빛으로 옮겨 갈 수 있으며 사단의 지배에서 하나님의 권세 가운데로 들어갈 수 있다는 것을 알려 주었다. 나는 그들에게 하루 종일 아무도 해치지 말고 오로지 그리스도인의 삶을 드러내야 한다고 경고하면서, 만약 주께 순종하지 않는다면 그들의 스승이 되실 주께서 그들을 또한 정죄하실 것이라는 것도 이야기해 주었다. 그렇게 하여 그들을 떠났는데, 하사관 한 사람을 제외하고는 아무도 내 말에 반대하는 사람이 없었다. 그 사람도 나중에는 영적 진리를 깨닫게 되었다.

장이 서는 날에 나는 장터로 들어가서 마켓 크로스(market cross; 중세에 시장에 세운 십자가 형의 집)로 갔다. 시 행정관들이 위협하면서 하사관들을 보냈다. 또한 시 행정관 부인들도 내가 만약 그곳에 나타나면 내 머리털을 뽑아 버릴 것이고 하사관들이 나를 붙잡을 것이라고 이야기했다. 그러나 나는 주 하나님의 말씀에 순종하여 마켓 크로스로 가서 사람들에게 주님의 날에는 온갖 속이는 방법과 행위들과 거짓 상술들을 모두 심판하실 것이므로, 속이는 일을 그만두고 항상 예, 아니오 라고 분명하게 대답하며 다른 사람에게 진실을 말하라고 했다. 그리하여 하나님의 진리와 능력이 사람들에게 임하였다.

내가 생명의 말씀을 사람들에게 선포하고 나서 소동이 크게 일어나서 하사관들도 시 행정관 부인들도 나를 잡을 수가 없었다. 그래서 나는 조용히 사람들 사이를 빠져 나왔다. 많은 사람들과 군인들이 내게로 왔으며 나를 몹시 시기하던 침례교인들도 더러 와 있었다. 그들 중에 침례교 집사가 한 사람 있었는데 굉장히 시기심이 많은 사람으로 주님의 권능이 자신들에게 임한 것을 알고는 아주 화가 나서 소리쳤다. 그래서 나는 그 사람을 응시하면서 주님의 능력으로 날카롭게 말했다. 그랬더니 그 사람은 "나를 그렇게 쏘아보지 마십시오. 내게서 눈길을 돌리십시오"[5] 하고 말했다.

다음 '첫째 날'에 뾰족집으로 갔다. 목사가 설교를 마친 뒤에 나는 사람

---

5) 이것은 조지 폭스의 눈에서 나타나는 위력을 증언하는 흥미있는 부분이다. 같은 이야기가 그의 생에 동안 몇번 나온다. 폭스의 눈에 담긴 능력은 다른 사람들에게 명령을 할 때 상당한 영향력을 발휘하는 요소가 되었음이 틀림없다.

들에게 진리를 선포하고 생명의 말씀을 그들에게 전했다. 목사는 떠나버리고 시 행정관들은 내게 뾰족집을 나가 달라고 했다. 그렇지만 나는 계속해서 사람들을 향하신 주님의 뜻을 선포했으며, 나는 생명의 말씀과 주께서 그들에게 베푸시는 구원을 전하러 왔다고 사람들에게 이야기했다. 주님의 능력이 놀랍도록 사람들에게 임하여서 사람들은 떨며 흔들렸고, 사람들은 뾰족집이 흔들린다고 생각하였다. 뾰족집이 머리 위로 무너져 내리지 않을까 걱정하는 사람도 더러 있었다. 시 행정관 부인들은 화가 나서 내 쪽으로 오려고 애를 썼다. 그렇지만 군인들과 내게 호의적인 사람들이 나를 빽빽이 둘러싸고 있었다.

마침내 그 마을에 난폭한 사람들이 일어나서는 장대와 돌을 가지고 뾰족집으로 와서는 "저 원두당원(1642-52의 내란 당시 머리를 짧게 깎은 청교도 의원) 놈들을 끌어내라"하고 소리치며 돌을 던졌다. 그 때문에 그 지역의 총독이 소요를 가라앉히기 위해 머스켓총을 가진 병사 둘을 보내, 다른 군인들은 모두 밖으로 나가라고 명령했다. 그러자 군인들은 따뜻하게 내 손을 잡으며 나와 함께 가겠다고 하였다.

거리로 나오니 시에 큰 소동이 있었다. 총독이 오자 군인들 중에 몇 사람이 시민들에게 대항하여 나를 지지했다고 하여 옥에 갇혔다.

영적 진리를 깨달은 한 중위가 와서는 나를 자기 집으로 데리고 갔다. 그 사람의 집에는 침례교인들의 집회가 열리고 있었으며 친우회 교우들도 거기 와 있었다. 우리는 아주 조용한 집회를 가졌고 사람들은 생명의 말씀을 기쁘게 들었고 많은 사람들이 그 말씀을 받아들였다.

그 다음날 재판관들과 시의 시 행정관들이 시청에 함께 모여 있었는데 그들은 경고장을 발부해 나를 불렀다. 그때 나는 침례교인들의 모임에 갔었다. 그렇지만 소식을 듣고는 시청으로 가니 난폭한 사람들이 많이 있었다. 그들중 어떤 사람은 나에 대해 거짓 맹세를 하였다. 나는 시 행정관들과 꽤 많은 이야기를 나누었으며, 이야기 도중에 나는 목사들의 설교의 열매가 어떤 것인지 열어 보였으며 그들이 얼마나 속빈 기독교인들인지를 보여 주었다. 그리고 또한 그들이 비록 그처럼 훌륭한 신앙고백자들이라고는 하지만 (그들은 독립교회 주의자과 침례교인들이었기 때문이다) 자신들이 고백한 것을 경험하지 못한 사람들임을 알게 해 주었다. 자세히 심문한 뒤에 그들은 나를 신성모독자, 이교도, 유혹자[6]로 몰았다. 비록 내게 어떠한 방법으로든 정당하게 죄를 씌울 수 없었으면서도 말이다.

카릴 감옥에는 위층과 아래층에 두 사람의 간수가 있었는데 그들은 커다란 곰을 사육하는 사람처럼 보였다. 위층 간수에게 끌려가니 그 사람은 나를 커다란 감방으로 데리고 가서 나에게 그 방에 있는 것은 무엇이든 사용해도 좋다고 이야기했다. 그렇지만 나는 내게서 돈 받을 생각은 조금도 하지 말라고 했다. 나는 그 사람의 침대에서 자거나 음식을 먹지 않을 것이기 때문이었다. 그러자 그 간수는 나를 다른 방으로 집어 넣었다. 잠시 후에 그 방에서 나는 깔고 잘 만한 것을 얻었다.

재판이 있을 때까지 감방에 누워 있으려니 내가 교수형을 당할거라는 이야기가 온통 나돌았다. 주 장관인 윌프레드 로손(Wilfred Lawson)은 내 생명을 빼앗기 위해 가장 애를 많이 쓴 사람으로 그는 자신이 직접 내 처형을 지휘하겠다고 말하였다. 화가 난 사람들은 머스켓 총을 든 세명의 경비병을 배치해 두었다. 한 사람은 내가 갇혀 있는 감방을, 또 한 사람은 계단 입구를, 나머지 한 사람은 바깥으로 나가는 문을 지켰다. 그리고 아무도 면회오지 못하게 했다. 간혹 필요한 물건을 가져다 주는 사람만 올 뿐이었다.

밤에는 10시 되는 늦은 저녁에 가끔 목사들을 내게로 데려오곤 하였다. 그 목사들은 몹시 무례했고 악마같았다. 시기심과 악의 가득한 스코틀랜드 장로파 일행도 왔는데 그들은 하나님에 관한 이야기를 할 만한 사람들이 아니었다. 그들의 입은 참으로 더러웠다. 그렇지만 주께서 능력으로 그 사람들을 지배하게 하셨기 때문에 나는 그 사람들에게 그들이 이루어 놓은 결과와 영혼 상태를 직접 깨닫게 해 주었다. 그레이트 레이디(Great Ladies; 귀부인)라고 하는 사람들도 죽을 거라고 이야기하는 사람을 보러 왔다. 판사들과 재판관들과 사법장관은 어떻게 하면 나를 죽일까 함께 머리를 모으고 있었지

---

6) 더비에서처럼 그의 죄목은 1648년 법률에 따르는 신성 모독이다. 뒤에 기록된, 폭스가 사형당할 거라는 이야기는 단순한 소문만은 아니었다. 1648년 법률에 의하면 그것은 실제로 가능한 일이었기 때문이다.

만 주님은 생각지도 못했던 방법[7]으로 그들의 계획을 꺾으셨다.

    다음날 재판관들은 시에서 떠난 뒤에, 나를 해적의 부류인 약탈자들과, 도둑, 살인자들과 함께 가두라는 명령을 간수에게 내렸다. 간수는 명령대로 나를 그런 사람들 사이에 가두었다. 냄새나고 더러운 곳이었는데 그곳에서는 남자와 여자가 아무 규범도 없이 함께 기거하고 있었고 예배처도 딸려 있지 않았다. 죄수들한테는 이가 너무 많아 이에 먹혀 다 죽게 된 여자도 있었다. 장소만큼이나 사람들도 좋지 않았지만 죄인들은 모두 나에게 호의적이었고 나를 따랐다. 그들 중 더러는 진리를 확신하였는데 전에 술집 주인을 하던 사람도 있었고, 매춘부였던 사람도 있었다. 그렇기 때문에 그들은 목사가 감화를 시키러 쇠창살 앞까지 온다고 하더라도 목사들을 곤혹스럽게 할 수 있는 사람들이었다.

    그렇지만 간수장은 아주 잔인하였고 부간수도 나와 나를 만나러 오는 친우회 교우들에게 아주 못되게 굴었다. 그 사람은 커다란 곤봉으로 단지 창문으로 나를 들여다 보려고 오는 친우회 교우들까지 때리곤 했다. 나는 쇠창살까지 갈 수가 있었고 거기서 이따금 음식을 받았는데, 그 때문에 간수는 기분이 상했던 것이다. 언젠가 한번은 쇠창살에 서 있지 않았는데도 그 사람은 굉장히 화가 나서 나를 곤봉으로 마구 때렸다. 나를 때리면서 "쇠창살에서 떨어져"하고 소리쳤다. 그 때는 쇠창살에서 멀리 떨어져 있었는데도 말이다. 그 사람이 나를 때리는 동안에 나는 마음이 이끌려 주님의 능력으로 노래를 불렀는데 그것이 간수를 더욱 화나게 만들었다. 그러자 그는 바이올린 켜는 사람을 불러 연주를 하게 했다. 내가 화가 나리라고 생각했던 모양이다. 그렇지만 바이올린 연주자가 연주를 하는 동안 나는 주 하나님의 영원하신 능력으로 찬양을 했다. 또한 내 목소리는 바이올린 소리가 들리지 않게 했고, 바이올린 켜는 사람들에게 충격을 주어 그들을 곤혹스럽게 하여, 바이올린

---

7) 안토니 피어슨(Anthony Pearson) 재판관은 카릴 법정에서 재판관들에게 폭스를 죄인으로 가두어 둘 만한 아무런 혐의가 없으며, 불법적으로 잡혀있음을 지적하였다. 피어슨 판사는 결국 공식적인 재판도 없이 해임되었다. 그러나 폭스는 의회(유명한 베어본스(Barebones)의회)로부터 그의 석방을 요구하는 긴급문이 발송되어 서둘러 석방되었다.

켜는 것을 그만 두고 그들을 떠나가게 하였다.

　카릴 감옥에 있는 동안, 제임스 파넬(James Parnell)이라는 16세 가량 되는 젊은이가 찾아와 영적 진리를 깨닫고 돌아갔다. 주님은 빨리 그 젊은이가 생명의 말씀을 전하는 능력있는 일꾼이 되게 하시어, 많은 사람들이 그 젊은이를 통해 그리스도께로 돌이키게 되었다. 그렇지만 그 젊은이는 오래 살지 못하고 죽었다. 1655년에 에섹스(Essex)로 순회 전도를 가는 도중에 콜체스터(Colchester) 성에 갇혀 거기서 아주 심한 고난과 고통을 겪었기 때문이었다. 잔학한 간수가 그 젊은이를 성벽에 난 숱이라고 하는 굴에 가두어 두었는데 그 굴은 땅에서부터 높이 떨어져 있어서 사닥다리를 타고 올라갔다. 그나마 사닥다리를 타고 올라간 뒤에도 2미터 가량 더 높이 떨어져 있어서 사닥다리 끝에서 굴까지는 위에서 드리워져 있는 밧줄을 타고 올라가야 했다. 친우회 교우들이 음식을 끌어올릴 밧줄과 바구니를 주려고 하였으나 비정한 간수는 허용하지 않았고 짧은 사닥다리와 밧줄을 이용해 먹을 것을 가지러 오르내리도록 했다. 그 젊은이는 오랫동안 그렇게 하였는데 아마 그렇게 하지 않았더라면 굴 안에서 굶어 죽었을 것이다.

　결국, 젊은이는 그런 곳에 누워 있는 바람에 사지가 많이 마비되었고 그런데도 약간의 음식을 얻기 위해 계속해서 아래로 내려와야 했다. 그래서 한 손에 음식을 들고 사닥다리를 오르면서 다른 한 손으로 밧줄을 잡으려는 순간 밧줄을 놓쳐 꽤 높은 높이에서 돌바닥 위로 떨어졌다. 그로 인해 그 젊은이는 머리와 팔과 몸에 부상을 입고 얼마 안 있어 죽었던 것이다.[8]

　아직 카릴에 있는 토굴 감옥에 그렇게 누워 있는 동안 재판을 받을 때가 되자 내가 사형을 당할 것이라는 소문이 여기저기 퍼졌다. 마침 단기 의회라고 생각되는 의회가 개회 중이었는데 의회에선 카릴에 있는 한 젊은이가 신앙 때문에 사형을 당할 것이라는 소식을 듣고는 나에 관하여 사법장관과 치안 판사에게 편지를 보내도록 하였다.

---

8) 이 이야기는 퀘이커교도의 순교사에서 가장 비참한 이야기 가운데 하나이다. 제임스 파넬은 정신적으로 잘 훈련된 사람으로 케임브리지 대학생들과 훌륭한 토론을 벌이기도 했다. 그가 짧고도 거룩한 삶을 마치게 된 콜체스터 성의 토굴 감옥은 많은 관광객들이 계속해서 찾아 보고 있다.

이러한 일이 있고나서 얼마 되지 않아 주님의 능력이 재판관들 위에 임하셔서 그들은 나를 풀어주게 되었다. 그러나 그 이전에 언젠가 지역의 총독과 안토니 피어슨 판사가 내가 어떠한 곳에서 어떠한 대접을 받고 있었는가 보기 위해서 토굴 감옥으로 왔다. 그들은 감옥이 아주 형편 없고 냄새가 지독하다는 것을 알아차리고 간수들에게 그리한 일을 시킨 시 행정관들을 비난했다. 그늘은 간수들을 토굴감옥으로 소집해서 그들에게 선행을 한 것에 대한 증거를 보이라고 요구했다. 또한 참으로 잔인한 사람이었던 부간수를 불러서 나와 함께 약탈범들이 있는 토굴 감옥으로 들어갔다.

이제 나는 그 지역으로 가서 커다란 집회를 열었다. 영원한 복음과 생명의 말씀을 자랑하였으며, 수천 명의 사람들이 주 예수 그리스도 그분의 가르침으로 돌이켰다.

웨스트모어랜드에 있는 목사들과 시 행정관들은 내가 하는 일이 못마땅하여 굉장히 화가 나서 나를 체포하라는 영장을 내렸다. 그들은 오랫동안 영장을 갱신하였다. 그렇지만 주님은 그들이 영장을 발부하도록 내버려 두지만은 않으셨다. 나는 친우회 교우들 사이에 끼어 순회 전도를 다니면서 스와스모어에 닿기까지 집회에 참석했다. 스와스모어에서 침례교인들과 스코틀랜드의 신앙고백자들이 나와 토론을 벌이기 위해 왔다는 소식을 들었다. 나는 컴버랜드에 있는 토머스 뷰리(Thomas Bewley)의 집에서 그들을 만날 것이라는 전언을 보내고 그리로 갔다. 그렇지만 아무도 그 집에 오지 않았다.

이 때쯤 나는 순회 전도를 하러 다니다가 위험한 일을 더러 당하였다. 어떤 때는 집회를 마치고 장이 서는 날에 윅턴(Wigton)을 지나가는데 그 마을 사람들이 건초용 쇠스랑을 가지고서 경비를 서고 있었다. 우리 일행 중에는 그 마을 사람들도 더러 있었는데도 병을 막는다는 이유로 우리가 마을을 지나지 못하도록 지키고 서 있었다. 그럴 만한 이유가 전혀 없었는데도 말이다. 그런데 그들은 우리를 습격해서는 우리와 우리가 가지고 있던 말을 해치려고 했다. 그렇지만 주께서 그들을 억제시키시어 우리를 많이 해치지는 못하였고 우리는 그 마을을 지나갔다.

또 어떤 때에는 두 명의 친우회원들의 집 사이로 지나가고 있는데 난폭한 사람 몇이 골목길에 기다리고 서 있다가 마구 돌팔매질을 하며 우리를 욕했다. 그렇지만 결국에는 주께서 도우셔서 우리는 그러한 일을 겪고도 심하게 다치지는 않았다. 그렇지만 이러한 일은 목사들이 가르친 결과를 드러내 보인 것으로 그것은 기독교인으로서 스스로의 신앙고백을 부끄럽게 하는 일이었다.

그 지역에 있는 친우회 교우들을 방문한 다음에 그곳을 거쳐 더럼(Durham)으로 갔다. 가는 길에 집회를 크게 열었다. 안토니 피어슨 판사의 집에서 상당히 큰 모임을 가졌는데 그곳에서 많은 사람들이 영적 진리를 깨닫게 되었다. 그곳에서 노섬버랜드(Northumberland)를 지나 더웬트워터(Derwentwater)로 갔다. 거기에서도 큰 집회가 있었는데, 오겠다고 큰 소리치던 목사들은 한 사람도 오지 않았다. 영원하신 생명의 말씀이 값없이 선포되었고, 또한 자유로이 받아들였다. 그리하여 수백명의 사람들이 스승이신 그리스도께로 돌이켰다.

노섬버랜드에서는 논쟁을 벌이러 많은 사람들이 왔는데 그들 중에 몇몇 사람들은 불완전함을 옹호하는 주장을 하였다. 거기에 대하여 나는 아담과 하와가 타락하기 전에는 온전하였으며 하나님께서 만드신 것은 모두 흠이 없이 완전한 것이라고 이야기하면서, 사단과 타락으로 말미암아 불완전함이 나타났으나 사단을 물리치러 오신 그리스도께서 "온전하라"고 하셨다고 선포했다.

신앙고백자 중 한 사람이 욥은 "사람이 어찌 그 창조하신 이보다 성결하겠느냐. 하늘이라도 그의 보시기에 부정하거든 하나님은 그 사자라도 미련하다 하시나니"하고 말하였다고 주장하였다. 그렇지만 나는 잘못 생각한 것이라고 지적하면서 그것은 욥이 한 말이 아니라 욥과 논쟁하던 사람들 중에 한 사람이 이야기한 것이라고 이야기했다. 욥은 온전함을 옹호했고 정직함을 지켰던 사람이었기 때문이다. 그래서 욥은 자신과 논쟁을 하던 친구들을 번뇌케 하는 안위자라고 했다.

그러자 이 신앙고백자들은 겉으로 드러난 육체는 죽은 것이요 죄에 속한 것이라고 했다. 나는 그러한 생각도 잘못된 것이라는 것을 설명해 주었다. 아담과 하와도 죽음과 죄가 그들 안에 스며들기 이전에도 각각 겉으로 드러난 육신을 가지고 있었으며 그 죄와 죽음이 다시 벗어지고, 예수 그리스도를 통해 타락하기 전에 지녔던 하나님의 형상을 새롭게 회복하는 날에 그 육신을 다시 얻게 될 것이기 때문이라고 설명해 주었다. 그렇게 말하자 그 순간 그들은 더 이상 반박하기를 그만두었다. 주님의 능력으로 영광스러운 집회를 갖게 되었다.

그리고 나서 헥샘(Hexam)으로 옮겨 가서 언덕 위에서 큰 집회를 열었다. 목사가 와서 방해를 하겠다고 위협했으나 그는 오지 않았다. 그래서 모든 사람들이 조용했다. 그리고 영원한 날과 영원하신 하나님의 유명한 진리가 어둠의 지역에 울려 퍼졌고 하나님의 아들이 모든 사람들 위에 높임을 받았다. 사람들에게 선포한 것은, 그 날이 지금 왔기 때문에 하나님의 아들을 믿는다고 고백하는 사람들 모두 아들을 받아들일 수 있으며, 아들을 받아들이는 자마다 주께서 내게 그러셨듯이 하나님의 아들이 되는 권세를 주시리라는 것이었다.

하나님의 아들이 있는 자에게는 영원한 생명이 있지만 하나님의 아들이 없는 자에게는 그가 비록 창세기 1장부터 요한계시록 마지막 장까지 성경 모두를 믿는다고 고백한다고 하더라도 생명이 없다는 말을 덧붙였다.

결국 모든 사람들이 그리스도의 빛으로 인도되었고, 그리하여 사람들은 그리스도를 보고 받아들였으며 참된 스승이 어디 계신지를 알 수 있었다. 또한 영원하신 진리가 사람들 사이에 구체적으로 선포된 후에 우리는 평화롭게 헥샘을 지나 길스랜드(Gisland)에 이르렀다. 그곳은 도둑이 많기로 유명한 지역이었다.

다음날 우리는 다시 컴버랜드에 들어가서, 랭글랜즈(Langlands) 근처 언덕 위에서 수천의 사람들이 모인 총집회를 가졌다. 참으로 영광스럽고 근사한 집회였다. 주님의 영광이 모든 사람에게 비쳤으며 사람이 크게 소리쳐 닿을 수 있는 거리 만큼이나 많은 사람들이 왔다. 사람들의 눈은 스승이신 그리스도께로 향했고, 그들은 자신들의 포도나무 아래 와서 앉았으며 프랜시스 하우질은 나중에 와서 사람들을 보았는데 사람들에게 말이 필요없다는 것을 발견하였다. 사람들이 스승이신 예수 그리스도 아래 앉아 있었기 때문이다. 자기들 가운데 그리스도께서 아무 말씀도 않고 앉아 계신다는 것을 인식하면서 말이다.

컴버랜드와 비숍프릭크(Bishoprick), 노섬버랜드, 웨스트모어랜드, 랭커셔, 요크셔에서 참으로 많은 사람들이 영적 진리를 깨달았다. 하나님의 나무는 자라고 무성해졌으며 하늘의 비를 내리시고, 하나님의 영광을 그 나무들 위에 비추셨다. 많은 입들을 주께서 여시어 주를 찬양하게 하셨다. 하나님은 어린 아이, 젖먹이 아이에게까지 힘을 주셨다.

제 8 장

올리버 크롬웰을 방문하다
1653-1654

이때쯤 목사들과 신앙 고백자들이 다시 우리의 종말을 예언하기 시작했다. 그들은 오래 전에 우리가 한 달이 못되어 멸망할 것이라고 예언한 바가 있었다. 그러다가 그 기간을 반년 더 연장했다. 그렇지만 예언한 때가 훨씬 지났는데도 우리의 수가 급격히 불어나자 이번에는 우리가 서로를 헐뜯어 자멸할 것이라는 소문을 냈다. 집회가 끝나고 난 뒤에, 영적 진리에 민감한 사람들 가운데 갈 길이 먼 이들이 친우회 교우들의 집에 묵었으며 더러 잠자리가 부족해 건초더미 위에서 잘 때가 자주 있었기 때문이다. 이러한 점에서 카인의 공포가 신앙고백자들과 세상 사람들 마음 속에 자리잡았다. 왜냐하면 우리가 서로를 무너뜨리면 우리 모두를 교구별로 유지해야 할 터인데, 그렇게 되면 그 책임이 자기들에게 돌아갈 것이 두려웠던 것이다.

    그렇지만 얼마 지나, 주께서 친우회를 복주시고 그 수가 늘어나게 하심을 보고, 아브라함에게 복을 주셨듯이 들에도, 바구니 안에도, 나가거나 들어오거나 일어나거나 잠잘 때에도 모든 것들을 친우회 교우들에게 풍성케 하시는 것을 보고는 우리를 대적하던 자신들의 추측이 모두 잘못된 것이라는 것을 깨달았으며 하나님께서 복주신 사람들을 비난하는 것이 헛된 일임을 알게 되었다.

　처음 영적 진리를 깨닫게 되었을 때에는, 친우회 교우들은 모자를 벗어 사람들에게 인사할 수도 없었고, 사람을 지칭할 때에 You라는 말 대신 Thou라는 말을 써야 했고, 인사할 때에도 절을 하거나 아첨하는 말을 할 수도 없었고, 세상의 관습이나 풍습을 좇을 수 없었기 때문에 장사를 하는 친우회 교우들은 사람들이 꺼렸으며 그들과 거래를 하지 않으려고 했기 때문에 처음에는 고객을 잃는 경우가 많았다. 그래서 한동안은 밥값만 겨우 벌 수밖에 없었던 교우들도 더러 있었다.

　그러나 시간이 지나자 사람들은 친우회 사람들이 정직하고 신실하다는 것을 경험하게 되었고 예 하는 것은 정말로 예이고 아니오 하는 것은 정말로 아니라는 것을 알게 되었으며 장사를 할 때에도 약속을 지키며 속이거나 거짓말을 하지 않으며 어린아이가 물건을 사러 온다고 해도 부모가 왔을 때처럼 잘 대해 준다는 것을 알게 되었다. 친우회 사람들의 삶과 대화 자체가 그야말로 전도였으며 하나님을 증거하는 것이었다.

　사람들은 모두 "포목상인이며, 가게 주인, 양복장이, 구두 제조업자나 다른 장사치들은 어디 있는 거야? 저 이는 퀘이커교도가 아닌가?"하고 묻게 되었다. 그만큼 친우회 교우들은 그 누구보다도 많은 상권을 장악하고 있었으며 상거래의 대부분을 차지하고 있었던 것이다. 그래서 이를 시기한 신앙고백자들이 말을 바꾸어 "퀘이커 교도들을 그대로 두면 그들은 나라의 상권을 우리 손에서 모두 빼앗아 버리고 말거야"하고 탄식하기 시작했다.[1]

---

[1] 퀘이커교도가 정직하였던 것을 보충하는 기록이 같은 시대에 기록된 부분적 증언을 통해 나타난다. 퀘이커교도인 상인들이 상업에서 성공하였다는 진기한 사실은 당시 엡스위스(Ebsworth)의 Choyce Drollery에서 출판된 "Wickham Wakened 혹은 Rime Dogerell의 퀘이커 성가(Quaker Madrigall)"라 불리는 풍자적인 민요에서 확인할 수 있다. 그 가사는, 퀘이커교도가 어떻게 해서 "술에 젖어 살던 시절을 끝내고" "놀라운 번영"을 이루게 되었는가 즉, 그들이 고래고래 고함치며 살던 시대가 끝나자 그들과 경쟁하게 된 사람들이 그들이 다시 이전의 상태로 돌아가길 바라는 것에 대해 말해 준다.
　"퀘이커 교도여, 다시 술취하시오
　술병을 들고 흔들어 보시오
　행실을 고침으로 더욱 나쁜 사람이 되었으니 말이오"

이러한 일은 주께서 자기 백성을 위해서 해오신 것이다! 나는 주의 거룩한 진리를 고백하는 사람들 모두가 정말로 그 진리를 계속해서 느낄 수 있고, 주님의 능력과 성신 안에서 또한 그로 말미암아 하나님과 사람에게 늘 성실할 수 있기를 바란다. 먼저 모든 일에서 하나님의 말씀에 순종하면서 하나님께 성실하고, 다음으로 사람을 대할 때 누구에게나 모든 일에 바르고 의롭게 행동하여야, 사람들 사이에서 살며 대화하는 중에 거룩함과 의를 실천할 때에 주 하나님께서 영광을 받으실 수 있는 것이다.

친우회 교우들이 북쪽 지방에 머물고 있을 때에 웨일스, 렉샘(Wrexham)에 모건 프로이드(Morgan Floyd)라는 목사가 우리에 관한 소문을 듣고는 우리에 관해 묻고 조사하려고 두 명의 사람을 보냈다. 두 명의 조사자가 왔을 때에 주님의 능력이 그들을 사로잡아 두 사람 모두 진리를 깨닫게 되었다. 그리하여 그 두 사람은 우리와 얼마 동안 머물다가 웨일스로 돌아갔다. 그러나 나중에 그들 중 한 사람은 확신한 진리에서 떠나갔고 나머지 한 사람인 존 앱존(John ap John)이라는 사람만이 진리 안에 머물렀다. 그는 사역의 일부를 맡아 끝까지 신실하게 그 일을 해 나갔다.[2]

올리버 크롬웰에 대한 선서와 약속이 제안될 즈음에 많은 군인들이 제대하게 되었다. 그리스도의 명령을 따라 맹세할 수 없기 때문이었다.[3] 존 스터브스(John Stubbs)라는 사람은 내가 카릴 감옥에 있을 때에 영적 진리를 깨닫게 된 사람으로 양의 전쟁(Lamb's War) 때에 훌륭한 군인이 되었으며, 예수 그리스도의 신실한 일꾼이 되어 홀란드, 스코틀랜드, 이탈리아, 이집트, 미국을 두루 다니며 순회 전도를 했다. 또한 주님의 능력이 교황절대주의자들의 손아귀에서 그를 지키셨다. 비록 여러번 심문을 받다가 굉장히 위험한 처지에 놓이기는 하였지만 말이다. 그러나 자기 판단으로 영적 진리를 깨닫기는 하였으나 진리에 순복하지 않은 몇명의 군인들은 크롬웰 선서를

---

2) 그의 사역으로 웨일스 지방에서 퀘이커 운동이 시작되었다. 1657년에 조지 폭스는 웨일스 지역을 여행하면서 많은 수고를 했으며, 그곳에서 많은 추종자들이 모였다.
3) 어떠한 맹세도 절대로 하지 않는 친우회의 원칙 때문에 그들은 가장 많은 고통을 당하였다.

받아들이고 나중에 스코틀랜드로 갔다. 그들은 유격대가 도착하기 전에 그리로 갔는데, 유격대가 그들이 적인줄 알고 사격을 하는 바람에 그들 중 여러 명이 죽었다. 슬픈 사건이었다.

북쪽에 교회가 정착되고 친우회 교우들이 그리스도의 가르침을 따라 자리를 잡게 되자 주님의 영광이 그들 위에 비치었다. 나는 1654년 초엽에 스와스모어에서 랭카스터로 가면서 신더 힐 그린(Synder-hill green)에 이를 때까지 친우회 교우들을 방문하였다. 신더 힐 그린에선 집회가 3주 전에 예정되어 있었다. 우리는 난폭한 신앙 고백자들이 사는 할리폭스(Halifax)를 지나 지휘관(대위)을 지내온 토머스 테일러(Thomas Taylor)의 집에 도착하였다. 거기서 우리는 소란을 피우는 사람들(랜터 파)을 만났다. 그렇지만 주님의 능력이 그들 모두에게 임했다. 내가 하나님의 능력이 움직이시는 대로 여행을 했기 때문이다.

신더 힐 그린에 도착하자 굉장한 집회가 열리고 있었다. 판단해 보건대 수천 명은 되어 보였다. 주요인사, 지휘관들, 장교들이 많이 와 있었다. 집회에 모인 대부분의 사람들이 영적 진리를 깨달았다. 주님의 능력과 진리가 모든 사람들에게 향하셨기 때문이었다. 그리고 아무런 저항도 없었다.

이때쯤, 주님은 주께서 일으키시고 주님의 포도밭에서 일하도록 보내신 많은 영혼들을 나아가게 하시어, 남쪽을 순회하게 하시고 복음의 사역을 감당하면서 나라 동쪽, 남쪽, 서쪽 지역으로 흩어지게 하셨다. 프랜시스 하우질과 에드워드 버러는 런던으로 갔고 존 캄과 존 오들랜드는 브리스톨로 갔으며 리처드 허버슨과 조지 화이트헤드는 노르윅(Norwic)으로 토머스 홈스(Thomas Holmes)는 웨일스로 가는 등 많은 사람들이 제각기 다른 방향으로 나아갔다. 주께서 60여명도 더 되는 일꾼들을 일으켜 세우셨기 때문에 이제 북쪽 지역 밖으로 내보내신 것이다. 그들의 사역을 알고 나서 나는 큰 부담을 느꼈다.[4]

---

4) 6년간의 사역이 끝나갈 무렵에 이 60명의 일꾼들은 한 가지 일로 모여 조지 폭스를 주시하였다. 이 모임은 젊은이, 활력가, 준비된 설교가, 고된 사역에 열심인 자들 즉 고난과 기뻐하고 어려움과 고통을 겁내지 않는 사람들로 구성된 주목할 만한 모임이었다. 그들은 폭스의 주장을 완전히 깨달아 실제로 폭스와 똑같은 신앙적 주장을 하였다.

이때쯤, 노팅엄에 사는 라이스 존스(Rice Jones, 침례교도였는데 랜터파로 개종함)와 그와 같은 교파 사람이 당시로선 내가 높은 지위에 있지만 시간이 지나면 급격하게 추락할 것이라는 소문을 내면서 나에 대한 미래를 예언하기 시작했다. 라이스 존스는 노팅엄에서 맨스필드, 클로슨과 그 근처 마을 여기저기로 친우회 교우들이 저자 거리와 뾰족집에서 진리를 선포한다고 비난하면서 우리를 매도하는 편지 꾸러미를 발송했다. 나는 그 편지에 답변을 하였다. 그렇지만 라이스 존스와 그의 교우가 한 예언은 그들 자신에게로 돌아갔다. 얼마 안 있어 그들은 산산이 흩어지고 라이스 존스의 추종자들 가운데 친우회 교우가 된 사람들이 많았으며 지금도 그러한 일이 계속 일어

> 조지 폭스는 그들이 친우회의 일꾼이 되어 나아가기 시작할 때에 이색적이긴 하지만 매우 영적인 조언을 편지로 보냈다. 다음은 그 편지의 일부이다.
> "곳곳에 있는 친우회 교우들은 하나님의 씨앗을 알아야 합니다. 그 씨앗은 뱀의 씨앗을 상하게 하며 뱀의 씨앗 위에 있는 씨앗으로 죄를 짓지 않으며 죄를 짓고, 죄을 저지르도록 꾀는 사단의 머리를 치는 씨앗으로 이 씨앗에 하나님은 약속과 복을 주시며, 이 씨앗은 모든 사람 안에 똑같이 있는 것입니다 …
> "이 씨앗이란 여러분 모두를 향하신 주님의 말씀을 뜻하는 것으로 모든 사람이 살아가면서 기다리는 것입니다. 그것은 여러분의 생각이 모두 생명의 아버지, 영혼의 아버지께로 인도함을 받기 위함입니다. 즉 아버지 하나님으로부터 능력을 받고 지혜를 얻어 그 씨앗으로 더불어 하나님의 영광을 향하도록 명령받기 위함입니다. 그러한 사람에게는 영광이 영원할 것입니다! 모두가 빛과 생명 안에 항상 거하여야 빛과 생명에 반대되는 것이 무엇인지를 판단할 수 있습니다. 그래야 전능하신 주 하나님께서 여러분 모두와 함께 하실 것입니다. … "
> "공적으로 설교를 하는 친우회 교우들은 모두 그 씨앗이 하나님의 생명이라는 것을 알아야 합니다. 그 씨앗은 하나님께로부터 난 것이기 때문입니다. 그 씨앗의 열매는 결코 시들지 않습니다. 그 씨앗은 육에 씨뿌리고 육의 타락한 것을 열매로 거두어 들이지 않고, 구속된 영혼에 씨를 뿌리며 하나님의 영의 생명을 거두어 들입니다. 이러한 일은 세상 어디서나 씨뿌리는 사람들 사이에서 볼 수 있는 일입니다. 들에서 거두어들일 수 있는 것은 세상입니다. 그러므로 주님의 영 안에서 기다리십시오. 주님의 영은 이러한 모든 뿌리와 가지를 쳐서 던져버리십니다. 그러므로 주님의 영 안에서 능력을 받도록 기다리십시오. 그리하면 전능하신 주 하나님께서 그 능력으로 여러분을 지키십시오. 그로 말미암아 여러분은 빛을 느낄 수 있으며 그 빛은 때와 세상을 이해하게 하고 판단하게 합니다. 또한 주님의 영을 믿으면 주님의 영은 세상을 이기도록 하십니다. 지금 주님의 영을 받아들이면 주의 영을 대적하는 모든 것들을 이기며 우리를 더럽히고 얼룩지게 할 옷들을 걷어내게 됩니다."

나고 있다.

주님의 복되신 능력을 통해 진리가 전파되었고 친우회의 수가 늘었으며, 하나님께서 늘어나게 하시는 가운데 정말로 증가했다. 나 또한 동일한 주님의 능력을 통해 보호를 받아왔으며 지금도 보호 받고 있으며 결코 떨어지거나 변하지 않는 영원한 씨앗 안에 거하고 있다. 그러나 라이스 존스는 자신에게 주어진 비난을 받아들였으나 그리스도의 명령에는 순종하지 않았다.

그와 같은 많은 거짓 예언자들이 나를 반대해서 일어났지만 주님은 그들을 무너뜨리셨으며, 복된 씨앗과 그 씨앗 안에서 있는 나를 대적하여 일어나는 사람들 모두를 멸망시키실 것이다. 주님 안에서 나는 영적 진리를 깨닫고 있었다. 나를 대적하는 사람들이 망하는 것을 보았고 나를 보내시기 전에 주께서 어떻게 그들을 혼나게 하시는가를 보았기 때문이다.

나는 요크셔 지방을 두루 다녔다. 홀더니스(Holderness)까지 가기도 하고 그 지역 끝까지 가기도 하면서 친우회 교우들과 그리스도의 교회들을 방문하였다. 그들은 모두 그리스도의 가르침을 따라 잘 자리잡고 있었다. 마침내 나는 브래드포드(Bradford) 지휘관 집으로 갔다. 그 집으로 랜터 파 사람들이 나와 논쟁을 하려고 많이 왔다. 그렇지만 그들은 당황을 하였고 입을 다물어 버렸다. 그곳에 몽테규(Montague)라는 부인이 왔는데 그 때 영적 진리를 깨닫고는 그 후로 진리 가운데 살다가 진리 안에서 죽었다.

거기서 나는 친척들을 만나 보러 레스터셔의 드레이튼으로 갔다. 드레이튼에 들어서자마자 목사인 나다니엘 스티븐은 다른 목사를 한 사람 데려다 두고, 그 지역에 알린 다음에 나를 부르러 사람을 불렀다. 내가 도착할 때까지 아무 일도 할 수 없었기 때문이다. 3년 동안 친척들과 떨어져 있었기 때문에 나는 그들의 생각을 전혀 몰랐다. 그렇지만 결국 뾰족집 뜰로 갔다. 그곳에는 두 사람의 목사가 있었고 그들은 사람들을 아주 많이 모아 놓았다.

도착하니 그들은 나를 뾰족집 안으로 들어가게 하려고 했다. 나는 내가 거기서 무엇을 해야 하느냐고 물었다. 그러자 스티븐 목사는 추위를 참을 수 없다고 했다. 그래서 나는 나를 참을 수 있듯이 추위도 견딜 수 있을 거라고 그들에게 말했다. 결국 커다란 홀로 들어갔는데 나는 리처드 프란스워스(Richard Farnsworth)와 동행하였다. 그리고 우리는 그리스도와 사도들의 행동과 반대되는 그들의 행동을 두고 두 사람의 목사와 열띤 논쟁을 벌였다.

　　목사들은 성경 어디에서 십일조를 금하고 있는지 혹은 십일조 제도가 끝났다고 말하고 있는지 알고 싶어 했다. 나는 히브리서 7장을 펴보이며 십일조뿐만 아니라 십일조를 거두는 제사장직도 끝났다는 것과, 제사장직을 정하고 십일조를 내라고 명령하고 있는 율법도 끝이 나고 이제 폐기 되었다고 알려 주었다. 그러자 두 목사는 사람들을 부추겨 소요를 일으켰다.

　　나는 스티븐 목사를 어려서부터 알고 있었기 때문에 그 사람의 상태와 그 사람의 설교 방식을 지적해 보였다. 그리고 그가 어떻게 다른 목사들처럼 끝났어야 할 장자에 관한 언약을 적용하였는지를 보여 주었다. 그러나 나는 장자에 관한 언약은 여러 자손에 관한 것이 아니라 오직 한 자손(씨앗) 곧 그리스도를 가리키는 것으로 그리스도는 모든 사람 안에 계시다는 것을 알려 주었는데, 모든 사람은 하나님 나라에 들어가기 위해서 먼저 거듭나야 하기 때문이다.

　　그러자 스티븐은 자신은 그렇게 생각지 않는다고 했다. 그렇지만 나는 영적인 분이 모든 것을 판단하신다고 이야기했다. 그러자 그는 그것은 충분히 성경적이라고 하면서 "그러나, 형제들이여. 이것은 계략입니다. 조지 폭스는 태양이 되었습니다. 그는 이제 내 별빛을 몰아낼 생각을 하고 있습니다" 했다.

　　나는 하나님의 것이라면 아주 작은 것이라도 꺼트리지 않을 것이며, 그의 빛이 샛별에서 나오는 참된 별빛이라면 더더욱 꺼트리지 않을 것이라고 했다. 그러나 나는 만약 그가 그리스도나 하나님으로부터 무엇을 받는다면, 그리스도께서 제자들에게 거저 받았으니 너희도 거저 주어라 하고 명령하신 것처럼 받은 것을 사람들에게 값없이 전해야지, 설교한 대가로 십일조를 받지 말아야 한다고 스티븐에게 말했다. 나는 더 이상 십일조를 받거나 돈을 받고 설교하지 말라고 했다. 그러나 스티븐은 그 말을 받아들일 수 없다고 했다.

　　조금 지나자 사람들이 오만하고 무례해져서 우리는 해산을 했다. 그렇지만 그날 진리에 관심을 갖게 된 사람들도 더러 있었다. 떠나기 전에 나는 사람들에게 주님이 원하신다면 다음 주 그날에 다시 올 작정이라고 이야기했다. 그 중간에 나는 시골로 가서 집회를 갖고 다음 주 그 날에 그 곳으로 다시 갔다.

그날에 대비하여 스티븐 목사는 도움을 받기 위해 일곱 명의 목사를 준비시켜 두었다. 스티븐 목사는 애더스톤(Adderston)에 선 장터에서 설교하면서 집회를 열어 나와 논쟁을 할 날이 있을 거라고 알렸기 때문이다. 나는 그러한 사실에 대해 전혀 모른 채, 다시 올 것이라는 말만을 했을 뿐이었다. 이 여덟 명의 목사들은 수백 명의 사람들을 불러 모았다. 도시 가까이 사는 사람들도 거의 다 불렀다. 목사들이 나를 뾰족집 안으로 들어가게 하려고 하였으나 나는 들어가려고 하지 않고 언덕으로 가서 그곳에서 목사들과 사람들에게 이야기했다.

전에 목사였던 토머스 테일러와 제임스 파넬과 친우회 교우 여럿이 함께 있었다. 목사들은 그날 진리를 짓밟을 생각을 하였으나 진리가 그들을 압도했다. 그러자 그들은 함부로 행동을 하게 되었고 사람들이 난폭해졌다. 목사들은 내게서 문제점을 지적받으려고는 하지 않고 여기저기서 친우회 교우들을 붙들고 논쟁을 벌이려고만 했다. 결국 목사들 중에 한 사람이 나와 논쟁을 벌이도록 아들을 데리고 나왔다. 그렇지만 그 아들은 이내 입을 다물고 말았다. 그 아들은 어떻게 대답해야 할지 몰라 자기 아버지에게 물어보려고 했으나, 아들의 질문에 대답해 주러 온 아버지도 당혹해 했다.

헛되이 수고를 한 그들은 화가 나서 술을 마시러 스티븐 목사 집으로 떠나갔다. 그들이 떠나갈 때에 나는 "이렇게 많은 목사들이 내게서 이야기를 듣지 않으려고 한 적은 한 번도 없었소"하고 말했다. 그러자 목사들과 그 부인들 몇 사람이 가까이 와서 나를 붙들고 아양을 부리듯이 "퀘이커 교도가 없었더라면 당신에게 무슨 힘이 있었겠어요?"하고 말했다.

그리고 나서 그들은 친우회 교우들을 이리저리로 떠밀어 그들을 내게서 밀쳐내고 나를 자기들 쪽으로 잡아 당겼다. 얼마 뒤에 건장한 사람이 몇 와서 팔로 나를 붙들어 뾰족집 앞으로 데리고 가서 강제로 나를 데리고 들어가려고 했다. 그렇지만 문이 잠겨 있어서 그들은 굴러 떨어져서, 나를 아래에 깔고 겹겹이 쌓였다. 깔려 있던 나는 있는 힘을 다해 일어나서 다시 언덕으로 갔다. 그들은 나를 뾰족집 담이 있는 곳으로 다시 붙들어 와서는 의자 같은 데에 앉혔다. 그리고 목사들이 모두 돌아와서 사람들과 함께 아래 쪽에 섰다.

    목사가 소리쳤다. "자, 논박을 해 보시오." 나는, 당신들은 고용되어 일하는 이방인이므로 당신들의 말을 모두 거부한다고 대답했다. 그들은 "증명해 보시오"하고 소리쳤다. 그래서 나는 요한복음 10장을 들어, 그리스도께서 그렇게 말씀하셨다고 이야기했다. 그리스도께서는 자신은 참된 목자이며 자신은 양을 위하여 목숨을 버렸고 그의 양들은 자신의 음성을 듣고 자신을 따른다고 말씀하셨던 것이다. 그러나 고용되어 일하는 사람은 돈을 받고 일하는 사람이기 때문에 늑대가 나타나면 당장 달아날 것이라는 말씀을 하셨다. 나는 목사들이야 말로 바로 그처럼 고용되어 일하는 사람들이라는 것을 증명해 보이려고 했다. 그러자 목사들은 뾰족집 담장 아래에 놓인 의자에서 나를 끌어내고는 자기들이 모두 그 의자에 앉았다.

    그때 나는 하나님의 강하신 능력이 모든 사람들 위에 나타나는 것을 느끼고 내 이야기를 조용히 듣기만 한다면 성경을 통해 어째서 내 앞에 서 있는 여덟 명의 목사들 혹은 설교자들과 고용되어 일하는 선생들 모두를 부인했는가를 알려 주고, 성경에서 내가 말한 것을 입증하는 부분을 보여 주겠노라고 말했다. 그러자 목사들과 사람들이 모두 내 의견에 동의했다. 그래서 나는 선지서인 이사야, 예레미야, 에스겔, 말라기 및 다른 예언서들을 들어, 고용되어 일하는 목사들은 하나님께서 보내신 참된 선지자들을 통해 하나님께서 대적하라고 하신 그러한 사람들이라고 알려 주었다.

    내가 사람들 안에 간직하고 있는 하나님의 것, 즉 사람들 마음 속에 있는 예수 그리스도의 빛에 대해 호소하자 그들은 더 이상 참고 듣지를 못했다. 그전까지는 모두 조용히 듣고 있었는데, 그때에 한 신앙고백자가 "조지, 무슨 소리요! 언제까지 하실 참이오?"하고 말했다. 나는 짧게 이야기를 끝낼 것이라고 대답했다. 조금 더 길게 이야기를 하면서 주님의 능력으로 내 생각을 설득시켰다. 말을 마치자 목사들과 사람들 모두 얼마 동안 조용히 서 있기만 하였다.

    마침내 한 목사가 말하기를 자신들은 내가 인용한 성경을 읽겠노라고 말했다. 나는 진심으로 그렇게 하기를 바란다고 말했다. 그들은 예레미야 23장을 읽기 시작하였는데 거기서 그들은 예레미야가 비난하여 외치는 거짓선지자들의 표적을 보았다. 한두 절 읽어 내려갔을 때에 나는 "잘 들으시오, 여러분"하고 말했다. 그렇지만 읽고 있던 목사가 "입 닥치시오, 조지"하고 응수했다. 나는 23장을 모두 읽으라고 했다. 그것은 모두 그들을 비난하는 내용이었기 때문이다. 그때에 그들은 읽기를 멈추고 더 이상 읽으려고 하지 않았다.

나의 아버지도 비록 목사의 설교를 듣고 따르는 사람이었지만 아주 흡족해서서 지팡이로 땅을 치면서 "진리를 주장하는 사람은 정말로 진리가 그 사람을 끝까지 지킨다는 것을 나는 알고 있소"하고 말씀하셨다.[5]

이러한 일이 있고 나서 나는 시골 지역으로 가서 몇 차례 집회를 가지고서 스와닝턴(Swannington)으로 갔다. 군인들이 왔는데 집회는 조용했다. 주님의 능력이 모든 사람들 위에 나타났으며 군인들도 간섭하지 않았다.

그래서 레스터셔로 갔다가 레스터셔에서 웨트스톤(Whetstone)으로 갔다. 그곳에는 해커 대령의 연대에서 17명 정도 되는 기병들이 연대 총사령관과 함께 와서는 나를 집회가 열리는 곳으로 끌고 갔다. 그곳에는 친우회 교우들이 모여들기 시작하고 있었는데 여러 지역에서 온 사람들이었다.[6] 나는 총사령관에게 친우회 교우들을 풀어주면 묻는 질문에 모두 답하겠다고 말했다. 그러자 그 사람은 나를 붙들어 두고는 나머지 친우회 교우들을 모두 놓아 주었다. 알렉산더 파커(Alexander Parker)만 나와 함께 갔다.

밤이 되자 사람들은 나를 해커 대령과 소령, 대위들과 많은 부하들 앞으로 데리고 갔다. 그리고는 목사들과 집회에 관하여 상당히 많은 이야기를 나누었다. 그 당시에는 올리버 크롬웰을 반대하는 음모로 시끄러웠기 때문이다. 세상에 태어나는 모든 사람들을 깨우치는 그리스도의 빛에 관해 그들과 함께 이야기하였다. 해커 대령은 유다가 자기 스승을 배반하게 하고 나중에

---

5) 이것은 다소 혁명적인 내용을 담고 있는 아들의 말에 "정직한 크리스터"가 동조한다는 정도를 나타내는 것일 뿐이다.
6) 해커 대령과 그가 지휘하는 연대는 찰스 I세의 처형을 집행하였으며 위협적인 런던 시민들을 진압하였다. 해커 대령은 폭스를 비롯한 퀘이커 교도들이 찰스 II세를 끌어들일 음모를 꾸미고 있는줄로 생각한 것 같다. 크롬웰은 6개월 가량 호국경이었다. 제라드(Gerard)와 보웰(Vowel)의 음모가 이때쯤 발각되었다.

스스로 목매달아 죽게 한 것은 그리스도의 빛이 아니냐고 물었다. 나는 "아닙니다. 그것은 어둠의 빛으로 그 빛은 그리스도와 그리스도의 빛을 싫어합니다" 하고 대답했다.

그러자 해커 대령은 나더러 집으로 가도 좋으니, 집에 있으면서 집회에 나가지 말라고 했다. 나는 대령에게, 나는 정직한 사람이며 음모를 꿈꾸지도 않으며 그러한 일은 조금이라도 반대하는 사람이라고 했다. 대령의 아들인 니드햄(Needham)이 "크롬웰은 너무 오랫동안 집권해 왔습니다, 아버지. 이제는 그를 처치해야 할 때입니다" 하고 말했다. 나는 "왜 그렇습니까? 내가 어쨌다는 거죠? 내가 누구를 해치기라도 했습니까? 나는 이 지역에서 나고 자랐는데, 어려서부터 지금까지 내가 잘못한 일이 있다고 누가 고소할 수 있겠습니까?" 하고 물었다. 해커 대령은 내게 집에 가고 싶으면 집 안에 가만히 있겠느냐고 다시 물었다. 그래서 나는, 만약 내가 그렇게 하겠다는 약속을 한다면 그것은 내가 무엇인가 잘못한 일이 있음을 인정하고 집을 감옥으로 만드는 일이 될 것이 분명할 것이고, 내가 집회에 나간다 해도 사람들은 나더러 명령을 어겼다고 말할 것이라고 대령에게 말했다. 그래서 나는, 주님이 내게 명령하신다면 집회에 참석해야 하기 때문에 그들의 요구를 받아들일 수 없다고 이야기했다. 그렇지만 우리는 평화로운 사람들이라는 말도 덧붙였다.

"알았소. 그렇다면 내일 아침 여섯 시까지 당신을 드러리(Drury) 대위를 통해 호국경에게 보내겠소이다. 드러리 대위는 호국경을 경호하는 사람중의 한 사람이오" 하고 해커 대령이 말했다.

그날 저녁 나는 마샬시(Marshalsea)에서 죄수로 갇혀 있다가 다음날 아침 여섯 시경에 드러리 대위에게 보내졌다. 드러리 대위에게 나는 가기 전에 해커 대령과 이야기할 수 있게 해달라고 요청했다. 해커 대령은 나더러 집으로 가서 더 이상 집회에 나가지 말라고 한번 더 충고를 했다. 나는 그 말에 복종할 수 없으며, 자유롭게 하나님을 섬기고 집회에 참석할 자유가 내게 분명히 있다고 말하였다. "그렇다면 당신은 호국경 앞에 나가야 합니다" 하고 그는 말했다. 그래서 나는 그 사람 옆에서 무릎을 꿇고 주께 그 사람을 용서해 달라고 간구했다. 해커 대령은 빌라도처럼 자기 손을 씻고 싶어 했기 때문이었다. 그리고 나는 해커 대령에게 비참한 심판의 날이 오면 내가 이야기한 것을 기억하라고 했다. 그렇지만 해커 대령은 스데판[7]과 다른 목사들과 신앙 고백자들의 선동으로 마음이 동요되었던 것이다. 그들은 시기심과 비열한 마음으로 가득한 사람들이었다. 말과 논쟁으로도 나를 이길 수 없고, 내 안에 계신 주님의 성령에 저항할 수 없게 되자 군인들로 하여금 나를 체포하게 하였던 것이다.

나중에, 해커 대령이 런던에 투옥되어 사형을 하루이틀 앞두고 있을 때에 그는 무죄한 사람에게 자신이 행했던 일이 생각났다. 그 일을 생각하면서 마가렛 펠 부인에게, 자기는 당신이 말하는 사람이 누군지 잘 알며 그 사람 때문에 괴로웠다고 고백하였다고 했다.

이제 드러리 대위가 레스터셔에서 나를 죄인으로 데리고 갔다. 하버로우(Harborough)에 도착했을 때에 집으로 가서 2주 동안 집에 머물러 있겠느냐고 물으면서 내가 집회에 계속하여 나가지 않는다면 자유를 얻게 될 것이라고 말했다. 나는 그런 약속은 할 수 없노라고 대답했다. 길을 가면서 여러 번 똑같은 질문을 번복하였지만 나는 여전히 같은 대답을 하였다. 그러자 그는 나를 런던으로 데리고 가서 샤링 크로스(Charing-Cross) 뮤스(Mews) 맞은 편에 있는 머메이드(Mermaid;셰익스피어와 벤 존슨의 유명한 "머메이드"가 아니다)에 투숙시켰다.

여행을 하던 중에, 나는 주님의 이끄심을 받아 내가 머무는 여관이나 동네에서 사람들에게 그들에게 임할 주님의 날에 관해 경고하였다. 노샘프턴(Northampton)에 있는 감옥에 윌리엄 듀스베리 (William Dewsbury)와 마머듀크 스토(Marmaduke Storr)가 투옥되어 있었는데, 드러리 대위는 내가 그들을 방문할 수 있도록 허락해 주었다.

드러리 대위는 나를 머메이드에 투숙시킨 뒤에, 그곳을 떠나 나에 관한 설명을 하러 호국경에게 갔다. 드러리 대위는 돌아와서는 호국경이 내가 자신이나 정부에 대항하여 칼이나 무기를 들지 않겠다고 약속하고 마땅한 말을 써서, 거기에 서명하여 약속할 것을 요구했다고 말했다.

---

7) 스티븐은 드레이튼의 목사로서 그는 "영국에서 조지 폭스처럼 자란 나무는 한번도 없었다"고 말했다.

다음 날 아침에 나는 주님의 이끄심을 받아 호국경이었던 올리버 크롬웰에게 편지를 썼다. 그 편지에다 나는 주 하나님 앞에서 나는 그 사람이나 어떠한 사람에게든 물질적인 칼이나 다른 무기를 쓰지 않겠다고 하였다. 그리고 또한 나는 하나님께서 모든 폭력과 어둠의 일에 대항하고, 전쟁과 싸움의 원인들에서 벗어나 평화로운 복음으로 이끄는 증인으로 보내 세우신 사람이라는 것도 전하였다. 주께서 내게 쓰라고 명하신 것을 쓰고 난 뒤에, 그 위에 서명을 하고 올리버 크롬웰 호국경에게 전해 달라고 드러리 대위에게 건네 주었고, 드러리 대위는 그 편지를 올리버 크롬웰에게 전해 주었다.

얼마 지나자 드러리 대위는 나를 런던의 관청가[8]에 있는 호국경에게 데리고 갔다. 아침이었는데 호국경은 아직 옷을 입고 있지 않았기 때문에 하베이(Harvey)라는 사람이 와서 기다리고 있었다. 그 사람은 전에 친우회에 잠깐 왔지만 순종하지 않았던 사람이었다. 도착해서 나는 마음에 이끌림을 받아 "이 집에 평화가 있을지어다" 하고 말하였다. 그리고는 하나님을 항상 경외하여 하나님으로부터 지혜를 받아, 그 지혜대로 인도하심을 받고 모든 것들을 하나님의 도우심을 받아 하나님의 영광에 합당하도록 지시하라고 권고

---

8) 크롬웰과 폭스는 당시 영국에서 가장 유명한 두 사람이었다. 크롬웰의 대 작업은 벌써 행해진 다음이었고, 폭스는 이제 30살의 나이로 초기 사역의 길을 잘 걷고 있을 뿐이었다. 폭스는 크롬웰의 일이 위대하다는 것도 크롬웰이 해결해야 했던 엉킨 매듭을 이해하지도 못했다. 폭스는 너무나 해맑고 순진하여 온당한 방법을 통해서는 도달할 수 없는 목적을 향해 교묘하게 편법으로 나아가는 사람을 헤아릴 수가 없었다. 카알라일은 일기에 나온 이 부분을 적절하게 풀이한다. "폭스는 이렇게 쓰고 있다. '나는 호국경에게 하나님을 경외함으로 하나님께로부터 오는 지혜를 얻을 수 있도록 하라고 권고하였다. 하나님께로부터 얻는 지혜는 어떤 통치자에게든 유익한 지침이 될 것이다'. 실제로 나는 그 사람과 '많은 이야기를 나누면서' 나와 친우회 교우들이 이전의 '그리스도와 사도들'과 그리스도의 새 제사장들과 새일꾼들에 대해, 생명과 죽음에 대해, 그리고 또 총체적으로 측량할 수 없는 세계와 그 세상에서 위로부터 오는 빛과 아래로부터 오는 어두움에 대해 생각하게 되었다는 것을 설명하였다. 이러한 이야기를 다 듣고난 호국경은 '상당히 누그러진 자세를 보였다'. 알겠소, 조지. 이 호국경은 그 영속성에 대해 공감을 하며 일순간 그것에 대해 생각을 한다. 껍데기나 가죽 혹은 다른 어떠한 것으로도 호국경이 영원성을 느끼는 것을 완전히 가로막을 수는 없었다." 카알라일의 *Oliver Cromwell's letters and Speeches*(Centenary Edition) Vol. III. p. 225.

했다.

나는 호국경에게 진리에 관한 많은 이야기를 하였으며 신앙에 대해 많은 이야기를 나누었다. 그 사람은 아주 절도 있게 자기 생각을 전했다. 그렇지만 우리더러 목사라고 부르는 사람들과 분쟁이 있지 않았느냐는 말을 하였다. 나는 내가 그들과 분쟁하지 않았으며 그들이 나와 내 동료들을 비난한 것이라고 호국경에게 이야기하였다. "그러나 선지자와 그리스도와 사도들을 인정하는 이상 선지자와 그리스도와 사도들이 비난하였던 그런 거짓 선생들과 선지자들과 목자들을 받아들일 수 없습니다. 그렇지만 우리는 동일한 능력과 성신을 통해 그러한 것들을 대적해야만 합니다"고 이야기했다.

그래서 나는 호국경에게 선지자들과 그리스도와 사도들은 값없이 전하였으며, 값없이 전하지 않는 사람들을 비난하였고 그러한 사람들은 더러운 이익을 얻으려고 설교를 하며, 돈을 받고 예언하며, 대가를 받으며 설교를 하는 탐욕과 욕심에 찬 사람들로, 결코 충족함을 누리지 못하는 사람들이라는 것을 알려 주었다. 그리고 그리스도와 선지자들과 사도들이 가지고 있던 동일한 성령을 가지고 있는 사람들은, 그리스도와 선지자들과 사도들이 그리하였듯이 이제껏 이야기한 그런 사람들을 비난하고 알리는 수밖에 없다고 말하였다. 내가 말하는 동안에 호국경은 몇번이고 '참 좋은 말이오. 그말이 맞소이다' 하고 이야기하였다. 나는 소위 말하는 모든 기독교인들은 성경을 가지고 있으면도 성경을 전하여 준 사람들이 지니고 있던 동일한 능력과 성신을 얻기를 원하는데 사람들이 아들과, 아버지와 성경과, 또한 사람들 간에도 교제를 이루지 못하는 까닭은 바로 그러한 능력과 성신 안에 거하지 못하기 때문이라고 이야기하였다.

더 많은 이야기를 호국경과 나누었지만 사람들이 들어와서 나는 조금 뒤로 물러섰다. 돌아서려는데 그 사람이 내 손을 잡고 눈물을 글썽이며 "우리 집에 다시 오시오. 한 시간만 더 같이 있는다면 우리는 좀더 가까워질 거요" 하고 말하였다. 자기처럼 더 이상 정신적으로 방황하지 않기를 바란다는 말을 덧붙였다. 그래서 나는, 그랬더라면 자기 영혼을 학대한 것이라고 말해 주었으며 하나님의 음성에 귀 기울여 하나님의 뜻 가운데 서며 그 뜻에 순종하라고 권고했다. 그렇게 하면 강퍅한 마음에서 늘 벗어날 수 있으나 만약 그렇게 하지 않으면 그의 마음은 돌과 같이 굳어질 것이라는 말도 하였다. 그 사람은 옳은 말이라고 하였다.

그리고 나서 나는 밖으로 나왔다. 드러리 대위가 내 뒤를 좇아 나오면서 호국경이 나는 자유의 몸이며 가고 싶은 곳으로 갈 수 있다는 말을 하였다고 전해 주었다.

그리고 나는 커다란 저택으로 인도되었는데 그곳은 호국경의 측근들이 저녁을 먹기로 되어 있는 곳이었다. 나는 사람들에게 나를 그곳으로 불렀느냐고 물었다. 그들은 호국경이 지시하여 그들과 함께 식사를 하라고 한 것이라고 대답했다. 나는 그 사람들에게, 호국경의 음식을 먹지도 마시지도 않겠다는 말을 전해 달라고 했다. 이 말을 들은 호국경은 "나는 내가 재능으로나 명예로나 지위나 계급으로도 이길 수 없는 사람이 한 사람 나타났다는 것을 알았소. 그렇지만 다른 당파나 사람들은 모두 이길 수 있소"하고 말했다. 호국경에게 우리는 우리의 재산을 포기했으며 그로부터 그러한 것을 얻기를 바라지도 않는다는 말을 다시 하였다.

자유의 몸이 된 나는 드러리 대위가 처음에 나를 투숙시켰던 여관으로 갔다. 드러리 대위는 가끔 진리를 바르게 간직하기도 하였지만 나와 진리에 대해 반감을 품고 있으며 또한 진리에 반대하였다. 내가 그 사람의 감시하에 있는 동안에 그 사람은 내 곁에 있었는데, 신앙고백자들이 나를 찾아오면 드러리 대위는 떠는 것을 비웃으면서 우리를 퀘이커 교도라고 부르곤 하였다. 그것은 독립교회 주의자들이나 장로교인들이 우리 면전에서 우리를 다르게 부르는 별칭이었다.[9] 그렇지만 나중에 그 대위는 내게 와서 다음과 같은 말을 전해 주었다. 저녁에 잠자리에 들어 쉬려고 하는데 갑작스럽게 몸이 떨리고, 뼈마디가 부딪히더니 몸이 너무나 흔들려서 침대에서 일어날 수 없었다는 것이다. 그렇지만 그는 주님의 능력이 자기에게 임한 것을 느끼고 침대에서 굴러 떨어졌다고 하였다. 그래서 다시는 퀘이커 교도들이 주님의 말씀으로 떨 때에 그들을 비난하지 않겠다고 주께 소리쳐 말하였다고 했다.

---

9) 이 부분은 친우회 회원들이 말을 할 때 떨었기 때문에 이런 별명이 붙었다는 것을 나타내 준다.

당시 나는 챠링 크로스에 갇혀 있었는데 그곳으로 많은 사람들이 나를 보러 왔다. 목사와 신앙 고백자, 군 관리 등이 그 대부분이었다. 한 번은 일단의 장교들이 와서는 나와 함께 있다가 함께 기도해 주기를 청했다. 결국 하나님의 능력과 성신이 내 안에 움직이는 것을 느꼈다. 주님의 능력이 그들을 몹시 흔들어 놓아 기진맥진하게 만들어 놓았다. 그들이 주님의 능력 안에 살지는 않았지만 말이다.

패커 대령도 찾아왔는데, 장교들을 대여섯 사람을 데리고 왔다. 그들과 함께 있는데 콥(Cob)이라는 사람이 왔는데 상당수의 랜터 파 무리와 함께 왔다. 랜터 파 교도들은 술과 담배를 가져오게 하였다. 나는 내 방에서는 그러한 것들을 삼가 주기 바란다고 말하면서, 원한다면 다른 방으로 건너가서 해도 된다고 하였다. 랜터 파 중에 한 사람이 "전부 우리 것이오"하고 외쳤다. 그러자 또 다른 한 사람이 "모두 괜찮습니다"하고 말했다. 나는 "어떻게 모두가 괜찮단 말입니까? 당신은 참으로 성마르고, 시기심도 많고 빙퉁그러진 사람이면서"하고 대답했다. 나는 그 사람에게서 안달하는 성품을 엿보았다. 나는 그들이 어떠한 상태에 있는가 이야기해 주었고 그들은 그것을 알아차릴 수 있었다. 그리고는 다른 사람이 어떠한 형편에 놓여 있는가를 보고 놀라워 했다.

그러자 패커 대령은 하나님과 그리스도와 성경에 대해 가벼운 농담조로 말을 하기 시작했다. 그가 그처럼 가볍게 이야기하는 것을 들으니 마음이 몹시 아프고 언짢았다. 그래서 나는 하나님에 관해 그렇게 가볍게 이야기하는 것은 당신이 사람의 견고함에 대해 잘 모르기 때문이라고 패커 대령에게 말했다. 그러자 장교들은 화를 내며 내가 자기들의 대령에게 그와 같이 말했다는 것에 대해 분격해 했다.

이 패커 대령은 침례교인이었는데, 그와 랜터 파 교도들은 서로 인사할 때에 역겹도록 정중을 떨었다. 그들이 말하는 대로, 넘치도록 칭찬의 말을 아끼지 않는 것이 그들의 생활 방식이었기 때문이다. 그래서 패커 연대장은 아첨하기를 그만 두라고 하였다. 나는 그들에게 당신들은 함께 어울릴 만한 사람들이라고 말하였다. 그들은 모두 같은 마음을 품고 있었기 때문이다.

이 패커 대령은 올담(Waltham) 근처 데오발드(Theobald)의 집에 살

앉는데 치안 판사가 되었다. 그는 데오발드 공원에서 침례교인들의 집회를 크게 열었다. 그와 다른 몇몇 장교들이 그 공원을 샀기 때문이다. 그들은 친우회와 진리에 대해 심한 욕을 해댔으며, 내가 혹여라도 그곳에 온다면 영장으로 나를 체포하겠다고 위협을 하였다.

그렇지만 나는 풀려난 뒤에, 주님의 이끄심을 받아 데오발드로 가서 그들 바로 곁에서 집회를 열기로 했다. 그곳으로 많은 사람들이 왔으며, 여러 부류의 침례교인들이 진리의 길에 대해 확신을 갖고 그리스도를 값없이 가르치시는 스승으로 받아들이고 침례교를 떠났다. 그 때문에 패커 대령은 더욱 화가 났다. 그러나 주님의 능력이 그 사람 위에 임하셨기 때문에 나를 어떻게든 방해할 수 없었다.

그리고 나서 바로 곁에 있는 올담으로 가서 집회를 열었다. 그런데 사람들이 너무 난폭해서 집 주위로 몰려들어 유리창을 부수었다. 그래서 나는 바깥으로 나와, 성경을 손에 들고서 그들을 안으로 들어오라고 청하면서 우리가 믿는 원칙과 실천하는 것을 성경을 통해 보여주겠노라고 말하였다. 그렇게 하고 난 뒤에, 나는 사람들에게 그들의 선생들이 선지자들과 그리스도와 사도들이 비난하던 사람들의 길을 걷고 있다는 것도 알려 주었다. 그리고 나서는 사람들을 그들 마음 속에 있는 그리스도와 하나님의 영의 빛으로 인도해서, 그 빛을 통해서만 그들이 값없이 가르쳐 주시는 선생이신 주 예수 그리스도를 알 수 있게 될 것이라고 알려 주었다.

모임이 끝나고 사람들은 흡족한 마음으로 조용히 떠나갔으며, 이후로 친우회 모임이 그 마을에 정착되었다. 그러나 이 일은 내가 올리버 크롬웰로 인해 석방되고 얼마 뒤에 있은 일이었다.

런던의 관청가를 떠나 샤링 크로스에 있는 머메이드로 갔다가 얼마 있지 않아서 런던시로 갔다. 거기서 능력있는 대규모 집회를 열었다. 사람들로 인해 너무 혼잡하여 집회를 시작하는 데도, 사람들을 되돌려 보내는 데도 너무 힘이 들었다. 그러나 진리의 말씀은 풍성하게 전파되었다. 토머스 올담(Thomas Aldam)과 런던시의 사법관이었던 로버트 크레이븐(Rpbert Craven)과 많은 친우회 교우들이 나를 따라 런던으로 왔다. 그러나 알렉산더 파커는 나와 함께 동행하였다.[10]

제8장 올리버 크롬웰을 방문하다 181

　얼마 후에 나는 런던 관청가로 다시 가서, 마음이 이끌려 사람들에게 주님의 날에 대한 것과 주께서 자기 백성을 직접 가르치러 오셨음을 선포하였다. 그래서 나는 장교들과 올리버의 측근들이라고 불리던 사람들에게 진리를 선포했다. 그 사람들은 올리버를 경호하던 사람들이었다. 그렇지만 내가 사람들에게 주님의 말씀을 선포하고 있는 동안 한 목사가 항의를 하였다. 올리버 측근에는 여러 명의 목사가 있었는데 그 가운데 한 사람이었다. 그 사람은 올리버의 통신자이자 시기심 많고, 경박하며, 냉소적이며 가치없는 사람이었다. 나는 그 사람에게 회개하라고 하였다. 그러자 그 사람은 그 다음 주 신문에다가 내가 런던 관청가에서 하나님의 거룩한 일꾼에게 회개하라고 명령했다는 기사를 실었다.
　다시 그곳으로 갔을 때 나는 그 사람을 만났다. 거기에는 아주 많은 사람들이 나를 둘러 모여있었다. 나는 그 목사가 단언한 것들이 여러 가지 점에서 거짓임을 명백히 드러내었다. 그러자 그 사람은 입을 다물고 말았다. 그 사람은 내가 은단추를 달고 다닌다는 기사를 실었는데 그것은 거짓말이었다. 왜냐하면 내 옷에 달린 단추는 연금술로 만든 단추일 뿐이었다.[11] 다음에는 내가 사람들의 팔에 리본을 달아 주기 때문에 사람들이 나를 좇는다는 기사를 실었다. 그것 또한 거짓이었다. 나는 한번도 리본을 달거나 사용한 적이 없었기 때문이다.
　세 명의 친우회 교우들이 거짓 정보를 퍼뜨린 목사를 찾아가 어디서 그러한 정보를 얻게 되었는가 조사하러 갔다. 그 목사는 어떤 여자가 그렇게 이야기했다고 하면서 나중에 다시 오면 그 여자의 이름을 알려 주겠다고 했다. 다시 찾아가니 이번에는 그러한 이야기를 전해 준 사람이 남자라고 했고 이름을 가르쳐 주지 않았다. 그러고는 다시 오면 그때, 그 사람의 이름과 거처를 알려 주겠다고 했다.
　친우회 교우들이 세번째 찾아 갔을 때, 그 목사는 누가 그러한 이야기를

---

10) 같은 해인 1654년에 에드워드 버러와 프랜시스 하우질이 런던에서 놀라운 일을 하였다. 당시 그 두 친우회 교우가 초기 사역을 하는 데 런던 시에는 적어도 1만 명 가량으로 추산되는 신앙 고수자들이 모인 것으로 본다.
11) 인조 금으로 만든 싼 금속제품.

해 주었는지 말하려고 하지 않았다. 그렇지만 내가 그러한 일이 전혀 없었다는 글에 내 서명을 붙여 전해주면 그것을 신문에 내겠다고 약속을 하였다. 그래서 친우회 교우들은 내 서명이 담긴 글을 그 목사에게 가지고 갔다. 그렇지만 친우회 교우들이 도착하니 목사는 약속을 어기고 그것을 신문에 실으려고 하지 않았다. 화가 나서는 오히려 경관을 불러 위협을 했다.

그는 이렇게 거짓말을 만들어 꾸며댔고 뉴스를 통해 그러한 거짓말을 전국에 퍼뜨려서 사람들이 진리를 싫어하게 만들었으며, 그 마음 속에 사악한 마음을 심어 주어 친우회와 진리를 반대하는 마음이 생기게 하였다. 이 일에 관해 친우회 교우들에게 쏟아진 거짓된 기사와 비방으로부터 친우회 교우들과 진리를 밝혀 내기 위해 곧 더 많은 기사가 책으로 인쇄되어 나올 것이다.

통신사 역할을 맡았던 이 목사는 독립교회파에 속하는 사람으로 레스터셔에 사는 사람들과 똑같았다. 그렇지만 주님의 능력이 그들의 온갖 거짓 위에 나타나셨고 그러한 거짓말들을 휩쓸어 버리셨다. 그래서 많은 사람들이 이러한 목사들의 사악함을 보러 왔다. 하늘 하나님께서 모든 일에서 나를 그 능력 가운데로 인도하셔서 하나님의 복되신 능력이 나라 안에 두루 퍼졌다. 그래서 이 때쯤에는 많은 친우회 교우들이 자발적으로 전국 대부분 지역과 스코틀랜드까지 영원한 복음을 외치러 나가게 되었다. 또한 주님의 영광을 모든 사람들이 느꼈으며, 주께 영원한 찬양을 드렸다.

런던에서는 아주 많은 사람들이 확신을 가졌다. 호국경의 가족들 가운데도 확신을 가진 사람이 더러 있었다. 나는 호국경을 다시 보러 갔으나 그를 만날 수 없었다. 부하들이 더욱 거칠게 대했기 때문이다.

제 9 장

남부 지역을 돌다
1655-1656

이무렵 주님은 내게 로마 교황과 유럽을 통치하는 모든 왕들에게 권고하는 짧은 경고의 글을 써 보내라고 하셨다.

그뿐 아니라 나는 마음이 이끌려 호국경(그렇게들 불렀다)에게, 주께서 나라들에게 나타내실 강력한 일과 나라들을 뒤흔들어 놓으실 것을 경고하였

---

1) 호국경에게 보낸 이 편지는 1656년에 출간되었다. 이 편지는 '로마 교황과 그를 따라 우상을 좇는 모든 자들을 향한 주님의 경고'로, 1656년 Black-Spread Eagle에서 출간했다. 폭스는 그 당시에 아주 많은 편지를 썼다. 그 편지들 가운데는 기독교계의 모든 신앙고백자들에게 주는 장문의 편지도 있다. 다음은 그 중에서 특징적인 글의 일부이다.

"항상 기뻐하고 즐거워 합시다! 마음이 진실해 집니다. 정결한 마음이 됩니다. 기쁨과 즐거움이 찾아 옵니다. 영광스런 하나님께서 자신을 드높이고 계십니다. 지금까지는 진리를 이야기했으나, 이제는 그 진리를 소유하였습니다. 이전까지는 그리스도에 대해 이야기했으나 이제는 그리스도께서 오셨으며, 그리스도를 소유하였습니다. 지금까지는 그리스도의 영광에 대해 이야기했으나, 이제는 그 영광을 얻었으며, 사람의 영광은 점점 보잘것 없는 것이 되어가고 있습니다. 지금까지는 하나님의 아들에 대해 이야기했으나 이제는 그분께서 오셨고 우리로 깨닫게 하셨습니다. 연합에 대해 말해 왔으나 이제는 연합하였습니다. 처녀들 이야기를 해 왔으나 이제는 처녀들이 등에 기름을 채우고 왔습니다."

고 또한 자신의 지혜나 꾀나 책략이나 사심을 구하지 않도록 조심하라는 글을 보냈다.[1]

　그리하여 리딩(Reading)에 이르기까지 순회 전도를 하며 다녔다. 리딩에서 나는 주님의 길에 대해 영적 진리를 깨달은 사람을 몇 사람 발견하였다. 리딩에서 나는 '첫째 날'까지 머물렀는데 조지 람볼(George Lamboll)의 과수원에서 집회를 열었다. 마을 사람들이 상당히 많이 왔다. 참으로 영광스런 집회였다. 그곳에 모인 아주 많은 사람들이 영적 진리를 깨달았으며 사람들은 굉장히 흡족해 했다. 펠 판사의 딸들도 나를 보러 왔으며, 브리스톨의 조지 주교도 왔다. 그는 대위였기 때문에 옆에 칼을 차고 있었다.

　집회가 끝나고 많은 침례교인들과 랜터 파 교인들이 개인적으로 나를 찾아와서 내게 묻고 함께 이야기를 나누었다. 그렇지만 주님의 능력이 그들 위에 임하셨다. 랜터 파 사람들은 하나님께서 마귀를 만드셨다고 주장했다. 나는 그 사람들의 말을 부정하였고, 나 자신은 하나님의 능력인 씨앗이 그리스도에게로 들어갔다는 것과 그리스도께서는 마귀가 있기 전에 계셨으며, 그 분은 마귀의 머리를 상하게 하신 분이라고 말하였다. 그리고 그 마귀는 진리에서 벗어남으로써 마귀가 되었는데 그리하여 죽이고 멸망시키는 자가 되었다고 이야기하였다. 나는 하나님께서 마귀를 만들지 않으셨다는 것을 알려주었다. 왜냐하면 하나님은 진리의 하나님이시며 모든 것을 선하게 만드시고 만드신 것들에게 복을 주는 분이기 때문이다. 그렇지만 하나님은 마귀에게만은 복을 주지 않았다. 또한 마귀는 처음부터 나빴고, 처음부터 거짓말쟁이요, 살인하는 자였으며 하나님께로부터 받은 것을 말하지 않고 자기 자신에 관하여 말한 자였다고 사람들에게 말해 주었다.

　이러한 진리는 사람들의 입을 다물게 하고 굳어지게 하여 나라 안의 온갖 고상한 관념들을 능가하여, 사람들을 혼동케 하였다. 나는 주님의 능력으로 일목요연하게 말할 수 있었으며, 주님의 능력을 통해 모든 사람들 안에 계시는 하나님의 영을 분명히 증거하려고 했다. 주의 성신으로 말미암아 사람들이 하나님께로 돌이킬 수 있도록 하기 위함이었다. 많은 사람들이 성신을 통해 주 예수 그리스도께로 돌이켰으며 주님의 가르침을 따르게 되었다.

　이러한 일이 있고 나서 나는 런던으로 건너갔다. 런던에 잠시 머무는 동안 큰 집회를 열었다. 그 때에는 에섹스(Essex)로 갔다가 코그샬(Cogshall)로 갔다. 코그샬에서 연 집회에는 약 2천명 가량의 사람들이 참석한 것으로 추정된다. 7시간 동안 지속되었는데 참으로 영광스런 집회였다. 생명의 말씀이 값없이 선포되자, 사람들은 자신들을 가르치시며 구원하시며, 길과 진리요 생명이 되시는 주 예수 그리스도께로 돌이켰다.

'여섯째 날'에는 콜체스터 근처에서 크게 집회를 열었는데 그곳으로 많은 신앙고백자들과 독립교회 선생들이 왔다. 설교를 마치고 서 있던 곳에서 내려 오자 독립교회의 선생 가운데 한 사람이 시끄럽게 떠들기 시작했다. 그것을 아모르 스토다트가 알아차리고는 "조지, 다시 일어나시오"하고 말하였다. 나는 자리를 나오고 있었기 때문에 처음에는 사람들의 이야기를 듣지 못했다. 그렇지만 독립교회 주의자가 외치는 소리를 듣고는 다시 일어났다. 조금 뒤에 주님의 능력이 그 사람과 그의 교우들 위에 임하셔서 그들은 혼동케 되었고, 주님의 진리가 모든 사람들 위에 나타났다. 지금 그 지역에는 주님의 많은 양 떼가 있으며 양들은 생명의 풀밭에서 풀을 먹고 있다.

다음 주 '첫째 날'에 우리는 콜체스터에서 그리 멀지 않은 곳에서 집회를 크게 열었다. 주님의 능력이 분명하게 나타났으며 사람들은 아주 만족해 했다. 주 예수 그리스도의 값 없이 베푸시는 가르침으로 돌이켜서 그 가르침을 기쁘게 받아들였기 때문이다. 그 중에는 순교자의 혈통이 많았다.

콜체스터를 지나면서 감옥에 있는 제임스 파넬을 만나러 갔다. 그런데 간수가 좀처럼 그를 만나도록 허락해 주지 않았다. 간수의 아내는 파넬을 죽이겠다고 위협했다. 그리고는 감옥에서 그들은 정말로 제임스 파넬을 죽였다. 독자들은 제임스 파넬이 죽고 난 후에 출간된 책과, 또한 파넬이 쓴 글과 책을 한데 모아 출간한 서간을 통해 그의 생애와 죽음에 대한 이야기를 볼 수 있을 것이다.

우리는 야머스(Yarmouth)에 도착했다. 그곳에는 토머스 본드(Thomas Bond)라는 친우회 교우가 있었는데 그는 그리스도의 진리를 전하다가 잠시 감옥에 갇혀 있었다. 그곳에서 우리는 몇차례 모임을 가졌으며, 그 모임을 통해 주께로 돌이키는 사람들이 더러 있었다.

거기서부터 말을 타고서 30킬로 남짓 떨어진 도시로 갔다. 그곳에는 영적 진리에 민감한 사람들이 많이 있었다. 그래서 나는 주님의 이끄심을 받아 여러 곳을 다니면서 말 위에 앉아서 사람들에게 말씀을 선포했다. 8킬로 쯤 더 지나 다른 마을에 도착한 우리는 말을 여관에 들였다. 리처드 허버슨과 함께 72킬로를 다닌 뒤였다. 그 도시에는 호의를 베푸는 사람들이 더러 있었는데 우리는 그러한 사람들과 함께 주님의 능력 안에서 마음이 열리고 깨어지는 집회를 가졌다.

우리는 마부에게 새벽 3시쯤이면 떠날 수 있도록 준비해 달라고 했다. 다음날 아침에 53킬로 가량 떨어진 린(Lynn)까지 말을 타고 갈 작정이었기 때문이다. 그러나 밤 11시경에 여관에서 자고 있는데 경관과 군인들이 무질서한 사람들의 무리를 이끌고 찾아왔다. 그들은 마을에서 8킬로쯤 떨어져 사는 치안판사가 발부한 죄인 체포 영장을 가지고 왔다고 했다. 그곳은 내가 말을 타고 지나가다가 거리에서 사람들에게 말씀을 전한 적이 있는 곳이었다. 그들은 회색 말을 타고 회색 옷을 입은 두 사람을 찾는다는 말을 들었다는 것이다. '일곱째 날' 전날 저녁에 그 두 사람이 어떤 집을 급습했다는 것이다. 우리는 그 사람들에게 우리가 결백하며 죄가 없다는 것과 그러한 일을 혐오한다고 말했지만, 그들은 우리를 붙잡아 미늘 창과 창꼬치를 든 보초병을 두어 그날 저녁 우리를 지키게 하고, 우리에게 호의적이었던 사람들을 다른 사람들과 함께 몇 불러서 우리를 지켜보게 하였다.

다음날 아침에 우리는 일찍 일어났다. 경관과 보초병은 우리를 8킬로 남짓 떨어진 곳에 사는 치안 판사에게 데리고 갔다. 우리는 마을에서 두세 사람 가량을 증인으로 데리고 갔다. 그 사람들은 로렌스(Lawrence) 대위 집에서 큰 집회를 가질 때 우리와 함께 있었던 사람들로 우리가 '일곱째 날'과 '첫째 날' 저녁에 로렌스 대위 집에 있었다는 것을 증언해 줄 수 있는 사람들이었다. 말을 탄 두 사람이 집을 습격했다는 날이 바로 그 '일곱째 날'이었던 것이다.

내가 샤링 크로스의 머메이드에 갇혀 있는 동안 로렌스 대위는 그곳으로 독립교회파 판사들을 몇명 데리고 와서 나를 만나보게 하였다. 그들과 나는 많은 이야기를 나누었는데 그들은 대화를 하면서 나를 공격하였다. 왜냐하면 그들은 사람의 불완전함을 주장하면서 사람이 살아 가는 동안은 죄를 지을 수밖에 없다는 주장을 옹호하였다. 그리고는 그리스도께서 직접 자기 백성을 가르치시며 이 땅에서 사는 자기 백성을 타락하기 전에 아담과 하와처럼 깨끗케 하신다는 이야기는 귀담아 들으려고 하지 않았다. 이 판사들은 함께 나를 모해할 음모를 짜고 한 집이 습격을 당한 것처럼 하여 내게 체포장을 보내려고 하였던 것이다. 그들은 앞서 이야기한 존 로렌스의 집에서 열린 대집회에 관한 이야기를 듣고도 몹시 화가 나고 속이 상했던 것이다. 왜냐하면 대령 한 사람이 그날 그 집회에서 영적 진리를 깨닫고는 진리 가운데서 살다가 죽었기 때문이다.

 그렇지만 하나님의 섭리로, 경관들은 8킬로 남짓 떨어진 곳에 사는 재판관에게 우리를 데리고 갔는데 그 길은 마침 우리가 가기로 작정했던 린으로 향하는 길이었다. 그 판사는 다른 판사들과 달리 독립교회파가 아니었다. 그 사람 앞에 불려나가자 그 판사는 우리가 모자를 벗지 않는다고 화를 내기 시작했다. 나는 호국경 앞에 선 적이 있는데 그 사람도 내가 모자를 벗지 않는 것에 대해 뭐라 하지 않았는데, 어째서 그 사람을 받드는 사람들중 한 사람에 불과한 사람이 내가 모자를 벗지 않는 것에 대해 뭐라고 하느냐고 물었다. 그러자 그 재판관은 체포서를 읽었다. 그래서 나는 집이 습격을 당했다는 저녁에 우리는 로렌스 대위 집에 있었으며 그것이 사실임을 증명할 사람도 여럿 있다고 말하였다.

 그리하여 재판관은 우리와 그 사람들을 조사한 뒤에 우리가 집을 습격한 사람들이 아니라고 생각하지만, 더 이상 우리를 공격할 것이 없어 유감이라고 했다. 우리는 우리에게 못된 행동을 할 수 없어서 유감이라고 생각할 것이 아니라 오히려 기뻐해야 한다고 말했다. 강도짓이나 그같이 나쁜 일을 하는 사람들처럼 다른 사람들을 향해 나쁜 마음을 품고 기뻐하는 것은 선한 마음이 아니기 때문이었다.

 그러나 재판관이 우리를 석방할 것인지 감옥으로 보낼 것인지 결정하기까지 상당한 시간이 걸렸다. 사악한 경관이 우리를 반대하도록 판사를 부추겨서 그에게 우리가 좋은 말들을 가지고 있으며 괜찮다면 자기가 직접 우리를 노르윅 감옥으로 데리고 가겠다고 말했던 것이다. 그렇지만 우리는 우리가 집을 습격한 사람이 아님을 믿는다는 판사의 견해를 주장하였다. 우리가 주님을 경외하라고 권고하자 주님의 능력이 그에게 임하여서 재판관은 우리를 풀어 주었다. 이렇게 해서 그들의 음모는 깨져버렸다.

이후에 그 지역에서 아주 많은 사람들이 주께로 모여 들었다. 나는 마음이 이끌려 거리에서 말씀을 선포했고 심한 비난이 뒤따랐다.

자유의 몸이 되어, 우리는 케임브리지로 건너갔다. 케임브리지에 도착하니 내 소식을 들은 학생들이 있었는데 그들은 아주 난폭했다. 나는 말을 탄 채로 주님의 능력 안에서 그들 사이로 지나갔다. 그런데 그들은 아모르 스토다트가 여관에 닿기도 전에 그를 말에서 떨어트렸다. 여관에 머물러 있는 동안에 그들은 거리거리 골목골목에서 너무 난폭하게 굴어서 광부, 석탄공, 짐꾼이라도 그보다 더 무례하게 굴 수는 없었다. 여관집 사람들은 저녁으로 무엇을 먹을 거냐고 물었다. 그래서 나는 "저녁이라뇨! 주님의 권능이 저 사람들 위에 나타나지 않았더라면 저 거친 학생들이 아마 우리를 갈기갈기 찢어 저녁거리로 만들듯이 굴었을 거요"하고 말했다. 학생들은 내가 돈을 받고 설교를 하는 것에 반대한다는 것을 알고 있었다. 그들은 그곳에 배우러 온 견습생들이었다. 그래서 그들은 달의 신 다이아나를 만들던 사람들이 바울에게 저항했던 것만큼이나 격노했다.

이 지역에서 존 크룩(John Crook)이라는 사람과 만나게 되었다.[2] 밤이 되자, 호의를 품고 있던 시장이 나를 자기 집으로 데리고 가려고 왔다.[3] 거리를 지나는데 마을에 소동이 있었다. 그렇지만 어두웠기 때문에 사람들은 나를 알아보지 못했다. 사람들은 나에 대해서뿐만 아니라 시장에게도 화가 나 있었다. 그래서 시장은 소요가 일어날까봐 나와 함께 다니는 것을 몹시 두려워 하였다. 우리는 호의적인 사람들을 불러다가 하나님의 능력으로 훌륭한

---

2) 존 크룩은 베드포드 시의 치안판사였다. 나중에는 친우회 교우들 사이에 탁월한 목사가 되며 여러번의 수감 생활을 경험한다.
3) 케임브리지 시장의 아내는 그전날 엘리섬(Isle of Ely)에서 폭스가 열었던 대규모 집회에 참석했었다. 제임스 파넬은 폭스가 방문하기 전부터 일찍이 케임브리지에서 수고하고 있었다. 어떤 사람은 250년 전에 학생들에게서 재미있는 점을 발견해 내기도 한다. 그 학생들이 폭스를 말에서 떨어뜨리지 못했다는 것은 흥미로운 사실이다. 폭스와 학생들 사이에 있었던 다툼은 로버트 스펜스(Robert Spence)란 사람이 그린 스케치화의 주제로 잡히기도 한다.

집회를 가졌다. 그리고 그곳에서 나는 밤이 새도록 있었다.

다음 날 아침, 6시까지 말이 떠날 준비를 하라고 지시해 두었기 때문에 우리는 조용히 그 시를 빠져 나올 수 있었다. 우리를 해치려던 사람들은 낙담하였다. 그들은 내가 그곳에 더 오래 머물러 있을 거라고 생각하고 우리를 해칠 작정을 하고 있었기 때문이다. 우리가 아침 일찍 빠져나오는 바람에 우리를 해치려고 세운 그들의 사악한 계획은 무너져 버리고 만 것이었다.

에브섬(Evesham)에서 나는 치안 판사가 친우회 교우들을 여럿 감옥에 가두었고, 내가 온다는 소리를 듣고는 단단한 막대기를 두 자루 준비해 두었다는 이야기를 들었다. 나는 에브섬 가까이에 사는 에드워드 피터웨이(Edward Pittaway)라는 친우회 교우를 불러 일의 진상을 물어 보았다. 그 사람은 내가 들은 대로라고 이야기하였다. 그날 저녁으로 나는 에드워드 피터웨이와 함께 에브섬으로 갔다. 그리고 아침에는 성대하고도 귀한 집회를 열었다. 그 집회에서 친우회 교우들과 사람들은 주님의 능력인 생명의 말씀을 통해 새 힘을 얻었다.

다음 날 아침, 나는 감옥에 찾아가서 수감되어 있는 친우회 교우들을 만나 격려를 하였다. 그리고 나서 말을 타고 또 다른 감옥으로 갔다. 그곳에도 몇사람이 갇혀 있었다. 그중에는 험프리 스미스(Humphry Smith)라는 사람이 있었는데 그 사람은 한때 목사였다가 이제 돈을 받지 않고 말씀을 전하는 그리스도의 새로운 일꾼이 되었다. 두 군데 감옥에 갇혀 있는 친우회 교우들을 찾아 보고, 그 도시를 빠져 나오다가 나를 체포할 작정으로 치안판사가 오는 것을 보았다. 그렇지만 주께서 그들의 의도를 꺾으셨기에 무죄한 나는 그들의 덫에서 달아날 수 있었다. 하나님의 복되신 능력이 그들 위에 임하셨던 것이다. 그렇지만 그 즈음 그곳에 사는 목사와 신앙 고백자들은 지나치게 난폭하고 시기심에 차 있었다.

나는 에브섬에서 우스터로 가서, 거기서 조용하고도 귀한 집회를 열었다. 우스터에서 트윅스베리(Tewkesbury)로 갔다. 그곳에서는 밤에 집회를 크게 열었는데 집회 장소로 그 시의 목사가 무례한 군중 일대를 이끌고 왔다.

트윅스베리를 떠나며 워릭(Warwick)으로 건너갔다. 거기서는 온건한 생각을 가진 많은 사람들과 함께 한 과부의 집에서 아침 집회를 가졌다. 주님의 능력 안에서 아름다운 집회를 열었는데 몇몇 사람이 영적 진리를 깨닫고 주께로 돌이켰다. 집회가 끝나고 참석했던 사람 중에 한 침례교도가 시끄러운 소리를 내기 시작했다. 그 시의 집행관이 장교들과 함께 와서 "이 사람들은 이 밤에 여기서 무엇을 하고 있는 겁니까?" 하고 물었다. 그리고는 존 크룩과 아모르 스토다트와 제라드 로버츠와 나를 도망가지 못하게 하였다. 그러다가 여관으로 돌아가 아침에 나오도록 허락해 주었다.

다음 날 아침에 많은 무례한 사람들이 여관으로 와서 우리 방으로 들어왔는데 그들은 혈안이 되어 있었다. 그렇지만 주께서 우리에게 능력을 주시어 그 사람들을 통제할 수 있었다. 제라드 로버츠와 존 크룩은 우리에게 무슨 말을 할 건지 알아 보러 집행관에게 갔다. 집행관은 우리에게 할 말이 별로 없으니 갈 길을 가라고 했다. 말을 타고 그 도시를 빠져 나오는데, 양심의 자유를 허락하는 정부 문서를 호국경이 발부해 주었는데 그것과는 반대로 집행관이 하나님을 경외하며 평화롭게 사는 사람을 괴롭히려고 한다니 그것은 이상한 일이라는 것을 집행관에게 알려 주러 집행관의 집으로 가야 한다는 생각이 강하게 들었다.

친우회 교우들이 나와 함께 갔지만 난폭한 사람들이 돌을 들고 우리 주위로 모여 들었다. 그중 한 사람이 말 고삐를 잡아 끊어뜨렸다. 그렇지만 말은 뒤로 물러 서면서 그 사람을 아래로 내동댕이 쳤다. 집행관도 이러한 장면을 목격하였으나 그만두게 하지도 않았으며, 무례한 군중들을 나무라지도 않았다. 거리에서 우리가 죽거나 다치지 않은 것이 이상했다. 말을 타고 도시를 지나갈 때, 사람들이 돌을 던지고 우리를 때리고 하였는데도 말이다.

마을에서 꽤 벗어났을 무렵 나는 친우회 교우들에게 주께서 나더러 마을로 다시 돌아가야 한다고 말씀하신다고 말하면서, 주께서 나를 따라가라는 느낌을 받은 사람이 있는지 물으면서 그렇지 않은 사람은 던 카우(Dun-Cow)로 가도 된다고 했다. 그래서 나는 주님의 놀라운 능력으로 장터를 지나가며 생명의 말씀을 사람들에게 선포했다. 존 크룩이 나를 따라왔다. 나를 때리는 사람도 더러 있었지만 주님의 능력이 그들 위에 임하셔서 그들 모두를 통제하게 하셨다. 나는 사람들에게 그들 스스로 그리스도인이라고 하는 것은 아무 소용이 없다는 것과 더욱 온건한 정신을 갖게 해 주지도 못하는 스승들이 소용이 없다는 것을 알려 주었고, 당신들과 같은 사람들이 그리스도인이라는 것은 참으로 부끄러운 일이라고 이야기하였다.

내 생각을 이해시키고 나서 그 도시에서 다시 나와 코벤트리로 갔다. 코벤트리의 사람들은 어두움에 사로잡혀 있었다. 한 신앙고백자 집에 갔는데 전에 가본 적이 있는 집이었다. 그 사람은 술에 취해 있었다. 거기에 마음이 상해 나는 그 지역에선 아무 집에도 가지 않았다. 그러나 말을 타고서 장터와 거리를 몇군데 다녔다. 주님의 능력이 그 마을에 임하신다는 것을 느꼈다.

그리고 나서 던 카우로 가서 저녁에 집회를 열었다. 몇몇 사람들이 주의 영으로 말미암아 그리스도께로 돌이켰다. 그것은 워릭과 트웍스베리에서 그랬던 것과 마찬가지였다. 그날 저녁은 던 카우에 있었다. 존 캄(John Camm)이라는 사람을 만났는데 그 사람은 영원한 복음을 전하는 신실한 일꾼이었다. 아침에는 그곳으로 거칠은 목사들과 사람들의 무리가 모여 들었는데 그 사람들은 짐승이나 다름없이 행동했다. 말을 탄 채, 집안으로 들어오는 사람들도 있었다. 그렇지만 주님이 그 사람들을 통제할 수 있도록 도와주셨다.

거기서부터 우리는 레스터셔로 건너갔다. 그리고는 워릭셔(Warwickshire)에 있는 베드슬리(Baddesley)로 갔다. 여기서 윌리엄 에드먼슨(William Edmundson)을 만났는데 그 사람은 아일랜드 사람이었는데 나를 보러 영국으로 건너 오게 된 경위에 대해 설명하였다. 나는 그 사람 편에 북부 아일랜드에서 영적 진리를 깨달은 친우회 교우들에게 짤막한 편지를 보냈다.[4]

---

[4] 윌리엄 에드먼슨은 아일랜드에서 처음으로 퀘이커교도의 주의를 소개하고 선포한 사람 가운데 한 사람이다. 그는 크롬웰이 지휘하는 군대의 군인이었으며 철기병(Ironside; 크롬웰 휘하의 철기병)의 정신과 용맹을 새로운 사역에 쏟았다. 아일랜드가 안정되지 않았던 시련기에는 생소하고도 말할 수 없는 어려움을 겪었다. 그렇지만 자기가 맡은 사역을 훌륭히 감당해 낼 수 있었다. 에드먼슨은 미국에서도 중요하고도 값진 사역을 했다.

친우회 교우들께:

여러분이 깨달은 진리가 사라지게 될 수도 있으니, 깨닫게 하신 분 안에서 기다리십시오. 또한 사랑하는 모든 친우회 교우들이여, 생명과 사랑과 능력과 하나님의 지혜 안에 거하며 성도 간에 하나되며 하나님과 하나되는 삶을 사십시오. 그리하면 하나님의 평강과 지혜가 여러분 모두의 마음을 채워 주 하나님 안에 서는 삶 이외에 어떠한 것도 여러분의 삶을 지배하지 못할 것입니다.   G.F.

아일랜드에 있는 친우회 교우들이 몇줄 안되는 편지를 읽을 때에 주님의 능력이 방안에 있는 모든 사람들 위에 임하였다.

베드슬리에서 스와닝턴, 하이엄(Higham)으로 옮겨가고 또 노샘프턴셔(Northamptonshire), 베드포드셔(Bedfordshire)로 건너가서 크게 집회를 열었다. 그리고 많은 사람들이 주님의 능력과 성신으로 주께로 돌이켰다.

허트포드셔(Hertfordshire)에 있는 발독(Baldock)에 갔을 때, 나는 그 지역에는 신앙고백자가 한 사람도 없느냐고 물었다. 그리고는 침례교도가 몇 있으며, 한 침례교 여인이 아프다는 말을 들었다. 베드포드셔의 존 러쉬(John Rush)가 나와 함께 그 여자를 방문하러 갔다.

그 집에 도착하니 그 여자 주변에는 영적 진리에 민감한 사람들이 많이 있었다. 사람들은 그 여자가 이미 이 세상 사람은 아니지만 다가올 세상에 대해 그 여자를 위해 해줄 말이 있으면 해도 좋다고 내게 말했다. 나는 주 하나님의 이끄심을 받아 그 여자에게 말했다. 그랬더니 주께서 그 여자를 다시 일으키시어 그 도시와 주변 마을 사람들이 깜짝 놀랐다. 이 침례교 여인과 발독이라는 남편은 영적 진리를 깨닫게 되어 그때부터 수백명의 사람들이 그 여자 집에서 모임을 갖게 되었다. 그 이후로 그 지역에 큰 집회들이 열리고 많은 사람들이 영적 진리를 깨달아 생명의 말씀을 받아들이고 구원자 그리스도의 가르침을 따르게 되었다.

아픈 침례교 여인을 방문하고 여관으로 돌아오니, 여관에서는 두 사람이 격렬하게 싸우고 있어서, 아무도 감히 그 두 사람을 떼어 놓으려고 가까이 가지 못하고 있었다. 그렇지만 나는 마음이 이끌려 주님의 능력으로 그 두 사람에게 나아갔다. 그리고는 두 사람의 손을 풀어 한 손으로 한 사람의 손을 잡고, 나머지 한 손으로 다른 사람의 손을 잡고는 그들이 한 행동이 얼마나 나쁜 행동인가를 깨우쳐 주고 서로 화해를 시키자 두 사람은 아주 호의를 보이며 내게 고맙다고 했다. 이것을 본 사람들은 놀라워 했다.[5]

이제, 런던에서 얼마를 지체하면서 친우회가 여는 집회에서 친우회 교우들을 만나본 뒤에 제임스 네일러를 남겨두고 런던 시를 나왔다. 네일러를 떠나면서 그를 쳐다보았다. 걱정이 되었지만 말을 타고 리게이트(Ryegate)로 갔다. 거기서 작은 집회를 가졌다.[6] 친우회 교우들이 토머스 무어(Thomas Moore)라는 사람에 대해 말해 주었다. 그 사람은 치안 판사로 리게이트(Ryegate)에서 그리 떨어지지 않은 곳에 살고 있으며 호의적이고 온화한 사람이었다. 나는 그 사람 집으로 그를 방문하러 갔고 그 사람은 진리를 위해 일할 수 있는 사람이 되었다.

거기서부터 우리는 도체스터(Dorchester)로 가서 한 여관에 들었는데 침례교인의 집이었다. 우리는 그 시에 있는 침례교단에 편지를 보내어 그들의 집회 장소를 우리가 빌려 진지한 생각을 품고 있는 사람들을 그곳으로 초대해도 되느냐고 물었다. 그렇지만 그들은 우리의 제안을 거절했다. 우리는 다시 편지를 보내 어째서 그들의 집회 장소를 빌려주지 않는지 알고 싶다고 했고, 그 문제로 시가 떠들썩했다. 그래서 우리는 당신들의 집회 장소에 들어가지 못한다 하더라도, 당신들이나 하나님을 경외하는 사람이 원한다면 누구든지 우리가 묵고 있는 여관에 들어 올 수 있다는 글을 전하였다. 그러나 그들은 몹시 화를 내었다. 침례교단의 선생들과 많은 침례교인들이 나타나서 자신들이 가지고 있던 성경책을 책상 위에 내동댕이 쳤다.

나는 어째서 그렇게 화를 내느냐고 물었다. "저들은 성경책 때문에 화가 난 것입니까?" 그렇지만 그들은 자신들의 물세례에 관해 토론을 벌이기 시작했다. 나는 그들에게 당신들이 요한처럼 하나님께서 세례를 주라고 보내신

---

5) 이 경우들은 폭스가 환자와 무모한 사람들을 다루는 능력을 더 자세하게 설명해 준다. 폭스는 항상 직면하는 위기 상황을 자신이 감당할 수 있다고 느꼈다.
6) 제임스 네일러가 실패하리라는 것을 여기서 조금 느낄 수 있는데 그는 금방 비참한 현실을 맞게 되었다.

사람들이라고 말할 수 있는가를 물었고, 사도 요한이 가졌던 것과 같은 능력과 성령을 가지고 있느냐고 물었다. 그들은 그렇지 않다고 대답했다.

그래서 나는 얼마나 많은 능력을 지니고 있는가를 물었다. 하나님이나 사단의 능력 이상의 능력을 가지고 있는지 말이다. 그들은 하나님의 능력도 사단의 능력도 지니고 있지 않다고 했다. 그래서 나는 "사도 요한이 지녔던 하나님의 능력이 당신들에게 없다면 당신들은 사단의 능력으로 행동하고 있는 것이오"하고 말했다. 진지한 생각을 품고 있던 많은 사람들이 그곳에 참석하고 있었는데 그들은 어쩔할 수 없이 그 사람들을 의지하여 왔다고 말했다. 많은 견실한 사람들이 그날 저녁에 영적 진리를 깨달았다. 우리는 거기서 주께 예배를 드렸으며 주님의 권능이 모든 사람들 위에 임하였다.

다음날 아침에 지나가고 있는데 화가 난 침례교인들이 우리를 쫓아 오면서 자신들의 발의 먼지를 털기 시작했다. "이 무슨 어두움의 일인가! 하나님의 능력 안에 있는 우리가 당신들을 향해 발의 먼지를 터는 것인데"하고 말했다.

도체스터를 떠나, 웨이마우스(Weymouth)에 도착했다. 거기에서도 우리는 온건한 사람들에 대해 물었다. 80명 정도 되는 사람이 어느 목사의 집에 모였다. 대부분이 생명의 말씀을 받아들이고 그들의 스승이신 예수 그리스도께로 돌이켰다. 그리스도는 신령한 빛으로 그들의 마음을 깨우쳤으며 사람들은 신령한 빛을 통해 자신들의 죄와 자기를 죄에서 구원하신 분을 볼 수 있게 되었다. 우리는 복된 모임을 가졌으며, 사람들도 기쁜 마음에서 사랑하는 마음으로 진리를 받아들였다.

집회는 일곱 시간 동안 지속되었다. 그들을 가르치는 선생들의 상태와 배교 행위가 드러났다. 그리고 옛 사도들의 상태와 사도들이 살던 교회가 어떠했는가를 알게 되었으며, 그리스도께서 오시기 전에 율법과 예언이 어떠한 것이었으며 그리스도께서 어떻게 그러한 것들을 이루셨는지가 밝히 드러났다. 또한 그리스도는 사도시대에 사도들을 가르치시는 스승이셨으며 지금도 자기 백성을 주의 능력과 영으로 가르치려고 오셨음을 깨닫게 되었다. 모두 잠잠했고 집회는 평화롭게 끝이 났다. 사람들이 아주 호의적이었으며, 그 때 이후로 그 마을에서는 집회가 오늘날까지 이어지고 있다. 점점 더 많은 사람들이 참여하고 있으며, 진리를 얻게 되어 아주 온건하게 살게 된 랜터 파도 더러 있었다.

그 마을에는 기병대장이 살고 있었는데 그 사람은 나에게 사람을 보내 부득불 내가 좀더 머물러 있길 바란다고 했다. 그렇지만 나는 머물러 있을 수 없었다. 기병대장과 하인이 마을 밖 10킬로 남짓 되는 거리까지 배웅해 주었다. 이 기병대장은 이제껏 내가 만난 사람 중에 가장 뚱뚱하고 낙천적이고 가장 잘 웃는 사람이었다. 그래서 나는 주님의 놀라운 능력으로 마음에 이끌림을 받아 그 사람과 이야기하러 여러 차례 가기까지 하였다. 그렇지만 그 사람은 습관이 완전히 몸에 배어서 무엇이든 보기만 하면 즉시로 웃어버리곤 하였다. 그러나 나는 계속해서 그 사람에게 진지하고, 주님을 경외하며 성실히 행하라고 충고했다.

그날 저녁에는 여관에서 잠을 잤다. 다음날 아침 나는 마음이 이끌려 다시 기병대장과 이야기하러 갔다. 그리고는 그 사람과 헤어졌다. 다음에 그 사람을 만났을 때, 그 사람은 내가 헤어지면서 이야기할 때에 주님의 능력이 그를 너무나도 세게 쳐서 집에 돌아오기 전에 너무나 진지해져서 이전처럼 계속해서 웃을 수 없었다고 고백했다. 그 대위는 나중에 영적 진리를 깨닫고 진지하고도 선한 사람이 되었으며 진리 가운데서 살다가 죽었다.

이러한 일이 있고 나서 우리는 토트니스(Totness)라는 곳으로 갔는데 아주 어두운 도시였다. 거기서 우리는 여관에 들었는데, 그 날 저녁에 에드워드 피욧(Edward Pyot)이 아팠다. 그렇지만 주님의 능력이 그 사람을 고치셨다. 그래서 다음날 우리는 킹스브리지(Kinsbridge)에 도착했고, 여관에 들어가서 그 도시에 진지하고 온건한 신앙을 가진 사람이 있는가 물었다. 사람들이 니콜라스 트립(Nicholas Tripe) 부부를 소개해 주어서 우리는 그 사람들 집으로 찾아갔다. 그들은 목사를 불러 왔고 우리는 목사와 함께 얼마간 대화를 했다. 그렇지만 목사는 당황을 하여 황급히 우리를 떠났다. 니콜라스 트립 부부는 영적 진리를 깨닫게 되었다. 그래서 그때 이후로 그 지역에선 훌륭한 친우회 집회가 계속해서 열리게 되었다.

저녁이 되어 우리는 묵고 있던 여관으로 되돌아 왔다. 여관에는 많은 사람들이 술을 마시고 있었는데 나는 주님의 이끄심을 받아 사람들 앞으로 나갔다. 그리고는 사람들에게 신령한 분이신 그리스도께서 밝히시는 빛으로 돌이키라고 하면서, 그 빛을 통해서 자신들의 사악한 방법과 말과 행동을 볼 수 있으며, 동일한 빛을 통해 또한 그들을 구원하신 예수 그리스도를 볼 수 있게 된다고 말하였다.

여관에 있는 술집 주인이 불편한 듯 서 있었다. 술을 마시고 있는 손님에게 방해가 된다고 생각했던 것이다. 그래서 내가 말을 마치자마자 그 사람은 촛대를 와락 붙들면서 "자, 여기 당신 방으로 안내해줄 등이 있습니다"하고 말했다. 다음날 아침, 나는 그 사람 감정이 가라 앉아 있을 때에 어제 저녁에 당신이 한 행동은 참으로 무례한 일이었다고 말하였다. 그리고는 주님의 날에 대해 경고하고서, 여장을 갖추어 그곳을 나왔다.

다음 날에는 플리머스(Plymouth)에 이르렀다. 여관에서 여독을 푼 뒤 로버트 커리(Robert Cary)의 집으로 갔다. 거기서 우리는 참으로 귀한 모임을 가졌다. 이 모임에는 엘리자베스 트랠로니(Elizabeth Trelawny)가 참석하고 있었는데 그 여자는 귀족의 딸이었다. 그 여자는 귀가 조금 어두웠기 때문에 내 쪽으로 다가왔다. 내가 이야기하고 있는 동안 아주 가까이 다가와서는 자기 귀를 때렸다. 그리고는 영적 진리를 깨닫게 되었다. 이 모임 뒤에 침례교인들이 시끄러운 소리를 내며 몇명 왔다. 그렇지만 주님의 능력이 그들 위에 임하셨고 엘리자베스 트렐로니가 그 사실에 관해 간증을 했다. 그곳에선 주님의 능력으로 아주 훌륭한 집회가 정착하게 되었고, 그 집회는 그 때 이후로 계속해서 열리었다. 그 집회를 통해 많은 신실한 친우회 교우들이 영적 진리를 깨닫게 되었다.

거기서 우리는 콘월(Cornwall)로 가서, 멘헤리오트(Menheriot) 교구에 있는 여관에 들었다. 밤에 우리는 에드워드 핸콕(Edward Hancock)의 집에서 집회를 열었는데, 그곳으로 토머스 마운스(Thomas Mounce)와 목사 한 사람과 많은 사람들이 왔다. 우리는 목사에게 그가 국가가 만든 목사이며 국가에서 보수를 받고 일한다는 것을 시인하게 하였다. 그러자 목사는 당황 하여 가버렸다. 그렇지만 많은 사람들이 그 자리에 머물러 있었다.

나는 사람들을 그리스도의 빛으로 인도하였고 그 빛으로 말미암아 자기 죄를 볼 수 있으며, 그들을 구원하신 그리스도를 알 수 있다고 말하였다. 그리스도는 하나님께 나아가는 통로이시며, 하나님과 사람을 화해시키시는 중보자이시며, 그들을 먹이는 목자이시며, 그들에게 하나님의 뜻을 가르쳐 주는 분이심을 알려 주었다. 나는 사람들을 그들 안에 계시는 하나님의 영께로 인도하였고, 하나님의 영으로 말미암아 성경을 알 수 있고 모든 진리 가운데로 나아가게 되며 또한 하나님의 영을 통해서만 하나님을 알 수 있으며 하나님의 영 안에서만 다른 사람과도 하나가 될 수 있다고 하였다. 그 때에 많은 사람들이 영적 진리를 깨닫고 그리스도의 가르침을 받아들였다. 그 지역에서는 지금도 예수 그리스도의 이름으로 훌륭한 집회가 열리고 있다.

이브스(Ives)로 갔을 때 에드워드 피욧의 말이 발굽을 벗어 던졌다. 우리는 발굽을 고정시키려고 멈추어 섰다. 피욧이 말에 편자를 박고 있는 동안 나는 해변으로 걸어 나갔다. 돌아와 보니 도시가 시끄러웠다. 사람들이 에드워드 피욧과 다른 친우회 교우들을 피터 클리(Peter Ceely) 소령에게 끌고 가고 있었다. 클리 소령은 소령이면서 치안판사였다. 나는 그들을 뒤따라 재판소로 갔는데도 사람들은 나를 붙잡지 않았다.

재판소로 들어가자 그곳에는 무례한 사람들로 가득 차 있었다. 그래서 나는 사람들이 예의를 지키도록 담당하는 사람이 있는가 물었다. 클리 소령은 자신이 치안판사라고 했다. 나는 그 사람에게 그렇다면 엄숙함과 근엄함을 보여 주어 사람들이 예의를 지키도록 해달라고 했다. 나는 한번도 그렇게 무례한 사람들을 본 적이 없으며, 차라리 인디언들이 더 그리스도인답다고 말하였다.

얼마 지나자 사람들이 편지〔조지 폭스가 랜즈엔드(Land's End)의 일곱 교구에 보냈던 편지〕를 한 상 가지고 와서는 내게 그것을 썼느냐고 물었다. 나는 그렇다고 하였다. 그러자 클리 소령은 우리에게 신앙을 포기할 것을 맹세하라고 하였다. 그래서 나는 손을 주머니에 꽂은 채, 내가 호국경에게 제출했던 것에 관해 대답을 하였다. 그러자 클리 소령은 우리들을 한 사람씩 조사하였다. 클리 소령은 바보같은 젊은 목사를 데리고 있었는데 그 목사는 우리에게 시덥지 않은 질문을 많이 하였고 유독 내 머리를 자르고 싶어했다. 당시 머리가 꽤 길었기 때문이었다. 그렇지만 나는 자르지 않겠다고 했다. 비록 여러번 많은 사람들이 내 머리를 거슬려 했지만 말이다. 나는 그것을 자랑하고 싶은 마음도 전혀 없었고 자라고 있는 머리는 내 것이 아니라고 했다.

마침내 클리 판사는 우리에게 감시인을 붙여 주었다. 그들은 클리 판사처럼 거칠고 차가운 사람들이었다. 그렇지만 우리는 사람들에게 주님의 날에 대해 경고하면서 진리를 선포했다. 다음날 클리 판사는 우리를 칼과 권총을 찬 기병대를 동원해 레드러스(Redruth)로 보냈다. '첫째 날' 군인들이 우리를 붙잡아 가기로 되어 있었다. 그렇지만 우리는 안식일이나 그러한 날에 여행을 하는 것은 이상한 일이라고 말했다.

마을 사람 여럿이 우리 주위로 모여 들었고 내가 군인들과 이야기를 하고 있는 동안 에드워드 피욧이 사람들에게 말하였다. 한편, 피욧이 군인들과 이야기를 하고 있는 동안에는 내가 사람들에게 이야기를 하였다. 그러는 동안에 다른 친우회 교우 한 사람이 뒷 길로 나가서 목사와 사람들에게 이야기하러 뾰족집으로 갔다. 사람들은 굉장히 화가 나서 막무가내로 그 사람을 공격했으며 그 사람을 욕하기만 하였다. 그 사람을 놓친 것을 안 군인들도 몹시 화가 나서는 당장이라도 우리를 죽이려고 하였다. 그렇지만 나는 주님의 날과 영원한 생명의 말씀을 모여든 사람들에게 선포했다.

오후에 군인들이 우리를 데리고 가기로 결정이 되어 우리는 말을 탔다. 마을 끝에 이르렀을 때 나는 마을로 다시 돌아가서 뾰족집의 늙은 목사에게 이야기를 하라는 주님의 이끄심을 느꼈다. 군인들은 권총을 뽑아 들고 돌아가면 안된다고 하였다. 나는 개의치 않고 말을 타고 오던 길을 되돌아 갔고 군인들이 말을 타고 뒤쫓아 왔다. 나는 늙은 목사와 사람들에게 내 생각을 설득시킨 후에 군인들과 함께 되돌아 왔다. 그리고는 그토록 무례하고 난폭하게 군 것에 대해 군인들을 비난했다.

밤에 우리는 당시에는 스메식(Smethick)이라고 했지만 이후로 팔마우스(Falmouth)로 알려진 도시로 끌려갔다. '첫째 날' 저녁이었기 때문에 우리가 묵고 있던 여관에는 그 지역의 치안 대장과 진지한 생각을 품은 사람들이 많이 찾아 왔으며 그중 몇 사람은 우리에 관해 묻기 시작했다. 사람들에게 우리가 진리를 위해 잡혀 있는 사람들이라고 하면서 우리를 찾아온 사람들과 하나님에 관한 이야기를 많이 나누었다. 그들은 아주 온건한 사람들이었으며 우리에게 애정을 품고 있었다. 몇몇 사람이 영적 진리를 깨달아 이후로 신실한 신앙을 지키며 살았다.

치안 대장과 사람들이 떠나가고 다른 사람들이 왔다. 그 사람들은 아주 예의바른 사람들로 상당히 호의를 보이며 떠나갔다. 모두 떠나간 뒤에 우리는 잠자리에 들러 방으로 왔다. 그런데 11시 경에 에드워드 피욧이 "문을 잠궈야 겠어. 누군가 우리를 해치러 올 것 같아"하고 말했다. 나중에야 우리는 키트 대위가 부대에 명령을 내려 그날 밤 우리를 해하려고 하였다는 것을 알았다. 그렇지만 문이 걸려 있었기 때문에 계획이 실패하였던 것이다.

다음 날 아침에 키트 대위가 친척 한 사람을 방으로 들여 보냈다. 그 사람은 무례하고 사악한 사람이었다. 아무도 없이 그 사람 혼자만 서 있었다. 사악한 마음을 품은 이 사람은 호통을 치고 을러대면서 방안을 왔다갔다 했다. 나는 주님을 두려워하라고 명령했다. 그러자 그 사람은 갑자기 나에게 달려들더니만 두 주먹으로 나를 때렸고, 발을 내 뒤로 걸고 나를 쓰러뜨리려 했다. 그렇지만 나를 쓰러뜨릴 수 없었다. 내가 꼿꼿하게 움직이지 않고 선 채 그가 때리도록 있었기 때문이다.

문쪽을 보니 키트 대위가 자기 친척이 나를 때리면서 괴롭히고 있는 것을 보고 있었다. 나는 "키트 씨, 당신이 시켰습니까?"하고 말했다. 그는 그렇다고 했다. "우리를 경호한답시고 사람을 보내 우리를 학대하고 때리게 하는 것이 남자답고 경우에 맞는 법입니까? 이것이 남자답거나 경우에 맞거나 그리스도인다운 행동입니까?"하고 나는 물었다. 나는 아는 사람에게 경찰을 불러달라고 했다. 그러자 경찰이 왔다.

그래서 나는 키트 대위에게 우리를 압송하기로 되어 있는 영장이나 문서를 경관에게 보여주라고 하였다. 키트 대위는 그렇게 하였다. 키트 대위의 임무는 펜데니스 성(Pendennis Castle)을 관할하는 폭스 연대장에게 우리를 안전하게 데리고 가는 일이었다. 만약 그 연대장이 없을 경우에는 우리를 론서스턴(Launceston) 감옥으로 데려다 주기로 되어 있었다. 나는 당신이 우리에 관한 명령을 어겼다고 키트 대위에게 말했다. 그 사람은 우리를 안전하게 인도할 책임을 지고 있었으면서도 사람을 데려다가 우리를 때리고 못살게 굴게 하였으니 자기에게 주어진 명령을 어긴 것이었다. 나는 경관에게 영장을 보관해 달라고 요청했다. 경관은 내 말대로 하였고 군인들에게 자기가 직접 우리를 책임질 터이니 돌아가도 된다고 하면서 우리를 데려다 주는 데 20실링이 든다면 영장을 다시는 받지 말아야 한다고 그들에게 말했다. 나는 군인들에게 그들이 우리를 얼마나 비열하게 대우했는가 말해 주었다. 그 말을 들은 군인들은 울적하고 실망한 기분이 되어 집안을 오르내렸다.

경찰들은 펜데니스 성으로 갔다. 그리고는 장교들에게 자기들이 한 일을 보고했다. 장교들은 키트 대위가 우리에게 비열하게 대한 것에 대해 놀라움을 감추지 못했다. 그리고는 경찰들에게 육군 소장 데스보로우(Desborough)가 보드민(Bodmin)에 올 것이니 그를 만나보라고 하면서 그 사람이 우리를 풀어줄 것이라고 했다. 한편, 앞서 우리를 감시하던 군인들이 원한다면 자신들이 우리를 정중하게 모시겠다고 자청하였다.

이렇게 아침 시간이 흘러 마침내 11시쯤 되었다. 그러자 경호병들의 간청과 그들이 더욱 귀히 모시겠다는 약속에 따라 경찰들은 경호병들에게 다시 명령을 내렸다. 그래서 우리는 경호병들과 함께 갔다.

경찰들과 그 지역 사람들은 우리를 굉장히 깍듯이 대해 주었다. 그들은 우리를 기쁘게 맞아 주었고 주님은 그 사람들에게 그만한 복을 대가로 주셨다. 많은 사람들이 그 이후로 영적 진리를 깨닫게 되었으며 예수 이름으로 모여 그들의 스승이시며 구주이신 그리스도 아래 모여 앉았기 때문이다.

우리를 압송하는 경호병을 지휘하던 키트 대위는 펜데니스 성을 관할하는 폭스 연대장이 데스보로우 육군 소장을 만나러 갔다는 것을 알아차리고는 우리를 그곳으로 보내지 않고 우리를 곧바로 보드민으로 데리고 가게 했다. 보드민은 론서스턴으로 가는 길에 있었다. 우리는 가는 길에 데스버러 육군 소장[7]을 만났다. 그 부대의 대위가 데스버러 육군 소장 앞에서 말을 타고 지나가고 있었는데 나를 알아보고는 "폭스 씨 아닙니까? 무슨 일이십니까?" 하고 물었다. "붙잡혀 있는 몸입니다" "아니 저런, 무슨 일로 말입니까?" 하고

---

7) 데스버러 육군 소장은 크롬웰이 총애하던 장군 중 한 사람으로 호국경으로부터 많은 명예직을 수여 받았다. 1655년 육군 소장의 직책을 위임받아 윌트셔(Wiltshire), 서머셋셔(Somersetshire), 데본셔(Devonshire), 콘월 지역을 책임졌으며 그러한 임무에서 대체로 유능한 행정관으로서의 면모를 드러냈다.

그가 말했다. 나는 순회 전도를 하다가 붙들렸다고 이야기하였다. "그렇다면 내가 소장님께 이야기하겠습니다. 소장님께서 당신을 풀어 줄 겁니다"하고 그는 말했다.

그래서 그 사람은 부대 앞줄에서 말을 타고 수레까지 가서 데스보로우 육군 소장에게 말하였다. 우리도 우리가 어떻게 해서 붙들렸는가 소장에게 설명을 하였다. 소장은 그리스도의 빛과 내가 권고하는 것에 대해 반감을 나타내기 시작했다. 그리고는 군인들에게 우리를 론서스턴으로 압송하라고 했다. 그 사람은 자기 말들이 감기 걸릴까봐 더 이상 우리와 이야기할 수가 없었던 것이다.

그날 밤 우리는 보드민으로 붙잡혀 갔다. 여관에 닿자 우리보다 앞서 와 있던 키트 대위는 우리를 방에 들이고는 가버렸다. 여관 방에 들어가니 한 남자가 날이 선 칼을 손에 들고 있었다. 그래서 나는 돌아서 키트 대위를 불러 "이게 무슨 짓이오. 키트 대위. 이번에는 무슨 일을 꾸몄기에 칼을 든 남자가 있는 방에 나를 집어 넣는 것이오?"하고 말했다. "아, 제발 좀 조용히 하시오. 이 사람에게 말을 걸면 우리도 그 사람을 어찌할 수가 없습니다. 그 사람은 아주 사악한 사람이기 때문이지요"하고 키트 대위가 말했다. "그렇다면 당신은 당신조차 통제할 수 없는 사람이 있는 방에 나를 집어 넣었다는 말이오? 이 무슨 부당하고 야비한 수작이오? 나를 다른 친우회 교우들과 따로 떼어 혼자 이 방에 집어 넣었단 말입니까?"하고 나는 말했다. 이렇게 하여 키트 대위의 계략은 탄로가 났고 그가 계획한 흉계는 제지되었다.

나중에 우리는 또 다른 방에 돌아갔다. 그 방에서 우리는 저녁 내내 같이 있었다. 그리고 밤에는 사람들에게 진리를 선포했다. 그렇지만 사람들의 마음이 어둡고 강퍅했다. 군인들은 그럴듯한 약속을 하였으면서도 다시 우리에게 무례하고 못되게 굴었고 밤새도록 마시고 떠들면서 앉아 있었다.

다음날 우리는 론서스턴으로 끌려갔다. 키트 대위가 우리를 그 감옥으로 인도한 것이다. 그곳에는 가까이에 친우회 교우들도 하나 없었고, 우리에게 호의적인 사람들도 없었다. 거기 사람들은 마음이 어둡고 강퍅했다. 간수는 우리가 타고 온 말에 꼴을 먹이는데 우리에게 줄 식사비로 7실링 씩을 주당 내야 한다고 했다. 시간이 조금 흐르자 진지한 생각을 품은 사람들이 몇 찾아왔고 영적 진리를 깨닫게 된 사람이 더러 있었다. 그리고 그 지역의 여러 곳에서 관심있는 많은 사람들이 영적 진리를 깨닫게 되었다.

그러나 신앙 고백자들과 목사들은 우리에 대해 대단히 분노했다. 그들은 "이 사람은 Thou, Thee(그대)라는 말을 쓰면서 아무도 존경하지 않고 모자도 벗으려고 하지 않을 뿐더러 누구 앞에서도 무릎꿇으려고 하지 않아. 그렇지만 재판날이 다가 오면 그들이 재판관 앞에서도 감히 Thou나 Thee라는 말을 사용할지 모자를 벗지 않을 건지 보게 될 거야"하고 말했다. 그들은 우리가 처형당하기를 바랐다.

이러한 일들은 아무 것도 아니었다. 우리는 하나님께서 어떻게 세상 영예와 영광을 손상시키는가를 보았으며, 또한 그러한 영예를 구하지도 주지도 말고 오직 하나님께로부터 오는 영광을 알고 그러한 영광을 구하라는 명령을 받았기 때문이다.

재판을 받기까지 9주 동안 구속되어 있었다. 법정으로 수많은 사람들이 퀘이커교도의 재판을 보러 멀리, 가까이에서 몰려 들었다. 브레든(Bradden) 대위는 기병부대를 이끌고 서 있었다. 브레든의 군인들과 치안관의 부하들이 거리를 가득 메운 군중을 헤치고 우리를 법정까지 인도해 주었다. 사람들 사이를 비집고 우리를 데리고 가느라고 많은 소동이 있었다. 게다가 문과 창문도 우리를 구경하는 사람들로 온통 가득했다.

법정으로 인도된 우리는 잠시 동안 모자를 쓴 채로 서 있었다. 사람들은 모두 조용했다. 나는 마음이 이끌려 "여러분들께 평화가 있기를 바랍니다"하고 말했다.

웨일스 사람인 글린(Glynne)이라는 잉글랜드의 법원장은 간수장에게 "이 사람들은 누구요?"하고 물었다. 그는 웨일스 사람으로 당시 잉글랜드의 대법원장을 맡고 있었다. "죄수들입니다, 재판장님"하고 간수장이 말했다.

"어째서 당신들은 모자를 벗지 않소?"하고 법원장이 물었다. 우리는 아무 말도 하지 않았다.

"모자를 벗으시오"하고 법원장이 다시 말했다. 우리는 여전히 잠자코 있었다. 그러자 법원장은 "법정은 당신들에게 모자를 벗으라고 명한다"하고 말했다.

그래서 나는 "모세에서 다니엘에 이르기까지 법정에 선 사람들에게 하나님의 백성인 유대인이든 이방인이든 간에 왕이나 행정관이나 법관이 모자를 벗으라고 명령한 적이 한번이라도 있었습니까?[8] 잉글랜드의 법이 그러한 것을 명령하고 있다면 기록된 법률을 내게 보여 주십시오"하고 말하였다.

그러자 법원장은 굉장히 화가 나서는 "나는 법문서를 등에 지고 다니지 않는단 말이오"하고 말했다. "그렇지만 볼 수 있도록 법문서 어디에 기록되어 있는지 알려 주십시오"하고 나는 말했다.

그러자 법원장은 "저 변명꾼을 쫓아 내시오! 코가 납작해지도록 하겠어"하고 소리쳤다. 그래서 사람들은 나를 데려다가 강도들이 있는 곳에 함께 가두었다.

그리고는 곧장 간수를 불러 "그 사람들을 다시 데리고 오시오" 했다. "자, 모세에서 다니엘에 이르기까지 어디서 사람들이 모자를 쓰고 있는지 어서 대답해 보시오. 그렇지 못하면 지금부터 단식을 시키겠소" 법원장이 말했다.

"다니엘 3장에서 볼 수 있습니다. 느부갓네살 왕의 명령으로 풀무에 들어가게 된 소년들도 겉옷과 양말을 신고서 모자를 쓴 채 들어갔습니다." 나는 대답했다.

이 명확한 실례가 대법원장의 입을 다물게 하고 말았다. 그래서 그 점에 대해서는 아무 말도 없이 "간수, 이 사람들을 쫓아 내시오"하고 다시 소리를 질렀다.

따라서 우리는 법정에서 끌려 나왔고 꽤 오랫동안 강도들 사이에 갇혀 있었다. 그리고는 다시 우리를 부르는 일이 없자 집행관의 부하들과 군인들이 사람들 사이를 헤치고 나갈 수 있도록 길을 만들어 주어(그러나 우리는 거의 기진맥진한 상태가 되었다) 감옥까지 우리를 인도해 주었다. 수많은 사람들의 무리가 우리를 뒤따라왔으며 감옥에서 우리는 그 사람들과 함께 많은 이야기를 나누고 토론을 벌였다.

---

8) 대법원장은 잉글랜드의 청교도였기 때문에 구약의 선례에 호소하는 것은 부적절한 것이 아니었다.

우리에게는, 우리 신조를 설명하고 사람들에게 진리를 알릴 수 있는 좋은 책들이 있었다. 법원장과 판사들은 이 사실을 알고서 브레든 대위를 시켜 그것들을 가지러 보냈다. 브레든 대위는 감옥으로 우리를 찾아 와서는 강압적으로 책을 빼앗고, 에드워드 피욧에게 있는 책 몇 권까지도 가지고 가버렸다. 우리는 그 책을 결코 돌려받지 못하였다.

〔폭스는 감옥에 있는 동안 "맹세에 반대하여"(against swearing)라는 글을 대배심원단과 소배심원단에 보냈다〕

이 편지를 배심원들과 판사들이 돌려보고 그것을 법정에 제출했다. 그래서 우리는 법정에 불려나갔고 재판장은 법원 서기에게 그 편지를 내게 가져다 주라고 명령하고 그 선동적인 편지가 내 것이냐고 물었다. 나는 만약 그 편지를 법정에서 공개적으로 읽으면 내가 들을 수 있을 것이고, 또한 그 편지가 내 것이면, 나는 그 편지를 인정하고 그 편지의 글을 옹호하겠다고 말하였다. 법관은 내가 편지를 직접 보고 확인해 보게 하려고 했다. 그렇지만 나는 그 편지를 공개적으로 읽어서 그 편지에 선동적인 부분이 있는지 없는지를 온 나라가 듣고 재판관도 들을 수 있도록 해 달라고 다시 요청하였다. 그렇게 해서 선동적인 부분이 있으면 기꺼이 내가 그 책임을 지겠다고 하였다. 결국에 법원 서기가 모든 사람들이 들을 수 있도록 소리내어 그 편지를 읽었다. 법원 서기가 편지를 다 읽자 나는 그 편지가 내 것이 맞다고 하면서, 그 편지의 내용이 모든 그리스도인이 순종해야 할 성경 말씀이며 그리스도와 사도들의 말씀과 명령이니 그들도 성경을 부인하지 않는다면 그 편지 내용을 인정해야 하지 않겠느냐고 물었다.

그러자 그들은 그 말을 무시해 버렸다. 그리고는 펠 판사가 모자 건에 관해 다시 우리를 공격하면서 간수더러 모자를 가지고 오라고 했다. 간수가 모자를 우리에게 갖다 주어서 우리는 다시 모자를 썼다. 그 때, 우리는 모자에 관한 것 말고는 우리를 반대할 만한 아무런 이유를 찾아 볼 수 없는데 도대체 무슨 이유로 이제까지 9주 동안 감옥에 가두어 두었는가를 펠 판사와 재판관들에게 물었다. 그리고 우리가 모자를 벗는 것에 관해서는 비록 그들이 그것을 두고 시끄럽게 뭐라 하기는 하지만, 모자를 벗음으로 얻게 되는 영광은 하나님께서 땅에 묻으실 영광이며 사람에게 속한 것으로 사람들끼리 서로 얻고자 하는 영광으로 불신자의 표적이라고 이야기하였다. 그리스도께서 "너희가 서로 영광을 취하고 유일하신 하나님께로부터 오는 영광은 구하지 아니하니 어찌 나를 믿을 수 있느냐? 나는 사람에게 영광을 취하지 아니하노라"하고 말씀하셨기 때문이다.

그러자 펠 판사는 자기는 호국경 밑에서 일하는 사람을 대표하는 사람으로 호국경이 자기를 잉글랜드의 재판장으로 임명하였으며, 이 지역의 재판을 맡을 사람으로 자신을 보냈다는 등, 젠 체하는 말을 늘어놓았다. 그래서 우리는 그 사람에게 우리가 무고하게 붙잡혀서 부당하게 9주 동안이나 고생을 한 것을 공정하게 판결해 달라고 했다. 그렇지만 그 사람은 그렇게 하는 대신에, 우리를 대항하기 위하여 작성한 기소장을 가지고 왔다. 온통 거짓투성이여서 나는 어떤 도둑들에게 내는 기소장이었을 것이라고 생각했다. "우리는 강제로 붙들려, 냉대를 받으며 법정에 들어온 것이다." 도둑들도 그런 식으로 법정에 불려 왔으니 말이다. 나는 재판관들에게 기소장에 적힌 내용은 모두가 거짓말이라고 하면서, 우리가 여행을 하다가 아무런 이유 없이 클리 소령에 붙들려 부당하게 갇혀 있는 것을 공정하게 재판해 달라고 계속해서 요구했다.

피터 클리 소령은 펠 판사에게 다음과 같이 이야기하였다. "친애하는 재판장 나으리, 이 사람은(나를 가리키면서) 저를 따라 왔습니다. 그리고는 내게 자기가 생각하기에는 내가 참으로 쓸모있는 사람이 될 것이며, 자신은 하시간 동안 경고하여 4만 명을 불러 모을 수도 있으며, 피로 민족을 끌어들이고, 찰스 왕까지도 끌어 들일 수 있다고 했습니다. 저는 이 사람을 나라 밖으로 쫓아 내려고 하였지만 저 자는 나가려고 하지 않았습니다. 재판장 나으리, 좋으시다면 그것을 맹세할 증인도 내세울 수 있습니다."

그리하여 클리 소령은 증인을 불러 세웠다. 그러나 펠 판사가 선뜻 증인을 조사하지 않기에, 나는 법관들과 배심원들 앞에서 나에 대한 수감 영장을 읽도록 기꺼이 허락해 주기를 바랐다. 수감영장에는 나를 감옥에 보내는 이유가 나와 있기 때문이다. 펠 판사는 수감영장을 읽으면 안된다고 하였다.

나는 "읽어야만 합니다. 그것은 내 자유와 생명이 걸려 있는 것이니까요" 하고 말했다. 그러자 펠 판사는 다시 "읽으면 안되오" 하고 말하였다. 나는 "읽어야만 합니다. 내가 행여라도 죽거나 붙잡힐 만한 일을 하였다면 배심원들 모두가 그 사실을 알게 하시오" 하고 말했다.

그들이 수감영장을 읽지 않을 것을 알아차리고 나는 나와 함께 붙들려 있던 동료 죄수 중에 한 사람에게 "수감영장을 복사한 것을 가지고 있지요. 그것을 읽으십시오" 하고 말했다. "그것을 읽으면 안되오" 하고 펠 판사는 말했다. "간수장, 저 사람을 데리고 나가시오. 저 사람이 재판관인지 내가 재판관인지 알아야 겠소."

그래서 나는 바깥으로 쫓겨 났고, 조금 뒤에 다시 불려갔다. 나는 여전히 나에 관한 수감 영장을 읽을 것을 요구했다. 거기에는 내가 수감된 원인이 밝혀져 있기 때문이었다. 나는 다시 한번 함께 붙들려 있던 친우회 교우에게 내 수감영장 사본을 읽으라고 했다. 그 사람이 그것을 읽었다. 펠 판사와 재판관들과 모든 배심원들은 침묵을 지키고 있었다. 사람들이 아주 열심히 경청하고 있었기 때문이었다. 수감영장의 내용은 다음과 같았다.

"이 지역의 치안 판사인 피터 클리는 론서스턴에 왕실 감옥의 간수장이나 그 일을 관여하는 합법적인 대리자에게 인사드립니다.

이 글과 더불어 전달자를 통해 죄수인 브리스톨의 에드워드 피욧과 레스터셔의 드레이튼 인더 클래이에 사는 조지 폭스와 런던의 윌리엄 솔트를 보냅니다. 이상의 지역들은 본인들이 자신들이 사는 곳이라고 밝힌 곳입니다. 이들은 퀘이커 교도의 이념에 따라 행동하며 자신들이 퀘이커 교도임을 인정합니다. 이들은 공공의 평화를 깨뜨리려고 몇가지 유인물을 뿌렸으며 그러한 일에 가담하게 된 것에 대하여 합법적인 이유도 제출하지 않은 채, 익명으로 통행권도 없이 함께 나라 안을 이리저리 다니면서 그 일에 관해 규정된 법 조항에 따라 자기들의 행동이 선하다는 것을 보증하기 거부하며 그러한 행동을 포기하겠다는 선서를 거부하는 등의 행동을 한 사람들입니다. 그러므로 호국경 각하의 이름으로 바라고 명하건대 상기한 죄수들 곧 에드워드 피욧과 조지 폭스와 윌리엄 솔트의 신병이 도착하면 그들을 받아들여 응당한 법적 절차를 통해 풀려날 때까지 상기한 왕실 감옥에 안전하게 가두어 두라는 것입니다. 반드시 명령한 대로 행할 것이며 어긋나게 행동할 경우에는 위험에 처할 것입니다. 1655년 1월 18일 이브스에서 직접 쓰고 봉인함.

피터 클리"

수감영장이 낭독된 후에 나는 펠 판사와 재판관들에게 이렇게 말하였다.
"스스로 잉글랜드의 법원장이라고 하는 분과 여러 재판관들은 다음을 아셔야 합니다. 내가 만일 보증인을 내세웠더라면 나는 가고 싶은 대로 갈 수 있었을 것이며 클리 소령이 내게 덧씌운 계획(계획을 가지고 있었더라면)이라는 것을 실행할 수 있었을 것이오. 또한 내가 클리 소령이 주장하는 바 그러한 이야기를 그에게 하였다면 그러한 경우에 보석금이나 조건부 석방 영장을 취할 수 있는 건지 재판관 여러분이 판단해 보십시오."

이렇게 말하고 나서 나는 클리 소령에게 돌아서서 말했다.
"언제 어디서 내가 당신 곁에서 동행하였습니까? 당신 집에는 무례한 사람들 천지였고, 당신도 우리를 심문할 때에 그들과 마찬가지로 우리에게 함부로 대하지 않았습니까? 그래서 내가 사람들이 예의를 차리도록 경관이나 다른 관리들을 불러달라고 요청했지요. 그리고 만약 당신이 나를 고소했다면 어째서 거기 판사석에 앉아 계시오? 재판관 옆자리는 고소인이 앉는 자리가 아닙니다. 당신은 내려와서 내 옆에 서서 내 얼굴을 쳐다보아야 합니다.

아울러, 펠 판사와 재판관들에게 묻겠습니다. 클리 소령이 자신이 한 일은 감추면서 내게 그와 같은 반역죄를 부과한 데에는 죄가 없습니까? 그 사람은 군인으로서 혹 사법관으로서 자신의 본분을 잘 알고 있는 겁니까? 클리 소령이 내가 자기와 함께 갔으며, 내가 자기에게 어떠한 생각을 품고 있는가와 내가 품은 뜻을 이루기 위해서 자기가 참으로 도움이 되는 사람이라는 것과 한 시간에 4만 명을 불러 모으고, 찰스 왕도 끌어들이고 피로 나라 전체를 끌어들일 수도 있다는 말을 하였다고 여러분들 앞에서 말하는 걸 보면 말입니다. 게다가 클리 소령은 자기가 나를 나라 밖으로 쫓아내려고 손써 봤지만 내가 나가려고 하지 않았기 때문에, 수감 영장에서 공포하고 있듯이 선한 행동에 대한 보증이 부족하기 때문에 나를 감옥에 넣었다고 말하고 있습니다.
 클리 소령이 나를 나라 밖으로 내쫓으려고 의도하고 내게 보석금을 요구하면서도 이제까지 가장된 음모를 내게 짐지우지도 못하고 내게서 발견하지도 못하니, 그가 바로 자신이 이야기하는 음모와 반역의 죄가 있으며 자기 자신을 반역의 관계자로 만든 것이 아닙니까? 그렇지만 나는 클리 소령이 한 말을 부인하며 혐오합니다. 나는 사악한 음모에 대해 결백합니다."
 그래서 그 일에 관한 이야기는 슬그머니 들어가 버렸다. 나를 덫에 걸려들게 하기보다는 클리 소령 스스로 덫에 걸리게 되었다는 것을 펠 판사가 충분히 알아차렸기 때문이다.
 클리 소령은 다시 일어나서 이야기하였다. "괜찮으시다면 재판장 나으리 제 말좀 들어 주십시오. 이 사람은 나를 때렸는데 나는 평생 그토록 심하게 맞아 본 적이 없습니다." 그말을 듣고 나는 마음 속으로 웃으면서 다음과 같이 말했다. "클리 소령, 당신이 재판관이며, 기병대의 소령입니까? 그러면서 배심원들과 법관들이 보는 앞에서 펠 판사에게 죄인인 내가 한번도 그렇게 맞아 보지 않았을 정도로 심하게 당신을 때렸다고 말하고 있는 겁니까? 저런! 부끄럽지도 않소? 부디 좀 알려 주시오. 내가 어디를 때립디까? 누가 증인입니까? 누가 곁에 서 있었소?"
 클리 소령은 내가 자기를 때릴 때에 캐슬 그린(Castle-Green)에서 브레든 대위가 곁에 있었다고 이야기하였다. 나는 펠 판사에게 클리 소령이 그 일에 대한 증인을 내세우도록 해 달라고 요청하였으며, 클리 소령에게는 피고인을 다스리는 재판관처럼 고소인이 재판석에 앉는 것은 마땅한 일이 아니라고 이야기하면서 다시 한번 재판석에서 내려올 것을 요구하였다. 내가 다시 증인을 요구하자 클리 소령은 브레든 대위가 증인이라고 이야기하였다.
 그래서 나는 "브레든 대위 말해 보시오. 내가 클리 소령이 이야기하는 것처럼 그를 난폭하게 때리는 것을 보았습니까?"하고 물었다. 브레든 대위는 아무 대답 없이 다만 나를 향해 고개를 숙였다. 나는 그 일에 대해 아는 것이 있으면 거리낌없이 말해 보라고 했다. 그렇지만 그 사람은 다시 고개를 땅에 떨굴 뿐이었다. "아니오, 솔직히 털어놓아 법관과 배심원들이 들을 수 있도록 하시오. 고개를 숙이는 것으로 무마시키려고 해서는 안됩니다. 내가 만약 그런 일을 했더라면 법적으로 처벌을 받게 하시오. 나는 고난도 죽음도 두렵지 않소. 그러한 모든 죄목들에 대해 결백한 사람이기 때문입니다."

그렇지만 브레든 대위는 그 일에 관해 끝내 한 마디도 증언하지 않았다. 그러자 펠 판사는 그러한 미끼가 더 이상 효력이 없음을 깨닫고 "간수장, 저 사람을 데리고 가시오"하고 소리쳤다. 그리하여 법정에서 이끌려 나올 때에 펠 판사는 우리가 모자를 벗지 않은 것에 대해 한 사람당 20마르크 씩의 벌금을 언도하고, 벌금을 낼 때까지 우리를 가두어 두라는 판결을 내렸다. 그리하여 펠 판사는 우리를 다시 감옥으로 돌려 보냈다.

저녁에 브레든 대위가 우리를 만나러 왔다. 7, 8명 가량의 판사들과 함께 있었는데 그들은 아주 예의바르게 우리를 대했으며, 자신들은 펠 판사도 믿지 않으며 클리 소령이 내게 부과한 죄목에 대해 누가 어떠한 증인을 한다고 하더라도 믿지 않는다고 하였다. 그리고 브레든 대위는 클리 소령은 다른 증인을 구할 수만 있으면 내 목숨을 빼앗을 마음을 먹고 있다고 말해 주었다.

나는 "그렇지만 브레든 대위, 어째서 당신은 클리 소령이 당신을 증인으로 내세웠을 때에 내가 그를 쳤다는 것을 증언하거나 나를 공격하지 않았으며 그리고 또, 내가 당신이 본대로 혹은 아는 대로 나를 편들거나 반대하는 이야기를 하길 바랐을 때에도 입을 다물고 있었습니까?"하고 물었다.

"왜냐하면, 클리 소령과 내가 당신에게 왔을 때에 당신은 캐슬 그린에서 거닐고 있었습니다. 그 때 클리 소령이 모자를 벗으며 '안녕하십니까? 폭스 씨! 당신의 종이 인사드립니다' 하고 인사하자 당신은 클리 소령에게 '클리 소령, 위선과 썩은 마음을 조심하십시오. 내가 당신의 주인이라면 당신은 내 하인이라는 말입니까? 하인이 자기 주인을 감옥에 집어 넣습니까?' 하고 대답하셨습니다. 클리 소령이 뜻하는 엄청난 한 방이란 바로 그것이었습니다" 하고 브레든 대위가 말했다.

그때 나는 그들이 우리 곁으로 걸어 왔던 것과 클리 소령이 내게 그렇게 말하였던 것과 내가 그에게 했던 말이 떠올랐다. 클리 소령은 공개 법정에서 펠 판사에게 그것에 대해 불평할 때에, 위선과 썩어진 마음을 공공연히 내보였으며, 법정에 있는 사람들이 내가 손으로 그를 때렸다고 믿게 만들려고 하였던 것이다.

우리가 있는 감옥으로 치안 판사인 루즈라는 대령이 꽤 많은 군인을 인솔한 채 우리를 보러 왔다. 그 사람은 말이 아주 많았는데 내 생에 그 사람처럼 말이 많은 사람은 본 적이 없었다. 그래서 그 사람에게 도무지 말을 걸 수가 없었다. 마침내 나는 루즈 대령에게 학교에 다닌 적이 있느냐고 물어보고서 질문과 대답 속에 숨은 의도를 알아차렸다. (다음은 내가 어떻게 해서 그 사람의 말을 그치게 하였는가이다.)

"학교요? 다녔소!" 하고 루즈 대령은 말했다.

"학교라고! 우리 대령에게 저러한 질문을 하는 저 사람은 학생인가?" 하고 군인들이 말하였다.

"예, 그렇다면 루즈 대령이 자신이 한 말에 대한 답변을 받아들이도록 합시다" 하고 나는 말했다.

그리고 나서 나는 마음에 움직임을 받아 하나님의 놀라운 능력 안에서 루즈 대령에게 생명의 말씀을 전하였다. 하나님의 놀라운 능력이 그 사람에게 임하여서 루즈 대령은 입을 열지 못했다. 그의 얼굴은 부풀어 올라 마치 붉은 칠면조 같았고 입술이 움직이면서 무슨 이야기를 중얼거렸다. 그렇지만 사람들은 그가 쓰러질 것이라고 생각했다. 나는 그 사람에게 다가갔다. 그 사람은 전에 한 번도 그런 적이 없었다고 이야기했다. 주님의 능력이 그 사람 안에 있던 사악한 능력을 멈추게 하셨기 때문에 그 사람은 거의 질식할 지경이었다.

루즈 대령은 그 이후로 친우회를 굉장히 사랑했으며 전처럼 공허하게 떠벌이지 않았다. 그는 자만심에 가득 차 있던 사람이었으나 하나님의 능력이 그 사람에게 임하심으로 평안을 얻었다.

어떤 때에는 군 장교 한 사람이 찾아왔는데 그는 아주 속이 검은 사람으로 런던에서 내가 안 사람보다 더 몹쓸 신앙 고백자였다. 그 사람이 하는 말은 허풍으로 가득 차 있었으며, 그리스도의 빛을 하찮게 이야기하였으며 진리를 대적하였고, 사도시대와 마찬가지로 하나님의 영이 사람 안에 계신다는 것을 부인하였다. 마침내 하나님의 능력이 그 사람 안에 있던 악을 가두고, 루즈 대령처럼 그 사람을 숨막혀 죽을 지경으로 만들어 놓았다. 그 사람은 악으로 가득 차 있었기 때문에 말을 할 수가 없어서 엉엉 울면서 더듬더듬 말할 뿐이었다. 그렇지만 그때부터 주님의 능력이 그 사람을 치고 그 사람 위에 임하셔서 그 사람은 그 이후로 우리에게 아주 호의적인 사람이 되었다.

재판이 끝나고 우리는 곧 풀려날 것 같지 않은 판결을 받은 채 감옥에 갇혀 있었다. 우리는 말 한 마리와 한 사람 당, 한 주에 7실링 씩 간수에게 내던 것을 그만두고 말을 시골로 보냈다. 그러자 간수는 아주 마음이 고약해지고 사악해져서 우리를 더럽고 악취가 나는 둠스데일(죽음의 골짜기)에 집어 넣었다. 사형을 선고받은 살인자들을 집어넣는 곳이었다.[9]

더러운 냄새가 코를 찔렀고 그곳에 들어왔다가 건강한 상태로, 다시 나간 사람은 거의 없다고 했다. 화장실 같은 곳도 하나 없었다. 또한 이따금씩 그곳에 쏟아붓는 배설물은 여러 해 동안 치우지 않았다는 이야기를 들었다. 그 바람에 그곳은 진흙탕 같았고, 물과 오줌이 신발 위에까지 차 오르는 곳도 더러 있었다. 그래서 청소를 할 수도 없었고, 요나 짚을 깔고 잘 수도 없었다.

밤에는 마을에 사는 친절한 사람들 몇이 초와 짚을 조금 가져다 주어서 악취를 제거하기 위해서 짚을 조금 태웠다. 우리 머리 윗편에는 도둑들이 있었으며, 간수장도 역시 우리 머리 위인 도둑들이 있는 방 곁에 있었다. 간수장이 있는 방으로 우리가 피우던 연기가 흘러들어가는 것 같자 간수장은 단단히 화가 나서는 도둑들이 싼 배설물 통을 들어다가 둠스데일에 갇혀 있는 우리 위로 난 통로로 쏟아 부었다. 우리는 온 몸이 더럽혀져서 몸을 만질 수도 없었고 다른 사람의 몸도 만질 수 없었다. 고약한 냄새가 점점 심하게 나서 냄새와 연기가 뒤섞여 서의 숨이 믹히 죽을 것 같았다. 전에는 발 아래만 냄새가 났는데 이젠 머리 위와 등뒤에도 냄새를 뒤집어 쓰고 있게 되었다. 간수장이 오물을 부어 피우던 짚더미를 꺼트렸기 때문에 방안에는 굉장한 연기로 자욱했다. 게다가 그는 우리를 야위고 뾰족한 얼굴을 한 개라고 부르면서 심한 욕을 퍼부어댔다. 그때까지 그처럼 이상한 이름으로 불린 적은 한번

---

9) 둠스데일을 묘사한 것을 보면 결코 유쾌한 마음으로 읽을 수 없다. 그렇지만 그것은 17세기 토굴감옥을 있는 그대로 충실하게 묘사하고 있는 것이다. 역사적인 중요성 때문에 토굴감옥은 기록된 모습 그대로 보존되어 있다. 그러므로 퀘이커교도들이 감옥 개혁을 하게 된 것은 전혀 이상한 일이 아니다.

도 없었다. 이렇게 하여 긴수장은 우리를, 앉을 수도 없고 배설물 냄새로 가득 차 있었기 때문에 꼼짝없이 밤새도록 서 있을 수밖에 없도록 만들었다.

우리가 면죄를 받거나, 쇠창살을 통해서나마 어렵게 들어오는 음식물을 얻게 되든지 하기까지 상당히 오랫동안 간수는 우리를 그러한 상태로 가두어 두었다. 언젠가 한 소녀가 우리에게 고기를 조금 가져다 주었는데 간수장은 감옥에 침입했다는 이유로 그 소녀를 체포하고 감옥침입죄로 그 소녀를 지방법정에 고소했다. 그렇게 하여 그 소녀는 상당한 고통을 당하였다. 그 바람에 다른 사람들도 의기 소침해져서 우리는 물이나 음료나 먹을 것을 얻는 데 많은 어려움을 겪었다. 이 즈음 우리는 런던에 사는 앤 다우너(Ann Downer)라는 젊은 여자를 부르러 보냈다. 그 여자는 속기에 능해 우리에게 필요한 음식과 의복을 사기 위해 잘 쓰고 받아적을 수 있었다. 그 여자는 아주 기꺼운 마음으로 그 일을 해 주었는데, 하나님의 사랑으로 우리에게 다가오는 마음이 있었기 때문이었다. 아무튼 우리에게 상당한 도움이 되었다.

우리가 듣기론 간수장도 도둑이었는데, 손과 어깨가 불에 데었다고 하였다. 간수장의 부인도 손에 화상을 입었다고 했다. 부간수장도 손과 어깨를 불에 데었으며 그 부인도 마찬가지로 손에 화상을 입었다고 했다. 침례교의 선생인 베넷 대령이 큰 성에 딸린 감옥과 땅을 사서 간수장으로 그곳에 배치해 두었다. 죄수들과 몇몇 거친 사람들이 둠스데일에 자주 나타나는 유령에 대해 이야기했으며 참으로 많은 사람들이 그 유령 때문에 죽었다는 말을 하였다. 아마도 그러한 이야기로 우리를 겁주려고 하였던 것 같다. 그러나 나는 지옥에 있는 온갖 악마와 귀신들이 여기 있다 할지라도 하나님의 능력으로 그들을 이길 수 있으며 그러한 것들이 조금도 두렵지 않은데, 그 이유는 우리 제사장이신 그리스도께서 우리에게 속한 담을 성결케 하실 것이며 그 분은 사단의 머리를 상하게 하신 분[10]이기 때문이라고 그들에게 이야기하였다. 제사장이신 그리스도는 율법 아래 있는 집의 벽에서 온갖 폐습을 제하려고 오셨으며, 율법은 그리스도로 말미암아 끝이 났는데 이는 그리스도는 자기 백성에게 속한 집의 벽 곧 마음의 벽을 안팎으로 성결케 하시는 분이기

---

10) 이것은 루터의 주장을 반향하고 있다.

때문이라고 이야기하였다.

주 재판 날짜가 다가올 무렵에도 간수는 여전히 우리를 비열하고도 사악하게 대우했다. 우리는 우리가 겪은 일을 작성해서 보드민 재판소로 보냈다. 거기에 적힌 글을 읽고 난 재판관들은 둠스데일의 문을 열어 주어 우리가 누명을 벗고, 마을에서 자유로이 먹을 것을 살 수 있도록 해야 한다는 명령을 내렸다. 우리는 호국경에게도 우리가 겪은 고통을 적은 글을 보내어 우리가 어떻게 해서 클리 소령에게 붙들리고, 판결을 받았는지를 설명하고, 키트 대위와 나머지 다른 사람들로부터 차례로 어떠한 학대를 받았는지를 밝혔다. 호국경은 펜데니스 성(城)을 다스리는 폭스 대위에게 나를 때리고 학대한 군인들에 관한 문제점을 조사하라는 지시를 내렸다.

그 당시 펜데니스 성에 있는 배심원들 가운데에는 상류계급이 많이 있었다. 나를 때린 키트 대위의 남자 친척이 배심원들 앞에 겁을 잔뜩 먹은 채, 불려 나와 있었다. 배심원들은 마음만 바꾸어 먹으면, 나를 때린 사람을 처벌하는 극단적인 법률 조치를 취할 수도 있으며, 그 사람에게 철저히 손해배상을 청구할 수도 있다고 내게 말하였다. 키트 대위도 자기가 맡은 죄수들을 학대하였기 때문에 조사를 받았다.

이러한 일은 그 지역에 굉장한 공헌을 하였다. 그 일이 있은 후로 친우회 교우들은 장터나 뾰족집 주변 어디서건 연설을 할 수 있었다. 아무도 그들을 가로막는 사람이 없었기 때문이다. 나는 호국경 아래 있는 목사 가운데 한 사람인 휴 피터스(Hugh Peters) 목사가 자신들이 폭스를 감옥에 가두어 둠으로써 콘월에서 폭스가 자신의 신조를 퍼뜨리게 하는 데 가장 큰 도움을 줄 수 있었다고 호국경에게 이야기하는 것을 이해했다.

실제로 또한 그곳에서 내가 투옥된 일은 주님이 계획하신 일이었으며 그 지역에서 하나님의 일을 하게 하시려는 주의 뜻이었다. 투옥기간이 끝나고 우리가 계속해서 감옥에 갇혀 있을 것같다는 소문이 퍼지자 나라 대부분의 지역에서 몇명의 친우회 교우들이 그 지역으로 우리를 만나러 왔다. 서부 지역은 그 당시 아주 암담한 상황이었다. 그렇지만 주님의 빛과 진리가 새어 들어가 모든 사람에게 비추자 많은 사람들이 어둠에서 빛으로, 사단의 권세에서 하나님께로 돌이켰다. 마음에 움직임을 받아 뾰족집에 다니는 사람들이 많았으며 우리가 있는 감옥으로 몇 사람을 보내기도 하였다. 그 지역에서는 커다란 확신이 일기 시작하였다. 이제 우리는 자유로이 밖으로 나갈 수 있고, 캐슬 그린을 걸어다닐 수 있게 되었으며 많은 사람들이 '첫째 날'에 우리에게 왔다. 우리는 그 사람들에게 생명의 말씀을 선포하였다.

우리는 그들 사이에서 성대하게 예배를 드렸으며, 여기저기에서 많은 사람들이 하나님께로 돌이켰다. 그렇지만 목사들과 신앙 고백자들 사이에서는 진리와 우리를 향해 굉장한 분노가 일었다. 우리를 시기하던 신앙고백자 중 한 사람이 우리가 사람들에게 모자를 벗어야 한다는 것을 증명하는 성경구절들을 많이 모았다. 그리고는 론서스턴 시민들에게 성곽 뜰로 자신이 그 성경구절을 읽는 것을 들으러 오라고 했다. 그 사람이 든 다른 실례 가운데 하나는, 사울이 엔돌의 신접한 여인을 찾아가서 절을 한 이야기였다. 이야기를 끝마치자 우리도 자유로이 조금 이야기를 할 수 있었다. 그래서 우리는 그 사람과 사람들에게 사울이 엔돌의 신접한 여인을 찾아갔을 때는 하나님을 떠나 하나님께 불순종한 때임을 알려 주었다. 선지자들도, 그리스도도, 사도들도 신접한 여인에게 절하라고 가르친 사람은 한 사람도 없었다.

또 어떤 때에는 밤 11시경에 반쯤 술에 취한 간수가 들어와서 나와 논쟁할 사람을 한 사람 잡았다고 이야기하였다(마침 우리가 마을 안으로 조금 들어가야 하는 때였다). 간수장이 그러한 말을 마치자 나는 순간적으로 나를 해치려는 어떤 음모가 있음을 느꼈다. 그날 저녁과 다음날 내내 나는 겉잠을 자기 위해 잔디 위에 누웠다. 그런데 몸에 뭔가 이상한 것이 느껴졌다. 그래서 놀라 일어나서 주님의 능력으로 그것을 쳤다. 그렇지만 그것은 여전히 내 몸 가까이 있었다.

그리고 나서 나는 캐슬 그린으로 걸어갔다. 부간수장이 와서 감옥에서 나와 이야기를 하고 싶어하는 아가씨가 있다고 내게 말했다. 나는 그 사람의 말속에서 함정이 있음을 다시 느꼈기 때문에 감옥으로 들어가지 않고 쇠살판이 있는 곳까지만 갔다. 그리고는 안을 들여다보니 마법사가 되었다고 해서 얼마전에 감옥에 들어온 남자가 보였다. 그 사람은 손에 날이 선 칼을 들고 있었다. 그 사람에게 말을 걸자 그는 내 뺨을 칼로 그어버리겠다고 위협했다. 그렇지만 감옥 안에 있었기 때문에 내게 다가올 수 없었다. 이 사람이 바로 간수가 이야기했던 논쟁자였다.

나는 곧바로 간수가 있는 집으로 갔다. 그는 아침 식사를 하고 있었다. 간수는 마법사를 자기와 함께 바깥에 나와 있게 하였다. 나는 간수에게 당신의 음모가 드러났다고 이야기했다. 그러자 그 사람은 식탁에서 일어나 화가 나서 냅킨을 던져버렸다. 나는 그 사람들 곁을 떠나 내 방으로 돌아왔다. 이 때는 둠스데일에서 나와 있었기 때문이었다.

간수가 내게 논쟁이 있을 거라고 이야기한 시각에 나는 지정된 법정으로 걸어갔다. 법정에 들어간 때는 11시 무렵이었다. 그러나 아무도 와 있지 않았다. 그래서 나는 다시 내 방으로 돌아왔다. 조금 뒤에 누군가 나를 부르는 소리가 들렸다. 나는 계단 꼭대기로 걸어갔다. 거기에는 간수의 부인이 있었고 층계 밑에는 마법사가 손을 등뒤로 맞잡고는 아주 화가 난 채 있었다.

그리고는 마법사가 기세좋게 손을 뽑아들었는 데 손 안에는 날선 칼이 잡혀 있었다. 나는 간수의 부인에게 나를 해치려는 그들의 사악한 음모에 대해 알려 주었다. 마법사라는 사람은 그들이 하나님의 것에 관해 나와 논쟁을 하도록 데리고 온 사람이었기 때문이다. 그렇지만 주님은 그들의 음모를 밝히셨으며 그들의 사악한 계획을 가로막으셨던 것이다. 그 바람에 두 사람은 모두 화가 났으며, 마법사는 겁을 먹었다.

그리고 나서 나는 주님의 이끄심을 느껴 주의 놀라운 능력으로 마법사에게 날카롭게 말하였다. 그러자 주님의 능력이 그 사람 위에 임하였으며, 그 사람을 사로잡았다. 그리하여 그 사람은 그 이후로 한번도, 감히 내 앞에 나타나 말을 섣지 못하였다. 나는 그들의 잔인한 손에서 나를 지켜 주신 것은 오로지 주님뿐이라는 것을 깨달았다. 사단이 나를 굉장히 질투하여 나를 해하려는 수단을 부추겼기 때문이다. 그렇지만 주님은 그러한 것들을 막아 주

---

11) 1656년 5월 14일, 폭스와 함께 수감되어 있던 에드워드 피욧은 영국의 법원장인 존 글린에게 장문의 편지를 써보내 자신들이 법률에 어긋나게 벌을 받고 있다고 밝혔다. 조지 폭스 자신도 습관처럼 수감 생활의 대부분을 편지와 신앙적인 서간을 쓰며 보냈다. 다음은 "친우회" 교우들에게 보낸 서간에서 뽑은 글을 그대로 적은 것이다. "시골이나 지방, 섬, 나라 안 어디를 가든지 모범과 본보기가 되십시오. 그리하여 모든 부류의 사람들 가운데서 그들에게 여러분의 삶과 행동을 전하십시오."

셨고 내 마음은 감사와 찬양이 넘쳐났다.[11]

 콘월과 데본셔, 도레스트셔(Dorestshire), 서머셋셔에서 진리가 강력하게 전파되기 시작하였다. 많은 사람들이 예수 그리스도와 값없이 가르치시는 그리스도의 가르침으로 돌이켰다. 그렇게 우리를 방문하러 오는 친우회 교우들이 그러한 지역에서 마음이 이끌려 진리를 선포하게 되었기 때문이다. 이 때문에 목사들과 신앙고백자들은 화가 나서 치안판사를 선동해서 친우회 교우들을 올무에 걸려들게 하려고 하였다. 그들은 거리와 대로에 감시자를 세워두어 수상한 사람을 잡는 척하면서 감옥에 있는 우리를 만나러 오는 친우회 회원들을 세워서 붙들었다. 친우회 교우들이 주님의 일을 하면서 왔다갔다 하지 못하게 하려고 그렇게 한 것이다.

 그들은 그렇게 함으로써 진리를 막았다고 생각하였으나, 그러한 행위는 오히려 진리가 더욱 퍼져나가는 계기가 되었다. 왜냐하면 그때 친우회 교우들은 자백을 하기 위해 경찰에게, 또 다른 장교에게로 또한 재판관에게로 옮겨 다녔기 때문이었다. 그 바람에 진리가 모든 교구에 더욱 퍼져나가게 되었다. 친우회 교우들이 한번 감시병에게 붙잡히면 다시 풀러나기까지는 2, 3주일쯤 걸렸다. 한번 한 경관이 붙들어 곧장 재판관 앞에 데리고 가서 그 재판관들이 무죄석방해 주었다고 하더라도 또 다른 경관이 붙들어 다른 재판관 앞에 데리고 갔기 때문이다. 그러한 일은 지역적으로 공연히 굉장한 부담과 고통만 가져다 주는 일이었다.

 토머스 로윌슨(Thomas Rawlison)이 북쪽에서 우리를 만나러 오고 있을 때에, 데본셔에 있는 한 경관이 밤에 그를 붙들어 주머니에 있던 20실링을 빼앗았다. 로윌슨은 이렇게 돈을 강제로 빼앗긴 채 엑시터 감옥에 수감되었다. 그들은 로윌슨의 실체가 40년 가까이 치안 판사였던 예수회 수사인 헨리 폴랙스펜(Henry Pollexfen)이라는 구실로 감옥에 집어 넣었다. 많은 친우회 교우들은 잔인하게 매를 맞았다. 공장으로 옷감을 가지고 가던 피륙장수도 바깥으로 나가는 다른 사람들도 더러 붙들어 매질을 했다. 해마다 여든에서 백명되는 사람들이 자기 가족들이 사는 곳으로부터 얼마 떨어지지 않은 곳에서 구타를 당했다.

 론서스턴의 시장은 가능한 한 모든 사람을 붙잡아 감옥에 가두었다. 그는 새산이 많고 점잖은 부인들을 찾아 여자들의 속옷과 두건(頭巾)을 조사하기도 하였다. 한 젊은이가 우리를 만나러 왔을 때, 나는 시장이 저지른 온갖 조잡하고도 잔학하며 비그리스도다운 행위를 적어 그 사람에게 건네 주면서 그것을 밀봉하여 오던 길로 다시 되돌아 나가 출입구를 빠져나가 시 한복판으로 나가라고 명령하였다. 그 사람이 그렇게 하자 경비병이 그 젊은이를 잡아서 시장 앞에 데려다 놓았다. 시장은 당장에 그 젊은이의 호주머니를 뒤져보고는 편지를 발견하였다. 그 편지를 통해 시장은 자기가 저지른 온갖 행위를 묘사해 놓은 것을 보았다. 시장은 부끄러움을 느껴 그때 이후로는 주님의 종들이 하는 일에 거의 간섭을 하지 않았다.

    내가 그곳 감옥에 갇혀 있는 동안에, 침례교인들과 제5왕국파(Fifith Monarchy men: 크롬웰의 공화정치 시대에 그리스도의 재림이 가깝다 하여 급진적 행동을 취한 좌파)가 그 해에 그리스도가 오셔서 천년 동안 세상을 통치하실 것이라는 예언을 하였다. 그들은 자신들의 예언이 겉으로 이루어지기를 기대했으나 정작 그리스도께서 자기 백성의 마음 속에서 다스리고 통치하려고 오셨을 때에, 그리스도를 받아들이려고 하지 않았다. 그들의 예언과 기대는 빗나갔고 그리스도를 마음에 모시지도 못하였다. 그렇지만 그리스도는 오셨고 자기 백성의 마음 속에서 정말로 내주하시고 다스리시는 분이시다.[12] 수천명의 사람들이 그리스도께서 두드리고 계신 마음 문을 향하여 문을 열었으며 그리스도께서는 그 사람들과 함께 저녁을 드시며 그들도 그리스도와 함께 한다. 거룩하고 신령한 분과 하늘의 양식을 함께 하는 것이다. 그렇게 함으로써 앞에서 말한 침례교도와 제5왕국파 사람들 중에 많은 사람들이 가장 큰 그리스도의 적이었다가 그리스도를 따르는 자로 바뀌었다. 그리스도께서는 성도들의 마음 속에서 성도들을 시기하는 모든 적들 위에 군림하신다.

---

12) "제5왕국파"의 견해에 대한 이러한 간단한 논평을 크롬웰이 그들을 대우한 것과 비교해 보면 흥미있는 점이 발견된다. 제1의회 연설 II장과 카알라일의 *Oliver Cromwell*, Centenary Edition, Vol. III., p. 113. 참조. 오늘날 독자는 본문의 이 구절을 현재 "재림"에 대해 가르치고 있는 것과 비교해 보면 또한 흥미로운 점을 발견할 것이다.

재판이 열리는 날 몇명의 재판관들이 우리 앞에 나왔는데 꽤 예의가 발랐으며 하나님에 대한 이야기에 관해 진지하게 판단을 내렸다. 그러면서 우리에게 동정을 나타내 보였다. 펜데니스 성을 다스리는 폭스 연대장이 찾아와서 나를 정면으로 보고는 아무 말도 하지 않았다. 다만 자기 동료들에게 가서 자기는 평생 한번도 나처럼 어리석은 사람을 보지 못했노라고 이야기했다. 나는 등 뒤에서 그 사람을 부르며 "여보시오 잠깐만. 누가 더 어리석은 사람인지 보여 주겠소" 하고 말하였다. 그렇지만 그는 그길로 나가버렸다. 경솔하고 시시한 사람이었다.

토머스 로워(Thomas Lower)[13]도 우리를 만나러 와서 우리에게 돈을 주겠다고 제의했으나 우리가 그 제안을 거절했다. 그렇지만 그의 사랑은 받아들였다. 로워는 우리가 성경 말씀이 하나님의 말씀이라는 것을 부인하는 것과 성례와 같은 것들에 관해 많은 질문을 하였다. 그러한 모든 질문에 관하여 그 사람은 만족할 만한 답을 얻었다. 나는 각별히 세세하게 그 사람에게 이야기해 주었다. 그러자 그는 내 말이 번갯불과 같이 자기를 관통하여 지나갔다고 하였다. 로워는 우리와 같은 사람들을 한번도 만나본 적이 없다고 하였다. 우리가 자기 마음을 알고 있으며, 말씀을 못박는 사람들의 모임을 건축하는 뛰어난 건축가와도 같기 때문에 그렇다고 하였다. 로워는 진리에 관해 확신하게 되었고 오늘날까지 친우회 교우로 남아 있다.

로워는 자기가 당시 살고 있던 햄블리(Hambley) 아주머니 집으로 가서, 햄블리 아주머니에게 우리 이야기를 전했다. 아주머니는 자기 언니와 함께 진리에 관한 소식을 듣고는 감옥으로 우리를 찾아 왔다가 마찬가지로 영적 진리를 깨닫게 되었다. 진리를 지키느라고 로워도, 로워의 아주머니도 굉장한 고통과 어려움을 겪었다.

재판이 끝나고 집행관이 몇명의 군인을 데리고 사형을 언도 받은 여인에게 사형을 집행하러 왔다. 우리는 그 사람들과 함께 많은 이야기를 나누었다. 그중 한 사람이 "그리스도는 이 세상 어느 누구보다 동정심이 많은 사람이더군요" 하고 심술궂게 이야기하였다. 우리가 그러한 이야기를 하면서 그

---

[13] 이 사람은 펠 판사의 딸 메리와 결혼하였다.

사람들을 비난하였기 때문이다. 또 한번은 간수에게 판사들의 정의 회의에서 어떠한 문제를 논의하는가 하고 물어보았다. 그러자 간수는 "사소한 문제죠. 사생아 출산에 관해 고작 30분 정도 이야기합니다"하고 대답했다. 그리스도인들이라고 고백하는 그들이 그러한 문제를 사소한 것으로 여긴다는 것이 우리에겐 이상하게 생각되었다.

그렇지만 간수는 아주 나쁜 사람이었다. 나는 간수에게 온건한 사람이 되라고 권고하였으나 간수는 우리를 만나러 오는 사람들을 속였다. 에드워드 피욧은 브리스톨에 있는 아내로부터 귀중한 물건을 전해 받았는데 간수가 그 물건을 빼앗아 시장에게 가지고 가서 그 물건에 반역적인 문서가 들어 있는가 조사하도록 하였다고 이야기하였다. 그리고 그 물건 안에서 아무런 증거물도 찾지 못하였는데 그들은 그 물건을 우리에게 전해 주지 않았다.[14] 점잖게 행동하였더라면 아마도 그 간수는 부자가 되었을지도 모른다. 그렇지만 그 간수는 곧 이어 자기에게 닥칠 멸망의 길을 추구했다.

다음 해에 간수는 자기 직책에서 파면을 당하고, 어떠한 불미스러운 일로 자신도 감옥에 들어가게 되었다. 감옥에서 간수는 우리 친우회 교우들에게 간청을 하였다. 그는 다소 무례하게 행동하였기 때문에 뒤이은 간수가 둠스데일에 집어넣어, 쇠창살에 갇혀서 두들겨 맞으면서 자신이 어떻게 선량한 사람들을 아무런 이유없이 그 냄새나는 답답한 지하 토굴 속에 가두었던가를 기억하라는 명령을 받았다. 또한 자신의 사악함으로 응당한 대가를 받아야 하며 다른 사람들을 벌준 것과 똑같은 방법으로 그도 벌을 받아야 한다는 말을 들었다. 그는 아주 가난뱅이가 되어 감옥에서 죽었다. 그의 아내와 가족

---

14) 그렇지만 이것으로 귀중한 물건의 이야기가 끝난 것은 아니다. 석방된 뒤에 그들은 론서스턴을 다시 방문한다. 다음 발췌문에서 그와 같은 내용을 엿볼 수 있다.
"토머스 마운스의 집에서 론서스턴으로 다시 옮겨가서 우리가 감옥에 있는 동안 모집되었던 얼마 남지 않은 친우회 교우들을 찾아가 보았다. 주님의 나무는 훌륭하게 잘 자라, 바위요 반석이신 그리스도 위에 잘 서 있었다. 론서스턴을 다시 나올 때에 그곳의 경관이 에드워드 피욧에게서 빼앗아 두었던 귀중품을 가지고서 우리에게 달려왔다. 그때까지 내내 우리에게 주지 않고 그 물건을 가지고 있었는데, 그들은 그 물건 때문에 많은 고통을 겪었다. 그렇지만 이제 자유로운 몸이 되었기 때문에, 우리는 그 물건을 받아들이려고 하지 않았다."

들도 비참한 지경에 놓이게 되었다.

    론서스턴 감옥에 갇혀 있는 동안 한 친우회 교우가 올리버 크롬웰에게 가서, 자기를 받아 주고 나를 석방시켜 줄 수 있다면 자기가 내 대신 둠스데일 토굴감옥에 들어가 있겠다는 제안을 하였다. 그 말에 올리버 크롬웰은 감동을 받아, 귀족들과 의회 의원들에게 "당신들 중에 내가 폭스와 같은 상황에 놓여 있다면 나를 위해서 누가 그만큼 할 수 있겠습니까?"하고 물었다. 크롬웰 호국경은 친우회 사람의 제안을 받아들이지는 않았지만 그러한 일은 법에 어긋나는 일이기 때문에 자기로선 그렇게 할 수 없는 일이라고 이야기 하였다. 그러나 그 때문에 진리가 더욱 강력하게 그 사람에게 전달 되었다. 꽤 한참 뒤에 크롬웰은 우리를 풀어줄 것처럼 데스버로우 소령을 내려 보냈다. 그 사람은 도착해서, 우리에게 우리가 만약 집으로 돌아가서 더 이상 복음을 전하지 않겠다고 말하면 우리를 풀어주겠다는 제안을 하였다. 그렇지만 우리는 그 사람과 약속을 할 수 없었다. 그러자 그 사람은 주님이 허락하신다면, 집으로 돌아가기 위해서 약속을 해야 한다고 재촉했다.

    이러한 일이 있고나서[15] 데스버로우 소령은 캐슬그린으로 가서 재판관들과 다른 사람들과 함께 연회를 즐겼다. 몇몇의 친우회 교우들이 마음의 움직임을 받아 그들에게 찾아가서 시간을 헛되이 보내지 말라고 권고하고, 스스로 그리스도인임을 고백하면서 자기들의 만족을 추구하고 그러면서도 하나님의 종들을 감옥에 가두어 두고 있는 것에 대해 생각해 보라고 하였다. 그리고 주께서 주의 종들을 변호하실 것이며 그러한 일을 하시기 위해서 자기 종을 찾아보실 것이라고 하였다. 글과 명령을 받았는데도 데스버로우 소령은 우리를 감옥에 남겨 둔 채, 떠나버렸다.

    우리는 나중에야 데스버로우 소령이 베넷 대령에게 자신의 임무를 맡겼음을 알았다. 베넷 대령은 감옥에 관한 명령을 받은 것이다. 얼마 뒤에 베넷 대령은 간수료를 간수에게 내면 우리를 풀어주겠다고 하였다. 그렇지만 한푼

---

15) 에드워드 피욧과 조지 폭스는 데스버로우 소령에게 자신들은 결백하며, 법을 지키는 사람들로서 세상에서 주님의 일을 하는 사람들이라는 것과, 영국인이라면 자기의 임무와 일을 수행하러 어디로든 갈 자유로운 권리가 있기 때문에 집으로 가겠다는 약속을 할 수 없다는 점을 밝히는 편지를 썼다.

의 간수료도 낼 수 없다고 말하였다. 우리는 아무 죄도 없이 고통을 당해 왔고 또한 그렇게 오랫동안 부당하게 고생을 하였는데 어떻게 우리가 간수료를 내도록 바랄 수 있는가 말이다. 조금 뒤에 베넷 대령이 그곳으로 돌아와서 여관으로 우리를 불렀다. 그리고 또다시 간수료를 내도록 강요하였으나 우리는 거절하였다. 마침내 주님의 능력이 그 베넷 대령에게 전해져 그 사람은 1656년 7월 13일에 아무 조건도 없이 우리를 풀어 주었다. 우리는 이른바 춘계 재판(Lent-assize)이라고 하는 첫번째 재판에서 9주 동안 죄수로 지냈던 것이다. 때는 봄이었다.

제 10 장

웨일스 지방에 씨를 뿌리며
1656-1657

자유로운 몸이 된 우리는, 말을 타고 험프리 로우어의 집으로 향해 가는 중에 길에서 그 사람을 만났다. 로우어는 너무나 걱정이 되어 집에서 마음 편히 있을 수가 없어서 우리를 석방시킬 방법을 모색하기 위해 베넷 대령을 찾아가려던 참이었다고 하였다. 우리가 석방 되어, 그의 집으로 가고 있는중이었다는 말을 듣고 로우어는 굉장히 기뻐했다. 그 사람의 집으로 가서 우리는 훌륭하고 귀한 집회를 가졌다. 많은 사람들이 영적 진리를 깨달았으며 주의 영으로 말미암아 주 예수 그리스도의 가르침으로 돌이켰다.

얼마 안 있어 우리는 엑서터로 갔다. 그곳에는 많은 친우회 교우들이 옥에 갇혀 있었다. 그중에는 제임스 네일러도 있었다. 우리가 석방되기 조금 전에 제임스와 그와 함께 하던 무리가 망상에 빠져 나라 안에 굉장한 어두움을 일으켰다. 그는 브리스톨로 가서 거기서 굉장한 소요를 일으켰다.[1] 그 사

---

1) 가엾은 제임스 네일러는 열정적인 일에 대한 긴장을 감당해 낼 수가 없었던 것이다. 영광적인 그룹이 그를 에워쌌고, 그가 확실히 진리의 길에서 이탈해 있던 동안에는 그를 추대하던 아첨꾼들이 그로 하여금 마치 그리스도처럼 브리스톨로 직접 승리 입성을 하게 만들도록 내버려 두었다. 카알라일은 다음과 같이 적고 있다. "1655년 10월, 서부 브리스톨에서는 이상한 광경이 벌어졌다. 여덟 사람의 행렬로 한 사람은 혼자서 말을 타고 있었고 남녀가 섞인 나머지 사람들은 더러

람은 브리스톨에서부터 나를 만나러 론서스턴으로 오고 있는 중이었다. 그렇지만 도중하차 하여, 엑서터에서 수감되었다. 그와 함께 있던 몇몇 사람들도 수감되었는데 그 중에 한 사람은 정직하고 영적 진리에 민감한 사람이었는데 그도 엑서터에 있는 감옥에서 죽었다. 그를 핍박하던 사람들이 그를 죽인 것이다.

　엑서터로 간 날 저녁에 나는 제임스 네일러와 함께 이야기를 나누었다. 나는 그가 제정신이 아니라 잘못되어 있으며, 그의 동료들도 마찬가지 상태에 놓여 있다는 것을 알았기 때문이다. '첫째 날'이 되는 다음 날에 우리는 죄수들을 만나러 가서 감옥에 있는 죄수들과 함께 집회를 열었다. 그렇지만

　　두명씩 말을 타고 있었으며, 더러는 대로 위로 걸어가고 있었다. 길은 무척 질었고 날씨는 축축했다. 혼자 말을 탄 사람만을 제외하고 모두가 노래를 하고 있다. 혼자 말을 탄 사람의 말고삐 옆에서 두명의 여자가 물을 튀기며 나아가고 있다. '호산나! 거룩, 거룩하시다! 안식일의 주 하나님이시여!' … . 혼자 말을 탄 사람은 뼈만 남은 것처럼 마른 남자로, 길고 부드러운 머리를 볼 아래까지 늘어뜨리고 있다. 모자는 이마 위로 바짝 끌어당겨 썼고, 난해하고도 '우울한 눈빛'이며, 크고 날카로운 턱 부분은 굳게 닫혀 있고 노래를 부르지 않고 모자를 쓴 채 앉아 있으며, 모자를 쓰지 않은 다른 사람들이 그 사람에게 노래를 불러주고 있다. 그러는 동안 큰 비가 퍼붓고, 진흙이 무릎까지 차오른다. '빗줄기가 목 사이로 파고들자, 그들은 긴 양말과 반바지 사이로 빗물을 빼낸다.' 잉글랜드 서부와 그 후손들에게는 참으로 볼 만한 구경거리이다! 앞에서 이야기한 대로 노래하며 노래만 부를 뿐 묻는 말에 대한 아무런 대답도 없다. 하이 크로스(High Cross)에서 당국자에게 붙잡혀 그들은 제임스 네일러와 그 일행으로 판명된다." (카알라일의 「올리버 크롬웰의 편지와 연설」, Vol. III., pp. 223, 224). 제임스 네일러에게 필요한 것은 정신 치료를 받는 일이었다. 그가 받은 처벌은 의회가 고안해 낼 수 있는 가장 혹독한 치벌이었다. 그는 82대 96이라는 표결로 사형을 면했다. 1656년 12월 16일 의회를 통과한 그에 대한 판결은 두 시간 동안 칼을 씌워 사람들의 조롱거리로 만들며, 웨스트민스터에서 그 시의 올드 익스체인지(Old Exchange)까지 교수형 집행리의 채찍을 맞으며 거리를 지나고 다시 이틀 뒤에 두 시간 동안 더 칼을 씌워 조롱거리로 만들고, 시뻘겋게 달군 쇠막대기로 혀에 구멍을 내고, 이마에 B라는 낙인을 찍으며, 또 다시 브리스톨의 거리를 지나며 매질을 하고, 그리고 나서 독방에 가두어 의회가 작정하는 기간 동안 심한 노동을 하도록 하는 것이었다. 참으로 가엾은 사람이었다! 그의 멸망은 퀘이커교도들에 대한 공적인 평판에 거의 치명적인 손상을 입혔다. 그러한 불길한 조짐에 대해 폭스는 이미 암시를 한 적이 있다. 런던에서 제임스 네일러 곁을 떠나면서 폭스는 다음과 같이 적었다. "떠나오면서 나는 그에게 눈길을 주었다. 그때 그에 관한 어떤 두려움이 나를 엄습했다."

제임스 네일러와 그와 함께 하던 몇몇 사람들은 집회에 계속해서 머물러 있지를 못했다. 그 집회에 기병 하사 한 사람이 참석을 했는데 그 사람은 영적 진리를 깨달아 계속해서 아주 훌륭한 친우회 교우로 남아 있었다.

다음날 나는 제임스 네일러에게 다시 말했다. 그러나 네일러는 내가 한 말을 경멸했으며 마음이 어두워져서 상당히 상태가 좋지 않았다. 그런데 그는 내게 다가와 키스를 하려고 하였다. 그렇지만 나는 당신이 하나님의 능력을 대적하는 방향으로 돌아섰으니 당신이 보이는 호의를 받아들일 수 없다고 말하였다. 하나님은 나를 인도하시어 내가 네일러를 경멸하여 하나님의 능력이 그를 향하게 하도록 하셨다. 그리하여 내가 세상과 싸워온 뒤에 이제 친우회 교우들 가운데서 대적해야 할 사악한 영혼이 일어난 것이다. 나는 네일러와 그의 동료들에게 충고했다.

런던에 도착했을 때, 네일러에게는 내 안에 있는 하나님의 능력과, 나를 통해 그에게 선포된 진리에 대항하는 것이 가장 고통스러운 짐이 되었다. 그러나 네일러는 자기가 진리에서 이탈하였던 것을 깨닫고 그것을 정죄하게 되었다. 네일러의 회심과 정죄와 회복에 관하여 쓴 부분에서 더 자세히 나오겠지만, 얼마 뒤에 그는 다시 진리를 향해 마음을 돌이켰다.[2]

---

2) 네일러는 끔찍한 형벌이 내려진 뒤 얼마 안 있어 죽었다. 자신의 삶이 다하기 직전에 그는 다음과 같이 적었다.
"내가 느끼는 한 영혼이 있는데 그 영혼은 악한 일이라면 어떤 일이라도 하기를 즐겨하지 않으며, 어떤 그릇된 행위에 대해서도 앙갚음하려고 하지 않는다. 모든 것을 참기를 기뻐하며, 결국에는 그러한 것들을 소유하게 되리라는 소망 가운데 사는 영이다. 그 영의 소망은 모든 진노와 다툼에서 벗어나서 자고함과 잔학함이나 본질에 어긋나는 것은 무엇이든지 쇠하게 하려는 것이다. 그 영혼은 모든 유혹의 종말이 어떠한 것인지를 알며, 그 안에 악한 것이 하나도 없기 때문에 누구에게든 악한 생각을 조금이라도 품지 않는다. 좌절했을 때에도 그것을 견딘다. 그 영혼의 근본이 되는 샘은 하나님의 자비와 용서이기 때문이다. 그 영혼의 영광은 온유한 마음이며, 그 영혼의 생명은 거짓 없는 영원한 사랑이다. 그 영혼은 다툼으로 하나님 나라를 얻지 않으며 간구함으로 하나님 나라를 얻으며, 겸손한 마음으로 하나님 나라를 간직한다. 아무도 그것을 인정하지 않는다고 할지라도 하나님 한분 안에서만 그 영혼은 기뻐하거나, 생명을 얻을 수 있다. 그러한 영혼은 슬픔 중에 품게 되며, 아무도 위로해 주는 이가 없을 때에 생겨난다. 또한 슬픔이나 압박을 불평하지 않는다. 고난을 겪지 않고서는 결코 즐거워 할 수 없다. 그 기쁨은 세상 기쁨으로 죽어 있기 때문이다. 나는 홀로 그 사실을

제10장 웨일스 지방에 씨를 뿌리며

'첫째날 아침' 브리스톨의 브로드메드(Broadmead)에서 열리는 큰 집회에 참석했다. 사람들이 많이 모여 있었으나 조용했다. 오후에 과수원에서 집회가 열릴 것이라는 알림이 있었다.

브리스톨에서는 폴 그윈(Paul Gwin)이라는 무례한 침례교인이 한 사람 있었는데, 그는 전에 집회를 크게 방해한 적이 있는 사람이었다. 그 사람은 시장 때문에 마음이 쏠려 부추김을 받았던 것이다. 들리는 소문에 의하면, 시장이 이따금 그를 저녁 식사에 초대하여 그러한 일을 하도록 꼬드겼다고 한다. 그 사람을 뒤따라 무례한 군중들이 너무나 많이 몰려들어서 때때로 과수원에서 열었던 집회에 만 명 가량이 모였다고 생각될 때도 있었다.

과수원으로 가고 있는 데, 사람들이 폴 그윈이 집회에 참석할 것이라는 말을 전해 주었다. 나는 누가 집회에 참석하는가 하는 것은 하나도 중요한 일이 아니니 조금도 신경쓸 필요가 없다고 사람들에게 말하였다.

과수원에 들어가서 나는 친우회 교우들이 연설을 할 때에 서는 돌 위에 올라섰다. 나는 주님의 이끄심을 받아 모자를 벗고 잠깐 서서 사람들이 나를 주목하도록 하였다. 수천 명의 사람들이 와 있었기 때문이다. 이렇게 아무말 않고 서 있자, 무례한 침례교도인 폴 그윈이 내 머리를 갖고 트집을 잡기 시작했다. 그렇지만 나는 아무 대꾸도 하지 않았다. 그러자 그는 내가 하는 말에 대해 공격을 하다가 마침내는 "현명하신 브리스톨 시민 여러분, 여러분이 사람이 입증하지도 못할 이야기를 하고 확신하는 것을 서서 들을 생각을 하니 이상하군요"하고 말했다.

그러자 주께서 내 입을 여셔서(그때까지 나는 한 마디도 하지 않았기 때문에) 나는 사람들에게 내가 전에 이야기하는 것을 보거나 들은 적이 있느냐고 물었다. 그리고 나서 내가 입증하지도 못할 이야기를 하고 확신을 한다고

알았다. 고독하기 때문이다. 나는 혼자 그 사실을 깨닫고서 외로워졌다. 그러한 점에서 나는 이 땅에서 답답하고 황량한 곳에 살았던 사람들과 함께 사귄다. 그들은 죽음을 통해 이 부활과 영원하고 거룩한 생명을 얻게 된 자들이다!"

"자신과 관련있는 열광적인 역사 전반에 관한 제임스 네일러의 답변"(James Nayler's answer to the Fanatick History as far as it realtes to him) 도 참조하라.

네일러가 빠졌던 광적인 극단은 친우회에 아주 심각한 영향을 끼쳤다.

뻔뻔스럽게 이야기하는 저 자가 과연 어떠한 사람인지 주목하여 보라고 말하고, 그 사람도 사람들도 내가 전에 이야기하는 것을 듣거나 본적이 없다는 것을 말하였다. 그러니 그 사람은 거짓된 마음, 곧 시기하는 사악한 마음에서 그러한 이야기를 하는 것이라고 하면서 그러한 마음은 하나님께 속한 마음이 아니라 사단에게 속한 마음이라는 말을 하였다. 나는 하나님을 경외하는 마음과 하나님의 능력으로 그 사람에게 조용히 하라고 명령하였다. 그러자 하나님의 강력한 능력이 그 사람과 그 사람을 따르던 모든 무리에게 임하였다.

그리고는 우리는 영광스럽고도 평화로운 집회를 가졌고, 생명의 말씀이 모인 사람들 각자에게 선포되었다. 사람들은 어둠에서 빛이신 구주 예수께로 돌이켰다. 성경 말씀이 자세하게 열리어, 사람들이 자신들의 관습이나, 초보적인 것들, 방식, 주의 등을 깨닫게 되었다. 그리하여 사람들은 그리스도의 빛으로 돌이켰고, 그 빛으로 말미암아 사람들은 앞서 말한 것들을 볼 수 있게 되었고 그리스도께서 사람들을 그러한 것들로부터 자기들을 이끌어 내신다는 것을 깨닫게 되었다.

나는 또한 율법시대에 나타났던 그리스도의 모습과 형상과 그림자 등을 열어 보이고 나서, 그리스도는 오셨으며, 형상이나 그림자, 십일조, 맹세하는 것 등을 폐하시고, 맹세하지 말고 예 하든 아니오 하든 하라고 하시면서 대가를 받지 말고 사역 하라고 말씀 하셨다고 알려주었다. 그리스도께서 직접 사람들을 가르치러 오셨으며, 그리스도께서 오실 하늘의 날이 높은 곳에서 갑자기 나타나 보일 것이기 때문이었다.

오랜 시간 동안 나는 하나님의 영원하신 능력으로 사람들에게 생명의 말씀을 선포하였고, 하나님의 역사하심으로 말미암아 사람들은 마음을 열기 시작하였고 하나님과 화해하게 되었다. 사람들을 모든 진리 가운데로 이끄실 마음 속에 계신 하나님의 영께로 돌이키게 하고 난 뒤에 나는 마음에 움직임을 받아 하나님의 강력하신 능력으로 기도하였다. 그러자 주님의 능력이 모든 사람들 위에 임하였다. 기도를 마치자 그 무례하던 침례교인은 다시 허튼 소리를 하기 시작했다. 존 오들랜드가 마음의 움직임을 받아 회개하고 하나님을 경외하라고 명령하였다. 그러자 폴 그윈에게 속해 있던 사람들과 그 사람을 따르던 자들이 그 사람을 부끄럽게 여겼다. 폴 그윈은 자리를 떠나가서 다시는 집회를 방해하러 오지 않았다. 집회는 조용하게 끝이 났으며 주님의 능력과 영광은 모든 사람들 위에 나타나 비치었다. 참으로 복된 날이었으며, 주님은 찬양을 받으셨다. 얼마 뒤에 폴 그윈은 바다를 건너 갔으며, 아주 오랜 뒤에 나는 바베이도스(Barbadoes) 섬에서 그 사람을 만났다.

곧이어 우리는 말을 타고 런던으로 갔다. 하이드파크(Hyde Park) 가까이에 도착하자 굉장히 많은 사람들이 모여 있는 것이 보였다. 사람들을 바라보다가 호국 경이 커다란 마차를 타고 오는 것을 알아차렸다. 그래서 나는 호국 경이 탄 마차 곁으로 말을 몰고 갔다. 경호원들 중에 몇 사람이 나를 가로막으려고 했다. 그렇지만 호국 경이 그러한 행동을 제지시켰다. 그래서 나는 호국 경이 탄 마차 곁으로 말을 몰고 가서, 주께서 호국 경에게 이야기하도록 내게 알려주신 것을 전하였다. 호국 경이 어떠한 상황에 있는가와, 우리가 영국에서 겪은 고통에 관한 이야기를 하면서 그러한 일이 그리스도의 말씀이나 사도들이 한 이야기와 또한 기독교에 얼마나 어긋난 일인가를 설명해 주었다.

제임스 파크 게이트(James Park Gate)에 이르러서야 우리는 호국 경과 이별을 하였다. 헤어지면서 호국 경은 나더러 자기 집에 와 주기를 청하였다. 다음날, 호국 경의 아내가 거느리던 하녀 가운데 매리 샌더스(Mary Sanders)라는 여인이 내가 묶고 있는 곳으로 찾아와서 자기 주인이 자기에게 와서는 좋은 소식을 알려 주겠다고 하였다고 하였다. 그래서 그게 무엇이냐고 물었더니 "조지 폭스가 우리 마을에 왔어"하고 주인이 이야기하더라는 것이다. 그래서 자기는 "정말로 기쁜 소식이군요"(그 여인은 진리를 받아들인 사람이었다) 하고 말하기는 하였지만, 주인이 어떻게 나와 만났으며 나와 함께 하이드파크에서 제임스파크까지 말을 타고 갔는가 이야기하기까지는 그 말을 믿을 수 없었다는 말을 하였다.

조금 시간이 흐른 뒤에 에드워드 피욧과 나는 올리버 크롬웰을 만나러 런던의 관청가로 갔다. 크롬웰 호국 경에게 가보니 옥스퍼드 대학의 부총장인 오웬(Owen) 박사가 호국 경과 함께 있었다. 그 사람에게 친우회 교우들이 겪는 고통에 대해 말하고 싶은 생각이 들어서 우리는 그 사람에게 그러한 이야기들을 털어놓았다. 그리고 나서 우리는 그 사람에게, 세상에 난 모든 사람을 깨우치신 그리스도의 빛을 바라보게 하였다. 그 사람이 그 빛은 자연스러운 빛이라고 말했지만, 우리는 그렇지 않다고 설명하면서 그 빛은 신성한 하늘의 사람이신 그리스도로부터 나오는 신령하고도 영적인 빛이라는 것을 증명하였고, 말씀이신 그리스도 안에 있는 생명이라고 부르는 것은 곧 우리 안에 있는 빛을 가리키는 것임을 입증해 보였다.

주 하나님의 능력이 내 안에서 일어나서 나는 하나님의 능력으로 그 사람에게 예수 그리스도의 발 앞에 자신의 영예를 내려 놓으라고 명령하였다. 여러 차례에 걸쳐 같은 취지로 그 사람에게 말하였다. 나는 탁자 옆에 서 있었는데 그 사람이 탁자 옆으로 와서 내 옆에 앉아서는 자기가 나만큼은 높을 것이라고 말하였다. 그렇게 그 사람은 계속해서 그리스도 예수의 빛에 대항하여 이야기하고는 경박한 태도로 떠나 버렸다. 그렇지만 주님의 능력이 그 사람에게 임하였기 때문에, 자기 아내와 다른 동료들에게 돌아갔을 때에 그 사람은 "저들과 이렇게 헤어진 적은 한 번도 없었다"고 이야기하였다. 그가 그렇게 말한 까닭은 그 자신이 비판을 받았기 때문이었다.

이러한 일이 있고 나서 나는 요크셔로 갔다가 홀더니스(Holderness)를 나와 험버(Humber)를 지나 친우회 교우을 방문하고 나서 다시 레스터셔, 스테포드셔, 우스터셔(Worcestershire), 워릭셔(Warwickshire)로 돌아와서 친우회 교우들과 함께 에지힐(Edge-Hill)에서 집회를 가졌다. 집회에는 랜터 파와 침례교도들과 여러 부류의 난폭한 사람들이 참석했다. 3주 전쯤에 나는 에지힐에서 집회를 가질 것이라고 전하였기 때문이다. 그래서 수백명의 사람들이 집회로 모여들었으며 많은 친우회 교우들이 멀리서 찾아왔다. 주님의 영원하신 진리와 생명의 말씀이 모든 사람들에게 전달되었다. 무례하고 다루기 어려웠던 영혼들이 속박을 당하였고, 그날에 많은 사람들이 그리스도의 능력과 영으로 말미암아 주 예수 그리스도에게로 돌이켰으며, 와서 복되고도 아낌없는 그분의 가르침을 듣고 그리스도께서 베푸시는 영원한 하늘 양식을 먹었다. 모두가 평화스러웠으며 사람들은 조용히 지나갔다. 사람들 중에 강력하고도 능력 충만한 집회였다고 말하는 사람도 있었다. 주님의 임재를 느꼈고, 주의 능력과 주의 영이 그들 가운데 나타났기 때문이다.

그리고 나서 나는 워릭셔와 버글리(Bagley)로 건너가서 훌륭한 집회를 가진 뒤에 글로스터셔(Gloucestershire)로 갔으며, 옥스퍼드에도 갔다. 옥스퍼드에 있는 학자들은 아주 무례했다. 그렇지만 주님의 능력이 그들에게 임하였다. 이곳저곳 여행을 다니면서 우리는 참으로 근사한 집회를 열었다.

이렇게 해서 나라 거의 모든 곳을 돌아다닌 후에 나는 다시 런던으로 와서 주께서 내게 말씀하신 것을 전하였다. 론스톤 감옥에서 풀려난 뒤에 나는 주님의 이끄심을 받아 전국을 돌아다녔고, 그렇게 함으로써 이제 진리가 대부분의 지역에 퍼졌기 때문에, 사람들에게 해답을 줄 수 있었고 시기심 많은 목사들과 신앙고백자들이 우리에 관해 퍼뜨린 나쁜 소문들을 사람들 마음에서 사라지게 할 수 있었다.

이번 해에 주님의 진리가 나라 안에 잘 뿌리를 내려 수천명의 사람들이 주께로 마음을 돌이켰다. 잉글랜드에서는 진리를 증거하기 위해서 감옥에 갇힌 사람이 천명이 안 되는 때가 좀처럼 없었을 정도였다. 어떤 사람들은 십일조 납부 문제로, 어떤 사람들은 뾰족집에 가는 일로 해서 또 어떤 사람들은 모욕죄로(사람들이 그렇게 말했다), 어떤 사람들은 맹세를 하지 않는다고 해서 또 모자를 벗지 않는다고 해서 투옥되었다.

런던에서 얼마간 머물다가 런던 시 근처에서 열리는 친우회 모임에 참석해서 주께서 그 때 그곳에서 내게 하라고 맡기신 일에 대해 설명하고 난 다음에 런던을 떠나 켄트(Kent), 서섹스(Sussex), 서리(Surrey) 주로 가서 친우회 교우들을 찾아보았다. 대규모 집회를 열었지만, 침례교도들과 싸움질하기 좋아하는 다른 신앙고백자들의 반대에 자주 부딪혔다. 그렇지만 주님의 능력이 그 사람들에게 임하셨다.

우리는 하룻 밤을 판햄(Farnham)에서 잤는데 거기서 우리는 작은 집회를 열었다. 사람들이 몹시 난폭했지만 마침내 주님의 능력이 그들에게 임하셨다. 집회를 가진 후에 우리는 묶고 있던 여관으로 돌아와서, 하나님을 경외하는 사람은 누구든 여관으로 우리를 찾아와도 좋다고 하였다. 무례하던 많은 사람들이 여관으로 우리를 찾아 왔는데 시행정관도 있었고 신앙고백자들도 더러 있었다. 나는 무례하게 행동하던 사람들과 시행정관을 방 바깥에 세워 둔 채 그들에게 진리를 선포하였다.

그 사람들이 떠나가고 무례한 신앙고백자들과 그 마을의 도적들 몇명이 찾아왔다. 그들은 우리가 금하는데도 돼지간 요리와 술을 주문했다. 그 사람들은 내가 전에 만났던 사람들만큼이나 함부로 행동했다. 주님의 능력이 그들을 구속하자 그들은 어떻게든 우리에게 해를 입힐 수가 없었다. 그런데 그들은 자기들이 시킨 고기와 맥주를 모두 남겨 둔 채 떠나갔다. 아침에 우리가 지불하도록 하기 위해 그들이 주문하였던 것이다. 우리는 여관집 주인에게 우리가 그 값을 지불하는 것이 참으로 부당한 일임을 설명하였다. 그렇지만 여관집 주인은 우리가 그 값을 지불해야 한다고 말했다. 그래서 우리가 그 돈을 냈다.

그 도시를 떠나기 전에 나는 시행정관들과 높은 지위에 있는 몇몇 사람들과 목사에게 편지를 써서 지역 사람들을 어떻게 가르쳤는가 지적하면서, 마을 사람들에게 유익을 끼치려는 나그네들에게 그들이 얼마나 버릇없고 무례하게 대했는지를 알렸다.

그 지역을 떠나 베이징스토크(Basingsoke)라는 아주 고약한 마을에 도착했다. 그곳 사람들은 이전부터 친우회 사람들을 몹시 못살게 굴었다. 거기서 나는 저녁에 집회를 열었다. 아주 조용한 집회였다. 주님의 능력이 무례한 사람들을 구속하였기 때문이었다. 집회가 끝날 무렵에 나는 마음의 이끌림을 받아, 모자를 벗고 주께서 그들의 마음을 여시어 깨닫게 해달라고 간구하였다. 그러자 사람들은 내가 자기들에게 모자를 벗고 잘 돌아가시라고 인사를 했다는 소문을 냈다. 나는 전혀 그런 마음이 아니었는데 말이다.

집회가 끝나고 우리가 묶고 있던 여관에 도착해서 나는 여느 때처럼 여관집 주인을 부르러 사람을 보냈다. 그러자 여관집 주인이 우리 방으로 왔는데, 그는 아주 무례한 사람임이 겉으로 드러나 보였다. 나는 진실한 마음을 가지고 주님을 경외하라고 권고하였다. 그렇지만 그 사람은 돼지 간 요리와 포도주 한 잔을 시켰다. 혼자서 그것을 마시더니만 술을 또 주문하고 나서 여섯 명의 사람들을 방으로 불러들였다. 그래서 나는 그 사람더러 방을 나가라고 명령하면서 우리 방에서 술을 마실 수 없다고 이야기하였다. 우리는 영원한 복에 대해 이야기하려고 그 사람을 불렀기 때문이었다.

그 사람은 굉장히 화가 나서, 거칠게 술을 마셨다. 계속해서 무례하게 행동하면서 나가려고 하지 않자 나는 묵고 있는 동안은 이 방은 내 방이라고 이야기하면서 열쇠를 달라고 했다. 그러자 그 사람은 화를 내며 나갔다. 아침이 되자 그 사람이 좀처럼 보이지 않았다. 그렇지만 나는 그 사람의 아내에게 그 사람이 우리에게 불신자처럼 행동하였다고 말했다.

그리고는 엑서터(Exeter)로 옮겨 갔다. 엑서터 다리 아래에 있는 칠성(Seven Star) 여관의 간판 앞에서 우리는 콘월과 드벙셔의 친우회 교우들과 함께 대집회를 가졌다. 그 집회에는 랜즈엔드(Land's End)에서 험프리 로우어(Humphrey Lower)와 Thomas Lower(토마스 로우어)와 존 일스(John Eills)가 왔고, 플리머스(Plymouth)에서 헨리 폴랙스펜(Henry Pollexfen)과 친우회 교우들이 왔고, 엘리자베스 트랠로우니(Elizabeth Trelawney)와 여러 곳에서 친우회 교인들이 찾아 왔다. 복되고 신령한 집회를 가졌으며, 주님의 영원하신 능력이 모든 사람들에게 임했다. 거기서 나는 주님의 능력이 온 나라를 담과 장막처럼 감싸며, 주님의 씨앗이 바다 건너로 전파되는 것을 느꼈으며, 그것을 사람들에게 말하였다. 친우회는 영원한 생명의 씨앗이시며, 생명이시며 바위이시며 스승이시며 목자이신 예수 그리스도 안에서 자리를 굳혀 갔다.

다음 날 아침 블랙모어(Blackmore) 소령이 나를 체포하라고 군인들을 보냈다. 그러나 나는 그들이 오기 전에 나는 다른 곳으로 떠나갔다. 말을 타고 거리를 지나가고 있자니 장교들이 오는 것이 보였다. 주께서 그들의 계획을 방해하신 덕분에 친우회 교우들은 안심하고 조용히 지나갈 수 있었다. 내가 지나 간 다음에 군인들이 그곳에서 몇몇 친우회 교인들을 조사하면서 거기서 무엇을 하느냐고 물어보긴 하였지만, 우리는 여관에 묵고 있으며 그 도시에서 볼 일을 보고 있다고 대답하니 더 이상 간섭하지 않고 가버렸다.

그 지역(웨일스)을 지나면서 집회를 열고 신령한 선생이신 그리스도의 이름으로 사람들을 모았다. 마침내 브렉녹(Brecknock)에 이르렀다. 거기서 우리는 말을 여관에 묶어 두었다. 그곳에는 토머스 홈스(Thomas Holmes)와 존 앱존(John ap-John)이 우리와 함께 갔는데 존 앱존은 주님의 이끄심을 받아 거리에서 설교를 하였다. 나는 바깥 들판으로 조금 걸어 나갔다. 마을로 돌아오니 큰 소동이 나 있었다. 내가 묶던 여관 방에 들어가니 사람들이 하나 가득 차 있었고 그들은 웨일스어로 말하고 있었다. 영어로 말해주길 요청하자 그들은 영어로 이야기하였다. 그래서 우리는 많은 이야기를 나누었다. 조금 뒤에 그 사람들이 돌아갔다.

저녁 무렵에 행정관들이 거리에 군중들을 모아 놓고 소리를 질러 마을 사람들이 모이게 하라고 명령했다. 그렇게 해서 두 시간 동안 함께 소리를 지르니 커다란 소동이 일었는데 한번도 들은 적이 없는 것같은 그런 소동이었다. 사람들이 잠잠해 지면 행정관들은 다시 소리치게 하였다. 우리는 그러한 광경이 마치 아데미(다이아나)를 만들던 장인들 간에 일어났던 소동같다고 생각하였다. 밤이 되도록 이러한 소동이 계속되었다. 주님의 능력이 그들을 제한하지 않으셨더라면 사람들이 말을 끄집어내어 갈기갈기 찢어버릴 것 같았다.

저녁에는 우리가 묶고 있던 여관의 여주인이 우리더러 다른 방에서 저녁을 먹게 하려고 했다. 그렇지만 우리는 그녀의 음모를 알아차리고 거절을 했다. 그러자 그 여주인은 우리와 토론을 벌인다는 구실로 여섯명의 남자를 우리 방으로 들이려고 했다. 우리는 "오늘 저녁에는 아무도 우리 방에 들어 올 수 없으며, 우리도 다른 사람의 방에 들어갈 수 없습니다"하고 말했다. 그러자 여주인은 우리가 다른 방에서 저녁을 먹어야 한다고 했다. 그렇지만 우리는 우리 방에서 저녁을 먹지 못한다면 저녁을 먹지 않겠다고 했다. 결국 그 여인은 우리를 바깥으로 끌어낼 수 없다는 것을 깨닫고는 우리 방으로 저녁을 가져다 주었다.

그렇게 하여 그 여인과 사람들은 자기들의 뜻을 이루지 못했다. 우리에게 해를 입히려고 했지만 주께서 그들을 막으셨기 때문이다. 다음 날 아침에 나는 그곳 시민들에게 그들의 그리스도인답지 않은 태도에 관한 편지를 적어 보내면서 그러한 행동은 목사와 시행정관들이 잘못 가르친 결과를 나타내는 것이라는 지적을 하였다. 그 시를 나오면서 나는 사람들에게 말을 걸면서 기독교와 신앙에 비추어볼 때 당신들은 부끄러운 사람들이라고 말해주었다.

이러한 일이 있고 나서 우리는 잉글랜드 지역(대영제국에서 스코틀랜드와 웨일스 지역을 제외한 부분)으로 돌아와서 쉬루스베리(Shrewsbury)에 도착했다. 거기서 우리는 커다란 집회를 가졌고, 그리고 나서 전국 각처에 퍼져 있는 친우회 교인들을 방문하였다. 그러다가 마침내 체셔(Cheshire) 주에 있는 윌리엄 갠디(William Gandy)의 집에 이르렀다. 거기서 우리는 2,3천 명쯤으로 생각되는 사람들과 함께 집회를 열었다. 그리하여 영원한 생명의 말씀이 전달되었고 사람들은 또한 그 말씀을 받아들였다. 복된 집회였다. 친우회 교우들이 하나님의 능력으로 말미암아 바위요 반석이신 예수 그리스도 위에 섰기 때문이다.

당시 굉장한 가뭄이 있었다. 이러한 대집회가 끝이 난 뒤에, 큰 비가 쏟아져 내려 친우회 교우들은 비가 굉장히 불어 날 것같아 여행을 하지 못할 것 같다고 했다. 그렇지만 나는 집회에 참석해야 하는 날까지는 비가 내리지 않을 것이라고 믿었다. 다음 날 오후 웨일스 지방의 몇 곳으로 돌아갔을 때에 길에는 먼지가 많았고 그곳에는 한방울의 비도 내리지 않았다.

굉장한 가뭄이 닥쳐서, 비 때문에 올리버 크롬웰은 나라 전체에 절식할 것을 선포하였다. 이때, 남부 지방에서는 여러 곳의 논이 비가 부족해서 거의 못쓰게 되어 있는 반면에 진리가 퍼져 나간 북부 지방에서는 상쾌한 소나기와 충분한 비가 내렸다는 것을 알게 되었다. 당시 나는 마음에 이끌림을 받아서 호국경이 선포한 것에 대한 해결책으로, 하나님의 진리를 소유하게 되면 비가 내릴 것이며, 가뭄은 사람들의 메마른 마음과 생명수가 부족하다는 것을 뜻하는 것이라는 내용을 적어 보냈다.

우리는 몽고메리셔(Montgomeryshire)를 지나 웨일스 지방으로 갔으며, 래드너셔(Radnorshire) 지방에도 갔다. 그곳에서 집회가 있었는데 사람들의 무리는 마치 포위군과도 같았다. 사람들이 모여드는 동안 나는 조금 비껴나서 걸었다. 웨일스 사람인 존 앱존이 내 쪽으로 왔다. 나는 그 사람에게 사람들 쪽으로 가라고 하면서, 주께서 사람들에게 하라고 주신 말씀이 있다면 웨일스 말로 이야기해서 그 덕택으로 더 많은 사람들이 모여 들 수 있도록 하라고 했다. 그리고 나서 모건 워트킨스(Morgan Watkins)가 내게로 왔다. 그 사람은 친우회에 호감을 갖게 된 사람으로 "사람들은 마치 포위군처럼 모여 있으며, 상류 계급의 사람들도 왔습니다"고 말하였다. 나는 그 사람에게도 나를 떠나 사람들에게 가라고 했다. 나는 사람들을 구원하기 위해서 굉장한 고통을 맛보았기 때문이다.

사람들이 모여 들었을 때에 집회 장소로 가서 나는 3시간 정도 서 있었다. 꽤 오랫동안 서 있다가 말을 시작하였다. 조금 시간이 흐른 뒤에 나는 주님의 능력이 모인 모든 사람들 무리 위에 임하시는 것을 느꼈다. 또한 하나님의 영원한 생명과 진리가 모든 사람들에게 비치는 것도 느꼈다. 성경이 그들에게 열리자, 사람들 마음 속에 품고 있던 의심도 풀렸다. 사람들은 신령하신 분인 그리스도의 빛으로 인도되었으며, 그 빛으로 말미암아 자기 죄를 깨닫고 그리스도께서 자기들의 구주시며 속죄자이시며 중보자이심을 깨닫게 되어, 하늘에서 내려 오신 생명의 떡이신 그리스도를 의지하며 살아가게 되었다.

많은 사람들이 주 예수 그리스도께로 돌이켰으며 그날에, 값없이 베푸시는 그리스도의 가르침을 의지하게 되었다. 또한 모두가 하나님의 능력 앞에 굴복하게 되었다. 그래서 군중들이 너무나 많았기 때문에 많은 사람들이 들으려고 말등에도 올라 앉아 있었으나 반대하는 사람은 아무도 없었다. 어떤 목사도 자기 아내와 함께 말 등에 앉아 주의 깊게 듣고 있었는데 아무런 이의도 제기하지 않았다.

사람들은 굉장히 만족하여 평화롭게 헤어졌다. 모인 사람들 중에 많은 사람들이 전에는 한번도 그러한 설교를 들은 적이 없으며, 성경을 그렇게 깨닫게 된 적이 없었다는 말을 하였다. 새 언약을 깨달았으며, 옛 언약과 두 가지 언약의 성질과 조건을 깨닫게 되었으며 비유의 말씀이 풀렸기 때문이다. 사도시대의 교회 상황이 이해되었고, 그 이후로 나타난 배교에 대해 알 수 있었다. 그리스도와 사도들이 값없이 베푸는 가르침은 돈을 받고 일하는 어느 선생들보다 뛰어났다. 그리고 주님은 모든 사람들의 찬양을 받으셨다. 그날 많은 사람들이 주께로 돌이켰기 때문이다.[3]

거기서 레민스터(Leominster)로 갔다. 집회가 끝나가고 있었는데 수백명의 사람들이 모여 있었다. 회중 설교자와 목사들도 여섯 명쯤 끼어 있었

---

3) 웨일스에 사는 친우회 교우들 간에 상당수가 펜실베이니아로 이주해서 몽고메리 카운티(Montgomery County)에 정착을 했다. 하버포드(Haverford), 번 모어(Bryn Mawr), 메리온(Merion), 랜더(Randor)와 같은 군구(郡區)는 폭스의 추종자들이 옮겨간 지역으로 역사상 유명한 곳들 가운데 하나이다.

다. 그리고, 이전에 목사였지만 지금은 예수 그리스도의 일꾼이 된 토머스 테일러도 나와 함께 있었다. 나는 일어나서 세 시간 동안 내 생각을 전하였다. 목사들 중에 아무도 내 말에 반박할 수 없었다. 주님의 능력과 진리가 놀랍도록 임하여 그들의 입을 굳게 하였기 때문이다.

마침내 한 목사가 나로부터 300미터 가량 떨어진 곳에서 자기를 따르는 몇몇 사람들을 이끌어내어 그 사람들에게 설교를 하기 시작했다. 그렇게 해서 나는 나대로 그 사람은 그 사람대로 계속해서 집회를 진행하였다. 조금 뒤에 토머스 테일러가 마음에 이끌림을 받아 그 사람에게 가서 이야기를 하였더니 그 목사는 그렇게 하기를 그만두고 자기가 이끌어냈던 사람들과 함께 다시 우리쪽으로 왔다. 주님의 능력이 모든 사람들에게 임하셨던 것이다.

거기서부터 나는 웨일스 지역을 두루 다녔다. 여러 차례 집회를 가지다가 마침내 텐비(Tenby)에 이르렀다. 텐비에서 말을 타고 거리를 지나가고 있는데 치안판사가 다가 와서 말에서 내려 자기 집에 머물기를 바란다고 요청했다. 그래서 나는 그렇게 했다. '첫째 날'에 시장이 자기 부인과 또한 그 지역의 주요 인사 여럿과 함께 10시경에 찾아와서는 집회가 열리는 동안 내내 참석을 하였다. 영광스러운 집회였다.

그때 나와 함께 있던 존 앱존이 집회 장소를 떠나 뾰족집으로 갔다. 그랬더니 총독이 그를 감옥에 가두었다. '둘쨋날' 아침에 총독은 치안판사 집으로 나를 잡아오라고 장교 한 사람을 보냈다. 시장과 치안판사는 그 사실을 안타까워 했다. 시장과 치안판사가 나보다 먼저 총독에게로 갔고, 나는 조금 뒤에 총독이 보낸 장교와 함께 갔다. 들어서서 나는 "이 집에 평화가 임하기를 바랍니다"하고 말했다. 그리고는 총독이 나를 조사하기 전에 먼저 총독에게 왜 내 친구를 감옥에 가두었느냐고 물었다. 총독은 "교회에서 모자를 쓴 채 서 있었기 때문이오"하고 말했다.

나는 "목사는 머리에 까만 모자와 흰 모자 두 개를 쓰고 있지 않습니까? 그 모자의 챙을 잘라버리시오. 그러면 내 친구도 한 개의 모자만 가질 것이오. 그 모자의 챙은 단지 해나 비바람을 피하기 위함이오"하고 말했다.

"시시한 이야기들이오"하고 총독이 말했다.

"그렇다면 어째서 그러한 사소한 일로 당신은 내 친구를 감옥에 가두었습니까?"

　　총독은 신에 의한 선택과 영벌(永罰)을 인정하느냐고 물었다. 나는 "그렇소. 그리고 당신은 영벌의 상태에 놓여 있습니다"하고 대답했다.

　　그 말에 총독은 화가 나서 내가 그 사실을 입증할 수 있을 때까지 나를 감옥에 가두어 두겠다고 하였다. 나는 당신이 사실대로 고백하기만 한다면야 금방 그 사실을 증명해 보일 수 있다고 말했다. 나는 총독에게 진노와 격노, 분내는 것, 박해하는 것이 곧 영벌의 표징이 아니냐고 하였다. 육에서 난 사람은 영에서 난 사람을 박해하지만, 그리스도와 사도들은 아무도 박해하거나 가두지 않았기 때문이다.

　　그는 자신이 너무 화가 나 있었고, 격렬한 감정이 폭발하였음을 솔직하게 시인하였다. 나는 둘째 아들 야곱이 아닌 첫째 아들 에서의 마음이 마음 속에 솟아난 것이라고 이야기했다. 주님의 능력이 주지사에게 강력하게 임하여서 총독은 진리를 인정하였다. 다른 판사도 내게 와서 친절하게 악수를 했다.

　　지나가면서, 나는 마음이 이끌려 총독에게 다시 말을 걸었다. 그러자 총독은 저녁 식사에 나를 초대했다. 그리고 내 친구도 풀어주었다. 나는 치안판사 집으로 돌아왔다. 시간이 조금 지나자 시장부부와 치안판사 부부와 그 지역에 사는 몇몇 친우회 교우들이 마을을 지나 600미터 가량 떨어진 물가까지 우리를 마중 나왔다. 떠나야 할 때가 되어 그들과 헤어질 때에 나는 주님의 이끄심을 받아 그들과 함께 무릎을 꿇고 그들을 지켜달라고 기도했다. 그렇게 그들을 그들의 구주시며 값없이 가르쳐 주시는 스승이신 주 예수 그리스도께 맡긴 후에 우리는 주님의 능력으로 떠나왔다. 그리고 주님은 영광을 받으셨다.

　　우리는 펨브록셔(Pembrokeshire)로 갔다가 펨브록(Pembroke)에서 주께 잠깐 예배를 드렸다. 거기서부터 하버포드 웨스트로 건너가 거기서 대집회를 가졌는데 모두가 조용하였다. 주님의 능력이 모든 사람들에게 임하였으며 많은 사람들이 새로운 언약이신 그리스도 예수 안에 정착하고 바위와 터가 되시는 그리스도 안에 세우심을 받았다. 그 사람들은 오늘날까지도 귀한 집회를 열고 있다. 다음 날은 그 지역에 장이 서는 날이었는데 장터를 지나면서 주님의 날과 주님의 영원하신 진리를 사람들에게 큰 소리로 외쳐댔다.

그런 다음에 우리는 다른 주로 가서, 정오 무렵에 커다란 장터 거리로 들어섰다. 그리고는 말에게 먹일 것을 좀 얻으려고 여러 여관을 들렀다. 마침내 한 여관에서 말에게 먹일 음식을 조금 얻을 수 있었다. 존 앱존이 나와 함께 있었기 때문에 그 지역을 다니면서 사람들에게 진리를 선포하였다. 그리고 내게 돌아와서는 마을 사람들이 잠자고 있는 것같다고 말하였다. 조금 뒤에 존 앱존은 마음에 이끌림을 받아 장이 서는 거리에서 다시 진리를 선포하였다. 그러자 마을 전체가 시끄러워졌고 시장 사람들은 그를 감옥에 가두었다.

즉시로, 그 지역의 주요 인사 몇명이 다른 사람들과 함께 내가 묵고 있는 여관에 찾아와서는 "사람들이 당신 친구를 옥에 가두었소"하고 말했다.

"무슨 일 때문입니까?"하고 나는 말했다.

"그 사람은 길거리에서 설교를 했습니다"하고 그들은 말했다.

그래서 나는 그들에게 이렇게 물었다. "그가 무슨 말을 하였는데요? 술꾼들과 맹세하는 자들을 비난하고 그들더러 회개하고 나쁜 행실을 끊어버리고 주께로 돌이키라고 하였습니까?" 나는 누가 그를 감옥에 가두었느냐고 물었다. 그들은 주장관과, 판사들과 시장이라고 대답하였다. 나는 그들의 이름을 묻고 그들이 자신들이 어떠한 행동을 한 것인지 알고 있느냐고 물었다. 그리고는 그러한 행동이, 자기 마을을 지나가는 여행자들과, 주를 경외하라고 권고하고 그들의 문턱에 있는 죄를 비난하는 나그네들을 대하는 마땅한 태도인가를 물었다.

이 사람들은 돌아가서 장교들에게 내가 한 이야기를 하였다. 얼마 지나 그들은 미늘창을 들고 존 앱존을 경호하여 데리고 왔다. 그를 마을 바깥으로 끌어내기 위해서였다. 여관 현관에 있던 나는 장교들에게 존 앱존에게서 손을 떼라고 명령했다. 장교들은 시장과 판사들이 그를 마을 밖으로 끌어내라고 지시했다고 하였다. 나는 그들에게 내가 시장과 판사들에게 사람들이 존 앱존을 무례하게 그것도 비그리스도인다운 태도로 대했다는 것에 관해 이야기하겠노라고 말했다.

그래서 나는 존에게 떠날 수 있도록 말을 돌보라고 이야기하였으며, 장교들에게는 존에게 손대지 말라고 하였다. 장교들에게 진리를 선포하고, 목사들이 일한 결과와 사람들의 무례함과 그리스도인답지 않은 행동을 설명하여 주자 장교들은 떠나갔다. 그들은 독립교회에 속한 사람들로 아주 사악하고 거짓된 사람들이 사는 마을이었다. 우리는 여관주인에게 우리 말에게 귀리를 조금 주라고 했는데, 우리가 등을 돌리자마자 우리 말에게 준 귀리는 도둑을 맞았다.

조금 원기를 회복한 뒤에 우리는, 떠날 채비를 하여 시장과 시행정관과 판사들이 묵고 있는 여관으로 말을 타고 갔다. 나는 그 사람들과 이야기를 하려고 그들을 방문하였다. 그래서 어째서 존 앱존을 두세 시간 동안 옥에 가두어 두었느냐고 물었다. 그렇지만 그들은 아무런 대답도 하지 않고 그저 내 쪽으로 향하여 난 창밖을 바라 볼 뿐이었다. 그래서 나는 그들이 나그네인 여행객들에게 얼마나 그리스도인답지 않은 행동을 하였는가와 그러한 것은 모두 그들의 스승이 잘못 가르치는 것을 나타내는 결과라고 설명해 주었다. 그리고 그들에게 진리를 선포하였으며 사악한 일을 도모하는 모든 자들에게 임할 주님의 날에 대해 경고했다. 그러자 주님의 능력이 그들에게 임하셔서 그들은 부끄러워 하는 것같았다. 그렇지만 그들로부터 한마디 대답도 들을 수 없었다.

이렇게 회개하고 주께로 돌이키라고 경고한 뒤에 우리는 그곳을 떠나왔다. 저녁 무렵에 우리는 작고 초라하지만 아주 값이 싼 여관에 들렀다. 말과 함께 묵는 숙박료가 고작 8펜스였기 때문이다. 그렇지만 말들은 여관에서 주는 귀리를 먹으려고 하지 않았다. 우리는 그곳에서 사람들에게 진리를 선포하였으며 그 주 전체를 다니며 주의 날에 대해 외쳤다.

그곳을 지나 대도시에 도착해서 한 여관으로 갔다. 에드워드 에드워즈(Edward Edwards)는 장터로 가서 사람들에게 진리를 선포하였다. 그를 따라 온 사람들이 여관 앞 마당을 가득 채웠다. 사람들은 극도로 무례했다. 그렇지만 우리는 그러한 사람들 가운데서 주께 귀한 예배를 드릴 수 있었다. 기독교의 생명과 그 능력이 사람들의 보잘 것 없는 영혼을 뢰롭히고 사람들에게 임하였기 때문에 사람들은 마음이 움직이고 영적 진리를 깨닫게 되었다. 시행정관들도 그 생명과 능력에 사로잡혀 우리를 방해할 아무런 힘이 없었다.

　이러한 일이 있고 나서 우리는 장이 서는 날에 또 다른 대도시로 갔다. 존 앱존은 거리를 누비면서 영원한 진리를 전했으며 사람들에게 주님의 날에 대해 선포하였다. 밤에는 많은 사람들이 여관 근처로 모여들었다. 그들 중 더러 술취한 사람들이 우리를 거리로 다시 불러내고 싶어 했다. 그렇지만 그들의 의도를 알아차렸기 때문에, 하나님을 경외하여 진리를 듣기 원하는 사람이라면 누구라도 우리가 묵고 있는 여관으로 들어올 수 있으며, 아니면 우리가 다음 날 아침에 그러한 사람들과 함께 집회를 가질 수도 있다고 이야기하였다.

　우리는 밤과 아침에 그러한 사람들과 함께 주께 간단한 예배를 드렸다. 사람들이 진리를 더디 받아들이기는 하였지만 진리의 씨앗은 뿌려졌으며, 그 무렵, 주님은 사람들을 자기에게로 불러 모으셨다.

　우리가 묵던 여관에서, 나는 우리 말에게 귀리를 주고 있는 남자에게 등을 향한 채로 있었다. 그러다가 뒤를 다시 돌아보고는 귀리를 주고 있던 남자가 귀리를 자기 주머니에 채워 넣는 것을 알아차렸다. 말못하는 가엾은 짐승에게서 먹을 것을 훔치는 사악한 도둑이었다. 나는 차라리 내 음식을 훔쳤으면 하는 생각을 했다.

　거기서 우리는 보마리스(Beaumaris)라는 도시로 갔는 데, 그곳은 존 앱존이 이전에 목사로 있던 곳이다. 우리가 말을 여관에 넣어 둔 뒤에 존은 기리기리를 다니면서 이야기를 하였다. 그 도시에는 수비대가 있었는데 그들은 존을 붙들어 감옥에 넣었다. 여관집의 여주인이 와서 수비대 사령관과 치안판사가 나를 부르러 보냈다는 말을 해 주었다. 나도 감옥에 집어 넣으려고 한다는 것이다. 나는 여관집 여주인에게 그들은 이미 변명할 수도 없는 행동을 했으며, 존이 거리와 마을 입구에서 그들의 죄를 비난하고 진리를 선포한다고 해서 그를 가두는 기독교에 어긋나는 행동을 하였다고 이야기하였다. 조금 있자, 다른 친절한 사람들이 와서, 내가 거리로 나간다면 수비대 사령관과 치안판사들이 나마저 옥에 가둘 것이라는 이야기를 해 주었다. 그러므로 그들은 나더러 여관에 머물러 있으라고 하였다.

그러나 나는 마음에 이끌림을 받아 거리로 나갔다.[4] 그래서 나는 사람들에게 그들이 내 친구를 감옥에 집어 넣으면서 얼마나 버릇없고 그리스도인답지 않은 행동을 했는가 이야기하였다. 그들은 신앙심이 깊은 신앙고백자들이었기 때문에 나는 그들에게 그렇게 하는 것이 나그네들을 대접하는 태도냐고 물었다. 그들 자신이 만약 그런 식으로 대접받고 싶다면, 그들도 성경을 행동의 기준으로 의지하고 있으니 성경에서 그리스도나 사도들이 행한 예를 찾을 수 있느냐는 질문을 하였다. 그러자 조금 후에 그들은 존 앱존을 풀어 주었다.

다음 날은 장이 서는 날이었는데 큰 물을 건너야 했다.[5] 배를 잡아 타려고 서 있는 데, 별로 멀지 않은 곳으로부터 많은 사람들이 다가왔다. 그 사람들 사이에서 주께 귀한 예배를 드리면서 생명의 말씀과 영원한 진리를 전했고, 사악한 모든 것들에게 미칠 주님의 날에 대해 선포하였다. 또한 사람들을 그리스도의 빛으로 인도하였다. 신령하신 분인 그리스도께서는 그 빛으로 사람들을 깨우치셨다. 그리스도의 빛을 통해 사람들은 자신들의 온갖 죄와, 그릇된 삶의 방법, 신앙, 예배, 선생들을 깨달을 수 있었다. 그 빛은 또한 사람들이 자기들을 구원하러 오셔서 하나님께로 인도하는 예수 그리스도도 볼 수 있도록 해 주었다.

하나님의 능력으로 사람들에게 진리를 선포하고 고용되어 일하는 모든 선생들 대신에 값없이 가르치시는 스승이신 그리스도께로 향하게 하고 난 뒤에 나는 존 앱존을 시켜 떠날 준비가 된 그의 말을 배에 태우라고 했다. 그런데 "신사"라고 하는 난폭한 사람들의 무리가 왔는데 배에 타라는 소리를 듣자 그들은 다른 사람들과 함께 존의 말을 배 바깥에 두었다. 나는 배 곁으로 말을 타고 가서, 그러한 행동이 얼마나 비겁하고 그리스도인답지 못한 행동인가를 이야기하였다. 또한 그들은 기독교나 인간성을 넘어서서 가치없는 영혼을 드러내 보였다고 말했다.

---

4) 이러한 것은 폭스만의 특징이었다.
5) 보마리스는 앵글시(Anglesey)에 있는 도시이기 때문에 폭스 일행은 본토에 딸린 보마리스 만(灣)을 건너야 했다.

그런 말을 하면서 나는 말에서 뛰어내려 그 사람들이 타고 있는 배에 올라탔다. 나는 내 말이 앞서 타는 것을 보고 존의 말도 뒤따라 타려니 하고 생각하였다. 그렇지만 물이 꽤 깊어서 존은 말을 배위에 태울 수가 없었다. 그래서 나는 말을 타고서 다시 물 위로 뛰어 내렸다. 그리고는 배가 올 때까지 존과 함께 거기 머물러 있었다.

거기서 우리는 배가 우리를 태우러 오기까지 오전 11시부터 오후 2시까지 지체를 했다. 그리하여 그날 저녁에는 배를 타고 67킬로를 달렸다. 배삯을 지불할 무렵에는 돈이 고작 4펜스 남아 있었다.

10킬로 가량을 말을 타고 가다가, 말에게 줄 건초를 조금 얻었다. 다시 출발하였다가 밤에 조그마한 선술집에 도착했다. 그래서 우리는 거기서 숙식을 해결해야겠다고 생각했다. 그런데 귀리나 건초를 얻을 수 없음을 알고, 다시 밤새도록 여행을 했다. 그리하여 아침 5시경에, 렉스햄(Wrexham)에서 10킬로 못되는 지점에 이르렀다. 그날 거기서 우리는 많은 친우회 교우들을 만나 영광스런 집회를 열었다. 주님의 영원한 능력과 진리가 모든 사람들 위에 내렸다.

다음 날 우리는 플린트셔(Flintshire)로 건너가서, 이 마을 저 마을 다니면서 주님의 날을 큰소리로 알렸다. 그리고는 저녁에 렉스햄으로 돌아왔다. 플로디(Flody)의 주민들이 많이 왔는데 그들은 아주 무례하고 거친 사람들이었으며, 잘난 체를 하였지만 자기들이 말하는 진리를 거의 깨닫지 못하고 있었다. 그렇지만 몇몇 사람들은 확신을 가졌다. 다음 날 여주인이라는 사람이 나를 부르러 보냈다. 그 여주인은 자기 집에서 계속 설교를 해 왔던 사람이었다. 그래서 가긴 하였지만 그 여주인이나 그 여인이 하는 설교는 아주 가볍고, 공허한 것임을 발견하였다. 너무 가벼워서 하나님에 관한 중요한 이야기들을 담고 있지 못했다. 경솔한 태도로 내게 와서는 머리를 자를까요 하고 물었지만 나는 마음의 이끌림을 받아 그 여자를 비난하고 하나님의 영의 검으로 자신 안에 있는 부정한 것들을 잘라버리라고 명령했다. 그렇게 하

---

6) "곱슬머리"라는 말이 두세 번 나온다. 폭스는 언제나 머리를 길렀으며, 겉보기에는 긴 곱슬머리를 뒤로 묶고 있었다.

여 그 여자더러 좀더 진지하게 잘 생각하라는 권고를 한 뒤에 나왔다. 허망한 마음에서 나중에 그 여자는 자기가 내 뒤로 와서 내 곱슬머리⁶⁾를 잘랐다고 자랑삼아 이야기하였다. 그러나 그 여자는 거짓으로 말한 것이었다.

렉스햄에서 체스터(Chester)로 갔다. 장이 서는 날이었기 때문에 우리는 잠깐 머물렀다가 친우회 교우들을 방문하였다. 웨일스 지방에 있는 주란 주는 모두 들렸기 때문에 그리스도의 영원한 복음에 관해 전하였다. 지금 그 지역에는 훌륭한 사람들이 살고 있는데 그들은 그리스도의 영원한 복음을 받아들이고 그리스도의 가르침을 들은 자들이다. 그러나 웨일스 지역을 떠나기 전에 나는 보마리스의 행정관들에게 존 앱존을 투옥한 것에 관해 편지를 써서 자기들의 처지를 돌아보고 그들이 믿는 기독교와 스승들이 맺은 결과를 살펴보게끔 했다. 나중에 그들 중 몇 사람을 런던 근처에서 만났는데, 그들이 그때 얼마나 자기들이 한 행동에 관해 부끄러워했는지 모른다!

곧 우리는 맨체스터에 도착했다. 그날에는 판사의 정기의회가 열리고 있었기 때문에 많은 난폭한 사람들이 그 지역을 빠져나갔다. 회의가 열리는 동안 사람들은 나에게 석탄, 흙덩이, 돌을 던지고 물도 뿌렸다. 그렇지만 주님의 능력이 내가 그러한 것들을 버티어 낼 수 있도록 하시었기 때문에, 그러한 것들은 나를 쓰러트릴 수 없었다. 결국 물을 쏟아 붓고 흙과 똥을 던지는 것으로 우리를 굴복시킬 수 없음을 깨닫자 정기의회 중인 판사들에게 찾아가서 그러한 사실을 알렸다. 그러자 판사들은 나를 잡아오라고 장교들을 내보냈다.

사람들에게 생명의 말씀을 선포하고 있는 동안 장교들이 와서 나를 끄집어 내어 법정으로 끌어갔다. 법정에 도착하니 법정 전체가 무질서하고 소란스러웠다. 나는 "시민들이 예의바르게 살도록 다스리지 못하는 행정관들이 어디 있습니까?" 하고 물었다. 판사들 중에 몇 사람이 자기가 행정관이라고 하였다. 나는 그들에게, 그렇다면 어째서 사람들을 가라앉히지 못해서 여기서 "내가 맹세하건대" 저기서 "맹세하건대" 하고 외치게 만듭니까 하고 물었다.

나는 재판관들에게 우리가 집회를 열 때에 무례한 사람들에게 얼마나 괴롭힘을 당했는지 말하였다. 그들이 돌과 흙을 던졌으며 물을 끼얹었노라고 주장하였다. 또한 내가 어떻게 집회 장소에서 이곳까지 끌려 왔는지 주장하였으며 그러한 일은 하나님을 믿는다고 고백하고 주 예수 그리스도를 섬기는 집회에서는 누구도 방해 받아서는 안된다고 적혀 있는 법률 조항에도 어긋나는 일인데, 나는 단지 그러한 집회를 열었을 뿐이라고 주장하였다. 진리가 재판관들에게 임하여 거친 무리 가운데 한 사람이 "맹세하건대"하고 외치자, 재판관들 가운데 한 사람이 그를 가로막으며 "도대체 무엇을 맹세하겠다는 말이오? 입닥치시오"하고 말했다.

마침내 재판관들은 경관들에게 나를 내가 묵고 있는 집까지 인도하여, 내일 아침 다시 부르러 보낼 때까지 안전하게 지키라고 명령하였다. 그래서 경관이 나를 여관까지 데려다 주었다.

우리가 가고 있는데 사람들이 극도로 난폭하게 굴었다. 그렇지만 나는 그들이 자신들을 가르친 스승들이 맺은 열매를 보도록 하였으며, 자신들이 얼마나 기독교를 모욕하고 있는지 또한 자신들이 믿는다고 고백하는 예수님의 이름을 욕되게 하는지를 깨닫도록 내버려 두었다.

저녁에 우리는 마을에 사는 판사를 만나러 갔다. 그 사람은 꽤 온건한 사람이었다. 나는 그 사람과 상당히 많은 이야기를 나누었다. 다음 날 아침 우리는 우리에게 더 할 말이 있는지 알기 위해서 경관을 부르러 심부름꾼을 보냈다. 경관은 우리에게 할 말이 하나도 없다는 전언을 보내왔다. 우리는 어디로든 가고싶은 곳으로 갈 수 있었다.

그때부터 주님은 사람들을 불러 일으키셔서, 그 지역에서 겉껍데기뿐인 신앙고백자들을 향해 주님의 이름과 진리를 외치도록 하셨다.

우리는 맨체스터를 떠나 다른 곳으로 옮겨가면서 여러 곳에서 귀한 집회를 많이 가졌다. 그러다가 마침내 프레스톤(Preston)에 이르렀다. 프레스톤과 랭카스터 사이에서 대 집회를 열고 나서, 랭카스터로 갔다. 랭카스터에서 묵고 있던 여관에서 웨스트(West) 대령을 만났다. 그는 나와 만난 것을 대단히 기뻐했다. 그리고 펠 판사와 만나면서 웨스트 대령은 자신이 진리 안에서 놀랍도록 성장하였다고 이야기하였다고 하였다. 실제로 웨스트 대령은 진리에 더욱 가까이 다가서게 되었으며 그것을 훨씬 더 잘 분별할 수 있었다.

우리는 랭카스터에서 로버트 위더스(Robert Widders)의 집으로 갔다.

'첫째 날'에 샌드사이드(Sandside) 가까이에서 웨스트모어랜드와 랭카셔의 친우회 교우들과 연합집회를 가졌다. 이 때 주님의 영원한 능력이 모든 사람들에게 임하였다. 이 집회에서 영원한 생명의 말씀이 선포되었고 친우회 교우들은 그리스도 예수의 기초 위에 굳게 섰으며, 값없이 가르치시는 그리스도의 가르침을 들었다. 그리고 많은 사람들이 영적 진리를 깨닫고 주께로 돌이켰다.

다음 날 나는 샌즈를 지나 스와스모어로 갔다. 거기 있는 친우회 교우들은 나를 보고 기뻐했다. 나는 거기서 '첫째 날'을 맞으면서 그 근처에서 열리는 친우회 교우들의 모임에 참석하였다. 그들은 주님의 선하심 안에서 나와 함께 기뻐하였다. 주님은 영원하신 능력으로 내가 주님을 섬기는 동안 많은 어려움과 위험을 이겨내도록 인도하셨다. 주께 영원히 찬양을 드릴지어다!

제 11 장

언약자들의 고향에서
1657

스와스모어[1]에서 '첫째 날'을 두번 보내며 머문 뒤에 그 주변에서 열리는 친우회 집회에 참석하였다가, 같은 일로 웨스트모어랜드로 건너갔다. 거기서 존 오들랜드의 집에 들렀는데 그 집에서는 대집회가 열리고 있었다.

전날 밤에 끔찍한 괴물이 나를 쓰러뜨리려고 다가오는 환상을 보았으나 나는 그것을 물리쳤다. 다음 날 아침에 오트웨이(Otway)라는 사람이 무례한 패거리들을 몇명 이끌고 나타났다. 그 사람은 칼과 양날 칼을 가지고서 집회 장소를 말을 타고 맴돌았다. 그 사람은 친우회 사람들을 제치고 내 쪽으로 오고 싶어했다. 그렇지만 워낙 대규모 집회였고 친우회 교우들이 내 가까이에 있었던 탓에 쉽게 내 곁으로 올 수 없었다. 그 사람은 몇 번인가 화를 내

---

[1] 웨일스의 노동자들 사이에 있으면서 스코틀랜드를 방문하기 전 스와스모어에서 기다리는 동안 조지 폭스는 몇 편의 편지를 썼다. 다음은 '친우회 교우들에게' 보내는 편지에 속하는 짧막하고 아름다운 추신을 옮긴 것이다.

"추신 ─ 아울러 친우회 형제들이여, 여러분 자신이 어떻게든 부드럽고 연약한 풀을 밟고 있지 않나 조심하십시오. 여러분이 하나님의 땅에서 싹을 틔우고 있는 식물들 말이오. 하나님의 포도원에서 자라나는 그 여린 식물들을 밟거나 상하게 하거나 꺾거나 짓밟지 않도록 조심하여 주시기를 당부합니다."

며 시도하다가 주님의 능력이 막으심으로 비집고 들어 올 수 없다는 것을 깨닫고는 가버렸다.

영광스러운 집회가 평화스럽게 끝났으며 주님의 영원하신 능력이 모든 사람에게 임했다. 그 거친 남자는 집으로 돌아간 뒤에 정신이 이상해져서 오래지 않아 죽었다. 나는 아파 누워 있는 존 브랙크린(Blakelin)에게 그의 사악함을 지적하는 글을 적어 보냈다. 그는 내 편지를 어느 정도 시인하였다.

얼마 동안 스코틀랜드로 가야 한다는 느낌이 들었다. 그래서 나와 만나 달라고 하면서 스코틀랜드의 윌리엄 오스번(William Osburn) 대령을 부르러 보냈다. 그러자 오스번 대령은 몇몇 사람들과 함께 스코틀랜드에서 나를 만나러 집회에 참석하러 왔다.[2] 집회가 끝나고(오스번 대령은 자기 생애에 가장 영광스러운 집회였다고 이야기했다), 나는 오스번 대령과 그의 동료들과 함께 스코틀랜드로 건너갔다. 거기서 로버트 위더스(Robert Widers)라는 사람을 만났는데 그는 목사들의 위선과 거짓과 부패를 혐오하는 추상같은 사나이였다.

스코틀랜드에 도착한 첫날 밤에 우리는 여관에 들었다. 여관 주인은 우리에게 400여미터 떨어진 곳에 사는 백작이 나를 보기 원하는데 만약 내가 스코틀랜드에 오면 자기에게 꼭 알려달라는 부탁을 하였다는 말을 하였다. 여관 주인은 또한 그 백작의 성으로 들어가는 도개교는 세개가 있는데 9시에 마지막 도개를 걸어 올릴 것이라는 말도 해주었다.

밤까지 아직 시간이 있음을 깨닫고 우리는 그 백작의 집을 향해 걸어갔다. 백작은 아주 따뜻하게 우리를 맞아들였고 진작에 우리와 함께 여행에 동참했을 터인데 먼저 장례식에 참석해야만 했다는 말을 하였다. 백작과 얼마 동안 시간을 보낸 뒤에 서로 아주 다정한 이별 인사를 나누고서 우리는 여관으로 돌아왔다. 다음 날 아침에 우리는 계속해서 여행을 하였으며 덤프라이즈(Dumfries)를 지나 더글라스(Douglas)로 건너갔다. 거기서 우리는 몇명의 친우회 교우들을 만났다. 그리고 나서 헤즈(Heads)로 건너갔는데 그곳에서 예수 그리스도의 이름으로 복된 집회를 가졌으며 예수께서 우리 가운데

---

2) 이 집회는 컴버랜드, 랭글랜즈(Langlands)에서 열렸던 대규모 집회였다.

계신 것을 느꼈다.

헤즈를 떠나 배드카우(Badcow)로 갔다. 거기서도 집회를 가졌는데 아주 많은 사람들이 와서는 영적 진리를 깨달았다. 그들 가운데 백작부인이라고 불리는 여인도 한 사람 있었다. 거기서 하이랜드(Highland)를 향해 가다가 윌리엄 오스번 대령 집에 이르렀다. 거기서 우리는 친우회 교우들의 고충과 스코틀랜드 목사들의 원칙을 모았다. 거기에 대한 내용은 「스코틀랜드 목사들의 원칙」이라는 책에 잘 나타나 있을 것이다.

그 이후로 헤즈, 배드카우, 가쇼어(Garshore)로 되돌아 왔는데 가쇼어에서 앞서 이야기한 마가렛 햄블튼(Margaret Hambleton)이라는 백작 부인이 영적 진리를 깨닫게 되었다. 그 부인은 나중에 올리버 크롬웰과 찰스 플리트우드(Charles Fleetwood)에게 주의 마지막 날이 그들에게 임할 것을 경고하러 갔다.

'첫째 날'에 우리는 대집회를 열었는데 신앙 고백자들 몇 사람이 찾아왔다. 그 당시 목사들은 선택과 영벌(永罰)이라는 원칙으로 신도들을 깜짝놀라게 하였다. 그들은 하나님께서 아주 많은 사람을 지옥으로 보내기로 이미 정해 놓으셨기 때문에 일단 하나님께서 지옥에 가도록 정해 놓은 사람이면, 그 사람은 기도하고, 말씀을 전하고, 찬양을 하는 등 어떠한 일을 하더라도 아무 소용이 없다는 말을 하였다. 또한 하나님께서는 얼마간의 확정된 사람을 천국으로 보내시려고 선택해 놓으셨기 때문에 그들이 어떠한 일을 하도록 내버려 두어도, 다윗이 간음하였고 바울이 그리스도인들을 박해하는 자였지만 구원받았듯이 선택된 사람들은 하늘에 가게 마련이라는 말을 하였다. 그러므로 잘못은 많든 적든 간에 사람들에게 있는 것이 아니라 하나님께서 그렇게 되도록 정해 놓으신 것이라는 말을 목사들은 전하였다.

나는 마음에 이끌림을 받아 사람들에게 목사들의 신조가 잘못되었으며 어리석은 논리라고 전해 주면서 목사들이 성경 구절을 어떻게 잘못 인용하고 있는가를 설명해 주었다. 지금은 그리스도께서 명령하시는 대로 그리스도의 빛을 믿는 모든 사람들은 선택된 사람들이며 구원의 길로 인도하는 하나님의 은혜로운 가르침 아래 거하게 되지만 하나님의 은혜를 엉뚱한 내용으로 바꾸는 사람들은 영벌에 처하며 그리스도의 빛을 싫어하는 자들은 정죄받는다고 말해 주었다.

그래서 나는 모든 사람들에게 그리스도께서 명령하신 대로 그리스도의 빛을 믿어 값없이 가르치시는 하나님의 은혜를 받으라고 권면하였다. 그렇게 되면 하나님의 풍성하신 은혜로 말미암아 틀림없이 구원을 얻을 것이라고 하였다. 영벌에 관해 이야기하고 있는 많은 성경 구절들을 제시하자[3] 사람들의 눈이 열렸고 그들의 마음 속에 생명의 샘이 솟았다.

이러한 일이 곧 목사들의 귀에 들어갔다. 몽매한 가르침에 매여 있던 사람들이 빛을 깨닫기 시작하였으며 빛의 언약 아래로 들어갔기 때문이었다. 내가 왔다는 소문이 스코틀랜드 목사들 사이에 두루 퍼졌다. 모든 사람을 망치게 될 것이라는 큰 아우성이 목사들 사이에서 일었다. 그들은 내가 이미 잉글랜드에서 정직한 사람들을 망쳐놓았고 그들 말대로 이야기하자면, 가장 사악한 사람이 자신들에게 나타났다고 말하였던 것이다.

나 때문에 그들은 목사들이 함께 모이는 큰 회의를 열어서 뾰족집에서 낭독하고 모든 사람들이 거기에 "아멘"으로 화답할 수 있도록 하는 몇몇 저주 조항들을 작성하였다. 그중 몇 가지 조항을 여기 적어 보겠다. 나머지 조항들은 앞에서 이야기하였던 「스코틀랜드 목사들의 원칙」(*The Scotch Priests' Principles*)이라는 책에 나와 있다.

그 첫째 조항은 "자기 안에 빛이 있는 사람은 누구나 구원에 이를 수 있다고 이야기하는 사람들은 저주 받을지니, 모든 사람은 아멘할지어다" 하는 것이었다.

두번째 조항은 "믿음이란 죄가 없는 상태를 말한다고 이야기하는 사람은 저주받을지니, 모든 사람은 아멘할지어다" 하는 것이었다.

세번째 조항은 "안식일을 어기는 자는 저주받을지니 모든 사람은 아멘할지어다" 하는 것이었다.

이 마지막 조항을 보면 그들은 자기들에게 저주를 내리고 있다. 왜냐하면 안식일(주에 일곱번째 날을 안식일로 지키는데 그 날은 하나님의 명령에

---

[3] 이 논쟁에서는 성경적인 근거가 이야기 되었는데 조지 폭스는 사람의 책임을 이야기하는 구절들을 들어 선택설을 증명한다는 성경 구절을 반박하였다.

따라 유대인들이 지켰던 날이다)에 그들은 시장을 열고 있기 때문에 자기들 스스로에게 저주를 돌리는 것이었기 때문이다.[4]

무척 화가 난 목사들은 에든버러(Edinburgh)에 있는 올리버 크롬웰의 공의회로 탄원서를 냈다. 그 내용인즉슨 '사람들이 모두 미쳤다'는 것이었다. 잉글랜드에서 온 친우회 교우 몇 사람이 스코틀랜드 전역에 퍼졌는데 그들은 주의 날과 구원에 관한 영원한 복음에 관해 외치면서 예수 그리스도께서는 사람들을 위해 돌아가셨으므로 사람들은 그리스도의 가르침을 값없이 받아들일 수 있다고 떠들고 다닌다는 것이었다.

나는 스코틀랜드 목사들의 원칙과 친우회 교우들의 고충을 모으고 반석 되시는 그리스도 안에 주의 능력으로 세우신 스코틀랜드 지역의 친우회 교우들을 만나본 뒤에, 에든버러를 향해 갔다. 가는 도중에 링리스고우(Linlithgow)에 도착해서 여관에 들었다. 여관의 여주인은 장님이었는데 생명의 말씀을 받아들이고 자신을 구원하신 그리스도 예수의 가르침을 따르게 되었다.

저녁이 되자 많은 군인과 장교 몇이 몰려 왔다. 그들과 많은 이야기를 나누었지만 무례한 사람들도 더러 있었다. 그중 한 장교가 와서 말하기를 터키 황제나 빌라도가 그리스도를 십자가에 못박으라고 해도 자신은 그 명령을 따를 것이라는 이야기를 하였다. 그는 영적 진리나 그리스도의 영을 깨닫는 것과 너무도 거리가 먼 사람이었기 때문에 의인들을 위해 혹은 의인들과 함께 고생하느니 의인들을 처형하겠다는 것이었다. 그런 반면에 많은 장교와 시행정관들은 주님과 주의 독생자를 거역하기 전에 일 자리를 잃었다.

에든버러에 잠깐 머무는 동안 나는 리스(Leith)로 갔다. 그곳으로 많은 군대 장교들이 자기 부인들을 데리고 왔으며, 또한 많은 사람들이 영적 진리를 깨달았다. 에드워드 빌링스(Edward Billings) 씨의 아내도 그중 한 사람이었다. 그 여자는 산호를 한 움큼 가지고 와서 내 앞에 있는 탁자 위에 쏟아 놓고는 내가 그것에 관심이 있는지 보려고 하였다. 나는 그러한 속셈도

---

4) 친우회 교우들은 유대인들의 관습대로 안식일을 지키는 것을 늘 반대하였다. 친우회 교우들은 안식일을 특별히 영적으로 거룩하게 지내는 구별된 날로 여겼기 때문이다.

전혀 알아차리지 못하고 오로지 진리를 전하기만 하였다. 그 여자는 거기에 감동을 받았다. 많은 침례교도들도 그곳에 왔었는데 아주 무례했다. 그렇지만 주님의 능력이 그들에게 임하여 그들은 어지러워하며 그자리를 떠나버렸다.

그리고 나서 다른 부류의 사람들이 왔는데 그중 한 사람이 나와 논쟁을 하겠다고 하였다. 그 사람은 오로지 논쟁을 하기 위해 하나님이 계시다는 것을 부인했다. 나는 그 사람에게 당신은 마음 속으로는 '하나님은 계시지 않다' 고 이야기하지만 주의 심판 날에 하나님을 알게 될 어리석은 자 가운데 한 사람이 될 것이라고 이야기해 주었다. 그러자 그 사람은 떠나 버렸다.

그 이후로 몇몇 주요 인사들과 참으로 귀한 시간을 가졌다. 주님의 능력이 모든 사람들 위에 임하였다. 윌리엄 오스번도 나와 함께 있었다. 리드코트(Lidcot) 대령 부인과 윌리엄 웰치(Welch)의 부인과 장교들 몇몇이 확신을 얻었다. 에드워드 빌링스 씨와 그 부인은 당시 서로 헤어져 살고 있었다. 그런데 진리에 감동을 받은 부인은 친우회 교우들을 좋아하게 되었다. 우리가 그녀의 남편을 부르러 보냈더니 그녀의 남편이 왔다. 주님의 능력이 그들 두 사람에게 임하여 두 사람은 서로 결합하여 아내와 남편으로서 서로 사랑으로 하나가 되어 함께 살기로 하였다.

이러한 일이 있은 뒤로 우리는 에든버러로 다시 돌아갔다. 거기에는 수천명의 사람들이 모여 있었고 그들 가운데 목사들도 많이 섞여 있었다. 마녀를 화형시키려고 할 즈음에 나는 마음에 이끌림을 받아 사람들에게 주의 날에 관해 선포하였다. 그런 뒤 그곳을 떠나 집회 장소로 갔다. 집회 장소에는 많은 무례한 사람들과 침례교인들이 왔다.

침례교인들은 자신들의 논리와 그럴듯한 논법을 자랑하기 시작했다. 그렇지만 나는 주님의 능력으로 이끌림을 받아 시시하고 경박한 그들의 생각을 공격하였다. 침례교인들이 그릇된 논법으로 흰 것을 검게 보이도록 만들고 검은 것을 희게 보이도록 만들려고 하는 것임을 사람들에게 설명해 주었다. 그것은 마치 까마귀가 두 발을 가졌고, 모든 사람이 두 발을 가졌으므로 사람들은 모두 까마귀라는 논리 구조와 같다는 설명을 하였다.[5] 그러한 방법으로 침례교인들은 어떠한 것이든 경박하고 쓸데없는 것으로 만들 수 있겠지만, 그러한 방법은 그리스도나 사도들이 가르치고 이야기하고 설명하기 위해 취했던 방법이 아니었다는 말도 해주었다.

그리하여 침례 교인들은 돌아가버렸다. 그들이 떠난 뒤에 우리는 주님의 능력으로 복된 집회를 가졌으며, 주님의 능력이 모든 사람들에게 임하였다.

나는 앞에서 진리가 퍼져나가는 데에 상당히 방해를 받아 그로 말미암아 청중들을 많이 잃은 스코틀랜드의 많은 목사들이 나 때문에 공의회에 탄원서를 내러 에든버러로 갔다는 이야기를 하였다. 집회를 마치고 묵고 있던 여관으로 가니 공의회에 소속된 한 장교가 나에게 다음과 같은 명령을 가지고 왔다.

"1657년 10월 8일 스코틀랜드 왕실 공의회 보냄:
조지 폭스는 내주 10월 13일 목요일 아침, 공의회에 출두할 것을 명령함.
E. 다우닝(E. Downing), 공의회 서기."

공의회 소속 장교가 이 소환장을 가져다 주면서 공의회에 출두할 거냐고 물었다. 나는 대답하지 않고서 혹시 그가 그 소환서를 가짜로 만들어 낸 것이 아니냐는 질문을 하였다. 그 사람은 그렇지 않다고 했다. 그 소환서는 정말 공의회에서 보낸 것으로 자신은 단지 그것을 전달할 책임을 맡았다는 것이었다.

공의회에 나갈 날이 되었을 때 나는 커다란 방으로 인도되었다. 거기에는 많은 사람들이 와서 나를 쳐다보았다. 얼마 동안 문지기가 나를 공의회실로 데리고 갔다. 나를 데리고 가면서 문지기는 내 모자를 벗겼다. 나는 왜 내 모자를 벗기느냐고 하면서 공의회실 안에 내가 모자를 쓰고 들어가면 안 될 사람이 있느냐고 물어 보았다. 그리고 전에 호국경 앞에 나갈 때에도 모자를 쓰고 나갔다는 이야기를 문지기에게 하였다. 그러나 그 사람은 내 모자를 걸고서 나를 사람들 앞에 데리고 갔다.

---

5) 이 이야기는 '깃털을 달지 않은 두발 짐승'으로서 인간의 논리 정의와 관련 있는 이야기로 플라톤 시대까지 거슬러 올라가는 이야기이다.

잠깐 동안 서 있었는데도 사람들은 내게 아무 말도 하지 않았다. 나는 주님의 이끄심을 받아 "여러분들에게 평화가 임하시길 바랍니다. 하나님을 경외하며 기다리십시오. 그러면 하늘로부터 내려오는 지혜를 얻을 수 있습니다. 그 지혜로 말미암아 모든 만물을 만들고 창조하셨으며 그 지혜로 말미암아 여러분들 모두는 명령을 받을 수 있으며 여러분이 다스리는 모든 것들에게 명령함으로써 하나님께 영광을 돌리실 수 있습니다" 하고 말하였다.

사람들은 무슨 까닭으로 스코틀랜드에 오게 되었느냐고 물었다. 나는 하나님의 씨앗을 방문하러 왔다고 하였다. 그 씨앗들은 오랫동안 타락의 굴레에 매여 있었으므로 그리스도와 선지자들과 사도들이 고백한 말씀인 성경을 고백하는 사람들은 모두가 빛과 성경과 능력에 이를 수 있도록 하기 위함인데 그러한 것들은 그것들을 주시는 이 안에 있다고 하였다. 사람들에게 나는 성령 안에서 성령을 통해서만 성경을 이해할 수 있으며 그리스도와 하나님을 바로 알고 그 분들과 사람들끼리도 교제할 수 있다고 말하였다.

사람들은 자기네 나라에서 볼 외부적인 업무가 있느냐고 물었다. 나는 아니라고 대답하였다. 그러자 그들은 얼마 정도 머물 작정이냐고 물었다. 나는 거기에 관한 한 나로서는 할 말이 거의 없지만 그렇게 오래 머물게 되지 않을 것이라고 하였다. 그렇지만 내가 의지하는 주님 안에서, 나를 보내신 주님의 뜻 안에서 결정할 수 있는 일이라고 말하였다.

그러자 그들은 나를 들어가라고 명령하였고 문지기는 나를 데리고 갔다. 조금 뒤에 그들은 나를 다시 부르러 사람을 보내서는 나더러 그날 저녁 일곱 시에 스코틀랜드를 떠나야 한다고 했다. 나는 "어째서죠? 내가 무엇을 했다고 그러십니까? 이 나라를 떠나라는 명령을 내릴 만한 잘못이 내게 있습니까?" 하고 물었다. 그들은 나와 논쟁하고 싶지 않다고 하였다. 나는 해야 할 말이 있으니 들어주길 바란다고 하였다. 그들은 들을 수 없다고 하였다. 나는 "바로도 모세와 아론의 이야기를 들어 주었지만 그는 이방인이었습니다. 헤롯도 세례 요한의 말을 들었지요. 그러니 그 사람들보다 더한 사람들이 되어서는 안됩니다" 하고 말하였다. 그렇지만 그들은 "끌어내라. 끌어내" 하고 소리쳤다. 그러자 문지기가 나를 다시 끌어냈다.

나는 여관으로 돌아와서 계속 에든버러에 머물렀다. 여기저기에 있는 친우회 교우들을 방문하면서 주님 안에서 그들에게 힘을 주었다. 얼마 지나 공의회 앞으로 편지를 한 장 써보내, 나를 추방하려는 그들의 비그리스도인 다운 행위를 적고서, 나는 그들의 구원과 영원한 행복을 바라는 정직한 그리스도인이라는 것을 이야기하였다.

에든버러 근방에서 친우회 교우들과 얼마를 보낸 뒤 그곳에서 헤즈로 다시 갔다. 거기서 친우회 교우들은 커다란 어려움을 겪고 있었다. 장로교 목사들이 그들을 출교하여, 아무도 그들에게 사고 팔거나 할 수 없으며 그들과 함께 먹고 마실 수 없다는 명령을 내렸기 때문이었다. 그래서 그 지역에 있는 친우회 교우들은 자기들의 생필품을 팔 수도 없었으며 필요한 물건을 살 수도 없었다. 그 바람에 몇몇 사람들이 극심한 어려움을 겪게 되었던 것이다. 친우회 교우들 중에 누가 이웃 사람들에게 빵이나 먹을 것을 조금이라도 사면 목사들은 그것을 판 사람들에게 욕설을 퍼부으며 위협해 사람들로 하여금 달려가서 판 음식을 도로 가져오게 하였던 것이다. 그렇지만 그 지역의 치안판사인 애쉬필드(Ashfield) 대령은 목사들에게 더 이상 그러한 조처를 취하지 못하도록 하였다. 이 애쉬필드 대령은 나중에 영적 진리를 깨닫게 되어 자기 집에서 집회를 열게 하여 진리를 선포하였으며 진리 가운데 살다가 죽었다.

헤즈 근방의 친우회 교우들을 방문하고 나서 주 안에서 격려를 한 뒤에 글래스고우(Glasgow)로 갔다. 거기에서는 집회가 열리기로 되어 있었는데 그 마을에서는 한 사람도 집회에 나타나지 않았다. 그 마을로 들어가고 있으려니 성문을 지키는 경비원이 나를 붙들어 시 행정관 앞으로 데리고 갔다. 그 사람은 온화한 사람이었다. 나는 그 행정관과 참으로 많은 이야기를 나누었다. 그 사람은 진리를 받아들일 만큼 진중한 사람은 못되었다. 그렇지만 그는 나를 풀어주었다. 그래서 나는 집회로 갈 수 있었다.

우리는 집회에 그 지역 주민들이 한 사람도 참석하지 않은 것을 깨닫고는 마을을 다니며 진리를 선포하였다. 그리고는 그 근방에서 열리는 친우회 교우들의 집회를 방문하고서는 다시 배드카우로 돌아왔다. 몇몇 친우회 신도들이 뾰족집에서 진리를 선포하였고 주님의 능력이 그들과 함께 하셨다.

언젠가 윌리엄 오스번과 함께 그 사람 집으로 가고 있는데 길가에 무례한 사람들의 무리가 울타리와 수풀 사이에 숨어 누워 있었다. 그 사람들이 숨어 있다는 것을 알아차리고 어째서 저 사람들이 저기 숨어 있느냐고 오스번에게 물었다. 오스번은 "도둑들입니다"하고 말했다. 목사에게 이야기하러 갈 마음이 생긴 로버트 위더스가 남아 있다 뒤따라 올 작정이었다. 그래서 나는 윌리엄 오스번에게 "내가 이 골짜기에 머물러 있을테니 자네는 가서 로버트 위더스를 돌보게"하고 말했다. 그렇지만 오스번은 선뜻 그렇게 하려고 하지 않았다. 도둑떼 때문에 나를 거기 혼자 내버려 두는 것이 마음이 놓이지 않았기 때문이었다. 그래서 나는 그에게 두렵지 않다고 이야기하였다.

그리고 나서 도둑 떼들에게 너희는 왜 거기 숨어 엎드려 있느냐고 물으면서 내 앞으로 나오라는 명령을 하였다. 그렇지만 그들은 나오려고 하지 않았다. 나는 내 앞으로 나오라고 명령하면서 그렇지 않으면 그들에게 더 해로울 것이라고 하였다. 그러자 그들은 떨면서 앞으로 나왔다. 주께서 그들을 놀랍도록 치셨기 때문이었다. 나는 그들에게 정직하여져서 그들 마음 가운데 있는 그리스도의 빛을 향하여, 그 빛을 통해 도둑질하고 강도질하는 것이 얼마나 사악한 일인지 알라고 권면하였다. 그리고 주님의 능력이 그들에게 임하였다.

나는 그곳에서 윌리엄 오스번과 로버트 위더스가 나타날 때까지 기다리고 있다가 그들과 함께 그곳을 지나갔다. 그렇지만 우리 두 사람이 먼저 가버렸더라면 로버트 위더스가 혼자 뒤따라 올 때에 도적떼들 가운데 두세 명이 그를 탈취하였을 것이다.

우리는 윌리엄 오스번의 집으로 가서 거기에 온 몇몇 사람들에게 진리를 선포할 좋은 기회를 가졌다. 그리고 나서 스코틀랜드 북부고지로 갔다. 거기 사람들은 굉장히 극악무도해서 우리와 우리가 가진 말을 약탈할 것같았다. 그들은 건초용 포크로 우리를 공격해 왔던 것이다. 그러나 주님의 선하심으로 그들을 무사히 피해갈 수 있었다. 주님의 능력이 우리를 지키셨기 때문이었다.

거기서 우리는 스터링(Stiring)으로 건너갔는데 군인들이 우리를 잡아서 대장에게 데리고 갔다. 장교들과 이야기를 조금 나누었는데 주님의 능력이 그들에게 임하여서 우리는 풀려나게 되었다. 그렇지만 그 마을에서는 한

번도 집회를 열 수 없었다. 마을 사람들은 모두가 어둠 속에 너무도 꼭꼭 갇혀 있었기 때문이었다. 다음 날 아침에 어떤 남자가 말을 타고 왔는데 그 말은 경주에 출전할 말이었다. 마을 사람들 대부분과 장교들이 그 말을 보러 왔다. 사람들이 경주를 보고 돌아온 뒤에 나는 용기를 내어 주의 날과 하나님의 말씀을 그들에게 선포할 기회를 가졌다. 그 사실을 믿는다고 고백하는 사람도 있었지만 받아들이지 않는 사람들도 있었다. 그렇지만 주님의 진리와 능력이 모든 사람들 위에 미쳤다.

스터링을 떠나 번티스랜드(Burntisland)에 이르렀다. 그곳에 있는 풀(Pool) 대령 집에서 집회를 두번 가졌는데 한 번은 아침이었고, 또 한번은 오후였다. 풀 부부가 식사하러 간 동안에 나는 해변가로 나갔다. 사람들과 자유로이 함께 식사를 할 수 없었기 때문이었다. 그 두 사람은 영적 진리를 깨닫게 되어 나중에 훌륭한 친우회 교우가 되었다. 몇몇 군대 장교들이 풀 대령 집에서 열리는 집회에 참석하러 왔다가 진리를 받아들였다.

거기서 다른 몇몇 장소를 두루 들러 마침내 존스톤스(Johnstons)에 이르렀다. 그 지역에는 침례교인들이 몇 있었는데 그들은 우리를 굉장히 못마땅하게 생각했다. 그들은 화가 나서 우리와 논쟁을 벌이러 찾아왔다. 참으로 시끄러운 진짜 말싸움꾼들이었다. 논쟁으로 더 이상 우리를 당해내지 못하자 그들은 돌아가서 총독에게 우리를 비방하는 말을 전했다. 다음 날 아침에 총독은 보병 중대를 이끌고 와서는 나와 알렉산더 파커를 마을에서 추방시켰다. 제임스 랭카스터와 로버트 위더스도 함께 마을에서 쫓겨났다.

그들이 마을 밖으로 우리를 인도해 갈 때 제임스 랭카스터는 마음에 이끌림을 받아 하나님의 능력으로 아름다운 가락으로 찬양을 했다. 나도 마음에 이끌림을 받아 주의 날을 선포하였고 사람들에게 영원한 복음을 전하였다. 사람들이 모두 나왔기 때문에 거리는 사람들로 가득 찼다. 군인들은 너무 부끄러워 우리를 인도해 가느니 차라리 자마이카로 가버렸으면 좋겠다는 말을 하였다.

그렇지만 우리는 데리고 있던 말들과 함께 보트에 실린 채, 물 위에 던져졌다. 우리를 마을에서 쫓겨나게 한 침례교인들도 얼마지 않아 군대에서 쫓겨났다. 또한 그때 당시 명령을 내렸던 총독도 새로운 왕이 부임하자 해고

되었다.

이렇게 존스톤스에서 떠밀려나게 된 우리는 장이 서는 다른 곳으로 갔다. 거기에는 에드워드 빌링스와 다른 많은 군인들이 숙영(宿營)하고 있었다. 우리는 여관으로 가서, 마을 사람들에게 영원한 복음을 전할 수 있도록 집회를 열고 싶었다. 장교들과 군인들은 시청에서 집회를 열어야 한다고 우리에게 이야기했다. 그렇지만 스코틀랜드 시 행정관들은 그날 시 행정을 위해 회의를 열 작정이었다.

장교들이 이 소식을 듣고 사악한 의도가 개입되어 있음을 감지하자 그들은 우리를 막무가내로 시청으로 데리고 가려고 하였다. 그렇지만 우리는 그들에게 이렇게 이야기했다. "아닙니다. 우리는 절대로 시청으로 갈 수 없습니다. 그렇게 되면, 시 행정관들이 '우리가 마을 공무를 집행하려고 하는 데 저 사람들이 강제로 시청을 점거하였습니다' 하고 총독에게 우리를 나쁜 사람들로 알릴지도 모릅니다." 우리는 장이 서는 곳으로 가겠다고 하였다. 그들은 그 날이 장이 서는 날이라고 하였다. 우리는 "그럼 더더욱 잘된 일입니다. 우리는 모든 사람들에게 진리의 말씀을 전하고 우리의 원칙을 알려야 하기 때문입니다" 하고 말하였다.

알렉산더 파커는 마켓 크로스(market-cross; 중세에 시장에 세운 십자가형의 집으로 거기서 공시, 포고 등이 행해졌다 — 역자 주)로 가서 성경을 손에 들고 펴서 군인들과 시장 사람들에게 진리를 전하였다. 그러나 스코틀랜드 사람들은 어둡고 세속적인 사람들이었는데 거의 관심을 기울이지 않았으며, 전하는 말에 거의 신경을 쓰지 않았다. 조금 시간이 지나자 나는 주님의 이끄심을 받아 마켓 크로스에서 일어서서 큰 목소리로 영원한 진리와 모든 죄인과 행악자들에게 임할 주의 날을 선포하였다. 그러자 즉시로 사람들이 시청에서 많이 쏟아져 나와 모여드는 바람에 결국에 우리는 대집회를 열 수 있었다. 사람들은 우리가 시청에서 모임을 갖지 못하게 하려고 시청 앞으로 나와 앉은 것뿐이었다. 사람들이 바깥으로 나오자 시장도 뒤따라 나왔다. 그냥 지나가 버리는 사람들도 있었고 멈추어 잠자코 듣고 있는 사람도 있었다. 사람들은 자기들을 위해 죽으시고 자기들을 깨우치신 주 예수 그리스도께로 돌이키게 되었다. 그리하여 그리스도의 빛을 통해 사람들은 자신들의 악한 행위를 깨닫게 되었으며 죄에서 구원받을 수 있고 그리스도를 자신들을 가르치시는 선생으로 알게 되었다. 그러나 그리스도를 영접하고 모셔 들이지 않으면 그리스도께로부터 나오는 빛은 그들의 죄를 정죄할 것이라는 말을 전하였다.

우리는 그 마을에서 리스로 가면서 주께로 돌이키라고 사람들에게 경고도 하고 권면도 하였다. 리스에 도착하자 여관 주인이 공의회에서 나를 체포하라는 경고장이 내려왔다는 말을 전해 주었다. 스코틀랜드를 떠나라는 명령이 있은 지 칠일이 지났는데도 떠나지 않았기 때문이었다. 가까운 사람들도 몇몇 찾아와서 똑같은 말을 내게 전해 주었다. 그러면 나는 "왜 그들이 내게 경고한 말을 전해주십니까? 그들이 내게 아무리 뭐라고 해도 나는 조금도 개의치 않을 것입니다. 주님의 능력이 모든 사람들에게 임할 것이기 때문이지요" 하고 응답하였다.[6]

리스에서 다시 에든버러로 갔다. 사람들이 공의회에서 나에게 경고문이 내려왔다고 말하였다. 나는 전에 묵었던 여관으로 갔다. 내 일에 간섭하려는 사람은 한 사람도 없었다. 마을에 있는 친우회 교우들을 찾아보고 나서 나는 나와 함께 여행하는 사람들에게 아침에 타고 갈 말을 준비해 주었으면 좋겠다고 하였다. 그리하여 우리는 그 도시를 함께 빠져 나왔다. 그때 나와 함께 여행하던 사람은 토머스 로윌슨, 알렉산더 파커, 로버트 위더스였다. 떠나려는데 그들이 내게 어디로 갈 거냐고 물었다. 나는 주께서 하나님의 능력과 진리를 사람들에게 전하시기 위해 나를 다시 존스톤스(최근 우리가 쫓겨났던 마을)로 가라고 하셨다고 이야기하였다. 알렉산더 파커는 나를 따라가겠다고 하였다. 그래서 나는 나머지 두 사람에게 우리가 돌아올 때까지 에든버러에서 5킬로 가량 떨어져 있는 마을에서 기다리고 있었으면 좋겠다고 이야기하였다.

알렉산더와 나는 물 길을 5킬로 가량 지난 뒤에 다시 말을 타고 갔다. 그렇지만 알렉산더가 타던 말이 힘이 빠져 내 말 곁에 바로 서질 못했다. 나

---

6) 여기서는 루터의 정신에 더욱 가깝다. 그는 "조지 백작이 9일간 버틸 때에 비가 온다면 립식(Leipsic)으로 가겠다"는 말을 하였다고 한다.

는 말을 타고 먼저 존스톤스 시로 들어갔다. 마침 사람들이 다리를 끌어 올리고 있었다. 장교들과 군인들은 내게 아무 말도 묻지 않았다. 나는 말을 타고 거리를 지나 대븐포트(Davenport) 대위 집으로 갔다가 일행과 함께 쫓겨났다. 대븐포트 대위는 많은 군인들과 함께 있었다. 내가 그들 앞에 나타나자 그들은 기도하고 있었는데 내가 다시 온 것을 놀라워 했다. 그러나 나는 주 하나님께서 나를 그들에게 다시 보내셨다고 이야기하였다. 그러자 그들은 떠나버렸다.

침례교인들이 내게 도전할 셈으로 다음 날 나와 함께 이야기를 나누자고 편지를 보내왔다. 나는 마을에서 1.6킬로 가량 떨어진 어디에서 어느 시각에 그들을 만나겠노라는 회답을 보냈다. 내가 그들과 마을에서 담론한다면 이야기하는 동안에 전처럼 사람들을 불러 나를 마을에서 다시 끌어 낼 수도 있을 것이라고 생각하였기 때문이다.

정한 시간에 약속 장소로 갔다. 대븐포트 대위와 그의 아들도 함께 갔다. 약속 장소에서 몇 시간 동안 있었는데 침례교인들은 아무도 나타나지 않았다. 오랫동안 기다리고 있자니 알렉산더 파커가 오고 있는 것이 보였다. 그는 마을에 들어올 수가 없어서 전날 저녁에 마을 밖에서 잤다고 하였다. 나는 우리가 다시 만나게 된 것이 너무나 기뻤다.

대븐포트 대위는 그때 당시 친우회 교우들을 좋아하고 있었다. 그 이후로 진리에 더욱 순응하게 되어 결국 모자를 벗지 않고 또한 그들에게 'Thou, Thee'(그대)라는 말을 사용한다고 하여 자리에서 쫓겨났다.

그들이 도무지 나타나지 않을 것같다는 생각이 들어 마침내 우리는 그 자리를 떠났다. 알렉산더 파커는 마음에 이끌림을 받아 다시 마을로 돌아갔다. 마을 마켓크로스에서 우리는 집회를 열었다. 나는 혼자서 포스터(Foster) 중위의 병영으로 갔다. 거기서 나는 몇몇 장교들이 영적 진리를 깨닫는 것을 보았다. 거기서 나는 남겨두고 온 두 사람이 기다리고 있는 마을로 갔다. 거기서 우리 모두는 에든버러로 다시 돌아갔다.

에든버러에 도착하여서 로버트 위더스에게 나를 따라오라고 지시했다. 주님을 경외하며 주의 능력으로 가다가 처음으로 보초 두 사람을 만났다. 주님의 능력이 그들에게 미쳐서 우리는 아무런 조사도 받지 않고 보초병들을 지나갔다. 그리고는 말을 타고 거리를 지나 장터에 이르렀다. 시장 어귀에 경비 대장이 서 있었다. 그래서 우리는 갑작스럽게 그곳을 떠나 교회 지역으로 나갔다. 거기서 우리는 한 여관에 도착하여 말을 매두었다. 그날은 '일곱째 날'이었다. 나는 우리가 마치 대포의 입이나 칼 끝을 향해 말을 몰고 갔다는 생각이 들었다. 그렇지만 주님의 능력의 손이 지체없이 우리를 그들 머리 위에 얹어 놓으셨던 것이다.

다음 날 나는 마을에서 열리는 집회로 갔다. 친우회 교우들은 내가 그 집회에 참석할 것이라는 것을 벌써 알아차리고 있었다. 그 집회에는 많은 장교들과 군인들이 왔다. 참으로 영광스러운 집회였다. 주님의 영원하신 능력이 그 나라에 임하였고 주의 아들이 그 영광의 능력으로 통치하셨다. 모두 잠잠했고 아무도 내 일에 간섭하려고 하지 않았다.

집회가 끝나고 친우회 교우들을 방문하고 난 뒤에 마을을 나와 다시 여관으로 돌아왔다. 그 다음 날은 '둘째 날'이었는데 우리는 잉글랜드 국경지역을 향해 갔다.

여행을 하며 다니다가 나는 뾰족집을 발견하였다. 나는 무슨 뾰족집이냐고 물었더니 사람들은 그곳이 던바(Dunbar)라고 하였다. 던바에 가서 여관에 든 후에, 친우회 교우 한두 사람과 함께 뾰족집으로 갔다.

뾰족집 뜰에 이르자 마을의 주요 인사 한 사람이 그리로 걸어오고 있었다. 함께 있던 친우회 교우 중 한 사람더러 저 사람에게 가서 내일 아침 아홉 시경에 퀘이커교도라고 하는 하나님의 백성이 집회를 갖게 될 것이라는 이야기를 전하라고 하였다. 그 사람이 마을 사람들에게 우리가 전한 이야기를 알리기를 바라는 마음에서 그렇게 하였던 것이다. 그 사람은 아홉 시경에 설교가 있으니, 집회를 열고 싶으면 여덟 시경에 연다면 무방하겠다는 이야기를 전해 왔다. 우리는 그렇게 하기로 결정하고 그 사람에게 마을 사람들에게 우리가 집회를 열 것이라는 것을 알려달라는 부탁을 하였다.

그리하여 아침이 되자 가난한 사람, 부자 모두가 왔다. 마을에 숙영하고 있던 공군 대위도 왔는데 부하들과도 함께 참석하였다. 그리하여 우리는 그야말로 대집회를 열었다. 참으로 영광스러운 집회였고 주님의 능력이 모든 사람 위에 임하였다. 시간이 조금 지난 뒤에 목사가 와서 뾰족집으로 들어갔다. 그러나 우리는 뜰에 그대로 있었고 사람들도 거의 대부분 우리와 함께 머물러 있었다. 친우회 교우들이 뜰을 가득 메우고 있었고 그들의 목소리는 하나님의 능력 안에서 너무도 크게 울려, 그 바람에 목사는 뾰족집 안에서 거의 아무 일도 할 수 없었다. 목사는 이내 뾰족집 바깥으로 나와 잠시 서 있더니만 어디론가 가버렸다.

 나는 예수 그리스도를 어디에서 찾을 수 있는가 알려주고, 사람들을 그들을 깨우치는 빛으로 인도하였다. 그 빛으로 그리스도께서 그들의 눈을 밝히시며, 그 빛으로 말미암아 사람들은 자기들을 위해 돌아가신 그리스도를 볼 수 있으며 그리스도께로 돌이켜 그 분이 구주시며, 선생이시라는 것을 알 수 있다고 일깨워 주었다. 나는 사람들에게 그들이 그때껏 따라왔던 선생들은 돈을 받고 일하는 사람들로 그들은 하나님의 복음을 돈을 받고 전하는 것으로 만들었다는 것을 알렸다. 또한 사람들에게 그들이 향해 걸어들어가고 있던 배교의 그릇된 길을 보여주면서, 하나님께 이르는 새로운 생명의 길로 그들을 인도하면서 그들이 그리스도께서 영과 진리로 세우신 신앙과 예배를 정말로 잃어버리고 그 때까지 사람이 만들고 세운 신앙에 예배를 드려왔다는 사실을 명백하게 밝혀 주었다.

 나는 하나님의 거룩한 사람에게 성경 말씀을 전하게 하시는 성령 하나님께로 사람들을 돌이키게 하여, 그들도 하나님과 그리스도와 성경을 바로 알게 되고 싶으면 (각 사람에게 동일하게 임하신) 같은 성령을 받아들여 성령의 인도하심을 받아야 한다고 알려 주었다. 그리고 사람들에게 주님의 능력과 말씀이 충만하게 임한 것을 깨닫고, 나는 말에서 내려 주께 받은 것을 다른 사람들에게 전하는 방법을 사람들에게 알려 주었다.

 집회가 거의 끝나갈 무렵에 몇몇 신앙고백자들이 술렁거리기 시작했다. 그래서 나는 다시 일어서서 그들이 묻는 질문에 답하였더니만 만족해 하는 것 같았다. 그렇게 하여 집회는 주님의 능력으로 말미암아 조용하고 평화스럽게 끝이 났다.

 이 집회는 스코틀랜드에서 가졌던 마지막 집회였다. 하나님의 진리와 능력이 스코틀랜드 전역에 임하였으며, 하나님의 능력과 영으로 말미암아 많은 사람들이 구주시며 선생이시며 자신을 위해 피뿌리신 주 예수 그리스도께로 돌이켰다. 스코틀랜드에는 하나님을 바로 알게 되는 자들이 지금도 늘어나고 있으며 앞으로도 그러할 것이다. 처음에 내가 스코틀랜드에 도착하여 말에서 첫 발을 내려 놓을 때 나는 마치 셀 수 없이 많은 불꽃들처럼 하나님의 씨앗이 나를 둘러 번뜩이는 것을 느꼈기 때문이다.

　스코틀랜드가 위선과 거짓으로 가득한 혼탁한 땅이 아닌 것은 아니지만, 하나님의 말씀으로 쇄신되고, 영적 쟁기로 쟁기질되어 마침내 하나님의 씨앗이 신령하고 영적인 열매를 맺게 되면 하나님께 영광돌리게 될 것이다. 그렇지만 농부는 인내심을 가지고 기다려야 한다.[7]

---

7) 이 구절은 휘티어(Whittier)의 '우리의 바클레이'(Barclay of Ury)시 결구에 아름다운 표현이 생각나도록 영감을 주었다.
　　"이 섬을 명심하십시오. 세상이라는 넓은 휴양지에
　　복음의 진리를 한 번도 전하지 않는 것은 헛되이
　　씨뿌리는 것입니다.
　　씨뿌리고, 수고한 뒤에
　　황금빛 수확물을 거두어 들이십시오.
　　그러므로 씨뿌리는 자는 어느 정도
　　도덕적인 개척자가 되어야 합니다.
　　장차 꾸지 않기 위하여
　　꿈의 씨앗으로 놀고 있는 밭을 덮고
　　비오는 날 저녁 하늘에
　　금빛 아침을 그리십시오."

제 12 장

런던에서의 대 사건
1658-1659

우리는 베드포드셔로 갔다. 거기서 우리는 예수 이름으로 큰 집회를 열었다.[1] 얼마 지난 뒤에 우리는 존 크룩(John Crook)의 집으로 갔다. 거기에서 나라 전체를 위한 연례 총집회를 열기로 되어 있었다.[2] 이 집회는 3일 동안 계속되었고 그 집회에 참석하러 전국 대부분의 지역으로부터 많은 친우회 교우들이 왔다. 그래서 베드포드셔 근방에 있는 여관이 꽉 찼다. 수천명의 사람들이 베드포드셔에 묵기 때문이었다. 더러 진리에서 벗어난 무례

---

1) 스코틀랜드에서 베드포드셔(Bedfordshire)까지 가는 동안에는 별다른 일이 거의 없었다. 노팅엄에서 폭스는 라이스 존스(Rice Jones)와 논쟁을 벌였다. 그 사람은 전에 노팅엄을 방문했을 때에 폭스를 반대하였던 사람이었다. 폭스는 라이스 존스의 추종자들 중에 많은 사람들이 '전국에서 유명한 축구 선수나 레슬링 선수가 되었다'는 지적을 하였는 데 폭스의 그러한 지적은 라이스 존스의 사역에 관한 흥미로운 논평이다.
2) '존 크룩의 집'은 베드포드셔 루튼(Bedfordshire Luton)에 있었다. 이 집회는 현 런던 연례 친우회 모임으로 발전하기까지 초기에 열렸던 나라 총집회 중 하나이다. 처음에는 1654년 레스터셔 스와닝턴(Swannington)에서 총집회가 열렸다. 아이삭 페닝턴(Issac Penninton)은 그 집회에서 영적 진리를 깨닫게 되었다. 그는 자신이 "주의 날개 밑에서 자기 영혼을 향하여 치유의 방울이 떨어지는 것을 느꼈다"고 우리에게 말한다.

한 사람들이 방해를 하긴 하였으나 주님의 능력이 모든 사람들 위에 임하여서 영광스러운 집회가 되었다. 영원한 복음이 선포되었고 많은 사람들이 그 복음을 받아들였다. 복음은 사람들에게 생명을 가져다 주었고 영원히 꺼지지 않는 빛이 되어 모든 사람 위에 비치었다.

그 때, 모든 사람들에게 알려주도록 다음과 같은 생각들이 내게 열렸기 때문에 사람들은 자기들이 어떠한 상태에 놓여 있는지 생각해 보고 깨달을 수 있었다. (이 말은 곧 '사람들이 이끌려 가고 있는 다양한 종교적 상황과 환경의 의미를 내가 알려 주어야 한다는 명령을 받은 것 같았다' 는 뜻이다).

"첫째로 사람들은 타락한 아담에 속해 있으며, 비참함과 죽음과 어두움과 타락에 속해 있다."

둘째로 사람들은 형식과, 형상과 그림자와 첫째 제사장과 율법과 언약에 속해 있으며, 이미 종말을 고해야 할 것들과 아무 것도 온전케 할 수 없는 것들에게 속해 있다.

셋째로 사람들은 사도 시대 이후 일어났던 배교의 행위에 가담하고 있으며 영적으로는 소돔과 애굽의 영에 속해 있으며 짐승과 용의 지배를 받으며 음녀의 잔을 마시고 있다.

넷째로 사람들은 아담이 타락하기 전에 있던 상태에 속해 있으며, 타락할 수도 있는 상황에 속해 있다. 아담도 아무 흠이 없는 완전한 상황에 있었으나 타락하였기 때문이다.

다섯째로 사람들은 예언자에게 속해 있으며 이미 끝이 나야 할 것에 속해 있으며, 물, 빵, 술과 같은 임시적인 것들의 관계에 속해 있으며, 그리스도와 그리스도의 세례에 이르지 못하는 것에 속해 있다.

여섯째로 창세기에서 요한계시록까지 성경을 고백하긴 하나 성경 말씀을 전해 준 이들이 지녔던 동일한 능력과 성령 안에 속해 있지 않다.

일곱째로 예수 그리스도의 하늘 보좌에 속한 사람들은 결코 타락하지 않으며 변하지 않는 그리스도에게 속해 있는 것이다."

이와 같은 강연이 있은 뒤 집회가 끝나자 대부분의 친우회 교우들은 돌아갔다. 존 크룩 씨의 정원으로 걸어가고 있는데 경관이 나를 잡으려고 말을 이끌고 내 쪽으로 오고 있었다. "저 집에 누가 있느냐?" 하고 사람들이 묻는 소리가 들렸다. 누군가 내가 거기에 있다고 대답하였다. 경찰들은 자기들이 찾는 사람이 바로 나라고 이야기하면서 존 크룩 씨의 집으로 들어갔다. 거기서 그들은 존 크룩 씨와 또한 크룩 씨와 함께 있던 몇몇 친우회 교우들이 경찰들과 함께 많은 이야기를 주고 받았다. 그렇지만 주님의 능력이 그들을 혼란스럽게 하여 그들은 나를 찾으러 뜰로 나오지 않고 화가 나서 되돌아 갔다.

집안으로 들어가자 친우회 교우들은 내가 경찰들을 빠져 나온 것을 알고 굉장히 기뻐했다. 다음 날 나는 그 마을을 지나며 몇몇 지역에 흩어져 있는 친우회 교우들을 방문한 뒤에 마침내 런던 시에 닿았다. 주님의 능력이 나와 함께 하셨으며, 주를 섬길 수 있도록 나를 떠받쳐 주었다.

런던에 있는 동안, 나는 내게 맡겨진 집회를 여러번 인도하였다. 그때는 굉장히 어려움이 많았던 때였기 때문이다. 나는 마음에 이끌림을 받아 올리버 크롬웰에게 편지를 써서 영국과 아일랜드에서 친우회 교우들이 겪고 있는 고충에 대해 적어 보냈다. 크롬웰을 왕으로 세우려는 당시의 정황에 관한 이야기도 적었다. 결국 그 일 때문에 나는 마음이 이끌리어 크롬웰에게 가서, 그를 왕으로 추대하려는 제안을 받아들이지 말 것과 그러한 제안을 물리치지 못할 경우에 닥칠 갖가지 위험과 그 제안을 받아들임으로 인해 자신뿐 아니라 자손들까지 부끄러움과 누가 될 것이라는 경고를 하였다. 크롬웰은 내가 한 이야기를 잘 받아들이는 것 같았고 내게 고맙다는 말을 하였다. 그렇지만 그 이후에 나는 마음이 이끌려 크롬웰을 왕으로 세우려는 일에 관하여 더 자세한 글을 적어 보냈다.

이 때쯤 크래이폴 부인(Lady Claypole, 그렇게들 불렀다)이 병으로 마음에 많은 상처를 입어 주위의 어떠한 위로도 받아들이지 못하고 있었다. 그 소식을 들은 나는 마음이 이끌려 크래이폴 부인에게 편지를 보냈다.[3]

그 즈음하여 올리버 크롬웰 호국경은 폴란드에서 내쫓긴 프로테스탄트

---

3) 다음은 크롬웰의 딸인 크래이폴 부인에게 폭스가 보낸 편지 중 상당 부분을 발췌한 것이다. 크래이폴 부인은 이 편지를 받고 얼마 후에 죽었다.
"주 하나님을 경외하는 마음을 간직하십시오. 주께서 당신에게 이르시는 말씀입니다. 당신에게 일어난 이 모든 일들은 당신과 또한 당신을 걱정하는 모든 사람들을 위한 것입니다. 당신 자신과 자신의 약함을 깨닫도록 하여 주님의 힘과

교회들과 보헤미아에서 감금되었다가 쫓겨난 프로테스탄트 가족들을 구제하기 위해 소집령을 내렸다. 소집령이 내리기 얼마 전에 루체른(Lucerne), 앙그로나(Angrona) 등과 같은 골짜기에서 고생하는 신교도들을 위해 나라에 경건한 금식과 굴욕의 날을 가지라는 요청이 있었다. 그 지역에 있던 신교도들은 사보이(Savoy) 공작으로부터 핍박을 당하고 있었다.[4] 나는 마음에 이

권세를 깨달아 주님을 믿도록 하기 위한 일이지요. 지나간 시간은 사람들에게 맡겨 두시면 됩니다. 사람들 누구나 어떤 일에서든 주님의 능력으로, 벗어난 길에서 끌어올림을 받았습니다. 주님은 권세 있는 것들을 무너뜨리고 쓰러지게 하여 흙먼지에 때려 눕힐 수도 있습니다. 그러하니 모두 주를 경외하며 겸손한 마음을 가지고 있어야만 그로 인해 하나님과 하나님의 지혜의 비밀을 얻을 수 있으며, 또한 전능자의 그늘을 알며 어떠한 폭풍우나 더위에서든 그 그늘 아래 거할 수 있습니다. 하나님은 가까이 계신 분이며 사람을 다스리시는 가장 높으신 분이기 때문입니다. 주 하나님께서 여러분 모두에게 이르시는 말씀입니다. 하나님의 빛은 유혹과 혼란, 혼돈과 같은 것들을 밝히며 발견하게 합니다. 그러니 그러한 유혹과 혼돈과 혼란을 보지 말고, 오직 그러한 것들을 분명하게 드러내 주는 하나님의 빛만을 바라보십시오. 그 빛으로 말미암아 당신은 그러한 유혹과 혼돈과 혼란을 느낄 수 있으며 그러한 것들에 대항할 수 있는 능력을 얻게 되는 것입니다. 죄가 거듭되는 그릇된 생활을 깨닫게 하는 그 빛은 하나님의 언약을 알도록 할 것입니다. 그 빛은 자신의 죄와 과오를 말끔히 지워 주며 죄에서 이기도록 하며 또한 하나님과 언약을 맺게 합니다. 죄와 타락과 혼란을 대수롭지 않게 여기면 당신은 그 안에 말려들기 때문입니다. 그렇지만 그러한 것들을 밝히 보게 하는 하나님의 빛을 바라보면 그러한 것들을 잘 살펴볼 수 있습니다. 그 빛은 승리를 가져다 줄 것이며 당신은 은혜의 힘을 발견하게 될 것입니다. 거기에는 평화에 이르는 첫번째 계단도 있습니다. 그 빛은 구원을 가져다 줄 것입니다. 그 빛으로 말미암아 세상의 시작과 '세상이 있기 전에 아버지께 있었던 영광'을 살펴볼 수 있으며 하나님의 씨앗을 알게 됩니다. 하나님의 씨앗은 하나님께서 약속하신 후손을 밀하는 깃이며 그 후손은 영원된 세상에 속한 자이며 사람들을 하나님께로 나아가지 못하게 하는 뱀의 머리를 상하게 하는 자입니다. 그러므로 당신은 끝없는 생명력을 느낄 수 있습니다. 그 생명력이란 불멸하는 하나님의 능력으로 영원히 죽지 않는 영혼을 불멸의 하나님께로 이끄는 힘이며, 그 영혼은 또한 하나님 안에서 기뻐 뛰놉니다. 그러므로 주 예수 그리스도의 이름의 능력으로 말미암아 전능하신 하나님께서 당신을 강하게 하시는 것입니다."

G. F.

편지 다음에 다음과 같은 글이 나온다. "위의 편지를 읽고 났을 때, 마음이 안정되는 것을 느꼈다고 크래이폴 부인이 이야기했다. 그 이후로 잉글랜드와 아일랜드에 있는 많은 친우회 교우들은 이 편지를 복사해서 마음의 고통을 당하고 있는 사람들에게 읽어 주었고, 그 편지를 통해 몇몇 사람들은 마음을 안정시키는 데 도움을 얻기도 하였다."

끌림을 받아 호국경과 시장들에게 그 문제에 관해 편지를 써서, (하나님께서 요구하시고 받으시는) 진정한 금식의 본질을 알려 주었고 또한 그들 스스로 신교도라고 자칭하며 신교도인 이웃과 친구들을 박해하면서 가톨릭 교도들이 해외에 있는 신교도들을 핍박한다고 하여 그들을 비난하는 것은 부당하며 스스로를 정죄하는 것임을 일깨워 주었다.

장기 의회(Long Parliament)의 시대 혹은 호국경의 시대, 혹은 안전위원회(Committee of Safety)의 시대에, 여러 경우에 그들은 금식령을 내렸다. 나는 마음이 이끌려 그들에게 편지를 써서 그들이 하는 금식은 마치 이세벨의 금식과도 같다고 이야기하였다. 대개 금식을 선포하였을 때에는 우리를 해치려는 어떤 음모가 있었기 때문이다. 나는 그들이 하는 금식이 사악한 주먹으로 내리치려는 그들의 투쟁이며 논쟁인 것을 알았다. 뉴잉글랜드의 신앙 고백자들이 얼마 뒤에 그랬듯이 말이다. 그들도 친우회 교우들을 사형에 처하기 전에 금식을 선포하였던 것이다.

핍박이 굉장한 시기였다. 많은 친우회 교우들이 옥에 갇혀 있었기 때문에 갇혀 있지 않은 다른 많은 친우회 교우가 마음이 이끌려 동료들이 갇혀 있는 곳에 자신들을 가두어 달라는 요청을 하러 의회로 갔다. 감옥에 갇혀 있는 동료들이 냄새나는 감옥에서 죽지 않고 풀려날 수 있도록 하기 위함이었다. 우리는 하나님과 형제를 사랑하는 마음에서 동료들이 감옥에서 죽지 않도록 이러한 일을 한 것이며 또한 동료들을 감옥에 넣은 사람들을 사랑하는 마음에서 무고한 피를 흘리게 한 책임을 그들에게 돌리지 않기 위해서 이러한 일을 한 것이었다. 그러한 사실이 주께 부르짖음이 되어 주께서 그들에게 갚아 주시며, 분노와 재앙을 내리실 것을 우리는 알았기 때문이었다.

그렇지만 신앙고백을 하는 의회로부터 우리는 좀처럼 호의를 찾아보기 힘들었다. 그들은 오히려 화를 내고 어떤 때는 그들을 시중드는 친우회 교우들을 위협하여 채찍으로 때려 집으로 돌려보내기도 하였다. 그러한 일이 있을 경우에는 보통 하나님께서 얼마 뒤에 그 사람을 해고시켜 집으로 돌려보

---

4) 이 박해는 밀턴으로 하여금 단시(短詩)를 떠오르게 하였다.
"갚아주소서. 주여! 죽임을 당한 성도들의 뼈가
추운 알프스 산맥 위에 흩뿌려져 있나이다."

내셨다. 그들은 권세가 있는 동안에는 선한 일을 할 마음이 조금도 없었다. 그렇지만 그들은 언제나 경고를 받고 난 뒤에야 자리에서 물러났다. 그들이 여러 차례 잘못을 하면 장기 의회에 편지를 보냈듯이 나는 마음이 이끌려 그들에게 경고의 글을 적어 보냈기 때문이다. 그들이 자리에서 물러나기 전에 나는 그들에게 "짙은 어둠이 모든 사람에게 오고 있습니다. 반드시 느껴야 할 어둠의 날이 말입니다" 하는 말을 전하였다.

이때 열린 의회의 성원 대부분이 다른 사람들보다 더 신앙심이 깊은 척 하는 직급이 높은 신앙 고백자들로 구성되어 있긴 하였어도 실제로 참된 믿음을 갖고 있는 신자들을 오히려 더 핍박하는 사람들이었기 때문에 나는 마음에 이끌림을 받아 그들의 위선을 질책하는 것으로서 다음과 같은 글을 적어 보냈다.[5]

"오 여러분, 자신을 덮어 가리지 마십시오. 여러분의 마음을 알고 계시며 그 마음을 드러내실 하나님께서 계시기 때문입니다. 하나님은 여러분이 하는 일을 지켜보십니다. '화 있을진저 성령이 아닌 것으로 자신을 가리는 사람들아, 하고 주님은 말씀하십니다.' 당신들은 율법에 어긋나는 행동을 하고 있으며 율법을 멀리하고 있습니다! 당신은 자비와 참된 판단을 무시하고 있습니다. 그러한 사람들에게 무어라 말씀하시는가 보십시오. 우리 구주께서는 그러한 행동에 관해 '내가 병들었을 때에 돌아보지 아니하였고 내가 주릴 때에 너희가 먹을 것을 주지 아니하였고 나그네 되었을 때에 영접하지 아니하였고 옥에 갇혔을 때에 돌아보지 아니하였느니라' 하고 말씀하셨습니다. 그렇지만 사람들은 '우리가 어느 때에 주께서 옥에 갇히신 것을 보고 공양치 아니하더이까' 하고 대답하였습니다. 그랬더니 주님은 '지극히 작은 자 하나에게 하지 아니한 것이 곧 내게 하지 아니한 것이니라' 하고 주님은 대답하셨습니다. 여러분, 여러분은 생명과 진리의 능력 안에 사는 사람들을 옥에 가두고도 자신들을 그리스도의 사자라고 고백합니다. 그리스도께서 당신들을 보내셨더라면 당신들은 감옥과

---

5) 이 때 열린 의회는 크롬웰의 제2의회(Second Parliament)였다.

사슬에서 나그네들을 끌어내어 그들을 영접할 것입니다. 여러분들은 땅의 쾌락을 즐기며 살아온 방탕아였습니다. 여러분은 도살의 날처럼 자신의 마음을 키웠습니다. 여러분은 살인의 날처럼 마음을 강퍅하게 하여 의인을 비난하고 죽였습니다. 그런데도 의인은 아무런 저항도 하지 않았습니다.

조지 폭스"

이러한 글을 적어 보낸 뒤에 나는 두명의 친우회 교우들과 함께 마을을 빠져 나오고 있었다. 1.5킬로 남짓 걸어 나오다가 해커 대령의 연대에 속한 기병 두 사람을 만났다. 그들은 우리를 잡아 뮤스(Mews)로 데리고 가서 그곳에 우리를 가두어 두었다. 그렇지만 주님의 능력이 그들에게 임하여 그들은 우리를 어떤 장교 앞에라도 끌고 나갈 수가 없었다. 얼마 안 있다가 우리는 다시 자유로운 몸이 되었다.

같은 날에 배를 잡아 타고 킹스턴으로 갔다가 거기서 햄프턴 코트(Hampton Court)로 갔다. 거기서 호국경과 함께 친우회 교우들이 겪는 고충에 관해 이야기할 작정이었다. 나는 햄프턴 코트 파크(Hampton Court Park)에서 말을 타고 오는 호국경과 만났다. 호국경 앞으로 나가기 전에 그는 말을 탄 채로 경호인들을 이끌고 앞장서서 오고 있었다. 그때 나는 호국경에게서 죽음의 향기(환영)가 풍겨져 나오는 것을 느꼈다. 호국경 앞으로 다가서서 보니 그는 마치 죽은 사람처럼 보였다.

마음의 이끌림을 받는 대로 친우회 교우들이 겪는 고난에 대해 호국경에게 이야기하였고 경고를 하고 나자 호국경은 나더러 자기 집으로 오라고 명령하였다. 그래서 나는 킹스턴으로 돌아갔다가 호국경과 더 많은 이야기를 나누기 위해 다음날 햄프턴 코트로 갔다. 그러나 호국경에게 가보니 그는 병에 걸려 있었다. 그리고 호국경을 시중들고 있던 하베이가 의사들이 내가 호국경과 이야기를 하는 것을 달가워 하지 않는다는 이야기를 전해주었다(하베이는 침소를 담당하는 궁내관이었다). 그래서 나는 그곳을 나왔으며 그 이후로 영영 호국경을 만나보지 못하였다.[6]

킹스턴에서 버킹엄셔(Buckinghamshire)에 있는 아이삭 페닝턴(Issac

Penington)⁷⁾의 집으로 갔다. 거기서 집회를 열었는데 주님의 진리와 능력이 우리 가운데 분명하고 풍성하게 드러났다. 그 지역에 있는 친우회 교우들을 방문한 뒤에 런던으로 돌아 왔다. 그리고는 얼마 후에 에섹스로 갔다. 거기서 얼마 안 있어 호민관이 죽고 그의 아들 리처드가 그의 방에 있다는 소식을 들었다. 그래서 다시 런던으로 갔다.

그전에 이른바 교회의 신앙(church faith)이라는 것이 발표되었다. 그것은 열한번째 날에 사보이에서 만들어졌다고 한다.⁸⁾ 나는 그것이 인쇄되어 나오기 전에 미리 복사를 하여 거기에 대응하는 글을 썼다. 그래서 교회의 신앙이라는 그들의 책이 거리에서 팔릴 때에 거기에 응수하는 내 글도 함께 팔렸다. 이 일이 의회에 있는 몇몇 사람들을 화나게 했다. 그래서 그중 한 사람이 내게 "당신을 스미스펄드(Smithfield)로 보내야겠소"하고 말했다. 나는 그 사람에게 "불고문을 해도 상관없습니다. 나는 그러한 것들이 두렵지 않습니다"하고 말했다. 그리고 그와 함께 담론을 하면서 나는 그가 모든 사람이 16세기 동안 동일한 신앙이 없이 살아왔다면 지금 목사들이 사람들을 하나로 모을 수 있겠는가에 대해서 생각해 보기를 바랐다.

사도들도 예수님을 믿음의 주요 온전케 하시는 이라고 하지 않았던가? 예수 그리스도께서 사도들의 신앙과, 초기 시대 교회의 신앙과 또한 순교자

---

6) 폭스의 이 방문은 카알라일의 「올리버 크롬웰」 4권, pp. 199, 200에 나온다. 올리버 크롬웰은 1658년 9월 3일에 죽었다. 폭스가 느낀 이 '향기' 혹은 연기는 친우회 교우들에게 호국경의 죽음을 알리는 유일한 경고였다. 크롬웰이 죽기 한 달 전에 크롬웰에게 한 장의 편지가 날아들었는데 거기에는 "계속 탄압을 하시면 주께서 어느날 갑자기 당신을 치실 것입니다" 하는 글이 적혀 있었다. 버로우(Burrough)의 「불순종하는 사람들이 거절한 좋은 충고와 권면」(Good Counsel and Advice Rejected)을 참고하라.

7) 아이삭 페닝턴은 무척 온건하고 아름다운 영혼의 소유자로 폭스의 영향을 받게 되었다. 그는 초기 친우회 교우들 중에서 사회적으로 비교적 높은 서열에 있는 사람이었으며 폭스 이후로 퀘이커 교도의 근본 정신을 가장 잘 설명한 사람이다.

8) '교회의 신앙'(Church-faith)이라고 하는 것은 '영국의 회중 교회가 간직하고 실천해 온 신앙과 명령으로, 1658년 10월 12일 사보이에서 모인 장로들과 사자들이 동의하고 합의한 선언문이다'. 여기에 응수해서 폭스가 쓴 글의 제목은 「교회의 신앙」이라고 하는 책에 관한 답변. 런던 사보이에서 하나님의 사자들의 합의를 통해 독립교회 주의자들과 함께 펴냄' 이다.

들의 신앙의 주가 되신 이래로 모든 사람들이 목사가 아닌 그리스도를 믿음의 주요 온전케 하시는 이로 우러러 보지 않았는가? 우리는 목사들이 만들어 놓은 신앙에 관해 많은 노력을 기울였다.

여러 곳에서 상당한 핍박이 있었다. 감옥에 가두고 집회를 해산하고 하였던 것이다. 런던에서 십여 킬로 떨어진 지역에서 열린 집회에는 무례한 사람들이 참석을 하였다. 그들은 대개 그 지역에 흩어져 있는 여러 교구에서 온 사람들이었는데 친우회 교우들을 못살게 굴고 종종 때리기도 하였으며 과격하게 상처를 입히기도 하였다. 어느날인가는 런던에서 열리는 집회로 가던 팔십 명 가량의 친우회 교우들을 학대하여, 입고 있던 코트와 옷깃을 등뒤로 찢고는 도랑과 우물로 던져버렸다. 또한 친우회 교우들을 진흙으로 뒤범벅이 되게 바른 뒤에 악마같이 보인다고 놀려댔다.

다음 '첫째 날'에 나는 당시 몸이 몹시 허약했는데도 주님의 이끄심을 느껴 그 집회에 참석하였다. 집회 장소에 가서 친우회 교우들에게 책상을 하나 가지고 와서, 자주 모여서 서 있던 장소 곁에 갖다 놓으라고 했다. 늘상 그러하듯 무례한 사람들이 왔다. 그래서 나는 손에 성경을 들고서 그들과 그들을 가르치는 선생들이 맺은 열매가 무엇인지를 설명하였다. 그러자 사람들은 부끄러워 잠잠해졌다.

그렇지만 굉장한 핍박이 있던 때였다. 투옥되어 많은 사람들이 죽었을 뿐만 아니라 집회를 열지 못하도록 심한 방해를 받았던 것이다. 사람들은 집회 장소에 와서 썩은 달걀과 불이 붙은 막대기를 던졌으며, 진리를 전하는 소리가 들리지 않게 하려고 드럼을 가지고 와서 두들기고 냄비를 들고 와서 시끄럽게 굴었다. 그런 사람들 중에는 목사들도 있었는데 누구 못지 않게 무례하게 굴었다. 목사들의 그러한 모습은「싸우는 목사」라는 책에서 찾아 볼 수 있다. 그 책에는 실제로 친우회 교우들을 때리고 학대한 목사들의 이름이

---

9) 크롬웰의 가장 절친한 친구인 헨리 베인(Harry Vane) 경은 가장 위협적인 반대자요 지나친 공화주의자가 되었다. 리처드 크롬웰이 실각한 뒤에 Vane 경은 권세와 영향력을 잠깐 회복하였다. 1659년 10월에 그는 공의회 의장이 되어서 민사 사건을 다루는 행정부 장관을 맡았다. 그러므로 이 일화는 1659년 10월에 있었던 일로 추정해야 한다.

나와 있다.

　많은 친우회 교우들이 죄수의 몸으로 런던으로 끌려 가서 위원회에서 조사를 받았다. 헨리 베인(Henry Vane)이라는 위원회의 의장이 있었는데 그는 친우회 교우들이 모자를 벗지 않으면 들어올 수 없게 하였다.[9] 그렇지만 주님의 능력이 결국 그 사람에게 미쳐 다른 사람들의 중재를 통해 친우회 교우들은 모자를 벗지 않고도 들어가게 되었다. 대부분이 모자를 벗지 않는다 하여 모욕죄(그들은 그렇게 불렀다)로 수감되어 있긴 하였으나 그토록 오랫동안 모자를 벗지 않는다는 이유로 시달림을 받아 온 친우회 교우들이 위원회장 앞에서 모자를 벗을 것 같지는 않았다. 그러나 주님의 능력이 모든 사람들에게 임하고 역사하셔서 친우회 교우들 가운데 몇몇 사람들은 자유롭게 풀려났다.

　나는 올리버에게 여러번 편지를 써서, 그가 하나님의 백성을 핍박하고 있는 동안 그에게 그의 적에 대해 설명해 주고 있는 그 사람들은 오히려 그를 급습할 준비를 하고 있다는 것을 알려 주었다. 우리에게 가담한 급진적인 사람들 몇몇이 서머셋 하우스(Somerset-House)를 사서 그 안에서 집회를 열 수 있도록 하자고 했을 때, 나는 그렇게 하라고 하였다. 그때 나는 국왕이 다시 돌아오는 것을 예견하였기 때문이다. 또한 스트랜드(Strand)에 있는데 한 여자가 찾아와서 찰스 왕이 3년 안에 돌아온다는 예언을 하였다. 그녀는 그 사실을 찰스에게 알리러 가야 한다고 말했다. 나는 주님을 섬기며 그것을 혼자만의 비밀로 간직해 두라고 했다. 그녀가 그러한 정보를 가지고 찰스에게 간다는 사실이 알려지면, 사람들이 그녀가 반역을 꾀하려는 것으로 볼 것이기 때문이었다. 그런데도 그녀는 자기가 가서 찰스에게 다시 영국으로 돌아와야 한다고 말해야 한다고 했다.

　나는 그녀의 예언이 사실이며 또한 권력 구조에 커다란 변화가 일어나야 한다는 것을 알았다. 권력을 가진 사람들은 지나친 부를 누렸고 또한 굉장한 핍박을 하였다. 그들은 스스로 성인이라고 하면서 친우회 교우들이 법정에서 맹세를 할 수 없다고 하여 친우회 교우들로부터 등본 보유권에 의해 소유하는 땅(copyhold)을 빼앗으려고 하였다.

　때때로 우리가 겪는 이러한 핍박을 올리버 크롬웰에게 털어놓으면 크롬웰은 우리 말을 믿으려고 하지 않았다. 그래서 토머스 앨담(Thomas Aldam)과 안토니 피어슨(Anthony Pearson)은 마음에 이끌림을 받아 영국에 있는 모든 감옥을 다녀보고 간수장으로부터 친우회 교우들의 죄목을 알아 내었다. 그리하여 올리버 크롬웰에게 친우회 교우들이 당하는 핍박에 대해 이야기할 수 있었다. 크롬웰이 친우회 교우들을 석방하려고 하지 않자 토머스 앨담은 마음이 이끌려 모자를 벗어 갈갈이 찢어 크롬웰 앞에 내놓고서 "당신의 정부도 이처럼 찢기어 빼앗기게 될 것입니다"하고 말하였다.

다른 친우회 교우인 한 여자도 주전자를 손에 들고서 마음이 이끌려 의회(의회는 친우회를 시기하고 있었다)로 갔다. 그 여자는 주전자를 의회원들 앞에서 박살을 내고는 주전자처럼 당신들도 박살이 날 것이라고 이야기하였다. 그리고 얼마 안 있어 의회는 붕괴되었다.

나라를 위해 모진 고통을 당하고 영적인 수고를 하면서 위선과 반역, 거짓에 대해 몹시 번민하던 나는, 하나님께서 나라를 지배하시던 모든 것들을 바꾸심으로 모든 사람들이 꺾이어 영적 진리를 깨닫게 될 것임을 깨달았다. 영적 진리를 깨닫고 나서야 안팎에 있는 영들을 이길 힘을 얻을 수 있게 될 텐데, 그 까닭은 모든 사람들이 바르게 행하도록 진정으로 역사하시는 이는 보이지 않는 순전하신 영이시기 때문이다.

지금은 공중 앞에 정장(正裝) 안치되어 있는 올리버 크롬웰의 동상에 관해 시끌벅적했다. 크롬웰이 죽고 난 뒤에 사람들은 선 채로 그의 우상 앞에서 트럼펫을 불었다. 그 때문에 나는 무척 괴로웠고 주님도 몹시 마음이 상하셨을 것이라고 느꼈다.

이때쯤 나라 안에 큰 소동이 일어나서 사람들은 마음을 잡지 못했다. 몇

---

10) 그 편지는 "각처에 있는 모든 친우회 교우들은 음모와 소동과 육의 권력에 말려 들지 않도록 조심하십시오"하는 말로 시작되고, 조금 써내려 가다가 다시 다음과 같은 말을 적는다.
"주 하나님을 경외하십시오. 하나님의 능력과 생명과 빛과 씨앗과 지혜, 그러한 것들로 말미암아 여러분은 전쟁의 원인을 제거할 수 있으며 영원 무궁한 하나님 나라를 알 수 있으며 또한 육적인 원인을 물리치는 영적 무기로 싸울 수 있습니다. 그러니 가능한 한 많은 사람들을 전쟁터로 불러 모아서 가능한 한 많은 사람들을 영적 무기로 무장시키십시오. 조지 폭스."

몇 잔당들이 자신들의 목적을 이루기 위해서 다투어 음모와 반역을 꾀하려고 하였기 때문이다. 나는 너무 걱정이 되어서 마음이 이끌려 언제라도 친우회 교우가 될 수도 있는 젊은이나 순진한 사람들이 그러한 올무에 걸려 들지 않도록 그러한 사람들에게 경고의 글로서 편지[10]를 보냈다.

제 13 장

찰스왕 재위 1년
1660

    주[1] '일곱째 날'에 나는 브리스톨(Bristol)로 들어갔다. 그 전날 군인들이 집회 장소로 머스킷 총을 들고 와서 친우회 교우들을 머스킷 총으로 치고 때렸다. 그리고는 잔뜩 화가 나서는 그곳에 다시 오면 어떻게 어떻게 하겠다고 위협을 하면서 친우회 교우들을 과수원에서 쫓아 냈다. 시장과 군대 사령관이 친우회 교우들 사이에서 소동을 일으키라고 군인들을 모은 모양이었다.
    친우회 교우들로부터 마을이 얼마나 격정적인 상태였는가와, 시장과 군인들로부터 어떠한 위협을 받았으며 그 전날 군인들이 얼마나 무례하게 굴었는지에 관해 듣고서, 나는 조지 기숍(George Gishop), 토머스 굴드니(Thomas Gouldney), 토머스 스피드(Thomas Speed), 에드워드 피욧을 부르러 보냈다. 그들에게 나는, 시장과 시참사회원들에게 가서 집회를 해체시켰으니 친우회 교우들이 시청을 집회 장소로 사용할 수 있도록 해달라는

---

1) 런던을 떠난 뒤에는 폭스는 동서부 지역으로 멀리까지 여행을 하였다. 콘월을 재방문하였는데 거기서 그는 1656년 론서스턴 감옥에서 참으로 오랫동안 옥살이를 하였다.

요청을 하라고 하였다. 시청을 집회 장소로 사용하는 대가로 가난한 사람들에게 나누어 주라고 그들에게 1년에 20파운드 씩을 낼 것이며 시장과 시참사회원들의 공무가 있을 경우에는 '첫째 날'만 제외하고는 시청에서 모이지 않을 것이라는 요청을 할 작정이었다.

이러한 요청을 하라고 하자 그들 네 사람은 깜짝 놀라며 시장과 시참사회원들은 우리가 미쳤다고 생각할 것이라고 말하였다. 나는 그렇지 않다고 이야기했다. 우리가 돈을 내면 가난한 사람들에게 상당한 도움이 될 것이기 때문이었다. 결국 그들은 자신들의 의지에 반하는 것이기는 하였지만 내 생각에 동의하고서 시장과 시참회원들에게로 갔다.

친우회 교우들이 시장 앞에 이야기를 쏟아 놓자 시장은 "나로서는 그 제안에 동의할 수 있지만 나 혼자 결정할 일이 아닙니다"하고 말하였다. 그리고 다른 커다란 홀을 쓸 수 있다고 하였다. 그렇지만 친우회 교우들은 거절하였다. 그 장소는 불편하기 때문이었다.

그래서 친우회 교우들은 자신들에게 아주 호의적으로 대해 주는 시장을 떠나 왔다. 주님의 능력이 자신들 위에 임하였다고 느꼈기 때문이었다. 친우회 교우들이 돌아오자 나는 또 그들에게 군인들을 지휘하는 대령에게 가서 그의 군인들이 얼마나 무례하게 굴었는지와 우리가 주님을 섬기며 예배하고 있는데 그들이 무장을 하고 왔다는 이야기를 하라고 하였다. 그렇지만 친우회 교우들은 가기를 주저했다.

다음 날 아침은 '첫째 날'이었는데, 우리는 과수원에서 열리는 집회 장소로 갔다. 얼마 전 군인들이 함부로 행동했던 그 과수원이었다. 집회에서 얼마 동안 진리를 선포하고 나니 무례한 군인들과 사람들이 몰려왔다. 칼을 뽑아들고 오는 사람들도 더러 있었다. 여관 주인은 사람들에게 술을 먹였고, 한 사람이 말을 하는 사람을 베어 죽이겠다는 맹세를 하였다. 그 사람은 모든 군중을 헤치고 내게서 2미터 떨어진 곳까지 와서 앞에서 이야기한 네 사람의 친우회 교우들 앞에 멈춰섰다(그들은 내가 시키는 대로 대령에게 갔어야 할 사람들이었다). 그리고는 그들과 말다툼을 벌이기 시작했다. 갑자기 나는 그 사람이 가지고 있던 칼이 밀어 올려져서 사라지는 것을 보았다. 주님의 능력이 모든 사람들에게 임하였고 남은 시간 동안 그 사람을 붙들어 두었기 때문이었다. 복된 집회를 가졌으며, 주님의 영원하신 능력과 존재하심이 느껴졌다.

다음 날, 앞에서 이야기한 네 명의 친우회 교우들은 가서 대령과 이야기를 나누었다. 그러자 그 대령은 무례한 행동을 한 군인들을 불러서 친우회 교우들이 보는 앞에서 몇 사람을 칼로 베어 죽였다. 이 소식을 듣고 나는 대령이 병사들을 죽이도록 내버려 두었던 것과 내가 말한 대로 일곱째 날에 연대장에게 가지 않은 것에 대해서 친우회 교우들을 나무랐다. 내가 시키는 대로 하였더라면 병사들이 죽는 일도 없었을 것이고 군인들이 집회를 방해하지도 않았을 것이었다. 그러나 이렇게 주님의 능력이 핍박하는 잔인한 모든 사람들 마음 가운데 임하셨기 때문에 집회는 오랜 시간이 지난 뒤에 아무런 방해 없이 평화롭게 열렸다.

그때 나는 다시 브리스톨 근처에 있는 에드워드 피욧의 집에서 대집회를 열었다. 그곳에는 어림잡아 수천 명의 사람들이 모인 것 같았다.[2] 근방에 있는 여러 지역의 친우회 교우들뿐만 아니라 침례교인들과 독립교회 주의자들도 자신들을 가르치는 선생들과 함께 왔으며 브리스톨에 사는 온건한 사람들도 많이 왔다. 너무 많은 사람들이 도시를 빠져나가 집회 장소로 가버렸기 때문에 집회에 오지 않고 남아 있던 사람들이 도시가 빈 것같다고 이야기할 정도였다. 집회 시간 동안 사람들은 아주 조용했으며 많은 영광스런 진리들이 사람들에게 열렸다.

자신들의 불완전함을 변명하는 목사들과 신앙고백자들을 깨닫게 하기 위해서 해야 할 일이 많았기 때문에, 나는 아담과 하와도 타락하기 전에는 온전했으며 하나님이 만드신 모든 것들이 하나님 보시기에 좋으셨으며 하나님은 그것들에게 복을 주셨지만, 사람이 진리의 길에서 벗어난 사단의 말에 귀기울임으로써 타락하여 불완전하게 되었다는 것을 그들에게 분명하게 선포하였다. 율법이 사람을 완전하게는 하지는 못하나 더 나은 소망으로 인도한다는 것과 이 더 나은 소망이란 곧 그리스도요, 그리스도는 사람을 온전치

---

2) 이 시기에는 이러한 대집회를 들이나 과수원이나 높은 언덕과 같은 야외에서 열었다.

못하게 하는 사단과 사단이 하는 일을 꺾으시는 분이시라는 것도 선포하였다.

그리스도는 제자들에게 "하늘에 계신 너희 아버지의 온전하심과 같이 너희도 온전하라"고 말씀하셨다. 그리스도 역시 온전하셨던 분으로 사람을 다시 온전하게 하려고 오시며, 하나님께서 본래 만드신 상태로 이끌어 주시는 분이다. 그러므로 그리스도는 벌어진 틈을 메우시는 분이시며 하나님과 사람 사이를 화평케 하시는 분이다.

잘 깨닫지 못하는 사람들도 이러한 진리를 알아들을 수 있도록 나는 한 부부의 이야기를 비유로 들어 설명하였다. 두 사람이 살고 있던 집에 적이 침입하는 바람에 집이 무너져, 아이들과 함께 폭풍우가 닥치면 피해를 입을 수밖에 없는 형편에 놓이게 되었다. 그런데 그 집에 일꾼인 체 하는 사람들이 몇 사람 찾아와서는 1년만 시간을 주면 자기들이 집을 다시 지어주겠다고 하였다. 그렇지만 돈을 받고 난 일꾼들은 집을 무너진 채로 그대로 두고 떠나버렸다.

이런 식으로 두번, 세번, 네번, 다섯번, 여섯번 계속해서 일꾼들이 왔으며 매번 그들은 낡은 집을 새로 지어 줄 것같이 하다가는, 완전한 것이 하나도 없기 때문에 무너진 집이 세상에서 온전하게 다시 설 수는 없다고 큰소리쳤다. 그들은 자신들이 집을 세워 주기로 하고 돈을 받기는 하였지만 이 세상에서는 집을 결코 완전하게 세울 수 없다고 그 부부에게 이야기하였다.

그러므로 기독교 문화라고 일컫는 갖가지 영역에서 일하는 모든 지도자들은 아담과 하와가 무너뜨린 집을 세울 수 있는 척하지만, 사람들의 돈을 받고 나면 이 땅에서는 그 일을 완전하게 할 수 없다고 이야기한다. 그래서 사람들의 집은 무너진 모습 그대로 있다. 그렇지만 나는 사람들에게, 그리스도는 무너진 집을 아무런 값도 받지 않으시고 세우려고 오셨으며, 한 제물로 거룩하게 된 자들을 영원히 온전케 하신 분으로 사람들의 모습을 타락하기 전 상태인 하나님의 형상으로 다시 회복하시며 또한 사람들의 집을 하나님께서 처음 만드신 대로 다시 완전케 하시는 분이며, 거룩하신 분으로 값없이 그 일을 하신다고 이야기하였다. 그러므로 모든 사람들은 그리스도를 바라보아야 하며, 그리스도를 받아들인 사람은 모두가 생명이요, 본체시며, 처음이

요 나중 되시며, 시대의 바위시고, 여러 세대의 기초가 되시는 그리스도 안에서 행하게 된다는 이야기도 하였다.

이 때쯤 몽크(Monk) 장군 휘하에 있는 병사들이 여러 곳에서 난폭하게 굴며 소동을 일으켰다. 이런 소문이 몽크 장군의 귀에 들어가자 그는 다음과 같은 명령문을 내렸다. 그것은 다소간 사병들을 제지하였다.

"성 야고보 축일, 1659년 3월 9일.
모든 장교와 사병들에게 요구하노니 퀘이커교도들이 여는 평화로운 집회를 방해하지 말기를 당부한다. 그들은 의회나 잉글랜드 공화국에 아무런 불이익도 끼치지 않고 있기 때문이다.
조지 몽크 장군"

우리는 거기서 트웍스베리(Tewkesbury)로 갔다가 우스터로 가서, 친우회 교우들의 집회를 방문하고 다녔다. 그토록 여러 마을을 다녀 보았지만 그곳처럼 술에 취해 있는 마을은 본적이 없었다. 그들은 의회원으로 뽑혔기 때문이었다. 그러나 우스터에서도 주님의 진리가 모든 사람들에게 임하시어 사람들은 진리 가운데 잘 섰고 친우회 교우들은 주님을 찬양하였다. 아니, 나는 땅이 기뻐 뛰노는 것을 느꼈다.

그렇지만 국왕이 돌아오면 모든 것이 바뀔 것이라는 것을 생각해 본 사람들은 모두 큰 걱정과 두려움에 휩싸였다. 사람들은 시대와 상황에 대해 어떻게 생각하느냐고 물었다. 나는 주님의 능력이 모든 사람들에게 임하였으며 주님의 빛이 모든 사람을 비친다고 이야기했다. 두려움은 오직 하나님께 진실치 못했던 위선자들이나 우리를 핍박하는 사람들만 붙잡고 늘어질 것이라고 했다.

리딩에서 고생하며 애쓰고 있을 때였다. 사람들은 앞으로 어떠한 일이 생길지 또 누가 다스리게 될지 불안해 했다. 나는 주의 능력이 모두에게 임하였고(내가 두루 다니며 진리를 선포하였기 때문에) 주의 날이 밝았기 때문에, 국왕이 돌아오든 안 오든 주님을 사랑하고 주께 진실한 사람들에게는 모든 일이 잘 될 것이라고 이야기하였다. 그런 까닭에 모든 친우회 교우에게 주님 한분만을 경외하고 주님의 능력 안에 거하라고 명령하였다.
　우스터에서 친우회 교우들의 집회를 방문하며 다니다가 베드글리(Badgley)에 이르렀다. 거기서 다시 레스터셔의 드레이튼으로 가서 친지들을 방문했다. 거기에 있는 동안, 버튼(Burton)이라는 한 재판관이 내가 좋은 말을 가지고 있다는 소문을 듣고는 내 말과 함께 나를 찾으러 심부름꾼을 보냈다. 그렇지만 나는 그들이 오기 전에 드레이튼으로 떠나버렸다. 그래서 그 사람은 자신의 사악한 뜻을 이루지 못했다.
　그리고는 트와이 크로스(Twy-Cross), 스와닝턴(Swannington), 더비(Derby)를 지나며 친우회 교우들을 방문하였다. 그들 가운데 나는 전에 나를 담당하였던 간수가 있는 것을 발견하였다. 그 사람은 전에 나를 화원에 가두어 두었던 사람이었는데, 이제는 진리를 확신케 되었던 것이다. 그 진리 때문에 당시 나는 고통을 당하였는데 말이다.
　더비셔와 노팅엄셔로 건너가서 신더힐 그린(Synderhill-Green)에 이르렀다. 거기서 그 지역에서 열리는 모든 집회를 다니며 친우회 교우들을 방문하였고 그렇게 하여 요크셔의 발비(Balby)에 이르렀다. 그때 존 킬럼(John Killam)의 큰 과수원에서 연례 집회를 열었다. 그곳에는 친우회 교우들과 합쳐서 몇 천명의 사람들이 모였던 걸로 추정된다.
　아침에 나는 요크(York)에서 기병대가 우리 집회를 해체시키려고 오고 있다는 소문을 들었다. 새로 결성된 시민군도 그들과 합세할 것이라는 소문이었다. 나는 집회 장소로 가서 커다란 단상 위에 섰다. 얼마 동안 이야기를 하고 있자니 가까이서 트럼펫 소리를 울리며 두 사람이 다가오고 있었다. 기병부대의 대위는 "좌우로 갈라서서 길을 만들라"고 소리쳤다. 그리고는 그들은 말을 타고서 내가 있는 곳까지 왔다.
　나는 주님의 강한 능력으로 영원한 진리와 생명의 말씀을 선포하고 있었다. 대위가 나에게 내려오라고 하였다. 그 사람은 집회를 해산시키려고 왔기 때문이었다. 조금 후에 나는 대위에게, 사람들 모두가 우리가 평화로운 사람들이며 평화로운 방법으로 대집회를 열었다는 것을 알고 있으니 만일 우리가 적대적인 방식으로 집회를 열었다는 이유로 우리를 체포하려 한다면 우리 가운데 칼이나 총 같은 것이 있는지 찾아 보고 나서 그러한 것을 가진 사람이 있으면 체포하라고 요청했다.

그 대위는 우리가 흩어지는 것을 자기 눈으로 보아야만 한다고 내게 말했다. 자신은 오로지 우리 집회를 해산할 목적으로 밤새 왔다는 것이었다. 아무 무장도 하지 않은 채 모여 있는 많은 사람들 앞에 칼과 총을 들고 말을 몰고 오는 것이 그에게 무슨 명예가 되겠느냐고 물었다. 조용히 기다려 준다면 두세 시간 이상은 지속되지 않을 것이라고 하였다. 그렇게 되면, 우리는 모일 때와 마찬가지로 평화스럽게 그곳을 떠나갈 것이라고 하였다. 워낙 큰 집회여서 근방에 있는 모든 지역에서도 사람들을 다 받아들일 수 없기 때문에 사람들은 그날 밤으로 자기 집으로 돌아갈 것임을 그도 알아차릴 수 있었기 때문이었다.

대위는 집회가 끝날 때까지 기다리고 있을 수 없으니 자신이 떠나기 전에 집회를 해산시켜야만 한다고 했다. 나는 그 자신이 머물러 있을 수 없다면, 병사 열 사람을 머물러 있게 하여 집회가 질서 있고 평화롭게 진행되는 것을 지켜보게 해달라고 요청했다. 대위는 한 시간 동안의 집회를 허용하겠으며, 병사들 반을 남겨두고 떠나겠다고 이야기했다. 그리고는 나머지 군대를 이끌고서 떠나갔다. 그래서 친우회 교우들은 남아 있던 병사들과 말들에게 먹을 것을 조금 주었다.

대위가 가고 나자 우리 곁에 남아 있던 군인들은 원한다면 밤중까지 머물러 있어도 된다고 하였다. 그렇지만 세 시간 동안만 머물러 있었으며, 참으로 영광스럽고 능력있는 집회를 가졌다. 살아계신 하나님의 존재하심이 우리에게 분명하게 드러났으며, 씨앗이신 그리스도께서 모든 사람들 위에 임하셨기 때문이었다. 친우회 교우들은 기초가 되시는 그리스도 위에 터를 세우고 그의 영광스럽고도 신성한 가르침 아래 정착하였다.

그 집회를 마친 뒤에 친우회 교우들은 주님의 존재하심으로 놀랍도록 새로워졌으며, 주께서 능력으로 자신들을 통치하신다는 기쁨과 즐거움을 하나 가득 안고서 평화스럽게 그 자리를 떠나갔다. 시민군들도 많이 있었는데 그들은 대위와 그의 군사들이 우리 집회를 해산시키지 않았다고 해서 아주 화가 나서는 대위와 그의 군사들을 욕했다. 그날 시민군들은 우리를 해치려고 하였는데 병사들이나 기마병들이 자신들을 돕기보다는 오히려 기대에 어긋나게 우리를 도와 자신들이 의도한 사악한 행동을 하지 못하게 하였다는 말이 들렸다.

이 대위는 지독한 사람이었다. 그는 스코틀랜드에서 상관의 명령이라면 그리스도를 죽이는 일도 복종하겠으며 제정시대의 터키 황제의 휘하에 있다면 그리스도인들을 핍박하는 명령도 복종하겠다고 이야기한 바로 그 사람이었다. 그런 것으로 보아 주님의 능력이 그 대위와 그의 군사들을 사로잡고, 또한 가버린 시민군들이 우리 중 아무도 해치지 못하게 하고 집회를 해산시키지 못하도록 하였음이 분명하였다.

다음 날 우리는 몇몇 다른 사람들과 함께 사역을 하고 있는 웜스워스(Warmsworth)의 친우회 교우들과 함께 거룩한 집회를 갖고서 헤어졌다. 그들 중 몇 사람은 전도 여행을 다니던 중 붙잡혔다. 우리가 첫 집회를 열던 날에 램버트(Lambert)가 패망함으로 나라 안에 큰 혼란이 있었기 때문이었다. 그렇지만 그렇게 오랫동안 옥에 갇혀 있지는 않았다.

노팅엄셔 스케그비(Skegby)에서 열리는 집회에 참석하러 가는데 램버트 휘하의 군사가 되려고 하는 몇몇 사람들이 나를 찾아 와서는 내 말을 가져가려고 했다. 내가 그 말을 팔지 않으려고 하자 그들은 위협적인 말을 마구 해대면서 내게 몹시 화를 냈다. 그렇지만 나는 그들에게 하나님께서 당신들을 어지럽게 하여 흩으실 것이라고 말하였다. 그리고 이삼 일이 지난 뒤에 그들은 정말로 흩어졌다.

웜스워스에서 나는 주님의 능력으로 바튼 수도원(Barton Abbey)으로 가서, 거기서 집회를 크게 열었다. 그곳에서 다시 투머스 테일러의 집으로 갔다가, 스킵튼(Skipton)으로 갔다. 스킵튼에서는 교회의 문제[3]를 두고 여러 주에서 온 남자 친우회 교우들이 여는 총집회가 있었다.

한 친우회 교우가 옷을 벗은 채, 마을을 다니며 진리를 선포하다가 몰매를 맞았다.[4] 어떤 친우회 교우들은 온 몸이 피투성이가 되어 나를 찾아왔다.

---

3) 교회의 문제에 관해 열린 이 집회는 1659년 요크셔 스킵튼에서 열렸는데 보통 최초의 연례 회의로 본다.
4) '옷을 벗었다'는 말은 웃통을 벗었다는 말이다. 영국이나 미국에서도 이와 비슷한 행동을 간혹 찾아 볼 수 있다.

마을로 걸어들어가고 있을 때에 한 젊은이가 혈안이 되어 나를 해치려고 하였다. 그렇지만 그는 제지를 당했으며 집회는 조용한 가운데 열렸다.

이 집회에는 전국에 있는 거의 모든 지역으로부터 많은 친우회 교우들이 참석하였다. 그 집회는 우리 나라뿐만 아니라 바다 건너에 있는 교회에 관련된 일에 관하여 열리는 집회였기 때문이었다. 몇 년 전에 북쪽 지방에 있을 때에 나는 마음이 이끌려 이러한 회의를 친우회 교우들에게 제안한 적이 있었다. 많은 친우회 교우들이 나라 곳곳에서 어려움을 당하고 있었으며, 불법적으로 재산을 모두 빼앗기고 있었는데도 친우회 회원들을 어떻게 도와야 할지 혹은 그 개선 방안을 어디서 찾아야 할지를 모르고 있었기 때문이었다.[5] 그러나 이 집회가 생긴 이후에 시장을 지냈던 몇몇 친우회 교우들과 법률에 관해서 알고 있는 사람들이 와서 친우회 교우들에게 정보를 제공해 주며, 친우회 교우들을 도와 그들이 겪었던 고충을 재판관이나 판사들이나 의회에서 이야기할 수 있도록 도와 주었다.

이 집회는 칠 년 동안 지속되었는데, 여러 재판관들과 대위들이 그 집회를 깨뜨리려고 왔다. 그러나 친우회 교우들이 모이는 목적을 알고 또한 가난한 사람을 구제하기 위한 기금 장부와 보고서를 보고서, 우리가 다른 사람을 돕고, 나라 밖에 있는 친우회 교우들을 돕고 가난한 사람들에게 필요한 것을 주며 그들 중 아무도 지역 교회에 떠맡길 수 없다고 규정하는 것 등을 보고 난 재판관들과 장교들은 자신들이 할 일을 우리가 하였다고 인정하면서 친우회 교우들의 노고를 칭찬하면서 호의를 보이며 평화스럽게 떠나갔다.

때때로 가난한 사람들이 이백 명쯤 와서 집회가 끝날 때까지 기다리곤 하였는데(우리가 가난한 사람들을 돕기 위해 모인다는 소문이 그 지역 전체에 퍼졌기 때문에), 집회가 끝나면 우리는 빵집에 빵을 주문하여 모든 사람들에게 빵을 나누어 주곤 하였다. 그 이후로도 얼마나 많은 사람들이 우리를 찾아왔는지 모른다. 우리는 단지 "모든 이에게 착한 일을 하되 더욱 믿음의 가정들에게 할지니라"하고 배웠기 때문이다.

---

5) 이 집회는 뒤에 '고난에 대비하기 위한 집회'(Meeting for Sufferings)라고 알려진 집회의 시작이다. 이 집회는 역사를 통해 볼 때에 주목할 만한 집회조직이다. '고난에 대비하기 위한 집회' 의사록은 1675년 5월 22일부터 쓰여졌다.

이 집회가 끝난 뒤에 나는 친우회 교우들이 여는 집회를 방문하며 다니다가 마침내 랭카스터에 이르렀다. 거기서 로버트 위더스(Robert Widders)의 집에 갔다가 안사이드(Arnside)로 갔는데 그 곳에서 웨스트모어랜드, 컴버랜드 랭카셔에 있는 모든 친우회 교우들을 위해 총집회를 열었다. 조용하고 평화스러운 집회였으며 주님의 존재하심이 생생하게 느껴졌다. 나는 로버트 위더스와 함께 집회에서 돌아왔으며, 다른 친우회 교우들도 모두 그리스도의 능력과 생명으로 새로워져서 돌아갔다. 사람들은 그리스도의 능력과 생명 안에서 다스리는 권세를 얻었고 거룩한 바위시며 터가 되시는 그리스도 안에 정착하였다.

다음 날 스와스모어로 갔는데 프랜시스 하우질과 토마스 커티스와 함께 갔다. 얼마 있지 안아 헨리 포터(Henry Porter)라는 한 재판관이 경찰 대장과 세명의 경찰을 통해 나를 체포하라는 영장을 보내왔다. 나는 상황을 미리 짐작하였다. 응접실에서 리처드 리처드슨과 마가렛 펠과 함께 있는데 그녀의 하인들이 와서 몇몇 사람들이 무기를 찾으러 집을 수색하러 왔다는 말을 하였다. 그리고 그들은 집을 수색한다는 구실로 방으로 들어왔다.

우연히 그 사람들과 함께 나가게 되었는데 그들 곁을 지나다가 나는 말을 걸었다. 그랬더니 그들이 내 이름을 물었다. 스스럼 없이 내 이름을 이야기하였더니 나를 붙잡아 바로 자기들이 찾던 사람이라고 이야기하면서 울버스톤(Ulverstone)으로 나를 끌고 갔다.

그들은 밤새도록 나를 경찰관의 집에 가두어 두었다. 그리고 나를 지키도록 열다섯 명 정도의 감시병을 세워 두었다. 그들 중 몇몇은 굴뚝 위에 앉아 있었는데 내가 굴뚝 위로 올라올까봐 겁을 먹고 있었다. 그처럼 어두운 환상이 그들을 사로잡고 있었던 것이다. 그들은 매우 거칠고 무례해서, 내가 친우회 교우들에게 말을 걸도록 가만 내버려 두지도 않았으며, 꼭 필요한 물건도 가져다 주려고 하지도 않았다. 그러나 굴뚝 아래로 사납게 몸을 내밀면서 계속해서 나를 엄격하게 감시했다. 그들은 참으로 사악하고 무례한 사람들이었는데, 나를 둘러싸고 아주 시끄러운 소리를 냈다. 경찰들 중에는 아쉬번함(Ashburnham)이라는 사람이 있었는데 그 사람은 자신은 천명의 사람이라 해도 나를 잡지 못할 것이라고 생각한다고 이야기했다. 마운트

(Mount)라는 또 다른 경찰은 아주 사악한 사람이었는데, 펠 판사가 살아 있고 자신이 펠 판사의 소환장을 가지고 있다면 자신이 펠 판사에게 직접 소환영장을 송달했을 것이라고 말하였다.

다음 날 아침 여섯 시경에 나는 재판관들 앞에 나가기 위해 승마 구두를 신고, 그 구두에 박차를 달고 있었다. 그렇지만 그들은 내게서 박차를 벗겨 내고 주머니에서 칼을 빼앗은 뒤에 급히 그 자리를 떠나 마을로 빠져 나가게 하였다. 말과 사람들이 많았기 때문에 내 말이 올 때까지 머물러 있게 두지 않았다.

그들과 함께 400미터 가량 빠져나가자니 마가렛 펠과 그녀의 아이들이 내 쪽으로 오고 있었다. 그리고는 말을 탄 사람들의 무리가 내 주위로 미친 듯이 사납고 난폭하게 몰려들면서 "저 사람을 구출할 수 있겠는가? 저들이 저 사람을 구출할까?" 하고 소리쳤다. 그래서 나는 그들에게 "여기 내 머리도 있고, 내 등도 있고 내 뺨도 있소이다. 덤비십시오!" 하고 말했다. 그러자 그들은 조금 누그러졌다.

그리고 나서 그들은 작은 말을 한 마리 이끌고 왔는데, 그들 중 두 사람이 내 한쪽 다리를 들어 올려 말등자에 올려 놓았고 두세 사람이 나머지 다리를 들어 말의 안장 뒤에 앉히고는 고삐를 당기며 말을 재촉했다. 그렇지만 나는 붙잡고 있을 만한 것이 하나도 없었다. 마을을 조금 빠져 나가자 그들은 작은 말에 채찍질을 하며 빨리 달리게 하였다. 나는 동물을 학대해서는 안된다고 그들에게 이야기하였다. 그들은 내가 말에서 떨어지는 바람에 굉장히 화가 나서는 내 발을 붙들어 다시 같은 말의 안장 뒤에 앉혀 놓았다. 그렇게 3킬로쯤 가다가 마침내 카터 포드(Carter-Ford)라고 하는 큰 강에 이르렀다.

이 때쯤 내 말이 우리 있는 곳으로 왔다. 물이 너무 깊어서 같이 있던 작은 말은 나를 얹고서 그 물을 건너기가 힘이 들었다. 그래서 그들은 같이 있던 다른 동료들의 말을 듣고는 나더러 내 말에 올라타서 물을 건너라고 하였다. 한 사악한 사람이 무릎을 꿇고 기도를 하면서 내가 믿는 하나님을 찬양했다.

모래 사장을 지나게 되자 그들에게 나는 어떤 재판관에게 조사를 받을 것인지 내가 결정할 수 있다는 말을 들었다는 말을 하였다. 그렇지만 마운트 와 다른 경찰들은 "아니오, 그렇게 할 수 없소"하고 소리쳤다. 그리고는 나를 8킬로 남짓 떨어져 있는 랭카스터로 데리고 갔다. 자신들이 마치 큰 승리라도 한 것처럼 생각하고 있었다. 그렇지만 그들을 따라 가는 동안, 나는 마음에 이끌림을 받아 모든 사람에게 미치는 승리하시는 주님의 능력으로 주께 찬양을 드렸다.

랭카스터에 이르렀을 때에 사람들은 흥분이 되어 있었다. 나는 서서 그들을 열심히 쳐다보았다. 그러자 사람들은 "저 사람 눈 좀봐"하고 소리쳤다.[6] 조금 후에 나는 그들에게 말을 걸었는데 그들은 약간 술이 취해 있었다. 그때 한 젊은이가 와서 나를 자기 집으로 데리고 갔다. 그리고 나서 조금 시간이 지나자 장교들이 나를, 내게 영장을 보냈던 재판관인 메이저 포터 (Major Porter)에게 데리고 갔다. 그 사람은 다른 사람들과 함께 있었다.

포터 재판관이 있는 집으로 들어가서 나는 "평화가 깃들기를 바랍니다"하고 말했다. 포터 재판관은 지금처럼 어지러운 때에 어째서 랭카스터에 왔느냐고 물었다.[7] 나는 "내 형제들을 방문하기 위해서요"하고 말했다. "그렇지만 당신은 여기저기서 큰 집회를 열었지 않소"하고 재판관이 말했다. 그래서 나는 우리가 큰 집회를 열기는 하였지만 우리는 평화롭게 집회를 열었으며, 우리 또한 평화를 사랑하는 사람들이라는 것은 온 나라가 다 안다고 이야기하였다.

재판관은 우리가 사람들의 얼굴에서 마귀를 보았다는 말을 했다고 했다. 나는 술취한 사람이나 맹세하는 자나 성마르고 분별력 없는 사람을 보고도 그 사람들에게서 하나님의 영을 보았다고 말할 수는 없다고 말하였다. 그리고 나서 재판관에게 당신은 하나님의 영을 볼 수 있느냐고 물었다. 그는 우리가 자기들의 목사들에게 항의했다고 했다. 나는 재판관에게 우리가 사울처럼 제사장들의 휘하에서 편지 꾸러미를 가지고 동분서주 할 때에는 결코 염병(染病)이라든가 당파를 만드는 자라는 소리를 듣지 않았으나, 하나님과 사

---

[6] 폭스의 눈이 가지고 있는 두드러진 특징을 두번째로 이야기하고 있다.
[7] 마침 찰스 2세가 막 왕위에 오르고 왕정이 복권 되려는 때였다. 모든 여행자들은 의심을 받았으며, 열리는 집회는 모두 감시를 받았다.

람에 대하여 우리 양심대로 행하려고 오니 바울처럼 염병이라는 소리를 듣는다는 말을 하였다.

    재판관은 우리가 우리 생각을 마음껏 이야기할 수 있다고 이야기하면서 자신은 우리와 논쟁하지는 않을 것이지만 나를 잡아 두겠다고 했다. 나는 어떤 이유에서 또한 누구의 명령으로 내게 영장을 보냈는지 알고 싶다고 했다. 그리고 나는 재판관에게 경찰들과, 경찰들이 우리를 체포한 뒤에 우리를 데리고 오는 동안 장교들이 우리를 거칠게 대했다고 불평했다. 재판관은 그 말은 귀담아 들으려 하지 않았고 단지, 자신은 명령을 받았을 뿐이므로 어떻게 된 일인지 알려 주지 않겠다고 말했다. 자신은 왕의 기밀을 누설하지 않을 것이라는 것이었다. 뿐만 아니라 재판관은 나더러 "죄수는 자신이 왜 투옥되었는지 알 필요가 없소"하고 말하였다. 나는 그것은 이유가 될 수 없다고 이야기하였다. 그렇다면 죄수는 어떻게 자기를 변호할 수 있겠는가 하고 말이다. 나는 수감 영장의 복사본을 하나 얻어야겠다고 말했다. 그러나 재판관은 언젠가 한 재판관이 죄인에게 수감 영장의 복사본을 갖게 하였다고 해서 그 사람에게 벌금을 과했다는 이야기를 하였다. "내가 아직 젊기는 하지만 내겐 나이든 서기가 있소"하고 또 그는 말했다.

    그리고는 "아직 준비 되지 않았소? 가지고 오시오"하고 말하면서 서기를 불렀다. 수감 영장을 뜻하는 말이었다. 아직 준비가 되어 있지 않자, 재판관은 나더러 국가를 어지럽히는 자라고 하였다. 나는 주님의 능력과 진리 안에서 그 진리를 통해 나라에 복을 가져다 주었으며 또한 하나님의 영께서 그 사실을 분명하게 보여줄 것이라고 재판관에게 이야기하였다. 그러자 재판관은 국왕의 원수라는 죄목을 내게 씌웠다. 내가 새로 전쟁을 일으켜 나라를 다시 피로 물들일려고 한다는 것이었다. 나는 재판관에게, 한번도 전쟁 상황에 대해 들어 본 일이 없으며 나는 전쟁을 걱정하는 어린아이처럼 깨끗하고 결백하며 그렇기 때문에 담대한 것이라고 이야기하였다.

    그러자 법원의 서기가 수감 영장을 가지고 왔다. 그리고 간수를 불러왔다. 간수는 나를 데리고 가서 '어둠의 집'(Dark-house)에 가두고 아무도 면회오지 못하게 하였다. 왕이나 의회의 명령으로 풀려날 때까지 엄중 감시하라는 명령을 받았던 것이다. 그러자 재판관은 경찰들에게 내 말이 어디에 있는가를 물었다. "내가 듣기로는 저 사람이 좋은 말을 가지고 있다는데, 저 사람의 말을 데리고 왔소?"하고 재판관이 말했다. 나는 내 말이 어디 있는지 이야기하였다. 그러나 그 재판관은 그 말에 더 이상 간섭하지 않았다.

감옥에 데리고 가자 경찰이 내게 다시 칼을 돌려 주면서 그 칼을 자기에게 달라고 했다. 나는 그럴 수 없다고 했다. 그 사람은 내게 별로 친절하게 대해 주지 않았다. 그리하여 그들은 나를 감옥에 가두었다. 하디(Hardy)라는 간수의 감시를 받고 있었는데 그는 아주 사악한 사람으로 굉장히 거칠고 잔인한 사람이었다. 문 아래로 내가 음식을 직접 받을 수 있는 때를 제외하곤 내게 들어온 음식을 먹지 못하게 하는 경우가 여러번 있었다.

랭카스터의 공동 감옥소에서 엄중 감시를 받는 죄수가 된 나는 토머스 커민스(Cummins)와 토머스 그린(Thomas Green)이 간수를 찾아와서 내 수감 영장의 사본을 얻어 내가 무슨 이유로 수감되었는지 알 수 있도록 해줄 것을 요청했다. 그들이 간수를 찾아가니 간수는 다른 간수 한명이 수감 영장을 복사해 주었다가 벌금을 물은 적이 있기 때문에, 수감영장을 복사해 줄 수는 없지만, 그것을 기꺼이 살펴볼 수는 있도록 해 주겠다고 대답했다. 그들이 기억하기론 수감 영장에 기록된 내 죄목은, 내가 국가의 평화를 어지럽히는 자로 널리 의심받고 있으며 국왕의 원수로 퀘이커교도를 지지하는 강력한 지지자로서 광신적인 견해를 가지고 있는 다른 사람들과 합세하여 최근 그 근방에서 왕국을 피로 물들일 반란을 꾀하고 있다는 것이었다. 그렇기 때문에 간수는 내가 국왕이나 의회의 석방 명령이 있을 때까지 나를 가두어 두라는 명령을 받았다는 것이었다.

수감 영장에 담겨 있는 내 죄목에 관한 골자를 듣고서 나는 각 항목에 대하여 내가 결백하다는 것을 명료하게 적어 보냈다. 그 편지는 다음과 같다.

"나는 랭카스터에 있는 죄수로 포터 재판관에 의해서 수감되었습니다. 나를 체포한 수감 영장의 복사본을 얻을 수는 없지만 전해 들은 것으로 미루어 볼 때, 수감 영장에서 기록된 내용들은 사실과 전혀 다른 것입니다. 거기에 적힌 바로는 내가 나라의 평화를 어지럽히는 자로 널리 의

심받고 있으며, 국왕의 원수요 또한 나라를 피로 물들이려는 반란을 꾀하고 있다는 것입니다. 이 모든 내용은 사실과 전혀 다른 것으로 나는 그러한 모든 내용들을 강력히 부인합니다.

왜냐하면 나는 나라의 평화를 어지럽히는 사람으로 널리 의심받고 있지도 않으며 그러한 의심을 받을 만한 짓도 전혀 하지 않았기 때문입니다. 또한 나는 나라 안을 여행하며 다니다가 전에도 이러한 이유로 조사를 받은 적이 있습니다. 올리버 크롬웰이 통치하던 시대에도 나는 크롬웰을 대적하여 군대를 일으켰다는 죄목으로 붙들렸는데 나는 군대를 일으키는 일에 조금도 가담하지 않았습니다. 그렇지만 그때 나는 죄수로 붙들려 런던으로 끌려가서 호국경 앞에 섰습니다. 나는 내가 죄가 없다는 것에 대해 변론하며 호국경을 대적하여 무기나 사람을 끌어들인 일이 없다고 주장하였습니다. 내가 가진 무기는 영적인 무기로서 그 무기는 전쟁 상황을 없애고, 평화로 인도하는 무기였기 때문입니다. 올리버에게 이러한 주장을 하자, 그는 나를 자유의 몸이 되게 하여 주었습니다.

이러한 일이 있고 난 뒤에는 콘윌에 있는 클리 소령에게 붙들려 투옥되었습니다. 클리 소령은 내가 재판관 앞에 불려 갔을 때, 내가 자기를 한 구석으로 데리고 가서 내가 한 시간 만에 4천 명을 모아 나라를 피로 물들게 하고, 찰스 왕을 불러 올 수도 있다고 이야기했다고 나를 모함하였습니다. 그러나 그러한 일도 클리 소령이 꾸며낸 완전한 거짓말이었는데, 내가 그에게 그러한 말을 결코 한 일이 없다는 사실이 그때 증명되었습니다.

나는 한번도 내가 어떤 음모를 꾸미고 있다고 생각한 적이 없습니다. 나는 어떠한 약속이나 맹세를 한 적도 없으며 전쟁 상황에 대해 배워 본 적도 없습니다. 당시 내게 부과된 죄목들이 거짓이었듯이, 최근에 재판관으로 임명된 포터 소령이 현재 내게 덧씌운 죄목들도 거짓입니다. 포터 소령은 이미 우리에게 잔혹하게 대하려고 하였습니다. 그러한 그의 행동은 전에 나를 대적하던 원수들의 사악한 행동과 같은 것입니다. 나는 나라의 평화를 어지럽히는 자가 아니며 과거에도 그랬습니다. 오히려 나라와 모든 사람들의 평화를 추구하며, 나라와 이 땅 위에 사는 모든 사람들의 평화를 위해 싸우는 사람이며, 또한 모든 사람들이 이러한 모든 일에 내가 결백하다는 것을 알기를 바랄 뿐입니다.

그러므로 포터 소령이 내가 국왕의 원수라고 이야기한 것은 잘못입니다. 왜냐하면 나는 포터 소령과 모든 사람을 사랑하기 때문입니다. 그 사람이 하나님의 원수이든, 그들의 원수이든 나의 원수이든 상관없이 말입니다. 불의한 많은 사람들을 쓰러뜨리고 나라를 다시 세우기 위해서 왕이 이 나라로 돌아 오는 것은 주께 속한 일이라고 말할 수 있습니다. 나는 왕이 이 나라로 돌아오기 삼년 전에 그 사실을 예견했습니다. 내가 국왕의 원수라고 포터 소령이 말한다는 것은 지나친 발언입니다. 나는 국왕의 원수가 될 만한 아무런 이유도 없으며, 국왕 역시 내게 해가 되는 일을 한 적이 없기 때문입니다.

그는 최근 십여년 동안 찰스 왕과 부왕을 반대하는 무리들에 의해서 여러 차례 감금되고 핍박을 당해 왔으며 심지어는 포터를 소령으로 만든 당파 사람들에 의해서도 투옥되고 핍박을 당했습니다. 포터 소령은 자신의 당파를 위해서 군대를 보유하였습니다. 그렇지만 국왕을 찬성하는 사람들에게는 위협을 받지 않았습니다. 나는 국왕의 원수가 된 일이 없을 뿐만 아니라 이 땅위에 사는 어느 누구와도 원수가 된 일이 없습니다. 나는 모든 율법을 완성하는 사랑 안에 삽니다. 사랑은 악한 것을 생각지 아니하며 원수까지도 사랑하는 것입니다. 찰스 왕이 구원받아 진리에 관한 지식을 알아 주님을 경외하게 되어 모든 것을 만들고 지어내신 하늘로부터 내려오는 지혜를 받아들인다면, 국왕은 모든 것들이 하나님의 영광을 향하도록 명령할 수 있을 것입니다.

포터소령이 나를 '퀘이커당의 강력한 지지자'라고 불렀을 때에 나는 퀘이커 교도들은 어떤 당[8]이 아니라, 하나님의 능력 안에 있는 당으로 당

---

8) 조지 폭스는 퀘이커교도들을 당이라고 이야기한 일이 없으며 처음 50년 동안 어떤 친우회 교우들도 그렇게 말한 일이 없었다. 그리스도의 빛에 순종하는 사람들로 구성된 교회가 딱 하나 있었는데 그들에게는 그리스도가 거하셨으며 그 교회에 폭스와 그의 추종자들이 속해 있었다고 주장하였다. 이러한 견해는 토머스 한콕의 「사유재산」(*Peculium*)이라는 수상집에 잘 설명되어 있다.

이 있기 전에 있었으며, 세상이 생겨나기 전에 작정하신 뜻을 증거하며 성경을 이야기한 예언자들과 사도들과 같은 삶을 살게 될 사람들이라고 대답했습니다. 그러므로 우리는 시기하고 분노하는 사악한 학대자들로부터 미움을 받는 것입니다. 그렇지만 하나님은 그 힘의 능력으로 우리 모두를 떠받쳐 주실 것이며 우리를 삼키려는 사악한 사람들의 분노에서 우리를 지켜주십니다.

또한 포터 소령이 내가 그의 표현대로 광신적인 생각을 품은 사람들과 함께 최근에 반역을 꾀해 나라 전체를 피로 얼룩지게 하려고 한다고 이야기한 것에 관해, 그 말이 모두 거짓임을 항변합니다. 그러한 일에 대해 나는 어린 아이와 같이 무지합니다. 전혀 모르는 일입니다. 나는 전쟁 상황에 대해 전혀 아는 바가 없으며, 내가 가진 무기는 영적인 무기지 육적인 무기가 아닙니다. 나는 육적인 무기로 싸우지 않기 때문입니다. 나는 '내 나라는 이 세상에 속한 것이 아니라' 하고 이야기하는 분을 따르는 사람으로 국왕이나 의회 혹은 이 땅위의 어떤 사람을 대적하기 위해 육적인 무기를 끌어 모으는 일을 반대합니다. 나는 율법이 끝난 시대에 왔지만, 사람의 생명을 구원하는 시대에 살고 있습니다. 나는 살인하고 음모를 꾸미는 모든 사람들과, 나라를 피로 얼룩지게 하려는 사람들에게 증거하는 사람입니다. 내게 다른 사람의 생명을 파괴시키려는 마음은 없습니다.

또한 광신적이라는 말에 관해 말하자면 그 말은 광포하다. 어리석다. 미쳤다 등의 뜻을 나타내는 말인데 포터 소령은 그 말을 사용하기 전에 자기 자신에 대해 생각해 보았다면 명예보다 앞서는 겸손을 배웠을는지도 모르는 일입니다. 우리는 광포하지도 어리석지도 미치지도 않았습니다. 그렇지만 인내와 온유함으로 거짓말과 모략과 핍박을 오랫동안 견뎌왔으며 극심한 고통을 겪었습니다. 육체와 피와 씨름하지 않는 영적인 사람과 심판대에서 죄를 비난하시는 진리와 지혜와 건전한 판단을 하시는 영은 광적이라는 말이 뜻하는 대로 미치지도 어리석지도 광포하지도 않습니다. 그렇지만 미치고 광포하고 어리석은 영에 속하는 사람들은 모두 광포함과 어리석음과 분노 속에서 육체와 피와 육적인 무기와 싸웁니다. 그러한 것들과 싸우는 것은 하나님의 영이 아니라 그릇된 영으로 그 영은 제정신이 아닌 상태에서 마치 느부갓네살과 사울처럼 광적인 열정을 품고 핍박을 합니다.

국왕이나 의회의 명령으로 풀려나기까지는 죄수로 가두어 두라는 명령을 받았기 때문에, 국왕과 의회 앞으로 이러한 글을 적어 보낸 것입니다. 이 점에 관하여 어떠한 조치를 취하기 전에 제 편지를 읽어 보시고 하나님의 지혜로 사람의 영의 의도와 그 목적을 살펴보고 하나님의 손이 당신들을 치게 하는 행동을 하지 않도록 하기 위함입니다. 이전에 권좌에 있던 많은 사람들이 그러한 행동을 하여 하나님께서 그들을 쓰러뜨리셨던 것처럼 말입니다. 우리는 우리가 믿는 하나님을 경외하며 밤낮으로 주께 부르짖습니다. 하나님은 우리 기도를 들으셨고 지금도 듣고 계시며 앞으로도 들으실 것이며 우리의 억울함을 풀어 주실 것입니다. 지금까지 너무나 많은 피를 흘렸습니다. 많은 사람들이 핍박을 당하고 이전에 권좌에 있던 사람들에 의해 죽임을 당했습니다. 하나님은 그러한 사람들을 토해 내셨습니다. 그들이 의로운 사람들을 미워했기 때문입니다. 그러니 권좌에 계실 때에 당신들의 입장을 생각해 보시고, 이 글을 사랑으로 전하는 경고의 글로 받아들여 주십시오.

랭카스터 성에 무고하게 구속되어 엄중 감시를 받고 있는 조지 폭스라는 죄수로부터."

이러한 편지를 보낸 뒤에 마가렛 펠 부인이 런던으로 가기로 결정을 하였다. 가서 왕에게, 내가 붙잡혀 있는 것을 이야기하고 어떻게 붙잡혀 있으며 또 내가 받은 부당한 대우와 사악한 행위에 대해 설명할 작정이었다.[9] 포터 재판관은 이 소식을 듣자 가서 펠 부인을 만나 논쟁을 벌이겠다고 큰소리를 쳐댔다. 그러나 왕 앞에 나서자 포터 재판관은 왕과 맞서는 의회에 열성

---

9) 마가렛 펠 부인은 1658년에 펠 판사가 죽은 뒤, 스와스모어 홀의 회장직을 맡고 있었다. 자기 집에서 체포될 때 그녀는 자기가 부당하게 붙잡히게 되었다고 느꼈다. 그녀는 올바르다고 생각되어 시장에서 그 문제에 관해 호소력 있는 글을 적어보냈다.

적인 사람이었기 때문에, 몇몇 궁정 조신들이 포터 재판관이 자신들의 집을 약탈한 것에 관해 이야기하였다. 그러자 그는 재빨리 국왕에 대한 아첨을 하면서 이내 고향으로 돌아갔다.

한편 나를 감시하고 있던 간수는 굉장한 두려움에 떨고 있는 것처럼 보였다. 그는 자신이 나를 어둠의 집(dark-house)에 가두지 않았기 때문에 포터소령이 자기를 교수형에 처할 것이라고 말했다. 그렇지만 포터 소령이 런던에서 돌아오고, 간수가 그를 시중들고 있을 때에 포터 소령은 생기없이 침체된 모습이 되어, 마치 나를 석방시킬 수 있는 방법을 자신이 찾아내기라도 할 듯이 내게 어떠냐고 물었다. 그러나 포터 소령은 '왕이나 국회의 석방 명령이 있을 때까지는 죄수는 가두어 두어야 한다'고 자신이 작성한 수감영장이 너무 과장되었기 때문에 자기 힘이 닿는 한 나를 풀어줄 방도를 짜내려고 하였다.

그는 내가 보낸 편지를 읽고는 더더욱 마음이 무거웠졌다. 왜냐하면 그가 화가 머리 끝까지 나서 나를 위협하고 나를 수감함으로써 왕의 환심을 사려고 생각할 때에, 나는 마음에 이끌림을 받아 그에게 편지를 써서, 지금은 그가 비록 왕에게 충성하는 것처럼 보이겠지만 그가 이전에 왕과 왕의 무리들을 얼마나 대적하였던가를 되새겨 주었기 때문이었.

편지에서 나는 무엇보다도 그가 왕을 대적하는 의회를 위해 랭카스터 성을 개방하고 왕을 따르는 무리들을 아주 거칠고 잔학하게 대하였고 그들이 랭카스터 성으로 식량을 가져다주지 않으면 그들에게 이 한 마리도 남겨놓지 않을 것이라고 말했다는 것을 상기시켜 주었다. 나는 또 포터 소령에게 그의 집에 있는 커다란 수사슴의 뿔은 누구 것이며 천장을 덮은 사슴 뿔과 징두리널(wainscot)은 어디서 가지고 왔는지, 혼비(Hornby)성에서 가지고 온 것이 아닌가 하고 물었다.

이때쯤 리딩의 앤 커티스가 나를 보러 왔다. 내가 어떻게 수감되었는가를 알자 그녀도 왕에게 내 이야기를 하러 갈 작정을 하게 되었다. 그녀의 아버지는 브리스톨의 주장관이었는데 왕을 다시 나라 안으로 불러들이려고 한다고 해서 집가까운 곳에서 교수형을 당했다. 그 점을 생각해 본 그녀는 국왕이 나를 위한 그녀의 항변을 들어줄 것이라는 희망을 어느 정도 가졌다.

그리하여 그녀는 런던으로 돌아가 마가렛 펠 부인과 함께 국왕에게 갔다. 국왕은 앤 커티스가 누구의 딸인지 알게 되자, 그녀를 친절하게 맞아 들였다. 커티스가 나를 불러서 수감된 이유를 직접 들어달라는 요청을 하자 국왕은 그러마고 약속했다. 그리고는 국무장관에게 나를 데려오라는 명령을 보내라는 지시를 내렸다.

그러나 국왕이 지시한 내용이 국무장관에게 전달되었을 때, 그 일은 국무장관 마음대로 처리할 수 있는 일이 아니고, 법에 따라 처리해야 할 일이었다. 나는 출정영장(구속 적부검사를 위해 피구속자를 법정에 출두시키는 영장)에 의해 재판관들 앞에 서야 했기 때문이다. 그래서 국무장관은 왕실 재판관에게, 국왕께서 출정 영장을 발부하여 나를 국왕께 보내기를 바라신다는 글을 보냈다. 그리하여 영장이 발부되어 주장관에게 전해졌다. 그렇지만 그 영장이 랭카스터의 대법관 앞으로 발부되었기 때문에 주장관은 그 일의 책임을 랭카스터의 대법관에게 떠맡기려고 했다. 한편, 대법관은 자기 앞에 온 것으로 인정하려 하지 않고 주장관이 그 일을 해야 한다고만 주장했다.

마침내 대법관과 주장관이 함께 모였다. 그렇지만 두 사람 모두 진리를 대적하는 사람들이었기 때문에 그들은 일을 지체시킬 궁리만을 하였으며, 결국 영장에서 잘못을 하나 발견하였는데 그것이 바로 대법관에게 보내면서 "당신이 수감시키고 있는 조지 폭스"라고 쓴 부분이었다. 나는 대법관이 아니라 주장관의 감시 아래 수감되어 있었기 때문이었다. 그러니까 당신의 라는 말을 그가라는 말로 바꿔야 했던 것이다. 그러한 이유에서, 출정영장은 한 마디의 말을 고치기 위해서 런던으로 되돌아 갔다.

출정영장이 정정되어 다시 돌아오자 주장관은, 내가 증서를 써주고 증서와 이송비에 대한 책임을 지기까지는 나를 데리고 가지 않겠다고 했다. 그러나 나는 어떠한 것에든 서명할 수 없다고 말했다.

나는 다시 마음에 이끌림을 받아 국왕에게 원수들에게 자비와 용서를 베풀라고 권면하고 그가 복귀한 것을 두고 나라 안에서 일어나는 모독 행위와 방종한 행위를 잘 단속하라는 권고의 편지를 보냈다.

"왕께 드립니다

찰스 왕 보십시오.

왕께서 이 나라로 다시 돌아 오신 것은 칼로 들어 온 것도 아니며 전쟁에 승리하여 들어 온 것도 아니며 오로지 주님의 능력으로 말미암아 된 일입니다. 이제 그 주님의 능력 안에 살지 않으면 왕께서는 번영하지 못할 것입니다.

주께서 왕에게 자비와 용서를 베푸셨는데 왕께서 용서와 자비를 베풀지 않으신다면 하나님은 당신의 기도를 듣지 않으실 것이며, 당신을 위해 기도하는 사람들의 소리도 듣지 않을 것입니다. 핍박을 중단시키지 않고 핍박하는 사람들을 그만 두게 하지 않으신다면, 또한 신앙을 핍박하지 못하게 하는 모든 법률들을 없애고 그리하여 그러한 잘못을 고치지 않고 계속해서 핍박을 해 나간다면, 국왕께서는 이전에 사라졌던 사람들처럼 맹목적인 사람들이 되어 버릴 것입니다. 왜냐하면 핍박이라는 것은 언제나 거기에 빠진 사람들을 어둡게 만들었습니다. 하나님은 그러한 사람들을 능력으로 뒤집어 엎으시며, 용감한 행동을 계속 나타내 보이시면서 억압받는 자들에게 구원을 이루어 주십니다.

왕께서 헛되이 칼을 지니고, 술취함과 맹세하는 일, 혐오스럽고 헛된 것들로, 메이폴(오월제의 기둥으로 꽃, 리본 등으로 장식하여 메이데이에 그 주위에서 춤을 춤) 꼭대기에 왕관 모양을 쌓는 일과 같은 놀이들을 장려하고, 벌하지 않는다면 나라는 순식간에 소돔과 고모라 성처럼 변할 것이며 사람들은 구약시대와 같이 사악한 사람들이 되어 하나님을 슬프시게 하여 결국에는 하나님께서 그들을 뒤집어 엎으실 것입니다. 그러므로 왕께서 이러한 일들을 중단시키지 않으시면 하나님께서 왕을 쓰러트리실 것입니다.

이전에는, 오늘날만큼 아무런 행정적인 단속이나 제재가 없는 것처럼 사악함이 판치던 때는 좀처럼 없었습니다. 이러한 방종은 나라를 명예롭게 하지도 않으며 선한 사람들을 기쁘게 해 주지도 않습니다. 우리는 권좌에 있는 사람들을 위해 기도할 뿐이며 그들 아래서 우리가 평화롭고 경건한 생활을 할 수 있기를 바라는 것이며, 그들로 인해 불경건한 삶을 살게 되지 않길 바라는 것입니다. 잘 듣고 생각해 보십시오. 그리고 권좌에 있을 때에, 힘이 있는 동안에 선한 일을 하시고 용서하고 베푸십시오. 그렇게 하는 것만이 승리하여 그리스도의 나라를 얻는 길입니다.
조지 폭스 드림"

시일이 꽤 지나고 나서야 주장관은 내가 자신에게 증서를 써주거나 비용을 내지 않을지라도 나를 런던으로 이송시키기로 했다. 나는 그때까지도 증서를 써주고 이송비를 부담하는 일을 거절하고 있었던 것이다. 그래서 그들은 나를 보내는 방법에 대해 의논하다가 첫번째로 나를 기병부대와 함께 보내기로 하는 안을 생각해냈다. 나는 "내가 당신들이 이야기한 것과 같은 사람이라면 나를 경호할 기병 부대를 한두 부대는 보내야 할 것입니다"하고 말했다.

그들은 기병부대 한 분견대와 함께 나를 보내면 비용이 얼마나 들까 생각해 보고는 계획을 바꾸어 간수장과 법정 간수 몇명 만으로 나를 감시 이송시키기로 결정했다. 그러다가 조금 더 생각해 보더니만 그렇게 하는 것도 자신들에게 부담이 된다고 생각하게 되었다. 그래서 그들은 간수장의 집에 있던 나를 불러서는, 내게 런던에 지정된 날짜에 가기 위해서 보석금을 낸다면 내가 아는 사람들과 함께 그곳에 갈 수 있다고 했다.

나는 죄가 없으며 그들이 나를 부당하게 가두고 거짓 죄목을 씌웠기 때문에, 보석금을 내지 않을 뿐더러 간수장에게도 한 푼도 줄 수 없다고 대답했다. 그렇지만 그들이 내가 아는 한두 사람을 말벗으로 삼아 함께 갈 수 있도록 해 준다면 나는 계획된 날에 런던에 갈 수 있을 것이라고 이야기했다. 주께서 허락하시고 또 나와 내 친구들이 그들이 내게 부과한 죄목이 쓰인 영장을 가지고 가기를 그들이 바란다면 말이다.

달리 방도가 없다는 것을 깨닫자 주장관은 주께서 허락하신다면 약속한 날짜에 런던 재판석에 출두할 것이라는 내 말 이외에 다른 약조 없이 내 친구들과 함께 나를 보내기로 하는 데 동의했다.

그래서 나는 감옥에서 나와 스와스모어로 갔다. 거기서 이삼 일 머물러 있다가 랭카스터로 갔다가 프레스턴(Preston)으로 갔다. 프레스턴에서 체셔(Cheshire)에 도착할 때까지 친우회 교우들과 집회를 열었다. 윌리엄 갠디

(William Gandy)의 집에 도착해서는 옥외에서 대집회를 열었다. 그날은 약속의 후손이신 주님의 영원하신 씨앗이 모든 사람들 위에 임하였으며 친우회 교우들도 그 씨앗을 의지하게 되었다.

거기에서 스테포드셔, 워릭셔로 가서 안토니 빅클리프(Anthony Bickliff)의 집으로 갔다. 너니튼(Nuneaton, 드레이튼에 있는 폭스의 집에서 불과 3킬로 남짓 떨어져 있는 곳이지만 방문할 목적으로 그곳에 들른 것 같지 않다)에 목사의 미망인에 살고 있었는데 우리는 복된 집회를 열었으며 그 집회를 통해 생명의 말씀이 힘있게 선포되었으며 많은 사람들이 그 말씀 위에 서게 되었다. 그리하여 여행을 하면서, 친우회 교우들의 집회에 참석하면서 감옥에서 나온 지 3주째 되는 날에 런던에 도착했다. 리처드 허버손(Richard Hubberthorn)과 로버트 위더스가 나와 동행하였다.

샤링 크로스에 이르자 수많은 사람들이 옛 왕의 재판관들의 창자를 태우는 것을 보러 모여들었다. 그들은 교수형을 당한 뒤에, 형틀에서 끌어내려져 사지가 찢겼다.

다음날 우리는 말렛(Mallet)의 회의장으로 갔다. 말렛은 붉은 가운을 입고 왕의 다른 재판관들을 재판하려고 앉아 있었다. 말렛은 그때 당시 매우 성마르고 고집 센 사람이었는데 나더러 다른 때 오라고 했다.

우리는 다시 말렛의 회의장으로 갔다. 그때 말렛 재판관은 포스터 재판장과 함께 있었는데 그는 포스터 잉글랜드 재판장(Lord Chief-Justice of England)이라 하였다. 내 곁에 마쉬라는 향사(鄕士)가 있었는데 그 사람은 왕의 침소에서 수종을 드는 궁내관이었다. 내게 부과된 죄목이 쓰인 영장을 가지고 재판관들 앞에 가지고 나가자, 그들은 "나와 내 친구들은 나라를 피로 물들게 하는 일에 가담했다"는 등의 글을 읽었다. 그리고는 주먹으로 탁자를 쳤다. 그래서 나는 그들에게 내가 바로 그 죄목에 해당하는 사람이지만 나는 갓 태어난 어린 아이처럼 결백한 사람이며, 아무 감시병도 없이 나 스스로 몇몇 친구들과 함께 재판석에 출두했다는 이야기를 했다.

그때까지는 내 모자에 대해서는 신경을 쓰지 않고 있던 그들은, 내가 모자를 쓰고 있는 것을 알아차리고는 "아니, 재판석에서 모자를 쓰고 서 있는 겁니까?" 하고 말했다. 나는 그들을 무시할 의도는 전혀 없다고 이야기했다.

그러자 그들은 모자를 벗으라고 명령했다. 그리고는 왕실 재판소에 소속되어 있는 군 최고 사령관을 불러서 "이 사람을 데리고 가서 잘 지키시오. 그렇지만 다른 죄수들과 함께 두지 말고 독방을 쓰게 하시오"하고 말했다.

"재판장님 제겐 저 사람을 가둘 만한 방이 없습니다. 방이 모두 차 있어서 죄수들과 함께라면 몰라도 어느 한 방을 따로 저 사람에게 내주겠다는 말씀을 드릴 수가 없습니다.

"아니되오. 저 사람을 다른 죄수들과 함께 두지 말아야 하오"하고 재판장이 말했다.

그러나 그 사령관은 계속해서 나를 가두어 둘 방이 없다고 이야기했다. 그러자 포스터 판사가 내게 "내일 아침 10시경에 웨스터민스터 홀(Westminster-Hall)에 있는 왕실 재판소로 나올 수 있겠습니까?"하고 물었다.

나는 "주께서 힘을 주시면 나갈 수 있습니다"하고 말했다.

그러자 포스터 재판장은 다른 재판관들에게 저 사람이 그렇게 하겠다고 약속했으니 여러분은 저 사람의 말을 받아들이십시오"하고 말했다. 그렇게 하여 나는 법정을 빠져 나오게 되었다.

다음 날 나는 약속된 시간에 로버트 위더스, 리처드 허버슨, 마셔 향사와 함께 왕실 재판소에 출두했다. 나는 법정 한가운데 나가 서게 되었다. 법정에 들어서서 마음에 이끌림을 받아 주위를 둘러 보고는 사람들을 향해 "여러분들께 평화가 깃들길 바랍니다"하고 말했다. 주님의 능력이 법정에 퍼졌다.

내게 부과된 죄목이 공개적으로 낭독되었다. 사람들은 절제력이 있었고 재판관들은 침착하면서도 호의적이었으며 주님의 자비가 그들에게 임했다. 그러나 나와 내 친구들이 나라를 피로 얼룩지게 하려는 음모에 가담했으며 나는 국왕의 원수라는 등의 부분을 읽 때에 사람들은 기도를 하였다.

그때 나는 팔을 뻗으면서 다음과 같이 말했다. "나는 지금 읽고 있는 죄목에 해당하는 장본인인데 나는 그 죄목에 관한 한 어린 아이처럼 결백하여 전쟁 상황에 대해 한번도 배운 적이 없습니다. 또 나와 내 친구들이 정말로 그 죄목에서 이야기하는 그런 사람이라고 생각하십니까? 만약 그렇다면 내가 나를 비방하는 죄목을 가지고 자진해서 재판석에 출두했겠습니까? 내가 방금 읽으신 죄목에서 이야기하는 것과 같은 사람이라면 아마도 한두 분견대의 기마부대의 감시는 받으면서 이곳에 와야 했을 겁니다. 그렇지만 랭카셔의 주장관이나 치안판사들은 아무 감시병도 딸리지 않고 300여 킬로 떨어진 이곳까지 나에 대한 죄목이 적힌 글을 가지고 나와 한두 명의 친구들을 보내도 된다고 생각했던 것입니다. 그것으로 미루어 볼 때 우리가 만약 그들이 생각했던 그런 사람이었다면 그들은 우리를 그런 식으로 보내지 않았을 것이라는 점을 확신하실 수 있을 겁니다."

그러자 재판관은 내게 고소를 할지 아니면 달리 어떻게 하겠느냐고 물었다. 나는 "재판은 재판장들께서 하시는 것이며 당신들이 이 문제를 판단하실 수 있으리라 믿습니다. 그러니 하고 싶은 대로 하십시오. 나는 죄과를 쓰고 있는 사람이며 여기까지 그 죄목을 스스로 가지고 온 사람입니다. 정말 마음대로 하십시오. 재판장님들 손에 맡깁니다."하고 대답했다.

트위스든(Twisden) 판사는 격심한 말을 하기 시작했다. 나는 포스터 재판관과 말렛 재판관에게 호소를 했다. 그들은 전날 밤에 내 이야기를 들은 사람들이었다. 그렇기 때문에 그들은 나를 비난하지 않았다. 나를 비난할 만한 점이 하나도 없었기 때문이다. 그때 왕실 침소 궁내관인 에스콰이어 향사가 나를 비난할 자가 아무도 없음을 깨닫고는 일어서서 말하기를 국왕께서는 내가 풀려나길 바라신다고 하였다, 그들은 나에게 영장을 가지고 왕과 공의회 앞으로 나가겠느냐고 물었다. 나는 "예, 기꺼이 그렇게 하겠습니다"하고 대답했다.

그리하여 그들은 주장관의 보고서를 왕에게 보냈다. 그 보고서는 출정영장에 관해서 주장관이 만든 보고서였는데, 거기에는 수감 영장에 기록되어 있는 내 죄과도 적혀 있었으므로, 내가 어떠한 이유로 수감되었는지 왕이 알 수 있도록 하기 위함이었다. 랭카스터의 주장관이 만든 보고서는 다음과 같다.

"저에게 하달된 폐하께서 보내신 칙서와 지금까지 추가된 것을 통해 저는 국왕의 칙서를 받기 이전에 전기한 칙서에 적혀 있는 조지 폭스가 랭카스터의 영지 내에 왕실 치안 판사로 있는 헨리 포터 향사가 발부한 지난 6월 15일자로 기록된 수감 영장에 의해 랭카스터 성에 수감되어 제1 보호 아래 있었음을 증명합니다. 그는 주로 나라를 어지럽히는 자로 의심되며, 국왕의 원수인 동시에 퀘이커 당의 강력한 지지자일 뿐만 아니라 열광적인 견해를 가진 사람들과 함께 최근에 이 지역 일대에서 반란을 일으켜 온 나라를 피로 얼룩지게 하였기 때문입니다. 그러한 이유에서 그를 붙들어 억류해 두고 있습니다. 그런데도 저는 조지 폭스의 신병을 왕실 재판관의 한 사람인 토머스 말렛 기사 앞에 나가기 이전에 플리트 스트리트(Fleet Street)의 군사 고등 변호사의 숙소(Sergeants' Inn)에 있는 그의 회의실에서 국왕께 항변하도록 하여 전기한 칙서에서 요구하고 있는 대로 국왕께서 지정하신 재판관이 결정하는 것을 받아들이도록 할 작정입니다.

주장관 조지 체담(George Chetham) 향사"

이 보고서를 숙독하고 전체 문제를 잘 생각해 본 뒤에 왕은 내가 결백하다는 것을 충분히 깨닫고는 나를 석방하라는 명령을 내리도록 말렛 재판관에게 다음과 같은 명령을 보내라고 하달했다.

"최근 랭카스터 감옥에 수감되어 출정 영장을 받고 이리로 오게 된 죄수 조지 폭스라는 사람을 석방하여 완전한 자유인이 되게 하라는 명령을 내리라는 것이 국왕의 뜻입니다. 당신께서 강력한 영장을 발부하시는 것이 곧 왕의 기쁨이 될 것입니다.

1660년 10월 24일자 영국 왕실
에드워드 니콜라스
왕실 재판관 토머스, 말렛 기사님 귀하"

이러한 명령이 재판관에게 하달되자, 말렛 재판관은 그 즉시로 왕실 재판소의 집행관에게 나를 석방하라는 영장을 보냈다. 그 영장은 다음과 같이 기록되어 있다.

"오늘 아침 국왕의 주요 대신 중 한 사람인 에드워드 니콜라스 기사로부터 최근 랭카스터에 수감되었다가 출정영장에 의해 이곳으로 왔으며 어제 당신에게 맡겨진 조지 폭스를 석방하라는 명령을 받았기에 이에 따라서 전기한 죄수 조지 폭스를 무죄 석방하여 주실 것을 진정으로 요구합니다.

주후 1660년 10월 25일 토머스 말렛 씀.
왕실 집행관 혹은 대리인 존 랜달(John Lenthal)기사님께"

이리하여 나는 20주 남짓 죄수로 수감되어 있은 후에야 왕의 명령으로 풀려났다. 주님의 능력이 내가 결백하다는 것을 입증하는 데 역사하셨으며 나를 수감시킨 포터 재판관은 나에게 잘못 부과한 죄목을 입증하려고 나타날 생각조차 하지 못하였다. 그렇지만 내가 풀려났다는 것이 알려지자, 나를 시기하던 사악한 사람들은 걱정을 하였으며 포터 재판관은 두려움에 사로잡혔다. 그는 자신이 나를 부당하게 수감시킨 것에 대해 내가 법률을 이용하여 그의 아내와 아이들에게 보복할까봐 두려웠던 것이다. 또한 실지로 몇몇 권좌에 있는 사람들이 나더러 그렇게 하라고 강권하기도 하였으나 나는 그들을 주님의 손에 맡겨 두어야 한다고 말했다. 주께서 용서하시면 그 일은 내가 상관할 바가 아니었다.

제 14 장

수고와 위험과 고통
1661-1662

이제 리딩[1]에서의 지독한 훈련을 한 수고의 결실이 보였다. 주님의 영원하신 능력이 모든 사람들 위에 임하였고, 그 복된 진리와 생명과 빛이 나라 전체에 비쳤기 때문이다. 참으로 크고 영광스런 집회를 아주 조용하게 가졌다. 많은 사람들이 진리를 향해 떼지어 몰려들었다. 왕의 곁에는 리처드 허버슨(Richard Hubberthorn)이라는 사람이 있었는데, 왕은 리처드에게 퀘이커 교도들이 평화롭게 사는 한 아무도 그들을 괴롭힐 수 없다고 하면서 왕의 명령에 의거하여 우리가 왕의 약속을 이용할 수 있다는 말을 하였다.[2]

또한 몇몇 친우회 교우들은 왕궁에 들어갈 수 있도록 허락이 되었는데, 그들은 자기들이 십일조를 내지 않는다든가, 맹세를 하지 않는다든가, 뾰족집에 예배 드리러 가지 않는다든가 혹은 다른 사람들과 함께 예배드리지 않

---

1) 1658년에 폭스는 이렇게 썼다. "나는 리딩으로 가서 거기서 극심한 훈련과 고생을 하였는데 그것은 약 10주간에 걸친 영적인 대수고였다." 이는 겉보기에는 어지러운 정치적인 상황처럼 보였지만 폭스 자신은 "국왕이 다시 돌아올 것이라는 예견과 느낌을 가지고 있다"고 우리에게 말한다.
2) 가엾은 폭스는 이 약속이 참으로 헛된 약속이 될 것이라는 것과 올리버가 지휘하던 당의 총수가 사변으로 인해 국가적인 형세가 바뀜에 따라 얼마나 빨리 음흉한 자로 변할 것인가를 거의 깨닫지 못하였다.

는다 하는 이유를 당당하게 이야기하였고 왕은 그들의 말을 온건하게 들어주었다. 당시 감옥에는 올리버와 리처드가 집권하던 때에 소위 모욕죄라는 죄목으로 수감되었던 친우회 교우들이 있었는데, 국왕은 그들을 모두 풀어주었다.

 그 당시 정부에서는 친우회 교우들을 석방해 줄 의향이 있는 듯하였다. 권좌에 있는 사람들은 자신들이 이전에 정권을 잡고 있던 자들 밑에서 고생을 하였듯이 우리도 그들 아래서 고생을 하였다는 것을 알기 때문이었다.

 그러나 또한, 아직 어느 것 하나 질서있게 진전되지 않고 있는 상황에서 우리에게 사악하게 굴 것 같은 몇몇 사람들[3]이 우리가 풀려날 수 없도록 가로막고 있었다. 사인만 있으면 우리를 석방시킬 수 있도록 하는 제도가 마련되었다고는 하나, 제5왕국파의 사악한 몇몇 사람들이 갑작스럽게 들고 일어나서 도시와 나라를 혼란의 도가니로 만들어 놓았다고 하였다. 그날은 금요일 저녁이었다. 우리는 아주 영광스러운 집회를 가진 뒤였고, 그 모임을 통해 주님의 진리가 모든 사람들에게 비치고, 모두가 주님의 능력을 찬양하였다. 그런데 자정이 조금 지났을 무렵에 치는 소리와 함께 "총 총!" 하는 외침이 들렸다.

 나는 자리에서 일어나 아침에 배를 잡아 타고 가서는 화이트홀(런던의 관청가)에서 내려 그 안으로 들어갔다. 그곳에 있는 사람들이 나를 이상한 눈빛으로 쳐다보았지만 나는 그들을 지나쳐 팔몰(Pall-Mall)로 갔다. 그곳으로 여러 친우회 교우들이 나를 보러왔다. 당시로선 거리를 나다니는 것이 위험한 일이었는데도 말이다. 마을과 도시 근교에선 반란을 일으킬 준비를 하고 있었기 때문이었다. 사람들과 군인들은 지나치게 거칠었다. 다른 친우회원에게 가던 헨리 펠은 군인들에게 심하게 구타를 당했다. 마침 우연히 요크 공작이 그 곁을 지나가지 않았더라면 헨리 펠은 맞아 죽었을 것이다.

 그 주간에는 불행한 일이 있었다. 다음 '첫째 날'에는 집회 장소로 가던 많은 친우회 교우들이 죄수로 붙잡혔다. 나는 팔몰에서 열리는 집회에 참석할 작정으로 그곳에 머무르고 있었다. 그런데 일곱째 날 저녁에 일단의 군대

---

3) 실례로서 반란을 일으킨 제5왕국파 사람들은 새로운 핍박을 야기했다.

제14장 수고와 위험과 고통 303

가 몰려와서는 문을 두드렸다. 하인이 그들을 들여보냈다. 그들은 물밀듯 밀려 들어와서는 나를 붙들었다. 그 중에는 의회에서 일하던 사람이 한 사람 있었는데 그 사람이 내 주머니에 손을 찔러보고는 총 같은 것을 가지고 있느냐고 물었다. 나는 "내가 총을 가지고 다니지 않는다는 것을 알터인데 평화를 사랑하는 사람인줄 알면서 어째서 내게 그런 질문을 하십니까?"하고 물었다.

다른 군인들이 이방 저방 뛰어들어가서는 침대에 누워 있던 마쉬 향사를 발견하였다. 마쉬 향사는 왕의 침실을 수종들던 궁내관이긴 하였으나, 나를 좋아했기 때문에 내가 있는 곳에 와서 머무르고 있었다. 군인들은 다시 내 앞에 나타나서는 "무엇 때문에 저 사람을 데리고 가야 한단 말입니까? 저 사람을 그냥 혼자 내버려 두어야겠습니다"하고 말했다.

"아니오. 저 사람이 우두머리 중 한 사람이오. 그가 주동자란 말입니다" 하고 의회파의 한 군인이 말했다.

그 말을 듣자 군인들은 나를 잡아가려고 했다. 그러자 그 소리를 들은 마쉬 향사가 나를 잡아가자는 명령을 내린 사람을 부르러 보내서는 자신이 다음 날 아침에 나를 만나볼 타이니 나를 풀어주길 바란다는 말을 하였다.

아침이 되어 군인들이 나를 잡으러 오기 전, 집회가 열리기 전에 일단의 보병들이 내가 머물던 집으로 몰려와서는 그중 한 사람이 칼을 뽑아들고는 내 머리를 겨누었다. 나는 그 사람에게 왜 아무 무장도 하지 않은 사람에게 칼을 들이대느냐고 물었다. 그러자 곁에 있던 동료가 부끄러워 하면서 칼을 치우라고 지시했다.

찾아온 보병들은 어제왔던 군인들이 나를 잡으러 오기 전에 나를 화이트홀로 잡아갔다.

바깥으로 나가고 있을 때, 몇몇 친우회 교우들이 집회 장소로 오고 있었다. 나는 그들의 담대함과 용기를 칭찬해 주었고, 잘 참고 견디라고 격려해 주었다.

화이트홀로 끌려가자, 군인들과 사람들은 내게 무척 거칠게 대했지만 나는 그들에게 진리를 전하였다. 그러나 아주 시기심이 많은 주요 인사들이 그 곁을 지나가고 있었는데 그들은 "어째서 저 사람이 설교를 하도록 내버려 두는 겁니까? 저 자가 활동할 수 없는 곳에 저 사람을 가두십시오"하고 말했다.

　그리하여 그들은 나를 가두어 두고 감시했다. 나는 그들에게 당신들이 마음껏 활동하지 못하도록 내 몸을 가둘 수는 있어도 생명의 말씀은 멈추게 할 수 없을 것이라고 이야기했다. 누군가 내게 와서 나더러 누구냐고 물었다. 나는 "의로운 설교자"라고 대답했다.

　두세 시간 동안 갇혀 있은 후에 마쉬 향사가 제라드(Gerrard) 경에게 이야기하여 제라드 경은 나를 풀어주라는 명령을 내렸다. 제라드 사령관은 나를 풀어주는 대가로 보석금을 요구했다. 나는 한 푼도 낼 수 없다는 말과 함께, 우리는 보석금을 내지 않는다고 그에게 이야기하였다. 그리고는 사령관에게 아무 죄도 없는 사람에게 어떻게 보석금을 요구할 수 있느냐고 물었다.

　그리하여 나는 감시병들을 통과했다. 주님의 능력이 그들에게 임하였다. 그리고 나는 군인들에게 진리를 선포한 뒤에 화이트홀에서 온 두 명의 아일랜드 연대장과 함께 거리로 나가, 당시 많은 친우회 교우들이 감시병의 감시를 받으며 머물러 있던 여관으로 갔다. 나는 그 두 사람의 아일랜드 대령에게 죄수로 붙들려 있는 내 친구들을 만나볼 수 있도록 감시병에게 이야기해 달라고 부탁했다. 그렇지만 그들은 내 부탁을 들어주지 않았다. 그래서 나는 직접 감시병에게 가서 다른 친우회 교우들을 만나볼 수 있게 해달라고 하였다. 그러자 그 감시병은 내 부탁을 들어주었다.

　거기 머물러 있는 동안 군인들이 나를 찾으러 다시 팔몰로 왔다. 그러나 거기서 나를 찾지 못하자 군인들은 내가 머물러 있던 여관으로 왔다. 그리고는 죄수가 아닌 사람은 모두 나오라는 명령을 하였다. 그러나 나는 여관에 함께 있던 군인들에게 다른 친우회 교우들과 함께 머물러 있으면 안 되느냐고 물었다. 그들은 그렇게 하라고 했다. 나는 여관에 머물러 있었고 그리하여 나를 찾으러 온 군인들의 손길을 다시 피할 수 있었다. 저녁 무렵에 나는 팔몰에 있는 친우회 교우들이 어떻게 되었는지 알아보려고 그곳으로 갔다. 잠깐 동안 그곳에 머물러 있다가 도시로 걸어 나갔다.

　그 당시에는 사람을 찾는다고 집집마다 대 수색이 있었다. 나는 친우회 교우가 머물고 있는 개인집으로 갔다. 리처드 허버슨이 나와 함께 있었다.

거기서 우리는 음모와 싸움에 대항하는 성명서를 작성하였다. 그것은 왕과 공의회 앞으로 보낼 것이었다. 성명서가 작성되자, 인쇄하러 보내어 인쇄기에 들어갔다.

제5왕국파(크롬웰 시대에 급진 행동을 취한 과격 좌파 — 역자주)를 꿈꾸는 사람들이 반란을 계획하고 있을 때, 도시와 시골은 모두 굉장히 황폐되었다. 그리하여 몇 주 동안은 멀쩡한 사람들에게도 집밖으로 나다니는 일이 위험한 일이었다. 가족들의 먹을 것을 구하러 나온 사람들은 남녀 할 것 없이 거리로 다니기만 하면 언제나 시달림을 받았다. 시골에서는 사람들을 집밖으로 끌어내었으며, 의족을 한 채 침대에서 끌려 나온 사람들도 있었다. 뿐만 아니라 열병을 앓고 있던 한 사람은 감옥으로 가기 위해 군인들의 손에 의해 침대에서 끌려 나왔으나 감옥에 도착하자 죽었다. 그 사람의 이름은 토머스 파친(Thomas Pachyn)이었다.

마가렛 펠이 왕에게 가서, 도시와 나라 곳곳에서 어떠한 비참한 일이 벌어지고 있는지 이야기하였다. 또한 우리가 죄없는 평화로운 사람들이라는 것과 어떠한 어려움을 겪는다 하더라도 여태껏 그랬듯이 집회를 계속해서 열어야 하는 이유를 설명했다. 그렇지만 평화가 계속 유지된다는 것과 무고한 피는 한 방울도 흘리지 않을 것이라는 것도 알고 있어야 한다고 전했다.

도시나 시골이나 감옥마다 친우회 교우들과 다른 사람들로 가득 차 있었으며, 우체국마다 편지를 조사하는 조처가 마련되어 있어서 조사받지 않고 그냥 통과될 수 있는 편지는 하나도 없었다. 우리는 나라 안의 여러 지역에 수천 명의 친우회 교우들이 투옥되어 있다는 소식을 들었으며 마가렛 펠 부인은 왕과 공의회 앞에 그러한 사실을 알렸다. 그 다음 주 우리는 수천 명의 친우회 교우들이 더 감옥에 갇혔다는 소식을 들었으며, 마가렛 펠은 또 다시 왕과 공의회 앞에 가서 그 이야기를 전하였다. 어떤 정보든지 중간에서 엿듣는 일을 엄격히 금하고 있었기 때문에 우리가 어떻게 그러한 정보를 얻을 수 있었는지 사람들은 의아해 했다. 그러나 주께서 그렇게 명령하셨기 때문에

---

4) 폭스는 감옥에서 고생하고 있는 죄수들에게 애정어린 편지를 보냈으며, '퀘이커 교도라 불리는 악의 없고 무죄한 하나님의 백성으로부터 드리는 글'을 왕 앞으로 보냈다.

우리는 온갖 방해에도 아랑곳 없이 그러한 정보를 알아냈다.[4]

얼마 안 있어 국왕은 경관을 대동하지 않고서는 어떤 군인도 가택을 수색할 수 없다는 포고문을 내렸다. 그러나 감옥은 여전히 가득 차 있었고 수천명의 친우회 교우들도 여전히 감옥에 갇혀 있었다. 그러한 실수는 제5왕국파 사람들의 사악한 봉기로 말미암아 일어난 일이었다. 그러나 갇혀 있던 사람들에게 사형이 집행되자, 사람들은 우리를 공정하게 대해 주었고 우리가 그들의 음모에 전혀 가담하지 않았으며, 그러한 계획에 대해 전혀 몰랐다는 것을 공적으로 해명해 주었다.

그러한 일이 있고 난 후로, 계속해서 그러한 사실을 전해 듣게 되자 왕은 친우회 교우들을 보석금을 받지 말고 풀어주어야 한다는 포고문을 발표했다. 그러나 이러한 수확이 있기까지는 참으로 많은 고통과 수고와 노력이 필요했다. 토머스 무어와 마가렛 펠이 자주 왕을 찾아 뵈었으니 말이다.

그 해에는 참으로 많은 피가 쏟아졌다. 옛 왕의 재판관들이 교수형을 당하고, 단에서 끌어내려져 사지가 찢기는 일이 많았다. 해커 대령도 그 중 한 사람이었다. 그 사람은 올리버 통치 기간 중에 나를 레스터셔에서 잉글랜드까지 죄수로 보낸 사람이었다. 그 이야기에 관해서는 앞에서 이미 이야기하였다. 그 날은 슬픈 날이었으며 피를 피로 되갚은 날이었다. 올리버 크롬웰이 통치하던 때에, 감히 반역을 꿈꾸려고 하였다 하여 몇몇 사람들이 해커 대령의 손에 죽고, 교수형에 처해지고, 끌어내려져 사지가 찢기었기 때문이다. 나는 그들의 피가 다시 요구되리라는 것을 주 하나님을 통해 느꼈고 몇몇 사람들에게 그 이야기를 하였다.

이제 왕정이 복고되자 왕을 반대하던 몇몇 사람들은 죽임을 당하였다. 마치 전에 왕을 지지하던 이들이 올리버의 손에 죽었듯이 말이다. 이러한 슬픈 일은 사람을 파괴시키는 일이었으며 그것은 양의 품성을 지닌 기독교인의 윤리에 어긋나는 일이었다. 그러나 위선적인 신앙고백을 하는 세대들에게 이러한 날이 오도록 한 은밀한 손이 있었다. 그 세대들은 권력을 얻게 되어 자만해지고, 교만해졌으며 또한 날마다 잔학하여져서 인정도 없이 하나님의 백성을 학대하였다.

친우회 교우들이 공화정 시기에 잔혹한 박해와 수난을 당할 때에 나는 주님의 이끌림을 받아 친우회 교우들에게 편지를 써서 그들이 겪는 수난에 대한 보고서를 작성하여, 그 사실을 재판장들 앞에서 이야기하라고 하였다. 그래서 재판관들이 공정하게 처리해 주지 않으면 더 상급 재판관에게 알리고, 그래도 또 공정하게 처리해 주지 않으면 그때에는 의회와 호국경과 공의회 앞에 그 사실을 알려 그들이 자신들이 통치하는 중에 어떠한 일이 벌어지고 있는지 알 수 있게 하라고 하였다. 그러고도 공정한 재판을 받지 못하면 그 다음으로는 그것을 주께 맡겨 두라고 하였다. 주님은 학대받는 자들, 과부, 고아들이 부르짖는 소리를 들으실 분이시기 때문이다.

　우리가 고난받고, 우리의 선행이 좌절되었던 이유는 주님의 능력과 영안에서부터 순종하기 때문이었다. 주님은 도우시고 구하실 수 있는 분이셨고, 우리를 도울 자는 주님밖에 없었다. 또한 주님은 자기 백성의 부르짖음을 들으시고 우리를 학대하는 자들의 머리 위에 천벌을 내리시어 그들 모두에게 두려움과 공포를 가져다 주시는 분이셨다. 그리하여 우리(빛의 자녀인)를 일명 퀘이커교도라고 조롱하여 부르는 자들을 주께서 떨리게 하셨다. 그들중 많은 사람들이 우리 가운데 피하였더라면 기뻐하였을 것이다. 더러 자기들에게 닥친 극심한 고통을 겪은 뒤에 결국에는 진리를 고백하게 된 사람들도 있었다.

　이 진리를 선포하는 고백자들이 말로써, 글이나 표적 등 여러 가지 방식들을 경고하였으나 사람들은 때가 너무 늦어지기 전에는 그 방식들을 믿으려 하지 않았다. 윌리엄 심프슨(William Sympson)은 주님의 이끄심을 받아 삼년 동안 시장터로, 재판소로, 마을로, 도시로, 목사관으로, 주요 인사들의 집으로 웃통을 벗고 맨발로 여러 차례 가서 "내가 벌거벗은 것처럼 여러분도 벌거 벗으십시오!"하고 말했다. 또 때때로 그는 마음에 이끌림을 받아 머리에 베로 된 모자를 뒤집어 쓰고 얼굴을 가려 "내가 이렇게 뒤집어 쓰고 있듯이 주 하나님께서 여러분의 온갖 신앙을 뒤덮을 것입니다"하고 이야기하였다.

　이 가엾은 사람은 극심한 수난을 당하였다. 그 삼년 동안 국왕이 돌아오기까지 맨 몸으로 말 채찍이나 사두 마차 채찍으로 맞았으며, 돌팔매질을 당하였고, 투옥되기도 하였다. 사람들은 윌리엄 심프슨의 경고를 받아들일 수도 있었건만 그들은 받아들이려고 하지 않았으며 오히려 그의 사랑을 잔인한 행위로써 갚았다. 케임브리지의 시장만 그를 소중히 대해 주었다. 그 시장은 심프슨에게 자기 겉옷을 입혀주고 자기 집으로 데리고 갔기 때문이다.

로버트 헌팅던(Robert Huntingdon)이라는 또 다른 친우회 교우는 주님의 이끄심을 받아 카리슬(Carlisle) 뾰족집으로 횐천을 들고 들어가, 침례교도들과 독립교회 주의자들 앞으로 나아갔다. 그들에게 중백의(흰 성직자복)가 다시 나타난다는 것을 알리기 위함이었다. 또한 목조르는 밧줄을 자신의 목 언저리에 두르고는 그 밧줄이 그들에게 이를 것이라는 것을 알려주려고 하였다. 실제로 그러한 일은 우리를 핍박하던 몇몇 사람들에게 일어났다.

또 다른 사람은 리처드 세일(Richard Sale)이라는 웨스트체스터(Westchester) 근처에 사는 경찰관이었는데 그 사람은, 사악한 핍박자들에게 전도를 하느라 이 마을 저 마을을 다니던 한 친우회원을 방랑죄로 가두어 두었던 사람에게 심부름꾼을 시켜 통행권을 보내주었다. 그 경찰관은 그렇게 하여 자기 앞에 온 친우회 교우를 통해 영적 진리를 깨닫게 되어 그 사람에게 외출 허가증을 주며 그 사람을 자유롭게 해 주었다. 그리고 나중에는 경찰관 자신도 감옥에 갇혔다.

이러한 일이 있고 나서 설교가 있는 날에 리처드 세일은 마음에 이끌림을 받아 예배가 있는 시간에 맞추어 뾰족집으로 가서 학대하는 목사들에게 그들의 어두움을 밝히는 빛으로 등과 초를 가져다 주었다. 그러나 목사들은 이 어두운 신앙고백자들의 모습대로 그를 잔혹하게 학대하여 리틀 이스(Little Ease)라고 부르는 감옥에 가두고는 그의 몸을 압축시켜 얼마 안 있어 죽었다.[5]

제5왕국파를 꿈꾸는 자들로 인해 투옥되었던 친우회 교우들이 자유롭게

---

5) 이 친우회 교우들이 사용하는 표적과 인상적인 상징을 볼 때에, 유대 선지자들의 후예였음에 틀림없었다. 윌리엄 심프슨과 리처드 세일도 이 리틀 이즈에서 고문을 당했다. 몸이 아주 건강했던 리처드 세일은 결국은 죽게 되었다. '리틀 이즈'는 바위를 깎아 만든 토굴 감옥이었다. 폭이 43센티미터, 꼭대기에 있는 커다란 문의 두께가 18센티미터, 어깨 부분은 19센티미터, 가슴 부분은 28센티미터, 꼭대기에서 바닥까지는 1.3미터 정도 되는 구멍으로 고문을 목적으로 높이를 줄이는 장치가 되어 있다.

풀려나기는 하였지만 집회는 굉장히 방해를 받았으며 친우회 교우들은 적지 않은 수모를 겪었다. 행정관리들과 군인들뿐만 아니라 난폭한 사람들과 군중들이 종종 끼어들었기 때문이었다.

언젠가 팔몰에 있을 때에, 그리로 한 대사가 아일랜드 사람 일대와 난폭한 무리를 데리고 왔다. 그들이 오기 전에 집회는 끝이 났고 나는 이미 묵고 있던 집으로 가버린 뒤였다. 거기서 나는 그들 중 한 사람이 퀘이커 교도를 모두 죽이겠다고 이야기했다는 말을 들었다. 나는 그에게 가서 주님의 능력으로 말했다. "율법은 '눈은 눈으로 이는 이로 갚을지니라' 하고 말하였습니다. 그런데 당신은 퀘이커 교도가 당신에게 아무런 해도 끼치지 않았는데도 퀘이커 교도를 모두 죽여버리겠다고 위협했습니다." "그러나 여기 당신을 위한 복음의 말씀이 있습니다. 여기는 내 머리고 여기는 내 뺨이고 여기는 내 어깨요" 하고 그에게 몸을 돌리며 나는 말했다.

이러한 내 말에 완전히 압도되어 그 사람과 함께 있던 무리들은 실성한 사람처럼 서서 우리 원칙이 그러하고, 우리가 우리 자신이 이야기한 그런 사람이라면 자신들은 한번도 그러한 것을 본 일이 없다고 이야기했다. 나는 그들에게, 내가 말씀 안에 어떠한 상태로 살며 또한 실제 어떠한 삶을 사는가 이야기하였다. 그러자 밖에 서 있던 대사가 안으로 들어왔다. 그리고는 그 아일랜드 사람이 무모한 데가 있어서 그가 우리에게 어떤 해를 끼칠까봐 감히 그와 함께 들어오지 못했다고 했다. 그러나 진리가 그 아일랜드 대령에게 임하자 그 대령은 나에게 다정하게 대해 주었다. 대사 또한 그러하였다. 주님의 능력이 모든 사람들에게 임하였기 때문이었다.

마일앤드(Mile-End)에서 친우회 교우들은 군인들 때문에 집회를 제지 당했다. 그러나 친우회 교우들은 진리 가운데 고귀하게 서서, 주의 이름을 위해 용감한 자세를 보였다. 마침내 진리가 그들을 지배하였다.

이 때쯤 우리는 존 러브(John Love)라는 한 친우회 교우가 로마 감옥에서 죽었다는 소식을 들었다. 그 사람은 마음에 이끌림을 받아 교황 절대주의자들의 우상숭배를 비난하고 나섰던 사람이었다. 그 사람은 아무도 모르게 죽은 것으로 짐작되었다. 그전에도 우리는 뉴잉글랜드에서 위반하면 사형이라는 조건으로 퀘이커 교도를 거류지에서 추방시키기로 하는 법안을 만들었다는 소식을 들었다. 게다가, 그렇게 추방되었다가 다시 돌아간 몇몇 친우회 교우들이 실제로 붙잡혀 교수형을 당했으며 여러 가지 이유로 사형 언도의 위험을 안고 투옥되었다는 소식도 들었다. 그들이 죽임을 당할 때에 나는 랭카스터의 감옥에 있었는데, 그들이 겪는 고통이 꼭 내 고통처럼 느껴졌고 내 목 언저리에 밧줄이 놓이는 느낌이 들었다. 그때는 그러한 사실에 대해 알지도 못했는데도 말이다.[6]

이러한 소식을 듣자마자 에드워드 버로우(Edward Burrough)는 왕 앞에 나가서, 왕이 통치하는 지역에서 무고한 피가 흘려지고 있으며 중단시키지 않으면 처처에 흐르게 될 것이라고 이야기하였다. 이 말을 들은 국왕은 "그렇다면 내가 무고하게 흐르는 피를 막겠소"하고 이야기하였다. 에드워드 버로우는 "그렇다면 서둘러 그렇게 하여 주십시오. 안 그러면 얼마나 많은 사람들이 죽게 될지 우리로선 알 수 없으니까요." "가능한 한 빨리 그렇게 하겠소. 국무장관을 부르라(곁에 있던 몇몇 사람들에게 말하면서). 내 당장 그 일을 처리하리이다"하고 왕은 말하였다.

국무장관이 불려오고 왕의 칙서가 당장 건네졌다. 한 이틀 지난 후에 에드워드 버로우는 왕에게 다시 와서 그 일을 재촉하여 주십사 하고 간청했다. 왕은 현재 자기로선 그곳에 배를 보낼 만한 아무런 이유가 없지만 우리가 배를 한 척 그리로 보낸다면 우리가 바라는 만큼 빨리 일이 처리될 것이라고 이야기하였다. 그러자 에드워드는 한 퀘이커 교도를 뉴잉글랜드로 왕의 칙서를 가지고 가는 대사로 임명하여 주시면 어떻겠는가 국왕에게 물었다. 그러자 국왕은 "당신이 원하는 사람으로 정하시오"하고 말했다.

그리하여 에드워드 버로우는 새뮤얼 샤터크(Samuel Shattuck)라는 사람을 지명하였다. 그 사람은 뉴잉글랜드에서 살던 사람으로 다시 돌아오면 죽는다는 조건으로 추방당했던 사람이었다. 그에게 왕의 칙서를 들고 가는 대사의 임무가 부여 되었다. 그러자 그 사람은 랄프 골드스미스(Ralph Goldsmith)를 부르러 보냈다. 랄프 골드스미스는 훌륭한 배의 선장으로 정

---

6) 우리는 조지 폭스가 오늘날 정신감응론적 경험(Telepathic experiences)이라고 하는 감각을 가졌다는 것을 이미 여러번 보았다.

직한 친우회 교우였다. 그는 300파운드를 받고 10일 이내에 출항할 것에 동의했다. 랄프 골드스미스는 곧장 출항 준비를 하였고, 순조로운 강풍을 타고 6주 가량을 지나 뉴잉글랜드 보스턴에 도착하였다. 그 날은 다섯째 날 아침이었다.

새뮤얼 샤터크와 함께 많은 동승자들이 있었다. 옛 잉글랜드와 뉴잉글랜드의 친우회 교우들이 모두 함께 탔다. 그들은 잔학한 핍박자들을 대항하는 증거를 갖고 가라는 주님의 이끄심을 받은 사람들이었다. 시대와 장소를 막론하고 그처럼 잔학한 핍박자들은 없었다.

보스턴 시의 시민들은 영국기를 단 배가 항구로 들어오는 것을 보고 이내 배에 올라타서 선장을 불렀다. 랄프 골드스미스는 자기가 지휘관이라고 말했다. 그들은 어떤 서류라도 갖고 있느냐고 물었다. 골드스미스는, "그렇소"하고 대답했다. 그들은 자기들에게 그 서류를 넘겨 줄 수 있겠느냐고 물었다. 골드스미스는 "아니오, 오늘은 안되오"하고 말했다.

그러자 그들은 해변가로 가서 퀘이커 교도를 잔뜩 실은 배가 나타났으며 자기들이 정한 법에 따라 추방당한 뒤에 다시 돌아오면 죽기로 되어 있는 새뮤얼 샤터크도 함께 타고 있다는 말을 전했다. 그러나 그들은 새뮤얼 샤터크가 어떠한 사명을 띠고 어떠한 권력을 지니고 왔는가 몰랐다.

그래서 그날은 모두 배에 틀어박혀 있었다. 그 누구도 뭍에 오르도록 허용되지 않았기 때문이다. 다음 날 아침 왕의 사자의 임무를 띤 새뮤얼 샤터크와 랄프 골드스미스가 뭍으로 올라서서 그들을 내려 준 사람들을 다시 배로 돌려보냈다. 그 두 사람은 마음을 지나 존 에디코트(John Endicott) 총독의 집으로 가서 문을 두드렸다. 그는 무슨 용무인지 알아보기 위해 사람을 내보냈다. 그들 두 사람은 자신들은 영국 왕이 보내는 전언을 가지고 왔으며, 그 전언을 반드시 총독에게 전달할 것이라는 말을 전했다.

그리하여 들어오라는 지시가 내렸다. 그리고는 두 사람의 사절단과 왕이 내린 칙서를 받아들이고는 모자를 벗고 그들 두 사람을 쳐다 보았다. 그러더니 밖으로 나가면서 자기를 따라오라고 했다. 총독은 부총독에게 가서 잠깐 논의를 하더니만 두 사람의 친우회 교우가 있던 곳으로 나와서 "국왕의 명령을 따르겠소"하고 말했다.

이러한 일이 있고 나서 총독은 곧 배를 타고 온 사람들이 자유롭게 보스턴 시에 들어올 수 있도록 허락하였으며 그 소문은 곧장 마을에 번졌다. 그리하여 그곳에 거주하고 있던 친우회 교우들과 배에 타고 있던 사람들이 함께 만나 하나님께 감사와 찬양을 올렸다. 하나님은 너무나 놀라운 방법으로 그들을 사자의 이빨에서 구해내셨기 때문이었다.

이렇게 그들이 만나고 있는 동안 한 가엾은 친우회 교우가 들어왔다. 그 사람은 잔학한 법으로 사형 언도를 받고서 얼마간 차꼬에 매인 채 형이 집행되기를 기다리고 있는 처지였다. 그랬기 때문에 그들의 기쁨은 더욱 커졌고, 마음이 격앙되어 주님을 높이 찬양하게 되었다. 주님은 영원히 찬양과 영광과 존귀를 받으실 만한 분이시다. 오직 주님 만이 신실하게 주님을 의지하는 자들을 인도하고 구원하여 도울 수 있는 분이시기 때문이다. 다음은 왕이 보낸 칙서의 내용을 적은 것이다.

"찰스 R.

믿고 사랑하는 분들께 인사드립니다. 퀘이커 교도라고 불리는 우리 백성들 가운데 몇몇 사람이 여러분들 가운데 있다가 투옥되었다고 들었습니다. 그중 더러는 사형을 당했고 또 다른 사람들도 그와 같은 위험에 놓여 있다고 알고 알고 있습니다(우리에게 보고된 바에 의하면). 그래서 우리는 앞으로 있을 이런 일에 대비할 목적으로 우리의 뜻을 나타낼 수 있는 적당한 방법을 생각하고 있습니다. 이에 따라 우리는 여러분들 가운데 퀘이커 교도라 불리는 자들로, 이미 죄선고를 받아 죽기로 되어 있거나 다른 육체적인 형벌을 받기로 되어 있는 사람들 혹은 유죄 판결 같은 것을 받아 투옥되어 있는 비난받을 만한 자들이 있으면 더 이상 어떠한 조치를 취하지 말고 참으시기 바랍니다. 다만 전기한 사람들(유죄 판결을 받았거나, 투옥되어 있는 자들)은 그들 각자에게 부과된 죄목과 함께 잉글랜드로 보내셔야 합니다. 이곳에서 그들의 죄과에 따라 적합한 법률을 적용하기 위함입니다. 우리가 보낸 편지는 그렇게 행하시기에 충분한 증명서로 사용될 것입니다.

1661년 9월 9일 국왕 제위 13년. 화이트홀 법정.

믿고 사랑하는 존 엔디코트 향사와 다른 곳에서 통치하는 자 혹 뉴잉글랜드에 속한 우리 정부의 현 식민지와 거기 딸린 거류지 혹은 그렇게 될 곳을 다스리는 다른 모든 총독이나 지사들, 뉴잉글랜드 대륙 내에 있는 모든 식민 거류지의 목사들과 관리들에게 서명함.

왕의 명을 받들어

윌리엄 모리스(William Morris)."[7]

이러한 일이 있은 지 얼마 후에 뉴잉글랜드의 몇몇 행정관리들이 목사 한명과 함께 왔다. 우리는 그들과 그들이 주님의 종인 친우회 교우들을 죽인 것에 관하여 여러 이야기를 나누었다. 그들은 자기들이 저지른 잔학한 행위에 대해 부끄러워 서 있질 못했다.

그러던 중 나는 뉴잉글랜드의 한 치안판사인 시몬 브로드스트리트 (Simon Broadstreet)에게 하나님의 종인 네 사람을 죽이는 일에 가담하지 않았느냐고 물었다. 그들은 하나님의 종을 단지 퀘이커 교도라는 이유로 목 매달아 죽였다. 그들은 조롱섞인 말투로 그들을 퀘이커교도라고 불렀다. 그 사람은 그렇다고 실토했다. 그래서 나는 그와 함께 그 자리에 참석하였던 나머지 관련자들에게 그들이 영국 법에 따라 법을 집행했는지 묻고, 만약 그렇다면 어떤 법률에 근거하여 친우회 교우들을 죽였는가 물었다. 그들은 자신들은 영국법에 따랐으며, 예수회의 수사가 영국에서 처형된 것과 똑같은 법률에 근거하여 우리 친우회 회원들을 사형에 처했다고 대답했다.

그렇다면 그들이 사형에 처한 우리 친우회 교우들이 예수회의 일원이거

---

7) 휘티어(Whittier)는 새뮤얼 샤터크가 수행한 임무를 자신의 시 "왕의 편지"(The King's Missive)에서 아름답게 묘사해 놓았다. 롱펠로우(Longfellow)는 퀘이커 교도들이 당한 수난을 감동적인 시인 "뉴잉글랜드의 비극"(New England Tragedies)이라는 시의 주제로 삼았다. 퀘이커 교도가 겪은 수난에 대해서는 조지 비숍(Geouge Bishop)의 "심판 받은 뉴잉글랜드"라는 글에 나타나 있다. 오늘날 그러한 주제를 다룬 책 중 가장 잘 알려져 있는 책은 Hallowell이 쓴 *Quaker Invasion of Massachusetts*다. 윌리엄 로빈슨, 마마듀크 스티븐슨 (Marmaduke Stevenson), 윌리엄 레드라(William Ledra), 메리 다이어 (Mary Dyer) 네 사람이 사형을 당했다.

나 예수회의 교리에 영향을 받을 사람이라고 생각하느냐고 물었다. 그들은 "아니오"라고 대답했다. 나는 "이곳 영국에서 예수회의 수사를 사형에 처한 법률에 따라 친우회 교우들에게 사형을 집행하였으면서도 내 친구들이 예수회가 아니라고 고백하였으니 당신들은 내 친구들을 살인한 것이오. 이것으로 보아 당신들은 아무런 법적 근거도 없이 마음대로 우리 친우회 교우들을 죽인 것이 명백하게 드러났소"하고 말했다.

그러자 시몬 브로드스트리트는 자기와 자기 동료들이 스스로 한 말에 올무가 걸린 것을 깨닫고는 자신들을 체포할 것이냐고 물었다. 이미 스스로를 붙들고 있으니 자신들의 목숨에 대해 스스로 신문하는 것이 마땅할 것이며, 만약 그들이 사형에 처한 사람 중 한 사람인 윌리엄 로빈슨(William Robinson)이 그 도시에 살고 있다면 그 사람이 그들을 신문할 것이고, 그들의 목숨을 위태롭게 할 것이라는 말을 하였다.

그러자 그들은 "현재 우리는 아무런 핍박도 하지 않고 있소이다" 하는 말로 자신들을 변명하기 시작했다. 그렇지만 다음 날 아침 우리는 뉴잉글랜드로부터 우리 친우회 교우들이 또 다시 핍박을 당하고 있다는 편지를 받았다. 우리는 다시 그곳으로 가서 우리가 받은 편지를 그들에게 내보였다. 그러자 그들은 아무 말도 못하고 부끄러워 했다. 그리고는 굉장한 두려움에 빠져 누군가 자신들의 생명을 걸고 고소하지 않을까 두려워 하는 눈치였다. 특히 시몬 브로드스트리트가 겁에 질려 있었다. 그 사람이 우리 친우회 교우들을 죽게 하는 일에 가담하였다고 고백하는 증인들이 많았기 때문에, 비록 나중에 그가 아무리 두려움으로 얼버무리면서 한 말을 취소하려고 하여도 자신의 죄과에서 벗어날 수가 없었기 때문이었다. 이러한 일이 있고 나서 그와 나머지 일행은 뉴잉글랜드로 다시 돌아갔다.

나는 또한 윈스롭(Winthrop) 총독에게 가서 그 사람과도 이 문제에 관해 이야기했다. 그 사람은 내게 자기는 친우회 교우를 죽게 하거나 핍박하는 일에 결코 가담하지 않았으며 오히려 그러한 일을 반대하였던 사람 중의 한 사람이라는 확신을 주었다.

이 때쯤 나는 인쇄공의 도움으로 얻은 아주 훌륭한 책을 잃어버렸다. 그 책은 유익한 교본으로 성경에 나오는 이름과, 비유의 종류와 형상에 관한 뜻과 설명을 담고 있었다. 내게서 그 책을 빼앗아 간 사람들은 그 책으로부터 상당한 영향을 받아 선뜻 그 책을 없애버리려고 하지 않았다. 그러나 그 책으로 굉장한 이익을 볼 생각이었기 때문에 우리가 만약 그 책을 얻기 위해 상당한 돈을 내놓았더라면 그들은 우리에게 다시 그 책을 주었을 것이다. 그렇지만 우리 마음대로 그렇게 할 수가 없었다.

이러한 일이 있기 전 내가 랭카스터 성에 죄수로 갇혀 있을 때에「배틀도어」(Battledore)라고 하던 그 책이 출간되었다. 그 책은, 모든 언어를 사용할 때에, 한 개인을 부를 때면 Thou, Thee(그대)라는 말을 쓰고 한 사람 이상일 때는 You를 쓰는 것이 알맞은 일반적인 표현임을 설명하기 위해 쓴 책이었다. 이 책은 성경에 나오는 보기와 실례들을 바탕으로 설명하고 있으며 약 30가지 어법에 관하여 이야기한 교본이었다. 이 책을 편집하느라고 J. 스터브스(J. Stubbes)와 벤자민 펄리(Benjamin Furly)가 굉장한 수고를 하였으며 나도 그 일에 마음을 쏟아, 몇가지 덧붙인 내용들이 있다.[8]

책이 완성되자 그 책은 왕과 공의회, 켄터베리와 런던의 주교, 두개의 대학에 한 권씩 증정되었으며, 많은 사람들이 그 책을 샀다. 왕은 모든 국가

---

8) 다음에는 이 진귀한 고서의 서문이 나와 있다. 이것은 오늘날 굉장한 보기 드문 것으로 수집가들이 아주 귀한 것으로 여기고 있다.

"단수와 복수를 배우려는 교사들을 위한 책「배틀도어」. You는 여러 사람, Thou는 한 사람, 단수일 경우에는 Thou, 여러 가지를 나타내는 복수일 경우에는 You를 사용한다는 것에 관해, 여러 나라와 민족들이 단 복수 사이의 차이를 어떻게 두었는가를 문법이나 성경을 통해 우선적으로 설명하고 있다. 이 책 앞부분을 영어로 베틀도어(말 건네기)라고 하는데, 얼마나 많은 민족들이 단수와 복수를 구분 시어 사용했는지 볼 수 있다. Apharsathkites, Tarpelites, Apharsites, Archevites, Babylonians, Susanchites, Dehavites, Elamites, Temanites, Naomites, Shuites, Buzites, Moabites, Hevites, Edomites, Philistilnes, Amalekites, Sodomites, Hittites, Midianites 등이 그러한 민족들이다. 또한 이 책에서는 뚜렷하게 배틀도어나 유형적인 예로 분류된 영어(English), 라틴어(Latine), 이탈리아어(Italia), 그리스어(Greek), 히브리어(Hebrew), 갈대아어(Caldec), 시리아어(Syriack), 아랍어(Arabick), 페르시아어(Persiack), 에티오피아어(Ethiopick), 사마리아어(Samaritan), 콥트 혹은 이집트어(Coptick or Egyptic), 아르메니아어(Armenian), 색슨어(Saxon), Welch, Mence, 코니쉬어(Cornish, 영국 콘월의 말로 고대 켈트어), 프랑스어(French), 스페인어(Spanish), 포르투갈어

에서 사용하는 적합한 용어가 나와 있다고 말하였고 켄터베리의 주교는 어떻게 생각하느냐는 질문을 받고는 당황하여 무슨 말을 할지 몰랐다. 그러한 생각은 사람들에게 익히 알려졌고, 사람들도 그러한 생각을 갖게 되었기 때문에 우리가 일인칭에 대하여 Thou나 Thee를 사용하는 것에 대해 함부로 뭐라고 하는 사람들이 좀처럼 없었기 때문이었다. 전에는 우리가 그러한 말을 사용하는 것에 대해 굉장한 분노를 나타내었는데 말이다.

Thou와 Thee 라는 말은 교만하거나 명예를 얻고자 힘쓰는 사람들에게는 따끔한 일침이었다. 그러한 사람들은 그 말을 하나님과 그리스도께 사용할지언정 자신들에게 사용하는 것은 참지를 못하였다. 그래서 우리는 두들겨 맞고 핍박을 당하였고 때론 생명의 위협을 당하는 때도 있었다. 교만한 사람들 중에 더러는 우리가 그러한 말을 사용했다고 해서 마치 기독교 예절이 자신들이 젊어서 배운 대로 상대방에게 You라고 하는 것인 양 "뭣이라고? 못 배운 촌뜨기같으니라구! 나보고 Thou라고 했어?" 하고 말하기도 하였다.

이즈음해서 많은 교황절대주의자들과 예수회파 사람들이 친우회파 사람들에게 아첨을 떨기 시작했으며 가는 곳마다 친우회 교우들은 모든 교파 중에서 자기를 가장 잘 부인하는 훌륭한 사람들이라는 말을 하였다. 또한 성모

(Portugal), 고지 독일어(High Dutch), 저지 독일어(Low Dutch), 덴마크어(Danish), 보헤미아어(Bohemian), 슬라브니아어(Slavonian)와 같은 여러 언어에서 Thou와 You가 단수 복수로 사용되는 예가 나오며, 또한 정복자들과 다른 사람들이 하나를 가르칠 때에 단수를 어떻게 사용해 왔으며 You(하나를 지칭하는)라는 말을 어떻게 해서 교황이 제일 먼저 사용하게 되었는가도 설명하고 있다. 스웨덴어(Swedish), 터키어(Turkish), 모스크바어(Muscovian), Curlandian에 나타나는 단수 thou와 복수You와 더불어, 폴란드어(Polonian), Lithbanian, 아일랜드어(Irish), 동부 인디언어(East-Indian)에서도 그와 같은 몇가지 용례들이 나타난다. 이 책 뒷 부분에서는 몇가지 불미스런 말들이 적혀 있다. 그 말들은 확실한 교과서를 위해 처음으로 모은 것으로 영국 학생들의 교과서가 되어 왔으며, 영국의 교사들이나 그밖의 지역에서 그러한 책을 가르치는 사람들에게 회초리와 채찍이 되고 있다. 조지 폭스, 존 스터브스, 벤자민 펄리.

런던: 로버트 윌슨을 위해 인쇄되어, 1660년 마르탱 르 그랑드(Martin le Grand)의 검은 점 독수리와 풍차(Black-Spread-Eagle and Wind-Mil)의 표시로 로버트 윌슨의 가게에서 팔 작정임.

마리아 교회로 되돌아가지 않는 것은 안타까운 일이라는 말도 하였다. 이렇듯 그들은 사람들에게 소문을 내면서 자기들은 기꺼이 친우회과 사람들과 함께 이야기할 용의가 있다고 떠들어 댔다. 그렇지만 친우회 교우들은 그러한 일에 말려들고 싶어 하지 않았다. 그들은 예수회과 사람들이었고, 그러한 일에 말려드는 것은 위험하고도 추문거리가 될 수도 있기 때문이었다.

그러나 그러한 이야기를 전해 듣자 나는 친우회 사람들에게 "그들과 이야기해 보겠소. 그들이 하고 싶은 대로 둡시다"하고 말했다. 그리하여 약속된 시간에 제라드 로버츠(Gerrard Roberts)의 집에 아첨꾼같은 그들 중 두 사람이 왔다. 그들은 우리 이름을 물었고 우리는 대답해 주었다. 그러나 우리는 그 사람들의 이름같은 것은 묻지 않았다. 우리는 그들이 교황절대주의자라고 불리는 것을 알고 있었고 그들 또한 우리가 퀘이커 교도라 불리는 것을 알고 있기 때문이었다.

나는 그들에게 전에 내가 어떤 예수회파 사람에게 물었던 것과 꼭같이 로마교회는 사도 시대에 영과 능력과 실천을 바탕으로 선 초대 교회에서 벗어나지 않았는가 하고 물었다. 내게 이러한 질문을 받은 사람은 어려워 하면서 자신은 그 질문에 대해 대답하지 않겠다고 하였다. 나는 그 이유를 물었다. 그러나 아무런 이유도 대려고 하지 않았다. 그와 함께 있던 동료가 자기가 대신 대답하겠노라고 하면서 자신들은 사도 시대에 세워진 초대 교회에서 벗어나지 않았다고 답했다. 나는 나머지 한 사람에게 당신도 똑같은 생각을 가지고 있느냐고 물었다. 그 사람은 "그렇소"라고 대답했다.

그래서 나는 또 다른 것을 더 잘 이해하고 아무런 실수가 없도록 하기 위해서 다음과 같은 방식으로 되물었다. "지금의 로마 교회가 사도 시대의 교회와 마찬가지로 순수하고 실천적이며 능력이 있으며 성령 안에 거하고 있습니까?" 하고 말이다. 그러자 그들은 우리가 집요하게 물으리라는 것을 알아차리고는 회피하듯 부인하면서 누구든 자신들이 사도시대와 똑같은 능력과 영을 지녔다고 말한다면 주제넘은 일이라고 말하였다.

나는, 당신들은 그리스도와 사도들이 한 말씀을 들먹이면서 사람들로 하여금 자신들이 사도들의 계승자라고 믿게 하면서 정작 자신들은 사도들이 지녔던 능력과 영 안에 거하지 못한다고 이야기할 수밖에 없으니 당신들이야말로 주제넘은 사람들이라고 그들에게 이야기했다. "당신들은 사도들이 비난했던 뻔뻔스러운 사람들이오"하고 말했다.

나는 그들에게 사도들이 맺은 열매와 실천한 행동들이 그들이 맺은 열매와 실행과 얼마나 다른지 설명해 주었다.

그러자 그들 중 한 사람이 일어나서 "당신은 몽상가에 불과하오"하고 말했다. 나는 "아니오, 당신들이야 말로 더러운 몽상들로 자신들이 사도들의 계승자라고 착각하면서도 사도들이 지녔던 능력과 영을 지니지 못했다고 고백하고 있소이다. 그리고 또, 오늘날 사도들이 지녔던 똑같은 능력과 영을 지녔다고 이야기하는 사람들은 누구나 주제넘은 사람이라고 이야기하는 사람들이 오히려 육체를 더럽히는 사람들이 아니오? 당신들이 사도들이 지녔던 것과 같은 능력과 영을 지니지 못했다면 그것은 옛날 초대 교회의 사도들과는 다른 영과 능력에 이끌림을 받고 있다는 명백한 증거요"하고 나는 말했다.

그리고 나서 나는 그들에게 그들을 지배하고 있는 사악한 영이 어떠한 방법으로 구슬을 들고 형상 앞에서 기도하게 하고, 수녀와 수사와 수도원을 세우게 하고, 신앙을 위해 죽게 만드는가를 이야기해 나갔다. 그러한 행위는 율법 아래에 놓인 것으로 자유케 하는 복음에 못미치는 행위임을 그들에게 설명해 주었다.

그들은 이와 같은 이야기에 이내 싫증을 내고서는 떠나버렸다. 나중에 듣기론 그들은 교황절대 주의자들에게 책임을 돌리며 우리와는 다시는 논쟁하지 않을 것이며 우리와 관계 된 책은 하나도 읽지 않을 것이라고 하였다고 했다.

그렇게 우리는 그 사람들에게서 벗어날 수 있었다. 그러나 우리는 장로파, 조합교회파, 구도파, 침례파, 감독파, 소키누스파, 브라운파, 루터파, 칼빈파, 알미니우스파, 제5왕국파파, 패밀리스트(사랑의 가족 교도), 머글레톤파, 랜터파와 같은 다른 종파들과도 함께 논쟁을 하였다. 어느 종파도 사도들이 지녔고 그 안에 거하였던 것과 똑같은 능력과 영을 가졌다고 단언하지 못했다. 동일한 능력과 영으로 주님은 우리에게 그들 모두를 지배할 권리를 주셨던 것이다.

제5왕국파 사람들에 관해 말하자면, 나는 그들의 잘못을 명백히 지적해 주는 글을 전해주라는 이끄심을 받았다. 그들은 그리스도께서 볼 수 있는 모습으로 친히 오시기를 고대하면서 그 때를 1666년으로 정해 두었기 때문이다. 그들이 대비하는 그 때에 천둥이 치고 비가 오면 그리스도께서 그의 나라를 세우러 오시고 자신들은 바깥에 있는 타락한 것들을 죽일 것이라는 상상을 하였다.

그러나 나는 그들에게 타락한 것들은 그들 안에 살아 있는 것으로 하나님의 불로도 타지 않으며, 사도들이 거하던 능력과 영으로도 심판받지 않는다고 이야기해 주었다. 또한 그리스도께서 볼 수 있는 모습으로 오시어 그의 나라를 세우시기를 기대하는 것은 바리새인들이 "그리스도가 여기 있다, 저기 있다"하고 이야기하는 것과 같다는 이야기를 하였다. 그러나 그리스도는 오셨으며, 느부갓네살의 꿈과 다니엘의 예언대로 주의 나라를 이미 1600년 전에 세우셨으며 네 왕국을 뜻하는 거대한 신상을 산산조각이 나게 부수셨는데 그 신상의 머리는 정금으로 되어 있고 가슴과 팔은 은으로 배와 넓적다리는 놋으로 다리는 철로 그중 발은 흙으로 되어 있었는데 그것들은 모두 여름 타작 마당에 겨가 날리듯이 하나님의 바람에 휩쓸려 날아가 버렸다는 말을 하였다.

또 나는 그리스도께서 이 땅에 오셨을 때에 그의 나라가 이 세상에 속한 것이 아니라고 말씀하시면서 만일 내 나라가 이 세상에 속한 것이었다면 내 종들이 싸웠을 것이지만 그렇지 않기 때문에 주의 종들이 싸우지 않았다고 말씀하셨다는 이야기를 그들에게 하였다. 그러므로 육체적인 무기를 가지고 싸우는 제 5왕국파 사람들은 아무도 그리스도의 종이 아니며 오직 짐승과 매춘부의 종일 뿐이었다. 그리스도께서는 "하늘과 땅의 모든 권세가 내게 있으니"하고 말씀하셨다. 그러므로 주의 나라는 이미 1600년 전에 세워졌으며 그리스도께서 지금 통치하고 계신 것이다. 그리스도의 사도들은 "예수 그리스도께서 통치하시는 것을 우리가 보오니 저가 모든 원수를 그 발 아래 두실 때까지 불가불 왕노릇 하리니"하고 이야기하였다. 아직까지 모든 것들이 주의 발 아래 복종하지 않았지만 말이다.

이 해에는 몇몇 친우회 교우들이 마음에 이끌림을 받아 바다를 건너 외국 땅에서 진리를 선포하러 갔다. 존 스터브스와 헨리 펠과 리처드 코스트롭은 마음에 이끌림을 받아 중국과 프레스터 존의 나라(Prester John's country)로 가려고 했다. 그러나 선장들이 아무도 그를 배에 실어 주려고 하지 않았다.[9] 그래서 큰 법석끝에 국왕으로부터 허가 영장을 받아냈으나, 동인도회사는 그것을 회피할 수 있는 방법을 찾아내어 그 회사에 속한 선박의 선장들은 아무도 그들을 실어 주지 않으려고 했다.

그래서 친우회 교우들은 네덜란드로 갔다. 거기서 길을 모색해 볼 작정이었으나, 거기서도 그들을 바라는 곳으로 가도록 도와줄 사람은 아무도 없었다. 그러자 존 스터브스와 헨리 펠은 이집트의 알렉산드리아 항구로 향하는 배를 잡아 탔다. 거기 탄 여행대 틈에 끼어 갈 작정이었다. 그러나 반면에 마음에 이끌림을 받아 스미르나(Smyrna)로 갈 작정이던 다니엘 베이커(Daniel Baker)는 리처드 코스트롭(Richard Costrop)의 생각을 무시하고 그를 자기와 함께 가자고 끌어들였다. 그리하여 가던 길에 리처드는 병이 들었고, 다니엘 베이커는 리처드를 아픈 채로 배에 놔두어 리처드는 결국 죽게 되었다. 그러나 그 강심장의 다니엘 베이커도 나중에 건강을 잃게 되었다.

존 스터브스와 헨리 펠은 알렉산드리아에 도착하였다. 그러나 그들은 얼마지 못해 영국 영사로부터 추방당했다. 그러나 그들은 그곳을 떠나기 전에 진리를 아는 방법과 원칙을 깨닫게 하는 많은 책과 서류들을 터키 사람들과 그리스 사람들에게 뿌렸다. 그들은 「무너진 교황의 힘」(The Pope's Strength Broken)이라는 책을 교황에게 전해 주라고 한 옛수사에게 주었다. 그 내용을 읽고 난 수사는 손을 가슴에 얹고 "여기 쓰인 것이 진리이긴 하지만 내가 그것을 공개적으로 읽으면 사람들은 나를 화형에 처할 것입니다"하고 솔직한 심정을 이야기했다. 존 스터브스와 헨리 펠은 더 이상 나아갈 수 없게 되자 영국으로 돌아가서 다시 런던으로 갔다. 존은 영국과 네덜

---

9) 이 친우회 교우들은 자신들이 발견한 진리의 원칙이 틀림없이 결국에는 전 세계를 지배할 것이라고 믿었다.
　'프레스터 존의 나라' 란 아비시니아를 뜻하였다. 프레스터 존은 전설적인 기독교 목사로 초기 중세 시대에 동방 국가를 다스린 인물로 여겨졌다. 이때 즈음 해서 카트린느 이반(Catherine Evans)과 사라 쉬버스(Sarah Chevers)와 전도 여행중에 종교 재판소 감옥에 갇혔는데 폭스는 한 로마 가톨릭 교도인 도베니(D'Aubeny)경의 힘을 빌어 그들이 풀려날 수 있게 해 주었다.

란드에서 함께 연합하여 그들이 건너갈 수 없도록 한 사람들이 서로 사이가 틀어질 것이라는 것을 내다보았으며, 정말로 그러한 일이 일어났다.

친우회 교우들이 외부로부터 단련되고 어려움을 겪는 동안 한 사람의 친우회 교우가 결혼 문제에 관해 걱정하고 있었다. 친우회 교우들의 결혼 문제가 때때로 문제시 되었던 것이다.[10] 이 해에는 친우회 교우들이 결혼 문제를 두고 노팅엄에 있는 재판소에서 조사를 받는 소송 건이 생겼다.

그 내용은 다음과 같았다. 몇 해 전에 두 사람의 친우회 교우가 친우회 교우들이 보는 앞에서 결혼하여 부부가 되어 함께 2년 동안 살았다. 그러다가 남편은 임신중인 아내와 등록된 부동산을 남겨 둔 채 죽었다. 아내가 아이를 낳자 법정에서는 아이에게 아버지의 부동산을 유산으로 넘겨 주었고 아이는 그 유산을 상속받게 되었다. 이러한 일이 있고 나서 다른 친우회 교우가 그 미망인과 결혼을 하였다. 그 후로 그 여자의 전 남편과 가까운 친척한 사람이 그 여자의 두번째 남편을 상대로 소송을 일으켰다. 그리하여 아이가 받은 유산을 빼앗아, 자신이 그 여자의 첫번째 남편의 가까운 친척으로서 그 유산을 차지하려고 하였다. 그러한 목적을 이루기 위해서 그 남자는 첫번째 결혼은 법률에 따른 결혼이 아니므로 그 아이는 합법적인 아이가 아님을 증명하려고 했다.

소송사건의 재판이 열리자 원고측 변호사는 친우회 교우들에 관하여 부적당한 말을 함부로 사용하였다. 그는 다른 좋지 못한 표현들을 써가면서 "그들은 거친 짐승처럼 함께 살았습니다"하고 말하였다. 양측의 변호사가 변론을 마친 뒤에 재판관(Archer판사)은 소송 사건에 관하여 다음과 같은 이야기를 하였다. "에덴 동산에서도 결혼식이 있었는데, 그 때에는 아담은 하와를 택하였고 하와는 아담을 택하였습니다. 또한 그 결혼은 결혼하기로 한 당사자들의 합의에 의해 이루어진 결혼이었습니다." 그리고 나서 재판관은 퀘이커 교도들에 관해서는 그들의 생각은 모르지만, 저들이 이야기하듯 거친 짐승처럼 살았을 것이라고 믿지 않으며 그리스도인답게 살았을 것이라 생각

---

10) 친우회 교우들은 목사나 재판관 없이 결혼을 하였다. 결혼하는 부부는 종교 집회가 열리는 곳에 서서 서로 손을 잡고 죽기까지 아내와 남편이 될 것을 약속하였다.

하며 또한 그렇기 때문에 그들 두 사람의 결혼은 합법적이라 믿으며 아이도 합법적인 상속자라고 생각한다는 말을 하였다.

그 판사는 배심원들의 인정을 더 얻기 위해서 한 소송 사건을 실례로 들었다. "몸이 아파 자리에 누워있던 한 남자가 그러한 형편에서 결혼하고 싶어 증인들 앞에서 어떤 여자를 자기 아내로 맞아들인다고 공언했으며 그 여자 또한 그 남자를 자기 남편으로 받아들인다고 공언하였습니다. 그 결혼이 나중에 문제가 되었는데 모든 주교들이 그 결혼이 합법적이라는 결론을 내렸습니다."

그리하여 배심원단은 친우회 아이를 인정하고 그 아이의 유산을 착복하려고 하였던 남자를 반대하는 평결을 내렸다.

이때 나라 안에는 많은 친우회 교우들이 감옥에 갇혀 있었으므로[11] 리처드 허버슨과 나는 그들을 변호하는 글을 적어 국왕에게 전하였다. 그 글을 보고 우리가 그의 관리들에게 어떠한 취급을 받고 있는지 알 수 있도록 하기 위함이었다. 그 편지는 다음과 같다.

"국왕 폐하께

관할 영토를 다스리시는 우리의 후원자시여, 아래에는 퀘이커교도라는 이름으로 조롱을 당하면서 당신 앞에 언제라도 바뀔 수 있는 권세를 지닌 자들 아래 핍박을 받아 온 사람들의 명세서가 있습니다. 선한 양심 때문에, 또한 진리를 전파한다고 하여 예수님 당시에 그랬듯이 투옥되었고 수난을 겪은 이들이 3173명이었습니다. 또한 공화정의 이름으로 우리가 알기로도 73명이 투옥되어 있습니다. 그리고 공화정 시기와 올리버와 리처드 호민관 시기에 잔학하고 모진 감금으로 죽은 사람이 32명이었습니다. 그들은 냄새나는 짚더미가 깔린 지하 토굴 감옥에서 죽어갔습니다. 국왕께서 돌아오신 후 국왕의 이름으로써 투옥된 자들도 3068명 입니다. 그들은 우리 친우회 교우들을 잡아들임으로써 국왕께 환심을 사기 위한 사람들로 여겨지는 이들로 인해 투옥되었습니다. 게다가 우리의 집회는 곤봉과 무기로 날마다 깨어집니다. 우리는 사도시대에 하나님의 백성이

---

11) 당시 잉글랜드와 웨일스 지방에 적어도 4500명 가량의 친우회 회원들이 투옥되어 있었던 것으로 보인다. 국왕에게 보낸 이 편지는 매우 직설적이고도 솔직하게 적고 있다.

하던 행실대로 평화스럽게 집회를 여는데도 말입니다. 또한 우리 친우회 교우들은 물에 던져지고, 피가 나도록 짓밟힙니다. 수난을 당하는 친우회 교우들의 수는 이루 말로 할 수가 없습니다.

　이제 우리가 폐하께 바라는 것은 공화정과 두 사람의 호민관의 이름으로 투옥되어 있는 사람들과, 진리를 전한다고 하여, 또한 국왕이나 어느 누구를 향하여서도 손을 들어 맹세하지 않았던 선한 양심 때문에 국왕의 이름으로 옥에 갇혀 있는 사람들을 풀어주십사 하는 것입니다. 또한 친우회 교우들이 여는 집회가 곤봉과 칼과 막대기를 가진 난폭한 사람들로 인해 깨어지지 않기를 바라는 것입니다. 우리는 하나님을 경외하는 마음으로 하나님께 예배드리기 위해 평화스럽게 집회를 엽니다. 이전에 우리가 핍박을 받았던 가장 큰 이유 중 하나는 우리가 호민관들과 변화 무쌍한 모든 정부 앞에서 선서하지 않았기 때문이며, 지금도 충성의 선서를 할 수 없다고 하는 이유로 투옥되어 있습니다. 만약 우리가 모든 사람에 대하여 '예'가 아니거나 '아니오'한 것이 '아니오'가 아닐 경우에는 다른 사람들이 약속을 어겼을 때와 마찬가지로 우리도 벌을 받겠습니다. 우리는 불안정한 정부 아래서 그간 수년 동안 생명과 재산의 위협을 느껴왔습니다. 이는 우리가 맹세할 수 없고 오로지 그리스도께서 말씀하신 것만을 지켜 행했기 때문입니다. 그리스도께서는 우리에게 '도무지 맹세하지 말라'고 하셨기에 우리는 이러한 그리스도의 가르침을 따라 예와 아니오로 우리의 생명과 재산을 보증합니다.

　귀 기울이시어 하나님의 지혜로 잘 생각해 보시고 그리하여 그러한 행동들을 그칠 수 있도록 하여 주십시오. 국왕께서는 나라를 다스리는 권세가 있으니 그 일을 하실 수 있습니다. 우리는 감옥에 갇혀 있는 사람들 모두가 풀려나기를 바라며 앞으로는 선한 양심과 진리를 지키기 위해 그들이 투옥되지 않기를 희망합니다. 우리의 결백에 대해 의심이 나시면 친우회 교우들과 그들을 고소한 자들을 부르십시오. 필요하시다면 그들이 핍박받은 것에 관한 더욱 구체적이고 세세한 자료를 제공할 것입니다."

제 15 장

맹세하지 않음으로 수감됨
1662-1665

런던에서 얼마 동안 머물면서 당시 그곳에서 내게 맡기신 일을 다 마친 후에 알렉산더 파커와 존 스터브스를 데리고 나라 안 쪽으로 들어갔다. 구석 구석을 다니며 친우회 회원들의 집회에 참석하였고, 그러다가 마침내 브리스톨(Bristol)에 이르렀다.

장교들이 와서 집회를 방해할 것이라는 생각이 들었다. 그렇지만 '첫째 날'에 우리는 브로드메드(Broadmead)에서 열리는 집회 장소로 갔고, 알렉산더 파커가 먼저 일어나서 설교를 하였다. 그가 이야기하고 있는 동안 장교들이 와서 그를 잡아갔다. 알렉산더 파커가 붙잡혀간 뒤에, 내가 일어서서 주의 영원하신 능력 안에서 주 하나님의 영원한 진리를 선포하였고 그 진리는 모든 사람들에게 임하였다. 남은 시간 동안 집회는 조용하게 열렸고 평화롭게 끝이 났다. 나는 다음 '첫째 날'까지 친우회 교우들을 방문하고 또한 그들의 방문을 받으며 그곳에 머물렀다.

'첫째 날' 아침에 몇몇 친우회 교우들이 에드워드 피욧(Edward Pyot) 의 집으로 와서(전날 내가 잠을 잤던 곳이다), 내가 집회에 나가지 않도록 설득하려고 무던 애를 썼다. 치안판사들이 나를 붙잡겠다는 엄포를 놓고 훈련된 무리들을 불러 모았다는 것이었다. 나는 내가 어떻게 할 작정인지 이야기하지 않았으나 그들이 집회 장소로 갔으면 좋겠다고 생각했다. 그러나 에드워드 피욧에게 집회에 갈 작정이라고 이야기하자 그는 자기 아들을 내게 보내어 자기 집에서 들판을 통해 집회 장소로 가는 방법을 가르쳐 주도록 하였다.

집회 장소로 가다가, 내가 가지 못하게 하려고 찾아 오던 친우회 교우들을 많이 만났는데, 그들은 나를 막으려고 애를 썼다. "뭐라고요?" 하는 사람도 있었고 "호랑이 굴 속으로 들어갈 작정입니까?" 하고 말하는 사람도 있었다. 나는 그들을 피해 계속해서 갔다.

집회 장소에 도착하니 마가렛 토머스(Magaret Thomas)가 이야기하고 있었다. 그 여자가 말을 마치자 내가 일어섰다. 그러나 내가 선포한 주님의 능력이 이내 사람들의 염려를 물리쳤으며, 생명이 움트는 영광스럽고도 거룩한 집회를 가졌다.

주께서 내게 전하라고 알리신 것을 사람들에게 전한 후에 나는 기도하고 싶은 생각이 들었다. 기도를 한 뒤에 다시 일어나서 친우회 교우들에게 이스라엘에 그들을 구원하실 수 있는 하나님이 계셨음을 어떻게 알 수 있는가를 이야기해 주었다.

참으로 큰 집회였고 그 열기도 뜨거웠는데, 그런 가운데 진리가 모든 사람들에게 임하였다. 생명을 찬양하였으며 그 생명은 모든 사람들의 가슴 속에 전해졌으며 집회는 평화롭게 끝이 났다. 장교들과 군인들은 다른 집회를 중단시키는데 시간을 쏟았기 때문에 그들이 오기 전에 집회가 끝이 났다. 그러나 나중에 그들이 나를 놓쳐버린 것에 대해 굉장히 격분하였다는 소식을 전해 들었다. 그들은 서로 "틀림없이 그를 붙잡을 거야" 하고 이야기했던 것이다. 그러나 주님은 그들이 나를 붙잡지 못하도록 막으셨다.

집회를 마친 뒤에 나는 존 힐리(Joan Hily)의 집으로 갔다. 그곳으로 많은 친우회 교우들이 나를 보러 왔는데 우리는 기뻐하며 우리를 구원해 내신 하나님을 찬양했다. 저녁에 나는 강 건너 사는 한 친우회 교우의 집에서 멋진 집회를 가졌는데 그 집회를 통해 우리는 주님 안에서 더욱 새롭게 되었다.

바넷 힐(Barnet Hills)에서 우리는 레스터셔의 스와닝턴으로 갔다. 그곳으로 윌리엄 스미스(William Smith)와 몇몇 친우회 교우들이 나를 보러 왔다. 그러나 밤이 되자 그들은 나를 스와닝턴에 있는 한 친우회 교우의 집에 둔 채 돌아갔다.

저녁에 홀에 앉아서 한 과부 모녀에게 이야기를 하고 있을 때에 보마운트(Beaumont) 경이 일단의 군대를 이끌고 왔다. 그 사람은 문간에다 칼을 털썩 놓더니만 칼과 창을 들고 집안으로 밀고들어오면서 "촛불 끄고 문을 꼭 닫아"하고 소리쳤다. 그리고는 집 안에 있던 친우회 교우들을 붙잡고 더 없느냐고 물었다. 친우회 교우들은 홀에 한 사람이 더 있다고 그들에게 말했다.

친우회 교우 중에는 더비셔에서 온 사람들이 몇 있었는데 그 중 한 사람의 이름은 토머스 파욱스(Thomas Fauks)였다. 보마운트 경은 친우회 교우들의 이름을 모두 물어 본 뒤에 하관에게 토머스 파욱스의 이름을 토머스 폭스로 적으라고 하였다. 파욱스는 자기 이름은 폭스가 아닌 파욱스라고 했다. 그러고 있는 동안에 군인들 몇몇이 나를 홀에서 붙들어 내어 보마운트 경 앞으로 끌고 갔다. 그 사람은 내 이름을 물었다. 나는 내 이름은 조지 폭스이며, 조지 폭스라는 이름으로 잘 알려져 있다고 대답했다. 그러자 그 사람은 "아, 그래요? 당신이 세상에 널리 알려져 있단 말이죠?"하고 말했다. 나는 내가 해를 끼치는 사람으로 알려져 있는 것이 아니라 선한 사람으로 알려져 있다고 대답했다.

그러자 그 사람은 내 주머니에 손을 집어 넣어 뒤적거리더니만 빗케이스를 끄집어 냈다. 그리고는 부하 장교 중 한 사람에게 편지가 있는지 더 찾아 보라고 하였다. 나는 우체부가 아니라고 하면서 어째서 국왕의 포고와 최근 결의안에 어긋나게 평화롭게 지내고 있는 사람들에게 경찰도 대동하지 않고서 총과 칼을 들고 왔느냐고 물었다.

이렇게 보마운트 경과 논쟁을 하다보니 그 사람은 조금 누그러졌다. 그러나 경관을 불러 그날 저녁 우리를 맡아 책임질 것을 명령하면서 다음 날 아침 자기 앞으로 데리고 오라고 하였다. 경찰들은 그날 저녁에 시민 중 한 사람을 우리를 감시하는 감시병으로 두었고, 다음 날 아침 보마운트 경 집으로 우리를 데리고 갔다. 그 사람의 집은 스와닝턴에서 1.5킬로 남짓 떨어져 있었다.
　보마운트 경 앞에 나가자 그는 우리가 '법에 저촉되는 행동을 하였다'[1]고 했다. 나는 그 법률안을 보여달라고 했다. 그러자 그 사람은 "왜죠? 당신 주머니안에 그 법률안이 있지 않습니까?"하고 말했다. 나는 집회에서 내게서 그러한 것을 찾지 못하지 않았느냐고 물었다. 그러자 보마운트 경은 잉글랜드 국왕에 대한 충성과 지상권 승인 선서를 하겠느냐고 물었다. 나는 평생 한 번도 맹세를 한 적이 없으며, 약속이나 계약을 맺은 일도 없다고 대답했다. 그런데도 그 사람은 우리에게 계속해서 선서(맹세)할 것을 강요했다. 나는 선서문을 보여 주어서, 우리가 감시받아야 할 사람인지 아니면 성공회를 기피하는 로마 가톨릭교도를 찾아내기 위한 것이 아닌지 알 수 있게 해달라고 하였다. 마침내 그는 작은 책을 하나 가져왔다. 그러나 우리는 법령서를 보여달라고 했다. 그는 우리에게 법령서를 보여 주려고 하지 않고 우리가 '집회를 열었을 것이다'라고 적은 수감 영장을 만들도록 하였다. 그 영장과 함께 그는 우리를 경찰에 보내어 레스터셔 감옥으로 이송하라고 하였다.
　그러나 경관이 우리를 다시 스왕닝턴으로 데리고 갔을 때는 마침 추수기였기 때문에 우리를 데리고 갈 만한 사람을 찾기 힘들었다. 사람들은 이웃을 감옥으로 보내기 싫어했다. 특히나 그렇게 바쁜 때에 말이다. 그들은 우리가 직접 교도소로 영장을 가지고 가게 할 작정이었다. 경찰이 친우회 교우들에게 직접 영장을 가지고 가게 하는 일은 흔히 있는 일이었기 때문이었다. 그러나 우리는, 친우회 교우들이 때로 그렇게 한 적이 있긴 하지만 우리는 그 영장을 가지고 갈 수 없으며 누군가 다른 사람이 우리와 힘께 감옥으로 그 영장을 가지고 가야 한다고 말했다.
　마침내 그들은 한 가난한 노동자를 고용하였다. 그 사람은 고용되기는

---

1) 그것은 "퀘이커 교도라고 하는 특정한 사람이나 맹세하기를 거절하는 사람들이 일으킬 수 있는 사고나 위험을 막기 위해" 1662년에 통과된 법률안이었다. 그 법률안은 맹세를 거부하거나 다른 사람에게 맹세를 하지 못하도록 설득하는 행위는 '대체로 불법적이며, 하나님의 말씀과는 맞지 않는 것'이라고 선언되어 있다. 더 나아가 '흔히 퀘이커 교도라고 하는 사람 다섯 이상이 모여서 어느 장소에서건 종교적인 집회를 가장하여 왕국의 법률이 허가하지 않은 집회를 소집하는 것도 불법'으로 규정하였다.

하였지만 가기 싫어했다. 그래서 우리는 말을 타고 레스터셔로 갔다. 도합 다섯명이었다. 몇몇 사람은 말을 타고 들판과 마을을 지나가면서 성경을 손에 펴들고 사람들에게 진리를 선포하면서 자신들은 주 예수 그리스도의 이름과 진리 때문에 붙잡혀 가는 주 예수 그리스도의 죄수라고 하였다. 한 여자 친우회 교우는 감옥에서 실을 잣기 위해서 물레를 무릎 위에 얹어 가져가고 있었다. 거기에 사람들은 굉장한 감동을 받았다.

 레스터셔에서 우리는 여관으로 갔다. 여관 주인은 우리가 감옥으로 가야한다는 사실을 걱정하는 것같았다. 그러나 위임을 받았기 때문에, 함께 의논을 하기 위해 시의 변호사를 부르러 보냈다. 여관 주인은 수감 영장을 보관해 두고, 우리를 자기 집에 있게 하여 감옥에 가지 않도록 할 작정이었다.

 그러나 나는 친우회 교우들에게, 여관에 머물러 있으면 큰 죄가 될 것이며, 많은 친우회 교우들과 사람들이 우리를 방문하러 올 것이며 그렇게 되면 여관 주인은 여관에서 우리가 집회를 여는 것을 감당하기가 힘이 들 것이라고 이야기하였다. 게다가 이미 많은 친우회 교우들이 감옥에 갇혀 있기 때문에 그들과 함께 있는 편이 더 나았다. 그래서 우리는 여관 주인에게 호의는 알고 있지만 우리는 감옥으로 가야한다는 뜻을 밝혔다. 우리를 그리로 데리고 갔던 가난한 일꾼은 수감영장과 함께 우리를 간수에게 건네주었다.

 그 간수는 아주 심술궂고 잔인한 사람이었다. 우리가 오기 전에 이미 예닐곱 명의 친우회 교우들이 감옥에 갇혀 있었는데, 간수는 몇가지 싸움거리를 만들어 친우회 교우들을 흉악범들이 있는 토굴 감옥에 집어넣겠다는 위협을 했다. 그곳은 누울 자리도 없는 그런 곳이었다. 우리는 구치소 뜰에서 온종일 머물러 있으면서 간수에게 짚더미를 조금 달라고 했다. 그러나 그는 퉁명스럽게 "너희들은 짚을 깔고 자야 할 사람들 같지 않아"하고 대답했다.

 조금 후에 윌리엄 스미스라는 친우회 교우가 내게 왔다. 그 사람은 그곳에서 알게 된 사람이었다. 나는 그에게 교도소 안에는 어떤 방들이 있으며 토굴감옥에 들어가기 전에는 친우회 교우들이 보통 어떤 방에 있게 되느냐고 물었다. 그 건물의 주인이 간수인지, 아니면 간수의 아내가 주인인지 물어보았다. 스미스는 여자가 건물 주인이라고 하였다. 그 여자는 절름발이이며 또한 거의 의자에 앉아 있고 목발을 이용해야만 다닐 수 있지만, 남편이 자기가 시키는 대로 하지 않을 경우에는 남편이 손닿는 거리에 있는 한 자기 남편을 때리곤 한다는 말도 해 주었다.

나는 아마도 많은 친우회 교우들이 나를 보러 올 것이라고 생각하고 우리에게 방이 있다면 그들이 나에게 이야기하고 나도 그들에게 이야기하기가 더 쉬울 것이라는 생각을 했다. 기회만 있다면 말이다. 그래서 나는 윌리엄 스미스에게 여주인에게 이야기해서, 만일 우리에게 방을 하나 내주고 친우회 교우들이 토굴감옥에서 나올 수 있도록 하여 우리가 전하려는 것을 그녀에게도 전한다면 그녀에게도 더 좋은 일이 될 거라는 말을 해보라고 하였다.

윌리엄 스미스가 가서 그 여자와 얼마간 이야기를 나눈 끝에, 그 여자는 동의를 했다. 그리하여 우리는 어떤 방에 들어가게 되었다. 그때 우리는 간수가 마을에서 감옥으로 들여오는 음료는 조금도 마시지 못하게 할 것이며, 오로지 어떤 음료든 간수에게서 얻어야만 한다는 말을 들었다. 나는 그것을 해결해 주겠다는 말을 하였다. 왜냐하면 우리는 하루에 한 들통의 물과 다북쑥속의 식물을 조금 얻을 수 있었기 때문에 그것으로 충당할 수가 있었기 때문이었다. 그렇게 되면 우리는 간수의 술이 조금도 필요하지 않을 것이었고, 간수도 그 물은 인정하지 않을 수 없었다.

우리가 오기 전에는, 갇혀 있던 친우회 교우중에 '첫째 날'에 함께 모이는 친우회 교우들이 거의 없었다. 누구든 기도가 하고 싶어 주께 기도하려고 하면 간수가 육척봉을 손에 쥐고 큰 맹견을 발치에 데리고 와서는 가지고 온 장대로 그들을 때렸다. 그러나 간수가 친우회 교우들을 때리면 커다란 맹견은 친우회 교우들에게 달려드는 대신 간수의 손에서 육척봉을 물이 내곤 하였다.

'첫째 날'이 되자 나는 함께 죄수로 갇혀 있던 사람 중 한 사람에게 구치소 뜰에 의자를 가져다 놓고 빚쟁이들과 흉악범들에게 뜰에서 집회가 열릴 것이니, 주의 말씀이 선포되는 것을 들으려는 사람들은 그리로 오라는 공고를 게시하라고 하였다. 그리하여 빚쟁이들과 죄수들이 구치소 뜰에 모여 들었고 우리도 그리로 나아가 참으로 귀한 집회를 가졌다. 간수도 방해하지 않았다.

이렇게 해서 감옥에 있는 동안에는 매주 '첫째 날'이면 우리는 집회를 열었고, 마을 밖에서도 몇몇 사람들이 찾아왔다. 많은 사람들이 영적 진리를 깨달았으며 거기서 주님의 진리를 받아들인 사람 중에는 그 이후로 지금까지 신실한 증거자로 일하는 사람들이 몇 있다.

재판이 열려 우리는 재판관들 앞에 나아갔다. 우리가 감옥에 있는 동안 그리로 온 친우회 교우들은 모두 20명쯤 되었다. 간수는 도둑들이 서는 자리에 나를 세웠다. 그러자 재판관 중 몇 사람이 우리에게 충성과 국왕의 주권을 인정하는 선서를 하라고 권하기 시작했다. 나는 이제껏 한번도 어떠한 서약도 한 적이 없으며, 당신들도 그리스도와 그의 사도들이 금하였기 때문에 우리가 선서를 하지 않는다는 것을 알 것이라고 말했다. 그러자 그들은 그것만을 미끼로 우리를 얽어매려고 하였다. 우리는 그리스도와 사도가 맹세하는 것을 금한 뒤에 한 번이라도 그리스도인에게 맹세할 것을 명령한 적이 있음을 증명해 보일 수 있다면 서약을 하겠지만 그렇지 않으면 그리스도의 명령과 사도들의 권면을 단호하게 따를 것이라고 말하였다.

그들은 왕에 대한 충성을 나타내기 위해서 선서를 해야 한다고 했다. 나는 이전에도 해커 대령으로 인해 죄수가 되어 런던으로 불려간 적이 있었는데, 그때는 내가 찰스 왕을 다시 불러들이려는 음모를 꾀하려고 집회를 열었다는 죄목이었다고 그들에게 말하였다. 또한 나는 재판관들에게 우리가 수감된 이유가 '집회를 열려고 한다'고 적혀 있는 수감 영장을 읽어달라고 하였다. 그리고 우리를 집회 장소에서 법률 조항에서 이야기하는 것에 저촉되는 사람이라는 것을 발견하여 붙들지 않는 한 보마운트 경은 우리를 감옥으로 보낼 수 없다고 하였다. 그러니 우리가 얼마나 부당하게 수감되었는지 알 수 있도록 그 영장을 읽어달라고 했다.

그들은 영장은 거들떠 보려고도 하지 않고, 배심원 한 사람을 부르더니 우리를 국왕에 대한 충성과 주권을 인정하는 선서를 하지 않았다는 이유로 고소하였다. 배심원단이 선서를 하고 지시를 받고서 밖으로 나가고 있는 데 그 마을의 부시장을 지내온 사람이 그들에게 "올바른 양심을 가지시오"하고 말했다. 그러자 배심원 중에 성마른 한 사람이 재판관들에게 배심원을 모욕하는 사람이 한 사람 있다는 말을 하였다. 그래서 재판관들은 부시장을 불러 세워 그 사람에게도 선서를 하라고 하였으며, 그는 선서를 했다.

죄수들이 서 있던 곳에 서 있는 동안에 한 소매치기가 친우회 교우들의 주머니를 몇 털었다. 친우회 교우들은 그 사실을 재판관들에게 이야기해서 재판관들에게 그 사람이 누구인지 알렸다. 재판관들이 그 소매치기를 불러 조사를 하자 범인은 그 사실을 부인할 수 없었다. 그런데도 재판관들은 그 소매치기를 풀어 주었다.

얼마있지 않아 배심원들이 돌아와서는 우리에게 유죄를 선언했다. 재판관들은 몇마디 하고 난 뒤에 서로 뭐라고 속삭이더니만 간수에게 우리를 다시 감옥으로 데리고 가라는 명령을 했다. 그러나 주님의 능력이 그들에게 임하였으며, 우리가 그들에게 담대하게 전한 주님의 영원하신 진리가 그들에게 임하였다. 많은 사람들이 모여 있었으며 대부분의 사람들이 우리 뒤를 쫓아 왔다. 공판정의 정리와 법정 간수는 부득이 사람들을 다시 법정으로 돌아가라고 하지 않을 수 없었다.

우리는 거리를 지나 감옥까지 가는 동안 진리를 선포하였다. 거리는 사람들로 가득 차 있었다.

갇혔던 감방으로 다시 돌아오자 얼마 있다가 간수가 나타나서 죄수가 아닌 사람들은 모두 나가주기 바란다고 하였다. 사람들이 가고 난 뒤에 간수가 말했다. "여러분 소액의 세금을 내야 할 사람을 제외하곤 여러분을 풀어주고자 하는 것이 법정의 뜻입니다. 또한 여러분들은 나 때문에 돈을 조금 내셔야 한다는 것을 알고 계실 겁니다. 그렇지만 무엇을 내든 여러분 마음대로 하십시오."

이렇게 하여 우리 모두는 갑자기 풀려나게 되었다. 여러 사람을 거쳐 본래의 직분으로 되돌아 왔다. 레오나드 펠(Leonard Fell)은 나와 함께 다시 스와닝턴으로 갔다.

나는 해스팅스(Hastings) 경으로부터 편지를 받았다. 그 사람은 내가 수감되었다는 말을 듣고 런던에서 재판을 맡은 재판관들에게 나를 석방해 주라는 편지를 내게 써 주었다. 나는 그 편지를 재판관들에게 건네 주지 않았다. 다른 사람의 도움으로 재판관들이 우리를 갑작스럽게 풀어주게 되었다는 사실이 그가 전해들었는지 나로서는 알 수 없었다. 나는 그 편지를 나를 감옥으로 보냈던 보마운트 경에게 전달했다. 보마운트 경은 편지를 열어 읽어

보고는 몹시 고민하는 눈치였다. 그러다가 결국 마음을 진정 시키기는 하였으나, 만일 스와닝턴에서 다시 집회를 열기만 하면 우리 집회를 해산시키고 우리를 다시 감옥으로 보내겠다고 엄포를 놓았다.

그러나 그의 그러한 위협에도 불구하고 우리는 스와닝턴으로 가서 그곳에 있는 친우회 교우들과 함께 집회를 열었다. 보마운트 경은 그리로 오지도 않았으며, 집회를 해산시키려고 사람들을 보내지도 않았다.

〔노팅엄셔와 베드포드셔와 워릭셔 일대를 두루 다니며 여행을 한 뒤에 폭스는 다시 런던으로 갔다.〕

런던에 그리 오래 머물지는 않았다. 에식스로 갔다가 노포크(Norfolk)로 가서 큰 집회를 열었다. 노르윅에서, 로렌스 지휘관의 집에 갔을 때에는 굉장한 방해와 위협이 있었다. 그러나 집회는 조용한 가운데 열렸다. 거기서 수튼(Sutton)으로 건너갔다가 케임브리지셔(Cambridgeshire)로 갔다가 에드워드 버로우가 죽었다는 소식을 들었다. 그와 헤어진다는 것이 얼마나 큰 슬픔과 훈련이 될지 짐작하면서 그들의 마음을 진정시키고자 다음과 같은 편지를 써보냈다.

"친우회 교우들께

침착하고 평안한 마음을 가지고, 변치 않는 하나님의 씨앗 안에 거하십시오. 하나님의 씨앗 안에서 여러분은 사랑하는 에드워드 버로우 형제가 여러분 가운에 있음을 느낄 수 있을 것이며, 그 씨앗 안에서 또한 그 씨앗으로 말미암아 에드워드 버로우는 여러분을 자기와 함께 계신 하나님께로 새로 태어나게 합니다. 또한 하나님의 씨앗 안에서 여러분은 에드워드 버로우를 보고 느끼며 그 씨앗 안에서 그와 한 생명이 됩니다. 그러니 변치 않고, 눈으로 볼 수 없는 그 생명 안에서 에드워드 버로우를 기쁘게 만나십시오.

조지 폭스"[2]

〔이후로 광범위한 지역을 여행한다. 먼저 동부 지역을 지난 후에 서쪽으

로 대륙 끝까지 이르렀다가 다시 웨일스와 잉글리쉬 래이크(English Lake) 지역을 통과한다. 폭스는 결국에는 1633년 어느 땐가 스와스모어에 이르렀을 때 자기에게 25파운드의 현상금이 걸려 있다는 사실을 발견한다. 이러한 긴 여행 중에 다소 순탄한 여행이긴 하였어도 다음 사실만을 이야기하겠다. 그것은 '진리에 관한 폭스의 원칙에 던져진 선한 빛'에 관한 이야기이다].

"다음 날 아침, 시(Truro)의 주요 인사 몇 사람이 나와 함께 이야기하고 싶어 했다. 그들 중에는 루즈 대령이 있었다. 나는 가서 그들과 하나님에 관해 참으로 많은 이야기를 나누었다. 그들과 이야기를 하는 동안 그들은 "복음은 마태복음, 마가복음, 누가복음, 요한복음의 네 가지 책에 나와 있습니다" 라고 말하면서 그것은 당연하다고 하였다. 나는 그들에게 복음이란 하나님의 능력으로 된 것으로 마태복음, 마가복음, 누가복음 요한복음이 쓰여지기 전에 이미 전파되었으며 모든 피조물들에게 전파된 것으로 그 중 상당 부분은 그 4 복음서를 통해서는 보거나 들을 수 없는 부분이기 때문에 모든 피조물들은 하나님의 능력을 따라야 하며 그렇기 때문에 그리스도께서 영적인 분으로 복음에 따라, 즉 보이지 않는 능력을 따라 세상을 심판하실 것이라는 말을 했다. 그들은 이 말을 듣자 반박하지 못했다. 진리가 그들에게 임하였기 때문이다. 나는 그들을 하나님께서 은혜로 주신 그들의 스승께로 인도하였으며, 하나님의 은혜의 풍성함을 설명해 주면서 그 풍성함이 어떻게 살고 무엇을 거절하면서 살아야 할지 가르쳐 줄 것이라고 하였다. 또한 순종하면 구원을 입게 될 것이라는 말도 하였다. 그렇게 나는 그들에게 하나님의 은혜에 관해 이야기하여 주고 그 은혜 아래 그들을 맡기었다."

나는 모래벌판을 지나 스와스모어로 갔다. 거기서 사람들이 커비

---

2) 이 편지는 조지 폭스의 문체가 까다롭다는 것을 잘 보여준다. 이 편지는 심오하고도 아름다운 영을 의미하고 있으나 말투가 너무나 모호하다. 폭스는 다음과 같은 뜻으로 쓴 것이다. "사랑하는 에드워드 형제는 보이지 않으며 불변하시는 하나님 안에 살고 있으니 여러분도 살아계신 하나님 안에 삶의 뿌리를 내리십시오. 에드워드 버로우 형제 안에 분명히 나타내 보이신 하나님의 거룩하신 임재는 여러분 안에 영적 생명을 낳았으며, 여러분 또한 떠나간 이와 함께 영과 생명 안에서 하나가 됨을 느낄 수 있을 것입니다.

(Kirby) 대령이 나를 부르러 부관을 보냈다고 했다. 그 사람은 나를 찾으려고 큰 여행 가방과 상자를 뒤졌다.

그날 저녁 자리에 누워 있다가 다음 날 나는 커비 홀로 가서 그와 함께 이야기를 하라고 주께서 인도하시는 것을 느꼈다. 그곳은 커비 대령의 집으로 8킬로 남짓 떨어져 있는 곳이었다. 그 집에 도착하니 플랑드르인들이 있었다. 마침 커비 대령이 의회에 나가기 위해 런던으로 떠날 참이었기 때문에 그를 떠나보내기 위해 온 소위 그 지역의 상류계급이라는 사람들도 함께 있었다. 나는 그 사람들이 있는 응접실로 안내를 받았지만 커비 대령은 그들과 함께 있지 않고, 잠깐 외출한 상태였다. 그들은 내게 별로 말을 걸지 않았으며 나도 별로 말을 많이 하지는 않았다.

조금 뒤에 커비 대령이 들어왔다. 나는 그 사람에게 내게 무슨 할 말이 있는지와 내게 대해 나쁘게 생각하는 것이 있는지 알아보기 위해 왔다고 이야기했다.

그 사람은 모든 사람들이 보는 앞에서 "귀족의 명예를 걸고 말하건대 당신에 대해 아무런 감정이 없소. 그러나 펠 여주인은 자기 집에서 집회를 열게 해서는 아니 되오. 그러한 행위는 법에 저촉되기 때문이오"하고 말했다.

나는 커비 연대장에게, 우리는 그래서 붙잡힌 것이 아니라 '왕을 대적하여 반란과 음모를 꾀하려고 했다' 는 죄목으로 붙들렸으나, 마가렛 펠 부인 집에서 만났던 사람들은 그의 이웃으로 평화로운 사람들임을 그도 알듯 우리는 그런 사람들이 아니라는 이야기를 했다.

많은 말들이 오고간 뒤에 커비 대령은 악수를 하면서 나에 대하여 아무런 반감이 없다고 다시 말했으며, 함께 있던 다른 사람들도 내가 그렇지 않은 사람이라는 것을 인정한다고 이야기했다. 그리하여 우리는 서로 헤어졌고 나는 스와스모어로 돌아갔다.

얼마 후에 커비 대령이 런던으로 갔을 때에 프레스톤(Preston) 판사가 살고 있는 홀커 홀(Houlker Hall)에서 재판관들과 주 부지사들이 모이는 사적인 모임이 있었다. 거기서 그들은 나를 체포하라는 영장을 발부했다. 나는 그 모임과 영장에 관한 이야기를 듣고서, 마음만 먹으면 그들의 손이 닿지 않는 곳으로 도망갈 수도 있었다. 당시 계획된 집회도 없었고 북쪽 지방에 대해 이미 내 생각을 잘 전달하였고 주님의 능력이 모든 사람들에게 임하였기 때문이었다. 그러나 곰곰이 생각해보니, 북쪽지방에는 음모가 일고 있다는 소문이 있는데 내가 만일 떠나버린다면 친우회 교우들이 공격을 받을 것이고 만일 붙잡히도록 가만히 있는다면 친우회 교우들이 공격을 받지 않고 더 잘 피할 수 있을 것이라는 생각이 들었다. 그래서 나는 그대로 있기로 작정하고 사람들이 나를 잡으러 오기를 기다렸다.

다음 날 한 장교가 칼과 총을 들고서 나를 잡으러 왔다. 나는 그가 왜 왔는지 알고 있으니 나를 잡아가라고 이야기했다. 달아났더라면, 그가 오기 전에 이미 10여 킬로는 족히 달아났겠지만 나는 죄가 없는 사람이라 당신이 어떻게 하든 상관 없다고 이야기했다. 그는 나를 체포하라는 명령은 객실에서 은밀하게 결정된 것으로 아는데 어떻게 그 소식을 들었느냐고 내게 물었다. 나는 그런 것은 중요한 것이 아니며 내가 그 소문을 들었다는 것으로 충분하다고 말했다.

나는 장교에게 그 명령서를 보여달라고 했다. 그러자 그 장교는 칼에 손을 얹고서 명령서를 보여줄 것이라고 부관 앞에서 대답하면서 우선 자기와 함께 가야한다고 말했다. 내게 명령서를 보여 주는 것이 예의 바른 행동이며 합리적인 처사라고 했다. 그렇지만 그는 보여주려고 하지 않았다. 그래서 나는 "갈 준비가 되었소" 하고 말했다.

그렇게 되어 나는 그 장교를 따라 갔다. 마가렛 펠이 홀커 홀까지 함께 가 주었다. 홀커 홀에 도착하니, 거기 사는 프레스톤 판사 이외에도 로윌슨(Rawilson)이라는 판사와 조지 미들턴(George Middleton) 경 이라는 사람과 모르는 사람들이 많이 있었다.

그들은 카트멜(Cartmel)의 친우회 교우인 토머스 아트킨슨(Thomas Atkinson)을 데리고 왔다. 그가 나이프(Knipe)라는 사람에게 한 말에 대해 내게 불리한 증언을 하기 위해서였다. 나이프라는 사람이 토머스 아트킨슨이 한 말을 그들에게 알렸는데 그 말이란 내가 음모를 꾀하는 사람들을 반대하는 글을 써서 그들을 무너뜨렸다고 이야기한다는 것이었다. 그들은 이 말을 특별히 중요시 여길 까닭이 없었다. 내가 이미 음모에 대해 들었으며 음모를 반대하는 글을 썼다는 이야기를 그들에게 하였기 때문이다.

늙은 프레스톤 판사는 그러한 글을 쓰는 데 가담했느냐고 내게 물었다. 나는 무슨 말이냐고 물었다. 그는 "베틀도어에서 말이오?"하고 물었다. 나는 "그렇소"하고 대답했다.

그러자 그는 나에게 언어에 대해 아느냐고 물었다. 나는 "나 혼자 힘으로도 충분히 이해할 수 있습니다"하고 말하면서 그것이 조금이라도 법에 어긋난다고 생각지 않는다고 하였다. 나는 또한 그들에게 겉으로 드러난 언어를 이해하는 것은 온갖 언어들이 바벨의 혼란으로부터 시작되었던 것이기 때문에, 구원과는 아무런 상관이 없다고 하였다. 또한 내가 그 언어들을 조금이라도 이해한다면 그들 안에 놓여 있는 구원의 문제를 위해 그 언어들을 판단하고 분석하였을 것이라고 이야기했다.

그러자 프레스톤은 돌아서서 "조지 폭스는 모든 언어를 분석한답니다. 그럼 이제부터 더 중요한 문제에 관해 당신을 심문하겠소"하고 말했다.

그때 조지 미들턴이 말했다. "당신은 하나님과 교회와 신앙을 부인하고 있소."

나는 "아닙니다. 나는 하나님과 교회와 신앙을 믿습니다. 그러나 당신은 어떤 교회를 믿고 있습니까?(나는 그가 교황절대주의자인 것을 알고 있었다.)"

그러자 그는 다시 돌아서서 "당신은 반역자이며 음모를 꾸미는 자요"하고 말했다.

나는 누구더러 하는 이야긴지 혹 누구를 반역자라고 하는지 그에게 물었다. 그는 질투심에 가득 차서 잠시 동안 말을 하지 못하다가 마침내 "당신에게 한 말이오"하고 말했다.

그 말을 듣고 나는 책상을 치면서 그에게 말했다. "나는 스무 명도 더 되는 당신 같은 사람 때문에 이제껏 어려움을 겪었소. 그러한 사람들은 이 자리에도 더 있습니다. 나는 6개월 동안이나 더비의 토굴 감옥에 수감되었으며, 우스터 전투가 있기 전에는 왕을 대적하여 싸우지 않는다고 하여 수난을 당했던 것입니다. 해커 대령이 1654년에 찰스 왕을 불러들이려는 음모를 꾀하는 반역자로 나를 죄수로 고향 땅에서 올리버 크롬웰에게 보냈습니다. 나는 왕에 대한 사랑과 호의밖에 없었고, 왕과 그 신하들이 영원히 잘 되기를 바라는 마음뿐이었습니다."

"음모에 관한 일을 들은 적이 있소?"하고 미들턴이 물었다. "없습니다" 하고 나는 말했다. "들으려고만 하면 다시 들을 수 있을 것이오. 국왕과 당신들 무리에 대해 이야기하는 것을 보아 올리버 통치 시기에 당신들 무리는 어디에 있었으며 왕을 위해 무슨 일을 하였소? 나는 당신들 누구보다 왕의 영원한 평안과 번영을 바라며 왕을 사랑하는 자요."

그러자 그들은 음모에 관한 소식을 들었느냐고 물었다. 나는 "그렇습니다"하고 대답했다.

그들은 어떻게 그 소식을 들었으며 그 일에 관해 내가 알고 있는 사람이 있느냐고 물었다. 나는 그 소식을 요크셔의 주장관을 통해 들었는데 그 사람은 호지슨(Hodgson) 박사에게 북부 지역에 음모가 일고 있다는 말을 하였다고 했다. 그렇게 해서 듣게 되었지만 남부 지역에서는 그러한 이야기를 한 번도 들은 일이 없었고 여기 북부에 올 때까지도 그러하였다고 했다. 음모에 관한 한 나는 어린아이처럼 순진했다. 거기에 대해서는 아무것도 모르기 때문이었다.

그러자 그들은 "북부 지방에서 일고 있는 음모에 대해 조금도 아는 바가 없다면서 어째서 거기에 반대하는 글을 쓰려고 하오?"하고 물었다.

나는 "당신들이 죄 있는 사람과 죄 없는 사람을 똑같이 못살게 구는데 열심인 까닭에 나는 진리(여기서도 그렇고, 친우회 교우들이 쓰는 글에는 진리가 그들이 표방하는 '대의 명분'을 나타내는 경우가 많다)를 밝히고 앞으로는 절대로 어리석은 자들이 그러한 일에 정신을 쏟지 못하도록 하기 위해 거기에 저항하는 글을 적는 것뿐이오. 나는 그러한 글을 복사해서 웨스트모어랜드, 컴버랜드, 커햄, 요크셔 등지와 당신들에게도 보냈소. 그리고 또 다른 견본을 왕과 공의회 앞으로 보냈으니, 지금쯤 활자화되었을 것이오"하고 말했다.

그중 한 사람이 "이 자는 대단한 힘을 가진 사람이오!"하고 말했다.

나는 "그렇소. 나는 음모를 꾸미는 자들을 대항하는 글을 적을 권리가 있소이다"하고 말했다.

그들 중 한 사람이 "당신은 이 나라의 법을 어기고 있소"하고 말했다.

나는 "아니오. 나와 내 친구들은 모든 사람들을 그들 마음 속에 계신 하나님의 영께로 인도하여 육의 일을 억제하도록 힘쓰고 있는 것이오. 우리가 하는 일은 사람들이 치안판사의 칼에서 벗어나 선행을 하도록 이끌며, 그렇게 됨으로써 사악한 일을 하는 사람들을 벌주는 치안판사들의 일을 덜어줍니다. 그러므로 사람들이 하나님의 영께로 돌이키면 육의 일을 억제하게 되어, 치안 판사의 처벌을 받는 사례가 없어지게 됩니다. 그러한 일은 치안직을 맡고 있는 사람과 법률에 분명히 필요한 것의 한 가지로, 그렇게 되면 범법 행위로 추가되었던 법률이 선행을 하는 사람을 칭찬하는 법률이 됩니다"하고 말했다.

그때 조지 미들턴은 "법률서를 가지고 와서 국왕에 대한 충성과 주권을 인정하는 선서(맹세)를 하시오"하고 소리쳤다.

당시 그는 교황절대 주의자였기 때문에 나는 그에게 선서자로서 주권을 인정하는 선서를 하였느냐고 물었다. 우리로선 그리스도와 사도가 명하고 있기 때문에 선서(맹세)를 할 수가 없었다.

그들 중 몇몇 사람은 우리에게 선서를 시키지 않고, 우리를 석방시켜 주려고만 하였다. 그러나 나머지 사람들은 그러한 의견을 받아들이려고 하지 않았다. 그것만이 나를 붙들어 둘 유일한 올가미로 이미 다른 모든 것이 명백하게 밝혀진 그 때에 달리 나를 감옥에 가둘 방도가 없었던 것이다. 이것은 순교자들을 올가미에 걸어 넣은 교황 절대주의자들의 성체와도 같은 것이었다.[3]

그래서 그들은 나에게 선서할 것을 제안했으나 나는 그 제안을 받아들일 수 없었다. 그 때문에 그들은 나를 랭카스터 감옥에 보낼 영장을 발부하려고 하였다. 그러나 곰곰이 생각해 보더니 나더러 재판이 열리면 다시 나오라고 하면서 당분간 물러가 있으라고 했다.

나는 마가렛 펠과 함께 스와스모어로 돌아갔다. 조금 후에 당시 치안판사였던 웨스트 대령이 나를 보러 왔다. 그는 내게 몇몇 재판관들에게 마가렛

---

[3] 찰스 왕 통치 시기에 감옥에서 고생하던 퀘이커교도는 대부분 선서를 하지 않는다는 이유로 수감되었다.

펠과 나를 만나러 가겠다는 것을 알리고 왔다고 말하면서 "내가 알리고 왔다고 해서 당신들 중에 화를 낼 사람이 있을지도 모르겠군요"하고 말했다. 나는 그들이 법정에서 내게 어떻게 할 거라고 생각하느냐고 물었다. 그들이 내게 또 다시 선서를 시킬 것이라고 웨스트 대령이 말했다.

스와스모어에 있는 동안에 윌리엄 커비가 스와스모어에 열리는 집회에 경관을 데리고 왔다. 나는 친우회 교우들 틈에 함께 앉아 있는데 그가 내게 말을 걸어왔다. "어떻게 지내시오, 폭스 씨! 꽤많은 친구들이 있으시군요." "그렇소이다. 우리는 주님을 섬기기 위해서 모였소"하고 나는 말했다.

그리고는 친우회 교우들의 이름을 적기 시작했다. 그리고 그에게 이름을 잘 이야기하지 않으려는 사람은 경관의 손에 넘기어 몇 사람은 감옥으로 보냈다. 경찰들은 영장 없이 그들을 잡아가는 것을 내켜하지 않았다. 그런데도 커비는 친우회 교우들에게 족쇄를 채우라고 엄포를 놓았다. 그러나 경관은 커비 대령 앞에서는 그들을 가두어 둘 수 있으나 커비 대령이 가고 난 뒤에는 영장없이 저들을 붙들어 둘 수 없다고 그에게 말하였다.

재판 날짜가 다가오자 나는 랭카스터로 가서 약속대로 법정에 모습을 나타냈다. 재판석에는 플래밍 판사가 앉아 있었다. 그 사람은 웨스트모어랜드에서 나를 잡아 오는 사람에게는 누구든지 5파운드를 주겠다고 한 사람으로서, 웨스트모어랜드와 랭카셔의 재판관으로 있었기 때문이었다. 그곳에는 스펜서 재판관도 있었고 웨스트 대령도 있었으며 나이든 로월슨 재판관도 있었

---

4) 우리 딜력으로는 8월이 될 것이나. 감옥 안에 있는 구치소에서는 이 주산 농안 아주 바빴고 많은 편지와 자료들을 적었다. 폭스를 완강히 반대하던 위건(Wiggan)이라는 한 침례교도는 선서에 관한 문제 때문에 곤궁에 빠졌는데 결국에는 선서를 하였다. 일화는 다음과 같은 재미있는 이야기를 담고 있다.

"이 위건이라는 사람은 가난하였는데 랭카스터에서 죄수로 있는 동안 시골로 편지를 보내 감옥에 있는 하나님의 백성을 구제한다는 명목으로 돈을 모았다. 많은 사람들이 우리를 위해 쓰일 것이라는 생각으로 관대하게 돈을 보내왔으나 실제로 그 돈은 자신을 위해 사용하였다. 우리는 그 소식을 듣고서 그 사람을 호되게 꾸짖고 시골로 편지를 써서 마을 사람들이 사실의 진상을 알도록 하였고, 돈을 모으는 것은 우리가 취한 태도가 아니며 그 돈은 오로지 위건이라는 사람, 달리 말하자면 술주정뱅이 설교가를 위해 쓰였는데 그는 너무 술이 취해 한번은 자기 반바지를 잃어버린 일도 있다는 글을 적어 보냈다."

으며 나를 비난하며 진리와 친우회 교우들에 대해 상당한 반감을 가지고 있던 변호사도 있었다. 그러나 주님의 능력이 그들을 저지시켰다.

아주 큰 공판이었으며, 사람들의 무리도 굉장했고 내가 지나가도록 길이 만들어져 있었다. 나는 모자를 쓴 채, 피고석으로 나갔다. 그들은 얼마 동안 나를 유심히 바라보았으며 나도 그들을 쳐다 보았다.

위반하면 수감된다는 조건과 함께 모두 조용히 하라는 선포가 있었다. 그리하여 사람들은 모두 잠잠해졌고 나는 "평화가 여러분에게 깃들기를 바랍니다" 하고 두번 말했다.

법원장은 내가 지금 어디에 있는지 아느냐고 물었다. 나는 "예, 압니다. 그렇지만 아마도 내 모자가 여러분의 비위에 거슬리겠군요. 모자는 하찮은 것입니다. 재판관들께 명예를 주는 것은 제가 아닙니다. 참된 명예는 하늘로부터 오는 것이지요. 나는 그 명예를 받았으며 여러분들도 모자를 명예로 여기지 않길 바랍니다" 하고 말했다.

법원장은 자신들은 모자를 존경을 표하는 것으로 여긴다고 다시 말하면서, 모자를 벗지 않는다면 판사들에게 어떻게 경의를 표하느냐고 내게 물었다. 나는 "그들이 나를 불렀을 때 제가 오는 것이 곧 경의를 표하는 것이지요" 하고 말했다. 그러자 그들은 내게 모자를 벗으라고 명령했다.

그런 뒤에 그들이 내게 말하기까지는 얼마 동안 시간이 흘렀다. 나는 주님의 능력이 일어나는 것을 느꼈다. 잠깐 동안의 침묵이 있은 뒤에 법원장인 늙은 로윌슨 재판관은 음모에 대해 아느냐고 물었다. 나는 한 친우회 교우를 통해 요크셔에서 음모에 관한 소문을 들었는데 그 친구는 주장관으로부터 음모에 관한 이야기를 전해들었다고 말했다. 그들은 시 행정관리에게 그 일을 알렸느냐고 물었다. 나는 "음모와 반란자들을 비난하는 글을 바깥으로 보냈으며, 마을로 돌아오자마자 나와 내 친구들에 관한 질투심을 가라앉히기 위해 당신께도 보냈습니다. 그러한 일을 알리는 것이 우리의 원칙이기 때문입니다" 하고 말했다.

그들은 내게 집회를 인정하지 않는 법에 대해 알고 있느냐고 물었다. 나는 왕을 대적하는 자들로 왕의 대신들을 위협하기 위해 모인 사람들에게 적용되는 엄한 규칙이 제정되어 있다는 것은 알지만, 우리가 여는 집회는 왕의 대신들을 위협하지도 않으며 우리는 왕이나 어느 누구도 대적하는 자가 아니므로 우리를 그런 사람으로 보지 않기를 바란다고 말하였다.

그러자 그들은 내게 충성과 주권을 인정하는 선서를 하라고 하였다. 나는 그리스도와 사도들이 금하였기 때문에 절대로 선서(맹세)를 할 수 없으며, 당신들은 처음에는 이렇게 맹세하고 나중에는 달리 행동하는 것을 충분히 경험하였겠지만 나는 내 일생 한번도 선서를 한 적이 없다고 이야기했다.

그러자 로월슨이, 선서하는 것이 합당하지 않다고 말하는 것이냐고 내게 물었다. 그의 이러한 질문에는 나를 올가미에 걸려들게 하려는 의도가 있었다. 법률에, 선서하는 것이 위법이라고 말하는 사람은 추방당하거나 상당한 벌금을 내야 한다는 조항이 만들어져 있었기 때문이었다. 나는 그러한 의도를 알아차리고 그러한 대답을 하는 대신에 "그리스도께서 오시기 전 율법 시대에 살던 유대인 사이에서 사용했던 율법은 맹세를 하라고 명하였습니다. 그러나 복음의 시대에 율법을 진정 완성시키는 분인 그리스도께서 도무지 맹세하지 말라고 명령하시며 사도 야고보도 하나님의 율법을 받은 유대인들에게조차 맹세를 금하고 있습니다" 하고 말했다.

많은 이야기를 주고받은 끝에 그들은 간수를 불러서 나를 감옥에 집어 넣으라고 했다.

나는 나에 대한 음모를 비난하는 항의서를 가지고 있었는데 그것을 읽어 보거나 법정에서 공개적으로 읽어 달라고 했다. 그러나 그들은 내 제안을 받아들이려고 하지 않았다. 선서를 하지 않는 이유로 수감되게 되었기 때문에 나는 그들과 모든 사람들에게 내가 그리스도의 교리를 따르고 그리스도의 명령에 순종하기 위해 고난을 당한다고 이야기했다.

나중에야 나는 커비 대령이 전에 나에 대한 문제를 공정하게 처리해 준 것같지만 재판관들이 바로 그로부터 나를 기소하라는 은밀한 지시를 받았다는 것을 알았다. 커비 대령은 그때 많은 사람들 앞에서 내게 아무런 반감도 없다고 이야기했다.

몇몇 친우회 교우들도 감옥에 갇혔다. 하나님을 예배하는 집회를 연다고 해서 붙들린 사람도 있으며 맹세를 하지 않는다고 붙들린 사람도 있었다. 그리하여 감옥이 꽉 찼다. 그들 중 많은 사람들이 그들의 노동력이 아니면 가족의 생계를 유지할 수 없는 가난한 사람들이었다. 그러나 이제는 그들이 붙들려갔기 때문에 몇명의 부인들이 자기 남편을 가둔 재판관들에게 가서, 단지 그리스도의 진리와 선한 양심 때문에 자기 남편을 감옥에 가두었다면 자녀들도 데리고 가서 부양해 주어야 한다고 말했다.

주님의 강한 능력이 친우회 교우들 사이에 일어나서 그들에게 담대함을 주셨다. 그리하여 그들은 재판관들에게 많은 말을 하였다. 또한 죄수로 갇혀 있던 친우회 교우들은 재판관들에게 편지를 써서 부과된 형벌을 이야기하면서, 정직하고 양심적이고 평화로운 사람들임을 알며 양심을 지키기 위해 어떠한 맹세도 하지 못하는 사람들임을 알면서도 충성의 선서를 거부한다고 감옥으로 보낸 것은 이웃에 대한 부당하고도 인정없는 행위임을 지적했다.

그러한 이유로 수감되어 있는 사람들 중에 몇몇 사람은 전쟁시에 왕을 섬겼던 사람들로 알려져 있으며, 왕을 위해 생명의 위험을 무릅쓰면서 굉장한 어려움을 겪었고 많은 피를 흘렸으며 시작부터 끝까지 충성을 잃지 않았으며 그러면서도 아무런 보수도 받지 않았던 사람들이었다. 그들의 성실한 수고와 봉사가 그것도 왕의 지지자로 자처하는 사람들로부터 이렇게 보상받는다는 것은 가혹하고 몰인정한, 은혜를 모르는 처사였다.

이렇게 친우회 교우들의 불평과 불만을 계속적으로 주의하여 듣던 재판관들은 마침내 몇 사람을 석방시켜 주었다. 그러나 여전히 많은 사람들이 감옥에 갇혀 있는 상태였다.

나는 재판이 있는 날까지 수감되어 있다가, 터너(Turner) 판사와 트위스든(Twisden) 판사가 순회 재판차 올 때에 트위스든 판사 앞으로 불려 나갔다. 때는 1663년이 끝날 무렵 3월(March)이라고 부르는 달 14일이었다.

피고인 석에 나가서 나는 "여러분께 평화가 깃들기 바랍니다" 하고 말했다. 재판관은 나를 바라보더니 "아니, 모자를 쓰고 법정에 들어오다니" 하고 말했다. 그 말이 떨어지자 간수가 모자를 벗기려고 했다. 나는 "이 모자는 하나님께서 주시는 명예를 뜻하는 것이 아닙니다" 하고 말했다.

그러자 트위스든 판사는 "조지 폭스씨, 충성의 선서를 하시겠소?" 하고 내게 말했다. "나는 평생 한번도 선서를 한 일이 없으며 계약이나 약속도 한 일이 없소이다" 하고 나는 말했다. "알겠소. 선서를 하겠다는 말이오, 안하겠다는 말이오?"하고 재판관이 다시 물었다. "나는 그리스도인입니다. 그리스도께서는 맹세하지 말라고 명령하셨으며 야고보 사도도 맹세를 금하였습니다. 내가 하나님의 말을 따를 것인지 사람의 말을 따를 것인지는 당신이 판단하십시오"하고 내가 말했다.

"다시 묻겠는데 선서를 하겠소 안하겠소?"하고 트위스든 판사가 말했다. "나는 터키인도 유대인도 이방인도 아닌 그리스도인으로 기독교인의 자세를 나타내 보여야 하오"하고 나는 다시 말했다.

나는 재판관에게 묻기를 십계명을 지키던 초기 시대의 기독교인들과 메리 여왕 시대의 몇몇 순교자들이 그리스도와 사도가 맹세하지 말라고 했다는 것을 근거로 선서하기를 거부했다는 것을 모르느냐고 물었다. 그리고 또한 참으로 많은 사람들이 왕에 대한 충성을 맹세하고 그 다음에는 다시 국왕을 반역하였는데 당신들도 그러한 일을 충분히 보지 않았느냐고 말하였다. "그러나 나로 말하자면 평생 한번도 선서를 한 일이 없소이다. 나는 맹세하는 것에 충성하지 않고 진리와 신뢰할 수 있는 것에 충성합니다. 나는 모든 사람을 존중하는데 하물며 왕이라면 말해 무엇하겠소? 그러나 위대한 선지자이시요, 왕의 왕이시요, 모든 세상을 구원하시고 심판하시는 그리스도께서는 맹세하지 말라고 하셨습니다. 그런데 제가 지금 그리스도의 말을 따라야 하겠습니까? 아니면 당신의 말을 따라야 하겠습니까? 내가 선서를 하지 않으며 양심을 보호하라는 왕의 말씀을 간직하는 것은 양심을 지키기 위함이며 그리스도의 명령을 따르기 위함입니다"하고 나는 말했다.

그리고 나는 재판관에게 국왕을 인정하느냐고 다시 물었다. "그렇소, 나는 진실로 국왕을 인정하오"하고 재판관이 말했다.

"그렇다면 당신은 어째서 국왕이 브레다(Breda)에서 한 선언을 따르지 않습니까? 국왕은 영국으로 돌아온 이후로 평화적으로 사는 한 누구도 종교적인 문제로 심문받아서는 안된다고 약속하지 않았습니까? 왕을 인정한다고 하면서 어째서 나를 조사하여 종교와 관련된 문제인 선서를 하라고 강요하십니까? 당신도 그 누구도 내가 소요를 일으켰다고 비난할 수 없음을 알면서도 말입니다"하고 나는 말했다.

이 말을 들은 그는 마음이 동요되어 화가 나서 나를 쳐다보면서 "이 자식, 선서를 할 작정인가?"하고 말했다.

　나는 당신에게 이 자식이라는 소리를 들어야 할 사람이 아니라 그리스도인이라고 말하였다. 또한 나이든 재판관인 당신이 그 자리에 앉아서 죄수들을 함부로 부르는 것은 나이에 어울리는 행동도 아니고, 당신이 할 일도 아니라고 말했다.

　"거, 나도 그리스도인이오"하고 그가 말했다.

　"그렇다면 그리스도인다운 태도를 보이시오"하고 내가 말했다.

　"이 자식! 말로 나를 위협하고 있다고 생각하는군"하고 그가 말했다. 그리고는 하던 말을 그치고 바라보던 것을 그치고 "잘 들어! 내가 이 자식이라는 말을 다시 사용하고 있으니"하고 말하면서 자신을 견제했다.

　"나는 사랑으로 당신에게 말하였는데 당신 입에서 나온 말은 재판관으로서 할 말이 아닙니다. 당신은, 죄수가 무지하고 바른 길에서 벗어났으면 법으로써 훈계해야 합니다"하고 나는 말했다.

　"나도 사랑으로 당신에게 말하고 있소"하고 그는 말했다.

　"그러나 사랑은 다른 사람을 함부로 잘못 부르는 것이 아닙니다"하고 내가 말했다.

　그러자 그는 일어서서 "조지 폭스. 나는 자네를 두려워 하지 않아. 자네가 그렇게 큰 목소리로 나와 법정을 뒤흔들어 놓으니, 자네 목소리를 잠재우려면 소리치는 사람 서넛을 불러야겠네. 참으로 큰 목소리를 가졌구려"하고 말했다.

　"나는 주 예수 그리스도를 위해 죄수로서 이곳에 온 사람입니다. 그리스도를 위해 나는 고난 받으며, 그리스도를 위해 오늘도 서 있는 것입니다. 만일 내 목소리가 다섯 배 더 크다면 나는 목소리를 더 높여 그리스도를 위해 소리를 질러야 하겠군요. 나는 맹세하지 말라고 명령하신 그리스도의 명령에 순종하고자 오늘도 재판석 앞에 서 있습니다. 당신들은 그리스도의 심판대 앞에 불려가면 변명거리가 있어야 할 것입니다"하고 나는 말했다.

　"그래 말해 보아, 조지 폭스. 선서를 할 건가 안 할 건가?"하고 그는 말했다.

　나는 대답했다. "앞서 말했듯이 내가 하나님께 순종할 것인지 사람의 말에 순종할 것인지는 재판장님이 판단하시라고 말씀드립니다. 내가 다른 맹세를 할 수 있다면야 이 선서를 할 것입니다. 나는 특별한 선서나 혹 특정한 경우에만 선서를 안 하는 것이 아니라 그리스도의 가르침에 따라 모든 맹세를 부인합니다. 그리스도는 제자들에게 도무지 맹세하지 말라고 명령하셨습니다. 이제 재판장님이나, 여러분 중 어느 누구 혹은 여기 오신 목사나 성직자들 가운데 그리스도나 사도께서 도무지 맹세하지 말라고 명령한 뒤에 그리스도인들에게 맹세하라고 명령하였다는 것을 증명해 보인다면 나는 선서를 하겠소.”

거기 모인 몇몇 성직자들에게 말했으나 그들 중 아무도 감히 증명해 보려고 하지 않았다.

“그렇다면 나는 왕의 종으로, 왕께서 당신과 논쟁하라고 보낸 것이 아니라 법에 따라 심판하라고 보내셨으니 국왕께 충성의 맹세를 하시오”하고 그는 말했다.

“당신이 왕을 사랑한다면 어째서 왕의 말을 어기고 양심을 지킬 자유를 약속한 국왕의 선언을 지키지 않으시오? 나는 선하고도 귀중한 양심을 지닌 사람으로 그리스도의 명령에 따라 선서할 수 없소이다”하고 내가 말했다.

“그렇다면 선서를 하지 않겠다는 말이지. 저 자를 데리고 가시오, 간수장”하고 그가 말했다.

“내가 맹세할 수 없는 것은 그리스도를 위한 것이며 그리스도의 명령을 따르느라 수난을 겪는 것입니다, 그러나 주님은 여러분 모두를 용서하십니다”하고 나는 말했다.

그러자 간수가 나를 데리고 나갔다. 그러나 나는 주님의 강한 능력이 모든 사람들에게 임하였음을 느꼈다.

같은 달 16일에 나는 다시 트위스든 판사 앞에 불려 갔다. 그는 내가 모자를 쓰고 있는 것 때문에 다소 기분이 상했다. 그렇지만 그가 마을을 떠나야 할 재판 마지막 날이었고 그다지 많은 사람들이 와 있지 않았기 때문에 트위스든 판사는 그것을 대수롭지 않게 넘겼다.

그는 내게 “기소장을 부인할 것인가 아니면 아무 말 않고 서 있을 건가, 혹 복종할 것인가?”하고 물었다. 그러나 너무 빨리 말하는 바람에 그가 뭐라고 이야기하는지 알아듣기 힘들었다. 그러나 나는 기소장을 부인할 권리가 있다면 그것을 부인해 보겠다고 말했다.

그러자 트위스든 판사는 "저 사람을 내보내시오. 저 사람하고는 더 이상 할 말이 없소. 저 사람을 끌고 나가시오"하고 말했다.

나는 "그렇다면, 하나님을 경외하는 삶을 살며, 공정한 재판을 행하시오"하고 말했다.

"뭐? 내가 공정한 재판을 하지 않았던가?"하고 그가 말했다.

"재판장께서 하신 일은 그리스도의 명령에 거스르는 것이었습니다"하고 나는 대답했다.

그리하여 나는 다시 간수에게 붙들려 다음 순회재판이 있을 때까지 죄수로 갇혀 있었다.

재판이 있기 얼마 전, 마가렛 펠이 플래밍, 커비, 프레스톤 판사들로 인해 랭카스터로 죄수로 끌려갔다. 재판 도중 그녀에게도 선서를 하라는 제안이 있었고 마가렛 펠은 다시 감옥으로 갔다.

여섯째 달에 랭카스터에서 다시 순회재판이 있었고 똑같은 판사들 즉, 트위스든과 터너 판사가 다시 왔다. 그러나 터너 판사가 재판석 중앙에 앉아 있었기 때문에 나는 터너 판사 앞으로 불려 나갔다. 피고석에 불려 나오기 전에, 나는 두 시간 동안 살인범들과 흉악범들과 함께 있었으며 사람들과 재판관들이 나를 주목하고 있었으며 터너 판사도 나를 보고 있었다.

몇몇 사람을 조사한 뒤에 나를 피고석으로 부르고는 배심원을 한 사람 선임하였다. 그리고는 재판장은 판사들에게 재판이 열릴 때 내게 선서를 하라고 권하였는가를 물어 보았다. 판사들은 그랬다고 대답했다. 그러자 재판장은 "판사들에게 법률서를 가져다 주어 그들이 재판 중에 피고에게 선서를 시켰음을 맹세할 수 있도록 하시오"하고 말하였다.

판사들 중 더러는 선서하기를 거부했지만 재판장은 예외를 두지 않기 위해서 선서를 시킬 작정이라고 말하였다. 배심원들이 선서를 하고 판사들이 나를 기소장에 따라 선서를 하라고 권하였던 것을 맹세하자 재판장은 내게 지난번 재판석에서 선서하기를 거절했느냐고 물었다. "나는 일생에 한 번도 맹세한 일이 없으며, 세상을 구원하시고 심판하시는 그리스도께서 '도무지 맹세하지 말라'고 말씀하셨습니다"하고 나는 말했다.

재판장은 내가 한 대답에는 개의치 않는 듯하였고 오로지 내가 지난 재판정에서 선서를 거부하였는지 어떤지만을 물었다.

나는 "그때 제가 드린 말은 재판관이든 판사든, 목사든, 설교자든 그리스도와 사도께서 맹세하지 말라고 명하신 이후로 그리스도인들에게 맹세하라고 명하셨다는 것을 증명할 수 있다면 선서를 하겠다고 했습니다"하고 말했다.

재판장은 지금 맹세를 하는 것이 합법적인가 논쟁하자는 것이 아니라 오로지 내가 선서하기를 거부했느냐고 묻고 있는 것이라는 말을 하였다.

나는 "왕을 대적하려는 음모와, 교황을 인정하는 행위, 또한 다른 어떤 외국의 권세에 대해 나와 있는 선서문을 나는 철저하게 부인합니다"하고 말했다.

"좋소, 그 점에 관해서는 잘 말하였소. 그런데 당신은 선서하기를 거부하였습니까? 말해보시오"하고 재판장은 말했다.

"내가 어떤 말을 하길 바라십니까? 이미 이야기하였소"하고 나는 말했다.

그러자 재판장은 내게 이 사람들에게 당신이 선서했다는 사실을 맹세시킬 작정이냐고 물었다. 나는 재판장에게, 내가 선서를 거부했다는 사실을 저 사람들에게 맹세시킬 작정이냐고 물었다. 그 바람에 법정에서는 웃음이 터져 나왔다.

나는 엄숙한 문제를 다루는 법정의 그토록 경박한 행동을 보고는 마음이 언짢았다. 그래서 그들에게 물었다. "법정이 극장이오? 진중하고 근엄한 모습은 찾아 볼 수가 없소이다. 이러한 행동은 재판관들에게 어울리지 않는 행동입니다"하고 말했다.

그러자 법원의 서기가 기소장을 읽었다. 나는 기소장에서 잘못된 내용을 들었기 때문에 재판장에게 할 말이 있다고 했다. 재판장은 어째서 자신이 판결할 수 없는가 내가 단언할 수 있는 이유가 무엇이든간에 그 이유를 나중에 듣겠다고 하였다.

그래서 나는 배심원들에게 기소장은 잘못 기록되었고, 오점 투성이여서 당신들은 기소장에 따라 나를 죄인으로 몰고 갈 수 없다고 말하였다.

재판장은 나는 배심원들에게 말해서는 안 되므로, 자기가 배심원들에게 말하겠다고 하였다. 그리하여 재판장은 배심원들에게 내가 지난 번 재판에서 선서를 거부했다고 말하고 또한 "현재 나는 어떤 사람에게 선서를 하라고 할 수 있으며 그것을 거부하는 사람에게 벌을 줄 수 있습니다" 하고 말하면서 배심원들은 내가 선서를 거부한 것을 알고 나를 죄인으로 규정해야 한다고 말했다.

그때 나는 "정해진 규칙으로는 무엇을 합니까? 그렇다면 규칙을 무시해 버려도 되겠군요" 하고 말했다. 그리고 배심원들에게는 그렇게 하면 주의 심판대 앞에서 하나님께 변명해야 할 것이므로 양심에 거리끼는 일이라고 말하였다.

그러자 재판장은 다시 배심원들에게 말하였고 그래서 나는 재판장에게 "공정을 베푸시오" 하고 소리쳤다.

배심원들은 내게 유죄 판결을 내렸다. 그래서 나는, 판사들과 그들은 거짓맹세를 하였으니, 앞서 웃을 이유가 조금 있었듯이 그들이 웃을 만한 이유는 있다는 말을 하였다.

아, 나를 향해 나타난 시기와 분노와 사악한 마음과 또한 그 경솔함이란 참으로 굉장했다! 그러나 주께서 그들을 곤혹케 하시어 그들은 놀랍게도 그러기를 멈추었다. 그래서 그들은 나를 제쳐두고 마가렛 펠을 불렀다. 마가렛 펠은 그들 사이에서 상당한 활약을 하였다. 그리하여 법정은 두시 가까이 되어서야 해산되었다.

오후에 우리는 판결을 받기 위해 다시 불려 갔다. 마가렛 펠은 판결이 다음 날 아침까지 연기되기를 바랐다. 나는 법대로 정의를 행하기를 기대할 뿐이었다. 도둑들도 자비로운 마음을 가지고 있기 때문이었다. 나는 그저 재판장에게 감옥 안에 아무도 들여보내지 않는 것은 참으로 나쁜 일이라고 이야기하면서 내가 수감된 것을 볼 수 있도록 몇 사람을 보내 달라고 요청하였다. 또한 당시 재판석에 앉아 있던 커비 대령이 재판장에게 나를 가두어야 하며, 아무도 살아서 나를 보러 오지 못하리라고 말하였다는 말을 하였다. 재판장은 머리를 흔들면서 형을 선고하고 나면 나를 간수의 손에 맡기고 자 그 마을의 상류계급이 대부분 판결을 기대하며 모여들었다. 사람들 사이에는 내가 추방되어야 한다는 소문이 있었다. 그러나 당시 사람들의 의견은 모두 엇갈렸다. 판결이 다음 날 아침까지 연기 되었고, 나는 다시 감옥으로 갔기 때문이다.

부당하게 투옥되었다는 불평을 듣고 몇몇 판사들이 커비 대령과 함께 나를 보러 왔다. 그들이 왔을 때 그들은 감히 안으로 들어오질 못했다. 비바람을 맞은 마룻 바닥이 너무 엉망이었고 위험한 상태였기 때문이었다. 그들 중 몇 사람이 "틀림없이 옥외 변소야"하고 말하였다. 커비 대령은 그들이 이야기하는 것과 또 다른 사람들이 하는 이야기를 듣고는, 미리 나를 좀더 편리한 곳으로 옮겨 놓았어야 하는 건데 하는 말을 하면서 장소에 관한 온갖 변명을 늘어 놓았다.

다음 날 11시경에 우리는 다시 판결을 들으러 불려갔다. 마가렛 펠이 제일 먼저 피고석에 불려 나갔는데 펠은 자기 기소장에서 여러 가지 잘못된 점을 발견하였다고 항변하였다. 재판장은 그녀의 말을 인정하고는 우선 곁에 있으라고 하였다.

그리고 나서 재판장은 나에 대해 무슨 말을 하겠느냐고 사람들에게 물었다. 나는 누가 나를 변호하기를 바라지 않았다. 내가 직접 변호할 수 있기를 바랐다. 실제로 마가렛도 자신을 변호해 줄 사람이 몇 있었지만 그녀 스스로 할 수 있는 만큼 자신을 변호하였다고 하였다. 그러나 피고석에 나가기 전에 나는 마음이 이끌려 하나님께서 그들의 사악함과 시기심을 어지럽게 하시어 하나님의 진리를 모든 사람에게 임하게 하시고 하나님의 자손을 높이게 해달라고 기도했다. 주께서 들으시고 응답하셔서 그들이 나에 관한 일을 처리하는 도중에 그들을 당혹케 하셨다. 그리하여 그들은 나에 대한 시기심이 가득했으나, 기소장에서 아주 커다란 실수가 발견되었다.

내가 다른 사람들이 나를 변호하지 못하도록 하였기 때문에 재판장은 내게 어째서 자기가 나에게 형을 선고해선 안되는가에 대해 해야 할 말이 있느냐고 물었다. 나는 변호사는 아니지만 참고 들어만 준다면 할 말이 많이 있다고 그에게 말했다. 그러자 그는 웃었고 사람들도 웃었다. 그리고는 "자,

해야 할 말이 무엇이오. 다른 사람은 아무 말도 못하게 하면서 말이오?" 하고 그가 말했다. "그렇소, 나는 해야 할 말이 많소이다. 인내심을 가지고 내 이야기를 들으시오" 하고 나는 말했다.

나는 그에게 선서를 국왕의 백성에게 권하여야 하는지 아니면 다른 나라의 백성에게 권하여야 하는지 물었다. 그는 "이 나라 백성들에게 권하여야 하오" 하고 말했다. 나는 "그렇다면 기소장을 보시지요. 당신은 '백성'이라는 말을 빠트렸다는 것을 알 수 있을 것이오. 그러므로 기소장에 나를 백성으로 적지 않았으니 내가 선서를 하지 않았다고 해서 나에게 형을 선고할 수 없습니다" 하고 말했다.

그러자 그들은 법령과 기소장을 훑어 보고는 거기에 내가 말한 대로 적혀 있음을 발견하였다. 그래서 재판장은 기소장이 잘못 되었음을 인정하였다.

나는 그의 재판을 중단시킬 또 다른 이유가 있다고 이야기하면서 기소장에 재판정에서 내게 선서를 하라고 제안한 날이 며칠로 되어 있는가 보아 달라고 하였다. 그들은 보더니만 2월 11일로 되어 있다고 하였다. "재판이 무슨 요일에 열렸습니까?" 하고 내가 물었다. 그들은 "화요일에 열렸소" 하고 말했다. "그렇다면 당신들의 연감을 보시고 랭카스터에서 2월 11일에 열렸다는 재판이 있는가 찾아 보시오" 하고 나는 말했다.

그래서 그들은 보고는 11일은 월요일로 되어 있는데 재판은 그달 12일인 화요일에 열렸다고 되어 있다는 것을 발견하였다.

"자 보시오, 당신들은 2월 11일에 랭카스터에서 열린 사계(四季) 법원에서 내가 선서를 거부했다는 이유로 기소했고, 재판관들도 그날 열린 재판에서 내게 선서할 것을 제안하였다는 것을 맹세하였으며, 배심원들도 내가 죄가 있음을 발견하였다고 맹세하였습니다. 그런데 보시듯이 그날 랭카스터에서는 아무런 재판도 열리지 않았습니다" 하고 나는 말했다.

그러자 재판장은 그 일을 무마하기 위해서 재판이 11일부터 시작되지 않았느냐고 물었다. 그러나 법정에 있던 누군가 "아닙니다 재판은 하루밖에 열리지 않았고, 그날은 12일이었습니다" 하고 말했다. 그러자 재판장은 기소장에 커다란 실수와 오류가 있다고 말하였다.

판사들 중 몇 사람이 그것을 알고 굉장히 화가 나서 발을 구르면서 "누가 이런 일을 하였습니까? 누군가 고의로 한 일입니다"하고 말했다. 법정의 열기는 뜨거웠다.

그때 나는 "이 기소장에 맹세하고 사람들 앞에서 거짓 맹세를 시킨 여기 계신 판사님들이 아닙니까? 그렇지만 이것만이 전부가 아닙니다. 나는 어째서 내게 형을 선고하여서는 안되는가 하는 이유에 대해 더 할 말이 있습니다"하고 말했다. 그리고는 "국왕 재위 몇 년에 지난 3월이라고 하는 달에 마지막 재판이 열렸습니까?"하고 물었다. 재판장은 그것은 국왕 재위 16년이라고 대답하였다. "그러나 기소장에는 15년이라고 나와 있습니다"하고 대답했다. 그들은 기소장을 들여다보고 그것 또한 그렇게 되어 있음을 발견하였다. 그것도 또 하나의 실수임이 인정되었다.

그리하여 그들은 모두 다시 초조해져서 무슨 말을 해야 할지 모르고 있었다. 재판장은 법정 관리들에게 기소장에 언급되어 있는 재판에서 나에게 선서할 것을 제안하였다는 사실에 대해 선서를 시켰기 때문이었다. "자, 국왕 재위 16년인데 15년에 여기서 열린 재판에서 선서를 제안하였다고 거짓 맹세를 시켜 잘못된 연수를 맹세케 한 곳이 법정 아닙니까?"하고 나는 말했다.

재판장은 마가렛 펠의 기소장에도 16년이라고 되어 있는지 살펴보라고 했다. 그들은 살펴본 뒤에 16년으로 되어 있지 않음을 발견했다.

나는 재판장에게 판결을 중지시킬 이유가 더 있다고 이야기하면서 선서하는 모든 것이 기소장에 들어가야 하는지 어떤지를 물었다. "그렇소, 모든 것이 기소장에 적혀 있어야 하오"하고 그가 대답했다.

"그렇다면 기소장과 선서문을 비교해 보십시오. 그러면 다음과 같은 말, 즉 '다른 데서 이끌어낸 권력이나 혹 자기나 자신이 속한 주교 관구에서 이끌어낸 권력으로' 라는 말을 보실 수 있습니다. 이 말은 선서에서 중요한 부분인데 기소장에는 빠져 있습니다. 또 다른 부분에서 '계승자와 후계자들' 이라는 말이 빠졌습니다"하고 나는 말했다.

재판장은 이러한 사실도 큰 실수임을 또한 인정하였다.

"그러나, 더 주장할 것이 있습니다"하고 내가 말했다.

"아니오, 충분히 들었소. 더 이상 이야기할 필요 없소"하고 재판장이 말했다.

"충분히 들었다면 나는 당신들이 법대로 공정하게 처리하길 바랄 뿐이오. 어떠한 동정도 기대하지 않습니다"하고 나는 말했다.

"틀림없이 법대로 공정하게 심판받을 것입니다"하고 그가 말했다.

그래서 나는 "이 문제에 관해 내가 자유로우며 또한 이제껏 나를 대항하여 일어난 일들로부터 벗어난 것입니까?"하고 물었다.

"그렇습니다. 당신을 반대하였던 모든 일들로부터 벗어나셨소"하고 말했다. 그러나 화를 내기 시작하면서 "그렇지만 나는 여기 있는 누구에게든 선서를 시킬 수 있으며, 당신에게도 다시 선서를 하라고 제안할 수 있소"하고 재판장이 말했다.

나는 재판장에게 당신은 판사들과 배심원들이 어제 거짓 맹세하는 것을 충분히 보지 않았느냐고 하였다. 나는 내 눈으로 판사들과 배심원들이 거짓으로 맹세하는 것을 보았기 때문이었다.

재판장은 선서를 할 거냐고 물었다. 나는 이제껏 내가 잘못한 것을 공정하게 처리하라고 말하면서 내가 무엇 때문에 그토록 오랫동안 감옥에 투옥되어 있는가 묻고는 나는 풀려나야 한다는 말도 하였다.

"당신은 자유의 몸이오. 그렇지만 나는 당신에게 다시 선서를 시키겠소"하고 그가 말했다.

그때에 나는 돌아서서 "여러분 모두, 주목하십시오. 이것은 올가미입니다. 나는 간수의 손에서, 또한 이 법정에서 풀려나야 합니다"하고 말했다.

그러나 재판장은 "저 사람에게 책을 가져다 주시오"하고 소리쳤다. 그러자 주 장관과 판사들도 "책을 가져다 주시오"하고 소리쳤다.

그러자 어둠의 권세가 그들 안에서 산처럼 일어났고 법원 서기는 나에게 법령서를 가져다 주었다. 나는 여전히 선 채로 "그 책이 성경책이라면 내게 가져다 주시오"하고 말했다.

"그렇소. 저 사람에게 성경책을 가져다 주시오"하고 재판장과 판사들이 말했다. 그래서 나는 성경을 받아 들어 펼쳐보고서는 "성경책인 것을 알게 되어 기쁘오"하고 말했다.

이제 재판장이 배심원들을 나오게 하였다. 첫번째 평결을 내린 뒤에 배심원들은 물러나 있기를 바랐으나 재판장이 물러나 있으라고 하지 않았기 때문에 곁에 있었다. 재판장은 배심원들에게 볼 일이 있어서 아직 물러나 있으라고 이야기할 수 없으니 참석한 채로 부를 때까지 기다리고 있으라고 했다.

그러한 이야기를 할 때 나는 그의 속셈을 알아차렸다. 내가 풀려나면 그가 다시 오라는 것이었다. 그래서 나는 그를 정면으로 바라보았다. 그랬더니 하나님의 증거가 그의 안에서 나타나기 시작하여 그가 나를 다시 바라볼 때에는 얼굴이 붉어졌다. 내가 자기를 보고 있다는 것을 알았기 때문이다.

그런데도 그는 완강한 마음을 먹고는, 배심원들을 곁에 세워 둔 채, 선서문을 내게 읽어 주도록 하였다. 선서문이 낭독될 때에 그는 내게 선서를 할 것인지 하지 않을 것인지를 물었다.

그때 나는 "당신은 내게 성경책을 주어 거기에 입을 맞추고, 그 위에 손을 얹고 선서하라고 하셨소. 그런데 당신이 입을 맞추라고 준 이 책에서는 '그 아들에게 입맞추라'고 나와 있습니다. 또한 이 책에서 말하는 그 아들은 '도무지 맹세하지 말라'고 말씀하고 있으며, 그의 사도 야고보도 그렇게 말하고 있습니다. 지금 나는 이 책에 적혀 있는 대로 말하고 있는데도 당신은 나를 가두어 두고 있습니다. 그렇다면 어째서 그렇게 말하고 있는 성경책은 금지시키지 않는 것이오? 그 책에서 말하는 대로 한다고 해서 나를 가두면서 어떻게 당신들 사이에서 그 책은(맹세하지 말라고 내게 명령하고 있는) 온전할 수 있단 말이오?"하고 말했다.

이러한 말을 그들에게 하면서 그리스도께서 맹세하지 말라고 명령하신 부분을 찾아 보여 주려고 성경을 펼쳐 보고 있을 때 그들은 내 손에서 다시 성경책을 잡아채갔다. 그리고서 재판장은 "아니오. 그렇지만 우리는 조지 폭스를 수감시킬 것이오"하고 말했다. 그러나 이러한 일이 마을 전체에 퍼졌다. "법정에서는 '도무지 맹세하지 말라'고 명령하는 성경책을 두고 맹세하라고 폭스에게 성경책을 주었는데 성경책은 인정하면서 성경책에 나온 대로 했다고 해서 폭스만 갇혔다"는 소문이었다.

재판장이 계속해서 선서할 것을 재촉하자 나는 평생에 한번도 맹세를 하거나 계약이나 언약을 한 일이 없으나 내가 예나 아니오 라고 말하는 것은 다른 사람이 선서하는 것 이상의 구속력을 지닌 것이라는 말을 하였다. 그들은 이미 선서를 중요하게 여기는 사람이 얼마나 적은지 알고 있으며, 사람들이 이렇게 선서하였다가도 상황이 바뀌면 다른 말로 선서하는 것을 경험하였고, 또한 지금 재판관들과 법정에서도 거짓 선서를 하는 것을 경험하지 않았던가? 재판장에게 나는 내가 따뜻한 양심을 가진 사람으로 그들이 따뜻한 양심을 조금이라도 가졌더라면 내가 선서할 수 없는 까닭이 그리스도의 명령을 따르기 위함이라는 것을 생각해 볼 수 있을 거라고 말했다. "그러나 당신들 중 누구라도 그리스도와 사도께서 맹세하지 말라고 명령하신 뒤에 그 명령을 바꾸어 그리스도인들에게 맹세하라고 명령하였음을 증명할 수 있는 사람이 있다면 그때는 선서를 하리이다" 하고 나는 말했다.

많은 목사들이 그곳에 서 있었기 때문에 나는 "당신들이 할 수 없다면 당신들이 믿는 저 목사들더러 일어서서 증명해 보라고 하시오" 하고 말했다. 그러나 거기 있던 목사들 중에 아무도 답변을 하는 자가 없었다.

"온 세상이라도 당신을 확신시키지 못할 것이오" 하고 재판장이 말했다.

"못하지요. 어떻게 어두움에 휩싸여 있는 세상이 나를 확신시킬 수 있겠소. 당신들이 영적인 사람이라고 일컫는 자들을 불러 나를 확신시켜 보라고 하십시오" 하고 나는 말했다.

그러자 주장관과 재판장이 함께 "요한계시록에서는 천사들이 맹세를 하였소" 하고 말했다. 나는 "하나님께서 맏아들을 이끌어 세상에 들어오게 하실 때에 '하나님의 모든 천사가 경배할지어다' 하고 말씀하시며 '도무지 맹세하지 말라' 말씀하십니다" 하고 말했다.

"아니오, 더 이상 논쟁하지 않겠소" 하고 재판장이 말했다.

그때 나는 배심원들에게 내가 선서를 할 수 없는 것은 그리스도를 위한 일이라고 말하였다. 따라서 그들 모두는 하나님의 심판대 앞에 불려가게 될 것이니 각자 자기 양심을 좇아 하나님의 증거자를 대적하지 말라고 경고하였다. 또한 나는 배심원들에게, 종교와 가톨릭교를 위한 음모와 박해는 진심으로 거부하는데, 이는 내가 그리스도인이며 오늘 당신들 앞에서 그리스도인다운 자태를 보여야 하기 때문이오. 또한 그렇게 하는 것이 내가 지켜야 할 그리스도의 가르침이라고 하였다. 나는 간수가 나를 끌고 나가기 전에 재판장과 배심원들에게 해야 할 말이 많았다.

　오후에 나는 다시 끌려 나가 도둑들 사이에 얼마 동안 있었다. 나는 간수가 내 모자를 벗길 때까지 모자를 쓰고 있었다. 그 때에 내가 선서를 하지 않는 것에 관해 새로 작성된 기소장을 배심원들이 확인한 뒤에, 나는 피고석으로 불려 나갔다. 재판장은 자신을 변호할 말이 있느냐고 물었다. 나는 기소한 내용을 듣지 않고서는 답변할 수 없으니 기소장을 읽어달라고 했다. 법원의 서기가 그것을 읽었다. 서기가 기소장을 읽고 있는데 재판장이 "실수가 없도록 주의해서 읽으시오"하고 말했다. 그러나 법원의 서기는 무슨 내용인지 내가 거의 알아들을 수 없도록 읽었다.

　서기가 기소장을 다 읽고 나자 재판장은 기소장에 대해 할 말이 있느냐고 내게 물었다. 나는 그토록 긴 글을 그것도 멀리 떨어진 곳에서 한번 들었기 때문에 전체 내용을 분명하게 들을 수 없었으므로 무어라 말할 수 없지만, 견본을 하나 주어 생각할 시간을 주면 답변을 하겠다고 이야기했다.

　그러자 그들은 조금 멈칫하더니만, 조금 시간이 지난 뒤에 재판장이 내게 물었다. "시간이 얼마나 필요하오?."

　나는 "다음 재판이 열릴 때까지 생각해 보겠소"하고 말했다.

　"그렇지만 어떠한 변명을 할 작정이오? 당신은 유죄요, 무죄요?"하고 그가 물었다.

　나는 대답했다. "나는 고의로 선서를 거부하기로 고집한 것이 아니오. 또한 책략가의 음모나 외부 권력과 같은 것들이 언급된 선서문에 관해서는 진심으로 부인합니다. 그리고 내가 다른 선서를 할 수 있다면 선서를 하겠소만, 나는 평생 한 번도 선서를 해 본 일이 없습니다."

　재판장은 "잘 이야기했소. 그러나 국왕도 선서를 하였고, 의회도 선서를 하였고, 나도 선서를 하였으며 재판관들도 선서를 하였으며 법률도 선서로서 보장되는 것입니다"하고 말했다.

　나는 재판장에게 당신들은 이미 사람들이 선서하는 것을 충분히 경험하였으며, 요전날 재판관들과 배심원들이 거짓 선서를 하는 것도 보았다고 이야기하면서, 재판장께서 「순교자의 책」(Book of Martyrs)을 보았더라면 보너(Bonner) 주교 시절, 10가지 박해가 있던 시기에 얼마나 많은 순교자들이 선서하기를 거부했는가를 알 수 있으며, 그리스도의 명령에 순종하느라 선서를 거부하는 일은 전혀 새로운 일이 아님을 알 수 있을 거라고 이야기했다.

재판장은 법률이 그렇게 되어 있지 않길 바란다고 하였다. 나는 "우리는 그런 것은 그렇다 하고 아닌 것은 아니다 라고 합니다. 만일 우리가 이 예와 아니오를 지키지 못하면 거짓 맹세한 사람들에게 주는 형벌을 우리에게 주시오"하고 말했다. 또한 국왕에게도 그러한 제안을 하였더니 국왕께서 타당하다고 이야기하였다는 말도 하였다.

조금 더 이야기를 주고받다가 그들은 나를 다시 감옥으로 보내, 다음 재판이 있을 때까지 감옥에 있도록 하였다. 그리고 커비 대령이 간수에게 나를 엄중히 감시하라고 하였고, 나는 다른 사람과 이야기할 만한 사람이 못되니 살아 있는 사람은 누구도 나를 만나 볼 수 있게 해서는 안된다는 이야기를 하였다. 나는 탑에 갇혔는데, 그곳으로 다른 죄수들의 방에서 나는 연기가 올라왔고 그 연기가 너무 짙어 벽에 이슬 방울이 맺혔다. 어떤 때는 그 연기가 너무 짙어서 타고 있는 양초가 보이지 않을 정도였다. 나는 3중으로 되어 있는 방에 갇혀 있었는데 연기가 너무 짙을 때에는 걱정이 되어 간수에게 가장 안 쪽에 있는 문 하나를 열어 달라고 하였으나 좀처럼 그를 설득하기가 힘이 들었다. 그래서 거의 질식할 뻔 하였다.

게다가 비가 올 때는 요 위로 물이 떨어져, 추운 겨울에는 새는 비를 막으러 가서, 애를 쓰다가는 비를 맞아 웃도리를 흠씬 적시기가 여러번이었다. 장소가 높은 곳이었고, 바람에 노출되어 있었기 때문에, 비를 아무리 재빨리 막는다고 하여도 바람이 다시 비를 쏟아들어오게 하는 때도 더러 있었다.

이런 식으로 나는 그 긴 겨울 동안 다음 재판이 있을 때까지 갇혀 있었다. 참으로 춥고 배가 고팠으며, 비에 젖은 몸은 퉁퉁 부었고, 팔다리가 몹시 저렸다.

1664-5년, 3월이라고 하는 달, 16일에 재판이 다시 열렸다. 트위스든과 터너 판사가 순회 재판정에 다시 왔으며, 이번에는 트위스든 판사가 중앙에 앉아 있었고 나는 트위스든 앞으로 불려 나갔다.

나는 이번에도 내 기소장에 실수가 있음을 알았다. 비록 사전에 터너 판사가 법정 관리들에게 "선서 조항이 모두 기소장에 들어가도록 하여, '백성이라는 말도 들어가고, 국왕이 즉위한 날짜를 바로 기입하도록 주의하시오. 마을 사람들이 보는 앞에서 많은 실수가 발견된다는 것은 부끄러운 일이니까 말이오"하고 말했지만, 많은 실수들이 그것도 무시할 수 없는 중대한 실수들이 처음 기소장과 마찬가지로 드러났다. 틀림없이 주님의 도우심이 있었던 것이다. 나를 공격하기 위한 그들의 계획을 어지럽게 하시어, 그들이 실수를 잘 보지 못하게 하셨던 것이다. 주님은 재판장이 첫번째 재판에 사용하였던 기소장을 끄집어 내어 직접 조사해 보고, 법원 서기와 함께 다시 작성하려고 애를 썼는데도, 이번 기소장에서 '백성'이라는 말이 또 빠지고, 날짜도 잘못 적히고, 선서에 관한 몇가지 중요한 낱말들도 빠지도록 세심하게 도우셨다. 그러나 그들은 모든 것이 안전하게 잘 되었다고 생각하면서 당당하게 나를 공격하려고 하였다.

피고석에 불려 나갔을 때에 배심원들은 내게 선서를 하라고 명령했고 법원 서기는 먼저 배심원 중에 이의를 제기할 만한 사람이 있느냐고 내게 물었다. 나는 그들 중 아무도 아는 사람이 없다고 이야기했다. 그러자 배심원들에게 선서를 시킨 후에, 지난 재판 때에 기소장에 따라 선서를 하라고 내게 권하였음을 입증하기 위해 법정 관리 세명에게 선서를 시켰다.

"자, 자, 그것은 어느 한 구석에서 행해진 일이 아니오"하고 재판장이 말했다. 그리고 나서 재판장은 나에게 그 일에 관해 할 말이 있느냐, 아니면 지난 재판때에 내가 선서를 하였느냐고 물었다.

나는 생각나는 대로 지난 번 재판에서 한 말을 그에게 하였다.

그러자 재판장은 "당신과 논쟁하지는 않을 것이니, 법률에 관한 이야기만 하시오"하고 말했다.

"그렇다면 기소장에 관해 배심원들에게 할 말이 있습니다"하고 나는 말했다.

재판장은 나는 배심원들에게 이야기 할 수 없으니, 할 말이 있으면 자기에게 하라고 했다.

나는 선서를 국왕의 백성에게만 권하는 것인지 아니면 다른 나라의 백성들에게도 권하는 것인지를 물었다. 재판장은 "이 나라 백성들에게만 권하는 것이오"하고 말했다.

"그렇다면 기소장을 들여다 보십시오. 기소장에는 이번에도 '백성'이라는 말이 빠져 있습니다. 그러므로 선서는 이 나라의 백성이 아닌 다른 사람에게는 권하는 것이 아니고 또한 당신은 나를 백성으로 적지 않았으니, 법정은 이 기소장을 무시해야 합니다" 하고 말했다.

내가 이러한 말을 마치자마자 재판장은 소리쳤다. "간수, 저 자를 끌어내시오. 저 자를 끌어내란 말이오." 그래서 나는 당장 법정에서 끌려 나왔다.

간수와 사람들은 나를 다시 부르리라 기대했다. 그러나 나는 그 이후로 더 이상 법정에 불려가지 않았다. 기소장에 적힌 여러 가지 큰 실수들을 내가 알고 있긴 하였지만 말이다.

내가 나간 뒤에 재판장은 배심원들에게 동의하느냐고 물었다. 그들은 "그렇다"고 말하고는 왕에게 나를 고해 바칠 거리를 찾았다. 그러나 나는 그 이후로 한번도 형을 선고받으러 불려간 일이 없으며, 나를 비난하는 소리를 도무지 들을 수 없었다.

나는 그들이 기소장을 더 자세히 살펴본 끝에 기소장이 잘못 된 것임을 알았다는 것을 알았다. 재판장은 법정의 관리들더러 전에 기소장에 기록된 날에 내게 선서를 하라고 권하였음을 선서하게 하였으나 그 날짜가 잘못되었으므로 나는 법정 관리들이 다시 거짓 맹세를 하였다는 것을 증명하고, 재판장에게 기소장에 대해 변호할 수 있게 해달라고 하였을 것이다. 그러한 생각에서 재판장은 그토록 서둘러 나를 밖으로 내보냈던 것이다.

재판장은 나를 불러 들이기 전에 마가렛 펠에게 왕권 멸시죄(Praemunire: 교황 존신죄라고도 하며 재산 몰수 감금, 추방 따위의 형벌이 따름 — 역자주)라는 형을 선고 하였다. 내가 서둘러 떠밀려 나갈 때에 그들은 나를 왕권 멸시죄인[5]으로 적은 것 같았다. 비록 내가 한번도 형을 선고받으러 나가거나 그러한 소식을 들은 일은 없었다 하더라도 그것은 상당히 불법적인 행위였다. 왜냐하면 그들은 나를 불러 부과된 형을 듣도록 하여야

---

5) '왕권 멸시 죄인'이란 국왕의 보호에서 벗어나 자신의 땅과 재산과 동산을 국왕에게 빼앗기고 국왕의 명령이 있을 때까지 감옥에 있는 형을 선고 받은 사람이다.

할 뿐만 아니라, 먼저 어째서 내게 형을 선고하여서는 안된다고 내가 말할 수 있는가를 물어야 했다. 그러나 그들은 자신들이 듣고자 하면 그들이 내게 형을 선고할 수 없는 이유가 많이 있을 것을 알았던 것이다.

랭카스터 성에 수감되어 있는 동안 터키 제국이 기독교 세계로 침투한다는 소문이 떠들썩했고 사람들은 두려운 생각을 갖기 시작했다. 그러나 어느 날 나는 감방 안을 거닐다가 주님의 능력이 그들을 대항하여 회교도들이 다시 물러나고 있음을 보았다. 나는 몇몇 사람들에게, 회교도가 기독교 사회로 퍼진다는 두려움이 생긴 지 한 달 후에 사람들이 회교도를 물리쳤다는 소문이 돌 것이라는 사실을 주께서 내게 보이셨다고 이야기하였다.

또 언젠가는 내가 주께 마음을 향하고 감방 안을 거닐고 있을 때에, 나는 주의 사자가 남쪽을 향해 번쩍이는 칼을 뽑아들고 있는 것을 보았다. 마치 법정이 온통 불바다가 되어 있는 듯하였다. 얼마 안 있어 전쟁은 네덜란드 판이 되었고 갑자기 병이 돌았고 런던에 불이 났다. 주님의 칼이 정말로 뽑힌 것이었다.

그토록 몹쓸 곳에서 오랫동안 엄중한 감시를 받으며 투옥되어 있는 바람에 몸이 굉장히 허약해졌다. 그러나 주님의 능력이 모든 사람들에게 임하여 각 사람을 통해 나를 후원하셨고 그리하여 나로 하여금 장소가 허락되는 한 주님과 주의 진리와 사람들을 섬길 수 있도록 하셨다. 랭카스터 감옥에 갇혀 있는 동안 나는 몇 권의 책들에 관심을 가졌다. 「미사 경본」(Mass), 「공동 기도서」(Common Prayer), 「예배 규칙」(Directory), 「교회의 신앙」(Church-Faith)[6]과 같은 책들로 이 네 권의 책들은 사도 시대 이후에 선 주요한 신앙을 말하는 것이다.

---

6) '사도 시대 이후에 세워진 네 가지 신앙'이라는 것은 각각 로마 가톨릭, 감독 교회, 장로교회와 독립교회 즉 조합교회를 말한다.

제 16 장

스카버러 성에서 보낸 1년
1665-1666

  그 재판 이후로 커비 대령과 다른 재판관들은 내가 랭카스터에 있다는 사실을 몹시 불편하게 생각했다. 법정에서 내가 그들의 속을 뒤집어 놓았고, 그들은 나를 외딴 장소로 보내버리려고 무던 애를 썼기 때문이었다. 커비 대령은 이따금 나를 바다 건너로 보내야 한다고 말하였던 것이다.
  재판이 있은 후 6주쯤 지나자, 그들은 왕과 공의회로부터 랭카스터에서 나를 추방하라는 명령을 받았다. 그 명령서와 함께 그들은 앵글시(Anglesey) 백작의 편지를 가지고 왔다. 거기에는 내게 부과된 죄목들이 사실로 밝혀지면 나는 관대함이나 자비를 받을 필요가 전혀 없다고 적혀 있다. 그렇지만 그들이 무엇보다도 나를 못마땅하게 본 것은 내가 그리스도의 명령을 거스를 수 없어 선서를 할 수 없다는 점이었다.
  나를 이송시킬 준비를 하면서 주장관 대리와 최고 사법장관의 부하직원이 몇몇 행정관리들을 데리고 나를 부르러 성으로 왔다. 당시 나는 차갑고 축축하고 연기 자욱한 감옥에 누워 있었던 탓에 몸이 너무 허약해져서 쉽게 걷거나 설 수가 없었다. 그들은 나를 간수의 집으로 인도했다. 거기에는 윌리엄 커비와 몇몇 사람들이 있었는데 그들은 내게 주려고 포도주를 주문했다. 나는 당신들이 주는 술은 조금도 마시지 않겠다고 그들에게 이야기하였다. 그들은 "말을 가지고 와"하고 소리쳤다.

나는 그들에게 나를 데리고 갈 작정이면 먼저 명령서나 그 견본을 보여 달라고 했다. 그러나 그들은 칼만 들이댈 뿐 아무 것도 보여주려고 하지 않았다. 그들에게 나는, 내가 아는 바로는 나는 아무런 형도 선고받지 않았으며 왕권 멸시죄 죄인도 아니므로, 국왕의 죄수가 아닌 주장관에게 소속된 죄수라는 말을 하였다. 그들이 나를 심문할 목적으로 번번이 나를 재판정으로 끌고 다니긴 하였지만 내가 충분한 심문을 받지도 못하였으며, 기소장을 취소하고도 남았을 실수들을 지적하도록 내버려 두지도 않았다는 것을 그들과 마을 사람들 모두가 알기 때문이었다. 그러나 사람들도 모두 내게 왕권 멸시죄라는 형이 선고되지 않았음을 알고 있었으므로, 왕의 죄수가 아닌 주장관의 죄수인 나는 그들이 가져온 명령서를 보고 싶다고 했다.

그들은 내게 왕의 명령서를 보여주는 대신에, 나를 거칠게 끌어내어서 주장관의 말들 가운데 한 마리에 태웠다.

말 잔등 위에 놓인 채 마을을 지나갈 때 마을 사람들이 모여 나를 주시했다. 나는 사람들에게 행정관리들로부터 기독교인다운 태도도, 예우도, 인간다운 대접도 받지 못하였다고 말하였다.

그들은 나를 황급히 22킬로 남짓 떨어져 있는 벤담(Bentham)으로 데리고 갔다. 나는 힘이 없어서 말잔등 위에 앉아 있기조차 힘이 들었으며 내 옷에서 나는 냄새가 너무 지독하여 그들은 나를 불쾌하게 생각했다. 헌터(Hunter)라는 사악한 젊은 간수는 내 뒤에 와서 채찍으로 말을 때려 말이 땅 위로 뛰어 오르게 하곤 하였다. 그 바람에 쇠약해진 나는 말에서 떨어지지 않으려고 안간힘을 썼다. 그러면 그는 내게 다가와 정면으로 나를 쳐다보면서 "갈만 하오, 폭스 씨?"하고 말하였다. 나는 그에게 그렇게 행동하는 것은 올바른 태도가 아니라고 이야기하였다. 주님은 얼마 후에 그 사람이 일자리를 잃게 하셨다.

요크셔의 벤담(Bentham)에 도착하여 우리는 많은 군대의 무리와 군원수를 만나게 되었다. 그 지역의 상류 인사들도 와 있었고, 우리를 보러 많은 사람들이 나와 있었다. 나는 지치고 피곤하여 자리에 눕고 싶다고 했고 군인들은 허락해 주었다. 나를 그리로 데리고 간 사람들이 국왕의 명령서를 사령관에게 주었고 사령관은 자기 군사를 시켜 나를 감시하게 하였던 것이다.

　군인들은 잠시 곁에 머물러 있다가 기병대를 징발하고 다수의 집행관들과 경관들과 사람들을 모아 나를 기글스윅(Giggleswick)으로 데려갔다. 나는 극도로 쇠약해져 있었다. 거기서 그들은 나막신을 신은 채 경찰 둘을 불러, 내 곁에 앉아서 그날 밤, 밤새도록 술을 마셨기 때문에 나는 제대로 쉴 수가 없었다.

　다음 날 우리는 시장터로 갔다. 그곳으로 몇 명의 친우회 교우들이 나를 보러 왔다. 로버트 위더스와 여러 친우회 교우들이 내게 다가왔다.

　다음 날 저녁 나는 군인들에게 나를 데리고 갈 작정인지, 그렇다면 어디로 데려갈 것인지를 물었다. "바다 건너"라는 사람도 있었고 "타인마우스(Tynemouth) 성으로 간다"고 말하는 사람도 있었다. 그들에게는 자기들 손에서 나를 구출해가지는 않을까 하는 두려움이 상당히 있었다. 그러나 쓸데 없는 걱정이었다.

　다음 날 우리는 요크로 갔다. 거기서 사령관이 나를 커다란 방에 집어 넣었다. 그 방으로 두 분견대의 군사들 대부분이 나를 보러 왔다. 그 군사들 중에 한 시기심 많은 사람이 내가 왕권 멸시 죄인이라는 말을 듣고는 내게 땅이 얼마나 있느냐고 묻고는 등록 부동산인지 혹 자유 부동산인지 물었다. 나는 그의 질문에 관심이 없었고 그저 군인들에게 생명의 말씀을 전할 생각뿐이었다. 군인들 중 많은 사람들이 상당히 호의적인 자세를 보였다.

　저녁에 프레쉬빌(Frecheville) 경이라는 사람이 나를 보러 왔다. 그 사람은 기병대를 지휘하는 사람으로 아주 예의있고 호의적인 태도를 지닌 사람이었다. 나는 그에게 내가 수감된 이유를 설명하고 진리에 관한 많은 이야기들을 전하였다.

　그들은 나를 요크에 이틀 동안 가두어 두었다. 그리고 나서 기병부대의 원수와 너다섯 명의 군인들이 나를 스카버러 성으로 데리고 가라는 책임을 맡았다. 그들은 예의바른 사람들로 점잖고 호의적인 태도로 나를 데리고 갔다. 가는 길에 몰튼(Malton)에서 잠깐 쉬었는데, 그들은 친우회 교우들이 나를 만나보러 올 수 있도록 허락해 주었다.

스카버러에 당도하자, 그들은 나를 여관에 데려다 놓고서 총독에게 통보하였다. 총독은 그날 저녁 동안 나를 감시하라고 여섯 명의 군인을 보내왔다. 다음 날 그들은 나를 성으로 인도하여 어느 방에 집어 넣고, 한 사람의 감시병을 세워 두었다. 나는 너무도 몸이 쇠약해져서 졸도하였다. 이따금 감시병과 함께 바깥 공기를 쐬러 나갈 수 있도록 허락해 주었다.

얼마 안 있어 그 방에서 데리고 나와 틈새가 벌어진 방에 가두었다. 그곳에는 비가 새어들었고, 연기가 자욱해서 굉장히 불쾌하게 느껴졌다.[1]

하루는 존 크로스랜드(John Crossland) 경 이라는 주장관이 프랜시스 코브(Francis Cobb) 경이라는 사람을 데리고 나를 보러 왔다. 총독이 내가 수감되어 있는 방으로 들어와서 내가 어떤 방에 갇혀 있는지 보라고 하였던 것이다. 나는 감방 안에 있는 불을 지필 준비를 했다. 연기가 방안 하나 가득하게 되어, 감방 안으로 들어왔을 때에 그들은 다시 나가는 길을 잘 찾지 못했다. 총독은 교황절대주의자였으므로 나는 그 사람에게 나를 가두어 둔 곳이 바로 그가 갈 지옥이라고 말하였다. 나는 비를 막고 방에 연기가 가득 차지 않도록 하기 위해서 50실링 정도를 들여야 했다.

그 정도의 돈을 치르고 있던 방을 견딜 만하게 만들어 놓자 그들은 나를 더 고약한 곳에 가두었다. 그곳에는 굴뚝도 난로도 없었다. 해변을 향해 있고 틈새가 많이 벌어져 있었기 때문에 비바람이 거세게 몰아치면 물이 침대 위, 방 안까지 흘러들었는데 바가지로 퍼내고 싶을 정도였다. 옷이 젖어도 말릴 불도 없었다. 그래서 추위로 몸이 얼얼했고 손가락 하나가 두개 겹쳐 놓은 크기로 불었다.

이 방에도 얼마 간의 돈을 들였으나 비바람을 막을 수는 없었다. 게다가 그들은 친우회 교우들이 나를 만날 수 있도록 좀처럼 허락해 주질 않아 친우회 교우들이 여러번 나를 찾아 왔으나 한번도 들여보내지 않았다. 아니, 먹

---

1) 스카버러 성은 지금 거의 함몰되어 폭스가 갇혀 있던 방이 어느 방인지 그 소재를 밝혀내기가 힘이 든다. 폭스가 마지막으로 수감되어 있던 이 방은 성곽의 해안 끝단부에 위치하고 있었는데 거의 완전히 폐허가 되었다. 랭카스터의 지독한 수감 생활에 잇따른 1년 동안의 이 지독한 옥중 생활로 인해 폭스의 건강한 체격은 거의 망가졌다. 폭스는 결코 이전 같은 원기와 힘을 회복하지는 못했다. 그가 교황절대주의자와 함께 나눈 농담에서 그의 건강한 유머를 주목하라.

을 것도 가져다 주지 않았다. 나는 처음 수감되었던 방에서 필수품을 가져다 달라고, 다른 기관에서 일하는 사람을 한 사람 고용할 수 밖에 없었다. 때때로 군인들이 그 여자에게서 그 물건을 빼앗았기 때문에 그 여자는 군인들과 함께 드잡이를 하곤 하였다.

 나중에 나는 군인 한 사람을 고용하여 물과 빵과 또한 불을 지필 수 있는 것들을 가져다 달라고 하였기 때문에 방에 있을 때에 불을 지필 수 있었다. 보통 3주간 값싼 빵을 가져다 주곤 하였는데 때때로 더 길게 넣어 주는 때도 있었다. 마시는 물도 대부분 다북쑥속의 식물을 담그거나 빻아 넣은 물이었다.

 한번은 날씨가 하도 매서워 독한 감기에 걸려, 금불초 맥주를 조금 얻었다. 군인 중에 한 사람으로부터 그들이 나에게 장난을 할 것이라는 말을 들었다. 그들은 나를 부총독에게 보내 그 동안에 내 강한 내 맥주를 먹을 작정이었는데 그들은 정말로 그렇게 하였다. 돌아오니 군인 중 한 사람이 조롱하는 태도로 내게 다가와서는 더 강한 맥주가 없느냐고 물었다. 나는 당신들이 귀여운 장난을 하였다고 그들에게 말하였다. 그리고는 더 이상 그 일에 마음을 두지 않았다.

 그러나 그들이 그토록 나를 엄중하게 감시하고 친우회 교우들이 찾아 올 수도 없게 하였기 때문에 나는 그 성의 관리인에게 다음과 같은 취지를 말했다. "나는 랭카스터 성에서 끌려나와 여기 스카버러 성으로 죄수로 끌려 올 때까지 내가 왕권 멸시 죄인이라는 선고를 받았다는 것을 몰랐소. 재판장은 공개된 법정에서 나에게 형을 선고하지 않았기 때문이오. 그러나 내가 여기 죄수로 갇혀 있는 것으로 보아 만일 내게 자유가 없다면, 내 친구들이나 아는 사람들이라도 나를 만나 볼 수 있도록 허락해 주시오. 바울의 친구들이 로마 사람들 사이에서 바울을 찾아 볼 수 있었듯이 말이오. 그들은 그리스도인이 아닌 이방인이었소. 바울의 친구들은 자유가 있었기 때문에 모두 바울을 만나보러 가려고 하였고 또한 보러 갈 수 있었으며, 바울 또한 임시로 있던 집에서 사람들에게 설교할 자유가 있었소. 그러나 나는 마을로 나갈 자유도 없고, 내 친구들이 마음대로 나를 찾아올 수도 없습니다. 그러므로 그리스도인이라는 이름으로 행하는 여러분들은 이러한 관점에서 볼 때에 이방인들보다 더 나쁜 사람들이오."

그러나 그들은, 친우회 교우들은 만날 수 없도록 하면서 다른 사람들은 종종 데리고 와서 나를 쳐다보게 하거나 나와 논쟁을 하게 하였다. 한번은 교황 절대주의자 무리가 나와 논쟁을 하러 왔다. 그들은 교황은 절대 무류의 사람으로 베드로 사도 시대 이후로 오류가 없음을 지켜왔다고 단언하였다. 그러나 나는 역사를 통해 그 반대의 사실을 그들에게 설명해 주었다. 왜냐하면 로마 주교 가운데 한 사람은(마르셀리너스라는 이름의 사람) 믿음을 부인하고 우상에게 제사를 드렸으니 그는 무류의 사람이 아니었기 때문이다. 나는 그들에게 교황이 절대 무류의 사람들이었다면 자신들의 종교를 지키기 위해 감옥이나 칼이나 장대나 고문대나 고문기구, 불, 장작단, 채찍, 교수대를 두어 사람의 생명을 빼앗아갈 필요가 없었으며, 그들이 절대 무류의 사람들이었다면 사람들의 생명을 보호하였을 것이며 종교를 위해 영적인 무기만을 사용하였을 것이라는 말을 하였다.

나와 토론을 벌이러 온 다른 교황 절대주의자가 말했다. "그리스도께서 오실 때까지 창조 이래로 모든 족장들은 지옥에 있었소. 그리스도께서 지옥에 들어가려고 애를 쓰자 사단이 그리스도를 향하여 여기 뭣하러 왔느냐고, 우리의 본거지를 파괴하려고 왔느냐고 물었소. 그리스도는 지옥에 있는 사람들을 모두 데리러 왔다고 대답하셨소. 그리하여 그리스도께서는 지옥에 있는 사람들을 구출해 내기 위해서 삼일 낮, 삼일 밤을 지옥에 계셨소."

나는 그 사람에게 그러한 이야기는 잘못된 이야기라고 말하였다. 그리스도께서는 노둑에게 "오늘 네가 나와 함께 낙원에 있으리라"하고 말씀하셨고 에녹과 엘리야는 죽음을 맛보지 않고 하늘로 올라갔으며 또한 아브라함이 하나님 나라에 있는데 아브라함의 품에 나사로가 있었다고 성경은 말하고 있으며, 그리스도께서 수난 받으시기 전에 모세와 엘리야와 함께 산에 계셨다는 이야기를 그 이유로 들어 설명하였다.

이러한 예를 들자 그 가톨릭 교도는 할 말을 잃고 당혹해 했다.

또 한번은 유명한 의사로 존경받는 위티(Witty) 박사라는 사람이 플라콘브리지(Flaconbridege) 경과 틴마우스 성의 총독과 몇몇 기사들을 데리고 왔다.

그 사람들 앞에 불려 나가자 위티 박사는 나와 이야기를 시작하면서 무슨 이유로 수감되어 있느냐고 물었다. 나는 "그리스도의 명령을 어기지 않으려고 선서하지 않았기 때문입니다"하고 말했다. 그 사람은 내가 왕에 대한 충성을 선서해야 한다고 했다.

그는 굉장한 장로교인이었기 때문에 나는 그에게 국왕과 왕실을 반대하는 조약에 맹세하여 스코틀랜드 조약을 받아들이지 않았느냐고 물었다. 그리고 그때 이후로 국왕에 대한 선서를 하지 않았느냐고 묻고는 선서를 하였다면 그가 이전에 한 서약이 무슨 소용이 있느냐고 물었다. 그러나 나는 선서하는 것에 충성하지 않고 오직 진리와 신뢰할 만한 것에 충성할 뿐이라고 말하였다.

얼마 동안 토론을 더 벌이다가 나는 다시 감방으로 이끌려왔다. 나중에 위티 박사는 마을로 돌아가서 환자들에게 자기가 나를 이겼다고 떠벌였다. 그 소식을 들은 나는 총독에게 죄인을 이겼다고 이야기하는 것은 자랑할 것이 못된다고 말하였다. 나는 위티 박사에게 스카버러 성으로 다시 올 때에 나를 보러 오라고 하였다.

위티 박사는 얼마 후에 유명 인사 열여섯 사람과 다시 왔다. 그리고는 전보다 더 나쁜 근거를 두고 이야기를 해 나갔다. 왜냐하면 그는 사람들 앞에서, 그리스도께서 세상에 태어나는 모든 사람들을 깨우치시지 않으시며 또한 구원을 가져다 주는 하나님의 은총도 모든 사람에게 나타난 것이 아니고 그리스도도 모든 사람을 위해 죽은 것이 아니라고 단언하였기 때문이다.

나는 그에게 그리스도께서 도대체 어떠한 사람을 깨우치시기 위해 돌아가셨으며, 그리스도께서 은총을 나타내 보이시지 않는 사람은 누구이며, 그리스도께서 죽으신 혜택을 받지 못하는 사람은 또 누구인가 물었다.

그는 말하기를 "그리스도께서는 간음하는자들과, 우상숭배자과 사악한 사람을 위해서는 돌아가시지 않았소"라고 했다. 나는 그 사람에게 간음하는 자들과 사악한 자들은 죄인이 아니냐고 물었다.

"그들은 죄인이오"하고 그는 말했다.

"그리스도께서 죄인을 위해 돌아가시지 않았소? 그분은 모든 죄인들을 회개하게 하시려고 오시지 않았습니까?"하고 내가 말했다.

"그렇소" 하고 그는 말했다.
"그렇다면 당신은 할 말이 없어졌소" 하고 나는 말했다.
그렇게 하여 나는 하나님의 은총은, 비록 더러 사람들이 그 은총을 벗어나 완악함에 이르고 또한 은총을 모욕하는 길로 행한다고 할지라도 모든 사람에게 비쳤다는 것과 그 빛을 싫어하여도 그리스도께서는 모든 사람을 깨닫도록 하셨음을 입증하였다.
몇몇 사람이 그 말이 옳다고 인정하였다. 그러나 위티 박사는 굉장히 화가 나서 가버렸고, 그 이후로 더 이상 나를 찾아오지 않았다.
또 어떤 때에는 총독이 목사를 데리고 왔지만 목사도 곧 할 말을 잃고 말았다.
얼마 지나지 않아서 총독은 의회원 두세 사람을 데리고 와서 나더러 주교와 목사를 인정하느냐고 물었다.
"그렇소. 그리스도께서 보낸 사람, 거저 받아 거저 주는 사람, 자격을 갖춘 사람, 사도들이 지녔던 똑같은 능력과 영을 지닌 사람은 인정합니다. 그러나 당신네들과 같은 주교들, 상당한 성직록을 주지 않으면 조금도 멀리 가지 않으려는 사람들은 인정하지 않소. 그것은 사도들의 행동과 다르기 때문이오. 그리스도는 자기 일꾼들에게 '너희는 가서 온 족속에게 복음을 전하라' 고 말씀하셨습니다. 그러나 당신네 의회원들은 그토록 두둑한 성직록을 주고 목사들과 주교들을 두고 있으면서 그 사람들을 모두 망치고 있소이다. 후한 성직록을 주지 않는다면 그들이 온 족속에게 복음을 전파하러, 아니 조금이라도 더 나아갈 거라고 생각하시오? 그럴지 안 그럴지는 당신들 스스로 한번 생각해 보십시오" 하고 그들에게 말했다.
언젠가는 나이든 패어팩스 경의 미망인이 많은 사람들을 데리고 왔다. 그들 중에는 목사도 한 사람 있었다. 나는 마음이 이끌려 그들에게 진리를 전하고 싶었다. 함께 온 목사는 어째서 당신들은 사람들에게 Thou와 Thee라는 말투를 사용하느냐고 물었다. 그는 그렇게 이야기하는 우리를 어리석은 바보로만 여겼던 것이다.
나는 그 목사에게 성경을 번역한 사람들이 문법과 어형변화를 그렇게 번역하여 한 사람일 경우에는 Thou를 한 사람 이상일 경우에는 You를 사용하여 우리에게 전해 주었는데, 그렇다면 성경을 번역한 사람들이 어리석은 바보들이냐고 물었다. 만일 그 사람들이 어리석은 바보라면 어째서 당신이나 자신들이 옳다고 생각하면서 Thou나 Thee를 단수에 사용하는 것을 못참아 하는 사람들은 문법과 어형 변화와 성경을 바꾸어 단수대신에 복수를 사용하지 않느냐고 물었다. 그러나 성경을 그렇게 번역하여 문법과 어형 변화를 그렇게 사용한 사람들이 지혜로운 사람들이라면, 성경에 나와 있는 문법과 가르치는 대로 말하지 않고 오직 우리에게 안 좋은 감정을 가지고 있고 우리가 그렇게 말한다고 우리를 어리석은 바보라고 부르는 그런 사람들이 바보요, 어리석은 자가 아닌지 잘 생각해 보라고 목사에게 말했다.

이러한 말을 하자 목사는 할 말을 잃었고, 많은 사람들이 진리를 받아들이고 다소 호의적이고도 훈훈한 마음이 되었다. 그들 가운데 더러는 내게 돈을 주었지만 나는 그 돈을 받으려고 하지 않았다.

이러한 일이 있고 나서 크래독 박사가 세 사람 이상의 목사와 총독과 그의 부인이라는 사람과 귀부인이라고 부르는 또 다른 여자 한 사람과 많은 사람들을 이끌고 왔다.

크래독 박사는 무슨 이유로 수감되어 있느냐고 내게 물었다. 나는 "그리스도와 사도의 명령을 지키느라 선서를 하지 않았기 때문이지요" 하고 말했다. 그러나 의사이자 치안판사인 당신이 그리스도와 사도께서 맹세하지 말라고 명령하신 후에 그리스도인들에게 맹세하라고 이야기하였다는 것을 내게 증명할 수 있다면 선서를 하겠다고 대답했다. "여기 성경이 있습니다. 할 수 있다면 증명해 보십시오" 하고 나는 그에게 말하였다.

그는 "거기에는 '너희는 의와 진리로 맹세할지니라' 하고 나와 있소" 하고 말했다.

"아, 그것은 예레미야 시대에 적혀 있는 말이오. 그러나 그것은 그리스도께서 도무지 맹세하지 말라고 명령하시기 아주 오래 전 일입니다. 그러나 그리스도께서 도무지 맹세하지 말라고 하신 이후로 어디에 그런 말씀이 적혀 있습니까? 나도 구약에서 당신이 말한 것처럼 맹세하라는 구절을 많이 예로 들 수 있습니다. 그것도 당신보다 많이 찾아 예로 들 수 있을 것입니다. 그러나 그리스도와 사도께서 맹세하지 말라고 명령하신 뒤에 신약에서 맹세하는 것이 합법적이라는 것을 증명할 만한 구절이 어디 있습니까? 더욱이 맹세할지니라고 쓰인 그 구절에서 '너희'는 누구였습니까? '이방인'이었습니까? 아니면 '유대인'이었습니까?"하고 나는 말했다.

이렇게 말하자 그는 대답을 하지 못했다. 그러나 그와 함께 온 목사들 가운데 한 사람이 "그 말은 유대인에게 한 말이었소"하고 대답했다. 그러자 크래독 박사도 그렇다고 인정했다.

"아주 잘 말하였소. 그런데 어디서 하나님께서 이방인들에게 맹세하라고 명령하셨습니까? 육신적으로 우리가 이방인임은 당신들도 알고 있습니다"하고 나는 말했다.

"사실, 복음의 시대에는 무슨 일이든 두세 사람의 증인이 있어야 결정하였으나, 당시 맹세하는 일은 결코 없었지요"하고 그가 말했다.

"그렇다면 어째서 복음의 시대에 관해 자신이 알고 있는 지식과 어긋나게 그리스도인들에게 선서할 것을 강요하십니까? 또한 어째서 내 친구들을 파문시키십니까?"하고 나는 말하였다. 그는 요크셔와 랭카셔에 있는 내 친구들을 많이 파문시켰던 것이다.

그는 "교회에 나오지 않기 때문이오"하고 말했다. "그렇다면 어째서 당신들은 우리가 어렸을 때에 20년도 넘도록 장로교파와 독립교회파와 침례교파들 사이에 아무렇게나 내버려 두셨소. 그들 중 많은 사람들이 우리 물건을 약탈하고 그들을 따르지 않는다고 하여 우리를 학대하였소. 우리는 단지 어렸기 때문에 당시로선 당신들의 원칙을 거의 알지 못했소. 당신들의 원칙을 유지하여 우리에게 그 원칙을 알릴 작정이있다면, 우리를 피하지 말아야 했거나 아니면 우리에게 편지나 본기도나, 설교나 저녁기도문을 보내야 했을 것이오. 바울도 감옥에 있는 몸이긴 하였으나 성도들에게 편지했기 때문이오. 우리가 이제껏 당신들로부터 받은 본기도와 설교와 편지들을 받았다면 그들과 마찬가지로 우리는 터키 사람들과 유대인들의 마음을 돌이키게 했을지도 모르오. 그런데 당신들은 우리를 젊은 사람이거나 나이든 사람이거나 모두 파문시켰고, 여러분 가운데 다른 사람들도 그렇게 하였소. 우리를 교회 안으로 끌어들이고, 당신들의 원칙을 가르쳐 주기 이전에 우리를 교회 밖으로 떠밀어 내었소. 우리를 교회 안으로 끌어들이기 전에 우리를 밖으로 떠밀어 내다니 미친 짓이 아니오? 사실 당신들이 우리를 교회 안에 들어오게 하였는데 우리가 들어가서 나쁜 일을 하였다면 그것은 우리를 다시 파문시킬 근거가 되오. 그런데 당신들은 도대체 무엇을 교회라고 부르오?"하고 나는 말했다.

"물론, 당신이 뾰족집이라고 부르는 것을 교회라고 하오"하고 그가 대답했다.

그래서 나는 그리스도께서 뾰족집을 위해 피를 흘리시고 그 피로 뾰족집을 값주고 사시고 거룩하게 하셨는가하고 물었다. 그리고 또 교회는 그리스도의 신부이며 그리스도께서 교회의 머리되시니, 뾰족집이 그리스도의 신부이며 그리스도께서 그 낡은 집의 머리되시는가 아니면 그리스도의 백성이 그의 신부이며 그리스도께서는 그 백성의 머리가 되시는가를 물어보았다.

"아니오. 그리스도는 자기 백성의 머리가 되시며, 그리스도의 백성이 곧 교회요"하고 그가 대답했다.

"그러나 당신들은 사람에게 속한 오래된 집을 교회라 이름하였고 또한 사람들이 그렇게 믿도록 가르쳤소"하고 나는 말했다.

나는 그에게 또한 어째서 십일조를 내지 않았다고 친우회 교우들을 핍박하였느냐고 물으면서 하나님께서 이방인들에게 십일조를 내라고 명하셨는가와 또한 그리스도께서 십일조를 취했던 레위인들의 제사장직을 그만두게 하시고 십일조 내는 것을 그치게 하시지 않았는가와 복음을 전하도록 자기 제자들을 보내실 때에 그리스도께서 자기가 거저 그들에게 주었듯이 값없이 사람들에게 복음을 전파하라고 명령하시지 않았는가와 그리스도의 일꾼들은 이러한 그리스도의 명령을 지켜야 하지 않는가를 물었다.

그는 그 문제에 관해 논쟁하지 않겠다고 대답했다.

나는 그가 그러한 문제에 관해 이야기 하고 싶어하지 않는다는 것을 알아차리지 못하였다. 왜냐하면 그는 곧장 다른 문제로 화제를 바꾸고선 "당신은 결혼을 하였으나 나는 〔그 결혼을〕 어떻게 하였는지 모르오"하고 말하였다.

나는 "아마도 그럴거요. 그런데 어째서 당신은 와보지 않았소?"하고 말했다.

그러자 그는 전에 그랬듯이 자기 힘을 이용하여 나와 맞서 싸우겠다고 으름장을 놓았다. 나는 당신은 나이가 들었으니 조심하라고 하였다. 나는 또한 창세기에서 요한계시록까지 성직자가 결혼하였다는 이야기가 나와 있는 것을 보았느냐고 그에게 물었다. 나는 우리가 결혼할 때에 자기들 앞에 나오길 바란다면 그가 그러한 실례를 내게 보여주길 바랐다. "왜냐하면 당신은 내 친구가 죽은 지 2년 뒤에 그의 결혼 문제로 그를 파문시켰기 때문이오. 그러면 당신들은 이삭과 야곱과 보아스와 룻은 파문시키지 않습니까? 왜냐하면 그들이 제사장들 앞에서 결혼하였다는 글을 읽은 적이 없기 때문이오. 그들은 의로운 사람들의 회중 가운데에서 즉 하나님과 하나님의 백성이 모여 있는 가운데 결혼하였으며 우리도 그렇게 하고 있는 것이오. 그러므로 우리는 이렇게 행함으로 성경이 이야기하는 거룩한 사람들을 보유하고 있는 것이오"하고 나는 말했다.

우리는 많은 이야기를 주고 받았으나 그는 내게서 아무런 승산도 얻을 수 없다는 것을 깨닫자 자기가 데리고 온 사람들과 함께 가버렸다.

그러한 사람들 때문에 거기 있는 동안 나는 많은 단련이 되었다. 성으로 찾아오는 사람들 대부분이 나를 만나고 싶어 했고 나는 그들과 상당한 논쟁을 벌였기 때문이었다. 그러나 친우회 교우들에 관한 한 나는 살아있으나 죽은 사람이었다. 많은 친우회 교우들이 나를 보러 왔지만 나를 만날 수 있도록 거의 허락해 주지 않았고 또한 친우회 교우들이 용무상 나를 보러와서 나를 바라보기만 해도 그들은 그 사람에게 화를 내곤 하였기 때문이었다.

마침내 총독이 고민에 빠지게 되었다. 그는 사략선(전시중 적선 악탈의 허가를 받은 민간 무장인)을 보냈는데, 그들이 약탈한 배가 적의 배가 아니라 같은 편 배였기 때문이었던 것이다. 그 때문에 총독은 고민에 빠지게 되었다. 그러한 일이 있고 나서 그는 내게 조금 다정하게 굴었다. 이전에 한 사령관이 내게 돈을 얻어낼 목적으로 나를 감시하였으나, 나는 한 푼도 내지 않으려고 했다. 그러나 내게서 한 푼도 얻어낼 수 없다는 것을 알아차리자, 그 사령관은 물러나게 되었기 때문이다.

장교들은 나를 담 위에서 목매달아 죽여야 한다고 종종 위협했다. 그뿐 아니라 언젠가 한번은 부총독이 내게 말하기를, 국왕이 내가 국민들에게 상당한 관심을 갖고 있다는 것을 알고 있기 때문에 만일 내가 어떤 소요를 일으킬 경우에는 사람들을 진정시키기 위해서 담 위에서 교수형을 시키도록 나를 그리로 보냈다고 했다.

얼마 뒤에 그곳에서는 한 침례교도의 집에서 결혼식이 있었다. 그 결혼식을 두고 많은 침례교인들이 함께 모였다. 그 때 나를 교수형에 처해야 한다는 이야기들이 많이 나왔다. 그렇지만 나는, 나를 죽이기를 원하고 또한 나를 죽일 수 있다면 나는 죽을 준비가 되어 있다고 그들에게 대답했다. 나는 내 일생 죽음이나 고난은 두려워한 일이 없었으나 나는 정직하고 평화로운 사람이며 소요나 음모와 관계가 없는 사람으로 모든 사람들이 잘 되기를 바라는 사람으로 알려져 있기 때문에 그렇다고 하였다.

그러한 일이 있고 나서 총독은 나에게 더욱 친절하게 대했다. 그래서 나는 총독에게 언제 런던의 의회로 갈거냐고 묻고는 마쉬 향사와 프랜시스 코브와 다른 몇몇 사람들에게 이야기해서 내가 얼마 동안, 어떠한 이유로 감옥에 갇혀 있는가 그들에게 전해주라고 부탁을 하였고, 총독은 그렇게 하였다. 총독은 돌아와서 마쉬 향사가 나를 풀어주기 위해서 100킬로라도 맨발로 가겠노라고 이야기했다고 하였다. 그는 나를 그만큼 잘 알기 때문이었다. 또한 몇몇 다른 사람들도 나를 좋게 이야기했다고 전해 주었다. 그때부터 총독은 나에게 아주 친절하게 대해 주었다.

죄수들 가운데 아주 고약한 사람이 더러 있었는데 그들은 종종 장교들과 군인들과 함께 앉아 술을 마시곤 하였다. 내가 그들과 함께 앉아서 술을 마시려고 하지 않았기 때문에 그들은 나에게 더 반항적으로 대했다. 언젠가 한번은 그 두 사람이 술을 마시고 있을 때였다. 그중 한 사람(윌리엄 윌킨슨이라는 사람으로 장로교인이며 한때 육군 대위였다)이 내게 와서 싸우자고 하였다.

나는 내가 어떠한 입장에 있다는 것을 깨닫고는 그의 도전을 피했다. 다음 날 아침 정신이 들자 그 사람은 싸우지 않는 것이 원칙이며 상대가 오른 뺨을 때리면 왼 뺨을 돌려대야 하는 것을 원칙으로 삼는 사람에게 싸우자고 도전한 것이 얼마나 비겁한 행동이었는지 깨닫게 되었다. 나는 싸우고 싶은 마음이 있으면 응수해 줄 수 있는 군인들에게 도전했어야 했다고 그에게 말했다.

그러나 그가 나에게 도전을 하였기 때문에 나는 손을 주머니에 꽂은 채 "자, 여기가 내 머리고, 여기가 내 얼굴이고, 여기가 등이오" 하고 말했다.

그러자 그는 재빨리 나를 지나쳐 다른 방으로 갔다. 그 바람에 군인들은 한바탕 웃음을 터뜨렸다. 장교들 중 한 사람이 "그러한 일을 참을 수 있다니 행복한 사람이오" 하고 말했다. 그렇게 하여 그 사람은 주먹도 한 번 써보지도 못하고 져버린 것이었다. 얼마 뒤에 그 사람은 선서를 하고 보석금을 낸 뒤에 감옥에서 나갔다. 그리고 얼마 지나지 않아 주님은 그 사람이 일 자리를 잃게 하셨다.[2]

내가 랭카스터와 스카버러에 있는 동안 대대적인 투옥이 있었다. 런던에서는 많은 친우회 교우들을 뉴게이트(Newgate)와 다른 구치소에 집어 넣었다. 런던에는 병이 돌았으므로 수감된 많은 사람들이 병으로 죽었다.[3] 추방된 사람들도 많았으며 국왕의 명령으로 인해 배에 올라탄 사람들도 더러 있었다.

그들을 배에 승선시키지 않고, 다시 해변가로 내려 놓으려는 선장들도 더러 있었다. 그러나 몇몇은 바베이도스(Barbadoes), 자메이카, 네비스(Nevis)로 이송되었는데, 주님은 그곳에서 그들에게 복을 주셨다. 어떤 배의 선장은 아주 못된 사람이었는데 자기 배에 탄 친우회 교우들에게 아주 잔인하게 굴었다. 그는 환자가 있어도 그들을 갑판 아래 있도록 하였기 때문에 많은 사람들이 죽었다. 그러나 주님은 그의 사악함을 갚아주셨다. 왜냐하면 역병으로 인해 그는 자기 선원들을 많이 잃었으며, 뿐만 아니라 다른 배들은 순조롭게 항해를 잘 해 나갔는데 그는 몇 달 동안 역풍을 타고서 어렵게 항해해야 했던 것이다.

마침내 그는 플리머스 앞에 당도하였다. 선장이 항해를 하는데 필요한 물건을 얻고자 하였으나 그곳 총독과 시 행정관들은 선원 중 한 사람도 뭍에

---

2) 조지 폭스는 자기를 핍박하고 자기 일을 방해하는 사람들에게 임하는 '심판'에 대해 민감하였다. 그것은 시대 정신과 완전히 일치하는 것이며 폭스 자신이 초월하지 못한 것 중의 하나이다.
3) '병'이란 1665년에 런던에 돌았던 '전염병'을 뜻한다.

오르지 못하게 하였다. 그러나 토머스 로우어, 아서 코튼, 존 라이트와 다른 친우회 교우들이 배 한 곁으로 가서 친우회 교우들에게 필요한 필수품을 배 안으로 운반하였다.

그 때문에 선장은 화가 나서 자기에게 그러한 임무를 맡긴 자들을 욕했다. 그리고는 얼마 가지 않아 자신이 붙잡혔으면 좋겠다는 말을 하였다. 그 배는 조금 후에 플리머스가 보이지 않는 곳으로 벗어났으며 네덜란드 군인에게 붙들려 네덜란드로 양도되었다.

네덜란드로 가자, 네덜란드는 친우회 교우들을 다시 잉글랜드로 추방하였다. 그들은 영장과 함께 친우회 교우들이 탈출한 것이 아니라 자기들이 되돌려 보낸다는 증명서와 함께 친우회 교우들을 보냈다.

얼마 안 있어 주님의 능력이 그러한 폭풍우 가운데 역사하시어 우리를 핍박하던 많은 사람들이 곤혹케 되어 수치를 당하였다.

스카버러 성에서 죄수로 1년 이상을 보낸 뒤, 나는 국왕에게 편지를 써서 내가 수감된 경위에 대해 적고 감옥에서 내가 받았던 부당한 대우에 대해 이야기하면서 국왕이 아니면 아무도 나를 끌어내 줄 수 없다는 이야기도 덧붙였다. 이때 존 화이트 헤드라는 사람이 런던에 있었는데 그는 마쉬 향사와도 면식이 있는 사이였다. 존 화이트 헤드는 마쉬 향사를 찾아가서 나에 관한 이야기를 하였다. 그러자 마쉬는 존 화이트 헤드가 내 문제에 관한 소송 서류를 작성하여 청원장인 존 버큰헤드(John Birkenhead) 경에게 가져다 줄 수 있도록 해 준다면, 내가 풀려나도록 힘써 보겠다고 하였다.

그리하여 존 화이트 헤드와 엘리스 훅스(Ellis Hookes)는 내가 수감되어 고생한 것에 관련한 서류를 작성하여 마쉬 향사에게 전달하였다. 그리하여 마쉬는 그것을 청원장에게 보내었고 청원장은 국왕으로부터 나를 석방하라는 명령서를 받아냈다. 명령서의 요지는 "국왕은 내가 음모와 싸움을 원칙적으로 반대하는 사람으로 음모등을 꾀하기보다는 언제라도 그러한 음모를 발견하려는 사람인 것을 알기 때문에 내가 석방되는 것을 기쁘게 생각한다"는 등의 내용이었다.

이 명령서를 받자마자 존 화이트 헤드는 그것을 가지고 스카버러로 가서 총독에게 전했다. 총독은 그것을 받아들고는 장교들을 불러모아 평화롭게 살

것에 대한 보증금이나 보증물을 요구하지도 않고 내가 조용히 산 것에 대해 만족하면서 나를 그냥 풀어 주었다. 그리고는 다음과 같은 통행증을 주었다.

"이 통행증을 소지한 조지 폭스는 최근 이곳의 죄수로 있다가 국왕의 명령으로 이제 풀려난 사람으로 그에게 적법한 이유에 관한 한 방해받지 않고 조용히 다닐 수 있도록 허락한다. 스카버러 성에서 1666년 9월 1일 직접 씀.

조단 크로스랜즈(Jordan Croslands),
스카버러 성 총독"

이렇게 풀려 난 뒤에 나는 스카버러 성 총독이 최근 내게 보여준 호의와 친절에 감사하기 위해 그에게 선물을 주려고 하였으나 그는 아무 것도 받으려고 하지 않으면서 단지 나와 내 친구들에게 유익이 되는 일은 무슨 일이든 하고 싶다면서 우리에게 어떠한 해악도 끼치지 않겠다고 말하였다. 그리고 이후로도 시의 총독이 친우회 모임을 깨트리려고 자기에게 병사를 요청해 오거나 한 사람이라도 감옥에 가두려고 하면 언제라도 집회를 방해하지 말라는 명령을 개인적으로 내리겠다고 하였다. 스카버러 성의 총독은 죽는 날까지 우리에게 호의를 베풀었다.

장교들과 군인들도 놀랍도록 달라져서 나를 굉장히 존경하게 되었고, 나에 대해 이야기할 기회가 생기면 "그 사람은 나무처럼 올곧은 사람이며 참으로 깨끗한 사람이었습니다. 결코 그를 굴복시킬 수 없었기 때문입니다" 하고 말하곤 하였다.

[1669년 일기에서는 다음과 같은 재미있는 이야기가 시작된다. "그때 나는 위트비(Whitby)와 스카버러에 있는 친우회 교우들을 방문하였다. 성의 총독은 내가 온다는 소식을 듣고 '당신은 나와 내 아내를 보지 않을 만큼 매정한 사람이 아니라고 믿습니다' 하는 말과 함께 나를 자기 집으로 초대한다는 심부름꾼을 보냈다. 집회가 끝난 뒤에 나는 총독을 만나러 갔고 그는 아주 예의 바르고 다정하게 나를 맞아 주었다.]

석방된 바로 다음 날 런던에 불이 났고 그 소문은 재빨리 나라 안으로 퍼졌다. 그때 나는 주 하나님께서 자기가 하신 말씀에 성실하시고 정확하신 분임을 느꼈다. 하나님은 전에 랭카스터 감옥에 있을 때 내게 하신 말씀을 이루셨던 것이다. 나는 주의 천사들이 번쩍이는 칼을 남쪽으로 뽑아드는 것을 보았다.

런던 사람들은 이 불에 관해 미리 경고를 받았으나 마음에 두거나 그것을 믿는 사람이 거의 없었다. 오히려 그들은 더욱 사악해지고 자고해졌다. 한 친우회 회원이 불이 나기 조금 전에 마음에 이끌림을 받아 헌팅던셔(Huntingdonshire)에서 나와 자기 돈을 뿌리면서, 자기 말을 거리에 풀어놓은 채, 바지 무릎을 풀어 긴양말을 내려 가게 하고는 웃도리 단추를 풀고 사람들에게 말하기를 그들도 가진 돈과 물건을 뿌리면서 미친 사람처럼 반쯤 벗은 모습으로 이리저리 뛰어 다녀야 한다고 이야기했다. 그[4]가 사람들에게 표적이 되었기 때문에 사람들도 그렇게 하였고 그때 런던은 불타고 있었다.

이토록 주님은 그 능력으로 예언자들과 종들을 사용하시어 그들에게 심판의 표적을 보이시고, 또한 사람들에게 경고하도록 그들을 보내셨다. 그러나 사람들은 회개하지 않고 주의 종들을 때리고 잔학하게 대하였으며, 이전 정권에서도(올리버 크롬웰의 통치 기간) 그 이후로도 감옥에 가두었다.

그러나 주님은 공정하신 분이므로 주의 말씀을 따르는 자들은 복되다.

어떤 이들은 마음에 이끌림을 받아 전 정권 시기에도 그 이후에도, 벗은 채 거리로 나가 자기들의 벗은 모습을 표적으로 하여 자기들이 벗은 모습처럼 하나님께서 그들의 위선적인 신앙 고백을 들추어 내실 것이며 자기들이 벗은 것처럼 그들의 실제 모습을 발가벗기실 것이라고 사람들에게 전하였다. 그러나 사람들은 그러한 이야기를 마음 속에 두기보다는 채찍으로 때리기를

---

4) 헌팅던셔(Huntingdonshire)의 토머스 이벳(Thomas Ibbett)이었다. 그는 조금 뒤에 정신 착란을 일으켜 큰 불이 나고 있는 동안 칩사이드(Cheapside)에 서서 양팔을 펴고서 불이 번지는 것을 막으려고 했다. 그리하여 그는 불꽃 속에서 죽어갔다. '천벌'에 관한 주목할 만한 예언을 보려면 1662년에 나온 「젊은이 조지 폭스의 글」 pp. 219-221을 참조하라.

여러번 하였고 아니면 욕을 퍼붓거나 더러 감옥에 가두거나 하였다.

또 어떤 이들은 마음에 이끌림을 받아 삼베옷을 입고 나가 자고하고 오만한 사람들에게 내릴 하나님의 저주와 심판을 알렸다. 그러나 귀담아 듣는 사람은 거의 없었다. 전 정권시대에도 신앙고백을 한다는 사악하고 시기심 많은 목사들이 호국경이라고 하는 올리버와 리처드에게 또한 의회와 판사들에게 우리를 중상모략하는 글로 가득한 탄원서를 내었다. 그러나 우리는 그 탄원서의 견본을 얻어 주님의 도우심으로 거기에 대해 모두 답변을 하였으며 주님의 진리와 우리 자신의 무죄함을 분명하게 밝혔다.

아, 그러나 진리를 대적하여 그들 마음 속에서 이는 어둠의 그림자는 거짓말을 은신처로 삼았으니! 그러나 주님은 그러한 것들을 휩쓸어 버리셨으며 그 능력과 진리와 빛과 생명으로 자기 양들을 감싸 안으셨으며 독수리 날개로 보호하듯 자기 백성들을 지키셨다. 그러므로 우리 모두는 주를 의지할 용기를 얻었으며, 지금도 얻고 있다. 우리는 주께서 능력과 영으로 말미암아 주의 진리와 주의 백성을 대적하여 도모되는 온갖 음모와 꾀를 아무 것도 아닌 것으로 만드시는 것을 보았다. 주님은 같은 진리로 자기 백성을 통치하시며 그렇기 때문에 주의 백성들은 주님을 섬길 수 있는 것이다.

실제로 나는 나를 수감시키게 하거나, 수감 되었을 때에 나를 못살게 굴고 잔혹하게 굴었던 사람들을 주의 손이 얼마나 세차게 내리치시는가를 볼 수밖에 없었다. 나를 홀러 홀(Holer-Hall)로 데리고 왔던 장교는 자기 부동산을 써버렸으며 얼마 있다가 아일랜드로 도주하였다. 내가 감옥으로 갈 때에 재판석에 앉아 있던 판사들은 대부분 일아 있나가 죽었다. 늙은 토머스 프레스톤, 로윌슨, 포터, 보윅(Borwick)의 마태 웨스트(Matthew West)가 죽었다. 플래밍 판사의 부인도 그에게 13명되는 아이들을 엄마 없는 아이로 남겨 둔 채 죽었다. 치안 대장인 리처드 도즈슨(Richard Dodgson)도 얼마 있다가 죽었으며 부하경관인 마운트와 다른 부하 경관인 존 아쉬번함(John Ashburnham)의 아내도 얼마 있다 죽었다. 그 여자는 자기 집에서 내게 욕설을 퍼부었다. 나에 대한 반대 증언을 하기 위해 세웠던 윌리엄 나이프(William Knipe)도 얼마 후에 죽었다. 랭카스터의 간수로 내가 수감되어 있는 동안에 내게 아주 못되게 굴었던 헌터도 아주 젊은 나이에 일자리를 잃었다. 또한 랭카스터 감옥에서 스카버러로 나를 이송시켰던 부총독도 얼마 안 있어 죽었다. 또한 더럼(Durham)의 간수였던 조블린(Joblin)은 스카버러 성에서 나와 함께 죄수로 있다가, 나를 비난하는 말을 하여 총독과 군인들에게 종종 아첨을 떨어 감옥에서 풀려나긴 하였으나 그의 사악함으로 인해 주께서 얼마 안 있어 일자리를 잃게 하셨다.

랭카셔에 다시 돌아갔을 때에는 나를 학대하던 사람들 대부분이 죽거나, 거지가 되어 있었다. 그들이 부당하게 나를 대적한 행위들에 대해 나는 복수하려는 마음도 없었지만, 주께서 그 많은 사람들에게 심판을 행하셨던 것이다.

제 17 장

모임을 정착시키며
1667-1670

그리고 나서 나는 요크에 다다를 때까지 친우회 회원들을 방문하였다. 요크에서 우리는 큰 집회를 열었다. 집회를 연 뒤에 나는 로빈슨 재판관을 만나러 갔다. 그는 아주 나이든 치안판사였는데 나와 친우회 교우들에게 처음부터 아주 호의적이었다.

로빈슨 재판관은 한 목사와 함께 있었는데 그 목사는 사람들이 우리가 우리 자신 밖에는 아무도 사랑하지 않는다고 이야기한다는 말을 하였다. 나는 우리는 온 인류를 사랑하는데, 이는 하나님께서 그들을 지으셨으며 그들은 아담과 하와의 후손이기 때문이라고 그에게 이야기하였으며 또한 성령 안에서 형제됨을 사랑한다고 하였다.

이렇게 대답하자 그 목사는 아무 말도 못하였다. 얼마 동안 이야기를 주고 받다가 우리는 다정하게 인사를 하고 헤어졌다.

이때쯤 나는 「하나님을 경외하고 왕을 존중하라」는 제목의 책을 썼다. 그 책에서 나는 죄와 사악함에서 벗어나지 않고는 아무도 하나님을 경외하고 왕을 존중할 수 없다는 것을 보여주었다. 이 책은 군인들과 대부분의 사람들에게 굉장한 감동을 주었다.

그때 나는 주님의 이끄심을 받아 런던 시에서 다섯 개의 월별 남녀 회합 모임(여성 집회와 계간별 집회 이외에)을 조직할 것을 제안하였다. 하나님의 영광에 주의를 기울이고, 무질서 하고 경솔하게 행하며 진리의 길에서 벗어난 사람들을 충고하고 권면하기 위함이었다. 친우회 교우들이 계간별 모임을 가진 까닭에 이제 진리가 전파되고 그 수가 점점 늘어나 나는 전국에 월별 모임을 조직하자는 제안을 하고 싶은 마음이 들었다.[1] 또한 주님은 내가 무엇을 해야 할지, 이 나라와 다른 나라에서 남녀 월별 모임과 계간별 모임을 어떻게 지시하고 정착시켜야 할지를 열어 보이셨으며 또한 내가 가지 않은 곳에 있는 사람들에게도 똑같은 일을 하라고 편지하여야 할 것을 깨우쳐 주셨다.

런던에서 일이 잘 진행되어 주님의 진리와 능력과 씨앗과 생명이 런던시 전체에 두루 퍼지고 비치었다. 그리고 나서 나는 에섹스로 갔다.

〔그가 방문하였던 여러 지역으로 폭스는 이제 월별 모임, 즉 교회가 하는 일을 처리하고 회원들의 도덕적이고 영적인 삶을 지시하고 살펴보는 모임을 조직하러 갔다. 그의 행적을 세세하게 살펴보지는 않겠지만, 여기서 세상의 기록이 24년간의 행적을 기록하기보다는 놀랄 만한 열정과 충성스런 사역에 관한 실례만 아주 조금 기록해 두었음을 주목해 볼 수 있다. 다음에서 폭스가 1667년 겨울 동안 '서리와 눈'을 맞아가며 여행하던 모습을 흘깃 살펴볼 수 있다.〕

나는 극도로 쇠약해져서 말에 오르내릴 수 없었다. 그러나 나는 주께서 나를 부르셔서 하라고 하신 일에 몰두하고 있었기 때문에 힘이 없었으나 사

---

1) 사역과 더불어 행해진 모임을 조직하는 일에서 만큼 폭스가 창의력과 통찰력을 드러낸 일은 없었다. 기나긴 수감 생활 동안 본질적인 문제들이 많이 일어났으나, 그것은 세상에서 해야 할 영원한 사역을 해야 할 모임의 조직력이 너무 허술하다는 것을 말해 주었다. 남은 생애 동안(24년간)은 주로 모임의 체계와 행정을 완전하게 구축하는 데 주력하였으나 그 기간 동안에도 결코 사역을 소홀히 하지 않았다. 「교회법과 제도」(Cannons and Institutions)라는 제목으로 발간한 첫번째 훈육 체계 — 1669년에 반대자에 의해 인쇄되었다 — 는 스카버러 성에서 석방된 후 얼마 있다가 작성한 것이었다.

역을 위한 여행을 계속하는 동안 주께서 나를 인도하실 것을 확신하였다. 주님은 나를 그 능력으로 인도하시기 때문이었다.

우리는 체셔(Cheshire)로 갔다. 거기서 몇 차례 복된 집회를 가졌으며 남성 대집회도 한 번 가졌다. 그러한 집회를 통해 복음의 명령을 따라 하나님의 능력 안에서 그 능력에 힘입어 각 지역을 위한 월별 모임이 조직되었다.

집회가 끝나자 나는 그 곳을 떠났다. 그러나 그 소식을 들은 재판관들은 자기들이 와서 집회를 중단시키고 나를 잡아가지 못한 것에 대해 굉장히 원통해 했다. 그러나 주께서 그들을 막으셨던 것이다.

그리고 월담(Waltham)을 거쳐 런던으로 돌아가면서, 그곳에 소년들을 가르치는 학교를 세울 것을 권하였다. 또한 샤클웰(Shacklewell)에 여성 학교를 세워 소녀들과 아가씨들에게, 피조물에게 필요한 예절과 유익이 되는 것을 가르쳐야 한다고 했다.[2]

이리하여 남성 월별 모임이 나라 안에 두루 조직되었다(1668). 계간별 모임은 대개 그 전에 조직되었다.

나는 또한 믿을 만한 친우회 교우들 편에 아일랜드, 스코틀랜드, 네덜란드, 바베이도스, 미국의 몇 지역에 편지를 보내어 그곳에 있는 친우회 교우들이 각자 있는 나라에서 월별 모임을 조직할 것을 제안하였다. 그들은 이미 계간별 모임을 갖고 있었으나, 이제 진리가 그들 사이에 더욱 많이 전파되었기 때문에 처음 그들에게 영적 진리를 깨닫게 하신 성령과 능력으로 월별 모임을 조직해야 할 필요가 있었다.

그러한 모임들이 정착되자, 복음의 후손들인 하나님의 능력 안에 사는 충실한 신자들이 주께서 권능으로 주신 능력 안에서 함께 모여 예배를 드렸다. 그렇게 되자 많은 입들이 입을 벌려 감사와 찬양을 드렸고, 많은 사람들이 그러한 예배에 나를 보내신 주 하나님을 찬양하였다. 그리하여 이제 모두가 주의 영광과 존귀를 깨닫게 되었으며 그들이 고백하는 이름이 더럽힘을

---

2) 이 방대한 원칙, 즉 피조물에게 필요한 온갖 유용한 것과 예절을 가르친다 하는 원칙은 친우회 교우들이 교육 명분으로 시작한 일이었다. 잇따라 나오는 친우회 교우들의 교육 작업은 주목할 만하다.

당하지 않았으며 진리를 고백하는 사람들 모두가 하나님의 가족이 됨으로써 의와 진리와 거룩함으로 행하게 되고 하나님의 가정이 되는 것을 보고 또한 이야기하는 이치가 바로 놓이게 되어 하나님의 구원을 깨닫게 되는 것을 보자 사람들 모두가 그리스도의 그 통치가 영원하실 것을 깨달아 알고 참여할 수 있게 되었다.

이렇게 주의 영원하신 명성과 주께 향한 찬양이, 신실한 사람의 마음마다 자리잡게 되어, 우리 가운데 선 복음의 질서가 사람에 속한 것이나 사람으로 말미암은 것이 아니라 성령을 통하여 그 안에서 이루어진 그리스도께 속한 그리스도로 말미암은 것이라 말할 수 있었다.

사람에게 속하거나 사람에 의하지 않고 거룩한 그리스도께로 온 복음의 질서는 유대인이든 이방인이든 배교자든, 타락한 인간의 모든 질서 위에 뛰어난 질서로 그러한 것들이 사라질 때까지 영원할 것이다. 영원한 복음인 하나님의 능력이 사단이 있기 전부터 있었으며 영원히 계속될 것이기 때문이다. 또한 영원한 복음이 사도 시대에 온 나라에 전파되어 모든 족속이 생명과 밝아지는 불멸을 가져다 주는 신령한 능력으로 말미암아 영원한 복음의 질서를 알게 되었듯이, 영원한 복음은 모든 족속, 인종, 국가에 다시 전파되어야 하며, 전파되고 있으며 그것은 거룩한 자, 요한이 예견한 대로이다.

이제(1669) 나는 주님의 이끄심을 받아 아일랜드로 건너가 거기 있는 하나님의 자손들을 방문할 작정이었다. 아일랜드에 로버트 로즈(Robert Lodge), 제임스 랭카스터, 토머스 브리그스(Thomas Briggs), 존 스터브스와 함께 갔다.

우리는 리버풀(Liverpool) 근처에서 배를 타려고 바람을 기다렸다. 며칠을 기다린 뒤에 우리는 배를 타기 위해 제임스 랭카스터를 보냈다. 그는 배가 떠날 준비가 되어 있으며, 블랙 락(Black Rock)에서 우리를 승선시킬 것이라는 전언을 가지고 왔다. 우리는 걸어서 블랙 락까지 갔다. 거기까지는 상당히 먼 거리였다. 날씨는 아주 무더웠고 나는 오랜 시간을 걸었다.

블랙 락에 이르고 보니 배가 없었다. 그래서 우리는 시로 가서 배를 타야만 했다. 승선하게 되었을 때에 나는 동료들에게 "자, 여러분은 주님 안에서 승리할 것이오. 주께서 순풍과 좋은 날씨를 허락하실 것이기 때문이오" 하고 말했다. 배에 탄 많은 사람들이 배멀미를 하였는데 우리 중에는 배멀미를 하는 사람은 한 사람도 없었다. 선장과 다른 많은 승객들은 우리에게 상당히 호의적이었다. 배에서 '첫째 날'을 맞이하게 되자 나는 그들에게 진리를 선포하고 싶어졌다. 그래서 선장은 승객들에게 "이제 여러분은 평생 한번도 들어보지 못한 이야기를 듣게 될 것입니다" 하고 말하였다.

더블린(Dublin) 앞에 당도하자 우리는 작은 배로 옮겨 타고 뭍으로 올랐다. 대지와 공기에서 썩은 냄새가 나는 것 같아 영국에서와 다른 냄새가 느껴졌다. 나는 그것을 가톨릭 교도의 대학살이 행해진 탓에, 그 때 흘려진 피로 고약한 냄새가 올라오는 것이라고 생각했다.

우리는 세 관리를 네번이나 통과했으나 그들은 몸 수색을 하지 않았다. 그들은 우리가 누군지 알아차렸기 때문이었다. 그러나 그들 중 더러는 지나친 시기심으로 우리를 쳐다보려고조차 하지 않는 사람도 있었다.

우리는 친우회 교우들을 금방 찾지 못했다. 그러나 여관으로 가서 몇 사람을 찾아보려고 사람을 내보냈다. 이렇게 해서 찾아낸 사람들이 우리를 보러 와서는 우리가 온 것을 굉장히 기뻐하며 기쁨으로 우리를 맞아 주었다.

우리는 그곳에 머무르는 동안 매주 모임을 가졌다. 큰 모임이었고 하나님의 능력과 생명이 크게 나타났다. 그 후에 지역 모임에도 갔는데 그 모임은 2주간 지속되었다. 가난한 사람들에 관한 집회가 있었으나 다른 집회가 더 일반적인 집회였다. 그 집회에서도 주의 강한 능력이 나타났다. 진리가 생생하게 선포되었으며 친우회 교우들은 신리 가운데 새롭게 되었나.

그곳에서 38킬로 가량을 지나 다른 지역에 이르렀다. 거기서 우리는 아주 훌륭하고도 신선한 집회를 가졌다. 그러나 그 집회가 끝난 뒤에 그곳에 살던 교황절대주의자들은 굉장히 화가 나서 무척 화를 냈다. 나는 그 소식을 듣고 그들 중에 교사라는 사람을 부르러 보냈다. 그러나 그는 오려고 하지 않았다.

그래서 나는 그에게 수도사와 목사와 예수회파 사람들을 모두 데리고 와서 그들이 빵과 포도주로 만들어 버린 그들의 하나님과 그리스도를 증명해보라고 하였다. 그러나 나는 그들로부터 아무런 답변도 들을 수 없었다. 나는 그들에게 당신들은 바알을 섬기던 제사장들보다 더 나쁘다고 하였다. 바알을 섬기던 제사장들과 사람들은 자신들의 신을 그들처럼 먹어서 다른 것으로 만들지 않았기 때문이라고 하였다.

당시 코크(Cork)의 시장으로 진리에 대해 적대적이고 친우회 교우를 시기하던 사람이 많은 친우회 교우들을 옥에 가두었다. 내가 시골에 있다는 것을 알고 그는 나를 잡아오라고 네 명의 사령을 보냈다. 그래서 친우회 교우들은 내가 말을 타고 코크를 지나가지 않기를 바랐다. 그러나 밴던(Bandon)에 있을 때에 음울한 표정을 한 아주 추한 남자의 얼굴이 환상으로 보였다. 나는 하나님의 능력으로 그에게 덤벼들었고, 내 말이 그 사람을 짓밟아 그 사람 얼굴 위에 발을 올려 놓는 것 같았다.

아침에 제 정신이 들자 나는 한 친구에게 주께서 내게 말을 타고 코크를 지나가라고 명령하신다는 이야기를 하고 아무한테도 이야기하지 말라고 했다. 그래서 우리는 말에 올라탔다. 많은 친우회 교우들도 나와 동행하였다.

읍 가까이에 이르자 친우회 교우들은 마을 뒤로 질러가는 길을 알려주려고 했다. 그러나 나는 거리로 지나가야 한다고 말했다. 폴 모리스(Paul Morrice)로 하여금 마을의 길안내를 하게 하고 나는 말을 타고 갔다.

시장터를 지나 시장의 집을 지나는데 시장이 나를 보고는 "저기 조지 폭스가 간다"하고 말하였다. 그러나 그는 나를 멈추게 할 수 없었다. 우리는 파수병을 지나 다리를 건넌 상태였으므로, 친우회 교우 집에 들어가 말에서 내리고 있었기 때문이다. 그 때문에 마을에서 참으로 큰 분노가 일었으며 나를 붙잡아오라는 명령을 받은 사령이 참으로 많았다고 친우회 교우들이 내게 전해 주었다.

거기 앉아 있자니 마을에 사악한 영이 역사하여 나를 대적할 음모를 꾀하고 있다는 느낌이 들었다. 그리고 또 주님의 능력이 그 사악한 영을 공격하신다는 느낌도 들었다.

얼마 안 있어 다른 친우회 교우들이 집으로 들어오면서 내가 마을에 있다는 소문이 마을과 치안판사들 사이에 퍼져 있다고 하였다. 나는 "사단이 마음껏 나쁜 짓을 하도록 내버려 둡시다"하고 말했다. 우리는 마음을 가다듬고 말을 불러 친우회 교우 한 사람을 길 안내자로 삼아 길을 떠났다.

코크 시장과 다른 사람들은 나를 놓쳤다는 생각에 몹시 화가 났으며 그 후에 나를 잡으려고 무던 애를 썼다. 거리마다 정찰병을 풀었는데, 내가 어느 길로 가는가 알아내려고 했던 모양이다. 나는 좀처럼 공적 집회에 나가지 않았다. 그러나 첩자들이 와서 내가 집회에 참석했나 살폈다. 치안판사들과 목사들은 내가 머리는 어떤 모양이고 옷은 어떤 옷을 입었으며 말은 어떠한 말을 탔는가 하는 정보를 서로 주고 받았다. 그래서 내가 코크에 1킬로 남짓 가까이 갔을 때에 그들은 이미 내 신상에 관하여 알고 있었다.

목사이자 재판관인 한 시기심 많은 치안판사는 순회 재판에서 나를 체포하라는 영장을 얻어냈다. 그 영장은 사방 160킬로에 이르는 곳에서 열리는 순회 재판에 전달될 것이다. 그러나 주님은 그들의 온갖 음모를 좌절시키고 나를 대적하려는 의도를 무너뜨려 보호하시는 손길로 온갖 올무에서 나를 지키셨으며, 친우회 교우들을 방문하여 온 나라에 진리가 전파되도록 할 수 있는 아름답고 복된 기회를 우리에게 주셨다.

아주 큰 집회였기 때문에 멀리 가까이서 친우회 교우들이 찾아 왔고 다른 사람들도 떼지어 왔다. 주님의 강한 임재가 우리에게 귀하게 느껴져왔다. 세상의 많은 사람들이 감동을 받고 영적 진리를 깨닫게 되어 진리로 모여들었다. 주님의 무리가 점점 늘어났고 친우회 교우들은 하나님께 사랑을 느끼고 참으로 새롭게 되었고 또한 위로를 받았다. 아, 사람들 마음 속에 생명이 흘러들어 올 때 그 깨어짐이란! 그리하여 주님의 능력과 영 안에서 많은 사람들의 입에서 찬양이 터져 나왔으며, 마음 속으로 만든 아름다운 곡조가 소리로 나오기도 하였다.

예배를 드리기 위해서 뿐만 아니라 전도 사역을 위해서 아일랜드 지역을 여행하며 친우회 교우들을 방문하고 또한 수도사, 신교의 목사들로부터 받은 편지들에 답변을 하고 난 뒤에(그들은 우리에 대해 몹시 격분했으며 주의 일을 막고자 힘썼으며 몇몇 예수회파 사람들은 우리가 아일랜드에 우리의 교리를 전하러 왔으나 그렇게 하지 말아야 한다고 우리가 듣는 앞에서 단언하였던 것이다), 나는 더블린으로 다시 돌아갔다. 잉글랜드로 갈 수 있는 통행권을 얻기 위해서였다. 첫째 날 집회가 있는 날까지 거기 머물렀다. 참으로 많은 사람들이 모인 귀한 집회였다.

배가 준비되어 있고 바람도 마침 맞았기 때문에 우리는 친우회 교우들에게 작별 인사를 하였다. 헤어지면서 따뜻한 정과 헤어지는 아픔이 오갔고 그러는 가운데 하늘의 생명과 능력이 우리 가운데 분명히 나타나는 것을 느꼈다. 아침에 말과 필수품들을 배에 싣고서, 오후에 떠났다. 많은 친우회 교우들이 배까지 따라나왔다. 여러 친우회 교우들과 친절한 사람들이 4킬로 남짓 되는 거리를 작은 배를 타고서 따라왔다. 위험하지 않은 건 아니었지만 그들은 사랑으로 우리를 거기까지 배웅한 것이었다. 그 나라에는 주 하나님의 능력과 진리가 전하여 주는 것을 느끼는 훌륭하고 귀하고 참된 사람들이 살고 있다. 그들은 집회를 통해 참으로 귀한 명령을 받는다. 그들은 의와 거룩함을 사랑하므로 그것이 사악함의 길을 가로 막기 때문이다. 그들은 참으로 귀한 방문을 가졌으며 그들은 방문을 받을 만한 탁월한 정신을 지니고 있다. 그 나라와 내가 여행한 지역에 대해 쓸 말이 더 많지만 이만큼으로도 의인들은 진리가 번성하는 것을 누릴 수 있다는 것을 예시하는 데 충분하다는 생각이 들었다.

우리는 브리스톨에 이르기까지 여행을 하였다. 브리스톨에서 나는 마가렛 펠을 만났다. 그녀는 자기 딸 요만스(Yeomans)를 보러 오는 길이었다.

나는 주님으로부터 상당히 오래 전에 마가렛 펠을 내 아내로 받아들여야 한다는 느낌을 받았다. 내가 맨 처음 그 말을 꺼내자 그녀는 거기에 관하여 하나님의 생명이 말씀하시고 대답하시는 것을 느꼈다. 주께서 이러한 일을 내게 열어보이셨으나 나는 그때 결혼을 하라는 주님의 명령을 받아들이지 않았다. 그 일을 미루어 두고 주께서 이끄시는 대로 영국과 아일랜드를 두루 다니면서 주님을 섬기는 일을 먼저 하러 갔기 때문이었다.

그러나 지금 브리스톨에 있으면서 마가렛 펠을 보게 되자 주께서 결혼 문제를 이행하라고 하시는 것을 느꼈다. 그 문제를 두고 함께 이야기를 나눈 뒤에 나는 그녀에게 지금 결혼을 하는 것이 좋다고 생각하느냐고 물었다. 그녀는 먼저 아이들을 부르러 보내야 한다고 대답하고서 아이들을 불렀다. 나머지 딸들이 오자 나는 그녀의 딸들과 사위들에게 우리 결혼에 이의가 있는지 아니면 찬성하는지 물었다. 모두가 우리가 결혼하는 것에 만족한다는 의사를 밝혔다.

그리고 나서 나는 마가렛에게 남편의 유언장대로 자녀들에게 이행해 주었느냐고 물었다. 그녀는 "아이들도 알고 있습니다"하고 대답했다. 그래서 나는 아이들에게 어머니가 결혼을 하면, 결혼으로 인해 그것을 포기하겠느냐고 물었다. 그리고 마가렛에게는 그 대신에 아이들에게 도움이 될 만한 다른 일을 하였느냐고 물었다.

자녀들은 마가렛이 자신들에게 보상을 해주었으니, 그 문제에 관해 더 이상 이야기하지 않기를 바란다고 했다. 나는 별다른 뜻이 있어서 그런 것이 아니라 모든 일이 평탄하게 이루어지길 바라는 마음에서 그러는 것이라고 이야기했다. 나는 결혼으로 인해 생기는 어떠한 외부적인 이익은 바라지도 않았기 때문이었다.

이렇게 내 유언장에 관한 의사를 마가렛의 자녀들에게 알리고 나서 친우회 교우들 앞에서 결혼 의사를 밝혔다. 개인적으로 또한 공적으로 모두가 대만족이었다. 많은 사람들이 우리 결혼이 하나님의 뜻이라고 하였다. 그리고는 결혼을 성사시키기 위한 집회를 브리스톨의 브로드메드 집회소에서 열기로 하였다. 우리는 서로를 받아들였고 주님은 영원한 언약과 불멸하는 생명의 씨앗 안에서 우리 두 사람을 귀한 결혼으로 하나가 되게 하셨다. 우리 결혼식에 대해 친우회 교우들은 우리를 하나로 결합시켜주는 신성한 능력에 대한 감동으로 생생하고도 진중한 증언을 하였다.[3] 그리고 나서 혼인 절차와 혼인에 관한 증명서를 낭독하였고, 친척들과 그 마을의 나이든 친우회 교우들과 나라 각처에서 온 많은 사람들이 함께 거기에 사인했다.

우리 두 사람은 브리스톨에 일주일간 머물렀다가, 올드스톤(Oldstone)으로 함께 갔다. 거기서 우리는 주 안에서 서로 작별을 하고 각자에게 주어진 몇 가지 일을 하러 가기 위해 헤어졌다. 마가렛은 북쪽 고향으로 되돌아갔고 나는 전처럼 주의 일을 하러 계속 여행을 하였다. 나는 윌트셔

---

3) 「친우회 교우들의 브리스톨 기록부」(*Bristol Register of Friends*)를 보면 조지 폭스가 마가렛 펠과 결혼한 날이 1669, '여덟번 째 달' 27일로 나와 있다.
4) 결혼 후 4년 동안 조지 폭스와 아내는 자주 헤어져 있었다. 결혼한 지 3개월 뒤에 마가렛 폭스는 랭카스터 감옥에 투옥되었다. 거기서 그녀는 폭스가 배를 타고 인도와 미국 식민지로 기억에 남을 만한 전도 여행을 떠나기 몇 주전까지 수감되어 있었다.

(Wiltshire), 버크셔(Berkshire), 옥스퍼드셔(Oxfordshire), 버킹엄셔(Buckinghamshire), 런던 등지를 다니며 친우회 교우들을 방문하였고, 그러한 지역에서 크고 귀한 집회를 많이 열었다.[4]

〔1670년에 1664년에 최초로 통과 되었던 비밀집회법(Conventicle Act)이라고 하는 법이 강력하게 다시 시행되었다. 그 법령은 기존 교회의 모임을 제외하고는 다섯 사람 이상 모이는 종교적 모임을 제한하였고, 선서를 거부하는 사람은 누구나 그 법령에 의해 처벌을 받게 하였다〕

법령이 효력을 발생하게 된 후 '첫째 날', 나는 그레이스처치 스트리트(Gracechurch Street)에서 열리는 집회에 참석하러 갔다. 그곳에서 만만찮은 강습이 시작될 것이 틀림없을거라 생각하였다.

집회 장소에 가보니, 사람들이 거리를 가득 메우고 있었고, 경계병 한 사람이 친우회 교우들이 집회소에서 나오지 못하도록 막고 있었다. 나는 롬바드 스트리트(Lombard Street)를 나와 다른 통로로 갔다. 거기도 경계병 한 사람 있었으나 사람들이 가득 있었으며 한 사람의 친우회 교우가 그 가운데서 설교를 하고 있었다. 그러나 길게 하지는 않았다.

그가 말을 마치자 나는 일어서서, 마음에 이끌림을 받아 "사울아, 사울아 네가 어찌하여 나를 핍박하느냐? 쓸데 없는 저항을 하여 상처를 입으면 네게도 참기 어려운 일이다" 하고 말하였다. 그리고 나서 나는 계속 핍박하는 것은 사울의 본성이며, 그리스도의 사람들 안에 계시고, 그 안에 자신을 분명히 나타내 보이시는 그리스도를 핍박하는 이들은 쓸데없는 저항을 하여 상처입을 일을 하는 것임을 설명하였다. 또한 영으로 난 자들을 핍박하는 것은 육의 생각에서 난 것이며 양을 찢어 삼키려는 것은 개의 본성이라고 하였다. 우리는 양처럼 핍박을 당하여도 평화의 사람들이며 우리를 핍박하는 자들을 사랑하는 사람들이기 때문에 대들어 물지 않는다고 하였다.

이러한 취지로 얼마간 이야기를 하고 나자 경관이 밀고자 한 사람과 군인들을 데리고 나타났다. 그들이 나를 잡아 끌 때 나는 "평화를 지키는 사람은 복되도다" 하고 말했다.

지휘관이 나를 군인들에게 넘기면서 나를 단단히 붙들어 두라고 명령하고서는 내게 "당신은 바로 내가 찾던 사람이오"하고 말했다. 그들은 존 버니트(John Burnyeat)와 다른 친우회 교우도 한명 붙들어 우리를 먼저 익스체인지(Exchange)로 끌고 갔다가 무어필즈(Moorfields)로 향했다. 거리를 지날 때에 사람들은 아주 온순하였다. 더러 경관을 비웃으며 우리가 달아나지 않을 거라고 말하는 사람들도 있었다.

밀고자는 알려지지 않은 채 우리와 동행하였다. 그러다가 마침내 일행 중 한 사람과 이야기를 하게 되었는데 그 사람은 사람들이 이백년 전에 꽤 오래된 종교로 돌아간다면 결코 좋은 세상은 찾아오지 않을 거라고 했다. "당신은 교황 절대주의자요? 세상에! 교황절대주의자가 밀고자라니. 2백여년 전에는 가톨릭교 외에는 다른 교파가 없지 않았소"하고 내가 물었다.

그 사람은 자기 말에 스스로 올무에 걸려든 것을 알고는 격분 했다. 왜냐하면 길을 따라가면서 그에게 자주 말을 시켜 그가 어떤 사람인지 밝혀 냈기 때문이었다.

시장의 집으로 인도되어 그집 앞 뜰에 이르자 서 있던 몇몇 사람들이 어떻게 해서 무슨 이유로 붙잡혔느냐고 물었다. 나는 사람들에게 밀고자에게 물어 보고 그의 이름도 물어보라고 했다. 그러나 밀고자는 자기 이름을 말하지 않았다. 그러자 창너머로 보고 있던 시 공무원 중 한 사람이 밀고자에게 떠나기 전에 자기 이름을 밝혀야 한다고 이야기했다. 왜냐하면 대도시의 시장이 무슨 권리로 그가 병사들을 동원해 군대의 권한이 아닌 사법 판사가 관여해야 하는 법 집행에 끼어들었는지 알게 될 것이기 때문이었다.

이러한 일이 생기자 그는 가고 싶어했다. 그리하여 문지기에게 가서 바깥으로 내보내 달라고 했다. 장교 중에 한 사람이 그를 소리쳐 부르며 "고발하려고 자기가 사람을 데리고 와서 이제 대도시의 시장이 오기도 전에 떠나려는 거요?"하고 말했다. 누군가 문지기에게 그 사람을 내보내지 말라고 하였다. 그러자 그는 강제로 문을 열고 문밖으로 빠져나갔다.

그가 거리로 빠져나가자마자 사람들은 소리를 질렀고 거리에는 다시 "교황절대주의자! 밀고자!" 하는 소리가 울려 퍼졌다. 우리는 경찰과 군인들에게 가서 사람들의 손에서 그 사람을 구하라고 하였다. 사람들이 그를 해치지 않을까 걱정이 되었기 때문이었다.

경찰들과 군인들이 가서 그 사람을 시장의 집 앞으로 데리고 와서 거기서 잠시 머물러 있었다. 그러나 그가 다시 나가자 사람들이 다시 소리를 치며 그를 받았다. 군인들이 부득이 다시 가서 그를 구출하여 뒷골목에 있는 집으로 데리고 갔다. 거기서 군인들은 그 사람을 설득하여 가발로 바꾸어 쓰게 하여 그 사람은 아무도 모르게 가버렸다.

시장이 오자 우리는 시장이 있는 방으로 인도되었다. 장교들 중 몇 사람이 우리 모자를 벗기려고 했으나, 시장이 그들을 불러 그대로 두라고 명령하는 것을 알아차리고는 우리 모자에 대해 간섭하지 않았다. "저들은 사법상 내 앞에 불려온 사람이 아니기 때문이오"하고 시장이 말했다. 그리하여 우리는 시장이 몇몇 장로과 교사들과 침례과 교사들을 심문하고 있는 동안 곁에서 있었다. 시장은 그들을 다소 날카롭게 대했고, 그들에게 유죄를 선고하였다.

그들에 대한 심문을 마치자 나는 시장이 앉아 있는 탁자 앞으로 불려 나갔다. 시장은 온화하게 말했다. "폭스씨. 당신은 당신들 무리 가운데서 유명한 사람이오. 그러니 제발 그들이 그토록 많이 모여서 집회를 하지 않도록 힘을 좀 쓸 수 없겠소? 그리스도께서 두세 사람이 주의 이름으로 모인 곳에 함께 하시겠다고 약속하셨고, 왕과 의회가 관대함을 베풀어 네 사람이 모여 하나님께 예배드리도록 기꺼이 허락을 하였는데 어째서 두세 사람이 모이라는 그리스도의 약속에도, 네 사람까지 모여도 된다는 의회의 관용에도 만족하지 못하는 것이오?"⁵⁾

나는 다음과 같은 취지로 대답했다. "그리스도의 약속은 많은 사람들이 그분의 이름으로 모이는 것을 좌절시키려고 하는 것이 아니라, 아주 작은 숫자라도 그 수가 너무 작아 모이기를 꺼려할까봐 그 작은 수에게 용기를 주시려고 하신 약속이었소. 그리스도께서 그토록 적은 수가 그것도 고작 두세 사람이 주의 이름으로 모인 중에도 함께 하시겠다고 약속하셨는데 하물며 이삼

---

5) 아주 예리한 글로써 폭스는 치안판사들에게 이러한 법령은 12사도와 70인의 제자들까지도 집회를 갖지 못하게 하였을 것이라고 써보냈다.

백명이 주의 이름으로 모인 곳에는 얼마나 놀랍도록 임재하시겠습니까?"

나는 이 법령이 그리스도의 시대에 있었더라면 열두 사도와 70인의 제자들과 함께 그리스도도 붙잡지 않았겠는가를 시장이 생각해 보길 바랐다. 그들은 자주 그것도 아주 많은 무리로 모였기 때문이었다. 그러나 나는 그에게 이 법령은, 종교를 가장하여 종교적 색채를 띠고 "최근에 보았던 것과 같은 반란을 꾀하려고(법령에 적혀 있는 대로)" 모이는 사람들의 선동적인 집회를 막기 위해 만들어진 법안이기 때문에 우리에게 해당하지 않는 법령이라고 하였다. 우리는 충분히 조사 받아 입증되었으며 늘 평화로운 사람들임이 확인되었으므로 무죄인지 유죄인지를 잘 분별하는 것이 좋을 것이라는 말도 하였다.

시장은 그 법안은 집회와 예배식을 따르지 않는 예배를 막기 위해 만든 법이라고 하였다.

나는 시장에게 "따른다"는 말은 꼭같다라는 말이 아니라고 하면서 그에게 예배식이 성경에 따른 것인지를 묻고는 우리가 성경구절을 읽고 이야기하면 안 되겠느냐고 물었다.

시장은 "그렇게 하시오"하고 대답했다.

나는 그에게 "이 법은 최근의 경험이 보여주듯 반란을 계획하고 시도하려는 사람들만을 붙잡는 것입니다. 그러나 사람들은 우리가 그러한 일을 하는 것을 한번도 보지 못하였습니다. 거리에 도둑이 이따금 나타난다고 해서 정직한 사람이 여행을 다니지 말아야 합니까? 반란자들과 음모자들이 음모를 꾀하려고 만난다고 해서 성식하고 평화로운 사람들이 좋은 일을 하기 위해 만나지 말아야 합니까? 우리가 만일 음모와 반란 등을 꾀하려고 모이는 사람들이었더라면 아마 우리는 그 수를 넷으로 줄였을 것입니다. 음모를 짤 때는 400명이 있는 것보다 네 사람이 더 잘 짤 수 있기 때문입니다. 왜냐하면 네 사람에서 400 사람이 할 수 있는 것보다 훨씬 더 마음껏 이야기를 주고 받을 수 있기 때문입니다. 우리는 죄가 없으며 법에 저촉되는 사람들이 아니니 해 오던 대로 집회를 계속 열 수 있도록 해 주십시오. 우리에게 죄가 없다는 것을 양심으로 아시리라 믿습니다"하고 말했다.

얼마 동안 더 이야기를 나누다가 시장은 우리 이름과 우리가 묵고 있는 곳을 적었다. 그리고는 결국 밀고자가 가고 나자 우리를 석방시켜 주었다.

나와 함께 있던 친우회 교우들이 "어디로 갈 작정이십니까?" 하고 내게 물었다. 나는 "그레이스처치 스트리트에서 열리는 집회로 다시 갈 작정이오. 끝나지 않았다면 말이오" 하고 대답했다.

그곳에 이르니 대부분의 사람들이 떠나고 몇 안 되는 사람들만 문에 서 있었다. 우리는 제라드 로버트(Gerrard Robert)의 집으로 갔다. 거기서 나는 그 마을에서 열렸던 다른 집회는 어떠하였는가 알아보려고 사람을 보냈다. 몇몇 집회처에서는 친우회 교우들이 들어가지 못하였고, 또한 체포된 이들도 있다는 것을 알았다. 그러나 그 사람들도 며칠 후에 석방되었다.

참으로 영광스런 시간이었다. 주님의 능력이 모든 사람들에게 임하였고 주님의 영원한 진리가 드높여졌던 것이다. 그 까닭은 몇몇 사람들이 이야기를 하고 내려오면 곧장 다른 사람들이 주님의 이끄심을 받아 일어서서 말을 하였다. 그 말은 사람들이 감탄할 정도였다. 더욱이 많은 침례교인들과 다른 교파의 사람들이 자기네들 집회를 내버려 둔 채 퀘이커 교도들이 어떻게 버티어 나가는가를 보러 왔기 때문에 더욱 그러하였다.

앞에서 이야기한 밀고자에 대해 말하자면 그가 너무 겁을 먹었기 때문에 그 이후로 얼마 동안 런던에서는 어느 누구도 밀고자로서 감히 공중 앞에 나타나려고 하지 않았다. 그러나 새뮤얼 스탈링(Samuel Starling)이라고 하는 그 시장은 우리에게 부드러운 태도를 보이긴 하였으나 나중에 우리 친우회 교우들을 몹시 핍박한 사람임이 드러났다. 올드 베일리(Old Bailey)에서 이번 해에 열리는 윌리엄 펜, 윌리엄 메드와 그밖에 다른 사람들의 재판에서 나타나듯 그는 많은 친우회 교우들을 투옥시켰다.[6]

언덕(로체스터 근방)을 걸어가고 있을 때에 심적으로 굉장한 부담과 압력이 느껴졌다. 말에 다시 올라탔으나 압박감이 계속되어 거의 말을 몰 수가

---

6) 올드 베일리에서 열린 재판은 윌리엄 펜이 쓴 책 서문에 자세하게 나와 있다. 이것은 윌리엄 펜의 생에에 가장 흥미로운 일화 중 하나이며 법적 견지에서 볼 때에 당대 가장 중요한 배심 재판의 하나이다. 윌리엄 펜은 1659년에 옥스퍼드 대학에서 수학할 때에 토머스 로(Thomas Loe)의 설교에 감명을 받은 바 있으나 1666년에 분명히 퀘이커 교도와 운명을 함께 하였다.

없었다.

　마침내 로체스터에 이르렀으나, 많은 시간을 허비한 뒤였다. 세상의 영에 대한 극심한 부담감 때문에 내 삶은 그것으로 인해 억눌려 있었다. 어렵게 그레이브센드(Gravesend)에 도착하여 그곳에 있는 여관에 들었다. 그러나 거의 무얼 먹을 수도 없었고 잠도 잘 수 없었다.

　다음 날 존 루스와 알랙산더 파커는 런던으로 갔고, 존 스터브스가 나를 찾아왔다. 우리는 나루터를 건너 에섹스로 갔다. 호른처치(Hornchurch)에 이르렀는데 거기서는 첫째날 집회가 있었다. 집회가 끝난 뒤에 나는 말을 타고 아주 불편한 몸으로 스트라트포드(Stratford)에 있는 한 친우회 교우의 집으로 갔다. 그 사람은 윌리엄스라는 사람이었는데 전에 지휘관을 지냈던 사람이었다. 극도로 몸이 쇠약해져 있는 상태로 그 사람의 집에 묵고 있다가 나는 급기야 눈과 귀가 멀었다. 몇몇 친우회 교우들이 런던에서 나를 보러 왔다. 나는 그들에게 진리를 볼 수 없고 진리의 말씀을 들을 수 없는 사람들에게 표적이 되어야 한다는 말을 하였다.[7]

　이러한 상태로 얼마 동안을 버티었다. 몇몇 사람들이 내 곁으로 왔다. 그들을 볼 수는 없었으나 누가 정직한 마음을 가졌는지 그렇지 않은지를 느낌으로 분별하여 알 수 있었다. 의술을 시행하는 여러 친우회 교우들이 나를 보러 왔으나 나는 누구의 간섭도 받으려고 하지 않았다. 내가 해야 할 일이 있다고 느꼈기 때문이다. 그래서 나는 믿을 수 있는 사람을 제외하곤 내게 부담을 주는 사람들은 내 곁에 있지 않기를 바랐다.

　엄청난 고통과 수고와 슬픔과 압박감 속에서 여러 주를 누워 지냈다. 그 때문에 몸이 너무 늘어지고 약해져서 내가 살 수 있을거라 생각하는 사람은 거의 없었다. 내 곁에 있던 사람들도 내가 죽는 것을 지켜볼 수 없다는 말들을 하면서 내 곁을 떠나갔다. 내가 병에 걸렸다는 소문이 런던과 나라 안에 퍼졌다. 그러나 나는 주의 능력이 내적으로 나를 떠받치고 있음을 느꼈다.

　주위에 있던 사람들이 내가 죽을 것이라고 포기하였을 때에 나는 그들에게 제라드 로버트의 집으로 타고 갈 수 있도록 마차를 하나 구해 달라고 하

---

[7] 이 시기는 몸이 쇠약해진 결과 폭스가 극심한 신체적 변화를 경험하는 때다.

였다. 그곳은 20킬로 가량 떨어져 있는 곳이었는데 나는 그곳이 내가 가야 할 곳임을 알았다. 그때 희미하게나마 시력이 회복되어, 나는 사람들과 지나가는 들판을 알아볼 수 있었다. 그러나 그뿐이었다.

제라드의 집에 이르자 그도 굉장히 몸이 약한 상태에 있었다. 그래서 나는 마음에 이끌림을 받아 그에게 이야기를 하고 그에게 용기를 북돋워 주었다. 3주간 거기 머물러 있은 뒤에, 엔필드(Enfield)로 가야 한다는 생각이 들었다. 친우회 교우들은 내가 옮겨가는 것을 걱정했다. 그러나 나는 안전하게 갈 수 있을 거라고 이야기했다.

제라드에게 작별 인사를 하고 엔필드로 가게 되었을 때 나는 먼저 아모르 스토다트(Amor Stoddart)를 방문하였다. 그 사람은 너무 아파 말을 거의 하지 못했다. 나는 마음이 이끌려 그에게 당신은 신실한 사람이었으며 하나님께도 충성하였으니 영원한 생명의 후손이라는 면류관을 상으로 받게 될 것이라고 하였다. 마음에 이끌림을 받아 그에게 더 많은 말들을 하였다. 나 역시도 아파서 서 있기도 힘이 들었지만 말이다. 그런 며칠 뒤에 아모르는 죽었다.

나는 드라이(Dry) 미망인 집으로 갔다. 거기서 영적으로 세상의 악한 영들과 싸우면서 겨울을 보냈다. 세상의 악한 영들은 진리와 친우회 교우들을 대적하였다. 그당시 대핍박이 있었다. 더러 집회소가 파괴되었고, 많은 사람들이 군인들에 의해 뿔뿔이 흩어졌다. 때때로 기병 연대나 보병대의 무리가 왔다. 친우회 교우들을 때리면서 칼과 창을 꺼내들고 탄환을 재기 위해 카빈 총과 머스켓 총을 꺾었다. 많은 사람들에게 상처를 입혔으며 그들의 피가 거리에 쏟아졌다.

런던에서 이토록 잔인한 핍박을 하는데 앞장 섰던 사람 중에는 옛날에 나를 대적하였던 커비 대령도 끼어 있었다. 보병대 무리를 이끌고서 그는 몇몇 집회를 해산시키려고 다녔다. 그는 종종 자기가 해산시킨 집회에서 나에 관한 안부를 묻곤 하였다. 언젠가 그 사람이 강을 건너 홀스레이다운(Horsleydown)으로 갈 때에 그 사람이 이끌던 군인들과 뱃사공 몇몇 사람 사이에 난투가 있었다. 그는 뱃사공들을 쏘라고 군인들에게 명령하였다. 군인들은 총을 쏘아 결국 뱃사공들은 죽었다.

이번에 나는 말로 선포할 수 있는 것을 넘어서 무척 괴로웠다. 자세히 살펴본 결과 세상의 모든 종교들과 세상에 사는 사람들의 모습을 깨달아 알았기 때문이었다. 그리고 또한 나는 목사들이 사람들을 손아귀에 쥐고 있다는 것도 알았다. 그들은 사람들을 빵처럼 먹어 치우고 뼈에서 살을 발라 먹는 식인종 집단이었다. 아! 그러면서도 참된 신앙과 예배와 하나님의 일꾼이 되기 위해서라니! 나는 세상에 어느 누구도 자신이 그러한 것들을 위해 일한다고 자부할 만한 사람이 없다는 것을 깨달았다.

잔인하고, 혹독한 핍박의 시기였으나 주님의 능력이 모든 사람들 위에 임하였고 주님의 영원한 씨앗이 지배하였다. 친우회 교우들도 주님의 능력 안에서 굳고 신실하게 버티어 설 수 있게 되었다. 다른 교파의 신앙고백자들 중 더러 올바른 생각을 가진 사람들은 "친우회 교우들이 존재하지 않는다면 나라는 안은 방탕하게 될 거야"하고 말하였다.

몸이 약한 까닭에 전처럼 친우회 교우들 틈에 끼어 여행을 다닐 수는 없었으나 살아 있다는 몸짓으로 다음과 같은 격려의 간증을 그들에게 보냈다.

"사랑하는 친우회 교우들께

씨앗은 모든 사람들 위에 계십니다. 그 안에서 행하십시오. 그 안에 생명이 있습니다.

어려움이 닥쳐도 당황하지 마십시오. 의인은 언제나 악인에게 괴롭힘을 낳하지만 악인을 다스립니다.

모든 것들로 보아 믿음으로 산이 무너지고, 시악한 사람늘의 분노가 그 불붙는 화살과 함께 사그러든다는 것을 알 수 있습니다. 아무리 파도와 폭풍이 거세도 여러분의 믿음이 여러분을 지켜주어 그 위로 헤엄치도록 도울 것입니다. 그러한 것은 잠깐이지만 진리는 영원하기 때문입니다. 그러니 거룩한 산에 머물러 계십시오. 여러분은 빛의 인도하심을 따라 그리로 가게 될 것입니다

진리보다 영원한 것이 있다고 생각하지 마십시오. 진리는 틀림없는 것으로 진리에서 벗어난 것들을 지배하기 때문입니다. 선이 악을 이기고, 빛이 어두움을, 생명이 죽음을 고결함이 악덕을 이길 것이며, 불의가 의

를 이길 것이기 때문입니다. 거짓 선지자들은 진리를 이길 수 없습니다. 오직 참된 예언자이신 그리스도만이 모든 거짓된 것들을 이기실 것입니다.

  그러니 신실한 믿음 안에 살며 시간이 많이 남아 있다고 생각하지 마십시오.

조지 폭스."

  그러나 주님은 얼마 있다가 그토록 지독한 핍박의 열기를 누그러뜨리실 작정이셨다. 나는 흥분하여 혹독하게 행하였던 식인종들의 영이 지치는 것을 영적으로 느꼈다. 외적으로는 무척 약했으나 나는 분명히 느낄 수 있었다. 나와 함께 있거나 나를 찾아오는 친우회 교우들도 내가 핍박이 끝나고 나를 그토록 짓누르던 고통과 수고에서 벗어나서, 다시는 바깥으로 나갈 수 없으리라고 생각했던 많은 사람들의 예상을 깨고 봄이 올 무렵에 회복되기 시작할 것이라는 것을 알아차렸다.

  내가 이토록 영적인 어려움을 당하고 있을 때에, 하늘로부터 내려 오는 새예루살렘 나라가 보였다. 세속적인 사람들은 그 나라를 일반적인 생활 환경에서 벗어난 나라로 생각하였다. 나는 그 나라의 아름다움과 영광과 높이와 넓이와 깊이가 어떠한가를 보았는데, 그 모든 것이 완벽하였다. 나는 그리스도의 빛과 믿음의 주이신 그리스도의 믿음 안에 살고, 그리스도와 거룩한 선지자들과 사도들이 거하였던 성령 안에 거하며 또한 그 은혜와 진리와 능력의 성벽 안에 사는 모든 사람들이 그 나라 백성이 되어 달마다 열매를 맺고 그 잎사귀로 민족들의 아픔을 치유하는 생명 나무 과실을 먹을 권리가 있는 사람으로 사는 것을 보았다.

  하나님 나라 새 예루살렘에 관해 더 많은 것을 보았으나, 말로 하기도 힘들고 알아 듣기도 힘이 든 그런 광경이었다. 그러나 간단히 말해 그 거룩한 나라는 빛 가운데 있으며, 빛 가운데 사는 사람은 누구나 그 나라 안에 있다는 것과 그 나라 문은 낮 동안 내내(그 나라에는 밤이 없기 때문에) 그 나라로 들어오려는 모든 사람들을 향해 열려 있다는 것이다.

제 18 장

미국에서 2년
1671-1673

나는 아내가 감옥에 다시 수감되었다는 소식을 듣고 아내의 두 딸을 국왕에게 보냈다.[1] 그들은 왕으로부터 랭카스터 주장관에게 보내는 마가렛의 석방 명령서를 얻어냈다. 그녀가 풀려날 것이라고 기대하였건만 강력한 핍박의 기운이 갑자기 들이닥쳐, 핍박자들은 그녀를 계속 수감시킬 방법을 찾아냈다.

그러나 이제 핍박이 조금씩 누그러지고 있었기 때문에 나는 마음에 이끌림을 받아 마르타 피셔(Martha Fisher)와 다른 여자 친우회 교우에게 마가렛이 풀려날 수 있도록 함께 국왕에게 갈 것을 제안하였다. 그들은 믿음 안에서 주님의 능력으로 갔다. 그리하여 국왕은 국왕으로서의 관대함을 베풀어 커다란 증인을 찍은 석방 명령서를 내려 마가렛을 풀어 주고, 그녀의 재산을 처분해 줄 것을 명령하였다. 왕권 멸시 죄인으로 갇혀 있은 지 10년만이었다. 그와 같은 경우는 잉글랜드에서 거의 들어본 일이 거의 없는 관대한 처사였다.

---

1) 1669년으로 폭스가 결혼하고 3개월 지난 후였다. 1663년에 마가렛 펠에게 왕권 멸시 죄인이라는 형벌이 선고되어, 7년 가량(폭스는 10년이라고 말한다) 국왕의 죄수로 재산이 빼앗길 위험에 놓여 있었다.

나는 당장에 그 명령서를 한 친우회 교우 편에 보냈다. 그 사람 편에 아내에게 편지를 써서 그 명령서를 어떻게 재판관들에게 전달할지 일러 주고, 주께서 내게 바다 건너 미국에 있는 식민지를 방문하라고 하신다는 사실을 알렸다. 그래서 나는 그녀가 석방되는 대로 형편이 되는 한 서둘러 런던으로 와주길 바랐다. 마침 배가 항해하기 알맞은 때였기 때문이었다.

그동안 나는 킹스턴(Kingston)에 가서 존 루스의 집에서 아내가 나타날 때까지 묵고 있으면서 항해 준비를 시작했다. 그러나 연례 집회가 가까워 오고 있었기 때문에 그 집회가 끝나도록 기다렸다. 전국 각처에서 친우회 교우들이 연례 집회에 참석하였으며, 참으로 성대하고 귀한 집회를 가졌다. 주님의 능력이 모든 사람들 위에 임하였고 영광과 영원의 명성을 얻은 생명의 씨앗을 모두가 찬양하였다.

집회가 끝난 뒤에, 나는 잉글랜드에서의 사역을 끝마쳤다. 타고 갈 배와 함께 갈 친우회 교우들이 여행 떠날 준비가 되었기 때문에 나는 여섯째[3] 달 12일에 그래브센드(Gravesend)로 향했다. 아내와 몇몇 친우회 교우들이 다운스(Downs)까지 함께 동행하였다.

와핑(Wapping)에서 거룻배를 타고 가서 배에 올라탔다. 와핑은 그래브센드 조금 아래 있는 곳으로 거기서 우리는 나와 함께 항해를 할 예정이던 친우회 교우들을 보았다. 그들은 전날 저녁 배에 올랐던 것이다. 먼저 승선한 사람은 토머스 브리그스, 윌리엄 에드먼슨, 존 루스, 존 스터브스, 솔로

---

2) 폭스는 '연례 집회'를 마치 잘 구축된 조직처럼 말하고 있다. 노만 페니(Norman Penny)는 바클레이(Barclay)가 쓴 '초기 친우회 교우들의 편지'에서 발췌한 흥미로운 글을 내게 보내주었다. 그 글을 통해 연례 집회가 발전되는 과정을 추적해 볼 수 있다.

"요크셔(Yorkshire)에서는 남북부지역 모두가 참여하도록 스킵튼(Skipton)에서 조직된 연례 모임이 있었다 … 그때 그 연례 집회는 존 크룩스(John Crooks)로 옮겨갔고 … 나중에는 요크셔의 밸리(Balley)에서 열렸고 또다시 1660년에 스킵튼(Skipton)에서 열렸다. 그곳에서 다음해 런던으로 옮겨 갔으며, 그 이후로 계속해서 런던에서 열렸다." 이 글은 전기한 자료의 p. 312로 조지 폭스가 간직해 왔다. 그러나 1672년 이후에야 중단 없이 연례 집회가 열렸다. 연례 회의 기록부는 1671년 세번째 달 23일부터 개시된다.

3) 개정되지 않은 달력으로 하면 8월이 될 것이다.

몬 에클레스(Solomon Eccles), 제임스 랭카스터, 존 카트라이트(John Cartwright), 로버트 위더트, 조지 패티슨, 존 헐(John Hull), 엘리자베스 후튼(Elizabeth Hooton), 엘리자베스 미어스(Elizabeth Miers)였다. 그 배는 근면(Industry)이라는 요트였는데 선장의 이름은 토머스 포스터(Thomas Forster)였고 승선한 사람들의 수는 50명 가량 되었다.

그날 저녁 나는 배에 타고 있었으나 대부분의 친우회 교우들은 그레브센드에 있었다. 다음날 아침, 일찍이 승선한 사람들과 우리를 따라 다운스로 가려는 친우회 교우들이 배에 올라탔고 우리는 그래브센드까지만 우리를 따라온 친우회 교우들과 참으로 정감어린 작별을 하였다. 그리고 아침에 다운스로 향하는 약 6주간의 항해를 시작하였다.

쾌적한 바람을 타고 우리는 바깥으로 향하는 모든 배들을 앞질러 저녁쯤에 목적지에 이르렀다. 몇몇은 그날 저녁에 뭍에 올라 딜(Deal)에 묵었다. 거기서 우리는 한 장교가 총독으로부터 우리 이름을 적어두라는 명령을 받았다는 것을 알았다. 그 장교는 다음날 아침 우리 이름을 적었다. 우리가 그래브센드에서 이미 이름을 적었다고 이야기하였는데도 말이다.

오후에 바람이 적당하여 나는 아내와 다른 친우회 교우들에게 작별 인사를 하고 배에 올랐다. 항해를 시작하기 전에 국왕의 군함 두대가 딜에 정박해 있었는데, 그 중 한 배의 선장이 배에 타고 있는 우리에게 강제 징모장을 보내어 우리 배의 선원 3명을 잡아갔다. 이로 인해 여행이 완전히 그르치지는 않았다 하더라도 조금은 늦춰졌음에 틀림없다. 다른 한 군함의 선장이 우리 배가 새기 쉽다는 것을 알려주지 않거나 우리 배의 항해 기간을 듣고 동정과 호의를 베풀어 자기 아래 있던 두 사람을 보내 주지 않았더라면 말이다.

이 일이 다 끝나기 전에 세관이 우리에게 상당한 금액을 요구하여 받아가려고 배에 올라탔다. 그래서 우리는 해질녘까지 항해를 하지 못하고 있었다. 그렇게 지체를 하고 있는 동안에, 바깥으로 나가는 상당수의 상인들을 태운 배들이 수십 킬로 앞서 가고 있었다.

저녁이 되어 날이 개이자, 우리는 항해를 시작했고 다음 날 아침에 도버 해협 가까이에 이를 무렵 몇몇 함대에 뒤따라 미쳤다. 우리는 이내 나머지 함대에 따라 미쳤고, 얼마 안 가서 모든 함대를 다 따라잡았다. 우리가 탄 배가 아주 빠르다는 생각이 들었다. 그러나 배가 잘 새서 대부분의 시간을 선원들과 몇몇 사람들이 밤낮으로 물을 퍼내느라고 보냈다. 그러던 어느날 사람들은 두 시간여 동안 배가 40센치 가량 물에 가라앉는다는 것을 발견하였다.

항해를 시작한 지 3주가 지난 어느날 오후, 우리는 우리 뒤쪽으로 57킬로미터 가량 떨어져 있는 배를 하나 발견하였다. 우리가 탄 배의 선장이 그 배가 전사들이 탄 샐리(Sallee)[4]라고 하였는데, 그 배는 우리를 추적하고 있는 것처럼 보였다. 선장은 "자, 가서 저녁이나 듭시다. 어두워질때 쯤이면, 저 배를 따돌릴 수 있을 겁니다"하고 말했다. 그 말은 선장이 위험에 대해 상당한 걱정을 품기 시작한 몇몇 승객들을 위로하고 안정시키려고 한 말이었다. 그러나 친우회 교우들은 걱정을 잘 가라앉히고, 하나님을 신뢰하면서 아무런 두려움도 갖지 않았다.

해가 떨어지자 객실 바깥으로 그 배가 우리를 향해 오는 것이 보였다. 어두워지자 그 배를 따돌리기 위해서 진로를 바꾸었다. 그러나 그 배도 우리를 따라 진로를 바꾸고 우리를 향해 거리를 좁혀 오고 있었다.

저녁이 되자 선장과 함께 사람들이 내 객실로 와서 어떻게 해야 할지 물었다. 나는 선원이 아니라고 하면서 어떻게 하는 것이 최선이라고 생각하느냐고 그들에게 물었다. 그들은 두 가지 방법밖에 없다고 하였다. 한 가지는 저 배를 앞질러 가는 것이고 또 한 가지 방법은 다시 선회해서 본래 예정된 코스대로 다시 가는 것이라고 하였다. 나는 그들에게, 그들이 도둑이라면 틀림없이 우리를 따라 다시 선회할 것이며, 저들을 앞질러 가는 방법에 관해서는 저 배가 우리가 탄 배보다 속력이 빠른 것을 아는 이상에 이야기해 봐야 소용없는 일이라고 이야기하였다. 그들은 자기들이 어떻게 해야 할지 내게 물었다. "뱃사람들이 바울의 말을 들었더라면 그들은 그와 같은 위험을 당하지 않았을 것이기 때문에 당신의 의견을 묻는 것입니다"하고 말하였다. 나는

---

[4] 모로코의 항구도시 샐리에서 따온 무어 사람의 해적선. 이 사건은 하나님에 대한 폭스의 순전한 믿음을 나타낼 뿐만 아니라 그가 다른 사람들에게 확신을 심어주는 방식을 잘 나타내주는 좋은 예화이다.

믿음의 시험이기 때문에 주께 지혜를 구하며 기다려야 한다고 했다.

이렇게 주께 의지하자, 주님은 내게 주님의 능력과 생명을 우리를 뒤따르는 배와 우리 사이에서 나타내 보이시겠다는 것을 알려주셨다. 나는 이 사실을 선장과 나머지 사람들에게 이야기하면서 가장 좋은 방법은 배를 돌려 예정된 코스대로 나아가는 것이라고 하였다. 나는 또한 항해를 하기 위해 켜놓는 불을 제외하고 모든 불을 꺼주고, 모든 승객들에게 조용히 침묵하고 있으라고 전해줄 것을 요청했다.

밤 11시경 감시병이 와서 그 배가 바로 우리 곁에 왔다고 하였다. 그 때문에 몇몇 승객들은 불안해 했다. 나는 내 객실 안에서 굳어진 채 선창을 통해 바깥을 내다 보았다. 달빛이 완전히 지지 않았기 때문에 그 배가 아주 가까이에 있는 것을 볼 수 있었다. 나는 일어나서 객실 바깥으로 나가려고 했다. 그러나 주의 생명과 능력이 우리와 저들 사이에 계시겠다는 말씀을 기억하고 다시 자리에 누웠다.

선장과 선원들 몇이 와서 계속 그런 방향으로 키를 잡아도 될지를 물었다. 나는 가고싶은 방향으로 가라고 이야기했다.

이때쯤 달빛이 완전히 사라졌다. 산뜻한 강풍이 휘몰아쳐 일더니만, 주께서 그들로부터 우리를 숨기셨다. 그리하여 우리는 강풍을 타고 힘차게 나아갔고 더 이상 그 배의 모습은 보이지 않게 되었다.

다음 날은 '첫째 날'이었기 때문에 우리는 배에서 공적 모임을 가졌다. 우리는 항해하는 동안 언제나 '첫째 날'이면 공적 모임을 가졌고, 그럴 때마다 주님의 놀라우신 임재가 우리 가운데 나타났다. 나는 사람들이 그들을 구해내신 주님의 은총을 기억하길 바랐다. 주께서 그들을 구하지 않으셨더라면, 그때쯤 그들 모두 터키 사람들의 손에 붙잡혀 있는 처지가 되었을 것이다.

한 주쯤 지나자 선장과 몇몇 선원들은 승객들에게 우리를 추적해 왔던 것은 터키의 약탈선이 아니었고 카나리스(Canaris)로 가던 상선이었다고 하였다. 나는 그 소리를 듣고서 "그렇다면 어째서 그때 내게 그러한 말을 하였소? 어째서 승객들을 걱정시키고, 또한 무엇 때문에 그 배를 따돌려, 진로를 바꾸었소?"하고 물었다. 나는 그들에게 하나님의 은총을 무시하지 않도록 주의해야 한다고 이야기했다.

　그 후, 바베이도스에 있는 동안 샐리에서 한 상인이 와서 사람들에게 샐리의 전사 중 한 사람이 바다에서 기괴한 요트를 보았다는 말을 하였다. 그 배는 자기가 본 중 가장 커다란 배였는데 그 배를 추적하다가 바로 가까이 갔는데 그 배를 쫓을 수 없도록 하는 어떤 기운이 돌았다고 하였다. 이러한 사실로 우리는 우리가 우리를 쫓아온다고 본 것이 바로 샐리에 탄 사람이었고 우리를 그 사람의 손에서 구해내신 분은 주님이셨다는 신념을 굳히게 되었다.

　여덟번째 달 3일 아침 일찍 바베이도스 섬을 발견하였다. 그러나 배를 정박시킨 것은 밤 10시, 11시 사이께 였다.

　우리는 서둘러 뭍에 올랐고, 나는 몇몇 사람들과 함께 상인인 리처드 포스톨(Richard Forstall)이라는 친우회 교우의 집으로 갔다. 그의 집은 다리에서 40미터 남짓 떨어져 있었다. 그러나 너무 아프고 지쳐 있었기 때문에 나는 그곳에 닿기까지 얼마 동안 힘이 빠져 있었다. 거기서 나는 며칠 동안을 몹시 아팠다. 몇 번이고 내게 땀나게 하는 것을 주었지만 아무런 효과가 없었다. 오히려 그들이 준 것은 내 몸을 더욱 타고 건조하게 했으며, 차라리 그것을 받지 않았더라면 더 나았을 뻔하였다.

　뭍에 오른 후 그런 상태가 3주 가량을 지속되었는데 온 몸과 뼈마디가 쑤셔 도무지 안정을 취할 수 없었다. 그러나 기분은 괜찮았고, 정신적인 면에선 언제나 그 이상을 유지했다. 병약함도 내가 진리를 섬기는 일을 막지 못하였다. 그러나 바다에 있을 때나, 바베이도스에 이른 뒤에 그러니까 여행을 다닐 수 있게 되기 전에 나는 몇 장의 편지를(한 친우회 교우에게 내 대신 쓰게 하여) 보냈다. 그중 더러는 영국에서 먼저 인쇄되도록 보냈다.

　얼마 있다가 바베이도스 섬으로 들어갔다. 거기서 하나님의 심판이 분명하게 나타난 놀랄 만한 경로에 대해 듣게 되었다. 그 이야기는 다음과 같다. 바베이도스에는 존 드래익스(John Drakes)라는 젊은이가 있었는데 그 젊은이는 세상에서 꽤 명성을 얻고 있는 사람이긴 하였으나 일반적인 선서자였으며 좋지 못한 사람이었다. 런던에 있을 때 그는 친우회 교우의 딸과 결혼할 작정이었다. 그 딸의 엄마는 아주 젊어서 상당한 상속 재산과 함께 그 딸을 몇몇 친우회 교우에게 책임지도록 맡겼다. 나도 그 책임을 맡은 사람 중 한 사람이었다. 그 젊은이는 자기가 그 여자의 딸과 결혼하는데 대해 내 동의를 구하였다.

나는 그 젊은이에게, 나는 미망인인인 그 여자의 어머니로부터 자기 딸을 돌봐달라는 부탁을 받은 사람의 하나로, 그 어머니가 만일 자기 딸을 신앙이 다른 남자와 결혼시키려고 하였더라면 그렇게 하였겠지만, 자기 딸이 하나님을 경외하는 가운데 자랄 수 있도록 우리에게 맡겼으니 내가 만약 하나님을 경외하지 않는 청년이 그 딸과 결혼하는 것에 동의를 한다면 그것은 나에 대한 그 어머니의 신뢰를 저버리는 일이기 때문에 동의할 수 없다고 말하였다.

그 젊은이는 자기 뜻을 이룰 수 없다는 것을 깨닫자 나에 대해 상당한 적의를 품은 채, 바베이도스로 돌아갔다. 나중에 내가 바베이도스 섬으로 온다는 소식을 듣자 그는 할 수만 있다면 내가 도착하였을 때 화형을 당하도록 하겠다고 위협조로 장담하였다는 것이다. 이러한 소식을 들은 한 친우회 교우가 그 사람이 당신에게 어떤 잘못을 하였길래 그토록 그 사람에게 지독하게 구느냐고 물었다. 그러자 그 사람은 답변을 하려고 하지 않았고 단지 "그를 화형당하게 하겠소" 하는 말을 다시 되뇌었다. 그 말을 들은 친우회 교우는 "당신도 너무 빨리 죽지 않을 생각이면 너무 과격하게 나가지 마십시오" 하고 말하였다.

약 10일이 지난 뒤에 그 사람은 사납고 뜨거운 열병이 덮쳐 죽었다. 그 병으로 인해 그 사람의 몸이 바싹 다들이기, 사람들은 마치 검정 숯덩이 같다고 하였다. 내가 그곳에 도착하기 3일 전에 있었던 일이었다. 슬픈 예화로 주목되는 일이다.

내가 계속 몸이 아파 외부에서 열리는 집회에는 참석하러 갈 수 없는 동안에, 나와 함께 온 다른 친우회 교우들이 주님의 일을 진척시켜 나갔다. 우리가 섬에 온 지 고작 하루 지난 다음 날 사람들은 브리지에서 큰 집회를 열었다. 그 집회를 가진 뒤에 섬의 곳곳에서 다른 집회들을 열었다. 우리가 여는 집회에 많은 사람들이 왔으며, 그중, 상당히 신분이 높은 사람도 더러 있었다. 내 이름을 이미 들은 그들은 내가 섬에 온 것을 알자 그들은 내가 밖으로 나갈 수 없다는 것을 모르는 채, 나를 보러왔던 것이다.

사실, 나는 계속 몸이 아팠다. 처음에 내가 받았던 비난의 말들과 사람들의 부당한 행위가 무거운 짐이 되어 나를 짓눌렀기 때문에 심적으로 많이 부담이 되었기 때문이었다. 그러나 섬에 온 지 한 달이 지난 뒤에는 정신이 어느 정도 맑아졌고, 건강과 기력을 회복하기 시작하여 친우회 교우들이 모여 있는 곳에 나갈 수 있게 되었다.[5]

바깥으로 나다닐 수 있게 되고, 친우회 교우들과 같이 있게 된 지 얼마 후에, 나는 몇몇 친우회 교우들과 함께 총독인 루이스 모리스(Lewis Morice)와 토머스 루스를 방문하러 갔다. 그는 예를 갖추어 우리를 맞이했고, 우리에게 아주 친절히 대해 주었다. 저녁 식사를 대접하였고, 우리를 떠나 보내기까지 많은 시간을 할애해 주었다.

그 주에 나는 브리지 타운으로 갔다. 거기서 친우회 교우들의 총집회가 있었다. 내가 총독을 방문했다는 것과 그가 나를 친절하게 맞아들였다는 이야기가 장교들과, 시민들, 군인들에게 두루 알려진 탓에 섬 곳곳으로부터 많은 사람들이 집회에 왔고 하층민이 아닌 사람들도 왔다. 재판관이나 판사, 대령, 대위도 몇 사람 있었다. 그리하여 친우회 교우들과 다른 일반 사람들이 함께 모인 참으로 대규모 집회가 되었다.

주님의 복되신 능력이 넘치도록 함께 하셨다. 나보다 앞서 세 사람의 친우회 교우들이 이야기를 하는 바람에 시간상 다소 제약을 받기는 하였지만 주께서 나를 통해 해야 할 말을 열어보이셨기 때문에 참석한 대부분의 사람들이 큰 만족을 얻었다. 루이스 모리스 대령이 자기 이웃 사람인 지역 판사를 데리고 집회에 참석했다. 랄프 프레트웰(Ralph Fretwell)이라는 사람이 있었는데 그 사람은 아주 만족해 하며 진리를 받아들였다.

폴 그윈(Pawl Gwin)이라는 시끄러운 침례교인이 집회에 와서는 카인

---

5) 조지 폭스가 여행을 하기에는 너무 몸이 약해져 있었기 때문에 예배와, 전도를 위한 집회는 폭스가 묵고 있는 집에서 열렸다. 이 집회에서 그는 참으로 뜻있는 조언을 하였다. 여기서 그는 처음으로 노예문제를 경험하게 되어 그 문제를 다루었다. "나는 주인들이 이제껏 해왔고 또 지금도 그렇게하고 있듯이 흑인 노예를 잔혹하게 대하기보다는 온화하고 부드럽게 대우하게하고, 몇년간 봉사를 한 뒤에는 노예들을 풀어주길 바란다."

을 어떻게 쓰느냐고 내게 묻고는 내가 사도들이 지녔던 영과 똑같은 영을 가졌느냐고 물었다. 나는 "그렇소"하고 대답했다. 그러자 그는 재판관에게 그 점을 잘 주목해두라고 했다.

나는 그에게 "사도들이 지녔던 것과 같은 정도로 성령을 소유하지 않은 사람은 더러운 영에 사로잡혀 있는 것이오"하고 말했다. 그러자 그는 가버렸다.

우리는 참으로 귀하고 성대한 집회를 가졌다. 예배를 드리기 위한 집회이기도 하였고 교회에 속한 일을 하기 위한 집회이기도 하였는데, 다른 단체에 소속된 사람들이 많이 왔다. 한번은 린(Lyne) 대령이라는 진지한 성품을 지닌 사람이 내가 선포하는 것에 대해 아주 만족해서는 "이제 나는 당신에 대해 나쁘게 말하는 것에 대해 반박할 수 있습니다. 그들은 당신이 그리스도를 인정하지 않을 뿐 아니라, 그리스도께서 돌아가신 것도 인정하지 않는다고 말합니다. 그러나 나는 당신이 이제껏 내가 들어보지 못한 말로 그리스도께서 하신 모든 일들을 통해 그리스도를 찬양하고 있다는 것을 알았소"[6]하고 말하였다.

바베이도스에 도착한 후 몸이 회복되는 대로 총독을 방문하였기 때문에 토머스 루스 집에 있을 때에 총독은 나를 보러 와서 정중한 태도를 보였다.

바베이도스에 석달 남짓 있으면서 친우회 교우들을 방문하며 집회를 충분히 정착시키고 주께서 나를 그리로 보내시어 맡기신 일을 한 뒤에야 그 섬

---

[6] 폭스는 자신이 '여러 직분을 가지신 그리스도를 찬양하였다'는 것을 명백히 밝힐 수 있도록 바베이도스 총독에게 편지를 썼다. 그 편지는 신앙 성명서의 형식을 취하고 있으며 종종 친우회 교우들의 믿을 만한 진술서로 언급되기도 한다. 그러나 그 편지는 그러한 목적으로 쓰여진 것도 아니며 자신들의 믿음을 주장하기 위한 어떤 수단으로 쓰인 것도 아니다. 그 편지는 폭스의 가르침과 설교의 지표가 되는 원칙도 언급되어 있지 않다. 총독에게 보낸 편지는 친우회 교우들을 향한 그릇된 비난을 벗기기 위해 쓰여진 것으로, 오로지 폭스가 불건전한 사람이며 위험한 교리를 가르치고 있다는 소문에 관해서만 이야기하고 있다. 퀘이커교도의 최초의 '신앙 성명'은 1657년 보스턴 감옥에서 크리스토퍼 홀더(Christopher Holder), 존 코프랜드(John Copeland), 리처드 도드니(Richard Doudney)가 발표한 것이었다. 영국에서 발표된 최초의 신앙 성명은 1658년 런던에서 리처드 판스워스(Richard Farnsworth)가 발표한 '하나님을 믿는 신앙 고백'(Confession and Profession of Faith)이었다.

에서 해야 할 일을 다 마쳤다고 느끼고 자마이카로 가야겠다는 생각에 이르렀다. 이러한 사실을 친우회 교우들에게 전한 뒤에 총독과 그에게 속한 여러 사람들에게 알리고 서둘러 바베이도스 섬을 떠나 자마이카로 갈 작정이었다. 그곳에 올 때도 공적으로 알리고 왔으니 갈 때도 그렇게 해야 한다고 생각하였기 때문에 그렇게 하였다. 바베이도스 섬을 떠나기 전에 다음과 같은 편지를 아내에게 보냈다. 아내가 내 형편이 어떠한지 또 내가 어떻게 여행을 진척시켜 나갈지 이해할 수 있도록 하기 위해서였다.

"사랑하는 당신에게,
불변하시며 모든 이에게 임하시는 생명의 씨앗 안에서 당신과 모든 아이들에게 주님의 은총이 영원하기를 빌며 내 사랑을 전하오. 나는 영적으로나 육적으로 말할 수 없는 고통을 겪어왔소. 그러나 하늘에 계신 하나님은 찬양받으실 만한 분이시며 그분의 진리는 영원하다오. 지금은 건강하오. 또한 주께서 허락하시면 며칠 내로 바베이도스를 떠나 자마이카로 가는데 그곳에 얼마 있지 않으리라 생각되오. 당신이 모든 방해에서 벗어나 생명의 씨앗 안에서 늘 완전한 자유를 누리기를 바라오. 내게 관해 묻는 친우회 교우들께 안부 전해 주소. 불변하는 생명의 씨앗 안에서 사랑한다는 말밖에는 더 이상 할 말이 없소.

조지 폭스.
1671년 열한 번째 달 6일 바베이도스에서"

나는 1671년 열한번째 달 8일에 바베이도스 섬에서 자마이카로 항해를 떠났다. 로버트 위더스, 윌리엄 에드먼슨, 솔로몬 에클레스, 엘리자베스 스튼이 나와 함께 갔다. 토머스 브리그스와 존 스터브스는 바베이도스에 남았는데 그들 곁에는 존 루스와 윌리엄 베일리가 함께 있었다.

우리는 빠르고 쉽게 자마이카로 건너갔다. 거기서 우리는 다시 우리 친우회 교우인 제임스 랭카스터, 존 카트라이트, 조지 패티슨을 만났다. 그들은 그곳에서 진리를 위해 애쓰고 있었다. 우리는 재빨리 그들과 합세하여 자마이카 섬 이곳저곳을 다녔다. 거기 사는 사람들은 사악하고 타락하였으나 섬 자체는 크고 화려한 섬이었다.

우리는 집회를 많이 가졌다. 많은 사람들이 영적 진리를 깨닫고, 진리를 받아들였다. 그중에는 세상에 알려진 중요한 사람들도 있었다. 우리는 그곳에서 많은 집회를 가졌다. 대규모 집회였으나 아주 조용한 집회였다. 사람들은 모두 예의바르게 대해 주었고 한 사람도 우리를 비난하는 사람이 없었다. 나는 총독과 다른 행정 장관들 몇 사람과 두번 만났으나, 모두들 나에게 친절하게 대해 주었다.

자마이카에 착륙한지 일주일 쯤 지난 후에 진리를 위해 많은 일을 하였고 그 때문에 많은 고통을 당하였던 나이 지긋한 엘리자베스 후튼이 세상을 떠났다. 그녀는 죽기 전날까지 건강한 상태였고 세상을 하직할 때에도 마치 진리를 증거하는 어린양 처럼 평화롭게 떠나갔다.

자마이카에 7주 가량 머물러 있으면서 친우회 교우들에게 좋은 질서를 가르치고 그들 사이에 몇몇 집회를 정착시킨 뒤에, 솔로몬 에클레스를 남겨두고서 나머지 일행은 메릴랜드를 향해 출범했다. 자마이카에 친우회 교우들과 진리가 번성하고, 주님의 능력이 모든 사람들 위에 임하고, 주님의 복된 씨앗이 통치하도록 내버려 둔 채 말이다.

자마이카를 떠나기 전 나는 내 아내에게 다음과 같은 편지를 또 한번 보냈다.

"사랑하는 당신에게,
　불변하시며 모든 이에게 임하시는 생명의 씨앗 안에서 당신과 모든 아이들 또한 각처에 흩어져 있는 친우회 교우들 모두에게 내 사랑을 전하오. 나는 자마이카 섬에 다섯 주 가량을 머물렀소. 여기 있는 친우회 교우들도 모두 건강하고 영적 진리도 깨닫고 있다오. 그렇지만 앞으로 써야 할 이야기는 더 많을 것이오. 가는 곳마다 어려움이 있긴 하여도 위대하신 주님은 찬양받으실 만하며, 바다와 육지와 그 안에 있는 모든 것들의 주인이시오. 우리는 주의 뜻이라면 다음 달 초 즈음해서 이곳을 떠나 메릴랜드로 갈 작정이오. 모두가 하나님의 씨앗 안에 거하기를 바라오. 주의 사랑 안에서 여러분 모두를 사랑하오.

조지 폭스,
1671년 열두번째 달 23일 자마이카에서"

우리는 1671-2년 사이인 첫째 달 8일(1672년 3월)에 승선하였다. 역풍을 가르며 나아갔기 때문에 나아가다 물러서다 하면서 꼬박 일주일을 항해하고 나서야 자마이카 섬이 보이지 않는 곳까지 나아갔다.

어려운 항해임이 입증되었고 위험하였는데 특히 플로리다만을 통과할 때에는 더욱 그러하였다. 거기서 우리는 바람과 폭우로 말미암아 많은 난관을 겪었다.

그러나 바다와 육지의 주인되시며 풍랑을 주관하시는 위대하신 하나님께서 그 능력으로 커다란 위험 중에 우리를 여러번 지키셨다. 거센 비바람을 맞아 배가 여러번 뒤집힐 뻔 하였고 배의 삭구가 많이 깨어지긴 하였지만 말이다. 실제로 우리는 주께서 우리 가까이 계시며 자기 백성의 탄원을 들으시는 분이심을 느낄 수 있었다.

강한 바람이 너무도 거세게 몰아쳐댔고 사나운 폭우가 기승을 부려 뱃사람들이 어찌할 바를 모르고 그저 배가는 데로 이끌려 가고 있을 때에, 주께 기도하였더니 주께서 자비로 우리 기도를 들으시고 바람과 바다를 잠잠케 하시고 적당한 날씨를 주셔서 주의 구원하심을 기쁘하게 하셨기 때문이었다. 주의 거룩하신 이름을 찬양하고 높일지어다. 주의 능력은 천지 만물을 다스리시며, 바람과 바다도 주께 굴복한다.

자마이카에서 메릴랜드까지 가는 데 6주에서 7주 가량 걸렸다. 메릴랜드에 이르기 며칠 전이었다. 퍼턱센트 리버(Patuxent River)만에 들어간 뒤에 커다란 폭우가 일었다. 그 폭우로 말미암아 우리 앞에 구조를 요청하는 배가 한척 던져졌다. 우리는 그 배에 탄 사람들을 우리 배로 건너오게 하였으나 그 배는 잃어버렸다. 그 안에는 500 파운드에 해당하는 물건들이 있다고 그들이 말했다. 그들은 배에서 내릴 아무런 방도 없이 며칠 동안을 계속해서 항해했던 것이다. 그리하여 우리는 그들과 배 안에서 훌륭한 만남을 가졌다.

그러나 먹을 것이 점점 부족해졌다. 그들이 아무 것도 가지고 오지 않았기 때문이었다. 게다가 우리가 가진 식량도 긴 여행 탓으로 그들이 우리 배로 건너올 즈음 거의 떨어져 가고 있었다. 그들을 위해서나 우리를 위해서 이제 남은 음식이 거의 없는거나 마찬가지였다. 그래서 조지 패티슨은 거룻배를 잡아 타고 목숨을 걸고 해변가로 갔다. 너무도 위험한 행동이었기 때문에 친우회 교우들을 제외하고는 모든 사람들이 그가 급류에 휩쓸려 버릴 거라고 생각했다. 그러나 주님은 기꺼이 패티슨을 온전하게 육지까지 인도하셨다. 또한 얼마 안 있어 그것도 아주 적당한 때에 그곳에 있는 친우회 교우들이 우리를 데리러 왔다. 식량이 완전히 바닥이 났기 때문이었다.

우리는 이 여행을 통해 또 하나의 놀라운 구원하시는 은총을 입었다는 것을 나중에야 알게 되었다. 왜냐하면 자마이카에서 메릴랜드로 오기로 결정하게 되었을 때에 우리는 목적지가 같은 두 배 중 한 배를 선택할 수 있었다. 하나는 군함이었고 또 하나는 요트였다. 군함의 선장이 배삯을 부당하게 요구하였기 때문에 우리는 요트를 타기로 합의를 보았다. 요트의 선장은 군함의 선장이 제안하였던 것보다 한 사람 당 10실링이 더 적은 운임으로 우리를 태워주겠다고 하였다.

우리는 요트를 타고 항해하였고 군함도 우리와 함께 출범하였다. 항해를 하는 동안 요함이 될 작정이었다. 며칠 동안 우리는 함께 항해하였다. 그러나 잔잔한 역풍이 불자 우리는 곧 제각기 가게 되었다. 서로 따로 떨어져 가게 된 후 그 군함은 길을 잃어 스페인 사람들이 있는 곳으로 가게 되어 그들에게 붙잡혀 약탈을 당하고 선장과 선원들은 포로 신세가 되었다. 나중에야 영국 사람이 그 배를 다시 인수해 버지니아에 있는 배 임자에게 보내있다. 그러한 소식을 알게 되었을 때 우리는 주님의 섭리를 찬양하였다. 주님은 우리를 원수의 손에서 지키셨고, 탐욕적인 사람은 탐욕적인 사람의 손아귀에 붙들리게 되었으니 말이다.

메릴랜드에 도착하여 보니 존 버니트[7]가 있었다. 그는 곧 영국으로 항해를 떠날 작정이었다. 그러나 우리가 도착하자 그는 계획을 바꾸어 우리와 합

---

7) 존 버니트는 아주 먼 곳까지 여행을 하며 미국에서 무척 가치있는 사역을 하였다. 친우회 총서 2권에 재판되어 있는 존 버니트의 일기를 참조하라.

류하여 주님의 일을 하였다. 그는 메릴랜드 지방에 있는 모든 친우회 교우들이 모이도록 총집회를 계획해 두었다. 친우회 교우들을 함께 만나보고 그 지역을 떠나기 전에 작별 인사를 할 수 있도록 하기 위해서 였다. 우리가 집회 시간 내에 메릴랜드에 도착할 수 있었던 것은 주의 선하신 섭리로 말미암은 것이었다. 그 덕분에 우리는 메릴랜드 지방의 친우회 교우들을 함께 만나볼 아주 좋은 기회를 가질 수 있었으니 말이다.

참으로 대규모 집회였으며 4일 동안 지속되었다. 그 집회에는 친우회 교우들뿐 아니라 다른 많은 사람들이 왔으며 그중 세상적인 안목에서 볼 때 상당한 영향력을 끼치고 있는 사람들도 몇 있었다. 치안 판사 대여섯 사람, 하원의회의 대변인, 의회원 한 사람과 다른 저명 인사들이 있었다. 그들은 집회에 대해 아주 만족해 하는 것같았다. 공적인 모임이 끝나자 여성 집회와 남성 집회가 시작 되었다. 그래서 나는 친우회 교우들에게 거기에 관하여 그들이 하여야 할 일을 열어보였다. 친우회 교우들은 굉장히 만족해 했다.

그 후에 우리는 클리프스(Cliffs)로 갔다. 그곳에 또 다른 집회가 예정되어 있었다. 어떤 길은 육지로 갔으나 나머지 길은 물 위를 건너 갔다. 강한 폭풍이 일어서 배가 암초에 얹혀 산산조각이 날 위험에 이르러 물이 배 안으로 들어왔다. 나는 이전 집회의 열기로 아주 뜨거운 상태에서 나와 몸이 땀에 흠뻑 젖어 있었으나 이제 또 다시 물로 몸을 적시게 되었다. 그러나 하나님의 능력을 믿었기 때문에 해를 입지 않고 보호받을 수 있었다. 주님을 찬양할지어다!

이 집회로 많은 사람들이 와서 존경심을 품고 진리를 받아들였다. 남성, 여성 집회도 또한 가졌다. 배교자들도 대부분 다시 찾아 왔다. 교회 문제를 돌보기 위해서도 몇몇 집회를 조직하였다.

이러한 대규모 집회를 치른 뒤에 우리는 진리를 전하는 일을 하기 위해 무리를 지어 몇몇 해안 지역으로 흩어졌다. 제임스 랭카스터와 존 카트라이트는 바다 건너 뉴잉글랜드 지방으로 갔고 윌리엄 에드먼슨과 세명의 다른 친우회 교우들은 버지니아를 향해 갔다. 버지니아는 상당히 문란해져 있는 곳이었다. 나와 존 버니트와 로버트 위더스와 조지 패티슨은 메릴랜드의 다른 친우회 회원 몇명과 함께 배를 타고 이스턴 쇼(체사피크 만에 딸린)로 건너갔다. 거기서 '첫째 날'에 집회를 가졌다.

　많은 사람들이 참석하여 기쁨으로 진리를 받아들였고 친우회 교우들도 굉장히 새롭게 되었다. 참으로 크고 거룩한 집회였다. 그 지역의 몇몇 주요 인사들도 있었는데 두 사람은 치안판사였다. 나는 주께서 인디언의 제왕과 그의 지배를 받는 왕들을 불러 오라고 하시는 것을 느꼈다. 제왕이 와서 집회에 참석하였다. 제왕의 통치를 받는 나머지 왕들은 더 먼 곳에 있었기 때문에 시간 내에 도착할 수 없었다. 그러나 그들도 얼마 안 있어 자기들의 코카루스[8]와 함께 집회에 참석하였다.

　저녁에 나는 그들과 함께 두 가지 점에서 좋은 기회를 가졌다. 그들은 주님의 말씀을 기꺼이 들으려고 했고, 그 말씀이 진리임을 인정하였다. 나는 그들이 자기 부족들에게 말하여, 그들이 하나님께서 그들의 광활한 나라에 하나님의 증거의 장막을 짓고 계시며, 또한 하나님의 기준과 의의 영광스러운 깃발을 세우고 계심을 알리라고 말하였다. 그들은 아주 정중하고도 애정을 품은 자세를 나타내 보였으며 다음 집회에 참석할 것이라고 말하면서 다음 집회가 어디서 열릴 것인지 물었다. 그러나 그들은 자기들이 집회에 오기 전에 부족 회의에서 상당한 논쟁이 있었다고 이야기했다.

　다음 날 뉴 잉글랜드를 향하여 육지로 여행을 떠나기 시작했다. 수렁과 큰 강을 건너고 숲과 광야를 지나는 지루한 여행이었다.

　우리는 트레드해븐 내(Tredhaven creek)의 어귀에서 말을 잡아타고 숲을 지나 마침내 마일스(Miles) 강 물목 조금 윗쪽에 다다랐다. 마일스 강을 건너 밀을 타고 위(Wye) 강 물목을 향해 갔다. 그리고 또 체스터(Chester) 강 물목으로 가서 거기서 불을 지피고 숲속에 거처를 정하였다. 다음 날 아침에 숲을 지나 마침내 사스프라스(Sassafras) 강에 다다랐다. 우리는 카누를 타고 그 강을 건넜고, 말들은 곁에서 헤엄쳐 가도록 하였다.

　그리고 나서 말을 타고 보헤미아(Bohemia) 강으로 갔다. 거기서 똑같은 방법으로 말들을 헤엄쳐 가게하고 우리는 카누를 타고 건넜다. 가는 길에 대 농장에 들러 잠깐 쉬었으나 오래 쉬지는 못하였다. 마을까지 닿으려면 그

---

8) 인디언 추장 혹은 수장의 방언.

날 오후에 48킬로 남짓 말을 타고 가야 했기 때문이었다. 우리는 기꺼이 그렇게 할 작정이었기 때문에 마을까지 닿을 수 있도록 열심히 말을 몰았다. 나는 다른 몇몇 사람들과 함께 그날 저녁에도 숲에서 지낼 수밖에 없었다. 말들은 튼튼하여 그날 저녁으로 마을에 닿게 되었으나, 몇몇 사람들이 너무나 지치고 몸이 흠씬 젖어 있어서 나는 조지 패티슨과 로버트 위더스를 제외하고는 말로 저나를 수 없는 몇몇 사람들과 함께 그날 저녁에도 숲에서 지낼 수밖에 없었다.

우리가 가는 마을은 네덜란드인 마을로 뉴캐슬(New Castle)이라 했다. 로버트 위더스와 조지 패티슨이 다음날 아침 우리에게 왔다.

우리는 그곳을 떠나 델라웨어(Delaware) 강을 건넜다. 몇몇 사람의 생명을 위협하는 어려움이 없지는 않았다. 강을 건너자 우리는 길 안내를 할 사람을 구하기가 어려웠다. 사람을 구하기 힘들 뿐 아니라 값이 상당히 비쌌기 때문이었다. 그러나 그 거친 지역을 지나야만 했다. 그곳은 이후로 웨스트 저지(West Jersey)라 불렸으며 당시에는 영국인이 살지 않았다. 그리하여 하루 종일 사람이나, 집 한채, 거주지도 발견하지 못한 채 우리끼리만 걷는 날도 더러 있었다. 때때로 숲에서 불을 지피고 자기도 하였으며, 어떤 때는 인디언의 오두막집에 묵는 때도 있었다.

하루 저녁은 한 인디언 마을에 이르렀는데 추장의 집에 머물렀다. 그 사람은 아주 친절한 마음씨를 가진 사람이었다. 추장과 추장의 아내 모두 우리에게 애정을 품고 대해 주었으며 하인들도(그들과 마찬가지로) 우리에게 존경을 표했다. 그들은 깔고 잘 자리를 우리에게 주었다. 그러나 그들도 그 날 잡은 것이 적어서 먹을 것이 상당히 부족했다. 다른 인디언 부족의 마을에 머물고 있을 때에 그 부족의 추장이 우리에게 왔다. 그는 영어를 조금할 수 있었다. 나는 추장에게 많은 말을 하였고 그의 부족에게도 많은 말을 하였다. 그리하여 그들은 나에게 상당한 애정을 품었다.

마침내 우리는 미들타운(Middletown)에 도착하였다. 이스트 저지(East Jersey)에 있는 영국 식민 농장이었다. 거기서 우리는 친우회 교우들을 몇 만났다. 그러나 당시로선 집회를 열기 위해서 그곳에 머물러 있을 수가 없었다. 롱 아일랜드(Long Island)에 있는 오이스터 베이(Oyster Bay)

에서 열리는 연중 집회가 얼마 남지 않았기 때문에 그곳에 가야 한다는 심적인 부담감이 컸던 것이다.

우리는 리처드 하트션(Richard Hartshorn)이라는 친우회 교우과 함께 갔다. 그는 휴 하트션(Hugh Hartshorn)과 형제로 런던에 사는 실내 장식업자였다. 리처드 하트션은 우리를 환대해 주었고 우리는 그의 집에서 새로운 힘을 충전하였다. 그는 말과 함께 우리를 자기 배에 태워 큰 강을 건너게 해 주었는데 거의 한나절 가까이 걸렸다. 그리하여 롱 아일랜드로 우리를 데려다 주었다. 그날 밤에 그래브센드에 있는 친우회 교우들에게 갔다. 그날 저녁은 그들과 함께 머물러 있다가 다음 날 플러싱(Flushing)에 닿았고 그 다음 날 오이스터 베이에 도착하였다. 그래브센드와 플러싱의 친우회 교우들이 우리를 따라왔다.

연중 집회는 다음 날 시작했는데 그 날은 주 첫째 날이었고, 집회는 4일 동안 열렸다. 첫째, 둘째날에는 예배를 위한 공적 집회를 가졌다. 그 집회로 다양한 부류의 사람들이 왔다. 셋째 날에는 여성 집회와 남성 집회를 열었는데 그 집회에서는 교회의 일을 다루었다. 세번째 날 집회에서 우리는 사악한 사람들을 만났는데 그들은 진리에서 벗어나 편견과 경쟁심에 빠져 진리의 이치와 그 점에 관해 친우회 교우들을 반대하는 사람들이었다.

그들은 그 집회에서나 근처에서 이전에 열렸던 집회에서도 친우회 회원들에게 아주 큰 골치거리였다. 그리고 이번에도 골치거리가 될 것 같았다. 그러나 나는 그들이 흠잡는다고 해서 여성 집회와 남성 집회에서 하는 일이 방해 받도록 내버려 두지 않을 작정이었다. 나는 우리가 의지하는 진리의 이치에 조금이라도 반대하는 사람이 있으면 그들을 위해 다른 날 집회를 열겠다고 그들에게 알렸다. 실제로 나는 이 집회에 참석하기 위해 무던 애를 썼으며 더욱 열심히 달려왔다. 또한 집회에서 트집을 잡으려고 하는 사람이 많을 것이라는 점도 짐작하였다. 멀리 있을 때부터 나는 그들이 나를 마구 비난하는 것을 알았기 때문이었다.

여성 집회와 남성 집회가 끝나자 네번 째 날에 우리는 우리에게 불만을 품은 사람들과 함께 집회를 열었다. 오고 싶은 사람 누구나가 참석하였고 참석할 의사가 있는 친우회 교우들도 함께 참석였다. 주님의 능력이 갑자기 놀라운 방법으로 임하여서 우리를 비난하는 사람들을 어지럽게 하였다. 그리고 나서 진리를 시기하고 반대하는 데 주동이 되었던 사람들이 내게 아첨을 떨며 다른 사람들을 비난하기 시작했다. 오로지 거짓된 마음을 지닌 사람만이 판단받고 비난받았으며 하나님의 놀라운 진리가 높임을 받고 모든 사람들 마음 속에 뿌리박혔다. 그리하여 사람들은 모두가 꺾여 엎드리게 되었다. 그러한 일은 진리가 전파되는데 상당한 도움이 되었고 친우회 회원들도 만족과 위안을 얻었다. 주의 영광이 영원할지어다!

친우회 교우들이 각자 자기 거주지로 돌아간 뒤에 우리는 며칠 동안 그 섬에 머물렀다. 섬의 몇몇 곳에서 집회를 열어 주님을 위해 열심히 일하였다. 그 섬에서의 임무가 끝나자 우리는 오이스터 베이로 돌아가서, 321킬로 남짓 떨어져 있는 것으로 추산되는 로드 아일랜드(Rhode Island)로 가기 위해 바람이 잔잔해지길 기다렸다. 바람이 알맞은 때가 되자 우리는 항해를 떠났다. 우리는 로드 아일랜드에 세번째 달 30일에 도착하여, 그곳에 있는 친우회 교우들로부터 환대를 받았다. 니콜라스 이스턴(Nicholas Easton)의 집으로 갔는데 그는 당시 그 섬의 총독이었다. 거기서 우리는 휴식을 취하였다. 여독으로 인하여 몸이 상당히 지쳐 있었다.

다음 '첫째 날'에 우리는 큰 집회를 열었다. 부총독과 몇몇 재판관들이 참석하였는데 진리에 많은 감동을 받았다. 다음 주에 뉴잉글랜드와 인접한 다른 식민지에 사는 모든 친우회 교우들이 모이는 연례 집회가 이 섬에서 열렸다.[9] 그 집회에는 그 일대에 사는 친우회 교우들도 상당히 많이 왔지만 그들 외에도 바베이도스에서 존 스터브스가 왔고 다른 방향으로 제임스 랭카스터와 존 카트라이트도 왔다.

이 연례 집회는 6일 동안 계속 열렸는데 처음 4일 동안은 예배를 위한

---

9) 조지 비숍은 *New England Judged*, p. 351에서 뉴 잉글랜드의 연례 집회가 1661년에 조직되었다고 말하고 있다. 1671년에 그 집회에 참석한 존 버니트는 자신의 일기에서 다음과 같이 적고 있다. "그 집회는 매년 4번째 달 9일에 시작되어 일주일 동안 지속되며, 뉴잉글랜드 지역에 사는 친우회 회원들이 일년에 한 번 모이는 총집회이다." 집회가 시작된 이후 몇 년 동안의 기록은 불로 소실되었으나, 1683년부터 현재까지의 기록은 완전하게 보존되어 있다.

총집회로 열렸다. 참으로 많은 여러 부류의 사람들이 왔다. 그 섬에는 목사가 따로 없었기 때문에 예배를 드리는 데 어떤 특별한 제제도 받지 않았다. 총독이나 부총독도 몇몇 치안 판사들을 데리고 매일 열리는 집회에 자주 나타났다. 그 때문에 자극을 받은 사람들이 섬 각처에서 떼지어 몰려들었다. 참으로 귀한 예배를 드렸으며, 사람들은 진리를 잘 받아들였다.

나는 사람들이 그처럼 특별한 관심을 가지고 진지하고 애정을 품고 경청하는 것을 좀처럼 본 일이 없었다. 다른 친우회 교우들도 그 점을 알아챘다.

공적인 예배가 끝난 후 남성 모임이 시작되었는데 아주 크게 열린 귀하고 진중한 집회였다. 그 다음 날에는 여성 집회가 열렸는데 그 집회 또한 아주 크게 엄숙한 가운데 진행되었다.

이 두 집회는 교회가 할 일을 지시하기 위해 열렸는데, 집회를 통해 많은 중요한 문제들을 깨닫게 되었으며 권면의 방법을 통해 교회의 일에 관해 봉사하는 데 필요한 정보와 교훈을 전해주었다. 집회를 통해 모든 사람들이 홀가분하고 평온한 마음을 가질 수 있었다. 다른 몇몇 지역에서도 남성 집회와 여성 집회를 조직하기로 합의가 되어, 가난한 사람들을 돌보고 교회의 다른 문제들을 다루어 진리를 고백한 모든 사람들이 하나님의 영광스런 복음을 따라 잘 행하고 있는지를 지켜보기로 하였다.

이러한 대규모의 총집회가 끝이 나자 친우회 교우들끼리 서로 헤어지기가 조금은 힘이 들었다. 주님의 영광된 능력이 모든 사람들 위에 임하였고, 그 복뇌신 진리와 생명이 사람들 가운데 넘쳐났기 때문에 사람들은 서로 단단히 밀착되고 어우러져서 서로 작별 인사를 하고, 그 섬에 사는 친우회 회원들과 헤어지는 데 이틀이 걸렸다. 그리하여 사람들은 주님의 능력과 임재하심으로 충만하여서 기쁨에 찬 마음으로 각자 살고 있는 거주지로 돌아갔다.

친우회 교우들이 작별 인사를 마친 뒤에 그들에게 전도 여행을 다니던 우리는 주께서 우리에게 명령하신 몇가지 일을 하기 위해 흩어졌다. 존 버니트, 존 카트라이트, 조지 패티슨은 그 지역 출신의 친우회 교우들을 이끌고 뉴잉글랜드의 동부 지역으로 갔다. 그곳에서 열리는 특별 집회에 참석하기 위해서였다. 같은 일을 하기 위해서 존 스터브스와 제임스 랭카스터는 얼마 뒤에 그들을 뒤따를 작정이었으나 그들에겐 아직 그 섬에서 해야 할 일이 남아 있었다. 로버트 위더스와 나는 그 섬에 더 오래 머물렀다. 총집회가 끝난 지 얼마 후에 큰 열림을 경험하였고 날마다 다른 거주지에서 새로운 사람들이 왔기 때문에 아직 주님을 위해 해야 할 일이 있다고 느꼈기 때문이었다. 그리하여 우리는 크고 유익한 집회를 많이 열었다.

이 기간 동안 이 섬의 친우회 교우들 간에 결혼식이 있었기 때문에 우리도 참석하였다. 결혼식은 전에 그 섬의 총독을 지냈던 한 친우회 교우의 집에서 거행되었다. 그곳에는 우리와 동일한 신앙 고백을 하지 않는 사람이 많이 참석하였고 세 명의 치안 판사들이 참석하였다. 친우회 교우들은 그렇게 엄숙한 결혼식은 본 일이 없다고 이야기면서 너무도 엄숙하였고, 그 절차도 참으로 아름다웠다고 했다. 이 결혼식은 다른 사람들에게 좋은 본보기가 되었을 수도 있었다. 다른 여러 지역에서 참석한 사람들이 더러 있었기 때문이다.

결혼식이 있은 후에 나는 그 지역에 사는 랜터파들 때문에 영적으로 많은 어려움을 겪었다. 그들은 내가 참석하지 않은 집회에서 아주 난폭하게 굴었던 것이다. 그래서 나는 주께서 그들을 제압할 수 있는 능력을 내게 주시리라 믿으면서 그들을 위해 집회를 계획하였다. 하나님은 실제로 내게 그러한 능력을 주셨다. 영광과 찬미를 받으실 만한 주님, 그 이름을 영원히 송축할지어다! 이 집회에 많은 친우회 교우들과 더불어 다양한 부류의 사람들이 참석하였다. 치안 판사도 몇 있었고 행정 관리들도 더러 있었다. 그들은 대개가 진리의 말씀을 듣고 상당한 감동을 받았다. 20년 동안 판사를 지내왔던 한 사람이 영적 진리를 깨달아 진리의 말씀을 찬양하였고 과분할 정도로 나를 칭찬하였다.

그리고 나서 우리는 프로비덴스(Providence)에서 집회를 열었다. 다양한 부류의 사람들이 참석한 대집회였다. 나는 영적으로 굉장한 어려움을 겪었다. 그리하여 집회는 조용한 가운데 진행 될 수 있었고 사람들에게 진리가 전달 되어 그들 마음 가운데 뿌리내릴 수 있게 되었다. 사람들 중에는 더러 나와 논쟁할 목적으로 집회에 온 사람도 있었다. 우리가 섬기는 주님은 우리와 함께 하셨으며 주님의 능력이 모든 사람들 위에 임하였다. 그리하여 주님의 복되신 씨앗이 높임을 받았고 모든 사람들 마음 속에 자리잡았다. 논쟁자들도 침묵하였고 집회는 조용하게 잘 끝났다. 주님을 찬양할지어다! 사람들은 집회에 다시 참석할 수 있기를 간절히 바라면서 아주 흡족한 마음으로 돌아갔다.

그 지역은(프로비덴스라고 하는 지역) 로드 아일랜드에서 48킬로 남짓 떨어져 있는 곳이었다. 로드 아일랜드의 총독과 다른 많은 사람들도 그리로 왔다. 그리하여 우리는 아주 커다란 헛간에서 집회를 가졌다. 그 헛간으로 사람들이 물밀듯이 밀려 들었기 때문에 너무 더웠고 땀으로 몸이 흠씬 젖었다. 그러나 모두가 만족해 했다. 주님의 영광의 능력으로 모든 사람들을 비추셨기 때문이다. 위대하신 하나님께 영원한 영광을 돌리세![10]

집회를 마친 뒤에 우리는 나라건세트(Narragansett)로 갔다. 로드 아일랜드에서 22킬로 남짓 떨어져 있는 곳이었다. 로드 아일랜드의 총독도 우리와 함께 갔다. 우리는 한 재판관의 집에서 집회를 가졌다. 전에는 재판관의 집에서 집회를 가져본 일이 한번도 없었다. 아주 성대한 집회였다. 마을 사람들 대부분이 참석하였고, 코네티컷(Connecticut) 주변의 다른 지역으로 부터 사람들이 왔기 때문이었다. 참석한 사람들 중에는 치안판사도 네 사람 있었다. 이들중 대부분이 한번도 친우회라는 이름을 들어보지 못한 사람들이었다. 그러나 그들은 집회에서 상당한 감동을 받아 그들 가운데 진리를 따르고자 하는 큰 열망이 일었다. 아주 유익한 집회였다. 주님을 영원히 찬양할지어다!

집회가 얼렸던 집의 주인인 새판관과 그 지역의 다른 재판관이 나를 다시 오라고 초청하였으나 나는 그 지역에서의 임무가 끝났기 때문에 쉘터 아일랜드(Shelter Island)로 가는 길이었다. 그러나 존 버니트와 존 카트라이트가 내가 떠나기 전에 뉴 잉글랜드에서 나와 로드 아일랜드에 와 있었기 때문에 나는 이 지역을 그들에게 맡겼다. 그들도 그러한 생각을 가지고 있었기 때문에 그곳을 방문하였다.

다른 지역에서 몇몇 행정 관리들이 내게 돈만 있으면 나를 자기네 마을

---

10) 로저 윌리엄스와 폭스와의 관계를 알아보려면 다음 장을 참조하라.

의 목사로 모시고 싶다고 하였다. 그렇게 말하는 것은 그들이 우리와 우리의 원칙을 잘 이해하지 못한다는 이야기였다. 그러나 나는 그 말을 듣고 "나나 우리 중 어떤 사람에 대한 시각이 그 정도밖에 이르지 못하면 진정한 스승께 이르지 못할 것이기 때문에 우리는 이제 떠나야 겠습니다"하고 말했다. 왜냐하면 그러한 일(목사를 돈을 주고 고용하는 일)은 목사들이 자신들의 재능을 개발하지 못하도록 가로막음으로써 많은 사람들을 망쳐놓았기 때문이다. 그런 반면에 우리는 사람들 모두를 자기 안에 계신 스승에게로 인도하기 위해 애쓰는 것이다.

거기서 나는 쉘터 아일랜드[11]로 향했다. 로버트 위더스, 제임스 랭카스터, 조지 패티슨, 바베이도스에 이민한 존 제이(John Jay)와 동행하였다.

우리는 외대박이 돛배를 타고 포인트 주다(Point Juda(Point Judith))와 블랙 아일랜드를 지나 피셔스 아일랜드에 도착하였다. 저녁에 그곳에서 뭍에 올랐다. 그러나 모기가 너무 많아 그곳에 머물러 있을 수가 없었다. 그곳에서는 모기가 아주 큰 골치거리이다. 그래서 우리는 다시 외대박이 돛배 안으로 들어와 기슭에서 떨어진 채로 정박해 있었다. 그리하여 그날 저녁은 돛배 안에서 잠을 잤다.

다음 날 우리는 사운드(Sound)로 갔다. 그러나 우리가 탄 배가 그곳에 머물러 있지 못할 것을 발견하자 다시 돌아 피셔스 아일랜드(Fisher's Island)앞에 정박하게 되었다. 그리하여 그날 밤도 우리는 돛배 안에서 지냈다. 비가 억수로 쏟아져 지붕이 없는 돛배에서 온 몸이 비에 젖었다.

다음 날 우리는 투 홀스 레이스즈 (Two Horse Races)라고 부르는 강을 지나 가드너스 아일랜드(Gardner's Island)를 경유하였다. 그런 다음 걸스 아일랜드(Gull's Island)를 지나 마침내 쉘터 아일랜드에 이르렀다. 로드 아일랜드에서 고작 1300킬로 가량 떨어진 거리였으나 많은 어려움 끝에 그곳에 당도하기까지 3일이 걸렸던 것이다.

---

11) '샬터 아일랜드'는 가디너스 베이(Gardiner's Bay)와 리틀 피코닉 베이(Little Peconic Bay) 사이에 위치한 롱아일랜드 동쪽 끝에 있다. 나다니엘 실버스터(Nathaniel Sylvester)는 그 섬의 유일한 소유자로 그는 그 섬을 뉴잉글랜드에서 학대받는 친우회 회원들의 은신처로 만들었다.

제18장 미국에서 2년　419

　　다음 날은 '첫째 날'이었기 때문에 우리는 그곳에서 모임을 가졌다. 같은 주에서 나는 인디언들 사이에서 또 한번 집회를 열었다. 그 집회에는 인디언들의 추장과, 부족 의회원들과 백 명도 더 되는 인디언들이 참석하였다. 그들은 친우회원들처럼 앉아서 내가 영어를 아주 잘할 수 있는 인디언 통역관을 통해 그들에게 말하는 동안 경청하였다. 집회가 끝난 후 그들은 아주 애정어린 자세로 자기들이 들은 것이 진리임을 인정하였다.
　　다음 '첫째 날'에 우리는 그 섬에서 대집회를 열었다. 많은 사람들이 왔는데 그들은 친우회 회원들에 관해 한번도 들어 본 일이 없는 사람들이었다. 그들은 아주 만족해 했다. 집회가 끝나자 나와 이야기를 할 때까지는 집회장소를 떠나지 않으려고 했다. 그래서 나는 그들과 이야기를 나누던 중 그들이 진리에 상당한 영향을 받았다는 것을 발견하였다. 그들 마음 속에 선한 욕망과 위대한 사랑이 솟아났다. 주님을 찬양할지어다. 주의 이름이 전파되고 그 이름이 열방 중에 위대한 이름이 될 것이며 이방인들 가운데 경외할 이름이 될 것이다.
　　쉘터 아일랜드에 있는 동안 윌리엄 에드먼슨이 왔다. 그는 버지니아에서 주의 일을 하느라 힘써왔다. 거기서부터 그는 사막 지대를 지나고, 어려움과 많은 시련을 겪은 끝에 로노크(Roanoke)에 이르렀다. 거기서 그는 마음이 열린 사람들을 만났다. 배를 타고 메릴랜드로 건너갔다가 뉴욕으로 가곤 하면서 그 지역에서 7주간 사역한 뒤에, 롱 아일랜드에 이르렀다가 쉘터 아일랜드로 온 것이다. 거기서 우리는 그를 만난 것이었고, 우리와 헤어진 이후부터 각 처를 여행하면서 그가 주님을 위해 한 훌륭한 일들을 전해 듣고 매우 기뻐했다.
　　우리는 쉘터 아일랜드에 오래 머물러 있지 않고, 롱 아일랜드로 가기 위해 외대박이 돛배를 타고 다시 출항하였다. 여행 길은 아주 험난하였다. 몇시간 동안 물의 흐름이 너무 빨랐고 나는 그처럼 물이 빠르게 흐르는 것을 본 일이 없었다. 우리가 가는 반대 방향으로 물이 흐르고 있었기 때문에 강풍을 타긴 하였어도 좀처럼 앞으로 나가기 힘들었다.
　　다음 날 우리는 하루 온 종일을 물 위에 떠 있었다. 그러나 다음날 다시 피셔스 아일랜드 가까이로 되돌아와 있었다. 짙은 안개가 끼어 있었기 때문에 아침녘에도 아주 어두웠다. 그래서 우리는 우리가 어느 방향으로 나아가고 있는지 알 수가 없었다. 게다가 그날 저녁에는 비가 많이 쏟아져 지붕없는 돛배에서 몸이 흠뻑 젖었다.

다음 날 강풍이 일어, 사운드를 건너려고 무던 애를 쓴 끝에 성공하였다. 피셔스 아일랜드를 떠나 포크너 아일랜드(Falkner Island)를 지나 큰 바다에 이르렀다. 거기서 우리는 폭풍이 그칠 때까지 닻을 내리고 있었다.

우리는 여섯째 달 7일 이른 아침에 롱 아일랜드의 오이스터 만에 안전하게 도착했다. 오이스터 만은 롱 아일랜드에서 321킬로 남짓 떨어져 있다고 사람들이 말하였다.

오이스터 만에서 우리는 큰 집회를 열었다. 같은날 제임스 랭카스터와 크리스토퍼 홀더가 오이스터만을 건너 대륙 가까이에 있는 리[12]로 갔다. 리는 윈스롭(Winthrop) 총독의 통제를 받는 곳이었는데 거기서 우리는 집회를 가졌다.

오이스터 베이에서 우리는 48킬로 남짓 지나 플러싱에 이르렀다. 거기서 우리는 아주 큰 집회를 열었으며 수백명의 사람들이 참석하였다. 그들 중에는 48킬로 가량 떨어진 곳에서 온 사람들도 더러 있었다. 참으로 영광되고 거룩한 집회였고(주 하나님을 송축할지어다!) 사람들 모두 흡족해 했다.

그러는 동안 크리스토퍼 홀더와 다른 몇몇 친우회 회원들이 롱 아일랜드에 있는 자마이카라는 시로 가서 거기서 집회를 열었다.

우리는 플러싱을 떠나 19킬로 가량 지나 그래브센드로 갔다. 거기서 귀중한 집회를 세번 가졌다. 날씨가 장애가 되긴 하였으나 뉴욕으로부터 많은 사람들이 왔다.

그래브센드 지역에서 우리가 해야 할 일을 마친 뒤 우리는 외대박이 돛배를 빌려 바람이 알맞을 때에 지금은 저지(Jersey)라고 불리는 새 땅을 향해 출항하였다. 만을 따라 코니 아일랜드(Coney Island), 너튼 아일랜드(Natton Island, 현 거버너스 아일랜드; Governor's Island), 스테이튼

---

12) 리는 현재 뉴욕 주에 있다. 뉴욕과 코네티컷 사이에 있는 경계선은 오랫동안 분쟁 거리가 되었다. 당시에는 리는 윈스롭 총독의 영지였던 것처럼 보인다.

제18장 미국에서 2년   421

아일랜드(Staten Island)를 지나 미들타운 항구(뉴저지에 있는)에 있는 리처드 하트숀(Richard Hartshorn)의 집에 도착하였다. 때는 여섯째 달 27일 동틀 무렵이었다.

다음 날 우리는 말을 타고 그 지역을 18킬로 남짓 걸어 들어갔다. 숲을 지나고 아주 건너기 어려운 수렁을 건넜다. 한번은 참으로 고약한 수렁을 건너기도 하였다. 아래로 내려가는 길이 너무도 가파라서 말과 함께 미끄러져 내려갈 수밖에 없었다. 그리고 나서 계속해서 여행을 할 수 있도록 말들을 누워 쉬게 하였다. 이 지역을 그 고장 사람들은 퍼거토리(Purgatory)라고 했다.

우리는 마침내 이스트 저지에 있는 쉬루스베리(Shrewsbury)에 도착하였다. 첫째 날에 그곳에서 귀한 집회를 가졌는데 그 집회로 먼 곳으로부터 친우회 교우들과 다른 사람들이 찾아 왔고 주의 복되신 임재가 우리 가운데 있었다. 같은 주에 우리는 뉴저지 곳곳에서 온 사람들과 함께 남성 집회와 여성 집회를 가졌다.

사람들은 모일 건물을 짓고 있었으며 월별 총집회가 조직되어 있었다. 그 집회는 그 지역에서 복음의 명령과, 끝없이 펼쳐져 나가는 그리스도의 통치를 유지하는데 큰 역할을 하게 될 것이다. 그리하여 신실한 사람들이, 거룩한 진리를 고백하는 사람들은 참된 신앙 가운데서 복음에 합당한 삶을 살아가는 것을 보게 될 것이다.

쉬루스베리에 머물러 있는 동안 한 사건이 일어났는데 그 사건은 당시로서 우리에게 커다란 훈련이었다. 바베이도스에 사는 존 제이라는 한 친우회 교우가 시험삼아 말 등에 올라탔다가 갑자기 말이 뛰는 바람에 말에서 말머리 앞으로 떨어져 목이 부러졌다고 했다. 그 사람은 우리와 함께 로드 아일랜드에서 왔다가 숲을 지나 메릴랜드로 우리를 뒤따를 작정이었다. 가까이 있는 사람이 죽은 그 사람을 붙들어 잘 옮겨다가 나무 위에 올려 놓았다고 하였다.

나는 가능한 한 빨리 그 사람에게 가보았다. 그를 만져보니 죽은 것 같았다. 그와 가족들을 동정하며, 그의 머리와 머리채를 붙들고 다른 쪽으로 돌려 보니 목이 너무나 부드럽게 돌아갔다. 그래서 나는 양 손으로 그의 머리를 붙잡고 나무에 내 양 무릎을 버티어 놓은 채 그의 머리를 들어 올려 보고는 목에 이상이 생기거나 부러지거나 하지 않았다는 생각이 들었다.

그래서 나는 한 손으로 그의 턱을 받치고 다른 한 손으로는 뒤통수를 받치고서는 그의 머리를 두세 번 있는 힘을 다해 끌어올렸다. 이내 그의 목이 뻣뻣해지기 시작하는 것이 느껴졌다. 그러더니 목에서 가르랑거리는 소리가 나더니만 이내 숨을 쉬기 시작했다.

사람들은 깜짝 놀랐다. 그러나 나는 그들에게 선한 마음과 올바른 믿음을 가지고서 그를 집으로 데리고 가라고 하였다. 그들은 내 지시대로 하였고, 그를 불 옆에 데려다 놓았다. 나는 사람들에게 그에게 따뜻한 음료를 갖다 주고 그를 자리에 눕히라고 했다. 집에 도착한 후 얼마 안 있어 그는 말을 하기 시작했다. 그러나 그 사람은 자기가 어떠한 상태에 있었는지 알지 못했다.

다음 날 우리는 26킬로 가량을 지나(말에서 떨어졌던 사람도 아주 건강해져서 우리와 동행하였다) 미들타운에서 열리는 집회 장소로 갔다. 숲과 수렁을 여러 차례 지났고 강도 한 번 건넜다. 강을 건널 때에 말은 헤엄치게 하고 우리는 속이 빈 나무를 타고 건넜다. 그 일[13]이 있은 이후로 그 사람은 수백 킬로를 우리와 동행하였다.

마을 사람들 대부분이 이 집회에 왔다. 참으로 영광스러운 집회였고 진리가 모든 사람들에게 전파되었다. 위대하신 주 하나님을 영원히 찬양하라! 집회가 끝나고 우리는 8킬로 가량 지나 미들타운 항구로 갔다. 다음 날 아침 숲을 지나 메릴랜드로 향하는 기나긴 여정을 떠나기 위해서였다. 길 안내자로 인디언들을 고용했다.

나는 델라웨어 만의 다른 편 숲을 지나가기로 했다. 가능한 한 강이나 내의 수원은 돌아가기 위함이었다. 그리하여 일곱번째 달 9일에 우리는 여행길에 올랐다. 많은 인디언 마을을 지났고 강과 수렁도 몇개 건넜다. 64킬로

---

13) 때때로 화자가 폭스를 기적을 행하는 사람임을 묘사하려고 하지 않았는지 의심이 된다. 해명을 한다고 만족스러운 일도 아니고 해명이 꼭 필요한 일도 아니다. 최근 의학 연감은 유사한 경우를 보여준다. 탈구된 목이 반드시 치명적이지는 않다는 것이다. 이 사건은 냉정하고 지혜롭게 어려운 상황을 처리하는 폭스의 기지를 또 한번 보여준다.

가량 말을 몰고 간 후에 저녁이 되어 불을 피우고 불 곁에서 잠을 잤다. 인디언 마을에 이르렀을 때에 우리는 그들에게 주의 날을 선포하였다.

다음 날 80킬로 남짓 갔다고 생각했을즈음 저녁이 되어 낡은 집을 한 채 발견하였다. 인디언이 강제로 사람들을 떠나가게 한 집이었다. 우리는 불을 지피고 그곳에 머물렀다. 그곳은 델라웨어 만 어귀였다.[14]

다음 날 우리는 말들을 폭 1.6킬로 되는 강을 헤엄쳐 건너게 하여 먼저

---

14) 자세하게 설명되어 있지 않은 폭스의 여정을 따라가기란 쉽지 않다. 델라웨어 [「일기」 첫판 발행시에는 '디니도크'(Dinidock)라고 함]에는 티니컴 아일랜드(Tinicum island)가 둘 있다. 폭스는 그가 추정하는 대로 미들타운아버에서 거의 145킬로 정도 될 거리였으나 상부의 티니컴 아일랜드를 지나 횡단한 것 같다. 그 섬은 현재 버링턴(Burlington)이라고 하는 도시 바로 앞에 놓여 있다. 그리고 나서 폭스가 여행한 지역은 바로 나중에 친우회 회원들이 윌리엄 펜의 지휘 아래 정착한 곳이었다. 미국에 친우회 회원들의 거주지를 형성한다는 생각은 조지 폭스가 처음 해낸 생각임을 증명하는 증거가 있다. 인디언 마을에 두루 전도 여행을 다녔던 조시야 콜(Josiah Coale)이라는 친우회 회원의 편지를 보면 조지 폭스가 그에게 서스퀘헨나(Susquehanna) 인디언들과 협상을 하여 영토의 일부를 사들이라는 임무를 맡겼다는 것을 알 수 있다. 폭스의 편지는 보관되어 있지 않으나 조시야 콜의 답장은 스와스모어 원고 가운데 있었는데 그 내용은 다음과 같다. "조지 폭스 씨. 친우회 회원들이 서스퀘헨나 인디언들의 영토의 일부를 사들이는 문제에 관해 나는 그들에게 이야기하였고 그것에 관해 당신이 말한 것도 전하였습니다. 그러나 그들은 자기들이 서스퀘헨나 요새에 가거나 그 가까이 가기까지는 발티모어(Baltimore) 자유 구역(다시 말해 발티모어 경이 지배하는 곳) 외에는 살 만한 땅이 하나도 없으며, 게다가 친우회 회원들 가운데 있는 인디언 추장이 윌리엄 풀러(William Fuller)가 … 현재 권리를 박탈당해 있기 때문에 … 그가 없이는 인디인들은 아무 일도 할 수 없다고 대답하였습니다. 더욱이 그들은 지금 수가 많은 다른 인디언 부족과 전쟁중이기 때문에 몇몇 사람들은 그 부족이 얼마 안 있어 멸망할 것이 틀림없다고 봅니다. 진리 안에서 알려드립니다. 조시야 콜"

이 편지는 폭스가 미국을 방문하기 12년 전에 쓰여졌다. 그와 동시에 윌리엄 펜의 생각도 똑같은 방향으로 기울고 있었다. 1681년에 펜실베이니아에 관해 적으면서 그는 "내가 말할 수 있는 것은 1661년, 즉 20년 전에 옥스퍼드에서 이 지역에 관해 기쁨이 열리는 것을 경험하였다는 것이다"라고 말하고 있다. 존 펜윅(John Fenwick)과 에드워드 빌린지(Edward Byllynge)를 통해 땅을 사들이게 됨으로써 친우회 회원들은 조지 폭스가 영국에 도착한 다음 해인 1674년에 뉴저지의 상당 부분의 토지를 차지하였다. 폭스가 현재 펜실베이니아와 뉴저지로 불리는 곳을 여행하면서 그곳을 장차 미래의 거주지로 내다보았다는 사실은 의심할 여지가 없다.

어퍼 티니컴(Upper Tinicum)이라는 섬에 도착하였다가 본 대륙에 들어섰다. 인디언을 고용해서 그들의 카누를 타고 들어갈 수 있었다. 이 날 우리는 말을 타고 고작 48킬로 가량을 갔는데 밤이 되어 한 스웨덴 사람의 집에 들었다. 거기서 조금 얻어 짚을 깔고 그날 저녁을 지냈다.

다음 날 다른 안내자를 고용해서 숲을 지나 64킬로 가량 가다가 밤이 되어 불을 지피고 그 곁에서 몸을 말렸다. 여행 중에 여러번 몸이 젖었기 때문이었다.

다음 날 우리는 절망의 강[15]을 건넜다. 그 강에는 많은 바위와 넓은 바위가 있었는데 바위들은 우리에게나 말들에게 아주 위험한 것이었다. 거기서 크리스티나 강(Christiana)에 이르렀는데 거기서 우리는 말을 헤엄쳐 건너게하고 우리는 카누를 타고 건너갔다. 그러나 이 강의 양 옆이 무척이나 더럽고 진흙 투성이였기 때문에 거의 옴짝 달싹을 못하는 말들도 더러 있었다.

거기서 그때까지 뉴암스테르담(New Amsterdam)이라고 부른 뉴캐슬(New Castle; Delware에 있는)에 이르렀다. 아주 지친 몸이 되어, 말에게 줄 여물을 어디서 살 수 있느냐고 마을에서 묻고 있는데 총독이 와서 우리를 자기 집으로 초대하였다. 그리고는 자기 집에 묵기를 청하면서, 내게 내 줄 방이 있으니 자기 집에서 머문다면 환영한다고 하였다. 그래서 나는 그 집에 머물렀다. 다른 친우회 회원들도 마찬가지 대접을 받았다.

이 날은 일곱째 날이었다. 총독이 자기 집을 집회처로 사용할 것을 제안하였기 때문에 우리는 다음 날 꽤 성대한 집회를 열었다. 마을 사람들 대부분이 집회에 참석하였다. 이곳에서는 전에 한 번도 그렇게 성대하게, 아니 집회가 열린 적도 없었다. 많은 사람들의 마음이 열렸으며 진리를 시인하고

---

15) '절망의 강'은 아마도 브랜드윈(Brandywine)이었을 것이며, 크리스티나 '리버'(River)는 크리스티나 크릭(Creek)으로 레드 클래이(Red Clay)와 화이트 클래이 크릭스(White Clay Creeks)의 합류점에서 생겨난 강이다. 윌밍턴(Wilmington) 아래로 3킬로 남짓 가면 델라웨어가 나타난다. 보헤미아 리버와 사스프러스 리버는 체사피크 베이의 많은 지류 중의 하나이다. '켄티스쇼어'(KentishShore)는 매릴랜드 켄트 카운티의 해안이다. 트리드헤븐(혹은 서드헤븐)은 체사피크 베이 아래 있는데, 그곳에는 배가 너무 많아 템스 강처럼 보였던 것이다! 이곳에 조직된 집회는 오늘날까지도 지속된다.

받아들였다. 주님을 영원히 찬양할지어다!

일곱번째 달 16일에 우리는 다시 여행을 떠났다. 가장 가깝다고 생각되는 80킬로 남짓 되는 거리를 숲을 지나고 수렁을 건너 보헤미아 리버와 사스프러스 리버를 향해 갔다. 저녁이 되어 우리는 숲속에 불을 지피고 숲에서 밤을 지냈다. 장마철이었기 때문에 우리는 우람한 나무 아래를 쉴 곳으로 잡고 나서, 다시 불곁에서 몸을 말렸다.

다음 날 우리는 체스터 리버를 걸어서 건넜다. 아주 폭이 넓은 강이었다. 그 후로도 많은 수렁을 건넜고 그날도 숲에서 불을 피우고 그 곁에서 잠을 잤다. 그날은 48킬로 이상은 가지 못하였다. 다음 날 가는 도중에 건너기 어려운 수렁도 몇번 만나긴 하였으나 강행군을 하여 80킬로 가량을 말을 타고 가, 그날 저녁은 메릴랜드 마일스 리버(현재, 성 미카엘; St. Michael's)에 있는 로버트 하우드(Robert Harwood)의 집에 도착하였다.

이 날은 일곱번째 달 18일이었다. 우리는 굉장히 지쳐 있었고 수렁을 건넌 탓에 몸이 아주 더러워져 있었으나 다음 날 집회가 열린다는 소식을 듣고 집회 장소로 갔다. 거기서 존 에드먼슨의 집으로 갔다가, 그곳에서 물을 건너 6킬로 남짓 가서 다음 '첫째 날' 열리는 집회처로 갔다.

이 집회에는 전에 한 번도 우리 집회에 참석해 본 일이 없는 재판관의 부인이 와 있었다. 그 부인은 집회가 끝난 뒤에 목사들의 설교를 천번 듣느니 우리들이 하는 설교를 한번 더 듣겠다는 말을 하였다. 다른 많은 사람들도 아주 흡족해 했다. 주님의 능력이 모든 사람들에게 확실하게 나타났기 때문이다. 주의 거룩하신 이름을 영원히 송축할지어나!

우리는 그곳에서 35킬로 가량 가서 켄티쉬(Kentish) 해안에서 훌륭한 집회를 열었다. 그 집회에 재판관중 한 사람이 왔다. 근처 윌리엄 윌코크(William Wilcock)의 집에서 근사한 집회를 한번 더 연 후에 우리는 강을 지나 22킬로 가량을 가서 아주 큰 집회에 참석하였다. 수백명의 사람들이 왔다. 치안판사가 네 명 있었고 델라웨어의 주장관과 그밖에 다른 사람들이 와 있었다. 인디언을 감독하는 사람도 왔는데 추장들 중 두 사람은 인디언들 틈에 끼어 있었다.

이 인디언들과 함께 우리는 좋은 기회를 가졌다. 나는 통역을 통해 그들에게 말하였다. 그들은 진리를 경청하여 들었으며 아주 애정어린 태도를 나타내 보였다. 사람들이 영적 진리를 깨닫게하고, 진리를 깨달은 사람들을 진리 안에 바로 세우는 참으로 복된 집회였다. 주의 복된 진리가 퍼져 나가게 하는 주님을 찬양할지어다!

집회가 끝나고, 집회가 열렸던 곳으로 한 여자가 그 지역 의회원 한 사람과 함께 왔다. 그 여자의 남편은 그 지역의 재판관이었다. 그녀는 내게 남편이 아픈데 살아날 것 같지가 않다고 이야기했다. 그리고는 내가 자기 남편을 보러 가 주기를 바랐다. 그녀의 집은 5킬로 가량 떨어져 있었으며 또한 그때 막 집회를 끝내고 나온 터라 그 여자 집으로 간다는 것은 쉬운 일은 아니었다. 그렇지만 내가 해야 할 일에 대해 생각해 보다가 말을 잡아타고 그 여자와 함께 그 여자의 남편에게 갔다. 그리고 주께서 내게 주시는 말씀을 그 남자에게 했다. 그 남자는 원기를 상당히 회복하더니만 마침내 주님의 능력으로 일어났다. 그 후에 그 사람은 우리 집회에 참석하러 왔다.

나는 그날 저녁으로 다시 친우회 회원들이 모여 있는 곳으로 돌아와, 다음 날 그곳을 떠나 30 킬로 가량을 가서 트리드 해븐 강에 있는 존 에드먼슨의 집으로 다시 갔다. 그곳에서 여덟번째 달 3일에 우리는 메릴랜드의 모든 친우회 회원들이 모이는 총집회 장소로 갔다.[16]

집회는 5일 동안 열렸다. 처음 삼일간은 공적 예배를 드렸다. 여러 부류의 사람들이 모두 왔다. 나머지 이틀 동안은 여성 집회와 남성 집회를 열었다. 그 공적인 집회에 여러 부류의 개신교인들이 와서 참석하였으며 가톨릭 교도들도 몇 있었다. 참석한 사람 중에는 치안판사들과 그 부인, 그 지역의 다른 저명 인사들도 있었다. 친우회 회원들 말고도 참으로 많은 사람들이 왔기 때문에 어떤 때에는 한 번에 천명 가량이 왔다고 생각되었다. 그리하여 얼마 안 있어 집회 장소를 늘려 두배로 확장하였으나 그래도 사람들을 다 수용할 수가 없었다.

나는 배를 타고 집회 장소를 매일 6, 7 마일씩 갔다. 당시 그 강을 지나

---

16) 현재 발티모어 연례 집회라고 하는 이 집회는 1672년에 조직되었다.

는 배들이 너무 많아 템스(Thames)강의 모습과 흡사했다. 사람들은 전에 한 번도 그렇게 많은 배가 모이는 것을 본 일이 없다고 하였으며, 한 재판관도 그 지역에 그렇게 많은 사람들이 함께 모이는 것을 본 일이 없다고 하였다. 참으로 거룩한 집회였다. 주님의 임재가 영광스럽게 나타났다. 친우회 회원들은 새롭게 되었고, 사람들도 대체로 만족해 했고, 많은 사람들이 영적 진리를 깨닫게 되었다. 주님의 복되신 은총이 두루 임하였기 때문이었다. 그의 거룩하신 이름을 영원히 찬양할지어다!

공적 집회가 끝난 후에, 남성, 여성 집회가 시작되어 나머지 이틀 동안 지속되었다. 하나님의 영광과 복음의 질서와 예수 그리스도의 통치에 관해 사람들에게 전할 것이 있었다.

이 집회가 끝나자 우리는 그 지역에 있는 친우회 회원들에게 작별 인사를 했다. 우리가 떠나 온 그 지역의 친우회 회원들은 진리 안에서 잘 서게 되었다.

여덟번째 달 10일에 우리는 그곳에서 물 위로 48킬로 가량을 가며, 크레인 아일랜드(Crane's Island), 스완 아일랜드(Swan Island), 켄트 아일랜드(Kent Island)를 지나갔다. 잔뜩 찌푸린 날씨에다 비가 많이 왔다. 덮개가 없는 배였기 때문에 몸이 흠뻑 젖었을 뿐만 아니라 배가 뒤집힐 뻔한 위험도 겪었다. 꼼짝 없이 물에 빠지게 될 수밖에 없다고 생각하는 사람들도 있을 정도였다. 그러나 복되신 주님의 은혜로 우리는 잘 항해를 하여 다음 날 아침 안전하게 기슭에 닿았다.

작은 집에 들어가서 불 곁에서 옷을 말리고 어느 정도 활력을 되찾은 후에 다시 배로 돌아왔다. 그리고 뭍에서 떨어져 항해해 나갔다. 때때로 노를 저어 나가는 때도 있었다. 그날도 날이 아주 궂어 20킬로도 채 항해하지 못했다. 저녁이 되어 육지에 닿아 불을 지폈다. 몇 사람은 불 옆에서 밤을 지내고 또 몇 사람은 조금 떨어진 집안 화롯가에서 잠을 잤다.

다음 날 아침 우리는 그레이트 베이(Great Bay)를 건넜다. 그날 하루는 64킬로를 항해했다. 밤에 해안가에 닿아서 그곳에서 밤을 지냈다. 배 안에서 잔 사람도 있고 선술집에서 잔 사람들도 있다.

다음 날은 '첫째 날'이었다. 아침에 우리는 10킬로 가량을 가서 치안판사인 한 친우회 교우집에 도착하였다. 거기서 우리는 집회를 열었다. 그곳은 그레이트 만의 물목 위로 조금 떨어진 곳에 있었다. 4일 가까이 배를 타고 왔을 뿐 아니라 노를 젓느라 무척 지쳐 있었는데도 우리는 모두 건강했다. 주님을 찬양하고 송축할지어다!

다음 날 우리는 하튼스 아일랜드(Hatton's Island)의 물목 가까이에 있는 다른 친우회 회원 집으로 갔다. 거기서 우리는 친우회 회원들과 다른 사람들과 함께 훌륭한 집회를 가졌다. 다음 날 조지 윌슨(George Wilson)의 집에서 열었던 집회처럼 말이다. 조지 윌슨은 5킬로 정도 떨어진 곳에 사는 친우회 교우로 그의 집에서 우리는 참으로 귀한 집회를 가졌고, 사람들의 마음이 크게 열리는 것을 보았다.

이 모임을 마친 뒤에 우리는 16킬로 가량 항해해 가서 치안 판사인 제임스 프리즈비(James Frizby)의 집으로 갔다. 그곳에서 여덟번째 달 16일에 우리는 상당히 큰 집회를 열었다. 친우회 회원뿐만 아니라 수백명으로 추산되는 다른 사람들도 왔다. 그들 중에는 다른 저명인사들과 함께 판사도 몇 있었고, 선장, 장관도 있었다.

참으로 복되고 거룩한 집회였다. 진리를 증거하는 우레와 같은 강력한 말씀이 선포되었다. 사람들은 굉장한 감동을 받았고 많은 사람들이 마음이 깨어지고 열리는 것을 경험을 하였다.

그날 저녁 우리는 열한 시경까지 머물러 있다가 조류가 알맞은 때가 되자, 배를 타고 가 그 다음 날 8킬로 가량 떨어진 다른 친우회 회원의 집에 도착하였다. 그 다음 이틀 동안은 친우회 회원들을 방문하는 짧은 여행을 하였다.

그 달 20일에 우리는 서번(Severn)이라는 곳에서 큰 집회를 열었다. 그곳에 집회 장소가 있었으나 사람들을 수용할 만큼 크지는 않았다. 다른 저명인사들과 함께 재판장들도 여럿 와 있었는데 그들은 대체로 대단히 만족해 했다.

이틀 후에 우리는 그릇되이 행하는 사람들과 함께 집회를 열어 귀한 시간을 가졌다. 그리고 나서 하루 이틀 정도 친우회 교우들을 방문하느라 시간을 보냈다. 웨스턴 쇼어(Western Shore)로 건너가서 25일에 윌리엄 콜

(William Coale)의 집에서 크고 귀한 집회를 열었다. 그 집회에는 그 지역 의회의 대변인이 부인과 함께 와 있었으며 치안 판사와 몇몇 주요 인사들이 참석하였다.

다음 날은 10여 킬로 떨어진 곳에 있는 아브람 버크헤드의 집에서 집회를 열었다. 많은 치안판사들과 상류층 인사들이 왔고, 그 지역 의회의 하원의원도 확신을 가지게 되었다. 복된 집회였다. 주님을 찬양할지어다!

다음 날 다른 곳으로 이동하였다. 그 다음 날인 여덟번째 달 28일에 우리는 클리프스에 있는 피터 사프(Peter Sharp)의 집에서 참으로 성대하고 귀한 집회를 가졌다. 아브람 버크헤드의 집에서 50킬로 정도 떨어져 있는 곳이었다. 치안 판사들과 상류층 인사들이 많이 참석하였으며 거룩한 집회였다. 주의회원의 아내가 확신을 가지게 되었다. 그 여자의 남편도 친우회 회원들에게 상당히 애정을 품고 있었다. 버지니아의 한 치안 판사가 영적 진리를 깨닫게 되어 그 이후로 그 사람의 집에서 집회를 열었다.

이 집회에 가톨릭 교도들도 더러 참석하였는데 그들 중 한 사람은 집회에 오기 전에 나와 논쟁할 것처럼 떠들어대던 사람이었다. 그러나 집회에 참석하자 나를 반대할 수가 없었다. 주님을 찬양할지어다! 말로 할 수 없는 진리가 마음 속에 전달 되었으며 그것은 참으로 기분 좋은 경험이었던 것이다!

집회가 끝난 뒤 우리는 29킬로 가량 가서 제임스 프레스톤의 집에 닿았다. 그는 퍼턱센트 리버(Patuxent River)에 사는 친우회 교우였다. 거기서 한 인디언 부족의 왕이 자기 동생을 데리고 우리를 찾아 왔다. 나는 그들에게 이야기를 하였는데 그들이 내 말을 알아듣고 있다는 것을 발견하였다.

메릴랜드에서 우리가 맡은 사역을 마치고 버지니아로 떠날 작정을 하며, 아홉번째 달 4일에 퍼턱센트에서 집회를 열었다. 친우회 회원들에게 작별 인사를 하기 위해서였다. 그 집회에 듀스 대령이 왔는데 몇몇 장교들과 치안판사들을 데리고 왔다. 그들은 선포된 진리에 매우 감동을 받았다.

이러한 일이 있고 나서 우리는 서둘러 카롤리나(Carolina)로 향했다. 그러나 가는 길에 대여섯 차례 집회를 가졌고, 그 집회에서 우리는 주께 참으로 귀한 예배를 드렸다. 한번은 넌스몬드 워터(Nancemond Water)에서 6킬로 남짓 떨어져 있는 곳에서 집회를 드렸는데 참으로 귀한 집회였다. 그곳에는 여성 집회와 남성 집회가 정착되었다. 교회의 일을 처리하기 위함이었다.

또 한번은 패이건 크릭(Pagan Creek)에 자리잡은 윌리엄 야로우(William Yarrow)의 집에서 아주 귀한 집회를 가졌다. 사람들이 너무 많이 와서 바깥으로 나갈 수밖에 없었다. 집에서는 사람들을 다 받아들일 수가 없었기 때문이었다. 참으로 놀라운 열림이 있었고, 진리의 소리가 전파되었으며 사람들은 참으로 새로운 경험을 하였다. 주는 영원토록 영화로운 분이시다!

이후로 캐롤라이나로 가는 길이 점점 더 나빠졌다. 질척질척한 땅이 많았고 수렁과 늪이 대부분이었다. 그래서 무릎까지 젖기는 보통이었고, 밤이면 숲에 불을 피워 두고 그 곁에서 잤다.

하루 저녁은 서머타운(현 서머튼;Somerton)에 있는 한 가난한 집에 들러 화롯가에서 잠을 잤다. 그 집의 여주인은 개인적으로 하나님을 느끼고 있었다. 우리가 전도 여행을 다닌다는 소문이 퍼지자, 우리가 하는 이야기를 보고 듣게 되기를 바라는 마음에서(그 거친 땅에서는 진리의 소리를 받아들이기가 쉬웠다) 서머타운 너머에 사는 몇몇 사람들이 그 집으로 오긴 하였으나 우리를 미처 만나지 못하였다.

다음 날 아홉째 달 21일에 숲을 지나고 많은 수렁과 늪을 건너는 어려운 여행 끝에 보너스 크릭(Bonner's Creek)에 이르렀다. 한 가정집의 난로가에서 밤을 지냈는데 그 집 여주인이 깔고 잘 담요를 빌려 주었다.

그 집은 캐롤라이나에서 처음으로 방문한 집이었다. 우리는 그 집에 여행으로 극도로 지친 말들을 남겨 두었다. 그때부터는 카누를 타고 물을 건너 마코코모코크 리버(Macocomocock River; 현재 셔원;Chowan)에 이르러 휴 스미스(Hugh Smith)의 집으로 갔다. 그 집으로 다른 신앙 고백자들도 우릴 보러 왔고(그 지역에는 친우회 회원이 한 사람도 없었기 때문이다), 그 중 많은 사람들이 우리를 기쁜 마음으로 받아들였다.

온 사람들 중에는 로우노크의 총독을 지내온 나다니엘 바츠(Nathaniel Batts)라는 사람이 있었는데 그 사람은 바트 대위로 통했다. 그는 아주 무례하고 몰지각한 사람이었다. 그는 내게 컴버랜드의 여인에 관해 물었다. 자기는 그 여자가 우리가 기도를 하고 손을 얹어준 후에 의사들의 진료도 여러번 받고도 낫지 않던 오랜 병이 나았다는 소식을 들었다고 하면서 그것이 정말인지 알고 싶어했다. 나는 그 사람에게 우리는 그러한 일로 영광받기를 원하지 않는다고 하면서 그러한 많은 일들은 그리스도의 능력으로 행한 일이라고 이야기하였다.

그곳에서 그리 멀지 않은 곳에서 집회를 열었는데 사람들은 진리에 사로잡혔다. 주님을 찬양할지어다! 그리고 나서 카누를 타고 마라티크(Maratick;현 로우노크) 강을 건너면서 코니호(Coney-Hoe) 만을 지나 한 선장의 집에 이르렀다. 그 사람은 우리에게 매우 호의적이었으며 자기 배를 우리에게 빌려 주었다. 카누를 타고 왔기 때문에 물이 몸에 튀어 몸이 흠뻑 젖어 있었기 때문이었다. 선장이 빌려준 배를 타고 우리는 총독의 집으로 갔다. 그러나 어떤 곳은 물이 너무 얕아 사람을 실은 배가 갈 수 없을 정도였다. 그럴 경우에는 부득이 신발과 양말을 벗고 한동안 물속을 걸어갈 수밖에 없었다.

총독은 부인과 함께 우리를 따뜻하게 맞아 주었다. 그러나 그곳에 있던 의사는 우리와 논쟁하려고 했다. 그러나 의사가 우리에게 저항한 것은 실제로 우리에게 도움이 되었다. 왜냐하면 그것을 빌미로 하나님의 빛과 성령에 관하여 사람들에게 열어보일 수 있게 되었던 것이다. 그는 하나님의 빛과 성령이 사람들 각자 마음 속에 있다는 사실을 부인하였고 인디언들 마음 속에는 그러한 것이 없다고 단호히 주장하였다.

그래서 나는 인디언 한 사람을 불러, 누군가 다른 사람에게 거짓말을 하거나 나쁜 짓을 하면 자책하는 마음이 들지 않느냐고 물었다. 그러자 그 인디언은 그러한 마음이 든다고 하면서, 그러한 마음이 자기를 꾸짖는다고 대답했다. 그래서 자기가 잘못 행하였거나 틀린 말을 하였을 때는 부끄러움을 느낀다고 했다. 그렇게 하여 우리는 총독과 사람들 앞에서 그 의사를 부끄럽게 만들었다. 그 가엾은 의사는 이야기를 어긋나게 하더니만 급기야는 성경까지도 인정하려 들지 않았다.

우리는 그날 저녁 총독의 집에 머물렀다. 다음 날 아침 총독은 숲을 지나 3킬로 정도 되는 거리까지 배웅하며, 우리가 탈 배를 불러 놓은 곳까지

바래다 주는 극진한 친절을 베풀었다. 그에게 작별 인사를 하면서 배에 올라탔다. 그날은 48킬로를 지나 조셉 스코트(Joseph Scott)의 집에 닿았다. 그는 그 지역의 하원의원이었다.

그 집에서 우리는 건전하고 귀한 집회를 가졌다. 사람들의 마음이 열렸고 집회를 갖기를 굉장히 갈망하였다. 6킬로 남짓 떨어진 곳에 있는 집에서 우리는 집회를 한 번 더 열었다. 그 집회에는 총독의 비서가 왔는데 그 사람은 그 지역의 최고 비서관으로 이미 영적 진리를 깨달은 사람이었다.

카롤라이나 북부 지역을 방문하여 그곳 사람들에게 어느 정도 진리를 일깨워 준 다음에 다시 버지니아로 되돌아가기 시작했다. 돌아가는 길에 여러번 집회를 열었다. 그러면서 주를 위한 사역을 아주 잘 해냈다. 사람들도 대개는 마음이 열렸다. 주님을 찬양할지어다!

그날 저녁 우리는 총독의 비서 집에 묵었다. 그의 집까지 가는데 많은 어려움이 있었다. 물이 너무 얕아 배를 타고 뭍에 닿을 수가 없었기 때문이었다. 그러나 총독 비서의 아내가 우리가 어찌할 바를 모르고 있는 것을 보고는 직접 카누를 타고 와서는(총독의 비서는 외출 중이었다), 우리를 뭍으로 태워다 주었다.

다음 날 아침 우리 배가 물에 잠겼다. 그러나 우리는 배를 끄집어 내서 수리하여 그 배를 타고 39킬로 가량을 갔다. 물결이 높고 바람이 거세게 불었지만 하나님께서 그 놀라운 능력을 나타내 보이시어 부서지기 쉬운 배를 탄 우리를 안전하게 옮기셨다.

돌아오는 길에 우리는 휴 스미스의 집에서 참으로 귀한 집회를 가졌다. 주님을 영원히 찬양할지어다! 사람들의 마음은 활짝 열려 있었고 그들과 함께 참으로 멋진 예배를 드렸다. 그 집회로 한 인디언 선장이 왔는데 그 사람은 굉장히 호의적이었고 선포된 말씀을 진리로 받아들였다. 인디언 목사도 한 사람 있었는데 사람들은 그를 파우오(Pawaw)라 불렀다. 그 사람은 사람들 가운데 진지하게 앉아 있었다.

열번째달 9일에 우리는 다시 보너스 크릭으로 돌아갔다. 그곳은 우리가 카롤라이나 북쪽에서 8일 동안 시간을 보내면서 말을 맡겨 둔 곳이었다.

말들이 충분히 쉬었기 때문에 우리는 버지니아를 향해 출발하였다. 그날 동안 갈 수 있는 한, 숲이고 수렁이고 건넜으며, 저녁에는 숲에서 불을 지피고 불 곁에서 잠을 잤다. 다음 날도 수렁과 늪을 지나는 단조로운 여행이 계속되었고, 몸이 극도로 지쳐 있었고 몸은 온종일 더러운 상태였다. 그러나 저녁이 되어 불곁에서 몸을 말렸다.

그날 저녁 서머타운에 도착했다. 한 집에 가까이 가자 그 집의 여자가 우리를 보고 자기 아들에게 개를 지키라고 했다. 버지니아나 카롤리나에서는 (사람들이 숲에 따로 떨어져 살고 있었기 때문에) 보통 집을 지키기 위해 큰 개를 두었기 때문이다. 그러나 그 아들은 "그럴 필요 없어요. 저 사람들에게 짓궂게 굴지 않을 거예요"하고 말했다. 그 집에 들어가니 그집 여주인은, 개들도 짖지 않는 걸 보니 마치 우리가 이스라엘의 자녀들과 같다고 말하였다. 그 집에서도 언제나 그랬듯이 옷을 입은 채로 불 곁에서 잠을 잤다.

다음 날 우리는 집회를 열었다. 우리에 관한 소식을 들은 사람들이 우리가 설교하는 것을 몹시 듣고 싶어 하였기 때문이었다. 우리는 그들과 함께 참으로 멋진 집회를 가졌다. 그곳에서 전에는 한 번도 집회를 가진 적이 없었다. 주님을 영원히 찬양할지어다! 집회가 끝나고 우리는 서둘러 길을 떠났다.

3킬로 가량 말을 몰고 가다 길을 물으러 어느 집에 들렀다. 그집 사람들이 그날 저녁 자기들과 함께 머물러 있기를 바랐기 때문에 우리는 그렇게 하였다.

다음 날 우리는 친우회 회원들이 있는 곳으로 갔다. 카롤리나에서 버지니아까지 160킬로 가량 여행한 뒤였다. 그 기간 동안 우리는 아주 춥다가도 며칠 만에 아주 따뜻한 봄날씨같이 변하는 참으로 다양한 기후를 경험하였다. 그러나 주님의 능력은 언제나 모든 일에 동일하게 나타나셨고 그 선하심은 모든 사람들에게 전해졌다. 주님을 영원히 찬양할지어다!

버지니아에서 맡은 사역을 끝마친 뒤에 30일에 지붕이 없는 돛배를 타고 메릴랜드로 향했다. 그러나 강한 폭풍우를 만나 몸이 흠뻑 젖었기 때문에 저녁 전에 해안으로 오르기로 하였다. 그리고 윌러비 포인트(Willoughby Point)에서 한 집으로 걸어 들어가서 거기서 그날 밤을 지냈다. 그 집의 여주인은 과부였는데 영적 진리에 대해 상당히 민감한 사람이었다. 그녀는 전에 한번도 친우회 회원들을 맞아들인 일이 없었다. 그러나 그녀는 우리를 아주 친절하게 맞아 주었다. 그녀의 눈은 눈물로 젖어 있었다.

아침에 우리는 배로 다시 돌아와서 돛을 올리고 가능한 한 빨리 나아갔다. 그러나 밤이 가까울 무렵, 폭풍우가 이는 바람에 우리는 뭍에 오르려고 야단 법석을 피웠다. 덮개가 없는 돛배였기 때문에 물이 자주 철벅철벅 튀기었고 머리 위로 덮쳐 드는 때도 있었다. 그럴 때면 몸이 완전히 젖었다. 뭍에 오른 뒤 우리는 몸을 녹이고, 말리기 위해 숲에 불을 지폈다. 거기서 밤새도록 있었다. 주위에는 이리들이 울부짖었다.

열한번째 달 1일, 우리는 다시 배를 탔다. 역풍이 불어 조금 밖에 나갈 수 없었기 때문에 부득이 포인트 컴포트(Point Copmfort) 해안에 올랐다. 거기서 어느 정도 원기를 회복하였다. 날이 너무 추웠기 때문에 숲에서 불을 아주 세게 피웠는데도, 불곁에 사용하려고 가져다 놓은 물이 얼었다. 다음 날 우리는 다시 항해를 하였다. 그러나 역풍이 너무도 강해 거의 앞으로 나갈 수가 없었다. 우리는 다시 뭍에 오르기로 하였다. 그리고는 식량을 살 만한 집을 찾았다. 식량이 다 떨어졌기 때문이었다.

그날 저녁도 우리는 숲에서 지냈다. 역시 날씨가 너무나 추웠다. 바람이 거세게 불었으며 서리와 눈이 굉장했다. 무척 견디기 힘들어 하는 사람도 몇 있었다.

3일째 되는 날 바람이 꽤 가라앉자 우리는 노를 젓기도 하면서 항해해 나가다가 그날 저녁 밀포드 해븐(Milford Haven)에 닿게 되었다. 거기서 우리는 리처드 롱(Richard Long)의 집에 묵었다. 그의 집은 퀸스 아일랜드(Quince's Island) 가까이에 있었다.

다음 날 우리는 라파하녹 리버(Rappahannock River)를 지났는데 그 지역에는 많은 사람들이 살고 있었다. 친우회 회원들은 그곳에 있는 한 재판관의 집에서 집회를 가졌다. 그 재판관은 전에 내가 있던 집회에 참석한 적이 있었다.

포토맥 리버(Potomac River)도 건넜다. 바람이 거셌고 물결은 너무 높았다. 덮개 없는 배를 타고 있었는데 날씨가 지독하게 추웠다. 그곳에서도 집회를 가졌는데 몇몇 사람들이 영적 진리를 깨달았다. 그곳을 떠날 때에 친우회 교우 몇 사람이 그들에게 갔다. 다음 항로로 퍼턱센트 리버를 향해 나아갔다. 낮 시간에는 오랫동안 내가 키를 잡았으며 밤에도 얼마 동안은 내가 키를 잡았다. 새벽 한 시 경에 우리는 퍼턱센트 리버에 있는 제임스 프레스톤의 집에 도착하였다. 그의 집은 버지니아 넌스먼드(Virginia Nancemond)에서 160킬로 가량 떨어져 있는 곳이다.

우리는 너무 지쳐있었으나 다음 날이 주 첫째 날이었기 때문에 그곳에서 그리 멀리 떨어져 있지 않은 집회 장소로 갔다. 그 주에 우리는 한 인디언 추장의 오두막으로 갔다. 거기에는 몇명의 인디언들이 있었는데 우리는 그들과 함께 이야기할 수 있는 좋은 기회를 가졌다. 그들도 우리에게 아주 호의적인 자세를 보였다. 우리는 또한 그 주에서 열리는 총집회에 참석하였다. 그 집회는 29킬로 정도 더 가면 있는 존 게리(John Geary)의 집에서 열렸다. 거기서 우리는 참으로 귀한 집회를 가졌다. 주 하나님을 영원히 찬양할 지어다!

집회를 마친 뒤에 날씨가 점점 추워져 굉장히 매서운 날씨로 변하였고 눈과 서리가 무척 쏟아져 내렸다. 그 지역에서 나타나는 기후가 아닌 이상 기후였기 때문에 우리는 그러한 기후를 좀처럼 견딜 수가 없었다. 활동하기 쉽거나 안전하지가 않았다. 그러나 우리는 어려움을 무릅쓰고 10킬로 가량을 눈을 헤치며 나아가 존 매이어(John Mayor)의 집에 닿았다. 거기서 우리는 뉴잉글랜드에서 온 친우회 교우들을 몇 만났다. 우리가 그곳을 떠나올 때 그곳에 남겨두었던 사람들이었다. 그토록 기나긴 지루한 여행 끝에 서로 만나 보게 되어 기뻤다.

그 친우회 회원들을 통해 우리는 윌리엄 에드먼슨이 로드 아일랜드와 뉴잉글랜드 지역에 있다가 아일랜드로 떠났다는 것과, 자마이카에서 와서 뉴잉글랜드 보스턴에 착륙한 솔로몬 에클레스가 그곳에서 집회 도중 붙들려 바베이도스 섬으로 추방당했다는 사실을 알았다. 또한 존 스터브스와 또 다른 친우회 회원들이 뉴저지로 갔으며 몇몇 친우회 회원들은 바베이도스, 자마이카, 리워드 아일랜드(Leeward Island)로 갔다는 것도 알게 되었다. 주의 일이 진척되고, 주의 일을 하는 친우회 회원들이 부지런하고 지치지도 않는다는 사실을 알게 되어 기뻤다.

열한번째 달 27일에 우리는 한 담배집에서 참으로 귀한 집회를 가졌다. 다음날에 29킬로 가량 떨어져 있는 제임스 프레스톤의 집으로 되돌아갔다. 제임스 프레스톤의 집에 이르러 우리는 그의 집이 하녀의 부주의로 전날 밤에 완전히 타버렸다는 것을 알았다. 그래서 우리는 3일 동안 바깥에서 불을 피우고 잠을 잤다. 날씨가 굉장히 추웠다.

우리는 조금 이상하기도 하지만 분명한 사실을 발견했다. 다시 말해 하루는 날이 아주 춥다가도 바람이 남쪽으로 불면 날이 더워져 그 열기를 견디기 힘들 정도가 되었다가도 다음날 저녁이면 바람이 갑자기 북쪽으로 되돌아 불어 거의 견딜 수 없을 정도로 추워진다는 사실이었다.

그 지역을 대부분 여행하면서 대농장들을 거의 방문하여, 가는 곳마다 모든 사람들에게 경고하면서 주의 구원의 날을 선포하였다. 우리는 그 지역에서 해야 할 일이 다 끝나감을 느끼고, 잉글랜드 본토로 돌아가야 한다는 생각으로 기울어졌다. 그러나 우리는 얼마 후에 메릴랜드 지역을 위한 총집회가 열리는 기간 동안은 머물러 있고 싶었고, 또한 그렇게 해도 된다고 주께서 허락하심을 느꼈다. 떠나기 전에 친우회 회원들을 거의 다 만나보기 위함이었다.

집회가 열리기 전까지 남는 기간 동안 우리는 친우회 회원들과 친하게 지냈던 사람들을 방문하기도하고, 클리프스와 퍼텍센트 부근에서 열리는 집회에 참석하기도 하며 또한 사람들이 진리를 받아들이지 못하게 하기 위해서 진리를 반대하는 사람들이 주장하며 퍼뜨리는 고의적인 비난에 답변하는 글을 적으면서 시간을 보냈다. 우리는 지역 총집회가 열리는 날까지 게으르지 않았으며 오로지 주의 일을 위해 힘썼다. 지역 총 집회는 세번째 달 17일부터 시작되어 4일간 열렸다. 첫째 날에는 여성, 남성 집회로서 업무상 집회를 가졌고 그 집회를 통해 교회 문제를 다루었다. 그리하여 교회 문제에 관련된 여러 가지 사실들을 바로 알게 되어 깨닫고, 위안을 얻었다.

나머지 3일 동안은 하나님께 예배드리는 공적 모임을 가졌다. 그 모임에 상당히 저명한 관리들이 참석하였고 사람들도 많이 왔다. 대부분 만족하였고 많은 사람들이 감동을 받았다. 놀랍고 영광스러운 집회였으며 주님의 강한 임재를 모든 사람들이 느꼈던 것이다. 모든 것을 다스리시는 이의 거룩한 이름을 영원히 찬양하고 송축할지어다!

　총집회가 끝난 뒤에 우리는 친우회 회원들에게 작별 인사를 하였다. 하늘의 생명과 생생하게 느껴지는 주의 힘있는 능력을 느끼며 서로 열린 마음으로 헤어졌다. 그리고 강을 따라 우리가 배를 타는 곳으로 갔는데, 많은 친우회 회원들이 그곳까지 따라 나와 그날 저녁 우리와 함께 배를 기다렸다.

　다음 날 1673년 셋째 달 21일에 우리는 잉글랜드를 향해 떠났다. 그 날 리처드 코벨(Richard Covell)이 우리 배에 올라탔다. 그는 네덜란드 사람에게 자기 배를 빼앗겼던 것이다.

　궂은 날씨와 역풍을 헤치고 나아갔기 때문에 우리는 종종 닻을 내리고 정박해 있곤 하였다. 그래서 31일이 지나서야 우리는 버지니아의 곶을 지나 대해로 나갈 수 있었다. 그러나 대해로 나온 뒤에는 속력을 내어 네번째 달 28일에는 브리스톨의 항구인 킹스로드(King's Road)에 정박하였다.

　가는 동안 높고 맹렬한 폭우와 거센 바람 탓으로 풍랑이 거칠었으며 파도가 산같이 일었다. 그래서 선장과 뱃사람들은 이상하게 생각하며 전에 한 번도 그와 같은 날씨를 본 일이 없다고 하였다. 바람이 강하기는 하였지만 대부분 우리와 같은 방향으로 불어서 우리는 바람을 타고 항해했다. 또한 바람을 다스리시고, 땅과 바다와 천지의 주인이시며, 그의 기사가 심오하게 나타나 보이는 위대하신 하나님. 그 하나님께서 우리 갈 길을 인도하시고 임박한 여러 어려움으로부터 지키셨다. 준비하시는 손길로 우리와 동행하시고 우릴 안전하게 옮기시며 우리의 귀항을 지키시어 아무 사고 없이 돌아갈 수 있도록 하셨으니 그의 거룩한 이름에 영원히 감사와 찬양을 돌릴지어디!

　잉글랜드로 귀항하는 동안 우리는 배 안에서 참으로 귀하고 아름다운 집회를 가졌다(대개 한 주에 두번 정도 가졌다). 그 가운데 주님의 복된 임재하심이 우리를 놀랍도록 새롭게 하였으며 사람들 마음에 갑자기 임하시어 사람들의 마음을 녹이셨다.

　브리스톨 항구에 닿으니 군인 한 사람과 징집대장이 우리를 끌어가려고 배에 올라탔다. 그때 우리는 배 안에서 뱃사람들과 함께 뭍에 오르기 전에 예배를 드렸다. 예배를 드리는 동안 징집 대장도 우리와 함께 앉아 기다리고 있었는데, 그 사람은 아주 흡족해 했다. 예배가 끝나고 나는 징집 대장에게 그가 징집한 사람 중 두 사람은 남겨 놓고 가라고 하였다. 그는 네 사람을 징집하였는데 그 중에 한 사람은 절름발이였다. 그 사람은 "원하시는 대로 하겠습니다"하고 대답했다.

그날 오후에 우리는 배를 타고 가서 셔햄프턴(Shirehampton)에 이르렀다. 우리는 말을 얻어 타고 그날 저녁으로 브리스톨로 갔다. 그곳에 있는 친우회 교우들이 대단히 기뻐하며 우리를 맞아 주었다. 저녁에 나는 아내에게 편지를 써서 내가 떠난다는 사실을 알렸다.[17]

---

17) 그 편지는 다음과 같은 내용으로 시작한다.
"사랑하는 당신에게,
오늘 우리는 저녁 무렵 브리스톨에 올랐소. 영원히 모든 것들을 다스리시는 주 하나님께 영광을 돌리오. 하나님은 우리를 보호하시고 항해하는 길을 인도하셨소! 하나님은 온 땅과 바다와 바람의 하나님이시며 구름을 마차로 타고 계신 분이오. 영원히 복되신 그 이름을 어찌 말로 다 할 수 있겠소! 하나님은 그 위대하신 능력과 지혜로 모든 것들을 다스리는 분이시오. 아멘."

제 19 장

마지막 수감
1673-1678

이때와 장이 서는 날 사이에 아내가 브리스톨 북부 지역에서 사위인 토머스 로워(Thomas Lower)와 자기 두 딸을 데리고 함께 나 있는 곳으로 왔다.[1] 마가렛의 다른 사위인 존 루스와 윌리엄 펜 부부와 제라드 로버츠도 런던에서 왔고 나라 도처에서 많은 친우회 교우들이 장터로 왔다. 그리하여 영광되고 능력있는 집회를 열었다. 주님의 무한하신 능력과 생명이 모든 사람들 위에 임하였다.

윌트셔(Willshire)로 건너가서 거기서 우리는 많은 복된 집회를 열었다. 윌트셔에 있는 슬래튼포드에서 우리는 참으로 멋진 집회를 가졌다. 비록 여성 집회를 반대하는 몇몇 사람들로부터 많은 저항을 받기는 하였지만 말이

---

1) 폭스가 마가렛 펠과 결혼할 당시 그녀에게는 조지라는 아들 하나와 일곱 명의 딸이 있었다. 그 딸들의 이름은 다음과 같은데, 마가렛은 존 루스와 결혼하였고, 브리젯(Bridget)은 존 드레이퍼(John Draper)와 결혼하였고, 이사벨(Isabel)은 두번 결혼하였는데 처음에는 윌리엄 요만스(William Yeomans), 두번째는 아브라함 모리스(Abraham Morrice)와 결혼하였다. 사라는 윌리엄 메드(William Mead) (유명한 공판에서 펜과 동료였다)와 결혼하였고 메리(Mary)는 토머스 로우(Thomas Lowe)와 결혼하였다. 수산나(Susanna)는 윌리엄 잉그럼(William Ingram)과 결혼하였고 레이첼(Rachel)은 다니엘 아브라함(Daniel Abraham)과 결혼하였다.

다. 그리하여 나는 주님의 이끄심을 받아 친우회 교우들에게 그리스도의 교회의 유익과 이익을 위해 다음과 같은 제안을 하였다.[2] "진리의 믿음에 부르심을 받아 같은 신앙의 참여자가 되고, 남자와 더불어 같은 생명과 구원의 복음을 상속받는 신실한 여성들도, 복음의 질서를 소유하고 실천하여 구속의 일(길 잃은 자들을 구속하는 일) 곧 진리를 섬기는 일, 겉보기에 세속적인 일처럼 보이는 교회의 일을 하는데 남성과 협력자가 될 수 있도록 하기 위함입니다. 그리하여 남자뿐만 아니라 여자도, 즉 모든 하나님의 가족이 하나님의 집에서 자기들이 맡은 일을 깨달아 알고 실천하므로, 가난한 자들이 더 보호받고 젊은이들은 하나님의 방식을 교육받아 배우고 또한 흐트러지고 그릇되이 행하는 자들이 하나님을 경외하도록 비난받고 훈계를 받게 되도록 하기 위함이고 또한 청혼을 하는 사람들이 더욱 엄중하고 진지하게 하나님의 지혜를 구하게 되고, 교회의 영적인 지체들이 모두 사랑 안에서 서로 돌보아 서로에게 유익이 되게 하기 위함이오."

킹스턴을 방문한 뒤에 런던으로 갔다. 거기에 침례 교인들과 소키누스주의자들(Socinians)이 있었는데 그들 중 몇몇 나이든 배교자들이 점점 거칠게 굴더니만 우리를 반대하는 많은 책들을 찍어 냈다. 그래서 나는 그 도시를 빠져나오기까지 주님의 능력 안에서 무척 수고를 하였다. 그러나 복되신 주께서 그 능력을 그들에게 미치시어, 우리를 중상하는 거짓되고 사악한 책들은 모두 그 값을 치르게 되었다.

〔윌리엄 펜과 함께 릭맨스워스(Rickmansworth)에 있는 펜의 집을 방문한 뒤에 폭스는 스와스모어로 여행을 떠나기 시작한다. 아내와 아내의 두 딸과 사위인 토머스 로워를 동반하였는데 결국 그 여행 동안 1년 넘게 투옥되게 된다. 그것은 마지막 수감이 되었다〕.

저녁에 저녁 상을 대하고 앉아 있는데 나는 붙잡히리라는 예감이 들었

---

[2] 이 제안은 폭스의 운영 체제에 대한 심각한 저항의 발단이 되어 결국에는 공공연한 분열로 진전된다. 이러한 분열은 윌킨슨과 존 스토리에 의해 진행되었다. 이 문제는 폭스의 생애 중 가장 고충이 되었던 것 중의 하나였다.

다. 그러나 아무에게도 그것을 말하지 않았다. 다음 날 우스터셔로 옮겨 가서 암스코트(Armscott)에 있는 존 홀포드(John Halford)의 집으로 갔다. 그 집 헛간에서 우리는 아주 크고 귀한 집회를 열었다. 주님의 임재가 우리 가운데 분명하고도 강력하게 나타났다.

집회가 끝난 후에 친우회 교우 대부분이 가버리고, 몇몇 친우회 회원들과 함께 이야기를 나누고 있는데 헨리 파커(Henry Parker)라는 한 재판관이 워윅셔의 헌팅턴에 있는 로울랜드 해인스(Rowland Hains)라는 목사와 함께 그 집으로 찾아왔다. 그 재판장은 한 친우회 교우인 여자로부터 집회에 관한 소식을 들었던 것이다. 그 여자 친우회 교우는 그 재판관의 아이들을 기르는 유모였는데 나를 보러 집회에 가도 되겠느냐고 재판관의 부인에게 물었는데 그 부인이 자기 남편에게 이야기 해서, 그 남편인 재판관과 목사가 함께 작정을 하고 집회를 중단시키고 나를 체포할 계획이었다.

그러나 그날은 자기 아이가 세례를 받는 날이었기 때문에 저녁 식사 시간이 길어져 집회가 끝나기 전에 오지 못하였을 뿐만 아니라 친우회 교우들도 거의 가버린 뒤였다. 그러나 그들이 왔을 때 집회는 끝났어도, 자기들이 잡으려고 겨냥하였던 내가 그 집에 있었기 때문에 헨리 파커는 나와 일행이 되었다는 이유로 토머스 로위를 체포하였다. 헨리 파커는 우리에게 부과할 죄목이 하나도 없었으나 이상한 수감 영장을 발부하여 우리 두 사람을 우스터 감옥으로 보냈다.

이렇게 죄수가 되어 가장 근접한 사계(四季) 공판이 열릴 때까지 풀려날 가망성이 보이지 않았기 때문에 우리는 몇몇 친우회 교우들에게 내 아내와 딸들을 북부 지역까지 따라가게 하였다. 그리고 나서 아내가 고향 집에 닿았으리라 생각되는 때에 아내에게 다음과 같은 편지를 보냈다.

"사랑하는 당신에게,

내가 수감되었으니 수감된 이야기를 한다면 당신이 조금은 걱정할 것 같소. 하나님의 뜻이니 그 뜻을 따르도록 합시다. 킹스턴에 있는 존 루스의 집에 집에 있을 때에 나는 내가 수감되리라는 예감을 하였고 또한 옥스퍼드셔(Oxfordshire)에 있는 브래이 도일리(Bray Doily)의 집에 있을 때에도 나는 내가 수감되어 고통을 당하리라는 것을 알았소. 그러나 주님의 능력은 모든 사람들을 다스리십니다. 그 분의 거룩한 이름을 영원히 찬송합시다!

조지 폭스"[3]

〔이 수감 생활은 1673년 12월 17일자로 시작되었다. 이 사건은 1674년 1월 21일 즉결재판에 회부되었다. 폭스는 다음과 같이 적고 있다. "우리가 법정 안으로 들어서자 재판관들은 얼굴이 백지장처럼 하얘졌다. 그리고 얼마 동안 아무 말이 없었다. 관람석에서 '무엇을 두려워 하는 거야? 재판관들도 감히 저들에게 말을 못하는 건가?' 하는 말이 나올 정도였다." 수감 영장에 나타난 것으로는 친우회 교우들을 트집잡을 만한 것이 하나도 없음이 명백했으나 '목사'의 제안을 받은 한 재판관이 그들을 사로잡기 쉬운 방법을 택했다. "폭스 씨. 당신은 유명한 사람이고 당신이 말한 모든 것이 사실일 것이오. 그러나 충성과 국왕의 주권을 인정하는 선서를 해 준다면 우리는 더욱 기쁘겠소." 여느 때나 다름없이 선서는 거부되었고 그리하여 그는 왕권 멸시 죄인이라는 형을 선고받았다. 오랜 수감 기간 동안 폭스는 국왕으로부터 사면 약속을 받았으나 폭스는 자기가 죄를 졌으니 사면이 필요하다는 것을 인정하는 방법으론 자유를 얻기를 거부했다. 다음, 4월에 열린 재판에서 그는 일시적으로 석방을 받아 런던으로 가서 연례 집회에 참석하였으나 그 후로 새로운 재판을 받기 위해 우스터로 돌아왔다. 그러나 그 재판도 이전과 같은 방법으로 끝이 났다. 그러는 동안 이 건강한 남자는 끊임없이 닥치는 시련으로 허약해졌다.〕

---

3) 마가렛 폭스와 딸은 브리스톨의 상인인 한 친우회 교우의 호위를 받아 고향으로 갔다. 폭스는 그를 이렇게 이야기 한다. "그는 우리가 수감되는 바람에 내 아내와 아내의 딸이 우리의 보호를 받고 함께 귀향하지 못하게 되었을 때에 아내와 딸을 고향까지 가는데 돕도록 하나님께서 섭리로 보낸 사람 같았다." 폭스는 그때 막 마지막 병석에 누워 계신 아버지로부터 전갈을 받아서 위릭셔에 있는 아내와 헤어져 나이든 어머니를 마지막으로 찾아뵐 작정이었다. 그러나 그러한 특권은 결코 주어지지 않았다. 페니 드레이튼의 메리 폭스는 아들 폭스가 우스터 감옥에 있는 동안 죽었기 때문이다.

이때쯤 나는 병이 들어서 몸에 힘이 빠지고 아주 허약해졌다. 꽤 오랜 동안 그런 상태가 지속되어서 내가 회복될 수 있을지 의문을 갖는 친우회 교우들도 생기기 시작했다. 나 자신이 무덤과 죽은 시체들 사이에 있는 것처럼 느껴졌으나, 내 속에서 보이지 않는 힘이 은밀하게 나를 떠받치고 있어 내게 새 힘을 불어 넣어 주고 있는 것 같았다. 너무 아파 거의 말을 할 수 없을 지경에 이르렀을 때조차 그러하였다. 어느날 저녁인가는 깨어 있는 채로 모든 것을 다스리시는 주님의 영광 안에 누워 있을 때에, 나를 데려가시기 전에 주를 위해 해야 할 일이 아주 많이 있다고 주께서 말씀하셨다.

이러한 일이 있고 난 후에(1674년 10월 1일), 내 아내는 런던으로 가서 국왕에게 내가 부당하게 오랫동안 수감되어 있다는 말을 전하면서 내가 붙잡힌 경위와 나를 반대하는 판사들의 소송 절차를 이야기했다. 재판관들이 나를 책잡으려고 내게 선서할 것을 권하였으며 그것을 빌미로 그들이 나를 왕권 멸시 죄인으로 확정하였다는 말과 함께 내가 국왕의 죄수가 되었으니, 나를 풀어주는 것은 왕의 마음이며, 왕의 손에 달려 있으며 그것은 또한 그녀의 바람이기도 하다고 이야기하였다.

왕은 그녀에게 친절하게 이야기하면서 국새상서에게 가 보라고 하였다. 그래서 마가렛은 국새상서에게 갔다. 그러나 그녀는 바라는 바를 이룰 수가 없었다. 국새상서의 말이 왕은 사면 이외의 다른 방법으로 나를 풀어 줄 수 없는데 내가 잘못한 것이 없다고 생각하는 이상 왕의 사면을 받을 수 없다는 것이었다. 사면을 통해 풀려날 수 있었더라면, 국왕께서 오래지 않아 기꺼이 사면을 내리실 것이기 때문에 그토록 오랫동안 붙잡혀 있을 필요가 없다고 하면서 토머스 무어(Thomas Moor)는 어린아이처럼 죄가 없던 많은 사람들이 국왕의 사면을 받아 풀려났으니 내게 망설일 필요가 없다고 했다. 그러나 나는 그의 의견에 동의할 수 없었다. 어떠한 방법으로든 진리를 더럽히고 풀려나느니 차라리 평생 감옥에서 지내겠다는 생각이 들었기 때문이었다. 그래서 나는 재판장 앞에 보낸 내 기소장의 타당성을 묻는 쪽을 택하기로 하였다.

그래서 나는 그 문제에 관해 변호사(런던의 토머스 코벳(Thomas Cobet)으로 웰치풀(Welchpool)의 리처드 데이비스(Richard Davis)와는 잘 아는 사람으로 데이비스가 코벳 변호사를 내게 추천하였다)의 의견을 구하였다. 그리고 나서, 기소장에 실수가 있었는지 공판에 붙이기 위해 나를 왕실 재판소로 회부하는 인신 보호 영장이 우스터로 왔다. 주장관 대리가 그 사실을 내게 알린 것은 12번째 달 4일이었다.

우리는 8일에 런던으로 가서 11일에 왕실 재판소에 4명의 재판관 앞으로 불려갔다. 거기서 코벳 변호사는 나를 변호하였다. 코벳 변호사는 재판관들에게 왕권멸시 죄인이라는 이유로는 절대로 사람을 감금시킬 수 없다는 새로운 변론을 시작하였다.

재판장인 헤일(Hale)은 "코벳 씨, 당신은 재판 일정이 시작 될 때 그러한 사실을 좀더 빨리 알렸어야 했소"하고 말했다.

코벳 변호사는 "우리는 돌아오라는 명령서나 기소장의 사본을 얻지 못했습니다"하고 대답했다.

재판장은 "우리에게 이야기하였더라면 좀더 빨리 돌아오게 하였을 것이오"하고 대답했다.

그때 와일드(Wild) 재판관이 이야기했다. "코벳 씨. 당신은 틀에 박힌 이야기를 하고 있소. 당신이 말한 대로라면야 우리는 올드 베일리에서 그랬고 다른 법정에서도 많은 실수를 한 것이오."

코벳 변호사는 법에 따르면 왕권 멸시죄인이라는 이유로 사람을 가둘 수 없다고 강력하게 주장하였다.

재판관은 "법령에는 소환장이라는 것이 있소"하고 말했다.

"압니다. 그렇지만 소환장이 곧 감금한다는 뜻은 아닙니다. 소환장은 재판에 부치기 위해 출두를 명하는 것이기 때문이지요"하고 코벳 변호사가 말했다.

"좋소. 그러면 법령서로 법을 살펴보아야 할 시간이 있어야만 하겠소"하고 재판관이 말했다. 그래서 청문회는 다음 날로 연기되었다.

다음날 그들은 그러한 항변은 무시하고, 기소장에 나타난 문제를 다루기 시작하였다. 크고 굵직굵직한 실수들이 너무 많이 드러나게 되자 재판장들은 모두 기소장을 취소하여 무효로 하고 나를 풀어주어야 한다는 한 가지 의견이었다.

제19장 마지막 수감   445

그날 그 자리에는 몇몇 유명 인사들, 귀족들을 비롯하여 다른 사람들이 와 있었고 나에 관한 공판이 시작되기 직전에 그들은 모두 공개석상에서 국왕에 대한 충성과 주권을 인정하는 선서를 하라는 제안을 받은 터였다. 그것을 빌미로 나를 반대하는 몇몇 사람이, 나는 풀어주기에는 위험한 인물이니 나에게 다시 충성과 주권을 인정하는 선서를 시키도록 재판장들을 부추겼다.

그러나 해일 재판장[4]은 실제로 그러한 소문을 듣기는 하였으나 자신은 나에 관하여 좋은 소식을 더 많이 들었기 때문에 자신을 비롯한 나머지 재판관들은 나를 풀어 줄 것을 선포한다고 이야기했다.

이리하여 1년 2개월 가까이 아무 이유없이 수감되어 있다가, 기소장에 잘못이 있는가를 판가름하는 재판으로 정당하게 자유를 얻게 되었다. 사면을 받는다든가 책임이나 약속을 이행한다든지 하는 아무런 조건 없이 말이다. 주님의 영원하신 능력은 모든 사람들 위에 임하였으며, 주께 영광과 찬양이 돌려졌다.

나를 변호하였던 코벳 변호사는 그 일로 인해 명성을 얻게 되었다. 많은 사람들이 그에게 찾아와 전에 알려지지 않았던 사실인 왕권 멸시 죄인은 수감시키지 않는다는 사실을 밝혀냈다고 이야기하였다. 또한 재판이 끝난 뒤에 한 재판관이 그에게 "조지 폭스 사건을 법정에서 그렇게 변호한 덕택에 당신은 굉장한 명성을 얻었소"[5]하고 말하였다.

자유의 몸이 된 나는 런던에 있는 친우회 교우들을 방문하였다. 몸이 굉장히 약해졌으나 잘 회복되지 않은 채, 킹스턴으로 갔다. 그 곳에 있는 친우회 교우들을 방문하고 런던으로 돌아와 의회에 편지와 함께 몇 권의 책을 보냈다.

선서를 반대하는 위대한 책이 얼마 전에 의회원들에게 전달되었다. 선서를 반대하는 합리성이 참으로 많은 영향을 미쳤기 때문에 의회가 더 오래 개회된다면 우리를 구하는데 무슨 일인가 했을 것이라는 생각이 들었다. 나는

---

[4] 이 사람은 매튜 헤일 경이다.
[5] 폭스는 왕권 멸시 죄인을 감금하는 것이 부당하다는 재판소의 결정에 따라 풀려난 것이 아니라 기소장이 잘못되었다는 이유로 풀려났다는 사실을 알게 될 것이다.

연례 집회가 끝날 때까지 런던 가까이에 머물러 있었다. 나라 도처에서 친우회 교우들이 나를 찾아왔다. 바다 건너서까지 나를 보러 오는 사람들도 더러 있었다. 하나님의 영원하신 능력으로 영광스러운 집회를 가졌다.

우스터 감옥에 수감되어 있는 동안 얻었던 병으로 너무도 몸이 쇠잔해졌던 타라 회복되어 정상적인 힘을 다시 얻기까지는 꽤 오랜 시간이 걸렸다. 그러한 이유에서 그리고 또한 공적 사적인 사역을 위해 써야 할 것들이 많았기 때문에 북쪽 지방에 머물러 있는 동안은 바깥에서 많이 활동하지 않았다. 그러나 친우회 교우들이 함께 있지 않을 때에는 진리의 사역에 관해 글을 쓰는데 많은 시간을 보냈다. 스와스모어에 있는 동안 나는 몇 권의 책을 발간하였다.[6]

〔1677년 겨울에 요크에서 폭스가 '사랑하는 당신에게' 보낸 편지는 그가 아직도 어느 정도 버틸 힘을 가지고 있음을 보여준다〕.

"사랑하는 당신에게,

당신과 당신의 딸들, 그리고 또 내 안부를 묻는 모든 친우회 회원들에게 내 사랑을 전하오. 내가 바라는 것은 여러분들 모두가 주님의 영원한 씨앗 안에서 무사하길 비는 것이오. 그 씨앗 안에서 여러분은 생명과 평안을 얻을 것이며 다스리는 권세와 안정을 얻게 될 것이오. 그 씨앗은 하나님을 기초로 선 집 안에 영원히 거하는 가정 혹은 거주지를 말함이오.

---

6) 조지 폭스는 당시 51살밖에 안 되었으나 그와 같이 강철같은 체력을 가진 사람이라도 30년 정도 버틸 수밖에 없었을 고통과 시련을 받았기 때문에 몸이 너무 이른 때에 망가졌다. 폭스는 계속해서 14년을 더 살지만 지금부터 결정적인 변화가 나타난다. 활동을 중단하는 것이 아니라 좀더 조용한 방식으로 활동을 하는 것이다. 한 가지 중요한 임무가 이 때 그에게 맡겨지는데 네덜란드와 독일을 방문하는 일이었다. 이후로 폭스는 붓을 들어 자기 자신을 대변한다. 서간과 책들이 남은 14년간에 이룬 주요 업적이었다. 「일기」는 점점 건조해지고 극적인 감동이 점점 사라지며 주위 담을 정보는 얼마 되지 않을 것이다. 폭스는 런던 가까이에 있는 스와스모어나 킹스턴에 주로 머문다. 그곳은 아내의 딸인 마가렛 루스가 살았던 곳이다.

주님의 능력으로 나는 요크로 오게 되었는데 오는 길에 집회를 많이 가졌소. 눈 때문에 길이 깊고 좋지 못하였고, 때때로 말들이 쓰러져 말을 타고 갈 수가 없었고 더러 극심한 폭우를 만나기도 하였지만 주님의 능력으로 그 모든 어려움을 견디어 낼 수 있었다오.

스커하우스(Scarhouse)에서 아주 큰 집회를 가졌으며 버로우비(Burrowby)에서도 또 한번 큰 집회를 열었소. 그리로 클리브랜드(Cleveland)와 더럼(Durham)에 사는 친우회 교우들이 왔소. 그밖에 다른 집회들도 여러번 가졌소. 요크에서는 어제 참으로 성대한 집회를 가졌다오. 군중들이 쇄도했고 친우회 교우들도 여러 지역에서 왔으나 모두가 조용했으며 아주 만족해 했소. 아, 모든 사람들에게 내비치는 하나님의 영광이란!

오늘은 여성 집회와 남성 집회를 가졌는데 나라 안의 많은 남녀 친우회 교우들이 참석하였는데 모두 조용하였소. 오늘 저녁에 우리는 이 도시의 친우회 교우들과 남성 집회와 여성 집회를 가지려고 하오.

존 화이트헤드도 로버트 로지와 다른 사람들과 함께 여기 와 있소. 친우회 교우들은 이루 말할 수 없는 큰 기쁨을 느끼고 있소. 이렇듯 나는 주의 거룩하신 일을 하여야 할 곳에 있는 것이오. 주의 이름에 영원한 영광을 돌리오! 내일은 이 도시를 떠나 테드캐스터(Tadcaster)로 갈 작정이오. 이전에는 말을 탈 수 없었으나 이제 말을 탈 수 있을 뿐 아니라 여행을 나닐 수 있게 되었으니 주께 찬양을 드린다오!

그러니 내 사랑을 담아, 사는 동안 삶에 새 힘을 얻고 그 힘으로 주님을 더욱 섬길 수 있는 힘을 내고 만족함을 얻도록 하는 생명의 근원 안에서 여러분 모두를 여러분을 지키시기에 족한 모든 능력을 소유하신 하나님께 맡깁니다.

G. F.
1677년 두번째달(4월) 16일, 요크에서 "

〔여러 주를 다니며 많은 사역을 한 뒤에 폭스는 런던으로 돌아오고, 일기는 다음과 같이 계속된다〕.

비록 많이 쇠약해지긴 하였어도 나를 안전하게 런던으로 인도하시는 것이 주의 기쁘신 뜻이었다. 몸이 약해진 탓에 말을 타고 하루에 멀리씩 가진 않았어도 계속 여행을 하기가 쉽지 않았다. 게다가 저녁에도 새 힘을 충전하기 위해 충분히 쉬지도 못하였다. 친우회 교우들에게 필요한 것을 알려주고 충고하여 주느라 묵던 곳에서 밤늦도록 자지 않은 적이 자주 있었기 때문이었다. 또한 자리에 누워도 두통과 치통이 너무 심해 잠을 잘 수 없는 때가 많았다. 비를 맞고 말을 몰고 온 탓에 감기에 걸려 그렇다는 생각이 들었다. 그러나 주님의 능력은 모든 사람들에게 임하셨으며, 그러한 모든 것들을 내게 견디어 내게 하시어 주님을 찬양하게 하셨다.

런던에서 열리는 연례 집회(1677)에는 나라 도처에서 많은 친우회 회원들이 왔다. 스코틀랜드와 네덜란드 등지에서 온 이들도 더러 있었다. 참으로 영광스런 집회를 가졌으며 집회에선 주님의 놀라운 임재를 아주 강하게 느꼈다. 진리의 일들이 성령의 하나됨 속에서 부드럽게 퍼져 나갔고 정직한 마음을 가진 사람들 마음 속에 위로와 만족을 주었다. 주님을 영원히 찬양할지어다!

연례 집회가 끝나고 친우회 교우들과 런던에서 한두 주일 가량 머물러 있다가 나는 윌리엄 펜과 서섹스〔워밍허스트(Worminghurst)〕에 있는 그의 집으로 갔다. 존 버니트와 다른 몇몇 친우회 교우들도 우리와 동행하였다. 서레이를 지날 때에 사계 집회가 열린다는 소식을 듣고 나는 윌리엄 펜과 존 버니트와 함께 가던 길에서 벗어나 집회 장소로 갔다가 집회를 마친 뒤에 동

---

7) 로저 윌리엄스가 1671년 뉴포트에서 존 버니트와 논쟁을 벌이긴 하였으나, 폭스는 로저 윌리엄스를 프로비던스에서 보지 못하였다. 조지 폭스가 프로비던스를 떠나 동료인 로드 아일랜드의 총독 니콜라스 이스턴과 베이로 돌아갔을 때에 로저 윌리엄스는 논쟁을 벌일 셈으로 뉴포트로 건너왔다. 그러나 폭스는 이미 그 섬을 떠나 롱 아일랜드를 향해 꽤 많이 간 상태였다. 윌리엄스는 그때 잔인한 유머가 담긴 「조지 폭스는 자기 굴을 팠다」(*George Fox digged out of his burrows*)라는 제목의 책을 1676년 보스턴에서 출간하였는데(1872년, Providence 에서 출간된 Narragansett Club 출판물, 5권, pp. 20-45 참조) 폭스는 다른 곳에서 이 책을 "로저 윌리엄스의 '리의 책'"이라 부른다. 폭스와 버니트는 이 '중상적인 책'에 응대하여 「입다문 뉴잉글랜드의 선동자」라는 제목으로 두꺼운 책을 2부로 나누어 발간하였다. 폭스가 '뉴잉글랜드(혹은 그 근방의 다른 지역)의 목사!'라고 말하는 것을 보면, 그는 그 유명한 '분방한 영의 사도'가 어디 사는지 몰랐던 것 같다.

료들이 있는 곳으로 와서 그들과 함께 그날 저녁으로 윌리엄 펜의 집에 도착하였다. 런던에서 64킬로 남짓 떨어져 있는 곳이었다.

나는 워밍허스트(Worminghurst)에서 3주 가량 머물렀다. 그 기간 동안 존 버니트와 나는 질투심에 젖은 사악한 책들에 답변하였다. 그 책은 로저 윌리엄스라는 뉴잉글랜드(혹은 그 근처의 어디)의 목사가 진리와 친우회 교우들을 대적하기 위해 적은 것이다.[7]

워밍허스트에서 사역을 마친 뒤에 우리는 스티븐 스미스(Stephen Smith)와 함께 서리(Surrey), 워플레돈(Warpledon)에 있는 그의 집으로 갔다. 거기서 우리는 큰 집회를 열었다. 그곳에 떨어져 있던 친우회 교우들은 두달 전 즈음에 목사의 셈에 따라 굉장한 착취를 당하였다. 왜냐하면 그들은 스티븐 스미스에게서 5실링에 해당하는 십일조 대신으로 다섯 마리의 암소(스티븐이 갖고 있는 전부)를 가져갔던 것이다.

거기서 우리는 킹스턴으로 갔다가 다시 런던으로 갔다. 런던에서는 그리 오래 머물러 있지 않았다. 주께서 네덜란드로 가서 친우회 교우들을 방문하고 그곳에서 복음을 전하라고 하셨기 때문이다. 그래서 최대한으로 서둘러 길 떠날 채비를 한 뒤에 런던에 있는 친우회 교우들에게 작별 인사를 했다. 그리고 몇몇 친우회 교우들과 함께 네덜란드로 가기 위해 콜체스터(Colchester)로 갔다.

다음 날은 '첫째 날'이었기 때문에 친우회 교우들이 모여 있는 공적 집회에 나갔다. 아주 크고 평화로운 집회였다. 저녁에 나는 큰 집회를 또 한번 열었다. 그러나 공적인 집회가 아닌 존 펄리 집에서 가진 집회였다. 거기서 나는 하룻밤을 묵었다. 다음 날 나는 그곳에서 열리는 여성 집회에 참석하였는데 아주 큰 집회였다.

거기서 다음 날 하위치(Harwich)로 건너갔다. 그곳으로 로버트 던칸과 몇몇 친우회 교우들이 나를 보러 근교에서 왔다. 런던에서부터 나와 함께 갈 작정으로 우리를 만나러 온 사람들도 더러 있었다.

우리가 타고 갈 정기선이 준비되어 있지 않았기 때문에 우리는 마을에서 열리는 집회에 참석하였다. 거기서 우리는 함께 모이는 귀한 기회를 가졌다. 주께서 한결같은 그 선하심을 따라 새롭게 하시는 압도적인 능력으로, 많은 사람들이 입을 벌려 그의 영원하신 진리를 선포하고, 주를 찬양하고 주께 영광 돌리게 하셨기 때문이다.

하위치에서 집회를 마친 뒤에 우리는 존 밴더월(Jhon Vandewall)의 집으로 가서 묵었다. 배가 준비 되자 우리는 친우회 교우들에게 작별 인사를 하고, 1677년 다섯째 달 25일 밤 아홉 시경 네덜란드를 향해 배에 올라탔다. 우리를 따라 온 친우회 교우는 윌리엄 펜, 로버트 바클레이, 조지 케이스와 그의 아내 존 펄리와 그의 형제, 윌리엄 톨코트, 조지 와츠, 내 아내의 딸인 이사벨 요만스였다.

새벽 한 시경에 우리는 닻을 올리고, 적당한 상쾌한 바람을 타고 항해했다. 바람이 적당했기 때문에 다음 날 아침에 네덜란드가 보일 만큼 나가게 되었다. 그러나 그날은 날이 아주 맑고 바람이 잔잔했기 때문에 오후 4시까지는 거의 앞으로 나아가지 못했다. 4 시경에 상쾌한 바람이 일어나 우리는 네덜란드에서 5킬로 반경 안으로 접어들게 되었다. 그리고 나서 다시 바람이 잠잠해졌다. 그날 저녁 9시에서 10시 사이에는 닻을 내리고 머물러 있었다.

윌리엄 펜과 로버트 바클레이는 벤자민 펄리가 우리를 만나러 로테르담에서 브리엘로 온 것을 알고는 뱃사람을 시켜 우리가 탄 배에 딸린 작은 배를 내려 해안 기슭으로 가보라고 하였다. 그러나 그 두 사람이 기슭에 닿기 전에 성문이 닫혀 버렸다. 성문 밖에는 집이 한 채도 없었기 때문에 그들 두 사람은 한 고기잡이 배에서 그날 저녁을 지냈다.

아침에 성문이 열리자마자 그들 두 사람은 성 안으로 들어갔다. 그리고는 우리를 맞으려고 벤자민 펄리가 로테르담에 있는 다른 친우회 교우들과 함께 거기 나와 있는 것을 발견하였다. 그리하여 그들은 벤자민 펄리와 함께 살고 있던 세 사람의 젊은이를 태운 배를 우리에게 보내 우리를 브리엘로 데리고 갔다. 브리엘에 도착하니 친우회 교우들이 우리를 참으로 기쁘게 맞아 주었다.

우리는 원기를 회복하기 위해서 두 시간 가량 머물러 있다가, 네덜란드의 친우회 교우들과 함께 로테르담으로 가는 배를 잡아 탔다. 그리하여 로테르담에 그날로, 그러니까 그달 28일 11시경에 도착하였다. 이번 항해를 하는 동안에는 몸 상태가 아주 좋았으나 몇몇 친우회 교우들은 배멀미를 하였다.

뱃길을 잘 선택했으며 모두가 안전하고 건강하게 뭍에 올랐다. 주님의 이름에 영원한 찬양을 돌릴지라!

다음 날은 '첫째 날' 이었다. 우리는 벤자민 펄리의 집에서 두번 집회를 가졌다. 마을 사람들이 많이 왔으며 몇몇 관리들도 왔으나 모두 점잖았다. 어느 친우회 교우가 선포를 하면 벤자민 펄리나 암스테르담의 한 친우회 교우인 존 클로스가 통역을 맡아 했다. 다음 날은 그 지역에 있는 친우회 교우들을 방문하느라 시간을 보냈다.

그 다음 날, 윌리엄 펜과 나는 다른 친우회 교우들과 암스테르담까지 길 안내를 하려고 그곳에서 온 친우회 교우 몇 사람과 함께 암스테르담을 향해 갔다. 오후에 배를 타고 오버커크(Overkirk)를 지나 델프트(Delft)에 이르렀다. 델프트는 걸어서 통과하였다.

그리고 나서 다시 배를 타고 레이든(Leyden)으로 갔다. 레이든(Leyden)에서는 여관에서 하룻 밤을 지냈다. 이곳은 네덜란드 마일로는 로테르담(Rotterdam)에서 6마일 떨어진 곳이며 잉글랜드 마일로는 18마일 떨어져 있는 곳이었다. 다섯 시간 동안 항해, 아니 여행을 하였다. 육지를 지날 때에는 말이 배를 끌었기 때문이다.

다음날 다시 배를 타고 우리는 레이든(Leyden)에서 14마일 떨어져 있는 하알렘(Haarlem)으로 가서 거기서 집회를 갖기로 정하였다. 아주 큰 집회가 되었다. 하알렘 시민들이 많이 왔기 때문이었다. 목사도 두 사람 왔다. 주께서 우리 친우회 교우들에게 뿐만 아니라 다른 순수한 마음을 가진 사람들에게 복된 기회를 주셨기 때문에 집회는 평화롭게 잘 끝났다. 집회를 마치고 암스테르담으로 건너갔다.

〔집회가 끝난 이후로 그와 같은 집회가 조직 혹은 '정착' 되었다.〕

월별, 계간별, 연례 집회가 암스테르담에서 열렸다. 네덜란드의 유나이티드 프로빈스(United Provinces) 모든 지역과 엠브든(Embden), 팔라티내이트(Palatinate), 함부르크(Hamburg), 프레데릭스태트(Frederickstadt), 덴트직(Dantzic)과 독일이나 독일 가까운 지역에 있는 친우회 교우들을 위한 집회였다. 그곳에 있는 친우회 교우들은 매우 기뻐하였고 그러한 모임은 진리를 깨닫게 되는 데 큰 도움이 되었다.

〔이 여행 기간 동안 가장 흥미로운 일화 중 하나는 조지 케이스의 부인과 폭스의 의붓딸 이사벨 요만스가 왕족인 엘리자베스를 방문한 일이다. 엘리자베스에게 폭스는 개인적인 편지를 보낸 바 있다. '왕족인 엘리자베스'는 팔츠 선제후인 불운한 프리드리히 1세의 딸로 영국의 제임스 1세의 손녀이다. 엘리자베스는 굉장한 영적 능력과 상당한 지력을 소유하였다. 그녀는 친우회 교우였으며 데카르트와 서신 교환을 한 사람이기도 하다. 그녀는 조지 케이스의 부인과 폭스의 의붓딸 이사벨 요만스의 방문을 받기 전에 윌리엄 펜과 로버트 바클레이와 알게 되었다(이들의 관계는 더욱 친밀한 우정으로 발전하였다). 엘리자베스는 외삼촌인 찰스 1세와 오빠인 루퍼드에게 영향력을 행사해 잉글랜드와 스코틀랜드 감옥에 갇혀 있는 친우회 교우들이 풀려날 수 있도록 도왔다. 조지 폭스가 보낸 편지에 대한 답장은 다음과 같다.〕

"친우회 교우께,
　나는 주 예수 그리스도를 사랑하는 사람들에게 따뜻한 사랑을 품을 뿐입니다. 그리스도를 사랑하는 사람은 그리스도를 믿어야 할 뿐만 아니라 그리스도를 위해 고난도 받아야 합니다. 그러므로 나는 당신의 편지도 기쁘게 받았으며 당신 동료들의 방문도 기쁘게 맞아들였습니다. 나는 하나님께서 빛과 신앙적인 열정을 주시는 한 당신들의 충고를 따르며 여러분을 사랑하는 친우회 교우로 남아 있을 것입니다.

엘리자베스
1677년 8월 30일 허트포드 〔웨스트팔리아(Westphalia)〕"

〔이 시기에 저지대 국가들(Low Countries)에 있었던 세계적인 대 변동을 두번 살펴 보게 된다. 루이 14세와 싸우는 동안 제방이 깎이고 나라 대부분이 물에 잠긴다. 아래는 이스트 프리스랜드(East Friesland)에서 겪은 일이다.〕

그 도시〔그로닝겐(Groningen)〕의 시 행정관 중 한 사람이 우리와 함께 리워던(Leeuwarden)에서 왔다. 그 사람과 오는 길에 대화를 조금 나누었는데 그는 상당히 애정을 품고 있었다. 우리는 그로닝겐 시를 3킬로 남짓 걸어 간 후에 델프지엘(Delfziel)로 가는 배를 탔다. 저녁에는 아핑다렘(Appingdalem)이라는 마을을 지나는데, 그곳에서는 그날 큰 말 시장이 서고 있었다. 많은 장교들이 우리가 탄 배 안으로 들이닥쳤다. 몇 사람은 술이 취해 있었고 아주 무례하게 굴었다. 나는 그들에게 주님을 경외하고 솔로몬의 허영심을 기억하라고 권면하였다. 아주 난폭한 사람들이었으나 나중에는 어느 정도 예의를 갖추었다.

〔이 이야기와 연관하여 폭스와 관련있는 또 다른 상황은, 님므겐(Nimeguen) 시의 평화 대사에게 폭스가 보낸 편지에 나타난다. 그 일에 관해「일기」에서는 다음과 같은 이야기로 시작하고 있다. "나는 님므겐 시의 치안을 담당하는 대사에게 편지를 썼다." 이 편지는 1677년 일곱번 째 달(9월) 21일자, 암스테르담으로 기록되어 있다. 그 편지에는 다음과 같은 내용이 담겨 있다.〕

"진리와 정의와 평화를 사랑하며 현세와 내세의 행복을 기원하는 이로부터 보냅니다. 위에 계시며 온화하고 평화를 사랑하시는 하나님의 지혜 안에서 명령을 받으며 하나님께서 맡기신 모든 일을 다스리실 수 있어서 하나님께 영광 돌리시길 바라며 또한 힘이 닿는 한 주어진 권세 안에서 그리스도인들 사이에서 하나님과 그리스도와 기독교 신앙을 욕되게 하는 행위들을 그만두게 하실 수 있기를 바랍니다!
G. F."

〔다음은 독일을 여행하는 동안 생긴 일이다.〕

함부르크에서 할 일을 마치고, 그곳에 있는 친우회 교우들에게 작별 인사를 하고 그들을 잘 떠나 왔다. 그리고 존 힐을 데리고 배를 타고서 듀크 어브 룬버그 지역(Duke of Luneburg)에 있는 도시로 건너 갔다. 거기서 수비대의 조사를 받은 후에 수비 대장 앞으로 불려갔다. 거기서도 엄중히 조사를 받았다. 그러나 우리가 군인이 아니라는 것을 알게 되자 그들은 예의 바르게 대하며 우리를 통과시켜 주었다.

오후에는 마차를 타고 여행했다. 비가 많이 온 탓으로 물이 많이 불었기 때문에 저녁이 가까워지자 우리는 건너야 할 큰 강을 건널 수 있도록 길 안내를 해줄 소년 한 사람을 고용했다. 건너야 할 강에 당도해 보니 물이 너무나 깊어져 다리 있는 곳에 가기까지 마부는 물 속을 건너고 나는 말을 몰아야만 했다.

다리 있는 곳에 이르자 말들 때문에 다리가 조금 부서졌고, 한 마리가 물에 빠졌다. 마차는 부서지지 않고 남아 있는 다리 위에 서 있었다. 마차가 물에 곤두박질치지 않은 것은 하나님의 은혜였다. 사람들이 물에 빠진 말을 끄집어 내자 그 말은 죽은 듯이 잠시 누워 있었다. 그러나 결국 사람들은 말을 깨워 다시 마차에 붙들어 매고, 판자를 다시 얹었다. 그리고 나서 우리를 향하신 주님의 선하심으로 무사히 강을 건넜다.

이러한 일이 있은 뒤에 우리는 또 다른 강에 이르렀다. 강이 매우 깊다는 것을 알고는 밤중이었기 때문에 우리는 우리가 강을 건널 수 있도록 도와줄 두 사람을 고용하였다. 그 사람은 마차를 지탱시키려고 마차에 끈을 붙들어 맸다. 강한 물결이 마차를 다른 길로 몰고 가지 않게 하기 위해서였다. 그러나 물에 들어서자 물결이 너무 세어 마차 바퀴에 매여 있던 말 한 마리가 기진 맥진하여, 물결에 휩쓸려 가고 있었다. 나는 마부에게 말고삐를 잡아당기라고 소리쳤다. 마부가 고삐를 잡아 당기자 그 말은 다리의 힘을 회복하였다. 많은 어려움 끝에 우리는 다리를 건너 브레머해븐(Bremerhaven)이라는 마부가 사는 마을로 갔다.

그러한 위험에서 벗어난 것은 여섯번째 달 마지막 날이었다. 우리가 그곳에 도착한 시각이 밤 11시경이었기 때문에 우리는 산뜻하게 잘 마른 짚을 조금 얻어서 다음 날 4시까지 그 위에서 잠을 잤다. 아침에 일어나서 다시 마차와 배를 타고서 브레멘을 향해 갔다.

가는 길에 나는 특별히 시장터에서 사람들에게 진리를 공포할 좋은 기회를 가졌다. 장터에서 나는 사람들에게 진리를 전하면서 주의 날에 관해 경고하면서 주의 날이 모든 사람들에게 임할 것이라고 하였다. 그리고 또한 의롭게 살 것을 권면하면서, 하나님께서 자기 백성들을 직접 가르치러 오셨으니 주께로 돌이켜 각 사람 마음 속에 있는 하나님의 영의 가르침에 귀기울여야 한다고 이야기하였다.

〔이 새로운 땅에서 계속 사역을 해 나가고 있는 동안 다음의 짤막한 편지가 보여주듯이 내부적인 갈등이 커지고 있었다.〕

다음 날, 친우회 교우들 사이에 분파를 만들려는 유혹하는 영들을 걱정하며, 그들이 교묘하게 사람들의 환심을 사려고 애쓰고 있음을 느끼고는 마음에 이끌림을 받아 그들을 걱정하는 다음과 같은 편지를 짧게 적어 보냈다.

"사람들의 환심 속에 자신을 세우는 이러한 모든 사람들은 자신들을 내세우고 사람들의 감정을 부추길 뿐 그리스도를 세우지 않는 자들입니다. 그러나 친우회 형제들이여! 그들이 아무리 말씀을 많이 안다고 할지라도 진리 안에 거하는 여러분은 진리에서 벗어난 그들보다 오래 견딜 것이오. 여러분이 거하는 진리는 영원하며 불변하는 것입니다. 그러니 존 스토리와 존 윌킨슨에게 그토록 열렬한 관심을 쏟고 있는 사람들은 그들을 좇아 이탈해 나가도록 내버려 두시오. 또한 그러한 영에 대항하여 항의를 한 여러분은 저들이 저주로 정죄받을 때까지 신앙 안에 굳게 서 있으시오. 진리에서 벗어난 것과 다투지 말고 그렇다고 타협하지도 마십시오. 또한 그것을 산 채로 하나님께 드릴 제물로 남겨 두지도 마십시오. 여러분의 나라를 잃지 않으려면 그러한 것들을 죽여야 합니다.

G. F.
1677, 일곱번째 달 14일 암스테르담"

얼마 지나 조지 케이스와 윌리엄 펜이 독일(종교적인 사역을 하기 위해 떠났던 곳임)에서 암스테르담으로 돌아와서 갈레누스 아브람스〔Galenus

Abrahams(네덜란드에서 가장 유명한 침례교인 가운데 한 사람)]이라는 사람과 논쟁을 벌였다. 그곳에는 많은 신앙 고백자들이 참석해 있었다. 그러나 그때 당시 논쟁을 끝낼 시간이 없어서 이틀 후에 그들은 다시 만났다. 그 침례 교인은 아주 곤혹스러워 했고 마침내 진리가 승리하였다.[8]

주께서 네덜란드에서 우리에게 하라고 맡기신 일을 다 마쳤다고 느끼고는 로테르담에 있는 친우회 교우들에게 작별 인사를 하고 배를 타고 그날로 잉글랜드로 가기 위해서 브리엘로 건너갔다. 로테르담의 몇몇 친우회 교우들이 우리를 따라왔으며, 암스테르담의 친우회 교우 가운데 몇 사람이 우리가 네덜란드를 떠나기 전에 우리를 다시 보려고 왔다. 다음 날은 여덟번째 달 21일이었으며 주 '첫째 날'이었다. 우리는 배에 올라타 10시경에 출항하였다. 윌리엄 펜과 조지 케이스와 나와 저트루드 디릭 니에슨(Gertrude Dirick Nieson)과 그녀의 자녀들이었다.

모두 다해서 60명 가량이 타고서 길고도 위험한 길을 항해했다. 역풍이 불었고 날씨 또한 험악했기 때문이다. 배가 새기 쉽게 되어 있어서, 계속해서 가는 동안 밤낮으로 두번씩 물을 퍼내야만 했다. 아마도 거의 배에 한가득 담길 만큼의 물을 퍼냈던 것같다. 그렇지만 폭풍우를 멎게 하시고, 성난

---

8) 갈레너스 아브람스(Galenus Abrahams)는 메노파 교도로 상당히 주목을 받는 사람이었다. 퀘이커교도 역사가인 슈얼은 아브람스의 제자였는데 다섯 시간 동안 지속되었던 이 대화에서 아브람스가 "오늘날 기적을 통해 똑같은 것을 경험하지 않은 사람은 아무도 하나님의 사자로 인정할 수 없다"는 주장을 하였다고 우리에게 말해준다. 1823년판 슈얼의 *History of Friends*, 2권 368 쪽을 참조하고 또한 바클레이의 *Religious Societies of the Commonwealth*, 174, 251을 참조. 네덜란드로 두번째 방문하면서 폭스는 그 유명한 메노파 교인과 다시 한 차례 공식적인 회담을 갖는데 이 때에, 이미 이야기한 바 있는 폭스의 눈빛에 꿰뚫는 것과 같은 힘이 있다는 흥미로운 일면이 다시 한번 나타난다. "떠나기 전에 나는 갈레너스 아브람스라는 메노파 혹은 침례파의 주목받는 스승 한 사람을 찾아 갔다. 나는 몇 년 전에 네덜란드에 있을 때에 그 사람과 만난 일이 있으며 윌리엄 펜과 조지 케이스도 그 사람과 함께 논쟁을 벌였다. 그 사람은 당시 아주 교만하면서도 소심한 데가 있는 사람이어서 내가 자신을 만지지도 못하게 하였으며 자기를 쳐다보지도 못하게 하면서 '쏘아보는 눈 빛으로 자기를 보지 말라'는 말만 하였다. 그러나 이제 그 사람은 아주 호의적이고 마음이 열려 어느 정도 진리를 시인하였다. 그의 아내와 딸도 마음을 열고 친절하게 대해 주었다. 그리하여 우리는 서로에게 깊은 애정을 품고 헤어졌다.

파도를 잔잔케 하시며, 그것들을 마음대로 다스리시는 주께서 홀로 우리를 지키셨다. 주의 이름을 영원히 찬양할지어다!

가는 길이 험난하기는 하였으나 우리는 배 안에서 승객들과 함께 좋은 시간을 가졌으며 진리를 위해 힘썼다. 승객들 중에는 유명 인사도 있었으며, 사람들은 아주 친절하고 호의적이었다. 23일 저녁에 하윅에 도착하였다. 바다에서 이틀 밤, 사흘낮을 지낸 뒤였다.

다음 날 아침 윌리엄 펜과 조지 케이스는 말을 타고 콜체스터로 향했다. 그러나 나는 머물러 있으면서 하윅에서 집회를 열었다. 그곳에는 콜체스터로 가는 마차가 없었다. 또한 우체국장의 부인이 마차값을 부당하게 요구하고, 우리가 마차를 빌린 후에도 마차값을 속였기 때문에 우리는 2.5킬로 가량 떨어진 시골에 사는 한 친우회 교우집에 가서 그의 마차를 빌리고서 짚을 깔고 잘 잔뒤에 콜체스터로 마차를 타고 갔다.

'첫째날'까지 그곳에 머물러 있었는데 그날 열리는 친우회 교우들의 집회에 참석하고 싶었다. 그 집회는 아주 크고도 중대한 집회였다. 네덜란드에서 내가 돌아온다는 소식을 들은 친우회 교우들이 도처에서 떼지어 왔으며 마을 사람들도 많이 왔기 때문이었다. 천 명 가량 모인 것 같았는데 모두 평화로웠다.

장이 서는 동안과 그 이후로 얼마 동안 브리스톨에 머물러 있었다. 아름답고 귀한 집회를 여러번 열었다. 나라 도처에서 많은 사람들이 왔다. 장사를 하러 온 사람도 있었고 진리를 위해 온 사람들도 있었다. 진리 안에 신실하게 거하는 친우회 교우들간의 사랑과 연합은 대단한 것이었다. 더러 거룩한 연합에서 벗어나 다른 견해를 갖고 분쟁과 나눔을 일삼고, 적의에 빠져 거칠고 입사납게 굴며 내게 그리스도인 답지 않은 태도로 대하는 이들도 있었지만 말이다.[9]

그러나 주님의 능력이 모든 사람들 위에 임하였다. 그 능력으로 거룩한

---

9) 폭스는 이전에 런던 가까운 곳에 있는 헝거 힐(Hunger Hill)에 있는 친구 토머스 엘우드(Thomas Elwood)의 집에서 몇번 집회를 열 때에 '까다롭고 다루기 무척 힘든' 대적자로부터 괴롭힘을 당했다.

인내심으로 참게 하시며, 주의 이름을 위하여 부당함을 참을 수 있도록 하셨기 때문에 나는 거칠고 무례하고 제멋대로인 영혼들을 지배한다는 느낌이 들었다. 그래서 나의 결백함을 아시며 나의 억울함을 풀어 주실 주께 그들을 맡기었다. 그러한 사람들이 나를 비난하고 중상하려고 하면 할수록 진실하고 올곧은 마음을 가진 많은 친우회 교우들은 나를 더욱 더 사랑했다. 그러한 사람들에게 속았던 사람들은 그들의 시기심 어린 무례한 행동을 보고는 그들과의 관계를 끊어 버렸다.

두 주 지난 후에 나는 런던에 도착했다. 연례 집회가 시작되었기 때문에 나라 도처에서 친우회 교우들이 몰려와 영광스럽고 거룩한 집회를 가졌다. 오, 영광과 위엄과 사랑과 생명과 지혜와 연합함이 우리 가운데 있었으니! 그 능력이 모든 사람을 지배하였고 하나님의 백성을 갈라 놓으려는 불경건한 영혼들을 대적하는 많은 말씀들이 선포되었다. 그러나 그 불경건한 영혼을 위해 방어하거나 변호하는 사람은 우리 중 아무도 없었다.

우리는 다른 지역에 있는 친우회 교우들로부터 대체로 위로가 되는 좋은 칭찬을 들었다. 그 때문에 짤막한 편지를 쓸 이유가 생겨 나는 얼마 후에 아내에게 편지를 썼다. 그 편지에 관한 내용은 다음과 같다.

"사랑하는 당신에게,
모든 것을 통치하시는 영원한 생명의 씨앗 안에서 당신께 내 사랑을 전하오. 이곳에서는 대집회가 열렸으며, 주님의 능력이 모든 사람들의 마음을 움직여 놓으셨소. 주님은 그 능력으로 친우회 교우들이 놀랍도록 하나되게 하셨으며 주님의 영화로우신 임재가 정말로 그들 가운데 계셨소! 조용하고 평화로운 집회였다오.
네덜란드로부터는 모든 일이 잘 되어 가고 있다는 소식을 듣고 있소. 그리로 간 몇몇 친우회 교우들은 암스테르담에서 열리는 연례 집회에 참석할 것이오. 엠브든에는 추방되었던 친우회 교우들이 다시 그 도시로 들어갔소.
덴트직에서는 친우회 교우들이 수감되어 있으며 그곳의 시 행정관들이 가혹한 감금으로 그들을 위협하였소. 그러나 그 다음날 루터파 신자가 들고 일어나서 가톨릭 수도원에 손상을 입혔소. 그래서 그들은 할 일이 많아졌다오.

폴란드의 국왕이 내 편지를 받아 읽어 보았소. 그 후로 친우회 회원들은 그 편지를 표준 독일어로 인쇄하였소.[10] 아일랜드에서 있었던 연중 집회로부터 받은 편지를 통해 나는 그들 모두 사랑 가운데 잘 있다는 소식을 들었소.

바베이도스에 있는 친우회 교우들은 평온하며, 평화로운 가운데 집회가 조직되었소. 안티구아(Antigua)와 네비스(Nevis)에서도 진리가 잘 전파되고 있으며 친우회 교우들은 정연하게 집회를 잘 열고 있소. 뉴잉글랜드 지역이나 다른 지역에도 마찬가지로 진리에 관한 일이 잘 되고 있으며 친우회 교우들도 건강하오. 또한 남성 집회와 여성 집회가 그곳에 조직되었소. 주님께 찬양을 드릴 뿐이오!

그러니 모든 것을 다스리시는 하나님의 능력과 씨앗 안에 항상 거하시오. 하나님 안에서 모두가 생명과 구원을 얻는 것이오. 왜냐하면 주님은 그 영광으로 자기 나라 안에 있는 모든 것을 통치하는 분이시기 때문이오. 주의 이름에 영원히 영광을 돌릴지어다. 아멘.

여러분 모두와, 모든 친우회 교우들에게 내 사랑을 담아 서둘러 몇자 적어 보오.

G.F.
1678년 세번째 달 26일, 런던에서."

---

10) 이 편지는 폴란드의 존 3세에게 보내는 흥미로운 편지다. 편지에는 고래로 양심의 자유를 위해 지배자가 한 많은 말들이 인용되어 있다. 그 편지는 유용하고 가치있는 문서이다. 필자는 "영원히 살 것과 영원한 행복을 바라는 사랑으로"라고 쓰고 있다. 그 편지는 다음과 같은 추신으로 끝을 맺고 있다.

"추신 — '긍휼히 여기는 자는 복이 있나니 저희가 긍휼히 여김을 받을 것이요.' 오 왕이시여, 순교자 유스티누스가 억압받는 그리스도인들을 변호하기 위해 로마 황제에게 낸 두번의 「변증」(Apology)을 기억하여 주십시오. 그 유명한 변증서는 터툴리안(Tertullian)이 같은 주제로 쓴 것입니다. 그것은 기독교 신앙을 위해서 쓴 것일 뿐만 아니라 종교에 관한 모든 탄압에 대항해 쓴 글입니다."

제20장

죽음을 다스리는 씨앗
1679-1691

〔1679년은 스와스모어에 물러나서 대부분의 시간을 보냈다. 그러나 1680년에는 여행과 활동을 다시 시작했다. 이 생애 마지막 10년간 폭스는 런던과 그 근방에서 많은 시간을 보냈다. 그곳에는 폭스가 대항하여야 할 새로운 폭풍이 일고 있었기 때문에 '북쪽'에서 편히 누워 있을 수만은 없었다. 제정된 규율과 통치에 반대하여 일어난 윌킨슨 스토리(Wilkinson-Story) 운동은 폭스가 '남쪽' 지방에 올 수밖에 없는 필연을 낳았다. 그러나 나는 찰스 통치 말년에 감옥을 퀘이커 교도로 가득 채우는 새로운 핍박이 갑자기 생겨난 것에 더 관심이 있었다. 언제 어디서건 '비국교도의 비밀 집회 강령'이 실시되기만 하면 친우회 교우들에게는 반드시 상당한 고통이 뒤따랐다.〕

이러한 일이 있고 나서 나는 주님의 이끄심을 받아 서레이와 서섹스의 몇몇 지역에 있는 친우회 교우들을 방문하러 갔다. 물을 건너 킹스턴으로 가서 그곳에서 며칠 간 머물렀다. 킹스턴에 있는 동안 주께서 내게 터키 황제와 알지에의 데이(Dey: 옛 알지에, 튀니스, 트리폴리의 태수의 칭호)에게 각각 편지를 보내, 그들과 그들의 통치를 받는 백성들이 각자 사악함에서 돌이켜 주님을 경외하고 바르게 행하여 구제할 길 없이 멸망시키는 하나님의 심판이 그들에게 임하지 않도록 하라는 경고를 하라고 이르셨다. 알제리인들에게는 그들이 포로로 가두어 둔 친우회 교우들과 다른 사람들에게 행한 잔학한 행위에 대해 더 자세히 적어 보냈다.

허트포드에서 나는 존 스토리와 그를 따르는 몇몇 사람들을 만났다. 그러나 진리의 말씀이 선포되어 그들을 제압하자 집회는 조용해졌다.

그날은 '첫째 날'이었다. 그래서 다음 날은 업무상 남성 집회와 여성 집회가 있었기 때문에 나는 그곳도 방문하였다. 좀더 자세히 말하자면, 그 지역 사람들이 친우회 교우들을 얕보았기 때문에 그곳을 방문하였던 것이다. 그래서 나는 마음에 이끌림을 받아 여성 집회와 남성 집회가 해야 할 일과 그리스도의 교회와 관련하여 어떠한 유익과 이익을 끼치는가를 주께서 내게 가르쳐 주시는 대로 그들에게 일러 주었다. 그것은 친우회 교우들에게 많은 도움이 되었다.

나는 다툼과 논쟁에 빠져 있는 몇몇 사람들과도 집회를 가졌다. 그들에게 어떤 점에서 그들이 잘못 되었는가를 일깨워 주기 위해서였다. 그들에게 내가 할 일을 마친 후 나는 그들을 주님의 손에 맡겼다.

이번 겨울 동안(1680)은 대부분을 런던에서 지내면서, 집회 장소에서나 그밖의 곳에서 주님을 위한 일을 많이했다. 마침 친우회 교우들이 심한 고난을 받는 때였기 때문에 친우회 교우들이 갖는 집회를 더 자주 방문해서 권고와 실례를 통해 힘과 격려를 주어야겠다는 생각이 들었기 때문이었다. 의회도 개회되어 있었고, 친우회 교우들은 의회에 자기들의 볼만을 내어 놓기 위해 의회원들을 섬기는 데 열심이었다.

우리는 거의 매일 여러 지역에서 친우회 교우들이 겪는 지독한 고통에 관한 새로운 기사를 전해 들었다. 고통 당하는 형제들을 구하기 위해 나는 다른 친우회 교우들과 함께 많은 시간을 쏟았다. 그들은 값없이 그 일을 하였으며 여러 날 동안 국회에 참석하여 우리의 타당한 불평을 들어줄 만한 사람들과 이야기할 기회를 지켜보았다.

실제로, 의회원들 가운데 몇몇은 우리에게 굉장한 예의로 대해 주었으며 할 수만 있다면 기꺼이 우리를 도우려고 하는 것 같았다. 그러나 당시 의회는 가톨릭 교도들의 음모를 엄중히 조사하며, 가톨릭교도의 영향을 받은 것

같은 음모를 발견해 내는 방법을 강구하고 있던 터라 우리를 대적하던 자들은 이를 우리를 공격하는 기회로 이용하여(그들은 우리가 선서하지도 않고, 싸우지도 않는다는 것을 알았기 때문에) 가톨릭 교도들이 받았던 형벌을 우리가 받게 하려고 했다. 그들은 양심상 우리가 가톨릭교도가 아니라는 것을 알고 또한 우리를 겪어 보았기 때문에 우리가 음모를 꾸미는 사람들이 아님을 알고 있었는데도 말이다.

런던에서 친우회 교우들이 겪는 극심한 고통은 계속되었기 때문에 (1682) 나는 그 지역에 주로 사역을 해야 한다는 생각을 하였다. 그래서 도시를 조금 벗어나는 일 외에 멀리 가는 일이 없었다. 대부분의 공적 집회에 자주 참석하여 말과 실례를 들어 친우회 교우들을 격려하여 하나님께서 그들에게 이르신 말씀 안에 굳게 서게 하였다.

또 어떤 때는 진리에 관한 말씀을 전파하다 재산을 빼앗겨버린 친우회 교우들의 집을 방문하며 다녔다. 사악한 몇몇 사람들이 점점 뻔뻔스럽게 밀고를 한 탓에 그들의 통고를 전적으로 믿는 몇몇 재판관들이 그들의 말을 인정하고 격려하면서 친우회 교우들의 이야기를 들어보지도 않은 채 소송 절차를 밟았던 것이다. 그리하여 많은 사람들이 사실과 다를 뿐 아니라 법률에도 어긋나는 고통을 당하였다.[1]

---

1) 다음은 고난받는 사람들에게 보낸 아름다운 편지이다.
"예수님의 이름과 명령으로 고난받는 어린 양이여, 주의 진리를 위해 용기를 가지고 믿음을 지키십시오. 그러면 그리스도께서 당신과 함께 계시다는 것을 느낄 것입니다. 당신을 위해 고난 받으신 그리스도를 바라보십시오. 그리스도께선 당신을 인도해 오셨으며 앞으로도 당신을 먹이실 것입니다. 그리스도는 '담대하라 내가 세상을 이기었노라' 하고 말씀하십니다. 그리스도께서는 사단과 사단의 일을 무너뜨리시고 사단의 머리를 상하게 하셨습니다. 말하건대, 그리스도를 피난처로 바라보십시오. 그리스도 안에서 안식과 평안을 누릴 수 있습니다. 당신에겐, 그리스도를 믿을 뿐 아니라 그리스도의 이름을 위하여 고난도 함께 받아야 할 의무가 주어져 있습니다. 예수 그리스도 안에서 경건하게 살아가려고 하는 사람들은 그리스도에게 벗어나 신앙심 없이 그리스도를 고백하는 사람들의 핍박을 받게 됩니다. 그러나 이 땅에서 하나님의 진리를 위해 용기를 가지십시오. 그리고 당신을 괴롭히는 영을 넘어 그리스도를 바라보십시오. 그리스도는 이전에도 계셨고, 이 일이 끝난 이후에도 계실 것입니다."

이제 나는 집회에 참석하러 내륙 지방으로 좀더 들어가고 싶은 생각이 조금 생겼다. 그러나 우리가 집회를 여는 데 소요가 일 것이라는 소식을 들었고 또한 런던 시에서는 주지사를 뽑느라 사람들의 마음이 상당히 불안해 있다는 생각이 들자, 런던에 머물러 있다가 그레이스처치 거리에서 그 주 첫째 날에 열리는 집회에 참석해야 한다는 생각이 들었다. 윌리엄 펜은 나와 함께 가서 설교를 하였다. 그가 사람들에게 진리를 선포하는 동안에 경관 한 사람이 큰 장대를 들고 와서는 연설을 끝내고 내려오라는 명령을 하였다. 그러나 윌리엄 펜은 계속해서 하나님의 능력 안에서 진리를 선포하였다.

잠시 뒤에 경관이 물러났다. 윌리엄 펜이 설교를 마치자, 나는 일어서서 영원한 복음에 대해 사람들에게 선포하였다. 그 복음은 사도시대에 가르친 복음이며, 아브라함에게 전해진 복음이며, 또한 사도시대에 교회가 받아들여 교회는 복음의 후예가 되었던 것이다.

이와 같이 설교를 하고 있을 때에 두 사람의 경관이 큰 장대를 가지고 와서 설교를 그만 두고 내려 오라고 하였다. 그러나 주님의 능력이 나와 함께 하심을 느끼고 나는 사람들과 경관들에게 설교를 하였다. 나는 경관들에게, 우리는 평화를 사랑하는 사람들로 하나님을 섬기고 신령과 진리로 하나님을 예배하기 위해 모인 사람들이므로, 모든 인류의 구원과 행복을 바라며 평화롭게 모여 있는 우리에게 장대를 가지고 올 필요가 없다고 이야기하였다.

그리고는 다시 사람들을 향하여 설교를 하였다. 나는 그들에게 이야기하라고 떠오르는 것을 계속 선포하였다. 설교하고 있는 동안에 경관들은 문쪽으로 물러서 있었다. 군인들도 뜰에서 머스켓 총을 들고 서 있었다.

설교를 마치자 나는 무릎을 꿇고 기도하면서 높거나 낮거나 모든 사람들의 눈과 마음을 여시어 사람들의 마음이 하나님의 거룩하신 성령으로 말미암아 하나님께로 향하게 해 주시어 하나님께서 모든 이들에게 영광받으시고 모두를 다스려 달라고 간구하였다. 기도가 끝나자 집회가 끝나고 사람들은 자리를 떠나갔다. 경관들이 다시 왔다. 그러나 군인들은 함께 오지 않았다. 실로, 경관들도 군인들도 예의바르게 행동하였다.

윌리엄 펜과 나는 언제나처럼 가까운 방으로 들어갔고, 많은 친우회 교우들이 우리와 함께 있었다. 경관들이 우리가 그들을 피한다는 생각을 갖지 앉도록 하기 위해서 친우회 교우 한 사람이 그들에게 다가가서 우리에게 볼 일이 있으면 우리가 있는 곳으로 들어와도 좋다고 이야기하였다.

첫째 날에는 오후에 데본셔 하우스 집회에 가야 한다는 생각이 들었다. 그 날 아침 친우회 교우들이 그리로 들어가지 못한다는 소식을 들었기 때문에(친우회 교우들은 그날 도시 근교에서 대규모 집회를 열 작정이었기 때문), 나는 군인들이 와서 통로를 막기 전에 서둘러 집회 장소로 가서 뜰 안으로 들어섰다. 그러나 경찰들이 내 앞을 가로막고, 장대를 든 채 문간에 서 있었다.

나는 들어가게 해달라고 했다. 그들은 들여보내지 말라는 명령을 받았기 때문에 미안하게 생각한다면서 자기들로선 감히 그렇게 할 수 없노라고 하였다.

강요할 생각은 없다고 말하면서 나는 그들 곁에 서 있었다. 그들은 내게 아주 예의바르게 대해 주었다.

계속 서 있다보니 힘이 들었다. 그때 한 사람이 내게 앉으라고 의자를 주었다. 그리고 잠시 후에 주님의 능력이 다시 친우회 교우들 사이에서 일어나기 시작하여 그중 한 사람이 이야기를 시작하였다.

곧 경관이 이야기하지 말라고 하였다. 그 사람이 멈추지 않자 경관들은 화를 내기 시작했다. 그러나 경관 중 한 사람에게 살며시 손을 얹으며 저 사람 한 사람만 들어가게 해달라고 했다. 경관이 그렇게 하자 조용해졌고 그 남자는 더 이상 길게 말하지 않았다. 그 사람이 말을 마치고 나자 나는 마음에 이끌림을 받아 일어서서 설교를 하였다.

그리고 자리에 앉았다가 잠시 후에 마음의 이끌림을 받아 기도를 하였다. 주님의 능력이 모든 사람들 위에 임하였다. 사람들과 경관들과 군인들은 모자를 벗었다.

집회가 끝나자 친우회 교우들이 떠나가기 시작했다. 앞에서 말한 경관은 모자를 벗고는 주께서 우리를 복주시기를 바란다고 하였다. 주님의 능력이 그 사람과 사람들에게 임하였고 그들을 복종시켰던 것이다.

나는 런던 근방에 머무르면서 친우회 교우들의 집회를 방문하고, 복음 사역을 하는데 힘을 쏟았다. 그러던 중 셋째달 28일에 시작하는 연례 집회 날이 가까워 왔다. 굉장한 시련기였기 때문에 나는 지방에서 교회의 일을 맡아 보다가 오는 친우회 교우들이 붙잡혀 런던 감옥에 수감되지 않을까 몹시 염려가 되었다. 그러나 주께서 우리와 함께 하셨고 그 능력으로 우리를 지키셨기 때문에 우리가 주를 섬길 수 있는 근사하고 복된 기회를 주셔서, 주 안에서 우리 모두가 새로워지게 하셨으며 주의 진리와 우리가 만난 사람들을 위해 주의 일을 할 수 있도록 하셨다.

대핍박이 있던 때였고 우리도 대부분의 지역에서 친우회 교우들이 수감되거나 재산을 빼앗기거나 혹은 두 가지 경우를 다 당하는 고통을 겪고 있음을 알고 있었기 때문에, 친우회 교우 한 사람이라도 고난받지나 않을까 특히나 장사하는 사람들이 핍박을 당하면서 다른 사람들의 물건을 잃어버리지나 않을까 하는 두려움에 걱정이 무겁게 마음을 짓눌렀다.

다음 '첫째 날'에 (1633) 나는 그레이스처치 거리에서 열리는 집회로 갔다. 그곳에 당도하니 세 명의 경관이 집회소 안에 있으면서 친우회 교우들을 안에 들어오지 못하게 하였다. 그래서 우리는 바깥 뜰에서 만났다.

잠시 그곳에 있다가 나는 일어서서 사람들에게 얼마 동안 계속 이야기하였다. 그러자 경관 한 사람이 와서 내 손을 잡고서 "내려오시오"하고 말했다. 나는 그가 참아주기를 바라면서, 사람들에게 계속해서 말을 하였다. 그러나 조금 뒤에 그 경관은 나를 끄집어 내려 집회소 안으로 데리고 들어갔다.

나는 그들에게 이러한 일을 하는데 넌더리가 나지 않느냐고 물었다. 그들중 한 사람이 "사실 그렇소"하고 대답했다. 그들은 나를 미망인 포스터 집으로 가게 했다. 그 집은 내가 머물러 있던 집회소와 인접해 있었는데 집이 더웠다.

집회가 끝나고 내가 끌려 간 후에 한 사람이 기도를 하였기 때문에, 경관들이 몇몇 친우회 교우들에게 내 문제로 그들이 심문을 받아야 한다면 누가 법정에 출두하겠다고 말하겠는가하고 물었다. 그러나 친우회 교우들은 나는 런던 시에서 피해 달아나지 않을 사람으로 잘 알려져 있으니 그러한 요구를 할 필요가 없다고 경관들에게 말하였다. 그러자 경관들은 가버렸고 이후로는 그 일에 관해 아무 말도 듣지 못하였다.

　나는 계속해서 런던에 머물러 있으면서 모임에 참가할 때나 안 할 때나 주의 일을 하느라 힘을 쏟았다. 어떤 때는 예수님을 증거하다가 감옥에 갇힌 친우회 교우들을 방문하여 그들의 고충을 위로하여 주면서 신앙 안에 신실하고 굳게 서 있으라고 권고하면서, 주께서 참고 견딜 것을 부탁하셨다는 말을 하였다. 조용하고 평화로운 가운데 집회를 가진 때도 있었고 장교들의 방해를 받아 집회가 깨어진 적도 더러 있었다.

　주의 능력 안에서 이야기하고 있을 때(사보이에서 '첫째 날') 사람들은 굉장한 감동을 받았다. 그때 갑자기 경관들이 아주 거친 사람들과 함께 바다 물 처럼 밀려들어 왔다.

　경관 중 한 사람이 내게 말했다. "내려 오시오." 그리고는 나를 붙었다. 나는 그 사람에게 "당신은 그리스도인이오? 우리는 그리스도인입니다"하고 말했다.

　그는 내 손을 붙잡고 나를 사납게 끄집어 내렸다. 그러나 나는 여전히 그 자리에 서서 사람들에게 몇 마디 말을 하였다. 하나님의 은총이 그들 모두에게 임하기를 주께 간구하면서 말이다.

　경관들은 계속해서 내게 내려오라고 하였다. 마침내 나를 끄집어 내리더니만 장대를 든 다른 사람에게 나를 데리고 가서 감옥에 넣으라고 명령하였다. 그 남자는 나를 다른 장교의 집으로 데리고 갔다. 그 사람은 다소 예의가 있었다. 잠시 후에 그들은 자기들이 체포한 친우회 교우들을 네 명 더 데리고 왔다.

　나는 굉장히 지쳐 았으며 땀이 많이 났다. 내가 그곳에 있다는 소식을 들은 몇몇 친우회 교우들이 경관집으로 나를 보러 왔다. 그러자 나는 그들에게 경관들이나 밀고자들이 그들의 할 일을 막지 않도록 각자 자기들의 할 일을 하라고 지시했다.

　얼마 있다가 경관들은 1.5킬로 남짓 떨어진 한 재판관의 집으로 우리를 데리고 갔다. 그 사람은 포악하고 화를 잘 내는 사람이었다. 그가 내 이름을 묻고, 법원 서기가 내가 집회 장소에서 설교를 하였다는 경관의 보고 내용 위에 내 이름을 받아 적자 그는 화가 난 투로 "비국 교도의 비밀 집회에서 설교한다는 것이 국왕의 명령에 어긋나고 국교의 예배의식에 어긋나는 것임을 모르고 있었소?"하고 물었다.

그곳에는 샤드(Shad) (코벤트리에서 감옥을 부수고 런던에서 화형을 당했다고 한다)라는 사람이 참석하고 있었는데 그 사람은 재판관이 내게 그렇게 묻는 것을 듣고는 재판관에게 다가가 찰스 2세의 법령 22조항에 의해 자신은 내게 유죄를 선고한다고 재판관에게 말했다.

"뭐! 유죄를 선고한다고?"하고 재판관이 말했다.

"예, 나는 저들에게 유죄를 선고했습니다. 그리고 당신도 그 법령에 의해 저들에게 유죄를 선고해야 합니다"하고 샤드라는 사람이 말했다.

그 말을 들은 재판관은 샤드에게 몹시 화가 나서는 "나를 가르치려 들다니! 네가 뭔데? 나는 저들을 폭동을 일으킨 혐의로 유죄 판결을 내리려고 했단 말이야"하고 말하였다.

밀고자는 그 말을 듣고 재판관이 화가 났다는 것을 깨닫고 불쾌한 기분으로 돌아갔다. 그리하여 그 사람의 기대가 꺾였다.

그때(1684년 봄) 나는 네덜란드로 가서, 그곳에 있는 하나님의 씨앗을 방문해야 한다는 생각이 들었다. 연례 집회가 끝나는 대로 여행을 떠날 준비를 하였다. 나와 함께 런던에서 온 알렉산더 파커와 조지 와츠와 나다니엘 브래시와 함께 갔다. 그들도 네덜란드로 가야겠다는 생각을 했던 것이다.

우리는 1684년 세번째 달 31일에 마차를 타고 그날 저녁으로 콜체스터에 이르렀다. 다음 날은 첫째 날이었기 때문에 우리는 그곳에서 열리는 집회에 갔다. 내가 온다는 기별이 전혀 없었는데도 우리가 그곳에 있다는 사실이 곧장 마을 전체로 퍼져 나갔으며 27킬로 남짓 떨어진 몇몇 지역에까지 퍼져 나갔다. 그리하여 많은 친우회 교우들이 쌍두마차를 끌고 왔기 때문에 아주 큰 규모의 집회를 이루었다.

나는 이 성대한 모임이 마을을 동요시키지나 않을까 치안판사가 잘 받아들일 수 없는 것이 되지나 않을까 근심과 염려가 되었다. 그러나 아주 조용하고 평화롭게 참으로 영광스러운 집회를 열었다. 그리하여 마을과 도시에 친우회가 조직되고 정착되었다. 주의 능력이 모든 사람들에게 임하였기 때문이다. 주의 이름을 영원히 송축할지어다!

주님의 능력과 임재는 실로 말로 할 수 없을 정도였다. 나는 겨우 집회에 참석하였고 얼굴이 쑤셨는데(감기에 걸렸기 때문에), 하나님께서 그 힘을 우리에게, 우리 안에 명백히 나타내 보이셨으므로 모두가 건강했다. 우리를 후원하시는 능력으로 인하여 주님은 영원히 영광받으실지어다![2]

런던에 도착했을 때에는 여름 끝 무렵이었다. 한두 번 나와 함께 런던에 있던 아내와 함께 킹스턴에 있는 아내의 아들 루스네 집에 가는 때를 제외하곤 런던에서 그해 겨울을 보냈다. 몸이 극도로 쇠약해졌으나 힘이 닿는 한 계속해서 공적인 집회에 참석하거나 친우회 교우들의 특별한 업무에 관여하였으며, 진리를 위해 싸우다가 수감되거나 재산을 빼앗기는 고통을 당하는 이들을 찾아가 보았다.

이번에는 많은 것들을 썼는데 출판을 목적으로 쓴 것들도 있고, 특별한 사역 위한 것들도 있다. 각각의 영토에서 고난을 당하는 친우회 교우들을 위하여 덴마크의 왕과 홀스타인 공작에게 보낸 편지가 그러한 목적에서 쓴 편지들이다.[3]

연례 집회 날이 다가옴에 따라 나는 각 지방에서 집회처로 올 친우회 교우들이 오는 길에 어떤 어려움이나 해를 당하지나 않을까 걱정이 되었다. 당시 나라 안에서 몽마우스(Monmouth) 군주가 서쪽 지방에 착륙한 것을 두고 떠들썩 하였기 때문에 더욱 그러하였다.[4] 그러나 주님은 예의 그 선하심

---

2) 네덜란드에 두번째 방문한 일기에서는 별다른 흥미로운 점이 없다. 네덜란드 방문은 1684년 5월31일부터 7월16일까지 계속된다.
3) 홀스타인 공작에게 보낸 편지는 다음과 같이 끝이 난다.
 "나는 홀스타인 공작이 다음과 같은 것들을 생각해 보기를 간원한다. 나는 그가 자신의 마음 속에 예수님으로 말미암아 오는 하나님의 은혜와 진리를 생각해 보아, 은혜와 진리의 영으로 신령과 진정으로 하나님을 예배하고 섬길 수 있게 되고, 그리하여 이 세대에 그를 지으신 영원하시며 살아계신 하나님을 섬기고, 세상이 빼앗아 갈 수 없는 그리스도 안에 평화와 번영을 누리기를 진심으로 바라며 영원한 세상에서도 영원한 안식과 행복을 누리기를 바란다. 아멘.
G. F.
1684, 8월 26일, 런던."
4) 몽마우스 공작은 찰스 2세의 사생아로 왕위를 확보하려고 데본셔의 림(Lyme)에 착륙하였다. 그러나 그는 세즈무어(Sedgemoor)에서 패하였고 1685년 7월 6일에 체포되었다.

으로 친우회 회원들을 안전히 지키시기를 기뻐하시며, 우리가 조용하고 평화로운 가운데 함께 만날 수 있는 복된 기회를 허락하여 주셨으며 또한 집회 때에 그 살아 계신 신선한 임재로 우리와 함께 하셨다. 주의 거룩한 이름을 영원히 송축할지어다!

나라 안의 위급한 상황을 고려해 보니, 이번 연례 집회가 끝나기 전에 친우회 교우들에게 소동이 있는 세상의 영들로부터 멀어져서, 평화의 진리 안에 거하도록 주의하라는 글을 몇 자 적어 보내야 겠다는 생각이 떠올랐다.

나는 1686년 첫번째 달에 런던으로 돌아와서 고통 당하는 친우회 교우들을 돌보느라 부지런히 힘을 쏟았다. 그 덕분에 이제 그들의 고통을 덜어줄 수 있다는 희망이 조금 생겼다. 재판은 두번째 달 힉스 홀(Hicks's-Hall)에서 열렸고 그곳에서 재판을 받을 친우회 교우들이 많이 생겨났다. 나는 날마다 그들과 함께 하였다. 그들에게 권고도하고, 어떠한 기회나 이익도 놓쳐버리는 일이 없도록 하기 위함이었다. 그리하여 그들은 좋은 결과를 얻었다.

얼마 뒤에 왕에게 자주 우리가 겪는 고통을 이야기하였기 때문에 국왕은 양심상의 자유로 붙들려 왕이 석방할 수 있는 권한 아래 놓인 사람들을 모두 풀어주라는 명령을 기꺼이 내렸다. 그로 인하여 옥문이 열리고 수백명의 친우회 교우들이 자유를 얻었다.[5] 그들 중에는 장기간 갇혀 있던 사람도 더러 있었다.

여러 해 동안 구속되어 있던 사람들 중에 몇 사람이 이제 연례 집회에 왔다. 때는 그해 세번째 달이었다. 주의 능력으로 오랜 수감 끝에 자유를 얻은 오랜 신앙의 형제들을 다시 보는 것은 친우회 교우들에게 큰 기쁨이었다.

---

5) 5월16일에 제임스 2세는 왕권 멸시 죄로 혹은 선서를 하지 않거나 혹은 교회에 나가지 않는다는 이유로 붙들린 모든 퀘이커 교도는 석방되어야 한다는 칙서를 내렸다. 이 칙서를 수행함으로써 5백 명 가까운 퀘이커 교도가 자유를 얻었다. 뒤이어 있었던 연례 집회는 자연히 기쁜 시간이 되었다. '석방 명령'은 런던에 있는 데본셔 하우스에 있는 공문서 보관서에 보관되어 있다. 이 명령서는 열한 겹 고급피지에 기록되어 있으며, 꼭대기에는 왕의 초상이 그려져 있다. 명단에는 국왕 특사장(Royal Pardon)에 속하게 된 존 번연(John Bunyan)도 있다.

그리고 실제로 귀한 집회를 가졌다. 주님의 새롭게 하시는 임재가 우리 곁에, 우리 가운데 풍성하게 나타났다.

〔폭스는 점차 몸이 약해졌다. 그래서 문서와 편지를 쓰느라 바쁘긴 하였어도 「일기」에는 거의 아무 것도 적지 않았다.〕

일곱번째(1688년 10월) 달에 나는 런던으로 돌아갔다. 건강상의 이유로 세달 가까이 그곳에 머물렀다. 건강이 너무나 많이 손상되었기 때문이었다. 그래서 나는 집회 시간 동안 내내 머물러 있기가 힘이 들었고 집회가 끝난 뒤에 자리에 누워 잠을 자야 하는 때도 종종 있었다. 그러나 나의 신체적인 약함으로 내가 계속해서 주의 일을 하는 데 힘을 쏟았다. 주께서 내게 일할 기회와 능력을 주셨기 때문이었다.

런던에 오래 있지 않아서 커다란 중압감이 느껴졌다. 주께서 내게 얼마 안 있어 일어날 큰 소요와 격동과 혁명과 변화를 보여 주셨다. 그러한 예감을 가지고서 주의 성령의 이끄심을 따라, "다가올 폭풍우를 경고하면서 안전하신 주께 모두 귀의할 수 있도록 친우회 교우들에게 보내는 대서신"을 적었다.[6]

이 때쯤 정신적으로 무척 힘들고 큰 중압감이 내게 엄습해 왔다(정부의 큰 변화나 혁명이 있기 전에 언제나 그랬듯이). 그리고 기력이 떨어져 길을 걸어갈 때면 넘어질 것만 같았다. 결국 얼마 동안은 몸이 너무 약해 바깥에는 조금도 나갈 수 없게 되었다. 마침내 나는 모든 사람들에게 솟아나는 주님의 능력을 느끼고, 주께 신실한 주의 백성들을 주가 모든 환난 가운데 지키겠다는 확신을 얻었다.

1688-9년 첫째달 중순 즈음(1689년 3월) 나는 런던으로 갔다. 마침 의회가 열리고 있었으며 신앙 자유령에 관한 법안을 다루고 있었다. 신체적으로는 허약해 움직일 수 없었으나, 진리와 친우회 교우들이 너무 걱정이 되어

---

6) 이 편지는 1688년 10월 17일에 쓴 것이다. 윌리엄은 1688년 11월 5일에 잉글랜드에 착륙했다.

나는 여러 날 동안 계속해서 다른 친우회 교우들과 함께 의회에 참석하여 의회원들과 함께 일이 전반적으로 효과적으로 잘 처리 될 수 있도록 힘썼다.

나는 아홉번째 달 초엽까지(1690년 11월) 런던에 머물러 있으면서 계속해서 주의 일을 하느라 힘을 쏟았다. 공적 모임에서 사람들에게 진리의 길을 열어 보여서 친우회 회원을 다지고 세우는 일을 하거나, 하나님의 교회와 관련된 다른 사역을 하였다. 의회가 열려, 선서에 관한 문제와 은밀한 결혼에 관한 또 다른 법안을 다루고 있었기 때문에 몇몇 친우회 교우들이 친우회 교우들에게 해가 되지 않도록 기록된 법안을 얻어내기 위해 참석하고 있었기 때문이었다. 이러한 일에 나도 참여를 하여 의회를 돌보아 그 문제를 두고 몇몇 의회원들과 함께 토론하였다.

〔다음은 아일랜드에서 일어난 시민 전쟁으로 인하여 말할 수 없는 고통을 견디고 있던 아일랜드 친우회 교우들에게 쓴 편지로 일기의 마지막 부분이 시작된다(1691년 1월 10일)〕.

런던으로 돌아가 얼마 안 있어 친우회 교우들과 함께 집회에 거의 매일

---

7) 다음은 폭스가 가장 마지막에 쓴 편지로 의기양양한 어조로 세상에 대한 낙천적인 시각으로 글을 맺고 있다.
　"씨앗이신 그리스도께서 통치하시며 그의 능력이 모든 사람들 위에 임하십니다. 그는 뱀의 머리를 상하게 하시며, 사단과 사단의 일을 폐하시며, 사단이 있기 전부터 계셨던 분입니다. 그러니 여러분 모두 예수 그리스도 안에서 살고 행하십시오. 그리하면 하나님과 당신 사이에는 그리스도밖에 아무 것도 놓을 수 없을 것입니다. 그리스도 안에서 여러분은 구원과 생명과 안식을 누릴 것이며 하나님과 화평할 것입니다.
　이 땅과 이 땅 밖에 있는 곳에 관한 진리의 사실들에 관해 나는 네덜란드와 독일, 그 근방에서 친우회 교우들이 사랑으로 연합하여 평화를 누리고 있다는 소식을 듣고 있습니다. 또한 자마이카와 바베이도스, 네비스, 안티구아, 메릴랜드, 뉴잉글랜드에서 친우회 회원들이 연합하여 화평을 누리고 있다는 소식밖에는 다른 소식을 듣지 못하고 있습니다. 주께서 그들을 세상(분쟁이 있는)에서 건지시어 그리스도 안에 보호하십시다. 그리스도 안에 평화가 있고 생명이 있고 사랑이 있고 연합함이 있는 것입니다. 아멘. 주 예수 그리스도 안에서 앞에서 이야기한 모든 땅에 있는 친우회 교우들 모두에게 사랑을 전합니다.
　　　　　　　　　　　　　　　　　　　　　　　　　　　　G. F.
　　　1690년 열한번째 달 10일, 런던에서(1691년 1월 10일)."

참석하고 있던 때였다. 두 주 가까이 런던 가까이에 머물고 있는데 아일랜드에 있는 친우회 교우들이 지금껏 당해 왔고 겪고 있는 굉장한 고난과 아픈 고통이 큰 중압감으로 내게 느껴져 왔기 때문에 마음에 이끌림을 받아 위로차 그들에게 편지를 보냈다.[7]

〔다음 날 폭스는 그레이스처치 스트리트 집회로 갔다. 큰 집회였고, 그 집회에서 폭스는 장시간 힘있는 설교를 하여 "심오하고 진중한 많은 것들을 열어 보였다." 그리고 나서 폭스는 기도를 하였고 집회는 끝이 났다. 친우회 교우들 몇이서 화이트 하트 코트(White-Hart-Court)에 있는 폭스의 방에 늦은 오후에 찾아갔을 때에 폭스는 그들에게, "자신이 집회에서 나올 때 감기가 심장까지 파고든 것 같다고 느꼈다"고 이야기하였다. 그러나 "이곳에 (이 집회에) 왔다는 것이 기쁘다. 나는 결백하다. 나는 완전히 결백하다!"는 말도 덧붙였다. 나중에 친우회 교우들이 그를 방문하러 왔을 때에 그는 이렇게 말했다. "모두 건강하오. 하나님의 씨앗은 모든 것을 다스리시며, 죽음까지도 다스리십니다. 내 비록 육신이 약하기는 하여도 하나님의 능력이 모든 것 위에 임하시며 하나님의 씨앗이 무질서한 모든 영혼들을 다스리십니다. 이렇게 거룩한 마음이 되어 누워 있으면 그 영혼은 오로지 주님만을 향해 뛰놉니다." 폭스는 1691년 1월 13일 저녁에 평온하게 잠이 들었다. 그의 장례식엔 굉장히 많은 군중이 참석하였고 그의 시신은 번힐 필즈(Bunhill Fields) 가까운 곳에 있는 묘지에 안치되었다. 그의 무덤에는 수수한 비문이 새겨져 있다. 임종시에 "나는 결백하다"고 진심으로 말할 수 있는 사람은 거의 없을 것이다.〕

조지 폭스의 일기

초판 발행　1994년 1월 25일
중쇄 발행　2012년 3월 20일

발행처　**크리스챤다이제스트**
발행인　박명곤
주소　경기도 고양시 일산동구 장항동 611-19
전화　031-911-9864, 070-7538-9864
팩스　031-911-9824
등록　제 396-1999-000038호
판권　ⓒ 크리스챤다이제스트 1994
총판　(주) 기독교출판유통
　　　전화 031-906-9191~4
　　　팩스 0505-365-9191